기독교 영성 III

기독교 영성 III
Christian Spirituality: Post Reformation and Modern

초판 발행 : 2001년 9월 15일
편집 책임자 : 루이스 두프레, 돈 E. 세일러즈
옮긴이 : 엄성옥, 지인성
발행처 : 도서출판 은성
등록 : 1974년 12월 9일 제9-66호
ⓒ 2001년 도서출판 은성
주소 : 서울시 동작구 상도5동 129-8
전화 : 02) 824-8000
팩스 : 02) 813-9072

출판 및 판매에 관한 모든 권한은 본 출판사가 소유하고 있습니다.
출판사의 사전 서면 허락없이 상업적인 목적으로 번역, 재제작, 인용, 촬영, 녹음 등을 할 수 없음을 알려드립니다.
Printed in Korea
ISBN 89-7236-275-1 33230

Http://www.EunsungPub.co.kr
e-mail: hermits@chollian.net

Originally published in English under the title of *Christian Spirituality: Post Reformation and Modern Edited* by Louis Dupré & Don E. Saliers published by Crossroad Publishing Company in 1991. All rights to this book, not specially assigned herein, are reserved by the copyrights owner. All non-English rights are contracted exclusively through Crossroad Publishing Company, 370 Lexington Ave. New York, NY 10017, U. S. A.

Christian Spirituality

Post Reformation and Modern

Edited by
Louis Dupré and Don E. Sailers
in collaboration with John Meyendorff

기독교 영성 III

루이스 두프레, 돈 E. 세일러즈 편집
엄성옥, 지인성 옮김

차례

서론 / 9

제1부 로마 가톨릭의 학파와 운동 / 27

제1장 초기 제수잇 영성: 스페인과 이탈리아 / 29
　　(John O'Malley)

제2장 17세기 프랑스 영성: 세 명의 인물 / 61
　　(Michael J. Buckley)

제3장 16세기 스페인 영성: 갈멜 수도회를 중심으로 한 운동들 / 112
　　(Kieran Kavanaugh)

제4장 역종교개혁과 대중 영성 / 144
　　(Keith P. Luria)

제5장 얀센주의와 정적주의 / 181
　　(Luois Dupré)

제6장 최근의 가톨릭 영성: 통일성과 다양성 / 212
　　(David Tracy)

제7장 부기(附記): 성경 읽기: 현대 영성의 위치 / 251
　　(David S. Pacini)

제2부 종교개혁 이후의 개신교 영성과 성공회 영성 / 297

제8장 개신교 영성: 현대 정통주의와 경건주의 / 299
　1. 종교개혁 제2기: 루터파 영성과 개혁파 영성(1550-1700) / 299
　　(Eric Lund)
　2. 경건주의와 계몽주의: 전통에 대한 대안 / 334
　　(Albert C. Outler)

제9장 성공회 영성 / 367
　　(Gordon S. Wakefield)

제10장 청교도 영성: 올바른 개혁파 교회를 향한 추구 / 407
　1. 청교도 경건의 자율성: 영국의 청교도 경건 문헌 / 407
　　(Richard C. Lovelace)
　2. 침례교 영성과 퀘이커 영성 / 446
　　(E. Glenn Hinson)

3. 미국 청교도 영성 / 465
      (Charles Lambrick Stowe)
   제11장 초기 웨슬리 운동의 영적인 이상과 훈련 / 485
      (Davie Trickett)
   제12장 미국 흑인 영성 / 507
      (Theophus H. Smith)

제3부 정교회 영성 / 561

   제13장 헤시카스트 영성의 부흥 / 563
      (Philip Sherrard)
   제14장 18세기 정교회에 미친 서방의 영성의 영향 / 580
      1. 러시아 내에서의 헤시카즘과 서방의 영향:
         자돈스크의 티콘(1724-1783) / 580
         (Elisabeth Behr-Sigel)
      2. 그리스에서의 전통들의 만남:
         성산(Holy Mountain)의 성 니코데무스(1749-1809) / 599
         (Boris Bobrinskoy)
   제15장 시련과 승리: 현대 러시아의 영적 전통 / 613
      (Sergei Hackel)
   제16장 동방교회 전통에서의 테오시스(theosis) / 628
      (John Meyendorff)

제4부 21세기의 영성운동 / 637

   제17장 오순절 영성:성령 안에서의 삶 / 639
      (Steven J. Land)
   제18장 기독교 여권주의 영성 / 663
      (Sally B. Purvis)
   제19장 에큐메니칼 시대의 기독교 영성 / 689
      (Don E. Saliers)

색인 / 719

서론

I

현대 기독교 영성의 특징은 과거와의 연속성이다. 중세 말기의 경건을 이끌었던 것과 동일한 모범들(하나님이 현존하시는 하나님의 형상인 영혼)과 동일한 영향력이 현대의 경건 신앙을 결정한다. 그러나 이 시대의 가장 근본적인 변화들 중 일부가 종교적인 영역에서 발생했다: 그 이전까지 교리적인 면에서 기본적으로 통일되어 있던 기독교가 갑자기 분열되었다. 놀라운 것은, 분열된 기독교인들의 영성 생활이 서로 유사한 상태에 머물러 있으며, 그 이전 시대 사람들의 영성생활과도 흡사하다는 것이다. 오늘날 마틴 루터를 중세 시대의 인물로 여기는 사람은 없을 것이다. 그러나 그의 영적 견해는, 그가 편집한 『독일 신학』(*Theologia Germanica*)과 같은 중세 말기의 원전들과 구분할 수 없는 경우가 종종 있다. 문화의 모든 분야에서 포괄적이고 획기적인 구분이 크게 문제가 되고 있다. 우리가 "바로크" 음악이라고 부르는 것은 조각이나 회화에서의 바로크 양식과 일치하지 않는다. 우리는 문화의 모든 분야를 포함하는 전반적인 역사적 구분들이 과연 얼마나 적절한 것인지 알고 싶어진다. 그러한 질문을 현대의 경건 운동들에 가장 적절할 것이다. 그러나 영성생활은 그리스도의 인성 숭배와 더불어 시작되는 시대처럼 획기적인 시대적 구분을 허용하는 사람의 역사를 가진다. 그러므로 우리의 질문은 어떤 영적 운동이 르네상스, 바로크, 계몽주의, 낭만주의 등 문화적인 운동에 상응하는지에 관한 것이 아니라, 현대 영성생활과 이전 시대의 영성생활을 구분해 주는 특별한 종교적인 특성이 있는지에 관한 것이 되어야 한다. 이 책에 수록된 논문의 저자들은 그러한 특성들이 있다고 믿는다. 특히 가톨릭 전통과 정교회 전통 안에는 부인할 수 없는 과거와의 연속성이 있지만, 현대의 경건은 현대의 출발을 표시해 주는 견해와 태도의 근본적인 변화의 영향을 강력하게 반영하고 있다.

유럽에서 가장 개화된 지역에서, 처음에는 지중해 지역에서였지만 곧 북유럽에서도, 사람들은 갑자기 전과는 다른 방식으로 자신의 개인적인 정체성과 국가적인 정체성을 주장하려는 욕구를 느꼈다. 이러한 새로운 충동은 그들의 종교 태도에도 영향을 주었다. 그 변화를 묘사하기 위해 "세속화"(secularization)라는 용어를 사용하는데, 만일 현대 종교가 이전 시대보다 더 세상을 지향하고 하나님을 덜 지향한다는 의미로 그 용어가 사용되었다면, 그 용어는 적절하다고 할 수 없다. 이전 시대의 영적 작가들 중에는 이 책에 제시된 사람들의 근본적인 하나님-중심주의에 필적할 만한 인물이 거의 없다. 16세기 중반부터 17세기 후반 사이만큼 많은 영적 저술들이 배출된 시대는 없을 것이다. 그 시대는 갈멜 수도회의 테레사와 십자가의 요한, 스페인과 이탈리아에서 제수잇회가 시작되어 프랑스에서 발달한 시대. 프랑스의 올리에(Olier), 베륄(Berulle), 프란시스 드 살(Francis de Sales) 등의 경건한 인문주의의 시대, 초기 얀센주의자들의 엄격한 경건, 정적주의의 시작, 유럽 남부와 동부 지역 전체에서 대중적인 가톨릭 신앙이 불가항력적으로 퍼져간 시대였다. 이러한 운동들이 통틀어 작용하여 참된 영성생활의 전례없는 활성화가 이루어졌다.

그러나 신비 운동들의 번영에는 어두운 메시지도 담겨 있다. 어느 작가는 그것을 하나의 상실을 중심으로 하는 풍요라고 묘사했다. "그것은 욕구를 증가시켜주는 하나의 부재를 드러내 준다. 우리는 현대성의 문턱에서 하나의 끝과 시작—하나의 출발을 본다."[1] 그 상실은 어디에 존재하며, 새로운 "출발"은 무엇인가? 중세 시대가 끝난 후로 영성생활은 기독교의 과거를 이어왔지만, 문화 전체의 관점에서 보면 하나의 주변적인 위치를 향해 이동해왔다. 이제 그것은 중세 시대의 공동 경험에 굳게 뿌리를 두지 않기 때문에, 특수하고 매우 개인적인 종교적 표현 양식으로 발달하는 경향을 나타냈다. 제도적으로나 교리적으로 전통적인 구조가 흔들리기 시작했을 때, 자기 자신 안에서, 또는 주된 집단과는 어느 정도 떨어져 있는 비슷한 정신을 가진 신자들의 제한된 집단 내에서 구원을 추구하려는 욕구가 일어났다. 영성 생활을 추구하는 사람들은 계층적 교회 전체와 비교할 때 어느 정도의 독립심을 나타냈다. 모든 수도회들의 기원은 영적 자율성을 향한 공동체 운동에 있다. 그러나 중세 시대 말기의 신학에서 보편적인 개념들과 특별한 실체를 구분함으로써 기존의 교리 구조나 사회 구조의 중재를 그다지 받지 않는 근본적으로 상이한 경험이 초래되었다. 콘스탄스 공의회와 바젤 공의회 이후에 시작되었으며 공의회주의 이론을 완전히 거부하는 결과를 초래한 완고한 교권주의 때문에, 많은 경건한 신자들은 보다 내면적이고 개인적이고 종교적인 관습을 지향하게 되었다. 그리하여 "영성생활"은 나름대로 제도적 교회 다음 가는 존재를 취하게 되었으며, 제도적 교회와 대치되기도 했다. 한편, 교회는 더 이상 새 시대의 유일한 영적 권세가 되지 못했다. 교회가 오랫동안 유일한 수호자요 주된 보관소 역할을 해 오던 보편적 문화와 관련하여, 신흥 국가들의 정치 집단들은 한층 강력하게 자신들의 특성을 강조했다.

이처럼 종교적 의미와 사회 구조 사이의 전통적인 연계가 파괴되면서, 새로운 설교에 대한 욕구가 생겨났다. 영성생활은 문화 전체에서도 심오한 차원이기 때문에 이전까지는 자체의 언어를 필요로 하지 않았다. 중세 말기의 종교적 해체 속에서, 독립된 공간과 특징적인 설교 탐색이 절대적으로 필요하게 되었다. 공간이란 영혼의 내적 영역이었고, 설교란 자아의 고백적 표현이었다. "신비신학" 분야의 현대 논문들은 이전의 기독교 전통들을 계속 유지했지만 전과는 다르게 표현했다. "신비적"(mystical)이라는 용어의 새로운 의미는 새로운 태도를 알리는 전조였다. 16세기에, 그 용어의 특수한 의미 안에는, 이전의 균질의 종교 문화에서 "관상적"(contemplative)이라는 것과 "영적"(spiritual)

이라는 포괄적인 용어들이 의미했던 것들을 대부분 포함하게 되었다. 이러한 발달의 중요성은 "신비적 관상"이 종교의 보편적인 특징이 되었다는 것이 아니라, 그것이 종교생활의 주류에서 이탈하여 비교적 독립된 영역으로 이동했다는 데 있다. "신비주의"(mysticism)라는 명사가 만들어짐으로써, 과거에는 복합적인 종교 태도의 필수적인 부분이었던 것의 분리가 완성되었다. "신비신학"(mystical theology)이라는 용어는 사적인 종교 경험에 준-독립적인 위상을 가져다 주었고, 그럼으로써 구획화를 확인했다. 스콜라 신학의 해체와 견고하고 지속적인 기초가 부재하는 가운데(이 둘은 유명론적 위기에서 초래된 결과이다), 새로운 언어의 발달은 압도적인 중요성을 획득했다. 새로운 "신비적" 언어가 없었다면, 현대의 영성을 구분하기가 무척 어려웠을 것이다. 현대와 그 이전 시대를 나누는 경계선은 분명히 언어학적인 특성을 취한다.

새 시대 안에서, 특히 "한계적"이라는 보다 균형잡힌 표현 안에서 종교 생활을 묘사하는 것은 비틀린 묘사가 될 수도 있다. 새로운 시대의 문턱에 설 때마다, 그리고 트렌트 공의회 이후 가톨릭 교회는 영적 갱신의 강력하고 독점적인 중심점들을 자체의 주된 조직체에 재부착하려 했다. 이 책에 수록된 대부분의 논문, 특히 가톨릭 대중 경건(devotions)과 초기 제수잇 영성에 관한 논문은 그러한 시도가 어느 정도까지 성공했는지를 보여준다. 얀센주의(Jansenism)와 정적주의(Quietism)에 대한 논의는, 교회가 실패한 곳에서도 "신비한 몸"과의 중요한 유대들은 끊어지지 않았음을 지적한다. 바로크 예술, 트리엔트 공의회의 신앙고백을 중심으로 한 신앙 안에서, 심지어 스페인과 프랑스에서의 최고의 신비주의 안에서조차, 교회는 계속 주된 감화와 강력한 영적 자극을 공급했다. 대체로 철저히 성례전적인 이 새로운 경건 신앙은 그 신봉자들이 은혜의 유일한 원천이라고 간주해온 것과 밀접하게 결속되어 있었다. 그럼에도 불구하고 이러한 정통적이고 교회적인 표현 안에는 새롭고 보다 사색적이고 신중한 경향이 현저했다. 새 시대가 진행되면서, 영성생활의 중요성은 더 이상 문화와 연결되지 않았다.

영성생활의 중요성은 선택되거나 자유로이 받아들여져야 했다. 그러나 16세기는 아직 이러한 상태가 아니었다. 기독교회들이 새로운 상황을 충분히 감수함에 따라, 중세 시대 말에 상실했던 영성생활의 공동체적 특성이 크게 회복되었다. 17세기 내내 성행했던 사회적으로 통일된 새로운 경건 신앙과 영적 발전의 좋은 분위기가 바로크 예술 안에서 풍성히 표현되었다.

그렇다면 교회는 최소한 18세기에 들어서야 비로소 15, 16세기에 상실했던 보다 강력한 영적 운동들에 대한 통제력을 되찾았다고 말할 수는 없을까? 바로크 신앙의 내적/외적 풍성함은 신학적인 유명론, 정치적인 세속화, 그리고 이교의 인문주의 등의 도전에 효과적으로 반응하지 못했던가? 그렇다고 할 수도 있고, 그렇지 않다고 할 수도 있다. 그렇다고 해도, 영성생활이 문화의 주류로부터, 그리고 교회의 통치로부터 후퇴하는 현상은 18세기에 비로소 나타났다. 그러나 그 당시에 나타난 것들 이미 15세기에 시작된 것이었으며, 교회의 일시적인 성공은 그러한 흐름의 전체적인 역전을 주장할 충분한 근거를 제공하지 못한다. 바로크 신앙의 발전이 최고에 달했을 때에도, 보다 좁고 현대적인 의미에서의 "영성생활"은 그 분리된 특성을 보유하고 있었다. 그 외면적 표현들의 강력함이나 다양성이 그것이 일상적인 관습과 신앙의 측면에서 존재하는 것을 막지 못했으며, 대체로 철학적/과학적 문화의 주된 흐름으로부터 분리되어 있었다. 그러나 그것이 새로운 통로, 언어, 조직, 전통적인 교회 구조에 관해서 비교적 자율적인 교리적 학파들을 만들 수 있게 되면서, 갑자기 엄청난 종교적 에너지가 방출되었다.

그러나 하나의 분야에서, 즉 인간 본성을 향한 태도에 있어서, 기독교 영성은 현대 문화와 실질적이고 분명한 통합을 이루었다. 제수잇 학파(초기의 스페인-이탈리아 학파와 후기의 프랑스 학파)의 특징인 바 인간 본성에 대한 새로운 신뢰, 프란시스 드 살(Francis de Sales)과 그 추종자들 및 새로운 대중 신앙들의 "경건한 인문주의"(devout humanism) 덕분에 현대의 신앙과 르네상스 인문주의가 연결되었다. 프랑스 학파와 얀세주의 안에서처럼 중세 말기의 염세주의가 계속 성행하던 곳에서도 인문주의적 태도는 도전을 받지 않았다. 그러한 입장이 지닌 종교적 중요성에 대한 새로운 고찰이 현대 경건을 구분해 준다. 그 학파들은 인간의 본성은 그 원형인 보다 고귀한 실재를 향해 올라가는 데 있어서 인식적으로나 육욕적으로 자체를 능가한다고 가르친다. 프란시스 드 살과 같은 인문주의자의 경우에 은혜의 질서로부터 이 본성적인 충동을 분리시키는 균열은 없다고 보았다. 이 고귀한 소명으로 부름을 받은 인간적인 본성은 어느 정도의 자족성(self-sufficiency)을 소유하며, 그것의 빛과 능력에 대한 기본적인 신뢰를 요구한다. 기독교 인문주의에서는 모든 인간은 구원 뿐만 아니라 고귀한 영성생활로 부름을 받고 있다고 가정한다.

프란시스 드 살과 그의 직·간접적인 추종자들(J.-P. Camus, Yves de Paris), 그리고 제수잇회의 영적 저술가들은 인간의 본성은 그 자체의 목표를 성취하는 데에 반드시 필요한 은혜의 도움을 받지 않고서는 단 하나의 구원의 행동도 제기할 수 없다고 생각했다. 그러나 베릴(Bérulle)과 프랑스 학파의 저술가들과는 달리, 그들은 초자연적인 운명을 획득하기 위해서는 자연(본성)은 멸절되어야 한다는 주장을 거부했다. 만일 인간의 본성이 최소한 기본적인 갈망과 능력에 있어서 건전하다면, 하나님의 은혜가 아무런 저항을 받지 않고 그 역사를 성취하는 것을 허락하는 것이 영성생활의 과업이다. 그것은 정적주의 영성의 기본 주제이기도 했다. 정적주의 영성은 다소 위험한 가정들을 제시하기도 하지만, 이 점에서는 경건한 인문주의 신학과 견고하게 연결되어 있다. 심지어 자신의 구원보다 하나님의 기쁨을 선호하는 "순수한 사랑"(pure love)이라는 개념도 프란시스 드 살에게서 나타난다.

인간 본성의 중심적 지위를 강조하는 것과 더불어 창조 안에서의 하나님의 내재성(immanence)이라는 새로운 이상과 자연 전체에 대한 태도에서의 포괄적인 변화가 등장했다. 이 변화에서는 신플라톤주의와 유대교의 개념들이 중요한 역할을 했다. 모든 곳에 중심이 있으며 원주는 어디에도 없는 거룩한 원이라는 전통적인 패러다임을 사용하여 말하자면, 현대의 출발점에서 하나님의 임재는 피조 세계의 원주 전체에까지 미치는 것으로 간주된다고 할 수 있을 것이다. 마르실리오 피치노(Marsilio Ficino)의 표현을 빌자면, "거룩한(divine) 중심은 모든 곳에 있다. 다시 말해서 하나님이 모든 피조된 본성들에게 귀속시키는 능력은 우주의 모든 작은 분자 안에 존재한다."[2] 중심이 모든 곳에 편재한다는 사상이 현대를 선도하며, 이 편재는 역동적으로 피조 세계 안으로 이동하여 그 안에서 적극적으로 작용하고 있는 듯하다. 이 하나님으로 가득한(God-filled) 자연 안에서, 인간은 *copula mindi*, 피조된 우주의 다양한 부분들을 서로 연합해 주며 또 그것들의 신적 근원과 연결해 주는 소우주적 중심의 역할을 한다. 영혼 안에 거하시는 하나님이 행하시는 것과 마찬가지로, 피조 세계 안에서 차지하는 이러한 중추적인 위치는 인간을 하나님께 연결해 준다. 이처럼 피조 세계와의 관계가 커지면서, 영성생활은 새로이 복잡성을 얻는다. 신적 중심으로의 내적 전환 다음으로, 경건한 정신은 확장과 수축이라는 리듬 안에서 피조된 외부를 향해 이동해 나간다. 14세기에 루이스브렉(Jan van Ruysbroec)은 "본질적인"(essential) 연합에서 "활동 중인"(operational) 연합으로의 영속적인 교체를 주장했는데, 이것은 외부로부터 중심을 향해 갔다가 돌아오는 움직임을 어느 정도 예고한 것이라고 할 수 있다.

현대 영성은, 마치 하나님의 임재의 또 다른 차원을 발견한 것처럼, 새로운 공간 안에서 등장한다. 미학과 헌신(devotion)은 이 공간을 무수한 형태들로 채우려고 노력하는데, 그것들은 모두 나름의 유한한 방법으로 다함이 없는 신적인 풍성함의 상이한 측면들을 드러내 준다. "바로크" 영성의 풍성함은 항상 새로운 신적 현존의 위치들을 발견하려는 심오한 욕구에서 파생된다. 영성생활은 다중적인 특성—성인들, 천사들, 성소들, 대중적인 신앙 행위 등의 성장; 새로운 종교적 회중들과 영성 학파들의 증가—을 취한다. 그것의 낭비적인 풍부함은 우리를 당황하게 하며, 결국 우리는 그것을 새로 발견된 영적 공간의 첫 탐험이라고 인식하게 된다

그러나 그 새로운 공간은 새로운 공허도 드러냈다. 코페르니쿠스로부터 갈릴레오에 이르는 시대에 물질적 우주가 점차 그 광대한 규모를

드러냄에 따라, 피조 세계 자체는 무한한 공허(infinite void) 안에 상실된 것 같이 보였다. 창조 안에 나타난 하나님의 무한한 충만의 심연은 이 창조를 둘러싸고 있는 유한한 공허의 심연과 병행하는 것 같았다. 파스칼(Pascal)에게서 이 거룩하지 않은 공허(unholy void)의 두려움에 대한 최초의 외침을 들을 수 있다: Je vois ces effrayables espaces de l'univers qui m'enfermnt(팡세 418). 여기에서, 앞에서 묘사한 팽창적인 움직임과는 달리, 중심이 없는 원주가 등장한다. 조지 풀렛(George Puolet)이 묘사한 것처럼, 우리는 무한히 팽창하는 중심 대신에 무한히 수축하는 중심을 소유한다. 이 운동은 하나님을 찾는 영혼으로 하여금 자신을 둘러싸고 있는 모호한 공간을 포기하고 자신의 내면의 영역으로 돌아오게 한다. 그러나 그와 유사한 끝없이 깊은 공허가 영혼을 대면한다. 영혼의 무한히 작은 공간으로부터 신적인 중심이 사라졌기 때문이다. 우리는 자신이 혼자라는 것, 두 개의 텅 빈 무한대의 한 점이라는 것을 발견한다.

파스칼과 초기 얀센주의자들은 내·외적 우주와 신적 실재 사이의 불균형을 강력하게 표현한다. 현대가 진행되면서, 여기에서 처음 감지되는 부재 의식(sense of absence)이 매우 통렬한 것이 된다. 뉴먼(Newman)에게서 이 고통의 외침을 들을 수 있다:

> 그분이 자신의 세계에 부재하신다는 것이 정신을 강력하고 고통스럽게 공격한다. 마치 다른 사람들이 그분의 역사(work)를 소유한 것 같다. 우리를 지으시고 다스리시는 분께서 자신에 대한 직접적인 지식을 주지 않으시는 이유는 무엇인가![3)

그러한 느낌은 영성생활의 기초가 되는 신적 임재 의식과 양립하지 못할 것처럼 보일 것이다. 그러나 여기에서 우리는 부재 의식 안에서 부정적이지만 직접적인 하나님 임재 의식을 획득하는 영적 의식의 탄생을 목격한다. 자연 안에서의 이 기분좋은 하나님 임재 의식은 자연의 질서 전체에 대한 심오한 의심을 낳으며, 하나님의 은혜 안에 피하는 것으로 끝을 맺는다. 이러한 부정적인 경험에 기초를 둔 영적 견해는 신비한 친밀함으로 이어지는 것 같지 않을 것이다. 실제로, 탁월한 얀센주의 신학자인 니콜(Nicole)은 신비주의를 반대하는 주도적인 논객이 되었다. 그렇지만, 개인의 타락에도 불구하고, 그리고 자연적인 중재가 없이도 하나님의 은혜가 나를 택하여 완전하고 본질적으로 구속함을 받게 했다는 영적 의식이 특이하게 강력해진다. 여기에서 얀센주의는 본질적으로 상반되는 신비한 운동을 만난다.

인간 본성에 대해 완전히 상이한 개념에서 출발하는 정적주의(Quietism)도 하나님의 은혜에의 위탁을 주장했다. 정적주의 신앙은 전통적이고 지극히 정통적인 근원에 뿌리를 두고 있지만, 16-17세기의 본성과 은혜에 관한 논의의 원인이 되었으며, 현대의 다른 어떤 영적 운동보다 더 후반의 현상인 "공허"한 특징을 지닌 경험을 유발했다. 그 공허 안에만 언어가 머무른다. 그러므로 역설적으로 침묵을 지향하는 운동은 다른 어떤 영적 흐름보다 더 분명한 언어 표현을 의지한다. 그것은 공허의 경험 및 그 공허를 언어로 채우려는 욕구에 있어서 철저히 현대적이기 때문에, 신적 부재의 느낌이 우리의 문화 전체에서 보다 보편적이 되면서 계속 사람들의 관심을 끈다. 바라는 것이 완전히 소멸될 때에, 그것은 현존이나 부재 의식을 초월하여 하나님의 내재성에 대한 새로운 의식을 얻기 위해 노력한다.

얀센주의와 정적주의는 전형적으로 현대적인 운동일 수도 있지만, 그것들은 현대 경건의 대표적인 운동은 아니다. 대부분의 학파들은 자연적인 것과 초자연적인 것 사이의 대조, 또는 자연을 포기해야 할 필요성 등을 지나치게 강조하지 않은 채, 이전처럼 자연 안에서의 하나님의 현존 의식 안에서 계속 살았다. 겉보기와는 달리, 갈멜 수도회의 영성은 정적주의자들의 공허보다는 제수잇의 금욕주의나 카푸친 수도회의 대중 신앙과 흡사했다. 그들은 인간의 본성은 하나님의 은혜에 의해 고양될 수 있으며 그 자체 안에서 온 우주를 되찾을 수 있다는 데 동의한다. 오늘날도 부정적인 경향과 긍정적인 경향은 계속 존재한다. 테이야르 드 샤르뎅(Teilhard de Chardin)과 한스 우르스 폰 발타사르(Hans Urs von Balthasar)와 서방 신학자들의 창조에 대한 영성 신학은 물론 동방 교회에서도 팽창적인 경향이 계속 성행하고 있다. 공허 안에서 하나님을 발견하려는 경향은 일부 수도회(특히 시토회)에서 강력하게 나타나며, 현대생활의 비신성화에 압도되어 부정의 신학— 현대 학파에서 가다듬은 신학 뿐만 아니라, 디오니시우스와 에크하르트로 거슬러 올라가는 기독교 전통, 또는 기독교가 아닌 동방 세계 전통의 신학—안에서 피난처를 발견하려 한 많은 신령한 사람들에게서 나타난다.

II

 지금까지 묘사한 폭넓은 주제들이 현대 기독교 영성의 특성을 이루는 종교적이고 철학적인 사상들의 복잡한 그림을 이룬다. 앞에서는 주로 로마 가톨릭 교회의 운동에 초점을 두었지만, 종교개혁 이후의 개신교 전통과 영국 국교회 전통과 관련해서도 동일한 주제들을 식별할 수 있다. 이제 가톨릭 교회와는 관련이 없는 특수한 운동들을 살펴보겠지만, 우선 정교회 영성은 매우 상이한 관심사들—특히 비잔틴 시대의 영성의 표준으로 복귀하려는 일치된 노력—을 나타내고 있음을 상기시키고자 한다. 20세기의 주목할 만한 변화 중 하나는 이 궤적이 정교회 내에서 신학적인 성찰 패턴 및 보다 깊은 일치를 추구하는 분열된 서방 교회들의 영성생활에 미친 예기치 않았던 영향이었다.

 16세기의 종교개혁자들이 유럽 대륙과 영국에서 발휘한 힘은 사회적-정치적이고 신학적-종교적인 것이었다. 예를 들어, 루터파 회중과 개혁파 회중의 제1세대 내에서 이루어진 전례의 외적 변화로 인해 신자들이 기도하는 방법 및 기독교적 삶에 대한 인식 방법은 재형성되기 시작했다. 비텐베르그, 제네바, 취리히, 스트라스부르그, 그 밖에 개혁자들이 우세했던 지역에서 라틴어 대신에 모국어를 사용함으로써, 기도의 의미와 느낌이 변화되었다. 한층 더 강력한 것은 회중들의 찬송, 루터파 사람들이 작곡한 찬송들, 그리고 칼빈파에서 운율이 있는 찬송을 도입한 것이었다. 결국 급격히 증가하는 개신교 집단들은 교인들이 부르는 찬송, 설교와 가르침의 유형에 의해 구분할 수 있었다. 성경 본문과 상징들에 기초를 둔 찬송과 노래에 의한 교리와 경험의 형성은 설교와 요리문답 체계에 의해 강화되었으며, 그것이 개신교 종교개혁의 특징이었다. 대부분의 비전례적인 독립 교회 전통들의 경우, 그들의 찬송에는 그들의 신학이 담겨 있었으며, 그들의 종교 체험의 유형을 표현했으며 오늘날까지도 그렇다고 말할 수 있다.

종교개혁 제2 세대 이후로, 증가하는 개신교 영성의 형태들의 특징을 이해하기 위해서는 전례 개혁, 그리고 특이하게 성격에 기초를 둔 회중 찬송의 등장, 아울러 새로운 형태의 설교와 요리문답이 필요했다. 중요한 면에서, 신앙의 주요 기관이 눈 대신에 귀로 대치되었다. 물론 다양한 청교도 운동들 가운데서는 경건과 헌신에 관한 표준적인 가톨릭 지침서들을 직접 사용하거나 개신교 서적들을 위한 본보기로 사용하는 일이 널리 행해졌다. 이것은 리처드 러브레이스(Richard Lovelace), 찰스 햄브릭-스토우(Charles Hambrick-Stowe), 글렌 힌슨(Glenn Hinson) 등이 쓴 논문에서 매우 분명하게 발견된다. 개신교도들과 카톨릭 교도들 사이에서 행동주의적 유형의 영성과 정적주의 유형의 영성이라는 보다 철학적인 문제들, 아울러 인문주의의 영향, 본성과 은혜의 관계에 대한 논의들 등이 이러한 특수한 형태의 관습 안에서 표면화되었다.

기독교적 삶에 대한 루터의 개념은 하나님의 은혜 아래서는 수동적이고 이웃 사랑 안에서는 적극적인 형태를 취했다. 그러나 신자의 삶 안에서 하나님의 은혜롭고 의롭다 하시는 행동을 경험하려는 욕구와 관련하여 루터파의 방법 안에 변동성과 모호성도 나타났다. 질 라이트(Jill Raitt)가 주장한 것처럼, 경험의 정당성과 관련된 이 모호성은 그 이후 세대의 루터 파 안에서 "해결되었는데, 경건주의자들은 경험을 찬성하고, 17세기의 루터파 스콜라주의자들은 반대했다."[4] 모든 기독교 전통에서의 중심적인 문제는, 개인적으로나 공동적으로 신자들의 삶에서 하나님의 임재와 활동을 경험하는 것의 역할이었다. 그러나 신학적으로나 실질적으로 그 문제를 해결하는 특수한 방법을 결정하는 데 관여하는 많은 변수들 때문에 일반화하기가 어렵다. 따라서, 에릭 룬드(Eric Lund)와 앨버트 아우틀러(Albert Outler)의 논문에서 예증하듯이, 루터파와 칼빈주의 전통에서 합리주의적 정설과 경건주의적 발달 사이의 긴장은 개신교 영성에 미친 계몽주의의 영향을 해석하는 원리를 제공한다.

동시에, 급진적 종교개혁(Radical Reformation)의 발달 및 영국의 비국교도들 사이에서의 논란 및 분명히 국교회적인 정서를 지닌 그들의 주장들을 뚫고 흐르는 영적 경험의 계발의 초점은 어떤 종류의 것이며 얼마나 강력한 것인지에 대한 질문이 따른다. 영국 국교회와 그 광범위한 지파들 내에서는, (전례 유형 및 주도적인 찬송은 물론이요) 복음주의자들의 예배와 영적 훈련의 형태와 국교회-가톨릭 교회의 예배와 영적 훈련 형태 사이의 접촉과 상위는 19, 20세기까지 지속되었다. 데이비드 트릭켓(David Trickett)의 논문에 묘사된 바 18세기 웨슬리의 복음주의적 개혁과 19세기의 옥스포드 운동(Oxford Movement)은 접촉과 상위 안에 있는 두 가지 중요한 역사적 사건이었다. 영국 국교회 영성에 관한 글과 20세기 에큐메니칼 발달에 관한 글에서 나타나는 것처럼, 이 외관상의 두 극단적인 현상이 항상 양립할 수 없는 것은 아니다.

제1세대 개신교의 다양한 운동들 내의 자연과 은혜 사이의 관계와 경험의 역할에 대한 긴장들은 서방 가톨릭 전통 안에 있는 고유한 고전적인 긴장들 중 일부의 연속이다. 개신교 전통과 가톨릭 전통 사이의 유사성과 갈등을 이해하는 가장 포괄적인 방법은 묵상(meditation)이라는 문제를 고찰하는 것일 것이다. 인간의 역사 안에서, 그리고 교회와 개인들에게 중재된 피조된 질서 안에서 하나님은 어떻게 자신을 주시는가? 본질적으로 로마 가톨릭 교회와 동방 교회에 공명하는 영국 국교회의 전통에서는 묵상의 풍성함을 그대로 유지했다. 다시 말해서, 영국 국교회의 영성은 하나님의 계시를 교회에게 중재할 수 있는 문화적인 형태들의 축적을 존중한다. 우리는 성인들, 시대의 순환, 귀중한 전례 형태들을 존중한 것, 독창적인 기도서 영성으로서 수도원과 초대 교회의 보화들을 공동 예배에 참석하는 평신도들에게 전해 준다. 제네바, 취리히, 스코틀랜드, 후대의 미국 칼빈주의 전통이나 청교도 전통 등 안에 있는 개혁주의 전통에서는 성인들이나 예식 등을 통한 은혜, 또는 교회의 성례전적 생활을 통한 은혜에 대한 묵상을 신뢰하지 않는다. 청교도적 공동체 생활의 핵심은 개인적인 종교, 즉 교회에서 행하는 묵상을 행하지 않고서 하나님의 용서와 은혜에 접근하는 "마음의 의식"(sense of heart)이었다. 보다 급진적이거나 좌파의 전통일수록, 중재가 없이 은혜에 접근하는 것, *sola fide*, "순수한 경험"과 "순수한 교리"를 강조했다.

루터의 중심 원리는 성인들이나 예식, 성례전 체계, 행위 등의 중재가 없이 개인적으로 하나님 앞에 서는 것이었다. 그러나 루터가 보속의 성례와 미사 때에 행하는 성체 거양을 그대로 지속한 것에서 보듯이, 루터의 전례 개혁은 보수적이었다. 루터파의 전통들은 "어떻게 해야 성화에 대해 말하면서 반-유명론을 피할 수 있으며 동시에 행위-의(works-righteousness)에 다시 빠지지 않을 것인가?"라는 질문과의 갈등을 계속했다. 이것은 그 문제를 16세기와 17세기의 어휘로 표현한 것이다. 물론 많은 개신교 전통들—특히 스콜라주의나 이성주의 정설을 이어받은 전통들—은 계속 이런 방법으로 영성이라는 문제에 대해 언급했다. 오늘날 개신교의 영적 전통들은 그리스도 안에서의 하나님의 은혜에 대한 문화적 묵상이 신학적으로나 경험상으로 어느 정도 가능한가에 대한 오랜 논의를 거쳐 살아 남은 것이라고 이해할 수 있을 것이다.

아메리카 흑인 전통들에 대한 스미스의 글과 영성생활에 대한 여권주의적 이상의 출현이라는 문제 안에 함축되어 있는 긴장 안에는, 루터파 전통과 대부분의 개신교 전통 안에 내재해 있는 소극적인 자세는 우상숭배나 불순함이나 왜곡들로부터 그리스도의 인격과 사역의 중심성을 보호하기 위한 것인가 하는 문제를 반영한다. 거꾸로, 성인들과 성례전들, 그리고 독창적이고 문화적인 다양한 표현 방식을 통한 풍성한 하나님의 은혜는 그리스도께서 세상의 대속을 위해 성취하신 모든 것을 공정하게 다루기 위해 필요한 것인가? 물론 이것은 문제들을 기독론적으로 표현한 것이다. 우리는 삼위일체적인 것으로 인식되는 하나님의 전체적인 삶에 의해서 그것을 표현할 수도 있을 것이다. 한편, 그리스도를 통하여 중재되는 하나님의 순수하고 특별한 구원의 은혜를 강조하는 영적인 인식에서는 문화적인 정신과 하나님의 계시를 혼동하는 일을 피한다. 다른 한편으로(이것은 가톨릭 교회와 영국 국교회 입장의 특징이지만, 감리교, 오순절 파 등에서 은혜와 성화 안에서의 성장을 강조하는 데 반영되기도 한다), 우리는 독창적인 문화적 형태들이 하나님의 활동에 대한 묵상에 기여한 보다 유연한 자세에 주목할 수 있다. 어떤 경우에, 기독교 영성은 교회 밖의 세상 안에서의 하나님의 사역 전체에 초점을 둘 수도 있으며, 교회는 바깥 세상과 하나가 되라는 부름을 받는다. 이것은 이 책 4부에 수록된 글들 및 데이비드 트레이시의 글 마지막 부분에 등장한다.

20세기는 다양한 영성생활의 전통들이 서로 접근하고 상호 고무해준 시대이다. 에큐메니칼 운동과 전례 운동으로 말미암아 로마 가톨릭 교회와 정교회와 개신교 사이에 전례없는 교제가 이루어졌을 뿐만 아니라, 일반 신자들의 사회적 접촉이 증가했다. 특히 북아메리카, 그리고 아프리카와 라틴 아메리카 내에서 오순절주의와 카리스마 운동이 교파적 경향을 초월한 지역에서는 영성에 대한 상호간의 공동적인 접근이 자연스럽게 이루어졌다. 역사적으로 종종 양극화되었던 전통들 내에서, 그리고 그러한 전통을 초월한 영성의 방법들에 대한 이해와 의식의 증가로 말미암아 완전히 새로운 분위기가 형성되었다. 동시에, 이 새로운 상황 때문에, 신학적으로나 실질적으로 가장 본질적이고 존중할 만한 기독교 영성의 흐름이 출현했다. 이제는 쉽게 순수한 연속성을 가톨릭 전통과 연결하거나, 순수한 불연속성을 개신교와 연결할 수 없다. 물론 우리 시대의 개신교 집단이나 가톨릭 집단 내에서 작용하는 분파적이고 반동적인 요인들을 무시하는 것은 지혜로운 일이 아니다. 집중과 상호 의식은, 분열과 반종교적인 요인들이 20세기의 전체 기독교 공동체에 영향을 준 방법의 기능으로 간주되어야 한다.

전례 구조들의 집중, 성경에 대한 공통의 접근 방식, 그리고 기도의 고전에 대한 공동의 탐구 등은 강력하면서도 예측할 수 없는 방법으로 교회 전통의 기독교적 집단 전체를 형성하고 있다. 20세기 말에, 우리는 루터파, 개혁파, 자유 교회 전통을 비롯하여 영국 국교회의 신자들이 본회퍼, 머튼, 안토니 블룸(Anthony Bloom), 『필로칼리아』(*Philokalia*),

닥 함마슐드(Dag Hammarskjöld), 사이몬 윌(Simone Weil) 등 다양한 인물의 저술을 접하는 것을 발견한다. 다양한 갱신 운동들이 가톨릭 교인들, 국교회 신자들, 개인교인들에게 동일한 힘으로 영향을 미치고 있다.

동시에, 특히 경건과 신앙의 유형들에 관한 성경의 의미와 관련하여, 대부분의 개신교 전통에는 현대성의 문제점들이 침투해 왔다. 데이비드 파치니(David Pacini)의 글은 서방 교회 내에서의 현대 영성의 산고(産苦)에 관한 부기(附記)를 제공하는데, 그의 주장에 의하면 그것은 17세기 안에서 발견되는 저술과 본문에 대한 개념과 어휘에 대한 우리의 이해의 변화 안에 위치한다. 우리 시대에 성경적 근본주의가 등장한 것은 하나의 현대성의 표현—종교생활과 신학의 특징적인 형태를 형성하는 이성주의적인 성경 접근 방식—에 불과하다.

서방 전통들의 위치를 정하기 위해 마지막으로 해야 할 말이 있다. 아마 가장 놀라운 발달, 어떤 면에서 보면 가장 역설적인 발달은 정교회의 부흥이 개신교 영성과 가톨릭 영성에 미친 영향일 것이다. 비잔틴 영성의 표준—교부들의 저술, 온갖 형태의 기도에 대한 수도원적 교리와 체험, 거룩한 전례(성찬), 그리고 『필로칼리아』에 요약되어 있는 수덕적인 생활방식 등—은 20세기 말의 신학과 실질적 이상에 영향을 주었다. 이것은 세계교회협의회(World Council of Churches)의 작업과 예배, 그리고 특히 신앙과 직제 위원회의 문서들 안에 잘 나타나 있다. 알렉산더 슈메만(Alexander Schmemann)을 비롯한 여러 사람들은 서방의 스콜라적인 신앙이 정교회 신앙에 사로잡힌 것에 대해 이야기했다.[5] 동방 영성의 특성은 제3부에서 다루어진다.

정교회는 그 자체의 문화적이고 민족적인 차이점들 안에서 엄청난 과업을 대면하고 있다. 그러나 교회 전체와 모든 신자들의 영성을 위한 종말론적인 이상이 회복되어 서방 교회들에게 제공되고 있다. 여기에서 세상에서의 종말론적인 삶의 생생한 실체와 문화를 변화시키기 위해 하나님께서 자신을 주시는 신비의 능력이라는 주제는 정교회 영성의 우주적 차원의 핵심에 놓여 있다. 하나님의 자기-제공이라는 중재 안에 있는 심오한 문화적 차이점들을 존중하면서 서방 전통과 동방 전통 간의 진정한 공유가 가능한지의 여부는 아직 해결되지 않은 문제이다. 이 책에 기고한 저자들이 살아 있는 동안, 우리는 더 큰 발달을 보아야 하지만, 종말에 미치지 못하는 이 문제의 교회적인 해결은 보지 못할 것이다. 그러나 이 책을 주의깊게 읽음으로써, 우리는 자신의 얽히고 복잡한 영성의 역사를 통해서 보다 깊은 기독교인 삶의 발달과 아직 태어나지 않은 세대들을 위한 교훈들을 배울 수 있다.

Louis Dupre
Don E. Sailers

주

1) Michel de Certeau, *La fable mystique* (Paris: Gallimard, 1982) 25.
2) *Tractatus de Deo et Anima Vulgaris* (1457) *Supplementum Ficiniamum* 11: 47.
3) John Henry Newman, *A Grammar of Assent* (Garden City, NY: Doubleday, 1955) 39.
4) Jill Raitt, "Saints and Sinners: Roman Catholic and Portestant Spirituality in the Sixteenth Century," *Christian Spirituality: High Middle Ages and Reformation,* ed. Jill Raitt et al. (World Spirituality 17; New York: Crossroad, 1987) 462.
5) Alexander Schmemann, *Introduction to Liturgical Theology,* trans. Asheleigh Moorhouse (London: Faith Press, 1966) 9-27; and especially his *For the Life of the World* (New York: St. Vladimir's Press, 1973).

참고문헌

원전

Classcics of Western Spirituality. Edited by Richard J. Payne and John Farina. New York: Paulist Press. 1978-. 50+ vols.

Migne, J.P. ed. *Patrologiae cursus completus. Series graeca.* Paris: J. P. Migne, 1857-66. 161 vols.

Migne, J.P., ed. *Patrologiae cursus completus. Series Latina.* Paris: J. P. Migne, 1844-64. 221 vols. and 4 index vols.

연구서

Bouyer, Louis. Jean Leclercq, and François Vandenbroucke. *A History of Christian Spirituality*. 3 vols. New York: seabury, 1982. Vol. 1, *The Spirituality of the New Testament and the Fathers*. Vols. 2, *The Spirituality of the Middle Ages*. Vol. e, *Orthodox Spirituality and Protestant and Anglican Spirituality*. The original French edition of this series also includes Louis Cognet, *La spiritualité moderne* as part 2 of vol. 3 (Paris: Aubier, 1966).

Cross, F. L., and E. A. Livingstone. *The Oxford Dictionary of the Christian Church*. 2nd ed. Oxford: Oxford University Press, 1974.

[*Dict. Sp.*] *Dictrionnaire de spiritualité ascétique et mystique doctrine et histoire*. Edited by Marcel Viller, assisted by F. Cavallera, J. de Guibert. Paris: Beauchesne, 1937-.

Dizionario degli Istituti de Perfezione. Rome: Deizione Paoline, 1974-.

The Westminster Dictionary of Christian Spirituality. Edited by Gordon S. Wakefield. Philadelphia: Westminster, 1983.

제1부

로마 가톨릭 교회의 학파와 운동들

제1장
초기제수잇 영성:
스페인과 이탈리아

존 오맬리(John O' Malley)

이그나티우스 로욜라(Ignatius Loyola)의 생애에 대해서는 잘 알려져 있으며, 여기에서는 그 중 일부만 간단히 취급하려 한다. 그는 1491년 스페인 북부 로욜라의 귀족 가문에서 태어났으며, 기사 교육을 받았다. 그는 팜플로나(Pamplona) 전투에서 입은 오른 쪽 다리 부상으로 1521년, 군인 생활에 종지부를 찍었다. 그는 요양하는 동안 중세의 책인 루돌프 색소니(Ludolph of Saxony)의 『그리스도의 생애』(*Life of Christ*)와 야코보 다 보라진(Jacopo da Voragine)이 저술한 성인전 『황금의 전설』(*Golden Legend*)을 읽으면서 종교적 회심을 했다.

그 후, 그는 1년 동안 만레사(Manresa)에서 기도와 고행의 생활을 했다(1522-1523). 그곳에서 그는 영적인 외로움과 시험을 경험했지만, 깊고 신비한 통찰도 경험했다. 아마 이 시기에 『영성훈련』(*Spiritual Exercises*)의 핵심을 작성한 듯하다. 즉 다른 사람들에게 도움을 주기 위해 그 자신의 종교적 순례를 객관화하여 기록한 듯하다. 영적 사역에 종사하기를 원했던 그는 공식적인 신학교육이 필요하다고 확신했다. 그래서 1524년부터 1528년까지 몇몇 도시에서 수학한 후에, 파리 대학에서 7년 동안 지냈다(1528-1535).

이 기간 동안, 그는 많은 경건한 학생들에게 『영성훈련』 과정을 지도했다. 결국 파리에서 그의 주위에 모인 동료들은 앞으로 창설될 새로운 교단의 핵심이 되었다. 1537년에, 로욜라와 그의 동료들은 이탈리아로 갔고, 1540년에 교황 바울 3세는 그들을 하나의 종교적 교단, 예수회(Society of Jesus)로 인정했다. 초대 총장은 이그나티우스였다. 1548년에 교황 바울 3세는 『영성훈련』을 승인했고, 그럼으로써 후일 최종 완성판으로 발전될 원문이 확정되었다. 한편 이그나티우스는 교단의 설립 규약(Constitutions)을 작성했는데, 그것은 그 당시에 알려져 있는 것들 중에서 가장 철저하고 체계적인 것이었다. 그는 말년에 동료인 루이스 곤살베스(Luís Gonçalves)에게 자신의 생애에 대해 말하라는 권면을 받았지만, 1538년의 사건들까지만 이야기했다. 그 이야기의 세부 내용은 간단하고 빈약하지만, "순례자" 이그나티우스에 대해서, 그리고 특히 그의 동기와 신비 체험들에 대해서 상당히 많은 정보를 제공한다. 그 문서들 및 그의 영적 일지, 그리고 7,000이 넘는 편지들을 토대로 우리는 그의 종교적인 메시지를 재구성한다. 그는 1556년 7월 31일에 로마에서 세상을 떠났다.

로마 가톨릭 교회 내의 다른 교단들의 창시자들과 마찬가지로, 로욜라는 예수회와 현대 가톨릭 신앙의 영적 전통에 지울 수 없는 흔적을 남겼다. 그러나 로욜라의 영향은 많은 다른 창시자들의 영향보다 강했다. 그는 파리에서 학생으로 공부하는 동안, 이미 동료들에게 한 달에 한 번 이상 그의 지도 하에 영성훈련을 하라고 권면함으로써 제수잇 교단을 발달시켰다. 그 후에 교단에 입회한 사람들도 모두 동일한 훈련을 하도록 규정했다. 이그나티우스는 자신이 초기에 종교적인 탐구를 하는 동안 경험한 것과 비슷한 종교 체험과 회심을 다른 사람들이 하도록 유도하기를 원했다. 아우트램 에브넷(H. Outram Evennett)은 다음과 같이 말했다: "어떤 의미에서 『영성훈련』은 이그나티우스의 회심과 의도적인 삶의 변화 과정을 체계화하고 비신화화한 정수였으며, 다른 사람들에게서도 비슷한 변화를 이루려는 의도를 지녔다."[1)

영성훈련 프로그램을 지도하는 사람들을 위한 지침서인 『영성훈련』

은 네 주간, 혹은 네 부분으로 나뉜다. 첫 주간은 삶의 목적, 죄의 가증함, 회개의 필요성과 감미로움 등에 대한 고찰이 제시된다. 둘째 주간은 "그리스도의 나라"에 대한 묵상과 더불어 시작되며, 그 다음에 그리스도의 성육신과 마지막 날까지의 삶에 대한 일련의 묵상이 이어진다. 셋째 주간은 그분의 고난과, 죽음을 묵상한다. 마지막 주간에는 부활하신 주님의 출현과 그와 관련된 사건들을 묵상한다. 이러한 묵상 외에도, 이 책에는 피정자와 지도자들을 위한 많은 명령; 금식이나 구제 등에 대한 지침들; 그밖에 여러 가지 고찰이 포함되어 있다. 이 책은 우선적으로 영성 교리 해설집이 아니라 한 사람의 인생과 기독교의 중심이 되는 신비들에 관해 한 달 이상 반성하기 위한 상세한 프로그램이다. 그것은 "회심을 위한 처방"[2]이라고 불려왔는데, 이는 어느 정도 정확한 표현이다. 그 책의 중요한 부록에는 몇 종류의 "규칙"이 있다. 그 중 하나는 "영 분별"(313-36)에 관한 것인데, 거기서 이그나티우스는 영적인 위로와 외로움의 움직임에 관한 지침을 제공한다. 이 지침들은 많은 연구의 대상이 되어왔으며, 일반적으로 이 책에서 가장 통찰력 있는 부분들 중 하나로 간주된다. 여기에서 우리는 저자의 영적 여행과 유혹들, 그리고 그가 영적 성장에서 경험한 확증들을 어렴풋이 파악한다. 게다가 제수잇 영성에서 "위로"의 역할과 제수잇회의 사역 목표인 위로의 역할은 아무리 강조해도 지나치지 않을 것이다.

『영성훈련』의 또 다른 부록은 "교회와 함께 생각함"(352-70)을 위한 규칙들이다. 이 부록은 에라스무스와 개신교 종교개혁자들의 사상에 대한 로욜라의 혐오감을 반영하며, 『영성훈련』을 교회적인 상황 안에 확고히 둔다. 여기에서 우리는 로욜라의 견해에 의하면 참된 영성은 보다 큰 종교 공동체의 구성원이라는 의식 및 그 공동체의 객관화된 전통들에 어긋나는 생각은 검증되어야 한다는 의식 위에 세워져야 했다는 것을 알 수 있다. 종종 편협한 로마 가톨릭 교회의 의미로 해석되기도 하지만, 이 규칙들은 그다지 엄격하게 읽지 않아도 된다.

『영성훈련』의 개념과 지시와 이미지들은 분명히 기독교의 영적 전통 안에 있으므로, 그 원천을 찾으려는 탐구는 그 사상들의 지극히 평범한 본질 때문에 좌절되어 왔다. 그러나 대부분의 주석가들은 신경건주의(dovotio moderna)와의 직접적인 관계가 있다는 데 동의하며, 실제로 이그나티우스는 중세 후기 전통의 주요 문서인 『그리스도를 본받아』(The Imitation of Christ)를 특히 좋아했다. 『영성훈련』의 과정을 행하는 사람들에게 복음서 외에 추천하는 유일한 책이 『그리스도를 본받아』이다(100).

『영성훈련』은 평범한 전거들을 의존하고 있음에도 불구하고, 두 가지 특징 때문에 이 책은 기독교 영성사에서 가장 중요한 문서들 중 하나가 되었으며 특별한 설득력을 지닌다. 그 한 가지 특징은 거기서 제시한 목적—"자신의 정복하며, 결정을 하는 데 있어서 무절제한 감정의 영향을 받지 않고 생활을 정리하는 것"(21)—성취를 목표로 하는 분명한 의도이다. 그와 같은 목적의 명료성 때문에, 그 책은 노련한 지도자 밑에서 특별히 능력있는 것으로 증명되는 심리적 활력을 제공했다. 비록 이그나티우스가 진술한 목적은 스토아적이고 이성주의적인 것처럼 보이지만, 그것은 논리학보다는 감정들의 활성화에 의해서, 특히 중요한 묵상들과 고찰들을 통해서 증진된다. 여기서 특히 중요한 것은 "두 개의 깃발"—그리스도의 깃발과 사탄의 깃발—에 대한 묵상, 그리고 "세 가지 유형의 사람들"(149-57)과 "세 종류의 겸손"(165-68)에 관한 묵상이다. 이 훈련을 하는 동안에는 특히 관대함과 높은 신분에 따르는 도덕상의 의무(noblesse oblige) 의식을 향한 피정자의 갈망에 호소한다. 그러므로 로욜라의 천재성은 심리학적 조직에 대한 의식에 있다. 그는 말을 삼가는 간결한 문체, 그리고 외관상 공통점이 없는 많은 요소들을 사용하여 하나의 과정을 만들었는데, 그 후 세대들은 그 과정을 통과하면서 신적인 것과의 친밀함을 향한 내적인 부름에 새로운 방법으로 응답할 준비를 갖추었다.

그러나 로욜라가 제공하는 과정과 관련하여 특히 놀라운 것은 그것이 지닌 비규범적(nonprescriptive) 특성이다. 그것이 특별한 관심을 기울여야 할 이 책의 두번째 특징이다. 로욜라가 영성훈련을 하는 동안에 발생하기를 기대한 것을 가장 잘 표현한 부분은 피정 지도자는 "창조주가 피조물과 더불어, 또 피조물이 자기의 창조주와 더불어 직접 행동하도록 허락하라"(15)고 충고한 부분이다. 이그나티우스는 하나님의 직접적인 감화를 깊이 확신하고 있었다. 그는 자신이 처음 회심할 때에 하나님의 직접적인 감화를 경험했다고 느꼈다. 영성훈련의 주된 목적은 그러한 감화를 수용하는 것을 촉진하며, 후일 피정자의 삶을 지도하는 데 유효한 것이 되게 하는 데 있다. 비록 로욜라 자신의 경험은 공식적으로 영성훈련의 구조를 위한 실용적인 것이었지만, 그는 하나님께서 모든 사람들 동일한 길로 인도하신다고 믿는 것이 가장 큰 잘못이라고 주장했으며, 그 책에 수록된 항목과 지침들 안에 영적인 자유를 위한 넉넉한 공감을 마련하려고 노력했다.

요약해서 말하자면, 『영성훈련』과 제수잇 영성은 그 표현과 논거에 있어서는 합리적이지만, 바른 감성(affectivity)과 깊이 관련되어 있으며, 각 부분들의 조직에 있어서는 논리적이지만 그 움직임과 의도는 매우 심리학적이며, 기도와 영적 분별에 도움을 제공하는 데 있어서는 방법론적이지만 그 기본 전제인 직접적인 신적 개입을 위해 예견하는 결과에 있어서는 매우 비규범적이다.

그럼에도 불구하고 그 책이 지적하는 목표는 매우 분명하다: "선택" (election), 하나님을 위해 더 많이 섬기고 찬양하기 위한 삶의 정돈. 여기에서 이그나티우스 영성의 또 다른 본질적인 구성 요소가 나타난다. 이 근본적인 요소를 가장 잘 표현하는 단어는 "섬김"(service)이다. "그리스도의 나라"에 관한 묵상(91-99)에서, 훈련자는 "영원하신 왕이시요 만민의 주를 섬기는 것에 관련된 모든 것에서 두드러지게 행하라"는 요구를 받는다. 이 묵상이 위치하는 기사의 이미지(knightly imagery)와 문맥 때문에 그것이 호소하는 초문화적(transcultural) 본질이 감소되지는 않는다. 조셉 길버트(Joseph de Guilbert)는 이러한 고찰을 토대로 하여, 이그나티우스의 방법은 근본적으로 "섬김의 영성"(spirituality of service)이라고 묘사한다.[3]

로욜라는 처음 회심하는 순간부터 도미니크와 프랜시스와 같은 성인들의 위대한 행위에 매력을 느꼈다. 그는 "그들이 그처럼 탁월하게 주님을 섬길 수 있었는데, 나라고 그렇게 하지 못할 이유가 없지 않는가?"라고 거듭 자문하곤 했다. 특히 만레사에서 피정한 다음에, 로욜라는 "위대한 행위"를 사람들을 돕기 위한 말씀 사역으로 구체화했다. 처음에는 이 말씀 사역은 경건한 사람들과 "하나님의 일"에 대해 나누는 비공식적인 대화에 불과했다. 곧 그는 주위에 모인 작은 집단들에게 설교하기 시작했고, 이어 영성훈련을 통해서 개인들을 지도하기 시작했다. 따라서 처음부터 제수잇회의 영적 교리는 사역과 관련되어 있었으며, 어느 정도는 사역에 종속된 것이었다. 우리는 이그나티우스에게서 기독교 영성사에서 최초로 이러한 관계를 강력하게 표현한 것을 발견한다. 이그나티우스는 편지와 교단을 위한 법 제정을 통해서 그것에 대한 많은 실질적인 해석을 제공한다. 그가 단행한 초대 교회와 중세 시대의 수도원적 전통들과의 극적인 결별이 무엇인지 우리는 이해하기 어려우며, 아마 이그나티우스 자신도 이해하기 어려웠을 것이다. 그가 동료들과 함께 교단을 세우기로 결정하기 전에는 그에게 수도원 생활이나 기존의 수도원적 수행 경험이 없었다는 것이, 종교 생활에 대한 그의 새로운 사고 방식에 영향을 미쳤을 수도 있다.

제수잇 회원들이 성무일과를 합창으로 찬미하는 것을 허락하지 않은 것은 그것을 보여 주는 가장 극적인 상징이다. 그의 시대에, 이 관습은 종교적인 교단에서의 삶에 매우 중요한 것이었기 때문에, 많은 사람들은 그것을 하지 않고서는 제수잇회가 종교적인 교단이 될 수 없다고 생각했다. 이그나티우스와 그의 추종자들을 아주 상세한 부분까지도 가톨릭 교회의 전통에 일치하려 했고, 교황으로부터 새 교단의 승인을 받으려고 노력했지만, 이 점만은 양보하려 하지 않았다. 그는 그것이 그의 영성의 질서를 유지하는 방법에 관한 그의 이상(vision)의 전조로 여겼다. 그의 영성은 "섬김", 사역의 명령을 받았으며, 그러한 명령을 방해하는 모든 것, 예를 들면 하루에 여러 차례 합창에 참석해야 하는 의무 등은 배제되어야 했다.

교단의 젊은 회원들을 교육하는 일에 대한 몇 가지 중요한 가르침에서, 이그나티우스는 그들의 기도 시간과 수덕적 수행을 하는 시간을 주의 깊게 조절함으로써 그것들이 사역을 위한 직접적인 교육에 방해가 되지 않게 해야 한다고 주장했다. 그가 꿈꾸었던 것은 사역과 영성의 상호관계로서, 회원들은 그 둘을 분리하여 생각할 수 없었다. 이러한 이상을 매우 감동적으로 표현한 것은, 제수잇 회원들은 단지 기도 안에서나 수도원의 절제된 고요 안에서, 또는 수실의 독거 안에서 뿐만 아니라 "만물 안에서 하나님을 발견해야 한다"는 권면이다(*Constitutions* 288).

그의 제자들 중에서 제롬 나달(Jerome Nadal, 1507-1580)은 "활동하는 관상자"(contemplative in action)[4]라는 표현을 사용하여 이 사상을 분명히 표현했다. 로욜라의 사상을 반영하고 있는 나달의 사상에는 관상과 사역의 동시대성, 또는 상호 관계성이 함축되어 있다. 나달이 자신의 주장을 효과적으로 예증한 것들 중 하나는 교단 회원들의 거주에 관한 묘사이다. 그들의 "가장 완전한 거처는 그리스도를 위해 죽어가는 잃은 양들을 얻기 위해 순례하거나 여행하는 데에 있다."[5] 이것은 수도사들이 자신이 들어간 수도원 경내에서 일생을 보내기로 약속하는 전형적인 수도서원과 극적인 대조를 이룬다. 이러한 나달의 주석은 이그나티우스가 『규약』(588)에서 제수잇 회원들은 사역을 위해서라면 항상 어디로든지 여행할 준비가 되어 있어야 한다고 요구한 것에 설득력을 부여해 준다. 로욜라가 애독하던 책 중 하나인 『그리스도를 본받아』에서는 여행을 많이 하는 사람은 거룩함을 얻기를 기대할 수 없다고 경고했다. 이그나티우스는 이 격언을 바꾸어 제수잇 회원은 사역과 관련된 순례에 종사함으로써만 자기 소명에 합당한 성화를 획득하기를 기대할 수 있다고 주장했다.

이 조항의 기초 역시 섬김의 이상이다. 달리 표현하면, 그것은 사람들의 필요를 위해 사용될 수 있음의 이상이었다. 예수회에서는 이 이상을 서약을 하고 교단에 들어간 회원들이 교황에게 하는 네번째 순종의 서원에 의해서 제도화했다. 로욜라는, 보편적인 지도자인 교황은 목회적 보살핌이 가장 필요한 곳에 대한 큰 이상을 가지고 있다고 이해했다. 제수잇 회원들은 이러한 필요를 충족시키기 위해서라면 교황의 처분에 따르려 했다. 이것이 교단 최초의 회원들이 이해한 서원의 목적이었으며, 또한 이그나티우스 영성에 스며들어 있는 사역 의도에 안전하게 들어맞는다. 나달은 이 서원에 관해 해설하면서, 제수잇 회원들은 사역자들이 없는 곳, 아무도 사역하기를 원하지 않는 곳으로 파견되어야 하되, 자신의 개인적인 편이나 기호와는 상관없이 행해야 한다고 주장한다.[6] 그리하여 자신의 무절제한 성향들을 억제하기 위해 스스로 행하는 금욕생활에 의존하는 것이 아니라, 평범한 사람들의 세상에서 그들의 규율이 없는 욕구나 요구와 관련하여 사역의 이상에 전적으로 헌신함으로써 가해지는 엄격함과 곤경에 의존하는 새로운 금욕주의가 등장하기 시작한다.

이것은 우리를 이그나티우스의 경건이 지닌 "세상을 긍정하는" 특성으로 인도해 준다. 이 표현은 자칫하면 초자연적인 것과의 타협, 또는 그 반대되는 것에 굴복함을 암시하는 것처럼 해석될 수 있기 때문에 위험하다. 그러한 해석은 로욜라가 자기의 내면에서의 거룩한 작용에 대해 경험했으며 다른 사람의 내면에서 이루어지기를 원한 모든 것과 정반대가 될 것이다. 그럼에도 불구하고, 그 용어는 인간적인 현실과 그에 따르는 우발적인 사건들에 참여하는 것, 그리고 이그나티우스와 그의 경건의 특징이었던 인간의 가치에 대한 긍정적인 이해를 조명해 준다.

실제로, 만레사에서 지내던 시절부터 이 문제에 관한 로욜라의 사상이 점진적으로 발전한 것을 추적할 수 있다. 만레사에서는 엄격한 금욕주의, 폐쇄적인 은둔생활을 향한 소원, 동료들의 비위를 맞추게 하는 모든 것—심지어 청결함이나 깔끔한 외모까지—에 대한 혐오감이 두드러졌다. 이것은 제자들에게 기도처럼 하나님을 섬기는 초자연적인 수단을 중시하면서도 사역의 증진을 위해 시간적으로는 환경적으로 제공되는 자연적인 모든 수단을 사용하라고 권한 후일의 이그나티우스의 모습과는 확실히 다르다.

이와 같은 자연적인 것과 초자연적인 것의 화해의 신학적 근거는 파리에서 아퀴나스에 대해 연구한 데 있는 듯하다. 이 위대한 스콜라 학자는 "은혜는 자연을 기초로 하여 세워진다"는 원리에 동의했으며, 그것을 자신의 체계 안에서 충분히 표현했다. 그러나 그것의 참된 기원은 그의 초기의 신비 경험과 관련된다. 그렇더라도, 이 화해 의식에 대한 로욜라의 가장 고귀한 표현은 『영성훈련』 제 4주 마지막 부분의 "하나님의 사랑을 얻기 위한 관상"(230-37) 안에 있었다. 여기서 수련자는 "만물은 하나님의 선의 창조물이이요 그것을 반영하는 것"이라고 본다. 그는 이 심오한 종교적 진리를 소중히 음미하라는 권면을 받는다. 그리하여 이그나티우스는 기독교의 금욕주의 전통을 중세 시대 영성의 특징이었으며 신경건운동(*devotio moderna*)에서도 현저하게 발견되었던 *contempus mondi*의 이상에서부터 이동시켰다. 그는 신경건운동에서 어느 정도 감화를 받았었다.

이 신학적 통찰은 중세 시대의 아퀴나스의 체계와 상호관련될 수도 있지만, 일반적으로 초기 제수잇회의 활동 무대였던 이탈리아의 르네상스의 종교적 문화의 한 가지 측면과 상응했다. 특히 16세기의 교황청에서는, 인문주의 운동의 영향을 받은 설교자들의 무리가 교회와 국가의 공적인 삶에 있어서 수도원 밖에서 생활하는 사람들을 위한 "섬김"의 경건과 비슷한 방식을 제정했다. 이 경건 역시 크게 세상을 긍정하는 것이었다. 이 중요한 현상에 대해서는 다른 곳에서 상세히 언급한 적이 있지만,[7] 그것과 최초의 제수잇 회원들 사이에 어떤 방법으로든 영향력이 작용했다는 분명한 증거는 발견하지 못했다. 그러나 그것은 이그나티우스의 체계가 중세 시대에 뿌리를 두고 있음에도 불구하고 주장하는 중세 시대와의 결별을 보다 깊이 입증해 주며, 그 체계가 예수회 초기에 많은 사람들에게 인기가 있었던 이유를 암시해준다. 그것은 시대와 조화를 이룬 것이었다.

이그나티우스의 영성과 16세기의 종교 문화와의 또 하나의 상호관계가 가능하다; 이번에는 하나의 영향력의 흐름을 확실히 감지할 수 있다. 루터의 이신칭의 교리는 가톨릭 신자들로 하여금 이 문제에 관한 그들의 전통을 전보다 세심하게 탐구하도록 했다. 1547년 트리엔트 공의회 제4차 회기에서 그 문제를 다루면서, 가톨릭 신학자들은 루터파에서 가톨릭 교회의 가르침을 비난했다는 펠라기우스주의와 반-펠라기우스주의의 위험을 의식하게 되었다. 그 공의회에서는 전통적으로 펠라기우스파의 것이라고 간주되어온 자력 구원(save yourself)의 교리를 지지하는 듯이 보이는 규정들을 피하려 했지만, 동시에 칭의의 과정에서 인간의 협력의 필요성을 강조했다. 대중적인 방법으로 해석해 보면, 이것은 은혜의 본질적이고 예방적인 역할을 주장하면서도 구원을 얻는 데 있어서 자유의지의 역할을 강조한 것을 의미한다.

로욜라는 『영성훈련』 중 "선행과 자유의지가 등한시되지 않는 한도에서 은혜에 대해 말하라고 충고하는 부분에서 이 문제를 제기한다 (369). 초기 제수잇 회원들은 트리엔트 공의회 내에서는 이 문제에 관한 논의에 관여했으며, 공의회 외부에서는 그 문제에 관한 논쟁에 관여했다. 루터파에서 자유의지를 부인했기 때문에, 제수잇에서는 특히 그것을 강조했다. 16세기에 개신교도들과의 논쟁에서 제수잇이 이것을 강조한 것과 1세기 후에 *De Auxiliis*라고 불리는 논쟁에서 동일한 문제들에 관해 도미니크 수도회에 대한 그들의 입장 사이에는 직접적인 관계가 있다.

이것이 제수잇 영성을 위해 의미하는 것은, 그것이 분명히 활동주의적 특성을 소유하는 경향을 띠었으며, 에브넷이 역종교개혁의 특성으로 발견한 활동주의적 경건을 증진하는 데 도움을 주었다는 데 있다. 에브넷이 요약한 것을 인용해 보면 다음과 같다: "역종교개혁의 영성은 삼중의 제휴, 즉 은혜와 칭의에 관한 트리엔트 공의회의 정통적 가르침, 적극적인 선행을 촉구하는 그 시대의 실질적인 경향, 그리고 이러한 견해를 촉진한 금욕적 가르침과 실천에서의 새로운 발달에서 솟아났다."[8] 그 중 마지막 요소인 "새로운 발달"은 특히 로욜라가 발달시킨 영성의 특색이었다.

이 활동주의적인 특성은 초기 제수잇 회원들이 착수한 다양하고 활동적인 사역 안에 나타났다. 즉 고아들과 창녀들, 죄수들, 환자들을 상대로 한 자비의 사역, 그리고 특히 학교에서의 사역과 설교 등에 나타났다. 트리엔트 공의회에서는 성례전적 사역을 강조했고 제수잇회에서는 그것을 증진했지만, 제수잇 설교자들이 처음부터 자주 성찬을 받고 보속을 행할 것을 강조한 것은 어떤 형태의 "말씀 사역" 안에 놓여 있었다. 이러한 일반적인 관심을 일으키게 된 동기는 복합적이며, 로욜라, 루터, 칼빈 등의 위대한 지도자들의 개인적인 일대기와 밀접하게 관련되어 있다. 그러나 그 유인들 중 일부는 인쇄기의 발명, 고대의 본문들을 복구하려는 인문주의자들의 새로운 관심, 수사학 및 교실이나 강단이나 대중적인 광장에서의 구두 의사소통과 관련된 학문들 등에서 기인한다. 말―인쇄된 것과 구두로 된 것, 인간적인 것과 신적인 것―은 그 시대의 지적이고 영적인 삶을 위한 새로운 초점으로 등장했다.

제수잇의 말씀 사역은 여러 가지 형태, 특히 지극히 전통적인 설교 형태를 취했다. 그러나 이러한 형태 속에서도, 그들의 사역은 독창적이라고까지 할 수는 없지만 주목할 만한 상상력과 활력을 나타냈다. 그들은 교회의 강단에서 뿐만 아니라, 병원, 감옥, 여인숙, 시장에서도 설교했다. 이그나티우스는 자기 교단 사람들은 어디로 가든지 이 사역을 해야 한다고 주장했으며, 예리한 관심을 가지고 그들의 노력을 지켜 보았다. 이그나티우스 시대의 제수잇 회원인 후앙 라미레즈(Juan Ramírez)와 프란체스코 보르지아(Francesco Borgia)는 설교 방법에 관한 논문을 저술했다.

제롬 나달은 다양한 형태의 말씀 사역에 관한 중요한 권면을 남겼다.[9] 특이하게도 이그나티우스와 나달은 개인이나 집단을 대상으로 한 하나님의 일에 대한 비공식적인 대화를 강조했다. 나달은 이 일을 효과적인 것으로 만드는 방법에 관한 현명한 지침들을 제공한다.

제수잇 회원들의 공식적인 설교 내용에 대해, 우리는 원하는 만큼 분명한 정보를 가지고 있지 못하다. 로욜라는 필요에 따라 "이단자들의 오류들"을 논박할 것을 원했지만, 이단자들을 정면으로 대결하여 논쟁하는 것보다는 사랑과 선한 모범을 보여 주는 것이 그들을 납득시키는 보다 강력한 수단이 될 것이라는 경고를 곁들였다. 그는 종종 회원들에게 말에 의해서, 그리고 모범을 보임으로서 설교하라고 가르쳤다. 기독교 전통에서 자명한 이치인 이 말과 행동의 연결은 16세기에 인문주의자들에 의해 부흥했다. 그러나 이그나티우스가 그 둘을 지속적으로 결합하여 거의 동일시했다는 점에서 볼 때, 그 둘은 특별한 중요성을 지녔던 듯하다. "모범"은 사람들의 정신에 직접적으로 전해지는 메시지가 아니라 그들의 감성과 고귀한 갈망에 전해지는 메시지이며, 행동도 의지한다. 로욜라는 평생 동안 이것에 관심을 가졌으며, 모든 말씀 사역이 그것을 지향하기를 기대했다.

내가 말하고자 하는 요점은, 어느 면에서 논쟁이 지적인 특색이었으며 교리적 차이점 때문에 크게 시끄러운 시대에, 로욜라는 실질적으로 그러한 논쟁에 초연한 태도를 나타냈다는 것이다. 그의 관심은 다른 곳에 있었으며, 또 그 시대의 많은 지도적 인물들과는 다른 방법으로 "교리"를 이해했다. 그의 견해에 의하면, "기독교 교리"는 우선적으로 덕과 기도와 회개와 회심을 다루고, 그 다음에 "위로"—삶의 개혁—를 다루었다. 루터는 칭의에 대한 바른 사유와 설교야말로 본질적으로 세상이 필요로 하는 것이라고 주장했다. 로욜라에게 있어서 중심이 되는 문제는 특정한 감정들을 보존하고 육성하는 일반적인 영성에 기초를 둔 올바른 삶과 사랑이었다. 이 주장은 『영성훈련』의 기본적인 특성과 강조점과 완전히 일치한다. 『영성훈련』의 목적은 "생활의 정리"였다(21).

제수잇의 말씀 사역의 가장 특징적인 형태는 영성훈련을 통해 신실한 사람들을 지도한 것이다. 이 일을 하기 위해서는 꾸준히 성경 본문을 의지해야 했다. 왜냐하면 그 책에 수록된 대부분의 묵상은 그리스도의 삶의 어떤 측면을 다루기 때문이다. 이러한 묵상을 행하면서, 피정자는 구주의 행위를 대면했으며, 같은 방식으로 응답하라는 요청을 받았다. 왜냐하면 그리스도께서 "나를 대신하여 모든 일"을 행하셨기 때문이다(116). 피정자는 "하나님의 부르심에 대해 귀머거리가 되지 말고, 부지런하고 신속하게 그분의 지극히 거룩하신 뜻을 완수하라"는 권면을 받는다(91). 여기에서 권하는 것은 그리스도의 사역과 고난과 영광에 동참하는 동반자 의식—로욜라가 자기 교단을 위해서 "Compania di Gesù"라고 주장한 명칭에 암시되어 있는 동반자 의식이다.

피정자에게 계속 질문이 주어진다: "나는 그리스도를 위하여 무엇을 하였는가, 무엇을 하고 있는가, 또 무엇을 해야 하는가?"(53). 이 질문들도 이그나티우스 영성의 활동적이고 역동적인 본질을 지적해 준다. 수도적 관상의 평정과는 대조적인 이 활력을 로욜라는 여러 가지 방법으로 지적했지만, 그가 가장 사랑한 표현은 "보다 큰 하나님의 영광"이었다. 이 표현은 수도회의 『규약』(Constitutions)에 무수히 등장한다. 비교급인 "보다 큰"은 만족하지 못하고 끝없이 추구함을 암시한다. 이것이 주석가들이 종종 주목해온 바 이그나티우스가 중요하게 여긴 것 ("mas," "magis," "more")이었다.

이그나티우스에게 있어서 이 "보다 중요한 것"(more)은 한층 더 크고 후하게 하나님의 뜻과 은혜에 헌신하는 것이다. 『영성훈련』 중 "거룩한 사랑을 얻기 위한 관상"의 끝 부분에서 로욜라가 피정자를 위해 지은 기도문에는 이성인에 대한 깊은 동경이 소중히 보호되어 있다: "주여, 나를 받으소서. 나의 모든 자유와 나의 기억력과 지력과 모든 의지와 내게 있는 것과 내가 소유한 모든 것을 받아들이소서. 당신이 내게 이 모든 것을 주셨나이다. 주여, 그 모든 것을 당신께 도로 드리나이다. 모든 것이 당신 것이오니, 온전히 당신 의향대로 그것들을 처리하소서. 내게는 당신의 사랑과 은혜를 주소서. 이것이 내게 족하나이다"(234).

로욜라는 신께 대한 이러한 복종을 탁월하게 성취했다. 그는 장년이 되어 생활하는 동안 내내 깊은 신적 임재 의식을 경험했는데, 그 때문에 종종 위로와 기쁨의 눈물을 흘렸다. 그의 신관(神觀)은 삼위일체의 거룩한 세 위격인 성부와 성자와 성령의 개성에 대한 강력한 의식을 지닌 기독교 교리에 의해 상술된다. 그의 개인적인 신비주의가 지닌 삼위일체적 측면에 대해 많은 연구가 이루어져 왔다. 그러나 여기에서는 이그나티우스 영성의 활력의 원천은 그의 존재 내에 활동하시는 거룩한 활동 안에서 발견된다는 점을 강조해야 한다. 그것은 스스로 유도한 강박감이나 단순히 외부 행위 수정을 위한 충동의 결과가 아니었다. 그는 성인이었다. 그 시대에도 그를 대하는 사람은 그가 하나님과 연합한 사람임을 분명히 알았으며, 그 때문에 그는 존경을 받았다.

안타깝게도, 그 교단이 육성한 영성에 대해서는 항상 이와 동일한 말을 할 수는 없다. 이그나티우스의 초기 동료들은 그와 아주 가까웠기 때문에 그가 지시하는 것을 핵심을 이해했다. 이그나티우스가 『영성훈련』에서 "사랑은 행동으로 나타나야 한다"(230)고 말했을 때, 그들은 그것이 저속한 의미를 나타내는 것이 아님을 알고 있었다. 그럼에도 불구하고, 덕행의 실천을 강조한 것, 죄 고백과 "삶의 개혁"을 중시한 것, 그리고 이그나티우스의 저술에서 제수잇 동료들에게 순종의 실천을 촉구한 것 등은 성인의 진정한 의도와는 거리가 먼 도덕주의와 행위주의로 이어질 가능성이 있었다.

1609년에 스페인의 제수잇 알롱소 로드리게즈(Alonso Rodríguez, 1526-1616)가 출판한 *Ejercicio de perfeción y virtutes cristianas*라는 책은 교단의 영성에 대한 피상적이고 절충적인 이해를 보여준다(이 책의 저자를 제수잇 평신도 수사인 St. Alfonso Rodríguez[1531-1617]과 혼동해서는 안된다). 로드리게즈는 여러 해 동안 수련수사들을 지도하는 교사로 있으면서, 교단의 신입회원들의 최초의 영성 훈련을 맡았다. 원래 그가 자신의 사상들을 전해 주려 했던 청중들은 분명히 그의 책을 제대로 이해했겠지만, 실제로 그는 스페인의 여러 도시에 있는 제수잇 공동체들에게 준 많은 권면들을 토대로 하여 이 책을 저술했다.

그 책은 3부로 이루어져 있고, 각 부에는 세 개의 논문이 포함되어 있으며, 결코 체계적인 계획을 따르지 않는다. 기도, 고행, 침묵, 기타 그와 비슷한 일들에 대한 실질적인 권고나 덕행을 제시하는 데 있어서, 그 책은 기독교 금욕주의의 주류를 의지한다. 로드리게즈는 존 카시안(John Cassian), *Vitae patrum*, 성인들의 전기 등에서 많은 일화와 본보기를 인용하여 자신의 요지를 예증한다. 기이하기도 하고 재미있기도 한 이 예화들은 저자가 영성을 전통적인 실용주의로 환원시키는 데 몰두하고 있음을 드러내 준다.

그 책은 단순한 표현, 논란이 되는 문제들을 회피한 것, 그리고 함축성 때문에 엄청난 성공을 거두었다. 그 책에는 선한 것들이 무척 많기 때문에 누구나 자신의 욕구에 적합한 것을 발견할 수 있었다. 조셉 길버트(Josheph de Gilbert)는 그 책의 건전한 사실주의를 칭찬하고, 거기서 그 책이 성공한 또 하나의 이유를 발견한다.[10] 그 책에는 비록 때로는 서

잔 로렌조 베르니니, 《베드로 성당》, 1657-1666

로 조화가 되지 않으며 분명한 신학적 토대에 기초를 두지는 않았지만, 정확하고 구체적인 조언들이 가득하다. 어쨌든 그 책은 1626년에는 스페인어로 7판이 출판되었고, 영어(1612), 프랑스어(1617), 이탈리아어(1617), 라틴어(1621), 독일어(1623), 네덜란드어(1626)로도 번역되었다. 그 책은 금세기까지도 계속 인기를 유지하고 있으며 23개 국어로 300판 이상 출판되었다.

이 책은 초기 제수잇 영성을 확실하게 반영하고 있는가? 그 책이 출판된 즉시 교단에서 호의적으로 받아들인 것, 그리고 수세기 동안 제수잇 권위자들이 계속 그 책을 칭찬한 것 등은 그 책이 초기 제수잇 영성을 제대로 반영하고 있음을 지적해 주는 듯하다. 그 책은 분명히 이그나티우스와 초기 제수잇들의 영적 메시지의 중요한 일면을 파악하고 있다. 그 책에서는 보다 고귀한 형태의 기도들을 인식하고 있으면서도, 모든 내면의 감동은 그것이 산출하는 행동을 토대로 검증되어야 한다고 주장한다. 만일 행동이 고결한 것이라면, 감화는 거룩한 것이다. 가장 고귀한 기도의 선물이라도, 만일 이런 점을 충족시키지 못한다면, 궁극적으로 받아들일 수 없다. 죄를 피함, 삶에서 자신의 의무를 준수함, 교회의 전통을 고수하며 그 권위자들을 존경함 등은 처음부터 제수잇의 신빙성을 검증하는 시금석이었다. 로드리게즈는 독자들이 그것들을 망각하도록 내버려 두지 않는다.

이런 관점에서 보면, 로드리게즈의 책은 진정 제수잇의 특성을 가지고 있다. 더욱이 로욜라는 이러한 특성들이 견고한 영적 교화를 위해 영원히 유효한 토대가 될 것이라고 생각했다. 그러나 그 시대, 특히 16세기 말의 역사적 상황 때문에 그것들에게 특별한 통렬함을 부여되었고 로드리게즈와 같은 교단 내의 일부 추종자들로 하여금 그것들을 과장하게 되었다.

그러한 상황이란 개신교 운동으로 인한 위험이라고 생각할 수도 있지만, 그보다는 *Alumbrados*라고 알려진 스페인의 토착 신비 전통의 교령술(spiritualism)이었다. 15세기 말에 시작된 이 운동은 환상, 계시, 황홀한 상태 등의 현상을 지나치게 중요시했기 때문에, 교회의 권위자들은 그 운동을 위험시했다. 1527년에 로욜라는 살라만카에서 이 운동에 물들었다는 비난을 받았지만, 그 후 평생 그 운동과 거리를 두었다. 게다가 그는 교단 내에서, 특히 스페인과 포르투갈 내에서 사역보다 관상을 우위에 두며 매일의 기도 시간을 증가시키려는 경향에 맞서 싸웠다.

제수잇 교단의 제4대 총장인 에베라드 머큐리안(Everard Mercurian, 1573-1581) 때에, 이러한 문제들로 인해 위기에 처했다. 머큐리안은 이 위기에 대처하기 위해 많은 조처를 취했다. 그는 자신이 빗나간 영성을 개혁하는 것이 아니라 아직도 유아기에 있는 영성을 형성하고 있다고 생각했다. 그는 교단 내에서 기도생활과 종교적 계율을 더 조직화했지만, 특히 제수잇 영성의 실질적이며 비-광명파적(non-Illuminist) 특성을 강조했다. 그는 『영성훈련』에서 허락하거나 제안한 다른 형태의 기도들은 어느 정도 망각하고서, 이그나티우스가 그 책의 "세 가지 기도 방법"이라는 항목에서 묘사한 "묵상"의 형태와 양심 성찰을 강조했다. 십계명, 성무일과의 의무, 다양한 덕과 악덕들 등의 문제에 대한 냉정하고 방법론적인 고찰이 그의 이상이었던 것 같다. 심지어 그는 특별한 허락이 없이 존 타울러(John Tauler), 루이스브렉(Jan van Ruysbroeck), 헨리 수소(Henry Suso) 등 중세 신비가들의 저술을 읽는 것도 금지했다.

머큐리안이 두 명의 스페인 제수잇—안토니오 코르데세스(Antonio Cordeses, 1518-1601)과 6년 동안 아빌라의 테레사의 고해 신부였던 발타사르 알바레즈(Balthasar Alvarez, 1534-1580)—에게 취한 조처는 교단의 영성에 대한 그의 편협한 의식과 교단의 창시자의 중심적인 가르침 일부에 대한 오해를 드러내준다. 그는 코르데세스가 "감성 기도"(affective prayer)를 장려하는 것을 금지했고, 알바레즈의 방식이 지나치게 관상적이라고 판단했다.

알바레즈는 특히 중요한 인물이다. 그는 생전에 아무 것도 출판하지 않았다. 그러나 그의 제자인 가경자 루이스 데 라 푸엔테(Venerable Luis de la Puente)가 그의 전기를 저술했는데(1615), 그 책은 오늘날까지도 함축적인 디자인, 정확한 내용, 우아한 문체로 칭송을 받고 있다.

그 전기는 스페인의 황금시대에 저술한 영적 전기 중 가장 위대한 것으로 간주된다. 무엇보다 중요한 것은, 라 푸엔테가 알바레즈의 가르침을 요약했으며, 그럼으로써 그것을 그 시대 사람들과 후대의 사람들에게 전달했다는 데 있다. 그 전기는 실질적으로 알바레즈를 변호해 주었고, 그 전기 덕분에 그는 영국의 베네딕트 수도사인 어거스틴 베이커(Augustine Baker, 1588-1685), 제수잇 수도사인 루이 랄르망(Louis Lallemant, 1587-1635), 성 알퐁소 리구오리(St. Alfonso Liguori, 1696-1787) 등에게 영향을 끼칠 수 있었다. 이처럼 그가 16세기 스페인 영성의 주도적인 인물로 인정되었기 때문에, 오늘날 그의 권면, 묵상, 서신, 논문 등이 출판되기에 이르렀다.

알바레즈는 고요와 침묵의 기도를 옹호했다. 그는 오랜 건조의 시기를 보내고 나서 1567년 경에 다소 논설적인 형태의 기도를 떠나 침묵의 기도를 시작했다. 침묵 기도에 대한 그의 묘사는 성녀 테레사, 아빌라의 존(John of Avila), 프란시스코 데 오수나(Francisco de Osuna), 그리고 그와 동시대 사람들의 영향을 받은 것이다. 그 기도는 본질적으로 자신을 하나님의 현존 안에 주는 것이며, 하나님 앞에서 자신을 평정의 상태로 유지하는 것으로 이루어진다. 알바레즈의 경우, 그것은 그리스도의 인성의 육체적 현존에 대한 내적 의식을 낳았다. 내면에서의 경험적이고 신비한 그리스도의 임재 의식이 그의 가르침의 핵심이었다.

알바레즈는 예수회 내에서 매우 책임 있는 위치에 있었다. 예를 들어, 그는 수련수사들의 교사와 학장직을 여러 번 맡았고, 임종하던 해(1580)에는 아라곤 지회의 수도원장에 임명되었다. 그럼에도 불구하고, 약 1573년경부터, 기도에 관한 그의 가르침이 망상을 조장하며 머큐리안을 비롯한 여러 사람들이 해석한 『영성훈련』의 가르침에서 벗어난 것이라는 의심을 받았기 때문에, 예수회 내의 선임자들로부터 거듭 조사를 받았다. 그의 해명은 그들을 만족시키지 못했으며, 1577년 말에 그는 자신의 가르침에 어긋나는 결정을 해야 했다.

머큐리안은 진지한 동기에서 그렇게 행했다. 그는 당시 뒷받침을 해 주는 방대한 문헌이 부족한 영성을 강화하기를 원했고, 또한 본질적으로 수도원적인 형태의 영성으로 돌아가게 만들 영향력으로부터 그것을 보존하기를 원했다. 교단 내에서, 특히 이베리아 반도에서는 매우 관상적인 경향, 어떤 경우에는 세속으로부터의 은둔을 원하고, 어떤 때에는 *Alumbrados*와 관련된 현상들의 계발을 원하는 경향이 활발했다. 이 모든 것이 로드리게즈와 같은 저자가 성공하고 인정을 받은 것을 이해하기 위한 배경이 된다.

다행히도 머큐리안의 이상은 그가 총장으로 재임하는 동안에도 완전히 우세하지 못했고, 그의 후계자인 클라우디오 아쿠아비바(Claudio Aquaviva, 1581-1606)는 보다 폭넓은 정신을 가진 사람이었다. 그는 교단의 카리스마를 전보다 덜 엄격하고 좁은 의미로 해석하도록 장려했다. 1582년에, 그는 로마에서 성령의 은사에 관한 중요한 권면을 했다. 그 권면은 교리적으로는 전통적이었지만 도덕주의나 외적인 훈련으로 축소할 수 없는 영성을 가리키는 것이었다. 거의 같은 시기에 로마와 나폴리에서, 로베르토 벨라미노(Roberto Bellarmino, 1542-1621)가 동일한 주제에 관한 일련의 권면과 "영의 자유"에 관한 보다 중요한 권면을 했다. 그는 존경받는 신학자였으며 후일 추기경이 되었고 성인으로 시성된 인물이다.

17세기 초에 "제수잇 영성"에는 최소한 두 가지 일반적인 경향이 있었다. 하나는 신중하고 금욕적이며, 조직적이고 도덕주의적 형태의 기도만 거의 절대적으로 인정하며, 관상 및 보다 고귀한 형태의 기도들은 교단에서 헌신하는 적극적인 사역에 유해하다고 여기는 경향이다. 그것은 로욜라를 진부한 교훈들을 가르치는 속좁은 교사로 전락시킬 위험이 있었다. 또 하나의 경향은 기독교 영성의 넓은 전통 안에 있는 보다 팽창적이고 혼합주의적인 경향이었으며, 로욜라의 삶 속에 있는 감성적이고 신비한 요소들의 함축된 의미들을 발달시키는 데 주력했다. 그것은 때때로 로욜라가 크게 삼갔고 추종자들 사이에서 제거하려 했던 광명파(Illuminism: 16세기 스페인의 기독교 신비주의)와 거의 흡사했다. 이 시대에 영성에 관해 저술한 대부분의 제수잇 저술가들은 이 두 경향의 극단적인 표현들의 중도를 모색했으며, 로욜라가 표현한 종합을 영속화할 수 있었다.

    로욜라의 초기 동료들 중에서 이 일을 가장 훌륭하게 행한 사람은 이미 여러 번 언급한 바 있는 제롬 나달(Jerome Nadal, 1507-1580)이다. 나달은 팔마 데 마조르카(Palma de Majorca)에서 태어나서, 알칼라(Alcalá)와 파리에서 수학했다. 그는 로욜라가 최초의 동료들을 규합했을 때에 파리에 있었다. 그 당시 그는 그 무리에 합류하기를 거절했다. 1537년에 그는 아비뇽(Avignon)으로 갔고, 결국 그곳에서 사제 서임을 받고 신학박사가 되었다.

    마조르카로 돌아오고 나서 얼마 후에, 그는 교황청의 승인을 받은 이 새 교단에 호감을 갖게 되었고, 1545년에는 그 교단에 합류하기 위해 로마로 갔다. 그는 즉시 이그나티우스의 특별한 신뢰를 얻었고, 곧 예수회의 여러 지역에 교단의 규약을 전파하고 설명하기 위한 특별 사절로 임명되었다. 로욜라의 비서인 후앙 데 폴랑코(Juan de Polanco)의 판단에 의하면, 나달은 누구보다도 이그나티우스의 사상을 잘 파악하고 있었고,[11] 그렇기 때문에 이그나티우스의 사상의 신뢰할 수 있는 해석가로 간주되었다. 그의 많은 저술들—대화집, 서신, 특히 제수잇 공동체에게 준 권면과 교훈들—은 초기 제수잇 영성의 중심 주제들을 훌륭히 설명했다. 게다가, 그 시대의 대부분의 제수잇 회원들은 특히 그가 세 차례 스페인을 공식적으로 방문했을 때에 예수회와 그 정신에 대한 그의 강연을 들었다. 그리하여 그는 직접적이고 막대한 영향을 미쳤다.

    나달의 해석은 신학적이고 성경적인 토대에 근거한 것이었다. 그는 "이그나티우스 영성의 신학자"[12]라고 묘사되어 왔다. 그는 아퀴나스와 보나벤투어가 대표하는 신학적 전통을 분명히 의지했다. 그에게 특징적인 것은 "활동적인 관상"(contemplative in action)의 교리였다. 이것은 로욜라가 추종자들에게 "만물 안에서 하나님을 발견하라"고 한 권면을 보다 분명하게 표현한 것이었다. 하나님은 세상에서 활동하는 선으로써, 다른 모든 선이 그 선에서부터 내려온다고 보았다. 하나님은 자연과 은혜의 창시자이시며, 모든 실체 위에 자신의 선을 새겨 두신 분이시다. 여기에 세상을 긍정하는 영성의 근원이 있다. 그것은 수세기 동안 많은 제수잇들의 영적 이상의 표식이 되며, 또한 중국에서 활동한 마테오 리치(Matteo Ricci, 1522-1610)나 인도에서 활동한 로베르토 데 노빌리(Roberto de Nobili, 1577-1656)가 그 지역 토착 문화의 가치관들을 쉽게 인정할 수 있었던 것을 설명하는 데 도움이 된다. 초기 제수잇 영성을 연구하면서 이들과 같은 선교사들의 시도와 문화적 아량을 무시하는 것은 그 전통의 중요한 요소를 놓치는 것이다.

이러한 문제에 관한 나달의 문체는 로욜라의 것보다 훨씬 담대하다. 그는 여러 번 교단에 속한 회원들에게는 "세상"이 "집"이라고 주장했다. 물론 그는 많은 제수잇들에게 있어서 교단에 입회한 회원들의 집은 그들이 정상적으로 사역을 행할 본거지라는 것을 인정했지만, 그는 거듭 예수회는 본질적으로 언제든지 사역을 필요로 하는 곳으로 여행할 준비를 갖춘 사역 집단이라는 사상으로 복귀했다. 나달의 저술에서, 우리는 예수회의 초기 역사에서 수도적인 전통과 결별했음을 강조하는 진술들을 발견한다.

나달이 감성적이고 신비적인 기도의 본을 보이고 장려하면서 동시에 사역과의 상호관계와 균형잡힌 금욕주의의 필요성과의 상호관계를 주장하는 방법에서 그의 균형잡힌 태도가 분명히 나타난다. 그는 *Albumbrados*의 지나친 태도를 경계했으며, 동시에 형식적인 도덕주의와 지성주의도 위험한 것으로 여겨 배격했다.

나달의 혁신적인 가르침 중 하나는 특히 가톨릭 교회의 질서 안에서의 "소명의 은혜"와 관련되어 있었다. 그의 견해에 의하면, 교회 내의 각 기관의 "은혜"는 특수한 것으로서, 각각의 성례에 의해 수여되는 특수한 은혜와 비슷한 것이었다. 각 기관에 적합한 은혜는 그 창시자의 삶과 은사 안에 표현되었으며 교단의 각 회원에게 전해져야 했다. 나달은 권면할 때에 다 카마라(da Camâra)에게 구술하여 저술한 이그나티우스의 『자서전』안에 제수잇 소명의 은혜가 요약되어 있다고 여겨 그것을 폭넓게 활용했다. 따라서 제수잇 회원들은 로욜라의 가르침을 모든 사람들이 존경하는 거룩한 사람의 가르침 이상의 것으로 여겼다. 나달은 그 가르침을 교단의 모든 회원들이 사용해야 할 모범으로 삼았다. 이러한 가르침들은 『영성훈련』과 교단의 『규약』에 분명히 표현되어 있었다. 거기에는 "활동하는 관상"의 이상이 "모든 제수잇들이 접근할 수 있는 방법으로 묘사되어 있었다.

이러한 이상 때문에, 나달은 성경적인 기초가 분명히 바울과 관련된 것으로 여겼던 것 같다. 1557년에 그는 "바울은 우리 예수회의 사역을 상징한다"고 지적했다.[13] 이 진술은 본질적으로 신비한 것이기는 하지만, 나달은 자신의 다른 저술에서 그것의 함축된 의미들을 상술한다. 그의 저술에서는 다른 모든 것보다 다양한 "말씀의 사역"이 두드러지게 나타난다. 바울의 복음 전파의 이상—모든 일에 모든 사람을 기쁘게 함, 신비하게 그리스도와 같이 됨, 그리스도를 위해 모든 것을 얻기 위해서 자신을 완전히 내어줌—등을 나달은 상세히 설명했다. 이처럼 이방인의 사도의 교리와 사역과 흡사한 것을 이그나티우스에게서 식별할 수 있다.

여기에서 우리는 제수잇 영성과 16세기의 일반적인 현상과의 또 다른 상호관계, 즉 사도 바울에 대한 새로운 관심을 보게 된다. 루터 이전의 인문주의 전통 안에 이러한 관심이 부흥한 분명한 증거가 있지만, 루터가 바울의 이신칭의 교리를 언명한 것은 그것을 가장 강력하고 훌륭하게 표현한 것이다. 루터는 바울에게서 신학적, 혹은 교리적 금언은 추출했다: 로욜라와 그의 추종자들은 바울에게서 사역의 모범 및 구주와의 사랑의 동일화의 본보기를 보았다. 이 입장들은 서로 그다지 거리가 먼 것들이 아닐 것이다. 그러나 그것들 사이의 차이점에 주목해야 하며, 관련된 쌍방의 어느 편도 상대방과의 유사성을 의식하지 못한 듯하다는 것을 기억하는 것이 중요하다.

나달의 저술들은 금세기에 교정판이 출판되면서 비로소 통일된 형태로 출판되었다. 앞에서 언급했던 것처럼, 16세기 말에 이르기까지 이그나티우스의 저술 외에는 제수잇 영성을 뒷받침해줄 저술들의 선집이 출판되지 못했다. 그리고 이 사실은 다른 전통들과 동화됨으로써 제수잇 전통이 와해될 것을 우려한 머큐리언의 염려를 이해할 수 있게 해준다. 그럼에도 불구하고, 머큐리언의 염려에도 불구하고, 코르데세스

(Cordeses)와 발타사르 알바레즈(Balthasar Alvarez)와 같은 사람들의 가르침이 최소한 수정된 형태로 효과를 발휘하기 시작했다.

1608년에 야코보 알바레즈 데 파즈(Jacobo Alvarez de Paz, 1560-1620)는 *De vita spirituali ejusque perfectione*라는 책을 출판했다. 다음 해에 로드리게즈의 *Ejercicio*가 출판되었는데, 이 두 저서의 접근 방법은 무척 달랐다. 알바레즈는 신학자이자 관상가였다. 그의 저서는 일관성있는 신학적 토대에 놓여 있고 감성기도(affective prayer)를 강조한다. 그 책의 특징은 "주부적 관상"(infused contemplation)—조직적인 묵상을 초월하는 진보된 형태의 기도를 묘사하는 기술적인 범주—에 대한 정교한 논의이다. 그 책은 폭넓은 제수잇 전통 내에서 이러한 종류의 관상과 같은 이상을 인정하기 때문에 중요하다.

아마 이런 점에서 가장 중요한 제수잇 저자는 스페인의 제수잇이며 발타사르 알바레즈의 제자인 루이스 데 라 푸엔테(Luis de la Puente, 1554-1624)일 것이다. 그는 1759년에 교황 클레멘트 13세에 의해 시복(諡福)되었다. 그의 사후에 출판된 몇 권의 중요한 저서 외에도, 그의 생전에 5권의 중요한 논문이 출판되었다: *Meditaciones de los mysterios de nuestra sancta fe* (1606); *Guía espiritual* (1609); *De la perfecc Eion del christiano en todes sus estados* (1612-1616); *Vida del Padre Baltasar Alvarez* (1615); *Expositio moralic et mystica in Canticum canticorum* (1622). *Meditaciones*는 가장 유명한 저서로서 여러 번 재판되고 번역되고 요약되고 개작되었다.

라 푸엔테가 인용한 전거들은 성경, 교부들의 글, 아퀴나스, 로욜라의 『영성훈련』 등으로서, 그는 이러한 책들로부터 계속 감화를 받았다. 그는 주부적 관상에 대해 논하면서, 분명히 고차원적인 형태의 기도를 제수잇 전통의 일부로 간주했다. 그리고 후일 그가 시복된 것은 간접적이기는 하지만 이러한 제수잇 영성 해석을 공식적으로 추인한 것이 된다. 게다가 그가 자신의 가르침의 토대를 신학 교리 위에 둔 것은 이그나티우스가 예수회에 가입한 사람들에게 길고 힘든 학문 과정을 강조하면서 교단에 고취하려고 노력했던 *docta pietas*의 훌륭한 본보기이다.

라 푸엔테는 *De la perfeccEion del christiano en todes sus estados*에서 자신이 교단 창시자인 로욜라의 충실한 제자임을 분명히 나타냈다. 그 책은 기독교 영성을 평신도들을 포함하여 기독교적 삶의 여러 가지 상태에 적용하는 기독교 영성사에서 매우 폭넓은 최초의 책인 듯하다. 이 책의 개념은 진정한 경건은 수도원 안에 한정된 것이 아니라는 로욜라의 확신을 반영하며, 『영성훈련』과정 전체에 활용할 수 있게 하려는 로욜라의 노력을 분명히 표현하고 있다.

교단이 세워진 후 첫 50년 동안, 이탈리아에는 이 스페인 사람들과 같은 위상을 지닌 영성의 대가들이 없었다. 그러나 이 스페인 사람들의 저서들 중 일부는 원래 라틴어로 기록되었고, 또 다른 저서들은 곧 라틴어나 이탈리아어로 번역되었다. 그리하여 이탈리아 지역의 형제들도 이 저술들을 접할 수 있게 되었다. 앞에서 언급한 바 있는 로베르토 벨라미노(Roberto Bellarmino)는 중요한 인물이기는 하지만, 그의 주된 관심은 주석 분야, 그리고 사변적이고 논쟁적인 신학에 있었다.

사실, 이러한 문제에 있어서 이탈리아는 스페인만큼 많은 논쟁이나 극단적인 일들이 벌어지지 않았다. 1600년에 잉골스타트에서 출판된 로마 대학 학장인 베르나르디노 로시그놀리(Bernardino Rossignolim 1547-1613)의 저서 *De disciplina christianae perfectionis*는 이 사실을 예고해 주는 책이다. 로시그놀리는 그 책을 교단의 총장 클라우디오 아쿠아비바(Claudio Aquaviva)에게 헌정했는데, 그 안에는 총장의 절제 있는 견해가 훌륭하게 예시되어 있었다.

전임 총장 머큐리언 때에 활발했던 문제들이 총장 아쿠아비바의 재임 기간에 완전히 사라진 것은 아니었다. 파두아(Padua)에서 태어난 제수잇인 아킬레 가그리아르디(Achille Gagliardi, 1537-1607)는 1584년에 밀란에서 환상가요 신비가인 엘리사베타 베린자가(Elisabetta Berinzaga)를 영적으로 지도하기 시작했다. 곧 그는 베린자가의 감화를 받은 몇 권의 저서를 저술하고 편집하는 일을 도왔다. 그 직후 가글리아르디는 논쟁에 휩싸였고, 결국 아쿠아비바가 개입하고, 교황 클레멘트 13세까지 개입하게 되었다. 우리는 이 복잡한 문제의 상세한 내용에 매달리거나 관련된 모든 사람들을 공평하게 다루려 할 필요가 없다. 그러나 가글리아르디가 예수회 내에 수도적 정신을 도입하려 했다는 비난을 받았음에 유의해야 한다. 어느 정도 그에게 책임이 있었던 저술들에는 라인랜드 지방의 신비가들—머큐리언은 이들의 저서를 읽지 못하게 했다—의 영향력이 분명히 나타났다. 특히 가장 널리 보급되었던 *Breve compendio intorno alla perfezione cristiana*에 그들의 영향력이 나타났는데, 그 책의 번역본은 1596년에 프랑스에서, 1611년에 이탈리아와 브레스키아에서 출판되었다.

1587년에 밀란에서 출판된 기세페 블론도(Giuseppe Blondo)의 저서 *Essercitii spirituali di P. Ignazio*는 가글리아르디의 영향을 받은 것이다. 그 책은 제수잇 집단들 안에서 다양하게 받아들여졌지만, 결국 거센 공격을 받았으므로, 아쿠아비바는 1589년에 평화를 위해서 그 책의 보급을 철회하도록 명령했다. 그럼에도 불구하고 그 책은 프랑스에서 피에르 드 베륄(Pierre de Bérulle, 1575-1629)에게 영향을 미쳤고, 그를 통해서 17세기의 다른 사람들에게도 영향을 미쳤다. 어쨌든 베륄은 *Breve compendio*를 알고 존중했으며, 그것을 개작하여 자신의 첫 저서인 *Bref discours de l'abnégation intérieure*를 출판했다. 16세기말과 17세기에 있었던 예수회의 영성을 포함한 프랑스 영성의 발달에 대해서는 제3장에서 취급된다.

제수잇들이 자기들의 영적 교리를 가르치며 사람들이 그 교리들을 적용하는 것을 돕기 위해 고안한 도구들은 교리로서의 교리 자체를 이해하는 데서와 마찬가지로 제수잇 영성을 이해하는 데도 중요하다. 여기에서 우리는 형식과 내용의 상호관계, 그것들이 서로 영향을 주고 받는 것을 발견한다.

제수잇회에서 발달시킨 그러한 첫번째 도구는 "피정"(retreat)이었다. 관상을 하면서 어느 정도의 시간을 보내는 관습은 기독교 자체보다 더 오래된 것이지만, 그 관습이 성문화되어 널리 인정받게 된 것은 이그나티우스의 『영성생활』에서부터이다. 그 책은 이그나티우스의 중요한 사상들을 담고 있을 뿐만 아니라, 한정된 시간을 기도와 반성으로 보내는 새로운 틀도 제공한다. 구조, 전개, 항목, 방법, 분명한 목적 등이 조화를 이루고 있으며, 이 형식들은 그 당시 출현한 영성의 형성에 영향을 주었다.

어떤 사람의 피정을 지도해 달라는 요청을 받은 제수잇 수사는 자신에게 기대되는 것이 무엇인지 알고 있었으며, 피정 지도를 하면서 따라야 할 계획을 가지고 있었다. 그리하여 기독교 영성에 있어서 많은 종교적 성향의 사람들이 따르는 경건의 유형에서 피정이 규칙적인 특징이 된 새로운 시대가 시작되었다. 제수잇회에서는 영성훈련 지도를 돕기 위해서 『규칙서』(*Directorium*)를 작성했는데, 그 초판은 1599년에 로마에서 출판되었다. 이 공식 문서는 그 이전에 있던 판들을 의지한 것이기는 하지만, 실질적으로는 그러한 종류의 책으로는 첫번째 책이었다. 그것은 하나님의 감화 아래 "삶의 개혁"으로 인도하는 일련의 고찰을 통해서 사람들을 지도하는 방법에 관한 공식적인 교훈들이었다.

본질적으로 그 『규칙서』는 로욜라가 『영성훈련』에서 지적한 교훈들을 의역하고, 부연하여 설명하고, 상술하고, 질서를 부여한 것에 불과했다. 영성훈련을 지도하는 사람은 "엄한 성향의 사람보다는 부드러운 성향의 사람이어야 한다"(V. 2)고 진술한 데서 보듯이, 그 규칙서는 분명히 인간적인 특성을 가지고 있다. 『영성훈련』에서와 마찬가지로 "하나님의 거룩하신 선의 선하신 즐거움에 따라서 자기 피조물을 다루시는 것을 허락해야 한다"는 부분에서도 동일한 염려가 작용한다(V.5). 안전하고 확실한 세 가지 기도 방법에 대해서는 많은 설명과 칭찬을 한다. 물론 성령께서 가르치시는 것과 같은 다른 방법들을 배제하지 않는다(XXXVII.13). 보다 더 중요한 것은, 『규칙서』에서는 『영성훈련』의 "주간들"을 기독교 영성의 세 가지 전통적인 "길"—정화의 길, 조명의 길, 합일의 길—과 연결한다. 그리하여 『영성훈련』이 "회심을 위한 처방" 이상의 것이라고 주장한다; 그 훈련은 보다 고차원의 기도와 내면화된 영성으로 인도하는 지속적인 회심을 위한 처방이다. 따라서 그것은 그것의 출판을 공인한 제수잇회의 총장 클라우디오 아쿠아비바의 관점을 반영한다.

"영적 지도"(spiritual direction)는 초기 제수잇들이 크게 발달시킨 두번째 도구이다. 이것 역시 기독교 자체보다 오래된 것이다. 그것은 16세기와 17세기에 가톨릭 지역인 유럽에서 새로이 두각을 나타냈다. 그것은 관련된 두 사람 사이의 공식화되고 지속적인 관계로서 출현했다. 『영성훈련』과 『규칙서』는 영적 지도의 발달을 촉진한 가장 중요한 요인이다. 게다가 예수회의 『규약』에서는 교단의 회원들을 위한 영적 지도의 실천을 주장했으며, 따라서 그것은 제수잇이 사역하는 대상들에게 규범적인 것이 되었다.

1599년에 아쿠아비바는 예수회 내에서의 영적 지도자 양성에 관한 중요한 교훈을 출판했고, 그 이듬 해에는 그 주제에 관하여 경험과 전통적인 가르침을 결합한 논문을 저술했다. 그러므로 로시그놀리가 *magister idoneus*의 긴요성을 강조한 것은 놀라운 것이 아니다. 알바레즈 파즈(Alvarez de Paz)와 루이스 데 라 푸엔테(Luis de la Puente) 등도 동일한 주장을 한다. 이제 영적 지도는 제수잇 교리와 실천의 근본 요소가 되었다.

초기 제수잇 회에서 때로는 회개의 성례 안에서 주어지고, 때로는 그것과 상관없이 시행된 영적 지도에는 많은 목표가 있었다. 그것은 시험을 받는 사람에게 위로를 주고, 의심하는 사람에게 충고를 주려는 것이었다. 또한 그것은 망상을 방지하며, *Alumbrados*나 그와 유사한 부류의 의심스러운 신비주의를 방지하는 방법으로 간주되었다. 그러나 그것은 특히 개인으로 하여금 자신의 내면에서 어떤 운동들이 발생하고 있으며 어디에서 오는 것인지를 분별하도록 돕는 것을 목표로 했다. 이 모든 것은 "신적인 선"(divine Goodness)과의 친밀함을 지향했으며, 그것은 다시 신적인 선을 보다 크게 섬기는 것으로 표현되어야 했다.

제수잇회에서 채택하고 수정하고 널리 전파한 세번째 도구는 다양한 종류의 단체들이었다. 이 단체들은 중세 시대 말의 삶에서 중요한 부분들이었으며, 제수잇 회에서 활용할 수 있는 본보기였다. 플로렌스와 같은 이탈리아의 도시에서는 15세기에 그러한 단체들이 특히 번창했던 것 같다: 어떤 때에는 그 회원들이 죽은 사람들을 매장하거나 환자들을 간호하는 등 특수한 자선 사역에 헌신했고, 정규적으로 모여 기도하고 설교했다. 또 많은 단체들은 회원들을 위해 연회, 축제 등의 활동을 지원했는데, 그것은 지방 문화의 발달에 기여했다.

1563년, 로마에서, 벨기에 출신의 젊은 제수잇 잔 레우니스(Jan Leunis)가 로마 대학(Roman College)에 다니는 학생들을 위해 처음으로 그러한 단체를 만들었다. 이 대학은 로마에 있는 제수잇 교육 기관이었으며, 후일 그레고리 대학(Gregorian University)이라고 불렸다. 약 20년 후, 교황 그레고리 13세는 이 단체를 인정하고, 교황청이 인정한 규칙을 지키려는 다른 단체들을 회원으로 통솔하는 본부의 권한을 부여했다. 곧 제수잇파 학교들 안에 많은 단체들이 생겨났으며, 그곳에서 제공되는 교육에 반드시 필요한 부분이 되었다. 대체로 훌륭한 가문 출신이었던 이 조직의 회원들을 위해서 막대한 양의 영적 문헌들이 배출되었다.

이러한 현상은 제수잇 회에서 학교 밖에서 행하는 것과 조화를 이루었다. 1547년에 로욜라는 로마에서 경건하고 사랑이 많은 사람들의 단체를 결성하여 정규적으로 모이며 자선 사역에 종사하도록 했다. 파르마(Parma)에 있는 "지극히 거룩하신 예수의 이름의 단체"(Company of the Most Holy Name of Jesus)는 1540년에 피에르 파브르(Pierre Favre)가 그 도시에 머무는 동안에 시작된 단체이다. 우리는 지금도 파브르가 평신도들을 위해 작성한 프로그램을 소유하고 있다: 매일 묵상, 매일의 양심 성찰, 매일 미사, 매 주 성찬을 받음, 정규적으로 자비의 사역에 종사함. 이것은 후일 학교 내의 단체들을 위해 규정한 것과 거의 비슷하다. 17세기에 이러한 단체들이 학교 밖으로 전파되면서, 균질의 무리로부터 회원들을 끌어들였다. 그리하여 학생들의 단체, 장인들의 단체, 귀족들의 단체, 사업가들의 단체, 선원들의 단체, 의사들의 단체, 변호사들의 단체, 판사들의 단체 등이 생겨났고, 심지어 감옥에서는 죄수들의 단체도 생겼다.

제수잇 회의 단체들은 중세 시대의 모형들을 이어받은 것이기는 하지만, 현격한 차이점도 나타냈다. 일반적으로, 후대의 기관들의 특성은 한층 더 종교적이었고, 신앙의 관습이나 자선 사역은 보다 조직적이었고, 학교와 같은 보다 큰 기관 안에 토대를 두었으며, 안전하게 사제의 지도를 받았다. 이것은 저절로 발생한 변화가 아니라 의식적으로 도입한 변화였다. 그러나 그것들이 의도대로 좋은 쪽으로의 변화였을까? 이 질문은 '초기 제수잇 영성을 역-종교개혁이라는 보다 큰 상황에 어떻게 일치시키며, 로마 가톨릭 교회의 역사 안에서 그 시대에 대한 반성이요 그 안에서의 행위자로 보려면 어떻게 해야 하는가'라는 역사 편찬과 관련된 질문으로 이어진다. 이러한 상황에 따른 설명(contextualization)은 다시 '초기 기독교 영성을 어떻게 평가해야 하는가'라는 질문으로 이어진다.

그 문제는 무척 복잡한 것이기 때문에 여기서는 가장 넓은 방법으로밖에 다룰 수 없다. 간단히 말하자면, 어떤 역사가들은 역-종교개혁은 종교를 과거의 보다 건전한 전통에서 벗어난 보다 조직화되고 제도화된 형태로 만들려는 경향이 있었다고 판단한다. 이 역사가들은 가정과 지역 문화와의 밀접한 관계 안에서 옛 중세 시대 단체들의 장점을 보려 한 반면, 예수회의 단체들을 포함한 새로운 단체들은 경건을 보다 형식화하며 그것을 사람들의 실질적인 삶의 현장으로부터 제거했다. 그러나 이 역사가들의 견해에 의하면, 이러한 단체들은 16세기 말, 트리엔트 공의회 이후 가톨릭 교회의 종교적 관습을 지배하기 시작한 제도화와 중앙집중화의 일면에 불과하다. 이런 관점에서 보면, 비록 활기차고 창조적이기는 하지만 역종교개혁은 결국 종교와 영성에 해로운 결과를 초래했다. 이러한 비판이 정당화되고 초기 제수잇들에게 적용될 경우, 그것은 곧 사람들로 하여금 "만물 안에서 하나님을 발견"할 수 있게 해 줄 영성을 창조하려는 그들의 노력이 크게 구조화되고 제도화되고 변화되었기 때문에 사람들이 자신의 문화와 "자연적인 혈연관계"들에 대해 이방인처럼 되었음을 의미한다.

역종교개혁에 대한 비판은 대체로 보다 지적이고 도시적인 영적 교리와 수행을 비판한 것이라기보다 지방에 사는 가난한 사람들 사이에서 성행한 대중적인 경건의 형태들을 향한 것임을 인정해야 하지만, 역종교개혁에 대한 그러한 비판들이 야기한 문제는 진정한 문제이다. 게다가 초기 제수잇 영성의 많은 긍정적인 업적을 부인하지 않으면서도 역종교개혁에 의해 촉진된 종교적인 형태들의 좋지 않은 결과들의 영향을 받았을 수도 있음을 인정할 수 있다. 사실상, 역종교개혁의 영성 안에 있는 형식화하는 요소들은 16세기와 17세기에 사회 전반에 나타난 이 경향들을 반영했다. 그 시대는 "방법"—학문, 정치, 철학 등—에 매료된 시대였다. 그 시대의 영적 저술들과 관습들이 동일한 압박과 경향들을 나타내는 것은 결코 놀라운 일이 아니다.

그러나 초기 제수잇 영성을 평가하는 데 있어서 가장 중요한 것은 그 영성의 근본이 되며 가장 권위 있는 전거들—로욜라 및 그의 글을 가장 훌륭하게 해석한 나달의 저술들—이 이러한 형식주의적 경향들을 제1위로 여기지 않는다는 사실이다. 이 두 저자들은 "영의 자유"를 확보하며 각 사람이 삶의 모든 상황에 대한 신의 감화를 받아들이도록 육성하려는 목표와 전략을 가진 영성을 주장했다. 만일 그 세기 후반에 제수잇 영성이 더욱 양식화된 사고 방식과 표현 방식에 빠졌다면, 그 변화는 이그나티우스 로욜라가 남긴 유산이 발달한 것이기보다는 후대의 문화의 산물일 것이다.

주

1) H. Outram Evennett, *The Spirit of the Counter Reformation*, 45.
2) Ibid., 65.
3) Josheph de Guibert, *The Jesuits: Their Spiritual Doctrine and Practice*, 176-81.
4) *Monumenta Nadal* (Mounmenta Historica Societatis Jesu[MHS]), IV, 651; V, 162.
5) Ibid., V. 153-54.
6) Ibid.
7) J. O'Malley, *Praise and Blame in Renaissance Rome* (Durham, NC: Duke University Press, 1979).
8) H. O. Evennett, *The Spirit of Counter Reformation*, 32.
9) *Monumenta Nadal* (MHS), V, 820-65.
10) J. de Guibert, *The Jesuits*, 264.
11) *Ignati Epistolae* (MHSJ), V, 109.

12) Miguel Nicolau, "Nadal," in *Dict. Sp.,* 11, col. 13.
13) *Orationis Observationes,* ed. Miguel Nicolau (Rome: Institum Historicum Societatis Jesu, 1964) 151.

참고문헌

연구서

Banger, William V. *A History of the Society of Jesuits* (St. Louis: Institute of Jesuit Sources, 1972.Brodrick, James, *Saint Ignatius Loyola: The Pilgrim Years.* New York: Farrar, Straus, & Cudahy, 1956.
___. *The Orgin of the Jesuits.* London: Longman, Green, 1940.
___. *The Progress of the Jesuits.* London: Longman, Green, 1947.
Conwell, Joseph F. *Contemplation in Action: A Study of Ignatian Prayer.* Spokane, Wa: Gonznga University Press, 1957.
Donnelly, John Patrick. "Alonso Rodriguez' *Ejercicio*: A Neglected Classic." *The Sixteenth Century Journal* 11/2(1980) 16-24.
Dudon, Paul. *St. Ignatius Loyola.* Translated by William J. Young. Milwakee: Bruce, 1949.
Egan, Harvey D. *The Spiritual Exercises and the Ignatian Mystical Horizon.* St. Louis: Institute of Jesuit Sources, 1976.
Evennett, H. Outram. *The Spirit of the Counter Reformation.* Edited by John Bossy. cambridge: University Press, 1968.
Fessard, Gaston. *La dialectique des Exercises Spirituels de Saint Ignace de Loyola.* 2 vols. Paris: Julliard, 1956, 1966.
Gilmont, Jean-François. *Les écritis spirituels des premiers jésuites: Inventaire commentee.* Rome: Institutum Historicum Societatis Jesu, 1961.
Guibert, Joseph de. *The Jesuits: Their Spiritual Doctrine and Practice.* Translated by William J. Young. Chicago: Loyola University Press, 1964.
Guichard, Alain. *Les jésuites: Spiritualité et ctivité.* Paris: B. Grosset, 1974.
Iparraguirre, Ignacio. *Orientaciones bibliográficas sovre San Ignacio de Loyola.* Rome: Institutum Historicum Societatis Jesu, 1957.
___ . *Contemporary Trens in Studies on the Constitutions of the Society of Jesus.* Translated by Daniel F. X. Meenan. St. Louis: Institute of Jesuit Sources, 1974.
___ . *Répertoire de spiritualité ignatienne(1556-1615).* Rome: Institutum Historicum Societatis Jesu, 1961.
Nicolau, Miguel. "Espiritualidad de la Companía de Jesús en la Espana del siglo XVI." *Manresa* 29 (1957) 217-36.
___ . *Jeronomo Nadal, S.I. (1507-1580): Sus obras y doctrinas espirituales.* Madrid: Consejo Superior de Investigaciones Científicas, 1949.

O'Malley, John W. "De Guibert and Jesuit Authenticity." *Woodstock Letters* 95 (1966) 103-10.

___. "The Fourth Vow in Its Ignatian Context: A Historical Study." *Studies in the Spirituality of Jesuits* 15/1 (1983).

___. "The Travel to Any Part of the World: Jerome Nadal and the Jesuit Vocation." *Studies in the Spirituality of Jesuits* 15/5 (1983).

Polgár, Lászó. *Bibliographie sur l'histoire de la Compagnie de Jésus*. Vol. 1. Rome: Institutum Historicum Jesu, 1981.

Rahner, Hugo. *Ignatius the Theologian*. Translated by Michael Barry. New York: Herder & Herder, 1968.

___. *The Spirituality of St. Ignatius Loyola*. Translated by F. J. Smith. Chicago: Loyola University Press, 1953.

Ravier, André. *Ignace de Loyola fonde la Compagnie de Jésus*. Paris: Desclée de Brouwer, 1973.

Ruiz Jurado, Manuel. "La espiritualidad de la Companía de Jesús en sus Congregaciones Generales." AHSJ 45 (1976) 233-90.

Scaduto, Mario. *L'epoca de Giacomo Laínez*. 2 vols. Rome: Institutum Historicum Societatis Jesu, 1964, 1974.

___. "Il governo di s. Francisco Borgia 1565-1572." AHSJ 41 (1972) 136-75.

Schneider, Burkhart. "Die Kirchlichkeit des heiligen Ignatius von Loyola." In *Sentire Ecclesiam,* 268-300. Edited by Jean Daniélou and Herbert Vorgrimler. Freiburg i/Br.: Herder, 1961.

Toner, Jules. *A Commentary on St. Ignatius' Rules for the Discernment of Spirits*. St. Louis: Institute of Jesuit Sources, 1982.

Wulf, Friedrich, ed. *Ignatius of Loyola: His Personality and Spiritual Heritage, 1556-1956*. St. Louis: Institute of Jesuit Sources, 1977.

제2장
17세기 프랑스 영성:
대표적인 세 사람

마이클 J. 버클리(Michael J. Buckley)

16세기 말에 드디어 프랑스에 평화가 찾아왔다. 1693년 7월 25일, 나바르의 헨리(Henry of Navarre)는 쌩-데니(Saint-Denis)에서 개신교를 포기하겠고 선서함으로써 교회에 개입했다. 1595년에 우유부단한 교황 클레멘트 8세는 그의 회심을 진심으로 받아들였고, 헨리는 1598년에 낭트 칙령(Edict of Nantes)을 발표함으로써 국민들에게 종교의 자유를 주었다. 같은 해에, 스페인의 필립과 Treaty of Vervins를 체결하였고, 프랑스는 외국 군대의 침입과 격심한 내란에서 해방되었다. 17세기가 시작되면서, 약 50년 동안 여러 도시와 지방을 짓밟던 종교 전쟁이 잠잠해졌지만, 시골 마을들은 폐허가 되어 있었고, 굶주린 농민들은 쉴 곳과 먹을 것을 찾아 온 나라를 휩쓸고 다녔다. 나라를 안정시키기 위해서는 사보이(Savoy) 왕가를 계속 주둔시켜야 했는데, 그 일은 1601년 1월의 조약을 통해 성취했다. 프랑스는 만신창이가 되었지만, 어쨌든 평화로웠다.

같은 해에 또 다른 침입이 있었다: 스페인어로 된 아빌라의 테레사(Teresa of Avila)의 저서들이 프랑스어로 번역되었고, 제노아의 캐더린(Catherine of Genoa)의 저서들보다 4년 후, 그리고 갈멜수도회를 개혁하려 했던 십자가의 요한(John of Cross)의 저서보다 20년 앞선 일이었다. 헨리는 트리엔트 공의회의 개혁을 도입하기로 클레멘트에게 약속했었는데, 이 엄청난 서적들을 통해서 그 일이 이루어졌다.[1] 테레사의 저서가 프랑스에 도입되던 해에 두 권의 다른 서적이 출판되었다. 그것들은 매우 다른 특성을 가지고 있었고 쇠약해진 프랑스에 다른 면에서의 도움을 가져다 주었다. 헨리 브레몽(Henry Bremond)의 "경건한 인문주의자들" 중 첫번째 인물인 Louis Richeome은 *L'adieu de l'âme dévote laissant le corps*를 출판했고, 경건과 사도적 선교를 종합한 Third Academy의 회의주의를 대표하는 피에르 샤론(Pierre Charron)은 *De la sagesse*를 출판했다. 이제 막 시작되는 새 세기에는 다음과 같은 세 가지 요인이 깊이 영향력을 발휘하게 될 것이었다: 경험들과 심리학적 구조 안에서 탐구된 신비주의에 대한 심오한 이해; 많은 유사한 것 안에서 하나님의 창조와 초대의 풍성함을 나타내는 인간 실존에 대한 열광적인 기쁨; 모든 인간적인 주장의 오만함에서부터 모든 의심을 초월하는 도약을 정당화해줄 수 있는 믿음의 심연으로의 비상(飛翔). 이 세 가지 종교적 전통들은 쉬운 조짐들을 허용하지 않지만, 실제로 존재했으며 새 세기의 *annus mirabilis* 안에 표현되기에 이르렀다.

이 저서들은 결코 심오한 영적 영향력이 결여된 시대에 자신의 종교적 유산을 가져 가지 않았다. 16세기 후반의 프랑스 역사의 비극의 주제와 행위자들은 17세기에 들어서서도 몇 십 년 동안 작용하여 다른 드라마를 쓰게 될 것이었다. 예를 들면, 혼란스러운 17세기 초에 등장한 카푸친 수도회(Capuchins)는 피에 물든 몇 십 년 동안 프랑스에 그들의 설교, 전례, 엄격한 삶의 모범을 전파했다. 그 중에는 Ange de Joyeuse, Honoré Bochart de Champigny, Archange of Pembrike, 그리고 흔히 번와 드 깡펠(Benoît de Canfeld)이라고 알려진 윌리엄 핀치(William Finch) 등의 훌륭한 인물들이 있었다. 번와(Benoît)는 생을 마감할 무렵에 *Règle de perfection réduite au seul point de la volonté divine* (1609)이라는 대작을 출판했다. 그 책은 프랑스 신비주의가 발흥하는 동안에 큰 권위를 발휘했으며, 아카리 부인(Madame Acarie)을 중심으로 형성된 재능 있는 사람들의 사회에서 중요한 위치를 차지했다. 그것은 점진적으로 인간의 의지와 하나님의 인지를 동일시하는 관상적인 많은 운동들을 단순화했다.

번와는 프랑스 영성의 이 위대한 시대의 문을 연 인물이며, 쟝 피에르 드 코사드(Jean Pierre de Caussade)는 다음 세기에 그것을 완성한 인물이다. 기독교의 완덕은 "하나님 및 그분의 절대 의지 안에 거의 완전히 흡수되는 것"[2]으로 이해되었다. 내면 생활의 세 단계는 하나님의 의지 앞에 서는 사람들의 세 부류에 해당되며, 하나님의 의지 역시 세 단계의 자기-커뮤니케이션(self-communication)으로 구분된다. 하나님의 외적 의지는 인간 생활의 역사적인 측면, 즉 세상에 사는 기독교인의 활동적인 삶에 해당하며, 이 우주의 규범적인 구성요소들을 통해 기독교인들에게 계시된다: 그리스도 안에 있는 계시는 교회에 의해 전달되고 해석된다. 둘째, 하나님의 내적 의지는 개념적이고 감정적인 순간들 안에 있는 인간의 주관성, 기독교인의 관상적 실존에 해당되며, 관상을 유도하는 내면의 움직임과 은혜와 조명 등을 통해서 기독교인에게 계시된다. 여기에서 깡펠(Canfeld)의 이중 소멸(annihilations), 하나님의 것이 아닌 모든 것의 박탈이 등장하는데, 그것은 십자가의 요한과 무척 흡사하지만 실제로는 라인랜드 지방과 플랑드르 지방의 신비가들을 프랑스에 소개한다. 결국, 존재하는 것은 하나님의 본질적인 의지이다.

> 이 본질적인 의지는 완전히 순수하고 심원하며, 유형적인 것이든 영적인 것이든, 일시적인 것이든 영원한 것이든 모든 피조된 사물의 형태와 형상을 완전히 벗어버린 순수한 영이요 생명이다. 그것은 감각으로 이해할 수 없고 인간 존재의 판단으로 이해하고 없으며, 인간의 이성으로도 판단할 수 없다. 그것은 인간 존재의 모든 이해와 능력을 초월한다. 왜냐하면 그것은 바로 하나님 자신이기 때문이다.[3]

본질적인 신적 의지는 하나님이며, 영혼은 완전한 사랑 안에서 하나님과 연합하기 때문에 이 연합은 동화(absorption)이라고 부를 수 있다. 깡펠은 단지 그의 저술들 때문에 중요한 것이 아니라, Barbe Acarie

부인을 중심으로 형성된 특별한 집단에 참석하여 가르치면서 끼친 직접적인 영향력 때문에 중요하다. 그들이 볼 때에 이 잊혀진 카푸친 수사는 "대가 중의 대가"였다.[4]

만일 깡펠이 이러한 권위를 마음껏 발휘했다면, 그것은 아카리(Acarie) 부인의 특별한 재능 때문이었을 것이다. 결혼한 지 6년이 되었을 때에, 남편은 그녀에게 *Amadis de Gotha*와 같은 소설들을 읽어 주었다. 그녀의 재주와 취향에 놀란 남편은 고해신부가 추천하는 종교 서적들을 읽어 주었다. 내용은 바뀌었지만 독서는 계속되었다. 고해신부인 루셀(M. Roussel)은 어거스틴의 글 한 부분을 강조해 주었는데, 그것이 그녀의 삶을 크게 변화시켰다: "trop est avare à qui Dieu ne suffit." 마치 하나님께서 이 문장을 통해서 직접 그녀와 접촉하신 것처럼, 그녀의 삶은 변화되었다. 이 때부터 치열하고 빈번한 몰아경에 빠지는 내면생활이 시작되었다. 깡펠은 그녀와 그녀의 남편에게 이러한 생활이 하나님에게 속한 생활이라는 확신을 주었다. 얼마 후, 경제적이고 정치적인 사건에 연루된 그녀의 남편은 헨리 4세에 의해 파리에서 추방당했다. 남편이 추방된 후 홀로 남게 된 그녀는 프랑스 영성을 밝힌 주요한 인물들이 주위에 모았다.

그녀가 상류 사회에서 남편을 중심으로 벌어진 사업을 정리하고 그 시대의 종교적 대가들을 대화에 참여시킨 것은 매우 프랑스인다운 일이다. 예를 들면, 위대한 카푸친 수도사들: 제수잇 회원인 에티앙 비네(Etienne Binet), 헨리 4세와 루이 8세의 고해 신부인 피에르 코통(Pierre Coton); 후일 그녀의 전기를 저술한 솔본느의 신학자 앙드레 두발(André Duval); 프랑스 오라토리오 회의 창시자인 Pierre Cardinal de Bérull; 자신의 영적 지도를 받는 많은 사람들이 처한 환경에 확실한 권위를 발휘한 카르투지오 회 수도사인 뷰카즌(Beaucousin)과 프란시스 드 살 등이다.[5] 그녀는 이 집단 안에 프랑스 영성을 재탄생시키는 데 반드시 필요한 모든 에너지들을 모아들였다. 여기에서 라인랜드 신비가들이 스페인 갈멜 수도회 개혁의 성장하는 정신과 마주쳤다. 이 집단의 회원들은 마침내 그 개혁을 프랑스에 도입했다. 여기에서 프란시스 드 살이 자주 프랑스를 방문하면서 그의 보편적 영성이 미셸 드 마릴락(Michel de Marillac)과 르네 고티에(René Gaultier)의 평신도 영성과 대면하게 된다. 여기에서 가톨릭 신비주의에 대한 최상의 이해에는 전국에 퍼져가고 있는 자선 기관들 안에서 구현된 적극적인 사회 봉사(social compassion)와 맞물린다. 18세기 계몽주의의 salonieres 덕분에 데니 디드로(Denis Diderot)의 재능과 장 르 롱 다렘베르(Jean le Rond d'Alembert)의 천재성이 만날 수 있었고, 베르나르 드 폰테넬(Bernard de Fontenelle)과 끌로드 헬베티우스(Claude Helvétius)가 이 흐름에 합류할 수 있었다. 아카리 부인은 국가들의 종교적인 굶주림을 표현하며 무척 상이한 사람들의 경험과 반성 안에 놓여 있는 자원들 중 일부를 지적하는 대화 생활을 육성했다. 17세기가 시작되었을 때에, 그들이 행하는 영성과의 대화와 그들이 구상한 계획들은 이미 오랫동안 진행되고 있었다. 한편 그 세기가 시작되면서 새로 서임된 감독이며 곧 제네바로 가게 될 프란시스 드 살의 관대하고도 장엄한 지혜가 부상했다.

17세기에 새로 등장한 영성에 대한 이 질문을 위해서 세 명의 인물을 선정했다. 그것은 총명한 사람들 중에서의 선택이지만 항상 가장 유명하거나 잘 알려진 사람들 중에서의 선택은 아니다. 그들 모두를 포함시키려는 것은 붓이 캔버스에 닿지도 못할 정도로 빠르고 피상적으로 움직이면서 그림을 그리는 것과 같을 것이다. 영성이란 이름을 열거하거나 업적을 계산하는 것 이상을 의미한다.

이와 같은 입문적 연구 방법에 대해 무엇인가를 말해 주는 구절을 제시해 보자: 기독교 영성은 (1) 하나님에 대해서, (2) 인간이 된다는 것의 의미에 대해서, (3) 인간적인 것과 신적인 것이 연합하는 방법이나 수단, 혹은 그것을 지향하는 여행에 대해서 진술하는 것이다. 하나의 영성이 나름의 특성을 구체적으로 나타냄에 따라서 이 세 가지 "주제들" 각각에게 상이한 정의나 가치가 부여될 것이며, 그 셋의 배열은 각각의 영성 생활 및 그 뒤에 이어지는 사려 깊은 연구의 특징을 형성할 것이다. 더 나아가서, 네 가지 상호작용하는 요인들의 복합체에 의해서 이 세 가지 주제들 각각에게 가치나 의미가 주어질 것이다. 이러한 가치들이 생겨나는 근원이 되는 경험, 이 영성에 반드시 필요한 경험은 무엇인가? 이러한 경험들이 형성되고 표출되는 표현, 동종의 표현 안에서 완전함에 도달하는 근본적인 경험은 무엇인가? 이 경험 및 그와 상호 관련된 표현들을 탐구하고 설명해 주는 해석학, 또는 신학은 어떤 것인가? 마지막으로, 이 경험-표현-설명이 커뮤니케이션 안에 자리잡아 다른 사람들에게 유익한 것이 되게 해 주는 방법, 수단, 목적은 무엇인가? 이 세 가지 변수 및 그것들에게 가치가 부여되는 과정을 드러내 주는 네 가지 질문에 대한 탐구가 없다면, 모든 영성은 신적인 것과 인간적인 것에 대한 진부한 표현으로 전락하며, 모든 통합적인 여행(unitive journey)은 마음에 드는 경구(警句)들의 모조품으로 전락할 수 있다. 하나님, 인간, 연합을 지향하는 수단들 등의 주제, 그리고 경험, 표현, 설명, 의사전달 등을 다루는 질문들은 결코 영성훈련을 통해 어느 정도 정확하고 깊이 있는 이해에 이르게 해 주는 하나의 틀을 형성하지는 않는다. 그러한 주제들과 질문들은 종교 문헌에 기계적으로 첨가된 격자(格子)로서가 아니라 반복을 허락하는 조율과 조정으로서 자체의 목적을 달성한다. 다음에서는, 17세기 초에 프랑스에서 배출된 세 명의 주요한 인물들의 영성에 대해 조사해 보려 한다: 프란시스 드 살, 피에르 드 베륄(Pierre de Bérulle), 루이 랄르망(Louis Lallemant). 그 밖에도 빈센트 드 폴(Vincent de Paul), 장 자크 올리에(Jean-Jacques Olier), 쟝 유드(Jean Eudes) 등은 다른 사람들보다 큰 영향력을 발휘했다. 앞의 세 사람은 그 시대에 작용한 심오한 힘과 관련된 것을 구체화하여 다양한 방법으로 그것들을 구현한 사람들이다.

프란시스 드 살

번와 드 깡펠(Benoît de Canfeld)이 17세기 초에 발생하려는 신비주의를 양육했고, 아카리 부인(Madame Acarie)은 상이한 전통들이 서로 의사소통을 하여 풍성해지게 하는 상호 교환 방법을 제공했다고 한다면, 프란시스 드 살은 17세기 전체를 하나님께 헌신하고 사랑하는 세계로 인도한 인물이다. 이러한 주제들을 다루고 비슷한 경건 훈련을 지지한 다른 논문들이 없었던 것은 아니다. 삐에르 꼬통(Pierre Coton)은 초기의 프란시스의 주장과 비슷한 분위기를 지닌 『경건한 영혼의 내면적인 일』(*L'intérieure occupation d'une âme dévote*)이라는 소책자를 저술했다.[6] 그러나 영적 발달의 범위에 대한 이해 및 모든 것을 예리하게 다룬 점에 있어서 프란시스에게 필적할 사람은 없었다. 그의 주요한 저서들의 초점이며 그의 영적 지도의 특징은 헌신과 하나님 사랑이다. 그의 저서 『경건생활 입문』(*Introduction à la vie dévote*)은 1609년에 출판되었는데, 외관상 충족될 수 없을 것 같은 엄청난 수요를 충족시키기 위해서 판을 거듭했으며, 프랑스의 태후가 영국의 제임스에게 보석으로 제본된 그 책을 선물했을 때에 그 절정에 달했다. 프란시스의 『하나님의 사랑에 대한 논문』(*Traité de l'amour de Dieu*)는 1607년 11월에 처음으로 쟌 프랑소아 드 샹달(Jeanne Françoise de Chantal)에게 하나의 계획으로 언급했던 것으로서 9년 뒤인 1616년 3월에 출판되었다. 그 이전에 출판된 논문들이 그렇듯이, 그 『논문』은 즉시 유명해졌다. 리용과 Douai에 소재한 출판사들은 수요를 충족시키기 위해서 여러 차례 재판했다. 1630년에 18쇄 프랑스어 판을 토대로 하여 영역판이 출판되었다. 프란시스는 17세기의 관심사를 다루었다.

많은 사람들이 프란시스를 그처럼 좋아한 것은 그리 놀라운 일이 아니다. 왜냐하면 그의 저술들은 모두 개인적인 것이었기 때문이다. 그의 서신들과 담화와 책에는 매우 개인적인 경험의 세계가 포함되어 있다. 프란시스는 글을 쓸 때에 어떤 사물에 대해서만 쓴 것이 아니라 어떤 대상을 염두에 두고 저술했다. 그의 가장 위대한 저서들조차도 자세히 기록된 서신집에 불과하다. 『입문』은 마리 드 샤르므아지(Marie de Charmoisy) 부인에게 준 가르침에 불과하다. 『논문』은 중세 시대의 위대한 박사들 및 자기 시대의 사람들에게 놀라운 일을 행했던 많은 여인들이 드리는 연도(litany)로 시작된다. 예를 들면, "개인적으로나 훌륭한 저술 안에서나 매우 온화한" Louis Richeome, "우리를 결속시켜 주는 성실한 우정의 유대"를 지녔다고 프란시스가 격찬한 쟝-삐에르 까뮈(Jean-Pierre Camus)가 있다.[7] 개인적인 것을 강조한 것은 살의 영성이 지닌 호감이 가는 세부 내용에만 그치는 것이 아니다. 그것은 다른 영적 고전들이 필적할 수 없는 방법으로 그 핵심을 차지하고 있다. 프란시스의 경험 세계에서는 칭찬과 상냥함과 이해가 자라서 우정이 되었고, 그의 친구를 알면 그의 저서를 이해할 수 있고 그 저서에 영향을 준 주요한 요인들을 알 수 있었다. 『논문』은 새로 형성된 방문회(Visitandines)의 안느씨(Annecy)에 존재했던 사실을 통해서 독자들에게 설명되어야 한다.

> 이 도시에는 거룩한 성모의 보호 아래 하나님을 섬기면서 한 마음으로 함께 살기 위해서 세상을 버린 젊은 여성들과 과부들의 공동체가 있다는 사실을 당신에게 설명해야 합니다…나는 종종 공적인 설교나 영적인 담화를 통해서 그들에게 거룩한 말을 해 주려고 노력해왔습니다…지금 내가 당신에게 이야기하는 것의 대부분은 이 복된 공동체 덕분에 얻은 것입니다.(*Treatise* I, preface, 48)

우정과 지도, 서신들과 광범위한 담화 등이 결합되어 그의 경험을 이루었고, 그 기록은 그가 감화를 준 수도회들 및 후대에 전해진 저술들과 더불어 존재하고 있다. 살의 경험과 관련된 모든 것은 이와 같은 인간적인 커뮤니케이션과 개인적인 헌신과 우정이라는 모체를 나타내 보여준다.

이 일반적인 경험적인 상황은 프란시스의 삶의 기초에 놓여 있는 하나의 경험에 중요성을 제공하는데, 그의 신학은 그것을 확대한 것이요 설명이라고 할 수 있다. 이 순간에 주목하지 않고서는 프란시스를 이해할 수 없다. 어거스틴의 사상은 회심의 신학으로 이해할 수 있고, 루터의 사상은 은혜의 선물의 신학으로 이해할 수 있듯이, 프란시스 드 살의 신학은 에티엔-두-그레의 성모 마리아 교회에서 끝난 6주간의 정신적 고뇌의 상황에서만 이해할 수 있다. 프란시스는 끌레르몽(Clermont)의 예수회 대학 학생이었는데, 내성적이고 말이 없고 자신감이 없었고, 자신이 하나님의 버림을 받도록 예정되었다는 두려움에 사로잡히곤 했다. 쟝 프랑소와 드 샨달은 그를 시성(諡聖)하는 과정의 초기 단계에서

다음과 같이 진술했다:

> 그는 나에게 어려움을 감당할 힘을 주기 위해서 자신이 파리에서 대학에 다닐 때의 이야기를 해 주었다. 당시 그는 극도의 정신적인 번민 상태에서 시련을 당하고 있었고, 자신이 지옥에 떨어질 것이며 구원의 소망이 없다고 굳게 믿고 있었다. 그 때문에 그는 두려움에 떨었다…비록 정신적으로 끔찍한 상태에 있었지만, 그의 영혼 깊은 곳에서는 목숨이 붙어 있는 한, 내세에서는 기회가 없을 것이라고 생각했기 때문에 이 세상에서 한층 더 충성스럽고 사랑스럽게, 힘을 다해서 하나님을 섬기고 사랑하려는 결심을 굳게 붙들었다. 이러한 고뇌의 상태가…대략 6주 동안 계속되었는데…너무나 괴로워서 그는 먹지도 못하고 잠도 자지 못하여 얼굴이 창백해지고 몸이 여위었다. 그런데 어느날 자비하신 하나님의 섭리가 그를 괴로움에서 구해 주었다…그는 기도하려고 어느 교회에 들어가서 제단 앞에 무릎을 꿇었다. 제단에는 작은 나무판이 있었는데, 그 위에 다음과 같은 말로 시작되는 기도문이 붙어 있었다: "지극히 사랑 많으신 성모 마리아여, 기억하소서. 당신의 의지하는 사람이 버림을 받지 않게 해 주십시오…" 그는 이 기도문 대로 기도를 마친 후에 자리에서 일어났다. 바로 그 순간 그는 자신이 완전히 치유되었음을 느꼈다. 그를 괴롭히던 것들이 마치 문둥병자의 몸에서 떨어져 나온 딱지들처럼 바닥에 떨어져 있는 것 같았다.[8]

프란시스를 가장 잘 알고 있었던 사람에 의해 상술된 이 경험을 토대로 후일 살의 영성의 신학적 특징이 형성되었다. 이 젊은 학생은 ante praevisa merita 예정의 신학을 자기 것으로 삼았고, 그 잔인한 신학 안에 내재되어 있는 제어할 수 없는 두려움을 가지고서 그것을 자신에게 적용했다. 프란시스의 신학을 귀족적이고 색다르며 어느 정도 매력이 있는 한물 간 시대의 것으로 치부하기 쉽다. 자크 마리땡(Jacques Maritain)은 프란시스에게서 성 토마스에게서 발견할 수 있는 바 섭리에 대한 심오한 통찰을 기대하는 것은 무모한 일이라고 주장했다.[9] 실제로 프란시스의 신학을 너무 쉽게 무가치한 것으로 간주하는 것이야말로 구시대적인 행태일 것이다. 프란시스 드 살은 그 시대의 신학을 직면하여 그 중심에 하나님의 보편적인 구원의 의지, 모든 사람에게 미치는 의지를 두었다. 우정이 프란시스의 삶의 의미를 설명해 주었고, 신으로부터의 버림받음이 그의 삶의 궁극적인 두려움이었듯이, 하나님에 대한 그의 이해에서 중심적인 것은 모든 인간들을 향한 하나님의 보편적이고 특징적인 부르심, 그리고 모든 형태의 인간 생활 안에서 우정과 구원으로 표현되는 사랑으로의 부르심이었다: "이 대속은 풍성하고, 지극히 풍성하고, 크고, 넘치는 대속함이다. 그것은 우리를 위해서 모든 영광을 획득했고, 또 영광을 얻기 위해서 필요한 모든 수단들을 다시 정복했으므로, 우리는 어떤 사람에게 하나님의 자비가 부족하다고 불평할 수 없다"(*Treatise* II, 4, 113). 구원의 역사는 그리스도를 나타내 준다. 그러나 어떤 사람들은 그리스도를 알지만 어떤 사람들은 알지 못하며, 종교적인 영향력을 가지고 있고 은혜가 제공하는 것들에게 명확성과 기이한 효험을 제공해 주는 성례전적인 생활을 하는 마을에 살고 있는 그리스도인들은 그리스도를 안다. 우리들은 각기 처한 환경이 다르지만 "구원에 필요한 모든 것을 충분하고 넉넉히 가지고 있다"(*Treatise* II, 7, 120). 프란시스는 그 당시 매우 대중적인 신학이었던 바 자의적으로 어떤 사람은 구원하고 어떤 사람은 저주하는 예정의 신학의 두려움을 주장한 것이 아니라, 모든 사람에게 제공되는 풍성한 은혜를 주장했고, 또 발생하는 저주는 post praevisa merita에 불과하다고 주장했다. 이러한 주장을 한 사람이 프란시스만은 아니었지만, 소수에 불과했다.[10]

어거스틴 수도회를 대적한 레오나드 레시우스(Leonard Lessius), 둔스 스코투스 학파, 대다수의 토마스 아퀴나스 파 사람들(Thomists), 그리고 그 시대의 주요한 제수잇 신학자인 로버트 벨라민(Robert Berrarmine)과 프란시스 수아레즈(Francis Suarez) 등과 합류한다는 것은 단순히 용감한 신학적 행동만은 아니었다. 이처럼 하나님의 보편적인 구원 의지를 강조한 것이 각 계층의 모든 사람들로 하여금 세례를 받을 때에 성별된 것을 기독교적인 거룩 안에서 실천하라고 호소하는 살의 경건의 신학적인 토대였다. 프란시스와 레시우스, 그리고 그와 뜻을 같이 하는 소수의 사람들이 이렇게 거듭 강조함으로써, 가톨릭 교회 내에서 예정의 교리에 관한 일련의 퇴각이 시작되었다. 그들이 주장하는 바 모든 것을 구분한 후에 이루어지는 부정적인 영벌(永罰)은 칼빈의 이론과 그리 다르지 않다. 얀센주의에 대한 정죄로 말미암아 이러한 섭리에 대해 계속 재고하게 되었는데, 그것은 알폰서스 메리 리구오리(Alphonsus Mary Liguori)와 마티아스 쉬벤(Mattias Scheeben)의 견해에 의해 확장되고, 제2차 바티칸 공의회에서 교도권(敎導權)의 가르침들 및 칼 라너(Karl Rahner)의 초자연적 실존주의를 받아들인 신학자들 사이에서 절정에 달했다. 이렇게 수세기에 걸쳐서 발달하게 된 배후에는 프란시스 드 살이라는 인물이 있다. 그는 성 에티엔-두-그레(St. Etienne-du-Grès)의 교회에서 문제가 되었던 경험 덕분에 이 신학과 영성을 결합할 수 있었다.

그의 신학을 형성하게 해준 경험들은 신학과 영성을 구분하는 것을 허락하지 않았다. 그가 암울했던 시기에 배운 것, 즉 연민(긍휼)은 장차 그의 권고와 삶의 특징을 이룬다. 그는 그와 같은 하나님의 심판 때문에 비슷한 괴로움을 겪는 사람에게 다음과 같이 편지했다: "여섯 주간 동안 그와 비슷한 일을 견디어낸 내 영혼은 그러한 고통을 당하는 사람들을 불쌍히 여길 수 있게 되었습니다." 그는 그 여섯 주간을 잊을 수 없었고, 또 그 기간을 통해서 "다른 사람들의 약점들을 불쌍히 여기라"[11]는 가르침을 배웠다. 그는 자신의 긍휼을 통해서 하나님을 이해했다: 프란시스는 하나님의 보편적인 구원 의지를 모형으로 삼아, 자신의 긍휼함을 통해서 그것을 반영해야 했다. 그 두 가지는 인간의 욕구와 선택의 세계와 상호작용하게 된 사랑의 형태였다. 하나님에 대한 프란시스의 점진적인 이해는 곧 이 포괄적인 원리에 대한 이해의 증가였으며, 그는 인간 됨의 의미를 사랑에 의해서 이해하려 했다. 그는 인간의 선택, 인간의 의지를 지배한 사랑에 의해서 인간의 의지를 이해했고, 사랑 자체는 하나님의 끝없는 선하심과 인간을 향한 섭리적 돌보심이라는 신비에 의해서 이해했다(*Treatise* I-II). 프란시스는 편지, 회의록, 조언, 논문 등 무슨 글을 쓰든지 사랑의 마음으로 썼다. 그의 주요한 논문들은 이 사랑을 실현할 수 있는 여행에 대해 상세히 묘사하고 있다.

이 여행들 중 최초의 여행은 경건의 생활을 향한 여행이었다. 『입문』에서 "경건"(Devotion)은 특별한 의미를 지닌다. 경건은 도량이 큰 사랑—자주 신속하게 도울 수 있는 고결한 민첩성—이었다. 기독교적 삶을 살기 위해서는 넓은 사랑을 소유해야 한다. 그 사랑이 "기꺼이 사랑의 행동을 행하려는 큰 열정"을 낳는다면, 그 사랑은 이미 사랑이 아니라 경건이다. 프란시스는 박물학과의 유사성을 가볍게 해결했는데, 그것은 후일 그의 모든 저술의 특징을 이루었다: "타조는 날지 않는다; 암탉은 어쩌다 날지만 높이 날아오르지 못한다; 그러나 독수리나 비둘기나 제비는 하늘 높이 빨리 자주 날아오른다." 이처럼 죄인들은 하나님을 향해 올라가지 않으며, 선한 사람들은 경건함이 없이 어쩌다 한 번씩 서툴게 하나님을 향해 올라가며, 독실한 사람은 사랑하는 데 있어서 독수리와 같아서, 아름답고 신속하게 하늘을 향해 움직인다. 프란시스는 십자가의 요한(John of the Cross)이 *Living Flame*에서 사용한 것과 동일한 유추를 사용하지만, 그것을 합일의 상태 안에서의 사랑의 순간들에 적용하는 것이 아니라 경건에 적용한다: "불길과 불이 서로 다르지 않듯이, 사랑과 경건도 서로 다르지 않다. 사랑은 영적인 불이며, 그것이 불길이 될 때에 경건이라고 불린다"(*Introduction*, I, 1, 39-41). 『논문』에서는, 경건이 사랑을 증가시키기 때문에, 경건한 생활을 함에 따라 사랑이 모든 곳에 퍼진다는 것을 인정한다. 따라서 『논문』에서는 『입문』에서 행한 작업을 계속 이어 나간다고, 즉 "경건에 이어 진보한 영혼들을 대상으로 이야기하겠다고" 주장한다(*Treatise* I, preface, 48). 경건한 생활은 사랑에 의해서 삶의 단계들—초기 단계에서부터 마지막 순간까지—을 폭넓게 다룰 수 있는 경험적인 토대를 제공해 준다: "탄생, 발달, 쇠퇴, 활동, 재산, 유익, 하나님 사랑의 탁월함 등에 대한 이야기"(*Treatise* I, preface, 40). 『입문』은 여러 면에서 『영신수련』(*Spiritual Exercises*)의 제1주와 놀랄 정도로 흡사하다. 즉 묵상의 주제들, 묵념 기도(mental prayer)를 행하는 간단한 방법에 대한 설명, 죄 고백과 성찬을 자주 행하는 것에 대해 다룬 것, 성장하는 덕의 생활을 향한 지시 등이 무척 흡사하다. 그것들은 결코 동일하지 않지만, 그것들 사이에는 계속적이고 놀라운 유사성이 있다.

프란시스의 영성과 이그나티우스(Ignatius)의 영성, 그밖에 다른 기독교 스승들의 영성들 사이의 공통점은 지속적인 탐구 의식이었다. 경건을 향한 필로테아(Philothea)의 갈망은 결단으로 변화되어야 했다. 그녀는 일반적인 고백을 한 후에 "거룩한 사랑으로 들어간다." 이 시점에서 진보를 위해서 "성례전과 정신적 기도를 습관적으로 사용하게 된다. 제3부에서는 "그녀의 진보에 매우 필요한" 덕목들이 다루어지며, 이어서 악의 기만적인 책략들을 피하고 앞으로 전진하기 위해서 그러한 책략들에 대해 조사한다. 마지막으로, 필로테아는 일시적으로 도착했다는 의식을 갖는다. 그것은 "원기를 되찾고 호흡이 제 상태로 돌아오게 하며, 기운을 회복하여 경건한 생활에서 더욱 전진하기 위해서 잠시 후퇴하는 데" 필요한 것이다(*Treatise* I, preface, 35). 이처럼 되풀이 되는 비유들을 읽는 사람들은 프란시스의 『입문』이 경건한 생활을 향해하는 순례자의 여행이라는 구조로 이루어져 있음을 알 수 있을 것이다. 십자가의 요한은 자신의 주요 저서의 제목에 등정(Ascent)이라는 명사를 사용했다. 반대로 프란시스의 『입문』을 문자 그대로 연속적인 여행의 단계들에 의해서 경건한 생활로 안내하는 구조를 취했다. 그리고 이 여행을 위해서 말 없이 주어진 충고에 따라 요구되는 것들을 이해하지 못하는 사람들은 그것의 영성을 플리니(Pliny)의 이야기에서 자고새와 아몬드 나무에 대한 매력적인 이야기들과 꽃다발이라고 요약할 수 있었다. 이 부드러운 음성이 여행을 위해서 요구하는 것을 부인하는 것, 그리고 인간적인 동기에 대해 제기한 질문은 그 이후로 계속 거세고 두려운 사랑의 요구들을 대신할 정서의 분야를 휩쓸어왔다. 프란시스는 항상 긍휼하고 미묘한 태도를 유지했다. 그의 분석과 충고는 양쪽에 날이 선 칼과 같았다.

프란시스의 『입문』에서 "하나님"의 의미를 파악할 때에, 경건, 기본적으로 개인과 개인 간의 통일체인 세계, 그리고 내면 생활을 하나의 여행이나 발달로 이해하는 것—이 모든 것이 하나의 완전체로 여겨진다. 어느 특징적인 영성의 핵심은 개념 상으로나 이미지로나 하나님의 의미를 형성하는 데 있다고 말하는 것이 안전하다. 보편적인 영성에서 "하나님의 이름들"은 서로 상충되지 않는다. 자신의 제한된 경험과 신학의 특성들을 주장하는 유한한 인간의 지성이 그 한계 안에 하나님이라고 부르는 불가해한 신비의 무한한 속성들을 연합하기 위해서 비유나 개념으로 하나님을 개념화하거나 상상한다. 하나의 영성이 하나님에게 어떤 명칭을 적용하며, 그것이 강조하는 신적(神的)인 술어들을 어떻게 통일시키는가에 따라서, 그것이 다루는 다른 모든 주제들과 문제들의 미묘한 특징이 결정된다.[12] 그렇다면, 『입문』에서는 주도적으로 등장하는 하나님의 이미지는 어떤 것인가? 신적인 위엄(divine majesty)이다. 헌정사의 첫 부분을 보면 그 책 전체의 주제가 될 것, 그리고 신속하게 자원하여 섬기려는 태도로서의 경건에 부여되는 중요성을 설명해줄 것을 알 수 있다: "오, 사랑하는 예수여, 나의 주, 나의 구주, 나의 하나님이시여, 여기 당신 앞에 엎드린 나를 보십시오." 경건은 조신(朝臣)과 그의 군주 사이를 결속시켜 주는 가장 고귀한 형태가 된다. 따라서 『입문』은 다음과 같은 말로 시작된다: "사랑하는 필로테아여, 당신은 기독교인이며, 또 경건이 하나님이 매우 기뻐하시는 덕이라는 것을 알기 때문에 경건한 생활을 원합니다"(*Introduction*, I. 1, 39). 그러나 조신 뿐만 아니라 각 사람은 하나님을 섬기라는 부르심을 받고 있으며, 각기 다른 방법으로 거룩하신 하나님을 섬길 것이다. 중요한 문제는 이 경건이 지닌 유사한 본질이다. 독거와 금식, 설교와 가난 등은 모두 특별한 형태의 생활에 불과하지만, 신적 주권에의 헌신(경건)은 모든 형태의 인간 생활에서 실현되어야 하기 때문이다. 그것은 하나님의 명령이다:

> 그 분은 기독교인들, 그의 교회의 살아 있는 식물들에게 각기 자기의 지위와 소명에 따라 경건의 열매를 맺으라고 명령하신다. 경건은 귀족, 노동자, 하인, 제후, 과부, 처녀, 기혼 부인 등에 의해 각기 다른 방법으로 실천되어야 한다. 뿐만 아니라, 경건은 각 사람의 힘과 활동과 의미에 맞추어 실천되어야 한다.(*Introduction*, I, 3. 43)

경건의 구심성은 하나님을 신적 위험으로 개념화한 데 따른 결과이다. 그것은 『입문』에서 프랑스의 국왕인 루이 9세가 성인들 사이에서 차지하는 중요한 위치를 설명해 준다. 그는 이 여행의 운명과 가치, 하나님의 감추어진 임재가 "자기들 앞에 있는 제후를 보지 못하는 장님들"로 비유되는 영성의 운명과 가치를 구현하며, 기도하기 전에 행하는 기원은 "깊은 경외심을 가지고서 하나님 앞에 부복하며, 자신이 그처럼 존엄하신 분 앞에서 설 가치가 없다는 것을 인정하는" 영혼과 같다 (*Introduction*, II, 2, 85-86). 하나님의 온유하심은 군주의 무한한 양보라고 할 수 있으며, 반면에 인간은 십자가에 달리신 분에게 끊임없이 초점을 둠으로써 왕이 행하신 자기 비하(kenosis)를 상기한다. 살의 영성의 특징인, 반복되는 기원에서는 그가 하나님께 부여한 중요한 이름(Jesus)이 나타난다: "Live, Jesus."

주석가들은 『입문』에서 살의 영성의 발달에 주목해왔으며 성장의 깊이와 경향들이 쟝 프랑소아 드 샨달을 지도한 것 및 그들의 연속적인 우정에 영향을 주었다고 여긴다. 인생과 세상을 발달하는 실체들로 보는 사람은 성장할 것이다. 그러나 가장 놀라운 발달은 감지하지 못한 채 지나쳐왔다. 그것은 하나님에 대한 이해에 달려있다. 신적 위엄은 지극히 모성적인 하나님에게 굴복했다. 『논문』에서는 거듭 하나님을 자녀를 양육하는 어머니와 일치시킨다. 그리고 그 논문의 끝 부분에서 예수에게도 동일한 비유가 적용된다:

> 그러므로 그리스도의 모성적인 품 안에서, 그의 신적인 마음은 인류 전체 뿐만 아니라 하나하나의 인간들을 위해 유익을 예견하고 섭리하고 획득하셨다. 그의 사랑스러운 가슴은 우리에게 젖을 마련해 주었다. 즉 우리 마음을 이끌고 인도하고 양육하여 영원한 생명을 얻게 하기 위한 그의 움직임, 매력들, 감화들, 그리고 사랑스러운 즐거움 등을 공급해 주셨다.(*Treatise* XII, 12, 280)

『논문』에서, 모성적인 것이란 신적인 것을 나타내는 지배적인 이미지로서, 프란시스 드 살의 경험과 신학 전체의 중심 주제에 상상력을 부여해 준다. 프란시스에게 있어서, 어머니는 가장 심오한 형태의 무조건적이고 적극적인 사랑을 구체적으로 표현한다: "어머니의 사랑은 모든 형태의 사랑 중에서 가장 절박하고, 적극적이고 뜨거운 사랑이다. 그것은 지칠 줄 모르고 만족을 모르는 사랑이다"(*Treatise* III, 8, 183). 프란시스는 성모 마리아 성당에서 삶이 거듭난 경험을 잊지 않고 있었다. 그리고 "가장 사랑스럽고 사랑이 많으며 모든 피조물들 중에서 가장 사랑받는" 하나님의 모친에게 『논문』을 헌정할 때 뿐만 아니라, 모성적인 것이 작용했고 마리아로 비유된 하나님에 대한 그의 인식에서의 변혁에서 이 표상들을 잊지 않았다.

『논문』에서 프란시스가 사랑을 다룬 방식은 보다 복잡한 방식으로 발달했다. 왜냐하면 그것은 인간 생활의 모든 방향을 포함하기 때문이다. 그 시대에 데카르트는 "주제로의 복귀"(return of the subject)에 의해서 현대 철학의 문을 열었고, 프란시스 드 살은 인간됨의 의미에 대한 비슷한 고찰을 토대로 『논문』을 저술했다. 그것은 무수히 많은 본능과 활동과 은사와 잠재성이 의지의 지배에 의해서 완전함과 인간적인 조화에 이르는 것이다. 프란시스의 경우에, 의지의 탁월함이 인간됨에 대한 그의 이해를 결정한다: "하나님은 의지로 하여금 인간의 내면에 존재하는 무수하고 다양한 활동, 움직임, 감정, 성향, 습관, 정욕, 기능, 능력 등을 지배하게 하신다. 의지는 이 작은 세계 안에서 발견되는 모든 것을 지배하고 명령한다"(*Treatise* I, 1, 55). 인간의 의지는 외적인 움직임과 기억력, 지성의 능력, 상상력 등을 각기 다른 방법으로 제어할 것이다; 그러나 "의지가 인간 영혼의 다른 모든 기능들을 다스리는 동안… 의지 자체는 그 자체의 사랑의 다스림을 받으며, 이로 인해 그 사랑과 동일한 특성을 갖게 된다"(*Treatise* I, 6, 65). 인간의 다양성은 의지의 다스림을 받으며, 의지는 사랑의 다스림을 받는다. 그리고 의지의 본성적인 갈망은 만물보다 하나님을 사랑하는 것으로서, 지금은 죄의 역사와 소외의 역사 때문에 좌절된 갈망이다. 프란시스의 인간론의 중심은 하나님에 대한 사랑이 인간의 본성을 규정한다는 것이다. 죄가 이 사랑의 실현을 불가능하게 할 수도 있고, 인간의 지성을 어둡게 한 것보다 훨씬 심각하게 인간의 의지를 약하게 만들 수도 있겠지만, 이성의 본성적인 빛이 인간의 본성 안에 존재하듯이, 만물보다 하나님을 더 사랑하는 성향도 인간의 본성 안에 현존한다.

인간의 특징인 이 무력하지만 근본적인 갈망은 하나님에 대한 우주적인 갈망 및 섭리를 통한 창조에 대한 그의 이해에 휩쓸린다. 프란시스의 영성은 다음과 같은 두 가지 움직임으로 대별된다: 인간적인 격동과 신적 섭리의 유출—인간을 친구로 변화시키려는 하나님의 소원과 사랑, 즉 보편적인 구원의지. "아담의 범죄 이후에도 하나님은 참 사랑으로 모든 인간의 구원을 원하셨지만, 자유의지를 부여받은 인간의 본성적인 상태에 알맞은 수단과 방법으로 구원하기를 원하셨다"(*Treatise* III, 5, 177). 그러므로 선택은 결정적으로 중요한 역할을 한다. 그것은 완전함을 이루는 사랑을 내면에 소유한 사람의 선택; 은혜받은 사람에 대한 하나님의 섭리인 선택이다. 이 둘이 결합된 것이 넓은 사랑 (charity), 모든 인간적인 갈망 및 인간의 구원을 향한 하나님의 의지의 성취이다.

『논문』의 영적 여정에서 다른 모든 것은 그러한 맥락 안에서 조사된다. 그러한 삶의 직접적인 가능성은 성장이나 쇠퇴인데, 그 둘은 현실적으로 가능성으로 평가되어야 한다. 게다가, 사랑(love)은 완전한 사랑의 구성 요소인 자득(complacence)과 박애(benevolence)와 구분될 수 있다. 성장에는 하나님을 향한 인간적 사랑의 감정적 실현의 최고 형태인 기도가 요구된다. 프란시스는 실질적으로 기도를 "신비신학"과 동일시했는데, 그것은 하나님과의 사랑의 대화로서, 관상의 모든 행동을 포함한다(*Treatise* VI, 1, 267-69). 프란시스는 점차 추론적인 묵상이라는 표준적인 형태를 따르며, 근본적으로 관상의 단순한 응시에 양보한다: "관상은 단순히 정신이 혼합되지 않고 영구적이고 사랑하는 시선으로 하나님의 일들에 집중하는 것이다"(*Treatise* VI, 3, 275). 여기에서 그의 사랑의 경험과 더불어 하나님의 특별한 은혜가 개입하여 영혼이 침잠의 기도를 시작하게 될 수도 있는데, 프란시스는 이것을 아빌라의 테레사가 행한 고요한 기도와 동일시한다. 이 기도는 나름의 발달 과정을 가진다: "때때로 이 평정이 그 고요함 속으로 아주 깊이 들어가서 영혼과 그의 모든 능력이 마치 잠에 빠진 듯한 상태에 머문다"(*Treatise* VI, 8, 290). 그러한 평정 상태에 머무는 영혼은 더 이상 기억을 필요로 하지 않는다. 왜냐하면 영혼의 연인이 함께 거하고 있기 때문이다. 영혼은 상상력도 필요로 하지 않는다. "우리가 그 분의 임재 안에서 기뻐하고 있는데, 내면적으로든 외면적으로든 그 분을 상징으로 표현해야 할 이유가 어디에 있는가? 그러므로, 결론적으로 이 부드러운 임재의 우유를 섭취하는 것은 의지뿐이다. 영혼의 나머지 부분들은 영혼이 발견한 귀한 즐거움 때문에 계속 고요한 상태로 머문다"(*Treatise* VI, 9, 293). 그러나 사람이 하나님과 연합하는 방식과 다른 인간적인 능력의 활동에 따라서, 이러한 형태의 신비신학은 다양한 내적 단계를 갖는다. 이 사랑의 경험은 몰아의 상태로 이어질 수 있다. 여기에서도 갈멜 수도회 영성이 『논문』에 영향을 미친다: "복된 테레사 수녀(Mother Teresa)는, 연합을 통해서 우리를 주님과 굳게 결속시켜주는 이 완전함을 획득하는 것은 영적인 황홀, 도취, 또는 영의 정지와 동일하다. 그것이 잠시 동안만 지속되면 그것을 영의 연합, 정지, 또는 도취라고 하며, 오랫동안 지속되면 몰아의 상태나 황홀이라고 불린다"(*Treatise* VII, 3, 23).

한편 효과적인 사랑과 박애의 사랑은 인간으로 하여금 그들의 모든 행동 안에서 하나님의 뜻, 하나님의 명령과 권고와 감화에 의해서 인간의 의식에 알려진 뜻을 성취하게 한다. 이처럼 인간의 의지와 하나님의 뜻 사이의 완전한 일치를 향한 움직임은 체념을 넘어서서 "무관심"(indifference)을 향해 전진하는데, 그 상태에서는 하나님의 사랑이 인간의 선택과 욕구 안에 자리하는 모든 것을 결정한다: "무관심은 체념을 능가한다. 왜냐하면 그것은 하나님의 뜻을 사랑하는 것 외에 다른 것은 사랑하지 않으며, 따라서 하나님의 뜻의 임재 안에 있는 무관심한 마음을 감화시킬 수 있는 것이 없기 때문이다"(*Treatise* IX, 4, 105). 루이 코넷(Louis Cognet)의 주장에 의하면, 프란시스는 "그 문제가 지닌 몇 가지 요소들—수동성, 정화의 시련, 신인 연합의 상태—를 철저하게 분석하는 기회를 거부했을 것이다."[13] 그러나 프란시스는 연합(union)과 무관심을 다루면서, 인간의 삶이 그리스도의 삶에 몰입함에 따라 영혼의 넓은 사랑을 깊게 해 주는 정화(purification)를 다루었다: "우리 주님을 덮친 고난의 바다 속에서, 그의 영혼의 모든 기능들은 마치 두려운 고통의 소용돌이 속에 휩싸인 것처럼 완전히 삼킴을 당하고 매장되었다"(Treatise IX, 5, 109). 프란시스는 『입문』과 『논문』에서 인간적 사랑의 여정을 처음부터 완성 단계에 이르기까지 묘사하려 했다. 그것은 발달 상의 구성 요소들이 지닌 측면들은 모두 전체 과정의 한 순간에 불과한 것으로서 보다 특수한 논법을 상술하는 회의와 편지들에 의해서 보다 깊이 있게 탐구되어야 할 것으로 남겨둘 것이다. 인간은 끝없는 사랑 안에 있는 하나님의 몰아적 소유물로 규정한 본성적인 인식 능력에서 보면, 인간의 삶은 궁극적으로는 하나님에게만 알려져 있고 고난의 그리스도 안에서만 완전히 비유된 섭리적 질서 안에서 발달한다.

피에르 드 베륄

프란시스 드 살이 17세기 영성의 형성에 목회적인 것과 신비적인 것의 혼합을 가져다 주었다고 본다면, 피에르 드 베륄은 신비적인 것을 큰 기획이나 종교적이고 세속적인 정치와 제휴한 인물이다. 프랑스에서 오라토리오회(Oratory)를 창시한 사람, 교구에 사는 성직자들을 개혁한 사람, 프랑스 내의 갈멜 수도회 설립의 선구자인 베륄는 그의 민족 정신에 큰 흔적을 남겼기 때문에, 프랑스 학교(French School)의 아버지라고 불린다. 그러나 논증법은 그를 괴롭혔다: 리슐리에(Richelieu) 주교와의 다툼 때문에 그의 저서 *Oeuvres complètes*는 그가 숨을 거둘 때까지 출판되지 못했다. 교육에 관해서 대학 당국과 제수잇 회와의 의견이 일치하지 않은 것, 국가적인 개신교 기관들에 대한 적대감(그는 이에 맞서 가톨릭 연맹을 결성하려 했다), 그리고 그로부터 "예수와 마리아를 섬기겠다는 서원"을 하면서 구현한 경건을 강요받은 갈멜 수도회와의 말다툼 등. 말년에 추기경이 된 베륄은 헨리 4세와 루이 13세 치하에서 나타나고 있었던 프랑스의 많은 부분에 중요한 역할을 했다.

베륄의 영적 발달에 대해서는 그가 저술한 초기의 저서 『내적 헌신에 대한 소논문』(*Bref discours de l'abnégation intérieure*, 1597), 그가 클레르몽의 제수잇 대학에서 공부하는 동안 그의 고해신부인 카르투지오회 수사 뷰카즌(Beaucousin)의 지도 하에 저술한 논문을 토대로 하여 짐작할 수 있다. 그 책은 이사벨라 벨린자가(Isabella Bellinzaga)의 *Breve compendio intorno alla perfezione cristiana*를 번역한 것에 불과하므로 "소논문"이라는 명칭은 그다지 적합하지 못하다. 이사벨라의 지도자는 제수잇 수사인 가글리아르디(Gagliardi)였는데, 그는 『영성훈련』(*Spiritual Exercises*)에 관한 주해서를 저술한 최초의 작가들 중 한 사람이며, 당시 *Breve compendio*의 진정한 저자로서 전반적인 신용을 얻고 있었다. 베륄의 저서에서는 연속적인 박탈에 의해서 영혼을 인도하여 인간적 자아를 죽이고 하나님과의 변형의 연합을 이루게 하려 한다. 박탈의 단계들은 하나님께서 영혼에게 작용하기 위한 준비를 시키심에 불과하다. 그것은 종교적 자기 도취요 하나님의 영향력 아래서의 수동성을 방해하는 자기애를 초월하는 것이다. 이 저서는 대체로 그 시대를 위한 표준적인 책이었다: 그 책의 초점은 인간 및 하나님의 일과 협력하는 데 필요한 권고들에 주어져 있다. 그것은 그 책을 매우 인상적인 책으로 만들어준다. 우리가 베륄의 특징을 결정해줄 영성에 접하기 전에, 그것의 강조는 근본적으로 변화될 것이다. 한층 더 인상적인 점은 다음과 같다: 가글리아르디/벨린자가는 그리스도의 위격에 관심을 기울인 반면, 베륄의 저서에서는 그런 부분들을 대부분 삭제했다. 혹시 그리스도를 언급한 부분이 있다면, 그것은 우발적인 것에 불과하다. 따라서 *Bref discours*는 피에르 드 베륄의 영성을 평가할 수 있는 기준을 제공해 준다.

1599년, 새로 서임된 베륄은 『광신자들에 대한 논문』(*Traité des Énergumènes*) 그 세기 말에 논쟁거리가 되고 있었던 문제인 귀신 들림의 본질에 대해서 언급했다. 귀신 들림이란 신비한 상태들—lagature, rapture, ecstasy—을 뒤집어 모방한 것이었다. 그 근저에는 성육신에 대한 지독한 적대감이 놓여 있었다. 사탄은 이러한 귀신 들림을 통해서 하나님을 흉내내어 "하나님께서 예수 그리스도 안에서 우리의 인성을 취하신 독특한 일의 그림자에 불과한 일에 의해서 동일한 본성과 자신을 결합시키려 하였다"(*Traité des Énergumènes* III. 850). 베륄은 성육신을 통해서 악한 상태들을 이해할 수 있었다. 몇 년 후, 성육신은 그가 모든 것을 이해한 시각을 형성하게 될 것이었다.

1602년에, 베륄은 베르덩(Verdun)에 있는 제수잇회에서 『영성훈련』(Spiritual Exercises)를 저술했다. 그 당시에 작성한 메모들은 그의 인생과 작업 전제에서 작용한 많은 주제들을 드러내준다. 그것들은 성육하신 말씀이신 그리스도 안에서 통일성을 성취한다: "예수 그리스도만이 십자가 위에서와 성찬 안에 있는 목적이요 수단이 되신다. 그곳에서 우리는 그분을 우리의 목적으로 여겨 그분과 결합해야 하며, 그분을 수단으로 활용해야 한다. 우리의 구원과 완전함은 주로 목적과 수단을 향하면서 하나님이 원하시는 존재가 되는 데 있다"(Retraite de Verdun, Art. ii, 1290). "성육신이 우리 구원의 토대이므로, 나는 자신을 얼마나 크게 죽여야 할 것인지 매우 깊이 생각했다"(Art. v. 1294). "나는 세상으로부터의 분리와 큰 회심을 느낀다"(Art. vi, 1295). 그가 Bref discours에서 부인했던 성육신은 베륄에게서 중심적 위치를 차지하기 시작하였다. 그 후에 베륄이 프랑스 영성에 기여한 모든 역사는 성육신, 영혼 소멸, 자아의 망각, 상태, 집착 등의 주제들의 조정이라고 볼 수 있다. 베륄이 베르덩에서 보낸 이 시기에서부터 시작된 발달은 영성생활에 새로운 요소들을 추가한 것이 아니라 그것들의 상호 질서 안에서 그가 행한 결단에 있다. 베륄이 베르덩에서 느낀 한 가지 인식 안에 이 변화의 전조가 나타나 있다: "하나님에게는 하나님 자신 외에 다른 목적이 있을 수 없다"[14] 이 통찰의 확대, 말씀의 성육신 안에서의 그것의 실현, 그리고 성육하신 말씀을 통해서 인류가 그 안에 포함됨 등은 베륄의 영성을 신중심주의(theocentrism)를 향하게 만들 것이다. 신중심주의는 그의 영성의 주된 특성이다. 그에 대해 설명하는 사람들은 그가 『영신수련』을 접하면서부터 신중심주의를 향하게 되었다고 생각한다.

그 이후 그는 풍성한 업적을 나타냈는데, 그러한 행위들은 실질적으로 베륄의 문학적 유산의 형성과 본질에 기여했다. 그의 교리는 그의 삶으로부터 분리될 수 없다. 장 드 퀴타나도이네(Jean de Quintanadoine)와 피에르 데 베륄의 직접적인 지도를 받은 아카리 부인(Madame Acarie)을 중심으로 한 집단은 스페인 출신의 갈멜 수도회 수도사 여섯

명을 파리로 데려 오는 데 성공했다. 그 중에는 성 바돌로뮤의 앤(Anne of St. Bartholomew)과 예수의 앤(Anne of Jesus)이 포함되어 있었다. 전자는 예수의 테레사(Teresa of Jesus)의 한결같은 동료였고, 후자는 수녀원의 부원장으로서 테레사가 "나의 딸, 나의 영광"이라고 부른 사람이다. 수녀들이 파리에 도착했을 때, 아카리 부인이 교육시킨 수녀 지원자들이 그녀의 집에서 수녀원 생활을 하면서 그들을 기다리고 있었다. 최초의 수도원이 셍-자크(Saint-Jacques)에 세워졌고, 파리 생활에 테레사의 영성의 제도화가 시작되었다. 라인 지방과 플랑드르 지방 교사들의 보다 추상적인 영성에 대해 베륄이 어떤 성향을 취했든지 간에, 테레사에게서 교육을 받은 이 여인들을 상상과 개념을 초월하는 하나님과의 연합 안에서 그리스도의 인성을 무시하려는 경향을 공격했다. 예수의 앤—십자가의 요한은 『영적인 아가서』(*Spiritual Canticle*)를 그녀에게 헌정했다—은 그것을 인정하지 않으려 했다. 그녀는 프랑스 갈멜 수녀회의 제1 세대의 형성에 대해서 다음과 같이 기록했다:

> 나는 그들이 우리 주 예수 그리스도를 묵상하고 본받게 하려고 조심하고 있다. 이곳에서는 종종 그분이 망각된다. 모두 하나님에 대한 추상적인 개념에 집중하고 있다. 나는 왜 그렇게 행하는지 알지 못한다…그것은 이상한 일이다. 나는 그들이 그것을 설명하는 말을 전혀 이해할 수 없다.[15]

이 레옹 지방 사람의 풍자 속에 들어 있는 자기 비하에도 불구하고, 갈멜 수도회의 진로는 결정되었고, 그것은 국가 전체에는 물론이요 그 수도원장에게도 깊은 영향을 미친 듯하다. 불과 40년 동안에, 프랑스에는 55개의 갈멜 수도원이 생겼는데, 그중 하나는 살의 영성에 속한 또 한 사람의 천재적인 인물인, 잔느 프랑소아 드 샨달(Jeanne François de Chantal)의 형성에 중요한 역할을 했다. 한편 보르도의 갈멜 수도원은 장-조셉 시렝(Jean-Joseph Surin)의 발달에 관련된다.[16] 그들은 그리스도의 인성 안에 확고히 자리잡은 영성에 제도적인 형태를 부여해 주었다.

파리 갈멜 수도회가 세워지고 나서 몇 년 후, 베륄과 그의 동료들은 그 수도원 근처에 사제들의 새로운 모임인 프랑스 오라토리오회를 세웠다. 이것은 1611년에 시작되었으며 프랑스 재속 사제직을 갱신하는 데 헌신했다. 여기에서 갱신은 개혁을 의미할 수도 있고 성화를 의미할 수도 있다. 그들은 프랑스를 재각성시키기 위해서 필립 네리로부터 이탈리아 오라토리오회를 수정 도입했다. 이것은 약 200년 후에 존 헨리 카디널 뉴먼(John Henry Cardinal Newman)이 영국을 위해서 행한 일과 흡사하다. 오라토리오 회원들은 재속 사제로서 공동생활을 하고, 다른 종교 수도회들이 주창하는 것처럼 사랑의 완성에 헌신했지만, 정규 수도사들처럼 서원을 하지는 않았다. 베륄은 성 필립(St. Philip)에게서 이러한 형태의 삶을 취했지만, 사제직의 이상의 부흥을 사도적으로 강조했다. 베륄이 시작한 일은 성장하기 시작했다. 18년 동안, 약 44개의 오리토리오회 수도원이 프랑스에 생겨나 유익을 주었다. 오라토리오회 내에서 베륄의 모임에 사명과 중요성을 부여해 주었던 것과 동일한 목적에 헌신하는 사제들의 모임들이 생겨났다: 장 자크 올리에(Jean-Jacques Olier)와 성 쉴피스 회(Society of St. Sulpice), 쟝 유드(Jean Eudes)와 예수와 마리아의 회(Congregation of Jesus and Mary), 빈센트 드 폴(Vincent de Paul)과 선교회(Congregation of Mission). 이들은 모두 자기들의 공동생활과 사역의 특징이 될 구조를 확보하기 위해서뿐만 아니라 그들을 통해서 프랑스 교회의 공통적인 유산이 될 영성 및 앞으로 수세기 동안 이 풍성한 전통 안에서 교육을 받는 사제들의 확실한 특징이 될 영성을 확보하기 위해서 베륄을 의지했다.

갈멜 수도회와 오라토리오회가 등장하면서, 베륄의 새로운 저술들이 형성되기 시작했는데, 그것들은 공동체의 예배와 관련된 담화집과 논문집들이다. 이 저서들의 제목을 보면, 베륄이 젊은 학생 시절에 논문을 저술한 이후 어떻게 발달했는지 알 수 있다. *Bref discours: Élévation à Jésus sur ses principaux états et mystères; Élétation à la trés sainte Trinité sur le mystère de l'Incarnation; Élévation à Dieu en l'honneur de part qu'il a voulu donner à Marie dans le mystère de l'Incarnation, l'opérant en elle et par elle.* 그리고 마지막으로, 그의 가장 위대한 저서

이며 베륄의 영성을 대표하는 저서인 *Discours de l'état et des grandeurs de Jésus*(1623)을 저술했다. 그의 저서들의 제목들은 논리에 맞지 않게 변화되었다. 그의 피정 메모에 어렴풋이 윤곽이 나타나고 있는 관점의 변화가 이제 특이한 완성에 도달했다. 베륄의 영성의 초점은 영혼이 하나님께로 올라간다는 개인적인 드라마에서부터 거룩하신 말씀의 성육신으로, 다시 말해서 특별한 개인의 성화에서부터 하나님께서 인성을 취하신 것으로 옮겨졌다. 헨리 브레몽(Henry Bremond)은 이러한 변화를 인간 중심의 영성과 반대되는 것으로서 신중심의 영성을 크게 강조하는 것이라고 본다. 베륄 자신은 그것을 코페르니쿠스적인 대변혁으로 보았다. 그는 이 상동(相同) 관계에 한계를 정함으로써 세상에 대한 이 새로운 체계에 의해서 영성 안에서 작용하는 변화를 강조했다:

> 금세기의 어느 탁월한 지성인은 지구가 아니라 태양이 세상의 중심이라고 주장하려 했다. 태양을 움직이지 않으며, 지구는 그 둥근 형태에 따라서 태양 주위를 움직이고 있다: 이 주장에 의해서, 우리의 감각으로 하여금 태양이 끊임없이 지구 주위를 돌고 있다고 믿게 만드는 모든 외면적인 상황을 충족시킨다. 천문학에서 거의 인정하지 않은 이 새로운 견해는 유익한 견해이며, 구원의 학문에서는 반드시 그 견해를 따라야 한다. 왜냐하면 예수는 자신은 움직이지 않으며 만물을 움직이시는 태양이시기 때문이다. 예수는 성부와 흡사하여, 하나님의 우편에 앉아 계시기 때문에 하나님처럼 움직이지 않으시며, 만물의 움직임의 원인이 되신다. 예수는 세상의 참된 중심이시며, 세상은 항상 주님을 향해 움직여 가야 한다. 예수는 우리 영혼의 태양으로서, 영혼은 그분에게서 모든 은혜와 빛과 영향을 받는다. 그리고 우리의 마음이라는 지구가 그 모든 부분에 태양의 영향을 받으려면, 항상 그분을 향해 움직여야 한다. 그러므로 우리는 예수를 향한 우리 영혼의 움직임과 사랑을 발휘해야 한다. 우리는 열심히 하나님을 찬양하며, 그의 유일하신 아들과 성육신의 비밀이라는 주제를 찬양해야 한다.(*Discours de l'état et des grandeurs de Jésus* II. 26-27)[17]

니콜라우스 코페르니쿠스(Nicolaus Copericus)의 이름은 이 단락 끝

부분의 여백에서만 발견되는 것이 아니다. 베륄도 코페르니쿠스와 마찬가지로, 우주의 참되고 객관적인 본질을 탐색하고 있었다: 우주는 어떻게 해서 다수가 아니라 하나인가? 이 우주와 창조의 새로운 통일성을 지지하려면, 다른 주체들의 다양성의 위치를 정할 수 있는 특성을 소유한 하나의 내면적 주체, 하나의 원리가 필요하다. 하나님은 세 가지 질서—자연의 질서, 은혜의 질서, 그리고 영광의 질서—를 확립하셨는데, 그것들은 모두 이러한 종류의 완전함(integrity)을 소유하지 않는다. 이것들은 각기 피조물들과 같은 복수성(複數性)이라는 특성을 가진다고 단언할 수 있다. 그것들은 모든 것들의 통일성의 근원으로서의 기능을 할 수 없다. 만일 영성이 코페르니쿠스의 태양계에서 설명한 것과 비교할 수 있는 통일성을 소유해야 한다면, 하나님은 네번째 질서, 다른 모든 것들을 자기 주위의 구조로 끌어들일 유일한 주체의 특성을 가진다고 할 수 있는 질서를 만드셔야 할 것이다. 이 새로운 질서는 하나님의 솜씨 중에서 가장 위대한 것이었다: 위격적인 연합, 하나님인 동시에 인간이신 하나의 주체, 즉 신인이었다. 성육신 안에서 하나님은 처음으로 자신의 세계의 내적 초점이 되신다(*Discours de l'état et des grandeurs de Jésus* I. 17-20).

신학과 영성이 현실을 받아들여야 한다면, 그것들은 그러한 통일성을 반영해야 한다. 현실은 은혜 안에서의 성장이나 구속함을 받은 죄인, 즉 하나님의 양자의 영광을 향한 움직임에 중심을 두지 않는다. 현실은 성육하신 말씀, "매우 탁월하기 때문에 자체 안에 하나님과 세상을 포함하며 또 이해하는 신비"에 초점을 둔다(*Discours* I. 2). 사물과 사람들의 우주, 행동과 움직임과 열정의 우주, 반성과 담화의 우주는 예수 안에서만 참된 구조와 조화와 체계를 획득한다. 베륄의 영성의 다양성을 통일시킬 수 있는 인간적인 행위는 없다. 하나님만이 만물의 통일성—지금 구체화된 내적 원리—을 만드신다. 베륄의 영성은 성육하신 말씀의 영성이다.

프란시스 드 살은 통일성에 대해 말하려 할 때에, 사랑에 대해서 말했다. 피에르 드 베륄은 통일성에 대해서 말하려 할 때에는 성육하신 말씀에 대해서 말했다. 예수의 구심성을 끈질기게 강조한 것을 발견하려면 보나벤투어(Bonaventure)에게로 거슬러 올라가야 할 것이다: 모든 학문의 수단, *radix intelligentiae omnium*, 그리고 모든 신학의 필수적인 주제. 보나벤투어도 베륄처럼 이 구심성을 나타내는 가장 좋은 비유가 태양과 태양에 의존하는 복수성이라고 여겼다: "태양은 하나이지만 태양이 많은 광선을 발하는 것처럼, 단 한 분이신 교사, 영적 태양으로부터 마치 샘에서 물줄기가 솟아나듯이 여러 모양의 독특한 물줄기가 흘러나온다."[18] 보나벤투어에게 있어서 그리스도는 한 분이신 교사이시다. 그리고 그의 정서적인 신학(affective theology)을 베륄의 신학과 결합시켜 주는 깊은 영적 통일성은 그것들의 초점의 그리스도 중심성에 있을 뿐만 아니라, 그것들의 공통적으로 소유하는 어거스틴주의가 신학과 영성 사이에서 형성하는 정체성 안에 있다. 보나벤투어는 피터 롬바르드의 *Sentences*에 대한 주석에서 이 통일된 지식을 그가 베륄에게 물려준 유산의 범위 내에 있는 방법으로 독특하게 묘사했다:

> 이 지식은 믿음을 도와주며, 믿음은 지성 안에 존재하므로 본질상 정서(affectivity)를 움직인다. 그것은 명백한 사실이다. 그리스도께서 우리를 대신하여 죽으셨다는 지식 및 그와 유사한 지식은 인간이 죄 속에서 움직일 수 없게 되지 않은 한 사랑을 향해 움직이게 만들기 때문이다. 이것은 다른 지식, 즉 직경과 옆면의 비율이 맞지 않는 지식은 아니다.[19]

베륄에게서 성육신의 신학의 사변적 진보를 기대하는 것은 옳지 못할 것이다. 그가 제기한 질문들은 전통적이고 매우 토마스 아퀴나스 주의적인 결론에 이른다: 만일 인류가 범죄하지 않았다면 성육신이 없었을 것이며, 비록 성육신은 성자에게 적절한 것이기는 하지만 삼위 중 누구에 의해서도 이루어질 수 있었을 것이다. "성육하신 분은 한 분이시지만, 성부와 성령도 마찬가지로 자기들의 신적 존재의 커뮤니케이션을 성취할 수 있었을 것이다"(*Discours* I. 15). 베륄은 같은 세기에 활동한 같은 동포인 데니 페토(Denis Petau)처럼 신학의 명제들에 근원적인 공헌을 하지는 않았다. 그는 이전에 보나벤투어가 형성했으며 베륄이 그 시대의 표현 양식과 범주 내에서 재형성한 질서를 회복시켰다: 신학과 영성의 통합, 그리고 성육하신 말씀을 중심으로 한 이 통합된 지식의 일치. "이 신비 안에서 천국이 열리고 세상이 성화되며 하나님이 흠숭(欽崇)을 받으신다. 그것은 새로운 흠숭, 이전에는 세상이나 천국에서 알려진 적이 없는 말로 형언할 수 없는 흠숭이다. 그렇게 되기 전에, 천국은 흠숭하는 영들과 흠숭받으시는 하나님(a God)을 가지고 있었지만 아직 흠숭하시는 하나님은 갖지 못했다(*Discours* I. 3). 흠숭 안에서 성육하신 말씀은 만물의 내적인 통일체가 될 뿐만 아니라, 인간 영성의 가장 심오한 견해들의 구현이 된다.

그러므로 흠숭은 중대한 경험, 성육하신 말씀이신 하나님께 대한 인간적인 반응이다. 예수는 흠숭을 받으시는 분인 동시에 흠숭의 수단이요, 흠숭해야 할 것의 모형이시다. 이 점을 보다 분명히 하기 위해서 하나의 표준적인 논평을 의역해볼 수 있을 것이다: 프란시스 드 살은 경건(devotion)을 기독교 영성에 절대적으로 필요한 것으로 회복시켰었다; 베륄은 흠숭을 근본적인 기독교 신앙의 경험으로서 회복시켜야 했다. 그것은 그것의 조건들과 도덕적인 결과들을 분석함에 의해서 회복된 것이 아니라, 하나님을 흠숭하는 하나님의 경험에 초점을 둔 영성에 의해서 회복되었다. 그의 영성이 유래한 경험은 베륄의 일생에서의 한 순간에 그가 그리스도 중심주의로 성장한 배후에 특별한 암흑기나 조명기가 놓여 있는 것 같지는 않다. 중요한 경험은 결코 그 자신의 것이 아니라, 하나님 앞에서 성육하신 말씀의 경험이었다. 신자들은 이 경험 속에 던져진다. 성육하신 말씀 안에서 신자는 하나님을 흠숭한다. 이 경험은 어떤 경험인가?

> 흠숭한다는 것은 우리가 흠숭하고자 하는 것에 대해 매우 고귀한 생각을 소유하는 것이며, 흠숭의 대상 안에 있다고 생각하는 탁월함과 존엄성 앞에서 의지를 복종시키고 낮추는 것이다. 그와 같이 고귀한 정신의 공경과 그 지고한 존엄성에게 완전히 굴복한 의지의 동의…가 흠숭을 이룬다. 그렇기 때문에 그것은 생각 뿐만 아니라 애정도 요구하며, 우리가 존경하려 하는 대상을 향해 발휘된 이해와 의지라는 영혼의 두 가지 기능을 사용함으로써 흠숭하는 자

를 흠숭되는 자에게 종속시킨다.(*De l'adoration de Dieu* #3, 1210)[20]

어휘는 다소 단조롭지만, 그것이 가리키는 경험은 하나님을 향한 인간 영의 근본적인 움직임이다: 믿음으로 하나님의 위엄을 인정하고 자신을 *l'anéantissement*(이 단어는 영어로 번역하기는 어렵지만, 무한하시고 영원하신 하나님의 존재 앞에서 무가 되는 경험을 말한다) 안에서 하나님의 위대하심에 복종시키는 것.

그러한 경험의 표현은 찬양이 된다: "우리는 자신을 하나님께 들어 올려 그분의 특별한 솜씨를 찬양해야 한다고 믿는다. 그리고 예수님의 상태와 위엄을 보다 깊이 생각하며, 이 지극히 고귀한 신비의 비밀과 심오함을 꿰뚫어 보아야 한다." 베륄보다 이전 시대의 인물인 어거스틴에게 있어서와 마찬가지로 베륄에게 있어서도 찬양은 흠숭의 완전한 표현이며, 하나님의 신비에게 굴복하는 것이며 자아를 완전히 망각하는 것이었다. 찬양은 자아 및 영혼의 움직임에 대해서 말하는 순종이나 사랑의 고백을 초월하여 움직인다: "나는 당신에게 순종합니다" 또는 "나는 당신을 사랑합니다"라는 표현은 인간 주체에 대한 언급을 포함한다. 그러나 "당신은 대단히 위대하십니다"라는 찬양은 이러한 언급이 없이 완전히 자신이 순종하고 사랑하는 대상의 위대함과 존엄함에 초점을 둔다. 찬양은 본질적으로 몰아적인 것, 우리가 하나님에게로 올라가는(*nous élever à Dieu*) 움직임, 헌신적인 흠숭을 표현하는 최종적인 언어 표현이다(*Discours* II. 21, 22).

이 표현에서부터 베륄의 특징인 *élevation*이 유래되었다. 그가 원숙한 단계에서 저술한 책들의 제목은 그가 프랑스 문학에 얼마나 공헌하고 있었는지를 보여 준다. 흠숭은 과시적(epidiectic)인 글에 표현되었다. 수사학의 기능은 찬양이며, 종종 과거를 상기하고 미래를 제안하기도 하지만 일반적으로 현재, 즉 현재 존재하고 있는 사물의 상태에 초점을 둔다.[22] 과시적인 글은 영원하신 분(The Eternal), 현재 불변하는 것으로 올라가는 데 적합하다. 그리고 베륄의 글에서 비판을 받아온 부연(敷衍)은 과시적인 글에 가장 적합한 논증 방향이다. 십자가의 요한의

니콜라스 포우심, 성모 마리아의 승천, 1626년경

시가 하나님과의 합일을 향한 그의 갈망과 같은 성질의 표현이었듯이, 과시적인 수사학은 흠숭이라는 경험을 소유하며 찬양으로 성취되는 영성에 가장 적합한 형태였다. 고양(*élévation*)은 이 수사학이 만들어낸 장르였다. 그것은 찬양을 통해서 하나님의 실재에게로 들어가는 것이다. 어떤 사람들은 고양은 반-신비적이라고 비난했다. 그러나 실제로는 그와 정반대이다. 비록 스콜라주의적 어휘로 표현되었지만, 고양은 하나님을 믿는 것이다. 역사적으로 신비는 영원한 현재이지만, 고요한 관상과 역설적인 침묵 안에 현존한다(*Discours* I. 5-7).

흠숭과 찬양은 성육하신 말씀을 내적 중심으로 삼는 영성의 기능 안에 있었다. 중요한 것은, 베륄의 영성은 성육하신 말씀을 통해서 삼위 하나님에게 접근한다는 점이다. 이 영성의 본래의 초점은 예수이므로, 우리는 그분을 통해서, 그분과 함께 존재하는 것이 아니라, 그분 안에 존재한다. 성육하신 말씀은 그분에게 매달리는 사람들이 참여할 수 있는 일련의 "상태들"(states)을 자신의 역사 안에서 구현하신다. 이러한 삶에서 발생한 개개의 일화는 일회적인 것이지만, 그것들이 구현하는 경향들은 영원한 것이다. "그것들은 과거에 실행된 것이지만, 가치면에 있어서는 현존하고 있다. 그리고 이 덕은 결코 변화되지 않을 것이며 또 그것들과 함께 하는 사랑도 성취되지 못했다. 그러므로 영(spirit), 상태(state), 덕, 신비의 공적 등은 항상 현존한다"(*De la perpétuité des mystères de Jésus Christ* #1, 1053). 그러므로 다음과 같은 조지 타버드(George Tavard)의 말은 당연한 것이다:

> 예수님의 상태들에 대한 관상은 기독교적 삶의 핵심에 속하는 일이다. 신자들은 성육신의 신비에 참여하라는 부름을 받고 있다. 그것은 그러한 신비들은 예수의 지상생활에서 가시적으로 나타나지 않았지만, 그의 영원히 현존하는 상태들 안에서 영원한 것이 된다…신자들은 예수님의 상태들에 동참하여, 예수께서 자신의 신비를 실천하시면서 취하신 것과 동일한 내면적 태도를 경험한다. 이런 의미에서, 삶 전체는 그리스도-중심이 되어야 한다.[22]

그러나 그리스도는 이 영성의 대상이실 뿐만 아니라 주체이시다. 인

간은 그분 안에서, 그리고 그분의 흠숭 안에서 삼위 하나님을 흠숭한다:

> 예수는 신적 본질과 신적 위격들에게 경의를 표하며 하나님께 합당한 경의를 표하기 위해서 세상으로 보내지셨다…유한하고 제한된 피조물들의 경의는 하나님께 합당하지 못하며 하나님의 탁월하심으로부터 무한히 거리가 멀기 때문이다. 우리는 성 삼위일체와 신적 본질을 특별히 흠숭하는 종으로서 예수의 능력을 존경해야 한다.(*De l'adoration à la trés-sainte Trinité* #5-6, 1201)

성육하신 말씀의 영성에 대한 신학적 설명은 예수께서 구현하신 통일성에 의존한다: 예수는 본질에 있어서 아버지와 하나이시며, 위격에 있어서는 인류와 하나이시며, 몸에 있어서는 성찬과 하나이시다. 예수의 세 가지 특징적인 커뮤니케이션이 이 신학의 핵심을 이루며, 그의 흠숭의 행위와 가능성과 가치를 해석해준다: 삼위일체 안에 있는 본질, 성육신 안에 있는 인격, 성찬 안에 있는 몸(*Discours* VII. 268-69). 하나님의 내재성으로의 복귀는 이 세 가지 커뮤니케이션을 통해서 이루어진다: 성찬은 성육하신 말씀을 가리키고, 성육하신 말씀은 영원한 삼위일체를 가리킨다.

> 성 삼위일체 내에 있는 통일성, 풍요함, 그리고 말할 수 없는 교제는 동일하신 삼위일체께서 성육하신 말씀 안에서 관상하시고 존중하시고 모방하시는 대상이다…하나님은 자신에게서 발현한 모든 것의 원인이시요 모범이시다…그리고 이 실재들이 본질 상 숭고하고 탁월할수록, 그것들은 자기들이 관련되어 있으며 자신의 근원과 기원이 되시는 하나님 안에 있는 대단히 희귀하고 특별한 것을 반영한다.(*Discours* VII. 282)

말씀의 일시적인 커뮤니케이션은 삼위일체 자신의 생명과의 영원한 커뮤니케이션을 반영하며, 모든 피조물을 그곳으로 이끌어간다. 베릴의 신학의 핵심은 궁극적으로 그리스도를 통해서, 그리고 그리스도 안에서 이 삼위일체의 생명으로 복귀하는 것이다.

그렇다면, 인간이 그리스도 안에 사로잡힌다는 것은 어떤 것인가? 베릴은 어거스틴으로부터 물려받은 유산과 죄에 대한 의식과 저주가 지닌 방대한 위험 등에 대한 완곡한 분위기를 유지한다. 그러나 그가 프랑스에서 크게 옹호한 트렌트 공의회에 대한 집착은 어거스틴에게서 취한 견해와 필적한다; 그는 인간에 대해 서정적으로 정의하면서, 소포클레스와 세익스피어와 파스칼에게 접근했다: "인간은 천사, 동물, 무가치한 것, 기적, 중심, 세계, 신, 하나님에 의해 보좌에 앉은 무가치한 것, 하나님이 결여되어 있지만 하나님이 될 수 있는 존재, 그리고 원하기만 하면 하나님으로 충만해질 수 있는 존재이다"(*De la création de l'homme* 1137). 베륄의 강력한 신-중심적 성향들은 광범위한 인간론에 의해 보완되지 않았다. 보다 정확히 말하자면, 그의 인간론은 보다 역동적이고 기능적이었다. 인간은 하나님을 향하는 경향이었다. 베륄의 견해는 인간이 흠숭과 찬양으로부터 제거할 수 있는 것보다는, 흠숭이 인간에게서 일으킨 상태에 더 집중했다.

베륄의 영성이 지닌 다른 모든 특징들은 이러한 관점에서 유래된 것이며 그 안에서 신학적 의미를 취한다. 인간은 세례의 은혜를 통해서, 그리고 "귀의"(adherence)를 통해서 그 은혜를 자발적으로 받아들임에 의해서 그분 안에 있게 된다. "귀의"란 매우 중요한 용어로서, 베륄이 초기에 포기(abnegation)와 영혼소멸(annihilation)에 대해 저술했고 이제 성육신 안에 통합한 모든 것을 포함한다. "귀의"란 표면적으로 하나님을 모방하거나 하나님께 접근하는 것 이상의 의미를 갖는다. 코녯(Cognet)은 그것의 의미를 꽤 훌륭하게 정리했다: "예수께서는 귀의에 의해서 우리의 생명과 우리의 모든 것, 길일 뿐만 아니라 목표가 되신다. 그러나 베륄의 견해에 의하면 영혼은 그리스도를 무시하지 않고 그분 안에서 신성을 획득하고, 그와 연합된다는 점에 우리는 주목해야 한다. 또 영혼은 귀의에 의해서 위격적 연합에 참여한다고 말할 수 있다." [23] 사실, 위격적 연합이 귀의의 완성이다. 영원하신 말씀이 인성을 취하셨다는 사실 때문에 그리스도의 인성은 의미를 갖는다. 그러므로 그리스도 안에서 하나님과 연합된 인간은 다른 모든 중심이나 이해 관계에서 이탈해야 한다. 이것은 자의적인 구조가 아니다. 우리가 그리스도가 아닌 다른 것에게 삶의 의미를 고착시키지 않는 분량에 비례하여 그리스도께서 우리를 점령하실 수 있다.

그러므로 베륄은 귀의를 권한다: 공식적인 기도를 할 때나 일상생활에서 선택을 하거나 행동을 할 때에 지극히 세미한 하나님의 영향력 및 신적인 것과 인간적인 것 사이의 연합에 자신을 바칠 것을 권한다. 귀의는 지속적으로 봉헌하는 흠숭이다. 수동적으로 보면, 그것은 삼위일체께서 사람을 그리스도와의 완전한 동화로 이끌기 위해서 움직이심에 따라서 그 사람의 영혼이나 삶 안에서 이루어지는 하나님의 행위를 기꺼이 받아들이는 것이다. 십자가의 요한과 번와 드 깡펠(Benoît de Canfeld)에게서처럼, 이 귀의의 움직임은 적극적인 동시에 수동적이다. 인간이 은혜의 인도하심 아래서 주도할 수 있는 것이 있고, 인간이 성찰하거나 개입할 수 없는 깊은 곳에서 하나님만이 주도하실 수 있는 바 합일을 향한 움직임이 있다. 내면 생활에서의 이와 같은 적극적인 순간과 피동적인 순간들은 하나의 리듬을 형성하는데, 그것은 많은 영성들이 공통적으로 소유하고 있는 유산이다. 베륄의 공적은 이것들을 성육하신 말씀, 즉 그것들이 완전히 실현되는 실재 안에 통합한 데 있다. 그리스도의 인성과 마찬가지로, 영혼도 궁극적으로 자신을 버리고 정화되어 완전히 그리스도의 것이 되는 영광에 도달해야 한다(cf. *De la manuère profonde et intime d'honorer Dieu par l'être* 1190-92).

귀의를 통해서, 흠숭은 일련의 분별있는 순간들이 아니라 하나의 상태, 행동들의 연속이 아니라 하나님께서만 만들어낼 수 있는 깊은 귀의 안에 항상 존재하는 것이 된다.[24] 위격적 연합은 인간의 숙명—모든 인간이 각기 불완전한 실현의 다양한 단계에 동참하는 숙명—의 원형인 동시에 완성이다.

베륄의 *Oeuvres complètes*에서 기도의 다양한 범위에 대한 심리학적이고 현상학적인 연구를 기대하는 것은 무익한 일일 것이다. 그렇다고 해서 그가 기술적인(descriptive) 분석들을 반대한 것은 아니다. 그는 예수의 테레사(Teresa of Jesus)를 존경했지만, 그의 학문 체계는 창조의 중심인 예수의 인성과 신성의 통일성에 있었다.

그는 신비 안에 마리아의 탁월한 위엄을 두었다. 성육신은 인간을 하나님의 내적 생명 안으로 인도했듯이, 인간의 성화의 계속적인 역사 안에서 마리아가 차지하는 중요한 위치를 강조했다: "당신은 기도할 때에 하나님께서 지극히 거룩하고 신적인 방법으로 결합하셨고 은혜의 질서 안에서 고양시키신 것을 분리하지 마십시오"(*De l'obligation* 1285). 마리아는 성육하신 예수와의 관계를 근거로, 예수의 모친으로 머물며 지금까지 "영혼들에게 예수를 전해줄 특별한 능력"[25]을 소유한다. 마리아의 주권은 하나님과 인간의 중보자이신 예수와의 이러한 관계에서 오는 것이다. 성육신의 신비 안에서 마리아는 예수와 분리될 수 없다. 그리고 그 신비는 시각적인 것으로서, 그것을 통해서 하나님이 계시되고 인간이 이해되므로, 마리아는 항상 예수와 함께 머문다. 이것은 예수가 성부와 성령으로부터 분리될 수 없는 것과 마찬가지이다. 모든 것이 이 신비 안에 포함되며, 그 이후의 예수의 역사는 그것의 전개되는 의미를 상세히 설명해준다. 마리아는 모든 인간이 부름을 받고 있는 상태에 머물고 있다: "예수로 충만하며, 예수를 품을 수 있는 순결한 능력"(*Vie de Jésus* xxix, 501).

이런 까닭에, 베륄은 갈멜 수도회원들에게 "예수와 마리아의 종이 되겠다는 서원"을 납득시키려 했다. 그런데 그것은 축복이 되기는 커녕, 그것의 신학적 가치에 대한 의심 및 그 성공에 대한 반작용 때문에 싸움이 벌어졌다. 갈멜 수도사들은 베륄 추기경을 반대했고, 신학자들은 그를 찬양하기도 하고 비난하기도 했다. 베륄은 재속 수녀가 된 아카리 부인을 만났는데, 그들은 돌이킬 수 없는 의견 차이를 확인하고 헤어졌고, 그것이 마지막 만남이 되었다. 베륄도 후대의 뉴먼처럼 비평가들에 대한 응답으로 대작을 저술했다: *Discours de l'état et des grandeurs de Jésus*. 그것은 그의 삶의 경건과 사상의 역사적 의미를 훌륭하게 종합한 저서이다. 모든 것은 궁극적으로 성육하신 말씀을 통해서 해석되어야 했다. 비록 베륄과 결정적인 견해 차이를 가지고 있었지만 프랑스 영성의 발달에 가장 큰 영향을 미친 인물인 아카리 부인은 "성육신의 마리아"라는 이름으로 복자의 반열에 오른 갈멜 수도회의 수녀로 알려졌다. 피에르 드 베륄의 영성의 특징은 성육신의 영성이었다.

루이랄르망

루이 코넷(Louis Cognet)은 17세기에 프랑스에서 일어난 신비주의의 부활을 간단히 묘사하면서, 네 가지 제목 하에 다음과 같이 새롭고 유망한 일들을 열거했다: 번와 드 깡펠과 추상적인 학파, 프란시스 드 살과 최초의 제자들, 추기경 피에르 드 베륄, 그리고 예수회. 예수회를 포함시킨 것은 우리를 당황하게 한다. 그 시대에 대중들은 프랑스의 제수잇들을 "경건한 인문주의"와 결부시켜 생각했었다. 제수잇 회에서는 헨리 4세와 루이 13세의 고해 신부들—피에르 코통, 니콜라스 코젱(Nicolas Caussin), 장 쉬프렌(Jean Suffren) 등—을 배출했다. 코통은 친구인 프란시스 드 살이 『입문』을 저술하기 전에 *Intérieure occupation d'une âme dévote*를 저술한 듯하다. 코젱은 루브르와 튈르리(Tuilleries) 등의 궁궐에서 일하는 사람들도 실천할 수 있는 거룩한 삶에 관한 책인 『거룩한 궁정』(*Cour sainte*)이라는 세 권으로 된 책을 저술했다. 마지막으로 쉬프렌은 4절 판 크기로 4권으로 이루어진 방대한 저서 *L'année chrétienne*를 저술했는데, 그 책은 전례력에 기도, 고행, 죄고백, 연례 피정 등을 위한 가르침을 통합해 놓은 책이다. 그럼에도 불구하고, 그 책들의 제목은 궁중을 상기시켰고, 어느 군주의 궁정에서도 복음에 대한 기억을 환기시키지 않았다. 그 시대에 프랑스 사람들은 일반적으로 제수잇 수사들을 도덕가, 교육자, 종, 몰리노스파, 선교사 등으로 인정했다. 제수잇들은 북아메리카에서 순교의 피를 흘렸고, 파스칼을 제수잇을 신랄하게 풍자했다. 그러나 코넷은 그 이전에 활동한 브레몽(Bremond)처럼 신비가라는 범주를 추가했다.

브레몽은 그의 저서인 *Histiore littéraire du sentiment religieux en France* 제5권 첫머리에 다음과 같은 글을 수록했다:

우리가 연구하려는 이 학교는 포트 로얄보다 더 완전하고 독창적이고 20배 이상 숭고하고 엄하며, 거의 소음을 내지 않았다. 그 시대 사람들은 그것이 존재한다는 것을 거의 눈치채지 못했다. 생 뵈브(Saint-Beuve)는 그것에 대해 말하지 않았다. 오늘날 대부분의 가톨릭 신자들은 그것의 이름 외에는 아무 것도 알지 못한다. 그것의 창시자인 제수잇 수사 루이 랄르망은 1635년에 아무런 저술도 남기지 않은 채 사망했다. 이 위대한 사람의 제자들 중에서 유일하게 시렝(Surin) 신부만 인정을 받았는데, 그것도 오랫동안 의심을 받고 논란이 제기되고 무한히 서글픈 인정을 받았다.[26]

랄르망과 시렝은 숨겨진 인물이었지만, 많은 저명한 그들의 동료들의 훌륭한 업적들 중에서 그들이 속한 교단의 창시자 및 스페인 출신 대가인 발타사르 알바레즈, 아빌라의 테레사의 고해신부, 루이 델라 피엔트 등의 신비한 천재성을 프랑스에 모아들였다.

프란시스 드 살과 피에르 드 베륄의 전기에 의해서 추적되는 복잡한 일대기들과는 달리, 랑르망의 생애는 간단히 한 문단으로 요약할 수 있다: 그는 1587년에 태어나서 1606년에 예수회에 들어갔다. 제3수련기(예수회 회원이 수도원에 들어가기 위한 3수련기 중의 마지막 수련기)를 마친 후, 그는 루왕(Rouen)으로 갔다. 그곳의 제수잇 대학에서, 그는 수도원의 영적 지도자로 임명되었는데, 그가 지도한 사람들 중에는 선교사요 순교자인 장 드 브레붸프(Jean de Brébeuf)도 포함되어 있다. 1622년에, 그는 수도원장직 및 수련수사들의 지도자의 직무를 맡았는데, 당시 수련수사들 중에는 후일 북아메리카의 인디언 사회에서 순교한 이작 조그(Isaac Jogues)와 앙토앙 다니엘(Antoine Daniel)이 있다. 그 후 3년 동안 제3 수련기 지도자로 생활한 후(1628-1631), 건강 때문에 그 일을 감당할 수 없다고 판단되었으므로 해임되었다. 랄르망은 건강을 회복하기 위해 보르주(Bourges)로 보내졌으며, 1635년 4월 5일에 그곳에서 사망했다.

그의 일생은 단순하며 쉽게 기억에서 사라질 수도 있는 일생이었다. 그러나 그의 지도를 받은 수련수사들은 스승이 행한 가르침을 기록하여 보관했다. 장 리골렉(Jean Rigoleuc)은 자신이 기록한 것을 빈센트 히비(Vincent Huby)에게 남겨 주었고, 히비는 1693년에 운명하면서 그것을 피에르 샴퐁(Pierre Champion)에게 넘겨 주었고, 그 이듬해에 샴

퐁은 그것을 『루이 랄르망 신부의 일대기와 영적 교리』(*La vie et la doctrine spirituelle du Père Louis Lallemant*)라는 제목으로 출판했다.

이 사람들 때문에 저자와 관련하여 해결하기 어려운 복잡한 문제가 생긴다. 루이 랄르망의 삶은 지극히 단순했지만, 이 저서로 인해 제기되는 문학적 추측들은 무척 복잡하다. 이 저서 중 어디까지가 랄르망의 것이고, 어느 부분이 리골렉이 받아들여 이해한 것이며, 샹퐁이 손질한 부분은 얼마나 되는가? 프랑소아 쿠렐(François Courel)은 이러한 질문들에 답하는 여러 가지 가설을 제시하고 "1694년에 발행된 초판을 순수하고 단순하게 재현했다."[27] 쿠렐은 그것을 추천하기로 결심했다. 왜냐하면 비록 저자와 관련하여 복잡함이 있지만, 이 책은 불후의 저서이기 때문이다.

『영적 교리』(*Doctrine spirituelle*)는 프란시스 드 살과 피에르 드 베륄의 저서들을 보완해준다. 그리고 이 상보성은 랄르망이 성령에게 부여한 중심성에서 가장 분명하게 나타난다. 만일 프란시스 드 살의 경우에 신적인 것에 대한 중심이 되는 의식이 『경건생활 입문』의 신적 위엄에서부터 발달했고 베륄에게서의 지배적인 하나님 의식은 성육하신 말씀을 크게 강조한 데 있다면, 랄르망은 주로 성령, 하나님의 성령의 은사와 내주하시는 임재, 그리고 관상과 분별이라는 상호관련된 인간의 응답들에 초점을 두었다. 물론 이 저자들의 저술에는 삼위일체의 각 위격들이 가득 차 있다. 삼위일체는 그들의 공통된 기독교적 유산이다. 그러나 놀랍게도 프랑스의 신비주의는 새로이 각성된 17세기의 종교적 감수성에게 기독교 영성의 초점을 둘 수 있는 다양한 양식을 제공했다. 그 초점의 주된 상보성은 삼위 하나님의 각 위격에 따라서 결정된다. 랄르망의 가르침에서 핵심은 성령이다.

헨리 브레몽(Henri Bremond)은 다음과 같은 네 가지 제목 하에 이 교리의 특징을 묘사하고, 『영적 교리』의 부흥을 후원함으로써 랄르망의 제자들에게 많은 혜택을 베풀었다: 제2의 회심, 행동 비판, 마음을 지킴, 그리고 성령의 인도하심. 알로아 포티에(Aloys Pottier)는 브레몽이 복잡한 가르침 속에서 극미한 요소들을 고립시킨 것 및 랄르망의

『교리』전체의 종합적인 원리를 완전이라는 사상으로 만든 것을 비난한다. 프랑소아 쿠렐은 포티에가 인위적으로 그것을 개조했으며, 이 가르침을 들은 사람들, 사역에 전적으로 헌신하기 위한 준비 단계인 제3수련기에 있는 예수회의 젊은 사제들에게 관심을 둔다. 여기에서 "제2의 회심"이 심오한 의미를 갖게 되며, 『교리』에서 중심이 됨이 분명히 드러난다:

> 『교리』의 중심에는, 그러한 근본적인 개혁을 이루기 위해서, 랄르망의 사상 전체를 지배하는 영적 분별이 있다. 그것은 영성훈련의 진보를 지배한다…만일 우리가 분별에 대한 해석의 중심에 "성령의 인도하심"를 놓지 않는다면, 우리는 랄르망을 이해할 수 없을 것이다. 성령의 인도하심은 "그리스도를 섬김"으로 인도한다.(Doc. 24-25)

이런 식으로 이해한다면, 『교리』는 다소 자의적으로 선택되고 항목별로 분류되고, 차례로 조사된 일곱 가지 원리의 목록이 아니다. 『교리』에서는 하나의 여정을 도식화한다. 그 여정은 인간의 공허함에 대한 경험에서부터 시작하여 그리스도 안에서 하나님과 연합하는 것으로 끝나는데, 모든 과정은 성령의 지도 하에 있다.

프란시스 드 살은 인간이 하나님을 향한 사랑의 최고 구현인 헌신과 기도, 그리고 성무관심(聖無關心)을 향해 꾸준히 올라가는 것에 대해 상세히 묘사하며, 피에르 드 베륄은 거룩한 말씀이 육, 성찬, 교회 속으로 내려오시는 움직임을 추적한다. 반면에 루이 랄르망은 인간의 자율성과 인간이 역동적이면서도 불균형적으로 하나님을 지향하는 것 사이의 내적 모순을 가지고서 *Doctrine spirituelle*의 움직임 안에 내재하는 변증을 시작한다. *Doctrine*은 인간의 공허(emptiness)와 신의 충만(plentitude) 사이의 관계와 더불어 시작되는데, 그것은 인간생활 안의 모든 것을 정의해줄 것이다: "우리의 마음에는 피조물은 결코 채워줄 수 없는 공허가 있다. 그것은 우리의 근원이시며 목적이신 하나님에 의해서만 채워질 수 있다. 하나님을 소유할 때에 이 공허가 채워지고 우리는 행복해진다. 하나님이 박탈되면, 우리는 그 공허 안에 버려지며, 그 결과 우리는 불행해진다"(*Doc*. I.1. #1, 77). 랄르망의 영성은 역동적인 대조와 더불어 시작된다. 그것은 모순과 관련된 것이 아니라 박탈과 성취와 관련된 것이다. 그리고 그의 교리의 근간이 되는 일곱 가지 원리는 공허에서부터 충만, 이 공허—우리 자신과 만물의 불충분함—를 통해서 인간을 마음 속의 공허에서부터 자기에게로 부르시는 하나님을 향한 진보의 특징이 된다.

하나님을 위한 공허, 그것이 바로 인간의 존재 상태이다. 인간의 이 근본적인 관계성을 감추는 것은 모두 망상, 즉 인간이 죽음의 위기로 들어간 후에야 비로소 인정하게 될 일련의 속임수일 것이다(*Doc*. II.1.2. #3, 90). 이 공허는 존재론적이고 본질적인 것이다. 그리고 완전하고 적나라한 영혼(*la parfaite nudité d'esprit*)이 되라는 종교적인 소명은 단지 인간이 본질상 어떤 존재인가에 대한 내적 표현으로의 소환에 불과하다. 우리가 기만을 초월한 후에야 비로소 세상이나 문화에 속한 수많은 산만한 것들이 실제라고 강조하는 덧없는 것들이 하나님 앞에서 지극히 단순한 자기 인식 안에 설 수 있다: 공허와 충만, 성향과 성취. 이러한 출발점 안에 있는 역설들은 무수히 많다: 많은 것을 약속하는 적절한 사랑(*l'amour-propre*)은 자가당착, 즉 공허 안에서 성취를 발견하려는 공허로 드러난다. 하나님의 무한한 충만, 그리고 인간의 위대한 업적들 밑에 놓여 있으며 하나님께만 응답하는 인간적인 공허를 기준으로 측량해 보면, 위대한 업적들과 위대한 명성은 궁극적으로 매우 저급하고 사소한 것에 불과하다. 랄르망의 기본적인 방침은 인간의 가치관을 변혁시키거나 재평가하는 데 사용될 지평을 확고히 해 주며, 제3 수련기를 이행하고 있는 수련생들에게 "제2의 회심"을 요구할 수 있는 상황을 형성한다. 하나님께서 인간적인 공허에게 자신을 제공하신 것이 그의 소망의 근원이다. 하나님의 선하심은 그의 사랑의 근원이다.『영적 교리』전체는 응답하는 방법, 영성생활을 하는 방법에 관한 권고이다.

브레몽은 랄르망의 가르침을 네 가지 원리로 단순화했지만, 수세기 전에 랑르망 자신은 이 교리를 한층 단순화하여 인간적인 것과 신적인

것 사이의 역동적인 불균형의 관계로 구분했다:

> 영성생활의 두 가지 요소는 마음의 정화와 성령의 지도이다. 이것들은 모든 영성의 양극이다. 이 두 가지 방법을 통해서 인간은 완전함에 이른다. 즉 우리가 획득한 순수함의 분량에 따라, 그리고 성령의 움직임과 얼마나 성실하게 협력했으며 그의 인도하심을 얼마나 따랐는가에 비례하여 완전함에 이른다.(*Doc.* IV.2.1. #1, 176)

그는 자신이 이전에 주장한 종교적 인간론을 이 두 가지 "요소" 안에 옮겨 놓았다: 마음의 공허는 마음의 깨끗함이 되고, 하나님의 충만은 성령의 내주하심과 지도하심이 된다. 랄르망의 영적 저술들은 영성생활의 지도, 영혼이 점진적으로 완전한 연합의 상태로 발달하는 것이 아니며, 또 성육신의 영광의 과시적인 동화도 아니다. 물론 이 영성들의 구성요소들은 랄르망 자신의 영성 안에서 제 자리를 발견할 것이다. 랄르망에게는 오직 영혼이 하나님의 성령의 영향력에 민감하도록 도와주려는 목적밖에 없었다. 성령만이 모든 것을 초월하며 모든 것 안에서 영혼의 인도자가 되어야 한다. 성령이 영혼을 인도하심에 따라서 영혼은 연합을 향해 움직일 것이며, 성령께서 영혼을 성육하신 말씀에 맞추어 형성해 주심에 따라서 영혼은 하나님의 경이를 받아들일 것이다. 영혼의 주된 종교적 관심사는 마음을 깨끗하게 함으로써 성령의 인도하심을 받아들이며, 분별을 통해서 그 인도하심에 민감하게 되는 데 있다.

마음의 청결은 역사, 문화, 자연, 은혜 등 모든 요인을 동원하는 싸움을 나타낸다. 즉 거짓된 사상, 잘못된 판단, 무절제한 감정상태, 숨겨져 있는 악한 정욕들, 그리고 사탄의 속임수 등으로부터의 해방을 말한다. 그 중에서도 후자가 가장 교묘하고 가장 우리를 부패하게 만든다. 생각지도 않은 동기들은 선한 것처럼 보이는 외양 아래서 종교적인 사람들로 하여금 *l'amour propre*의 또 다른 실현에 불과한 행위들을 향하게 만든다. 라 로쉬푸꼬오(La Rochefoucauld)는 이처럼 심오한 자기 기만과 감추인 이기심의 항존하는 가능성을 그리 예리하게 의식하지 못했다. 악마의 기만은 우리가 다음과 같이 행하도록 허락한다:

> 표면적인 덕을 행하게 한다. 심지어 우리가 공개적으로 자신의 허

물을 고발하고, 부엌에서 봉사하고 병원이나 감옥을 방문하는 것을 허락한다. 왜냐하면 우리는 이것에 만족할 것이며, 양심의 내적 충고를 억제할 것이기 때문이다. 그러나 그것은 우리가 자기의 마음에 시선을 돌리는 것은 결코 허락하지 못한다. 그것은 마음 속의 무질서를 조사함으로써 그것을 바로잡는 데 전념하기 위해서이다.(*Doc*. III.1.2. #4, 141)

우리가 랄르망이 행위에 대해 가한 비판에 대해서 말할 때, 또는 랄르망이 무의식적인 동기를 지닌 행위의 위험을 강력하게 과장하여 표현할 때, 이것을 염두에 두어야 한다. 종교적인 활동과 후한 봉사도 하나의 발 뺌, 목적이나 동기에 대한 현실적인 평가를 방지하며, 다른 기독교인들도 지닌 바 자신의 양심을 성찰하려는 욕구로부터 영혼을 잘라내는 바 행위를 통한 교묘한 칭의가 될 수 있다. 『영적 교리』에서는 마음을 지킬 때에 따라야 하는 질서를 조직적으로 배열한다: 그 순서는 죄에서부터 시작하여 마음의 분별있는 움직임들을 통해서 하나님으로부터 오는 감화를 궁극적으로 인식하는 데 이른다. 비록 정직한 자기 평가 및 우리의 보물이 있는 곳에 대한 건전한 평가를 토대로 노력한다고 해도, 이러한 마음의 깨끗함 안에서의 성장이 "우리 주님께 대한 깊은 헌신, 그분의 영광, 그분의 인격 및 그분이 만지시는 모든 것에 대한 깊은 존경, 그의 사랑, 그의 모방 등에 대한 고도의 지식을 포함하는 경건"을 초점으로 하는 배려를 가지고 상냥하게 행해지지 않는다면, 그것 자체도 기만적인 것이 될 수 있다(*Doc*. III.1.3. #1, 142). 랄르망과 베릴은 동일한 기독교 전통을 물려받았으며 이그나시우스의 감화를 받았지만, 랄르망은 결코 베릴과 비슷하게 여겨지지 않았다. 이것은 참회의 생활, 극기 및 기독교적 덕을 실현하는 생활, 성례전 및 그것들이 제공하는 은혜의 생활, 그리고 하나님께서 주신 소명인 깨끗함에게로 영혼을 인도해 주실 수 있는 유일한 분이신 하나님과의 연합의 생활로 우리를 부른다. 마음의 깨끗함은 궁극적으로 하나님의 솜씨이며, 하나님은 동기의 정화를 통해서 궁극적으로 인간을 고결하게 하심으로써 모든 동기와 의식이 되신다: 영혼은 "자신의 상상력과 능력을 다스리기 때문에, 이것들은 단지 하나님을 섬길 때에만 발휘될 수 있다. 영혼은 하나님과의 관계 안에서가 아니면 무엇을 원하거나 기억하거나 생각하거나 이해할 수 없을 것이다"(*Doc*. III.1.3. #2, 143). 마음이 점차 깨끗해지면 만물 안에서 하나님을 발견하고 하나님 안에서 만물을 발견하게 된다. 그것은 회심과 덕과 성례전을 통해서 연합을 향해 이동하는 은혜받은 생활의 점진적인 등장이다.

성령의 인도하심을 따르는 것: "영혼이 성령의 인도하심에 자신을 완전히 맡길 때, 성령께서는 영혼을 조금씩 들어올려 주시고 다스리신다"(*Doc*. III.1.3. #2, 143). 기독교 영성에서는 고전적인 비유에 의해서 인도하심을 나타낸다: 광야를 통과하는 이스라엘을 인도해준 불 기둥—낮에는 구름기둥으로, 밤에는 불기둥으로 인도해 주신 것. "그들은 그 기둥의 움직임을 따랐고, 그것이 멈추면 그들도 멈추었다. 그들은 그 기둥을 앞서지 않고 따라갔고, 그것으로부터 떨어지지 않았다. 성령과 관련하여 우리도 이렇게 행동해야 한다"(*Doc*. IV.1.1. #2, 171). 마음의 청결에 특별한 형태의 생활이 포함되었듯이, 성령의 인도하심을 따르는 것도 순종, 깨끗한 의도, 조명을 구하는 기도, 인간 영혼 안에 있는 다양한 움직임을 예리하게 인식함(이것이 기독교적 분별력이다) 등을 통해서 점진적으로 발달한다. 우리는 꾸준히 양심 성찰을 실천함으로써 점진적으로 이러한 상태 안에서 성장한다: 첫째, 성령의 빛에 충실함에 의해서; 둘째로는 이 빛을 억제하는 죄와 불완전으로부터의 정화에 의해서; 셋째로는 자신이 정욕의 지배를 받는 것을 허락하지 않음으로써 (그럼으로써 "하나님께서 그들의 내적 감각들을 열어 주실 것이다): 넷째로 그들의 내면 생활과 통합함으로써 그들이 그것으로부터 분리되거나 내면의 다양한 움직임들을 의식하지 못하는 것을 허락하지 않음으로써; 마지막으로 영적 지도를 꾸준히 사용함으로써, 즉 "자신의 마음을 상관이나 영적 아버지에게 완전히 드러냄으로써." "그러한 솔직함과 단순함을 소유한 영혼은 결코 성령의 지도함이 없이 다니지 않는다"(*Doc*. IV. 1.3. #5, 175). 랄르망의 충고와 분석은 크게 인간의 선택과 역사 안에서 깊어지는 성령의 인도하심을 허락하는 이 다섯 가지 방법에 초점을 둔다. 그와 비슷한 방식으로, 랄르망의 신학은 대체로 성령의 은사 및 그것들과 상응하는 축복에 대한 이해와 관련된다.

인간의 행동을 인도할 수 있는 네 종류의 "빛"이 있다. 첫째는 이성(reason)인데, 그것은 믿음에 의해서 고쳐지지 않는 한 완전히 부적절한 것이 된다. 둘째는 인간을 하나님의 진리에 애착하게 해 주는 믿음(faith)이다. 셋째는 초자연적인 신중함(supernatural prudence)인데, 그것은 믿음에 응답하는 적절한 방편을 지적해 준다. 넷째는 강론도 없고 양의성도 없이 보다 탁월한 원리들에 의해서 가장 선한 것을 드러내주는 "성령의 은사들"(gifts of Holy Spirit)로서, 우리로 하여금 하나님의 빛 속에서 자신이 이러한 은사들을 소유한 분량에 따른 증거를 가지고서 이것을 볼 수 있게 해준다(*Doc*. IV.3.2. #1, 188). 깨끗한 마음이 동기를 다루고, 성령의 인도하심이 의식과 선택을 조명하고 지원해 주듯이, 우리도 랄르망이 동기들을 다루면서 행한 바 십자가의 요한이 주장한 감각의 밤에 대한 고찰과 비슷한 고찰들, 그리고 믿음을 유일한 종교적 지원상황으로 다루는 영의 밤에 대한 고찰을 추적할 수 있다. 그러한 치환(置換)은 거짓일 수는 없지만 하나의 치환으로 머물 것이다. 랄르망은 사도적인 삶, 그리스도 안에서 사역에 전념하는 하나님과의 연합의 삶에 초점이 주어지기 때문이다. 그렇기 때문에, 그들이 가능하게 하는 은사와 지도력은 그의 영성에서 매우 중요한 것이 된다. 사도적인 삶에서는, 만물 안에서 하나님을 찾을 뿐만 아니라 날마다 제공되는 여러 가지 선택과 결정들 속에서 그의 지도를 따를 수 있게 되는 것, 즉 하나님의 내주하시는 성령을 위해서 마음 뿐만 아니라 사건들을 읽을 수 있게 되는 것이 매우 중요하다. 랄르망의 영성 신학의 두 가지 요소는 사도적인 섬김, 동기이신 하나님을 향하면서 곁길로 벗어나지 않는 결정을 소유하며 안내자이신 성령과의 연합 안에 있는 섬김에 전념하는 삶을 구성한다.

그러한 생활을 한다는 것은 그리스도와 함께 거하는 것, 세상에서 그의 존재와 삶을 다스리는 것에게 동화되는 것, 그 분과의 연합 안에서 생활하는 것이다. 여기에서 랄르망은 『영적 교리』의 여섯째 원리로서 지식, 사랑, 그리고 그리스도를 본받음을 주장한다. 이 구분은 이그나티우스(Ignatius)의 『영성훈련』의 계속적인 청원을 나타낸다. 『영성훈련』의 두번째 주간 내내 실습자는 하루에 다섯 차례씩 랄르망의 반성의 구조를 이루는 실체들을 구하는 기도를 한다: "나로 하여금 더욱 그분을 사랑하고 따라가게 하기 위해서 인간이 되신 주님에 대한 내적 지식."[28] 이그나티우스와 베륄은 성육신을 찬양한다. 성육신은 『영성훈련』의 모든 관상 중에서 가장 정교한 것이며, 수련자는 끊임없이 그것에게로 돌아가야 한다. 이것은 모든 기독교인들에게 공통적으로 주어진 유산의 중심이 되는 부분이다. 왜냐하면 "하나님은 성육신 안에서 자신의 능력을 가장 놀랍게 발휘하시기 때문이다"(*Doc.* VI.1.1.1. #2, 171). 랄르망이 이그나티우스에게서 물려받은 것과 *École française*의 직접적인 목적과 사역은 각기 다르지만, 둘 사이에 경쟁은 없다.

관상은 이 사도적 이상에게 흡수된다. "관상은 하나님 및 단순하고 자유롭고 통찰력있고 확실한 것으로서 사랑에서 나와서 사랑을 향하는 신적인 것의 현존이며 그것에 대한 의식이다"(*Doc.* VII.4.5. #1, 348). 이 단어들은 각기 매우 중요한 내용을 전달하며, 관상 자체는 하나님의 성령의 감화 아래서 성장한다. 관상은 사도적 활동을 금지하지 않으며, 영혼들을 위한 열심에 완전히 헌신한 삶에 반드시 필요한 것이다. 관상적 시각을 통해서만 우리는 "장엄하고 풍성한 하늘과 땅보다 하나의 영혼이 무한히 더 귀하다"는 것을 깨달을 수 있다(*Doc.* VII.4.4. #1, 347). 관상생활을 한다는 것은 하나님의 시각 속으로 들어가는 것, 즉 하나님의 아들이 대속하신 인류를 보는 것, 그리고 은혜로 주어진 삶의 영원한 가치나 은혜를 배격한 삶의 두려움을 어느 정도 파악하는 것이다. 비록 관상이 나름의 발달 단계가 있어 가장 높은 단계로 이어진다고 해도, 관상은 하나님께서 영원히 사랑해오신 사람들을 위한 이러한 관심을 우리에게서 제거하지는 않는다. 따라서 관상의 완성은 하나님과의 지속적인 연합 안에서 발견되므로, 표면적으로 절박하게 필요한 일 속에서도 모든 활동적인 수행과 관상은 꾸준히 하나님과 연합된 상태에 머문다(*Doc.* VII.4.9. #3, 363).

프란시스 드 살의 영성의 기원은 하나님의 긍휼하심을 경험한 데 있다고 본다면, 루이 랄르망의 영성의 기원은 사도적인 긴박함을 경험한 데 있다. 그것은 매우 역설적인 듯이 보이며, 랄르망이라는 인물 및 그의 교리를 중심으로 하여 제기되어온 논쟁들과 일치하지 않는 듯하다. 그러나 선교는 그의 가르침 전체가 전제로 하는 경험이다. 그가 인간의 욕망의 궁극적으로 평가하는 조심스러운 방법, 그리고 사람이 생활하는 근거가 되는 영감은, 거의 압도적인 사역의 결정과 관련된 이 경험을 기준으로 할 때에만 식별할 수 있다.

『영적 교리』에서 다루는 일곱 가지 원리 중에는 사도적 사명에 관한 것은 하나도 없다. 그러나 일곱 가지 원리 모두 사도적 사명에 의해서만 궁극적으로 이해되고 정당화된다. 마음을 지키고 행위를 비판하는 것, 완전으로의 부름, 그리고 주부적 관상을 향한 욕구 등이 중요한 위치를 차지하기 때문에, 그의 가르침과 관련하여 역사적으로 꾸준히 불안거리가 된 것을 야기하게 되었다. 즉, 그에게는 사도적 헌신에 대한 지배적인 의식이 부족하다는 비난을 야기했다. 그의 제자들 중에는 프랑스와 신세계에서 활동한 위대한 사도들이 포함되어 있고, 그의 교리에서는 가장 수준 높은 관상조차도 사람들의 종교적인 욕구에 대한 공헌에 의해서 평가된다. 그렇다면, 만일 사도적 사역이 『교리』에 대한 묵시적이지만 팽배한 경험으로 존재하지 않으며, 무척 긴급한 것이기 때문에 자체의 소논문의 강화를 필요로 하지 않으며, 이그나티우스가 그의 *Constitutions*에서 암시한 내용들—즉 인간의 도구를 하나님과 결합시키며, 하나님의 거룩한 손이 훌륭하게 지배하실 수 있게 해 주는 수단이 인간들과의 관계 속에서 필요한 것을 공급해 주는 것들보다 더 효과적이라는 것—을 필요로 한다면, 이 역설을 어떻게 설명할 것인가? 랄르망의 목록은 이그나티우스의 목록과 그리 다르지 않다: 선과 덕, 하나님을 섬기는 정신의 깨끗함, 영적 헌신 훈련을 통해서 우리 주 하나님과 친밀해짐, 영혼들을 향한 진심에서 우러난 열심 등. 이그나티우스처럼, 『교리』에서도 "표면적인 수단이 그 추구하는 목적에 효과적인 것이 되게 해 주는 내면의 은사들"[29]을 강조했다. 『교리』의 본문 내의 외관 상의 모순들, 또는 그 책의 기원인 제수잇 영성의 전통과 어긋나는 것들은,

제수잇 회원들의 사도적 에너지가 올바르게 평가될 경우에 해결될 수 있다. 미셸 드 세르토(Michel de Certeau)는 제수잇 대학들이 새로 평화를 회복한 국가 전역에서 급속도로 확장하면서 나타낸 사도적 활동을 향한 욕구 때문에, 이 활동에 활력을 주었어야 할 내면 생활이 위협을 받았다고 지적했다. 동시에, 일부 제수잇 수사들은 일종의 반작용으로 봉사의 케노시스를 위협하는 형태의 기도를 향해 이동하고 있었다.[30] 사도직을 더 권장해도 이러한 긴장은 제거되지 않을 듯했다. 프랑스 제수잇회에는 그 결과로서 생겨난 문헌이나 전기들이 가득했다. 그 당시에는 사도적 경험, 그러한 삶을 살게 만든 소명을 전제로 하며, 이 카리스마를 유지하여 영성으로 발전시키는 것이 필요했다. 그 영성은 가장 깨끗한 의도를 장려하며, 각기 다른 하나님의 종들의 마음 안에서 이루어지는 여러 가지 감화와 운동 속에서 식별되는 성령의 인도하심 아래 이 활동 전체와 기도를 둘 것이었다. 『영적 교리』의 배후에 지배적인 경험이 있다고 가정하면, 랄르망의 나머지 것들은 쉽게 완전해질 것이다.

『영적 교리』내의 변증적인 긴장은 두 가지 상반되고 화합될 수 없는 영성, 즉 활동을 중시하는 영성과 관상을 중시하는 영성 사이의 모순이 아니다. 변증법이란 피상적으로만 상반되는 순간들 사이의 종합적인 운동이다. 전자는 인간적 공허의 허무를 인정하는 데서부터 하나님의 충만함으로, 깨끗한 마음으로 하나님께 집중하는 데서부터 성령의 인도하심 아래 모든 일에 종사하며 심지어 사도적 활동과 주부적 관상을 결합하는 것을 향해 움직인다. 랄르망이 강조한 "제2의 회심"은 이 다양한 순간들이 하나의 통일체 안에서 완전함에 이르는 삶이다. 이 발달적 종합 안에서의 진보에는 나름의 시간과 인간적인 에너지들의 소비가 요구된다. 그리고 랄르망은 그 움직임을 완전히 사려깊게 적용하지 못했을 수도 있다. 그러나 이것들은 그의 영성이 지향하는 방향이다. 그가 지적하고 있는 구체적인 문제들을 제대로 이해하지 못하는 사람들이 볼 때에는, 이것은 잘못된 것처럼 보일 수도 있다. 그러나 그는 자기의 수련생들에게 가르쳤던 것을 그 후 수세기 동안 그의 글을 읽는 모든 사람들에게 가르칠 수 있다:

예수회 내의 사역자는 우리 주님처럼 "인자가 온 것은 섬김을 받으려 함이 아니라 도리어 섬기려 하고 자기 목숨을 많은 사람의 대속물로 주려 함이니라"고 말해야 한다. 그는 하나님과 이웃을 섬기며, 내면 깊은 곳에서 하나님의 음성을 경청하고 이웃의 구원과 완전을 위해 숨을 거둘 때까지 일해야 한다.(*Doc.* V.3.2. #5, 265)

유산

지금까지 다룬 17세기 프랑스 영성이 배출한 이 세 인물은 결코 그 시대를 요약하여 말하지 않는다. 그들은 그 시대에 훌륭했던 것들 중 많은 일을 주도한 인물들이다. 루이 랄르망은 자기의 수련생이었던 장-조셉 시렝(Jean-Joseph Surin), 그리고 루동(Loudon)의 축귀사역(exorcism)에 굴복하여, 시렝이 귀신들렸다고 생각한 25년 동안, 그리고 그 사이에 정신이 들곤 했던 기간에, 그는 이탈과 관상과 성령의 움직임에 관한 위대한 고전인 *Le catéchisme spirituel* 을 저술했다. 이 저서 및 번민 속에서 저술한 저서들을 통해서, 시렝과 랄르망은 18세기에 영향을 미쳐 장-피에르 드 코사드의 영성, 19세기에는 장 그루(Jean Grou)의 영성에 영향을 주었고, 20세기에는 *Le catéchisme spirituel*에 의해서 레자(Raissa)와 자크 마리땡(Jacques Maritain)의 관상에 대한 갈망에 결정적인 영향을 미쳤다. 레자 마리땡은 자서전에서 페기의 서점에서 그 책을 발견한 일에 대해 다음과 같이 묘사했다: "우리가 플로티누스, 파스칼, 레옹 블로이 등에게서 산발적으로 발견했던 관상에 대한 관념들이 이 책에 충분히 효율적으로 묘사되어 있었다. 이 성성(聖性)의 헌장은 우리의 모든 행동 안에, 그리고 우리의 영 안에 살아 있는 것처럼 보였다."[31]

만일 랄르망이 제자들을 통해 미친 영향력이 강물과 같다면, 피에르 데 베륄 주교의 영향력은 폭포와 같았다. 그에게 기원을 두는 사제들의 공동체 및 그 후 수세기 동안 쉴피스 회(Sulpicians), 빈센트 회(Vincentians), 유드 회(Eudists) 등의 헌신적인 교육에 의해 그의 영향을 받아온 프랑스의 성직자들이 언급되고 있었다. 베륄은 하나의 공동체, 또는 일련의 공동체들을 설립한 것이 아니라, 하나의 학교를 설립했다. 빈센트 드 폴(Vincent de Paul)과 존 유드(John de Eudes)는 확실히 베륄에게 영향을 미쳤다. 그러나 몰리엥(Molien)의 주장에 의하면, 장-자크 올리에는 "그의 많은 저술을 통해서 *école française*의 교리를 가장 완벽하게 설명했다." 올리에도 베륄과 마찬가지로 성육하신 말씀의 "신비들"(mysteries)과 "상태들"(states)을 구분했다. 신비들이란 그리스도께서 영구히 성취하신 사건들을 의미하며, 상태들은 "주님이 이것들을 성취하실 때에 소유하신 기질들과 감정들"[32]을 의미한다. 상태들이란 이 신비들 안에서 성육한 것들, 그것들을 본질적으로 유익하게 만들어 준 것, 그리고 관상기도의 영원한 초점이다. 그것들은 전례와 금욕 고행에 그리스도와의 신비적 동일화를 제공해 주었다. 그것들은 모든 신자에게 그리스도를 굳게 신봉할 수 있는 가능성을 제공했으며, 그것이 바로 베륄에게 종종 가르친 것이다.

마지막으로, 프란시스 드 살은 학교를 설립하지 않았고, 방문회(Visitandines)라는 폐쇄적인 공동체만이 그를 창시자로 여긴다. 존 보스코(John Bosco) 시대에 비로소 하나의 활동적인 종교 집단이 그의 이름과 영성을 분명히 자기들의 것으로 취했다. 그러나 그는 도처에 영향을 미쳤다. 그의 저서들은 랄르망이나 베륄보다 훨씬 많은 사람들을 대상으로 했다. 아마 그는 평신도들이 교회 안에서 자기들의 거룩함으로의 소명을 주장하기 시작한 시대에 발달한 평신도 영성이 이 두 사람보다 더 많은 영향을 끼쳤을 것이다. 프란시스 드 살의 공적은 특별한 교리나 특별한 제자들의 집단에 있는 것이 아니라, 모든 형태의 인간생활을 거룩하고 깊이 있는 기독교를 표현해 주는 경건과 사랑의 덕이 될 수 있게 만들어준 데 있다고 할 수 있다.

프랑스 영성의 이 위대한 세기의 수십 년 동안 프랑스에 많은 종교 기관들이 설립되고 위대한 지도자들이 출현하여 국가적으로 힘이 증가함에 따라, 신비가들과 선교사들, 영적 저술가들, 강단에서 전파하는 설교자, 고해 신부, 종교 지도자 등이 풍성하게 배출되었다. 그러나 복음을 실천하는 가장 효과적인 방법과 관련하여 종교적인 인물들과 운동들이 분열되면서, 이러한 힘의 대부분은 프랑스 교회 독립주의(Gallicanism), 얀센주의, 정적주의 등에 허비되었다. 그러나 이처럼 혐오스러운 논쟁 속에도, 관상의 전통과 기독교적 봉사의 전통, 그 이후 시대에 교회를 풍성하게 해온 지혜의 전통과 사랑의 전통이 존재했다. 그러한 위대함과 약속을 대표하는 인물이 프란시스 드 살, 피에르 드 베릴, 그리고 루이 랄르망이다.

주

1) Louis Cognet, *Las spiritualité moderne*(Paris: Aubier, 1966) 239-41. This classic work constitutes the third volume in the series *Histoire de la spiritualité chrétienne*, edited by Louis Bouyer, Jean Leclercq, François Vandenbroucke, and Louis Cognet. Much of the material is available in an English translation of an earlier work(*A History of Christian Spirituality*[3 vols.; New York: Seabury, 1982). 다음의 책도 참고하라: Louis Cognet, *Post-Reformation Spirituality,* trans. P. Hepburne Scott(New York: Hawthron Books, 1959); Jaques LeBurn, "France: Le grand siècle de la spiritualité française et ses lendemains." in *Dict. Sp.* 5, cols. 917-54.
2) Henri Bremond, *A Library History of Religious Thought in France,* trans. K. L. Montgomery (New York: Macmillan, 1930) 2:119. 이 책은 11권으로 이루어진 Bremond, *Histoire Littéraire du sentiment religieux en France* (Paris: Libraire Armand Colin, 1916-1936) 중 한 권이다.
3) Paul Monnaers, "Benôit de Canfeld: Sa terminoligie, 'essentielle,'" *Revue d'histoire de la spiritualité (Rev. Asc. Must.)* 47 (1971) 422.
4) H. Bremond, *Literary History,* 2:115.
5) L. Cognet, *La spiritualité moderne*, 242.
6) Jean Marie Prat, *Recheerches historique et critques sur la Compagnie de Jésus en France du temps du Père Coton* (Lyon, 1876) 3:760; cf. Bremond, *Literary History,* 2:55.
7) Pierre Serouet, "Françoise de Saled," in *Dict. Sp.* 5, cols. 1057-97.
8) *St. Francis de Sales: A Testimony by St. Chantal,* translated and edited with an introduction by Elizabeth Stopp (Hyattsville, MD: Institute of Salesian Studies, 1967) 44-45.
9) Jaques Maritain, "Foreword," to *The Spirit of Love,* by C. F. Kelly (New York: Harper & Brothers, 1951) ix-x.
10) Leonard Lessius's *De gratia efficaci decretis divinis liberatate arbitrii et praescientia Dei condicionate.*
11) Bremond, *Literary History,* 1:69.
12) Cf. Joseph B. Wall, *The Providence of God in the Letters of Saint Ignatius* (San Jose,

CA: Smith-McKay, 1958) 1-2.
13) Cognet, *Post-Reformation Spirituality*, 66.
14) Dupuy, *Bérulle*, 44을 보라.
15) Bremond, *Literary History,* 2: 229.
16) Ibid., 230.
17) The edition of this work si that of 1866(Paris: Siffre fils) 26-27.
18) Bonaventure, Sermo i, Dominica xxii post Pentecostem, "Magister, scimus quia verax es et viam dei in veritate doces." *Operea omnia* (Ad Clara Aquas[Quaracchi]: Ex Topographia Collegii S. Bonaventurae, 1882-1902) 9:442a. Cf. Bonaventure's inaugural lecture, "Christus, unus omnium magister," 7-9, *Operta omnia,* 5:569 a-b.
19) Bonaventure, *In I. Sent.*, Proemium, *Opera omnia,* 1:136; cf. *De reductione artium ad theologian* 26, *Opera omnia,* 5:325b.
20) Bremond, *Literary History,* 3:99-100.
21) Cf. Aristotle *Rhetoric* i.3.1358b16-20.
22) George H. Tavard, "The Christology of the Mystics," *Theological Studies* 42 (1981) 575.
23) Cognet, *Post-Reformation Spirituality,* 73.
24) P. Cochois, *Bérulle et l'École française,* 76.
25) Bérulle à la Mere Prieure et aux Religieuses carmélited de Toulouse(January 16, 1623) *Correspendence du Cardinal Pierre de Bérulle et l'École Française,* 108.
26) H. Bremond, *Histoirelittéraire,* 5:4.
27) P. Cochois, *Bérulle et l'École française* 13.
28) Ignatius of Loyola, *Spiritual Exercises,* Third preamble to the Contemplation on the Incarnation, #104, *Obras Comp;etas de San Ignacio de Loyola,* ed. Ignacio Iparraguirre (Madrid: Biblioteca de Autores Cristianos, 1963) 221. Georges Bottereau's "Lallemant," in *Dict. Sp.* 9, cols. 125ff.도 보라.
29) Ignatius of Loyola, *Constitutions of the Society of Jesus,* part X, #813, *Obras Completas,* 581.
30) Michel de Certeau, "Crise sociale et réformisme spirituel au début de 17e siècle: Une 'nouvelle spiritualité' chez les jesuites français," *Revue d'ascetique et de mystique* 41 (1965)339-86.
31) Raissa Maritain, *We Have Been Friends Together,* trans. Julie Kernan (New York: Longman, Green, 1943) 153.
32) A. Molien, "Bérulle,' in *Dict. Sp.* 1, cols. 1574-75.

참고문헌

원전

Bérulle, Pierre de. *Les Oewvres de l'éminentissime et révérendissime P. Cardinal de*

Bérulle. Introduction by François Bourgiong. Paris: Antione Estiene et Sabastien Huré.

Dagen, J., ed. *Correspondance du Cardinal Pierre de Bérulle*. 3 Vols. Paris: Desclée de Brouwer; Louvain: Bureaux de la Revue, 1937-1939.

Francis de Sales. *Introduction to the Devout Life*. Translated and edited by John K. Ryan. 3rd ed. New York: Harper, 1966.

___. *Library of St. Francis de Sales*. Translated and edited by H. B. Mackey. 7 vols. London: Burns & Oates, 1883-1910.

___. *Oeuvres de François de Sales*. Par les sions des Religieuses de la Visitation du Premier Monastère d'Annecy. Edited by H. B. Mackey and J.-J. Navatel. 26 vols. Annecy: J. Niérat, 1892-1932.

___. *Treatise on the Love of God*. Translated with an introduction and noted by John K. Ryan. 2 vols. Rockford, IL: Tan Books, 1975.

Lallemant, Louis. *The Spiritual Doctrine of Father Lious Lallemant of the Society of Jesus, preceded by an account of his life by Father Champion*. Edited by Alan McDougall. Westminster, MD: Newman Book Shop, 1946.

___. *La vie et la doctrine spitituelle du Père Louis Lallemant de la Compagnie de Jésus*. Introduction and notes by François Courel. 3rd ed. Paris: Desclée de Brouwer, 1979.

연구서

Bedoyere, Michael de la. *François de Sales*. New York: Harper, 1960.

Cochois, Paul. *Bérulle et l'École françoise*. Paris: Seuil, 1963.

Dupuy, Michel. *Bérulle: Une spiritualité de l'adoration*. Tournai: Desclee, 1964.

Houssaye, Michel. *Le Carninal de Bérulle et le Cardinal de Richelieu, 1625-1629*. Paris: H. Plon, 1875.

___. *M. de Beerulle et les Carmélites de France, 1575-1611*. Paris: h. Plon, 1872.

___. *Le P. de Bérulle et l'Oratoire de Jésus, 1611-1625*. Paris: H. Plon, 1874.

Trochu, F. *Saint François de Sales*. 2 vols. Paris: E. Vitte, 1941, 1942.

제3장
16세기 스페인 영성:
갈멜회 및 그를 중심으로 한 운동

Kieran Kavanaugh

스페인 영성의 부흥

종교적인 개혁(religious reform)

16세기 초에 스페인에서는 그 시대에 적용되는 일반적인 용어를 사용하여 영성의 황금시대(golden age of spirituality)라고 할 수 있는 시대가 시작되었다. 그것은 트리엔트 공의회가 개최되기 얼마 전에 시작된 방대한 종교개혁과 갱신 운동의 산물로서 종교인과 성직자 뿐만 아니라 평신도에게도 영향을 미쳤다. 그러나 그 기원은 규칙의 준수로의 복귀를 통해서 종교적인 삶을 개혁하려는 노력에 있었다. 규칙을 준수하는 공동체들은 엄수파(observant)라고 알려져 있었고, 흑사병이 창궐하는 동안에 규율이 해이해진 이전의 공동체들은 콘벤투알파(conventuals)라고 불렸다. 도미니코 수도회 내에서는 콘벤투알파가 엄수파가 되었고, 프란시스코 수도회는 둘로 분열되었다. 기도와 영성생활은 콘벤투알파에서도 실천되었지만, 그것들은 분명히 서로 관련되어 있었고, 엄수파 운동의 핵심으로 간주되었다. 따라서 기도의 발달은 영성생활에서의 발달을 재는 척도가 되었다.

15세기에도 여러 종교 수도회 안에는 기도의 집, 명상의 집, 또는 피정의 장소가 존재하기 시작했었다. 그 당시 이러한 기관들이 제도화되었고, 그들의 기도 방법이 다른 기독교인들에게 전파되었다. 게다가 세로 발명된 인쇄기는 사람들에게 내면생활에 관한 풍부한 문헌들을 제공해 주고, 기도에 관한 가르침의 전파를 촉진시켰다.

첫째, 신령한 작가들에 의해 형성된 조직적인 기도의 방법들이 있었다. 이러한 작가들 중에는 다음과 같은 인물들이 포함되어 있었다: 1500년에 몬테세랏에서 출판된 *Ejercitatorio de la vida eapiritual*의 저자인 가르시아 데 시스네로스(García de Cisneros), 1521년에 세빌에서 출판된 *Arte para Servier a Dios*의 저자인 알론소 데 마드리드(Alonso de Madrid), 1522년에 『영신수련』(*Ejercicios espirituales*)을 저술한 성 이그나티우스 로욜라(St. Ignatius of Loyola). 또 마음의 침잠(recollection)이라고 불리는 기도의 방법이 있는데, 그것은 프란치스코 데 오수나(Francisco de Osuna)가 1527년에 톨레도에서 출판된 *Tercera parte del libro llamado Abecedario Espiritual*에서 설명하고, 1535년에 세빌에서 출판된 *Subida del Monte Sion*에서 베르나르디노 데 라레도(Bernardino de Laredo)가, 그리고 1541년에 살라만카에서 출판된 *Libro llamado Via Spiritus*에서 베르나베 데 팔마(Bernabé de Palma)가 설명한다. 요리문답과 도덕적인 논문에서는 주로 덕의 실천 및 악을 뿌리뽑는 것에 관한 전통적인 금욕적 가르침에 관심을 두었다. 그러나 기도의 방법은 사랑으로 이어져야 했고, 오수나, 팔마, 마레도 등이 해석한 방법에서처럼, 그 중 일부는 순수한 사랑으로 이어져야 했다.

이 시대의 스페인 영성의 가장 현저한 특징은 구송기도(vocal prayer)와 표면적인 선행에 기초를 둔 객관적인 영성에서부터 개인적인 경험에 기초를 둔 주관적이고 중요한 영성으로 이동한 것이다. 이와 같은 살아있는 영성으로의 이동은 갑자기 발생한 것이 아니다. 한 사람은 여러 가지 전통적인 방법을 거쳐 비로소 침잠의 기도(recollection)

를 발견할 수 있었고, 기도에 관한 책을 저술한 저자들은 자기들이 경험한 것만 추천했다.

내면화(interiorization)의 운동(묵념기도, 침잠의 기도, 조명)은 에라스무스의 복음적 기독교에 선행했고, 그보다 심오하며, 그로부터 독립된 것이었다. 에라스무스의 복음적 기독교는 형식과 의식을 희생시키고 종교의 내적 측면을 강조하기는 했지만 사랑과 교제의 문 밖에서 멈추고 말았다.

체계적인 묵념기도(默念祈禱)

가르시아 데 시스네로스와 이그나티우스 로욜라는 묵상기도(meditation)의 기법을 가르치지는 않았지만, 표면적인 감각과 내면적인 감각, 특히 상상력에 집중함으로써, 지적인 집중을 통해서, 그리고 대담(colloquy)이나 훌륭한 제안들을 향한 움직임을 통해서 묵상의 내적 훈련을 발달시켰다. 묵상은 행동하고픈 막연한 갈망으로 끝나서는 안된다. 심상들과 생각이 개인적인 활동을 위한 결정으로 이어져야 한다.

이 조직적인 묵상은 그 시대의 욕구에 부응하는 것이었다. 수도원의 내적인 훈련은 인도나 유럽으로 여행하는 사람, 또는 르네상스 시대의 사회에 살아야 하는 사람에게는 유익을 줄 수 없었다. 그런 사람에게 필요한 것은 하나님께로 나아가는 일을 반복하여 훈련함으로써 획득되는 견고한 개인적인 확신이었다. 이 방법에서 발달되어 나온 것이 상상적 관상으로서, 이것에 의해서 예수님의 삶의 여러 장면들, 수난, 죽음 등이 내면에 재현된다. 이 관상을 행하는 사람은 자세한 내용을 보고 듣고 경청할 것이다.[1]

침잠의 기도

"침잠의 기도"(沈潛, recollection)라고 불리는 방법은 황금 시대 최초의 위대한 신비가들이 만들어낸 것이다. 프란치스코 회의 기도의 집이나 명상의 집의 특징인 침잠의 기도는 1480년 경에 그러한 수도원에서 발달하기 시작했다. 그 방법은 세 부분으로 이루어졌다: 자기 인식, 그리스도를 본받음, 그리고 하나님과의 합일. 그것의 본질적인 특성은 하나님과의 합일, 또는 하나님 안에서의 변모인데, 그것은 지성에 의해 이루어지는 것이 아니라 사랑을 통해서 이루어진다. 이 영성은 성경, 그리고 어거스틴, 대 그레고리, 버나드, 성 빅톨 학파, 보나벤투어, 발마의 휴(Hugh of Balma), 헨드릭 허프(Hendrik Herp)와 같은 저자들의 영적 저서 등에서 그 양분을 발견했다. 보나벤투어의 저서들과 발마의 휴의 『신비신학』(*Mística Teología*: 어떤 사람들은 이것을 보나벤투어의 저술이라고 생각해왔다)은 특히 영향력 있는 책이다. 이것은 오랫동안의 구송기도와 덕을 실천하고 악을 근절하기 위한 훈련들로 인해 짓눌려 온 이전의 영성들을 초월했고, 또 표면적이고 미신적인 것으로 표현되기도 하는 대중적인 종교적 관습도 초월했다.

이처럼 침잠의 기도라는 신비한 운동에서 흘러나오는 주요한 주제에는 다음과 같은 것들이 포함되어 있었다:

하나님은 모든 사람들에게 기독교적인 완전에 이르라고 부르신다. 왜냐하면 모든 사람들은 하나님의 형상으로 피조되었기 때문이다. 따라서 완전으로의 소명은 수도원 밖으로 끌어내어 평신도들에게 적용되었다.

하나님 안에서 영혼의 변화란 그와 한 영이 되는 것을 말한다. 하나님과 영혼의 합일은 두 개의 불이 하나가 되는 것, 또는 물방울이 바다로 흘러들어가 바다와 하나가 되는 것으로 비유할 수 있다.

선행, 표면적인 행위, 의식, 그리고 예식 등은 하나님과의 합일이라는 궁극적인 목표와 구분되어야 한다.

하나님과의 만남은 영혼의 내면 깊은 곳, 중심에서 이루어진다.

오수나, 라레도, 팔마 등의 영적 저술가들은 자신의 경험을 토대로 저술했고, 자기들이 개인적으로 잘 아는 방법들을 추천했다. 그들은 자기의 경험을 성서, 성인들이나 신학자들의 주장 등과 비교했지만, 자신들만이 성서와 전통의 유일한 해석자라고 생각하지는 않았다.

이들은 스콜라적 학문을 포함하는 지성의 길에 의해서 하나님께 갈

수 있다는 것을 인정하면서도, 사랑의 길, 하나님께서 단순하고 겸손하고 무식한 사람들을 인도하시는 길을 소중히 여겼다. 이 사랑의 길은 완전으로의 보편적 소명의 이론을 보다 믿을 만하고 매력적인 것으로 만들어준다.

그들의 주장에 의하면, 자유란 이성이 하나님의 법에 복종하는 것, 그리고 세상의 외적인 압박들 및 권세와 쾌락과 금전을 향한 인간적인 욕망으로부터 독립이었다.

사랑은 사리 추구를 제거하며, 오직 하나님께만 집중하고 하나님만을 향한다.

그들은 표면적으로나 내면적으로 그리스도의 신성 뿐만 아니라 인성까지도 본받아야 한다고 가르쳤다. 왜냐하면 인간은 육적인 동시에 영적인 존재이기 때문이다. 그리스도의 인성을 본받는 것을 강조했기 때문에 구속자의 고난과 죽음을 다룬 문헌들이 풍성하게 배출되었다. 그리스도의 고난은 가장 빈번하게 사용되는 묵상의 주제였으며, 그것은 스페인 교회와 그 예술에 흔적을 남겼다.

관상생활을 강조한 것이 예수회 영성이 발흥한 근원이었을 수도 있다. 활동적인 생활이 무시되지는 않았지만, 그 생활만으로는 완전함에 이르지 못할 것이었다. 이상적인 삶은 관상적이면서도 활동적인 삶이었던 것 같다.

침잠의 기도의 절정은 고요한 관상이었다. 그것의 실체를 표현하기 위해서 다양한 공식들이 사용되었다. 그 중 잘 알려진 것은 *no pensar nada*(아무 것도 생각하지 않음)으로서, 그것은 곧 만유(All)에 주의를 집중하는 것과 같은 것이었다. 침잠 기도를 실천하는 사람들은 자신의 무에 대한 의식을 표현하기 위해서 주로 "영혼소멸"(annihilation)이라는 용어를 사용했다. 이것은 형이상학적인 의미나 심리학적 의미에서의 멸절이나 무활동으로 이어지는 것이 아니라, 진리, 겸손, 하나님의 자비하신 행위와 선물에 대한 감사로 이어진다. 모든 피조물에 대해 죽는 것은 곧 오로지 창조주만을 위해 사는 것이었다. 인간적인 생각, 사랑, 행위, 의 등을 존중하는 것과 관련한 용어는 흔히 부정확했다.

그들은 자기들이 알고 있는 것을 더 사랑한다고 주장했다. 경험을 통해서 이것을 알고 있었기 때문에, 그들은 형이상학적인 설명이나 심리학적이 설명에는 관심을 갖지 않았다. 그들은 일치의 사랑 안에 있는 영혼에게는 설교나 지적인 묵상이 필요하지 않다고 주장했다. 그들은 자신의 사랑의 지식을 표현하기 위해서 이미지나 상징, 또는 시를 의지했다. 그들은 과장을 피하는 것이나 정확한 언어 사용에 대해서는 그다지 신경을 쓰지 않았다.

광명파의 방법

침잠의 기도라는 영적인 운동과 혼합되어 있으며, 용어 사용의 모호함 때문에 그것과 엄밀하게 구분되지 않지만, 하나의 지름길이라고 권장되는 방법이 있었다. 그 방법을 추종하는 사람들은 *dejados*라고 불렸고, 후일 *Alumbrados*[2)]라고 불렸다. 그들의 방법은 하나님의 사랑에 내맡김으로 이루어졌다. 구송기도, 고난에 대한 묵상, 금식, 속죄, 의식과 예식, 이미지들을 사용함, 종교적인 삶 등은 모두 장애물이거나 무익한 것으로 간주되었다. 하나님의 사랑에 내맡김이 완전의 정상으로 간주되었다. 그것은 하나님과의 합일에 이르는 가장 빠르고 안전한 길이었다. 이 수행 및 이러한 생각들로부터 전통을 멸시하는 결과를 낳는 자만심이 생겨났다. 문제는 순수한 사랑의 의미를 제대로 이해하지 못한 데서부터 발달되었던 것 같다.

그 시대에 발생한 또 하나의 과실은 엑스타시(몰아의 상태) 및 기타 특별한 현상에 지나치게 몰두한 것이다. 사람들은 엑스타시나 특별한 현상들을 추구해야 한다고 생각했다. 도미니크 수도회 소속인 마리아 데 산토 도밍고(María de Santo Domingo)와 가난한 클라라 회 소속인 막달레나 데 라 크루즈(Magdelena de la Cruz)는 주교들을 포함하여 많은 사람들을 속인 후에 협잡꾼으로 판명되었다. 전자는 예언과 황홀경과 몰아의 상태로 잘 알려져 있었다. 후자는 성흔(聖痕)을 가지고 있다는 주장 때문에 유명했다. 이러한 관심들은 환상적이고 묵시적 특성을 가진 사보나놀라가 활동한 플로렌스에서부터 비롯되었다.

프란시스코회 수녀인 이자벨 데 라 크루즈(Isabel de la Cruz)가 알칼라(Alcalá)와 톨레도 등의 도시에 기도의 중심지를 조직하는 일에 착수했을 때, 그녀를 따르는 사람들은 사보나놀라의 환상적인 방법을 버리고 *dejamiento*(포기)라고 알려진 신비한 피동성을 선택했다. 그리고 그녀는 평신도인 페드로 루이즈 데 알카라즈(Pedro Ruiz de Alcaraz)를 자신의 보좌역으로 임명했다. 곧 그들의 사역은 종교재판소의 관심을 끌게 되었다. 독일에서 루터주의가 신속하게 전파된 것은 종교재판소에 새로운 활동 영역을 제공해 주었다. 루터주의의 본질에 대해서 확실히 알지 못했던 종교 재판관들은 스페인에서 그것을 파헤치려고 힘썼다. 관심을 알룸브라도스, 또는 광명파(Illuminists)에게로 돌린 그들은, 1524년에 이사벨 데 라 크루즈와 페드로 데 알카라즈를 체포했다. 1525년에도 광명파의 48개 조항을 정죄하고, 많은 사람들을 체포했다. 같은 해에 톨레도 종교재판소는 루터의 이단을 대적하는 칙령을 발표했다. 종교 재판관들은 루터파와 광명파의 주장이 근본적으로 다른 것이었음에도 불구하고 그 두 집단이 밀접한 관련이 있다고 여겼다. 왜냐하면 두 운동 모두 표면적인 의식보다는 내면적인 신앙을 강조했기 때문이었다. 이그나티우스 로욜라도 광명파의 관습을 따른다는 이유로 심문을 받았고 삼 년 동안 설교를 금지당했다. 1556년부터 1563년에 트리엔트 공의회가 폐회될 때까지, 스페인에서는 또 한 차례의 박해가 있었다. 1557년과 1558년에, 이러한 상황에서 세빌과 발라돌리드에서 개신교 공동체라고 생각되는 공동체가 발견되었다. 그러나 그것은 실제로 알룸브라도 공동체였을 것이다. 그 결과, 종교재판소 소장인 발데스(Valdes)는 1559년에 아주 편협한 금서목록을 발행했다. 유명한 영적 작가들의 저서들이 그 목록에 포함되었다. 거기에는 타울러(Tauler), 헨드릭 허프(Hendrik Herp), 프란시스코 데 오수나, 베르나베 데 팔마(Bernabé de Palma), 루이스 데 그라나다(Luis de Granada), 아빌라의 요한(St. John of Avila), 성 프란시스 보르지아(St. Francis Borgia) 등이 포함되어 있었다. 때로는 어떤 책은 영성에 대한 신학적 공식들이 오해되어 좋지 않은 관습을 초래할 수 있기 때문에 위험하다고 간주되었다.

갈멜수도회 운동의 기원

아빌라의 테레사

발데스가 금서목록을 출판할 즈음, 오늘날 아빌라의 테레사(Teresa of Avila)라고 알려져 있는 도냐 테레사 데 아후마다(Doña Teresa de Ahumada)가 영혼의 내면에서 자신이 장차 역사적으로 유명한 신비가요 신령한 작가가 될 것이라고 암시해 주는 주님의 음성을 들었다. 그녀는 자신의 『전기』(Life)에서, 자신이 즐겨 읽던 몇 권의 책들이 금서 목록에 들어 있는 것을 알고서 슬퍼하고 있을 때에 주님은 "내가 너에게 생명의 책을 줄 터이니 슬퍼하지 말아라"고 말씀하셨다고 적었다(Life, chap. 26, no. 5).[3]

영성의 역사에서, 후일 그녀가 스스로 택한 예수의 테레사(Teresa of Jesus)라는 이름은 매우 흥미로운 이름이다. 그녀의 저서들 및 그것들이 그녀의 사후에 사상의 영역에 미친 영향 외에도, 그녀의 인격에는 다른 매력적인 면들이 있었다. 예를 들면, 여인으로서의 의식, 여성적인 문체, 비종교적인 세상에서의 그녀의 존재, 그리고 그녀가 살았던 시대로부터 4세기 동안 계속된 그녀의 불후의 정신이 지닌 매력 등을 들 수 있다. 그러나 테레사의 일생에 대해서 알지 못하고서는 그녀가 영성에 기여한 공적을 제대로 이해할 수 없다.

그녀의 생애를 알 수 있는 주요 전거는 주로 그녀 자신의 저술들이다. 테레사는 1515년 3월 28일, 아빌라의 기독교 가정에서 태어났으며, 9남 2녀 중 다섯째였다. 12살 때에 어머니가 돌아가셨을 때에, 그녀는 일생을 성모 마리아에게 맡겼다. 그로부터 얼마 후, 그녀의 부친인 돈 알론소 산체스 데 케페다는 그녀를 어거스틴회 수녀들이 가르치는 여학교에 보냈다. 이곳에서 테레사는 처음으로 종교적 소명을 향한 성향을 경험하기 시작했다. 테레사는 얼마 후에 병이 들어 삼촌인 돈 페드로 데 케페다의 시골 집에서 지냈다. 그녀의 삼촌은 평신도였지만 스페인 전역으로 퍼지고 있던 영적 운동에 몰두하여 기도 생활에 전념하고 있었다. 삼촌은 테레사에게 영적 서적들을 읽어 달라고 부탁했다. 이렇게 시작된 영적 독서는 유익한 효과를 거두었다. 테레사는 『성 제롬의 서신집』(*Letters of St. Jerome*)을 읽고서 감명을 받고, 종교적인 생활에 대한 결정을 하고 갈멜 수녀원으로 들어가기로 결심했다.

1537년 11월 3일에 서원을 한 직후, 테레사는 중병에 걸렸는데, 베세다스라는 마을에 사는 돌팔이 의사에게 치료를 받다가 병이 악화되어, 거의 죽을 지경이 되었다. 그리하여 테레사는 다시 삼촌과 함께 얼마 동안 지내게 되었는데, 이번에도 삼촌은 그녀에게 오수나(Osuna)가 침잠의 기도에 대해 저술한 책인 『세번째 영적 알파벳』(*The Third Spiritual Alphabet*)이라는 책을 주었다. 테레사는 이 책에 설명된 대로 열심히 침잠의 기도를 실천하기 시작했고, 곧 고요와 연합의 수동적인 기도의 은사를 받았다.

병에 걸려 회복되기까지 여러 해 동안, 그녀는 이 기도의 실천에 완전히 헌신하기를 원했지만 그대로 실천할 수도 없었다. 건강을 회복한 후 테레사는 다시 침잠의 기도를 실천하기 시작했지만, 전과 같은 성공을 경험하지는 못했다. 테레사가 강력하게 표현한 것처럼, 여러 해 동안 그녀에게는 어려움만 다가왔다: "내가 기도를 실천하면서 마음의 평정을 찾지 못하며 기꺼이 착수하려 하지 않을 어려운 보속이 정신에 임할 수 있었을지 알지 못한다"(*Life*, chap. 8, no. 7). 그 시절은 그녀가 세상과의 관계를 하나님과의 관계와 통합하지 못했던 시절을 나타낸다: "나는 매우 힘든 생활을 하고 있었습니다. 왜냐하면 기도하면서 나의 허물들을 더욱 분명히 이해했기 때문입니다. 한편으로는 하나님께서 나를 부르고 계셨고, 다른 편에서는 내가 세상을 따라가고 있었습니다"(*Life*, chap. 7, no. 17). 테레사는 전반적인 상황과 관련하여 고통하던 중, 기도의 실천을 포기하는 것이 자신이 해야 할 보다 겸손한 일이라고 결정했다. 비록 그녀가 기도를 포기한 기간은 극히 짧은 기간이었지만, 그녀는 그 후 영원히 이 잘못된 판단을 후회했다. 그녀는 그것이 자신의 일생에서 최악의 잘못이었다고 간주했고, 자칫하면 무서운 결과를 초래할 수도 있었다는 것을 깨달았다.

39세 때인 1554년, 테레사는 두 차례의 강력한 회심을 경험했다. 이 회심으로 인해 그녀의 일생은 완전히 변화되었다. 처음에 그녀는 그리스도의 고난을 묘사한 장면(ecce home)에서 그리스도의 작은 가슴을 보았다. 그리스도의 사랑에 감격한 테레사는, 자신이 지금까지 자신의 노력에 의지하고 있었다는 것을 인정하고서, 그리스도께 완전히 복종했다. 또 한 번은 어거스틴의 『고백록』 중에서 어거스틴이 정원에서 자기를 부르는 음성을 들었다는 부분을 읽고 있었다. 그 순간 테레사는 내면 깊은 곳에서 그녀를 부르시는 주님의 음성을 듣고 있는 것 같았다.

테레사에게 새로운 삶이 시작되었다. 그녀가 사는 것이 아니라 그녀의 내면에서 그리스도께서 사는 삶이었다. 수동적인 관상 기도—후일 고요의 기도와 연합의 기도로 구분됨—가 그녀가 항상 행하는 기도가 되었다. 여러 해 동안 계속되는 건조함과 어려움이 지나가고 신령한 기쁨과 달콤함의 물결이 임했는데, 이 때문에 테레사는 약간의 의심을 품게 되었다. 왜냐하면 테레사는 그 시대에 내면생활과 관련하여 스페인에서 발생하고 있던 긴장들을 알고 있었기 때문이다. 그녀는 평신도인 돈 프란치스코 데 살체도(Don Francisco de Salcedo)의 도움을 받아, 아빌라에서 거룩하다고 알려진 가스파르 다자(Gapar Daza) 사제에게 상담을 청했다. 그러나 테레사의 이야기를 듣고 다자는 납득하기 어려운 반응을 보였기 때문에 테레사는 겁에 질렸다. 테레사는 자신의 영성생활에 대해 돈 프란치스코 데 살체도와 대화를 계속함으로써 두려움을 진정시켰다. 살체도는 평신도로서 스페인의 영적 갱신 운동에 합류하여 약 40년 동안 묵념 기도를 실천해오고 있었다. 그는 테레사가 자신의 결점들 중 몇 가지를 도와 주었지만, 얼마 후에는 그녀에 대해 의심을 품기 시작했다.

이 무렵, 테레사는 도움을 얻으려는 자신의 노력을 심각하게 방해하는 또 하나의 문제가 자신에게 있다는 것을 깨달았다. 그것은 자신의 경험을 말로 표현하지 못하는 것이었다. 궁극적으로 그녀는 도움을 찾기 위해서 책을 의지함으로써 자신의 어려움을 해결할 방법을 발견했다. 그 책은 베르나르디노 데 라레도(Bernardino de Laredo)의 『시온 산으로 올라감』(The Ascent of Mount Sion)이었다. 테레사는 자신의 상황을 가장 잘 묘사한 것처럼 보이는 구절에 밑줄을 긋고 나서, 그녀 자신에 대한 글을 기록하여 몇 가지 정보를 제공한 후, 그녀는 두 개의 문서를 친구인 돈 프란치스코에게 주었다. 돈 프란치스코는 그것을 다자에게 가지고 가서 상담을 했다. 이 두 경건한 상담자들은 테레사의 경험이 마귀에게서 온 것이라고 결론을 내렸는데, 이것은 테레사에게는 슬프고도 엄청난 타격이었다. 그러나 그들은 테레사에게 어느 제수잇 수사에게 상담해보라고 제안함으로써 한 줄기 희망을 남겨 주었다.

그 당시 제수잇 수사들은 *espirituals*라고 불리는 사람들, 즉 일반적인 사제나 수사들보다 기도에 숙련된 사람들에 포함되어 있었다. 테레사가 가장 먼저 상담한 제수잇 수사로서 이해력이 많은 디에고 데 케티나(Diego de Cetina)는 테레사의 기도가 하나님으로부터 온 것이라고 확신시켜 주었다. 그는 테레사에게 조언을 하면서, 하나님의 사랑을 강조했고, 무슨 일을 하든지 사랑에서 우러나서 행하려고 노력하라고 촉구했다. 그외에는 테레사에게 다른 압박감을 주지 않았다. 그러나 그는 테레사에게 수동적인 침잠의 기도와 달콤함을 거부하고 기도할 때에 그리스도의 고난을 생각하라고 충고했다. 이 충고는 테레사에게 중요한 교훈이 되었다. 즉, 테레사의 수동적인 경험들은 모든 종류의 기교와는 상관이 없다는 것을 깨닫게 해 주었다. 만일 과거에 테레사가 수동적인 기도를 하려면 은둔생활과 육체적인 고요함이 필요하다고 생각했다면, 이제 그녀는 수동적 침잠의 기도를 거부하고 멀리하려고 노력하면서 자신이 더 많은 "달콤함과 영광"에 휩싸이는 것을 발견했다.

얼마 후, 간디아(Gandia)의 공작이었던 예수회 회원 성 프란시스 보르지아(St. Francis Borgia)가 아빌라에 왔을 때, 디에고 데 케티나와 돈 프란치스코는 테레사가 그와 대화할 수 있는 자리를 마련해 주었다. 그는 자기의 형제 수사의 교훈에 몇 가지 조건을 추가했다. 그는 테레사에게 예수님의 고난에서 취한 하나의 사건을 가지고 기도를 시작하되, 수동적 기도에 빠질 때에는 그것을 거부하지 말라고 충고해 주었다.

영적 아버지나 지도자나 고해신부에게 자기 영혼의 상태를 고백하는 고대 교회의 관습 덕분에, 우리는 테레사의 영성생활에 대해 탁월한 기록을 소유할 수 있게 되었다. 참회하는 사람은 하나님께서 교회의 다른 지체에게 순종하는 사람을 미혹에 빠지지 않게 지켜 주실 것이라고 믿었다. 테레사는 점차 자신의 영이 성경의 가르침과 일치하는지 아닌지를 판단해줄 자격을 갖춘 사람들을 통해서 내적인 확신을 갖게 되었다.

주부적(注賦的) 기도에서 오는 조명들을 통해서, 테레사는 자신의 삶에 몇 가지 변화가 필요하다는 것을 의식했다. 그러나 그녀는 자신이 그러한 변화를 이룰 수 없다고 느꼈다. 그리하여 이 문제에 대해 당시 그녀의 고해신부인 제수잇 신부인 프라다노스(Prádanos)와 이야기했는데, 신부는 그녀에게 그 문제를 놓고 기도하며 성령께 드리는 구송기도인 *Veni Creator Spiritus*를 낭송하라고 충고해 주었다. 1555년 어느날, 이 기도를 낭송하고 있을 때, 그녀는 처음으로 환희를 경험했고, "이제부터 나는 네가 사람들과 대화하기보다 천사들과 대화하기를 원한다"는 음성을 들었다(*Life*, chap. 24, no. 8). 이 말을 듣는 순간, 테레사는 사람들에 대한 애착, 여러 해 동안 노력해도 풀 수 없었던 많은 속박들로부터 해방되는 것을 느꼈다.

이 때부터, 테레사는 평생 동안 빈번하게 주님의 음성을 들었다. 그녀는 이 새로운 현상을 고해신부에게 보고했고, 그는 그 문제를 다른 사람들과 상의했다. 사실상, 테레사의 영적 상태에 대해 논의하기 위해서 5, 6명이 모였다. 그들은 그녀의 경험들은 마귀가 야기한 것이며, 이제까지처럼 자주 성찬을 받아서는 안되고, 홀로 지내는 것을 피해야 한다고 만장일치로 결정했다. 테레사는 내면 깊은 곳에서 그들의 결론에 동의하지 못했지만, 이것은 그녀의 두려움을 더해 줄 뿐이었다. 결국 그녀는 그들의 견해를 따를 수밖에 없었다. 그런데 사태가 그렇게 전개되는 데 대해 혼란과 두려움 속에 있을 때에, 그녀는 "딸아 두려워하지 말아라. 나는 결코 너를 버리지 않을 것이다. 두려워하지 말아라"는 음성을 들었다(*Life*. chap. 25, no. 18). 이 말을 듣는 순간, 그녀에게서 두려움이 사라지고, 용기와 내적 고요의 물결이 밀려왔다.

발데스의 금서목록이 출판될 즈음, 테레사가 주님의 음성을 들은 것은 또 한 번의 신비한 은혜의 출발점이었다. 그 때부터 주님은 그녀의 살아 있는 책이 되기 시작하셨다. 그녀는 이 새로운 은혜를 지적인 환상, 또는 신비적 이해라고 알려진 것이라고 언급한다: "불과 며칠 안에, 나는 매우 분명하게 이해했다. 왜냐하면 나는 내가 본 것에 직면하여 생각해야 할 많은 것과 마음의 평정을 얻었기 때문이다. 그리고 주님은 여러 가지 방법으로 나에게는 책이 거의, 또는 전혀 필요 없다는 것을 가르치심으로써 나를 향한 큰 사랑을 보여 주셨기 때문이다. 주님은 내가 진리를 발견할 수 있는 참된 책이 되신 것이다"(*Life*, chap. 26, no. 5).

테레사의 고해 신부들은 계속 그녀에게 기도할 것을 권하며 다른 사람들로 하여금 이처럼 음성을 듣는 등의 경험이 아닌 다른 방법으로 그녀를 인도해달라고 하나님께 기도해달라고 부탁하는 동안, 테레사는 처음으로 그리스도에 대한 지적인 환상을 보았다. 이 환상에서, 그녀는 어떤 이미지나 생각이 없이 그리스도가 현존하신다는 것을 이해했다. 그녀는 합일의 기도와 고요의 기도를 하면서, 그 결과를 통해서 하나님의 현존을 알 수 있었다. 이 환상 속에서, 그녀는 그리스도의 임재를 분명히 보았다.

하나님은 단어나 개념이 없이 가르치실 수 있다. "주님은 영혼으로 하여금 알게 하고자 하시는 것을 그 내면 깊은 곳에 두시며, 이미지나 분명한 단어를 사용하지 않고 알게 하신다"(*Life*, chap. 27, no. 6). 그리하여 테레사는 하나님의 소원들 및 그분의 불가해한 진리와 신비를 이해하게 되었다. 여기에는 한 사람을 완전히 선한 사람으로 변화시키기에 충분한 사랑이 동반되었다. 사랑이 증가하면서, "영혼은 주님을 섬기는 일에 사로잡히게 된다." 주님을 섬기려는 테레사의 간절한 소원으로 말미암아 그녀는 갈멜회의 규칙을 성실하게 실천할 수 있는 관상적 수녀들의 공동체 17개를 세우게 되었다.

그러나 이 새로운 이해의 방식과 관련하여, 테레사는 믿음의 심오한 비밀들, 특히 주로 내면생활과 관련된 것들을 많이 맛보았다. 예를 들면, 복된 삼위일체의 내주하시는 임재, 예수 그리스도께서 그의 인성 안에 현존하심 및 그분의 인성, 죄, 은혜, 교회, 성례전, 성찬, 성도들의 교제 등을 맛보았다.

지적인 환상에 이어 상상적 환상(imaginative vision)이라고 불리는 환상이 임했다. 이제 테레사는 그리스도를 영적인 방법으로 볼 뿐만 아니라, 상상이나 환상 속에서 유형적인 방법으로도 보았다. 간단히 말해서, 그녀는 그리스도의 부활하신 몸의 신적인 아름다움, 위엄, 영광, 광채 등을 보았고, 그 강력한 효과를 경험했다. 테레사의 고해신부들은 이러한 환상들 때문에 더욱 의심을 갖게 되었고, 두려움도 증가되었다. 이에 대해서 테레사는 다음과 같이 적었다: "나처럼 불쌍하고 연약하고 하찮은 여인에 대한 그 선한 사람들의 반대는 아무 것도 아닌 것처럼 보인다. 그러나 내가 평생 당한 어려운 시련들 중에서, 이것이 가장 무서운 것이었다"(Life, chap. 28, no. 18).

이번에 테레사를 도와준 사람은 프란치스코 회의 성인인 알칸타라의 피터(Peter of Alcantara)였다. 그는 자신의 신비 체험들을 통해서 그녀에게 많은 일을 설명해 줄 수 있었고, 테레사를 두려워하는 사람들을 찾아가서 그녀를 의심하거나 괴롭힐 필요가 없는 이유를 설명해 주었다. 이러한 변화가 있은 후, 테레사는 도미니크 수도사인 가르시아 데 톨레도의 부탁을 받아 자신의 영성생활과 경험에 대한 설명을 기록했는데, 이 때 그녀는 그 일을 위한 새롭고 특별한 은사를 받았다. 그녀는 그 일에 대해 다음과 같이 묘사했다: "주님의 은총을 받는 것도 은혜요, 그것이 어떤 은총이요 은혜인지 이해하는 것도 은혜요, 그것을 묘사하는 방법을 아는 것도 은혜이다"(Life, chap. 17, no. 5).

얼마 후, 테레사는 영적 발달의 최고 단계에 들어갔는데, 그녀는 그것을 내면의 성의 일곱번째 궁방(宮房)이라고 부른다(내면의 성이란 하나님께로 가는 내면의 여정을 설명하기 위해서 테레사가 사용한 상징이다). 테레사는 그리스도에 의해 이 궁방으로 인도함을 받아, 자기의 존재의 가장 깊은 곳에서 발생하는 바 복된 삼위일체에 대한 지적인 환상을 통해서 그 안에 들어갔다. 이 단계에서, 1572년에 테레사가 "영적 결혼"이라고 부르는 완전한 합일의 은혜가 거룩한 인성 안에 계신 그리스도에 대한 지적이면서도 상상적인 환상을 통해서 그녀에게 주어졌다. 이 은혜를 통해서, 테레사는 "작은 시냇물이 바다로 흘러 들어가듯

이" 그리스도로부터 떨어질 수 없게 되었다(『내면의 성』 제8장 2).[4]

테레사는 영적 지도자들과의 불화 때문에, 자신의 저술, 특히 『전기』를 단순히 자기 영혼에 대한 영적인 보고서 이상으로 만들었다. 그녀는 매우 요령있게 가르치는 일에 종사했고, 특히 자신이 겪어야 했던 어려움 중 일부를 다른 사람들이 당하지 않게 하기 위해서 신비생활에서 가능한 많은 경험들을 분석하고 묘사했다.

테레사는 내면 생활, 하나님으로부터의 조명, 수동성 등을 영적 성장에 필요한 조건이라고 강조하면서, 광명파나 루터주의에 대한 두려움 때문에 신비주의를 반대하는 반응들 때문에 스페인에서의 영적 부흥을 망치는 것을 막기 위해서 노력했다. 게다가 그녀의 일생과 가르침은 예수 그리스도의 인간적인 경험들과 세상적인 신비들을 기억하는 것이 가장 높은 단계의 신비 생활과 기도에 장애물이 되지 않는다는 것을 증명해준다. 테레사에게 있어서 그리스도는 길이요 목적지였다. "이렇게 그리스도로 하여금 우리와 함께 계시게 하는 방법은 모든 단계에 유익하며, 기도의 첫 단계에서 전진하거나 두번째 단계에 도착하기 위한 수단, 그리고 마지막 몇 단계에서 마귀가 설치해 놓을 수도 있는 위험을 피하여 안전하게 걸어가기 위한 안전한 수단이다"(*Life*, chap. 2, no. 4). 교회, 성례전, 권위, 준성사(準聖事), 경건 생활, 구송기도 등은 제대로 이해하기만 하면 신비생활의 발달에 방해가 되지 않는다. 테레사는 영적 지도자들의 판단에 복종함으로써 많은 고난을 받았지만 영구적으로 영적 손해를 본 것은 아니다. 마지막으로, 테레사는 자신이 받은 특별히 신비한 은총들에 의해 유익을 얻었지만, 그것들이 영적 성장에 반드시 필요한 것이라고 여기지 않았다. "완덕의 절정은 내면의 즐거움이나 큰 환희에 있는 것이 아니며, 환상이나 예언의 영에 있는 것도 아니다. 그것은 우리의 의지를 하나님의 의지와 일치하게 함으로써 하나님께서 원하시는 것인 줄 알면서도 우리가 원하지 않는 것이 없게 되는 것, 그리고 하나님께서 원하시는 일이라는 것을 알면 아무리 쓰라린 일이라도 기쁜 일을 행할 때처럼 행복하게 행하는 데 있다"(*The Foundations*, chap. 5, no. 10).[5]

신령한 책들의 유포가 중지되었을 때, 테레사는 자기에게서 가르침을 구하는 사람들을 위해 자신의 생생한 경험을 바탕으로 하여 새로운 책들을 저술했다. 그녀의 영혼 안에서 행하신 하나님의 사역에 대한 증언, 열렬한 가르침, 심오한 지혜, 실천 의식 등은 교회가 현대의 신비적 갱신의 길을 발견하는 데 도움을 주었다. 테레사의 대표적인 저서로는 『전기』(Life), 『완덕의 길』(The Way of Perfection), 『내면의 성』(The Interior Castle) 등이 있다. 그녀의 저서들은 그녀의 사후 6년 후인 1588년에 살라만카에서 초판이 발행되었다. 그녀는 1614년에 시복되었고, 1622년에 시성되었다. 1970년, 교황 바오로 6세는 테레사를 최초의 여성 교회 박사로 선포했다.

십자가의 요한

테레사가 자신의 저술을 통해서 그 시대의 문화와 문제점과 긴장들과 현저히 관계를 가지고 있었다고 본다면, 십자가의 요한(St. John of the Cross)의 저술들은 다른 시대에 저술된 것인 듯 그 시대의 문화나 문제점이나 긴장 등에 관심을 기울이지 않았다. 십자가의 요한은 1542년에 스페인의 폰티베로스에서 태어났다. 그는 21세 때에 메디나 델 캄포(Medina del Campo)에 있는 갈멜 수도원에 들어갔고, 사제가 되기 위해서 살라만카 대학에서 수학했다. 1567년에 테레사를 만난 후, 그는 테레사가 갈멜 수도사들 사회에 관상적인 방식의 생활을 도입하는 데 합류했다.

교단 내의 새로운 집단에 대한 사법권 분쟁 때문에, 그는 톨레도의 수도원에 감금되었다. 그곳에서 그는 시간을 보내기 위해서 스페인어로 몇 편의 위대한 서정시를 썼다. 그의 시들은 그의 신비 체험을 표현하는 것이었다. 후일 그는 사람들의 요청을 받아 심오한 주석, 하나님과의 합일에 이르는 방법 및 합일의 생활에 대한 교리적 논문들을 저술했다. 톨레도의 감옥에서 탈출한 후, 그는 여생을 안달루시아(Andalusia)에서 수도원장이요 영적 지도자 생활을 했다. 그의 저서의 대부분은 그라나다에서 저술되었다. 그는 1491년에 49세로 세상을 떠났다. 1675년에 시복되었고, 1726년에 시성되었다. 1926년에 교황 피우스 11세는 그를 교회의 박사로 선포했다.

십자가의 요한의 저서들은(초판은 1618년에 인쇄되었다) 저술되고 나서 4세기가 흐른 후에야 비로소 영성을 연구하는 많은 학자들과 학생들의 관심을 끌기 시작했다. 아마도 20세기는 그의 근본적인 경험에 대한 유사성을 탐지했던 듯하다.

십자가의 요한은 그가 믿음과 성경과 자신의 경험을 통해서 접근했던 하나님의 신비를 표현하는 가장 근사한 방법을 시(詩)에서 발견했다. 그가 사용한 가장 중요한 상징은 "어두운 밤"[6]이다. 그가 사용한 서정적인 표현들은 그의 저술에 대한 신뢰의 부족을 초래했고, 신학자들에게는 어려움을 야기했다. 영성과 신학에 관한 저술에서는 일반적으로 영감을 주려는 경건한 목적으로 상징적인 표현을 사용했지만, 이론적인 논문에서는 주로 관념적인 표현을 사용했다. 요한이 두 종류의 표현을 혼합하여 사용한 것은, 20세기 초에 이르기까지 그의 철학적이고 신학적인 교리를 이해하는 데 심각한 장애물이 되어 왔다.

그의 교리는 하나님을 찾고 있는 영혼, 하나님과의 합일을 향해 움직이는 영혼, 이 목표를 방해하는 것들과 싸우는 영혼을 묘사한다. 그러나 요한은 목적지에 도달하여 뒤돌아보고 있는 사람의 입장에서 이 여정을 제시하며, 성경적이고 신학적이고 철학적인 원리에 비추어 그것을 평가한다.

요한은 주제들에 대해서 말하기보다는 살아 있는 사람들(하나님, 그리스도, 인간 또는 영혼)과 살아 있는 실체에 대해서 말한다. 삼위 하나님은 인간들과 교제하시고 변화시키시며, 그들을 하나님의 거룩한 생명으로 인도하신다. 영성생활의 목표인 합일은 사랑의 연합이다. 그것은 오랫동안 인간적인 기능의 모든 활동을 정화하고 내면화하는 과정을 통해서 이루어진다. 이 과정에서, 신학적인 덕행을 통해서, 영혼은 하나님처럼 되거나 하나님과 동등해진다. 사랑의 연합은 닮음의 연합 또는 동등성의 연합이다.

하나님의 초월성과 내재성의 신비는 어두움과 빛의 원형이 된다. 친

엘 그레코, 묵시록의 다섯째 인, 1608-1614

구이신 하나님은 때로는 가까이 느껴지고, 때로는 멀리 느껴진다. 하나님은 초월적이고 불가해한 선이시므로, 요한의 표현대로 말하자면 "감추인" 분으로서 추구되어야 한다.

> 영혼아, 네가 항상 하나님을 감추인 분으로 여겨 추구하는 것은 옳은 일이다. 하나님을 네가 도달할 수 있는 어떤 것보다 더 높고 깊은 분으로 여길 때에, 너는 하나님을 크게 높이고 아주 가까이 접근한다. 그러므로, 너의 기능으로 하나님에 대해 이해할 수 있는 것에는 관심을 기울이지 말고 하나님에 대해 이해하지 못하는 것에 관심을 기울이거라. 네가 가진 하나님에 대한 이해와 경험을 사랑하거나 즐거워하는 데 그치지 말고, 하나님에 대해 이해할 수 없고 인식할 수 없는 것 안에서 사랑하고 즐거워하거라.(*Spiritual Canticle*, st. 1, np. 12)[7]

요한은 자신의 주요 저서에서 감추어져 있는 연인을 찾는 길(*The Spiritual Canticle*), 또는 산의 정상으로 올라가는 길(*The Ascent of Mount Carmel*), 또는 밤중에 연인을 만나기 위해 도망치는 길(*The Dark Night*)에 분명한 전진과 퇴행의 시기가 교차되어 마침내 불 속에 넣은 장작처럼 영혼이 완전히 하나님으로 변화되는 점진적인 과정이 포함된다는 것을 보여준다(*The Living Flame of Love*).

이 여정에서는 때때로 휴지기(休止期)를 허용하기도 하고 감지하지 못하는 사이에 앞으로 전진하는 것을 허용하기도 한다. 그러나 요한은 그것을 의식적으로 단순화하여 세 개의 매우 특색있는 순간들로 압축한다. 각각의 단계는 하나님의 자기-커뮤니케이션의 실체를 실천하고 응답하는 특별한 방법을 나타낸다. 첫 단계는 감각 안에서의 삶이다. 영적인 길을 출발하라는 부르심에 대해 처음으로 응답할 때, 그리스도의 사랑이 뜨겁게 느껴지며, 초심자로 하여금 최초의 견고한 발걸음을 내딛도록 도와준다. 그 다음에는 어두운 밤과 부정이 임하는데, 이것은 보다 착실하고 진정한 하나님과의 관계로 이어지는 결정적인 단계이다. 요한은 그의 저서에서 이 밤의 특징적인 경험과 현상, 신학적이고 심리학적인 원인, 동기를 부여해 주는 원리들, 그리고 결과 등을 상세히 분석한다. 그는 인간의 감각적인 부분과 영적인 부분에서 적극적인 방법과 수동적인 방법으로 점차 밝혀진다는 점에서 매우 폭넓은 경험을 다룬다. 세번째 단계는 완전한 연합, 또는 사랑의 닮음이다. 이것은 이전 단계들의 목표이자 열매이다. 이 하나님과의 연합은 끊임없이 지속되는 것이지만, 성령의 사역을 통해서 그것이 보다 실질적이거나 경험적이거나 생생해지는 순간이 있다. 사랑 안에서의 변화(transformation in love)와 사랑의 불길(flame of love)의 차이점은 불 위에 얹어 놓은 장작과 장작에서 튀어오르는 불길의 차이점과 같다. 사랑의 불길은 성령이다. 실질적인 연합 안에서, "영혼은 자체 안에서 자신을 태워 없애고 변화시킨 불이신 성령을 느낄 뿐만 아니라 영혼 안에서 넘실거리며 타오르는 불이신 성령을 느낀다"(*Living Flame of Love*, st. 1, no. 3).

영혼은 믿음과 사랑 안에서, 즉 자신이 알아야 할 것 외에 다른 것을 맛보거나 이해하려는 생각을 품지 말고 하나님을 찾아야 한다(*Spiritual Canticle*, st. 1, no. 11). 그러나 사랑에 의해 야기되는 이 하나님 추구는 호혜적인 것이다. 만일 영혼이 하나님을 찾고 있다면, 하나님은 한층 더 간절히 영혼을 찾고 계시다. 하나님은 "끝없이 전능한 사랑 안에서, 아침 이슬 방울을 삼키려는 불보다 더 효과적이고 강력하게 영혼을 끌어당기시는 연인이시다"(*Spiritual Canticles*, st. 31, no. 2). 십자가의 요한의 교리에서, 하나님은 그 초월성에도 불구하고 무관심하게 멀리 떨어져 계시는 분이 아니다. 그분은 자기의 우정과 사랑을 전하고, 자기의 비밀들을 계시하신다. 그분은 주로 자기의 말씀, 아들이신 예수 그리스도를 주심으로써 이 일을 행하시며, 우리는 믿음으로 그 말씀을 받아들인다. "당신의 시선을 하나님께 고정시키십시오. 나는 그분 안에서 모든 것을 말하고 계시해왔으며, 그분 안에서 당신은 바라고 구하던 것보다 훨씬 더 많은 것을 발견할 것이기 때문입니다"(*Ascent of Mount Carmel*, II, chap. 22, no. 5).

그 때, 하나님은 믿음과 사랑, 선의 계시와 표명 안에서 자신을 주신다. 인간적인 성향이기 전에 신적인 사역인 신학적인 덕목들은 하나님과의 합일에 이르는 직접적인 수단이 된다. 요한은 그것들의 가치를 매우 강조하기 때문에, 어떤 때는 다른 수단은 모두 부인하는 것처럼 보인다. 하나님은 우리와 교제하기 위해서 사람이나 실체, 또는 행동을 사용하실 수도 있을 것이다. 그것들은 우리가 하나님께 응답하는 데도 도움이 될 수 있다. 그러나 그러한 수단들을 절대화해서는 안된다. "우리로 하여금 하나님과 성인들을 기억하게 하는 데 성상들이 필요하듯이, 수단은 목적을 달성하는 필요하다. 그러나 어떤 사람이 그러한 수단에 필요 이상으로 집착하고 사용한다면, 그것은 무엇보다 큰 장애물이 된다"(Ascent of Mount Carmel, III, chap. 15, no. 2).

신학적 덕목들의 중재 가치는 믿음과 소망과 사랑의 원리요 내용이 되시는 그리스도와의 동화에서 오는 것이다. 하나님이요 인간이신 예수 그리스도는 동시에 연합하는 방법으로 중재하신다. 그러므로, 신학적 덕목들은 연합의 수단인 동시에 연합을 이룬다. 그것들은 사랑의 연합에 반대되는 모든 것의 부정을 요구하며, 관상 안에서 최고의 상태, 즉 하나님의 전반적인 지식을 받아들이는 사랑의 경청 상태에 이른다.

갈멜학파

최초의 제자들

테레사와 요한의 가르침 및 경험의 영향과 가르침을 받았으며 그들의 최초의 영적 제자였던 갈멜 수도사들은 영적 성장과 효과적인 사역에는 묵념 기도(mental prayer)가 반드시 필요하다고 가르쳤다. 그들은 기도의 성장을 방해할 수 있는 장애물들에 대해 경고해 주기 위한, 몇 가지 지침을 제공했다: 기도를 실천하는 사람들은 지나친 사변적 사유를 피해야 한다. 그리고 감정과 사랑, 그리고 의지가 선한 것으로 돌이킬 수 있는 여유를 확보해야 한다. 그들은 지나친 활동을 피해야 한다. 기도할 때에는 하나님이 말씀하시는 것을 침묵 속에서 듣는 수동성이 중요하다. 하나님은 그러한 신적인 침묵 속에서 흔히 영감이라고 불리는 조명을 통해서 영혼에게 말씀하신다. 인간은 미혹될 가능성이 있기 때문에, 이러한 영감들은 성경의 가르침을 표준으로 삼아 검증되어야 하며, 고해신부나 기타 유식하거나 신령한 사람들과 함께 논의해야 한다. 기도할 때에는 말을 많이 하지 말고 간단하게 해야 한다. 기도할 때에는 자신을 위한 기쁨이나 은총을 구하지 말고 하나님의 뜻과의 일치를 구해야 한다. 그들은 기도하면서 발견하는 만족감에 의해서 자신의 진보를 측정하려는 성향을 버려야 한다. 그리스도께서 겟세마네 동산에서 하신 기도는 매우 완전한 것이었지만, 고민과 고통 속에서 드린 기도였다. 기도는 영양과 맛을 포함하고 있는 음식에 비유되었다. 주된 요소는 양분을 공급하고 생명을 유지해 주는 것이다. 부차적인 요소는 우리로 하여금 양분을 취하게 만드는 것이다. 일반적으로 맛이 좋은 음식은 양분이 많지 않은데, 기도의 경우에도 그렇다. 그러므로, 영적인 위로를 목적으로 삼고 추구하지 말며, 그것이 주어질 때에는 사랑의 완성을 위한 수단으로 여겨 감사하면서 겸손하게 받아들여야 한다.

그 당시 일반적인 묵념 기도의 전형적인 단계가 도미니크 수도사인 루이스 데 그라나다(Luis de Granada)의 책 *Libro de la oración y meditición*에 잘 묘사되었다. 초기 갈멜 수도사들은 이 단계들(준비, 독서, 묵상, 감사, 봉헌, 청원 등)의 가치는 인정하면서도, 사람들마다 각기 다양성을 지니고 있기 때문에, 한 가지 방법에 구애될 수 없다고 생각했다. 그러나 이 단계들이 광범위하게 사용되었고 또 갈멜 수도사들은 자기들의 가르침에서 수동성과 단순성과 사랑을 강조해왔기 때문에, 그들은 묵상 다음에 관상이라는 단계를 추가했다. 이렇게 추가한 원인은 십자가의 요한이 살면서 영향을 미친 곳인 파스트라나와 그라나다의 수련수사들에게 있으며, 아마도 요한에게서 비롯된 것인 듯하다. 최소한, 그는 1591년에 출판된 수련수사들을 위한 최초의 입문서를 승인했다. 세 명이 함께 저술한 이 책의 제목은 *Instrución de novicios descalzos de la Virgen del Monte Carmelo*이다. 그 책은 테레사의 추종자들 사이에서 행해준 가르침을 이해하기 위한 전거로서 특별히 중요하다. 여기에서는 묵념 기도의 한 단계로 관상이 포함되어 있다.

위에서 언급했던 입문서를 집필한 세 사람 중 한 사람인 후앙 데 예마리아 아라벨레스(Juan de Jesús María Aravalles)가 1587년에 저술했다고 알려진 또 하나의 초기의 저서 *Tratado de oración*에서, 저자는 그라나다의 여섯 단계에 관상을 추가했고, 자신이 관상을 묵상의 목표요 묵념 기도의 핵심으로 간주한다고 선언했다. 그는 이것을 수련 기간에 (파스트라나에서) 배웠다고 말하며, 묵상을 통해서 진리의 습관에 도달한 사람은 쉽게 관상을 시작할 수 있으므로, 실질적인 묵상이 관상보다 선행해야 하는 것은 아니라고 말한다.

테레사의 절친한 친구인 마리아 데 산 호세(María de San José)는 *Libro de recreationes* 중 기도에 관한 글에서, 테레사를 추종하는 수녀들 사회에서도 묵념 기도의 여섯 단계에 관상기도가 추가되었음을 보여준다.

최초의 조직자들

그 후에 활동한 갈멜 회의 저술가들은 가르침을 베푸는 데 대한 최초의 실질적인 관심에 체계적인 표준을 추가했다. 그러나 그들은 엄격한 의미에서 스콜라주의적 논문들을 저술하지는 않았다. 이들 중에 가장 잘 알려진 사람은 제로미노 그라시안(Jerómino Gracián)과 후앙 데 예수 마리아 칼라구리타노(Juan de Jesús María Calagurritano)이다.

테레사의 친한 친구이자 영적 지도자였던 제로미노 그라시안(1545-1614)은 약 삼백 권의 저술을 남겼지만, 그중 대다수는 현재 발견되지 않고 있다. 그는 신적 조명의 상이한 단계들의 발달과 비슷한 영성생활의 발달 단계를 제시한 최초의 갈멜 수도사이다. 그는 십자가의 요한은 인용하지 않지만, 종종 예수의 테레사를 언급한다. 그러나 테레사의 교리에 대한 설명을 하는 데 대한 도움을 그에게서는 거의 발견할 수 없다. 그는 다소 지나치게 수식적이고 유식한 문체로 그 나름의 구분을 세움으로써 문제를 복잡하게 하는 경향이 있다. 그는 "초자연적"(supernatural)이라는 용어를 테레사나 요한과는 다르게 사용하면서, 은혜와 신학적 덕목들로부터 생겨나는 모든 것을 그 용어에 속하는 것으로 간주했다. 그리고 나서 이 초자연적인 삶을 습득적(習得的)인 삶과 주부적(注賦的)인 삶으로 구분했다. 습득적인 삶은 묵상을 할 때처럼 믿음을 전제로 하는 우리 자신의 노력을 통해서 실현된다. 주부적인 삶은 하늘로부터 오는 선물이다. 초자연적이고 주부적인 삶은 다시 일반적인 것과 특별한 것(엑스타시와 황홀)으로 나누어진다. 그 다음에 그는 습득적 관상에 대해서 말하는데, 그것은 은혜의 일반적인 은사 및 주부적 기도의 은사를 도구로 하여 실천된다. 신학적으로, 주부적 기도는 성령의 은사들에 대한 이론에 의해서 설명될 수 있으며, 특별한 주부적 기도는 *gratis datae* 은혜의 이론에 의해 설명될 수 있을 것이다. *gratis datae* 은혜는 성령의 은사들보다 우월하다고 간주되므로, 그는 이 특별한 기도가 최고의 기도라고 생각했다. 그러나 그는 특별한 경험은 완덕을 이루는 데 필요한 것이 아니라고 간주했고, 그러한 경험을 얻기 위해 노력하는 것에 반대했다.

후앙 데 예수 마리아 칼라구리타노(1564-1615)는 십자가의 요한의 제자였던 사람을 자기가 지도하는 수련수사들의 교사로 삼았다. 그는 이탈리아로 가서 신학 공부를 마친 후, 그곳에 테레사의 갈멜회를 세우는 데 중요한 역할을 했다. 그는 라틴어와 이탈리아어로 많은 저서를 출판했다. 그는 테레사를 모범으로 삼고서, 사도적인 생활을 관상생활에 결합시켰고, 자기가 다스리는 갈멜 수도사들에게 주교들의 일을 도우라고 촉구했다. 그는 외국 선교도 장려했다.

그는 영성신학에 관한 저술에서, 전통적으로 상이한 흐름들(위-디오니시우스, 보나벤투어, 게르송, 헨드릭 허프 등)을 성녀 테레사가 제시한 영성생활의 요소들 및 단계들과 결합하는 체계를 구축하려 했다. 후앙 데 마리아 칼라구리타노는 테레사의 영향을 많이 받았지만, 그가 십자가의 요한의 글을 과연 읽어본 적이 있는지 의심스럽다. 그는 수련수사들을 위한 가르침에서, 초심자들이 관상기도를 하려고 노력하는 것은 시간 낭비이며 일상적인 기도의 유익을 잃게 될 것이라고 주장하면서, 묵념기도의 단계에 관상기도를 포함시키지 않았다.

그는 자신의 저서인 『신비 신학』(*Theologia mystica*)에서 관상은 진리의 직관을 받을 때에 발휘되는 지성의 활동이며, 그것은 의지에 영향을 준다고 말한다. 그는 관상을 자연적인 관상, 초자연적인 관상, 신적인 관상으로 구분한다. 자연적인 관상은 본성적인 이성의 빛에 의해서 우주의 자연적인 진리들의 창조자요 기도인 하나님께 도달하는 것이다. 초자연적인 관상은 구원의 은혜와 초자연적인 신비들의 주체이시며 또 믿음의 초자연적인 빛을 통해서 획득되는 자연적인 진리의 저자이신 하나님을 목표로 삼는다. 신적인 관상도 초자연적인 관상과 동일한 목적을 소유하지만, 지혜의 은사에서부터 시작된다.

신비신학의 경험 안에서, 의지는 하나님과의 연합으로 이끌려간다. 지성은 자신이 어둠 속에 빠져 있음을 발견하는데, 그것은 일반적인 것을 초월하는 앎의 방식이다. 영은 부정적인 지식을 받는데, 그것은 세 종류의 관상(자연적 관상, 초자연적 관상, 신적 관상)의 특징인 긍정적인 지식보다 한층 더 완전한 것이다. 『신비신학』의 마지막 부분의 *Epistsolae anagogicae*라는 항목에서, 후앙은 상상력이나 지성에 의해서 파악할 수 있는 것을 초월하는 사랑 안에서 이루어지는 연합의 행동들에 대해서 언급하면서, 그것을 연합의 지혜(unitive wisdom)라고 부른다.

추가 고찰

물려받은 영적 교리를 이론적으로 체계화하기 위해 노력하면서 또 다른 조처를 취한 또 다른 범주의 인물들이 있다. 그들은 창시자들의 교리에 충실하고자 하는 바램을 표현하면서, 결코 창시자들의 저서를 비판적으로 분석하지 않았다. 사실상, 그들은 토마스 아퀴나스의 틀 안에 머물러 있는 신학적 해석을 시도했다. 그들은 관상에 관한 문제에 있어서 갈멜 학파의 표준이 된 주장들을 취했기 때문에, 그 학파의 대표자들이다.

이 범주에 속한 중요한 저자인 호세 데 예수 마리아 퀴로가(José de Jesús María Quiroga, 1562-1628)는 스페인에서 태어났고, 서임을 받은 후에 갈멜 수도회에 입회했다. 1596년에 그 수도회의 연대기 편집자로 임명되면서, 그는 십자가의 요한의 생애와 가르침을 잘 알게 되었고, 그 성인의 첫번째 전기를 출판했다. 그의 중요한 영적 저서로는 *Subida del* *alma a Dios*와 *Don que tovo San Juan de la Cruz para almas a Dios*가 있다.

그는 묵상의 행동을 반복함으로써 하나의 습관이 형성된다고 가르쳤다. 관상에는 이 습관이 필요하며, 그것은 지적이고 감성적인 경향에게 적절한 신적 조명이 발생하는 기초가 되는 자연적인 내용을 공급해준다. 퀴로가는 후자에게만 관상이라는 명칭을 사용한다. 성령의 은사를 통해서 가능해지는 이 조명은 두 가지 형태를 지닌다. 그 중 하나의 형태에서, 조명은 인간적인 방식으로 실현되며, "믿음의 관상"(contemplation of faith), 단순한 관상이라고 언급된다. 따라서, 퀴로가의 입장에서 보면, 성령의 은사는 인간적인 방식으로도 작용한다. 또 하나의 형태에서, 조명은 자연적인 활동 방식을 초월하게 해 주며, 주부적 관상이라고 언급된다. 퀴로가의 주장에 의하면, "주부적이며 명백한 신성의 닮음"을 통한 신지식(神知識)을 요구하는 보다 고차원의 조명이 있다.

스페인의 바에자에서 태어난 토마스 데 예수(Tomás de Jesús, 1564-1627)는 이 범주에 속하는 갈멜회 저자들 중에서 가장 유명한 인물이다. 그는 발라돌리드에서 제로미노 그라시안(Jerómino Gracián)으로부터 맨발의 갈멜 수도사 서원을 했다. 1607년에 교황 바울 5세에 의해 로마로 불려간 후로 평생 스페인을 떠나 살았다. 그는 많은 신비한 저서들을 저술했으며, 그 외에도 유명한 *De procuranda salute onmium gentium*을 저술했다. 중요한 영적 논문으로는 *De contemplatione acquista, De oratiione divina seu a Deo infusa* 등이 있다.

토마스 데 예수는 두 종류의 관상을 구분하는 것을 권장했고, 거기에 "습득적" 관상과 "주부적" 관상이라는 명칭을 부여했다. 전자는 은혜의 도움을 받아 인간의 노력을 통해 획득할 수 있으며, 후자는 수동적인 것으로서 초자연적인 감화나 은혜에서 기인한다. 그는 신학적인 용어로 상세히 설명했다: 습득적 관상은 작용하는 방식이 은사와는 다른 주부적 덕목들에서 기인하며, 주부적 관상은 은사에서 기인하는데, 그것은 초인간적 방식으로 작용하며 이 관상의 근원이 되는 원리의 역할을 한다. 그러나 토마스 데 예수는 지혜의 은사 안에서보다 이해의 은사 안에서 이 주부적 관상을 설명하기 위한 수단을 발견한다. 그는 다른 갈멜 수도사들과 마찬가지로 은사들보다 탁월한 원리에서 기인하는 보다 고차원의 관상에 대해서 말한다. 그는 이것은 천사 같은(angelic) 관상, 또는 탁월한 관상이라고 부른다. 우리는 이 관상 안에서 신비 신학의 최고 단계, *gratis data* 은혜라는 탁월한 방법으로 직접 전달되는 단계를 발견한다.

전통주의적 논문

갈멜 수도회 영성의 전개는 17세기 후반에 전통주의자들에게서 절정에 달한다. 이들은 신비신학에 관해 저술한 인물들로서 당시 유행하던 전통적 방법을 엄격하게 사용했다. 포르투갈 사람인 호세 델 에스피리투 산토(José del Espíritu Santo, 1609-1674)는 *Cadena mystica Caremlitana*과 *Enucleatio mysticae theologiae*라는 저서 덕분에 갈멜 학파에서 명성을 확보했다. 그는 *Cadena*에서 갈멜 수도회의 주장들을 종합하고 체계화하려 했으며, 그중 약 30명의 견해를 해석한다. 두번째 저서는 위-디오니시우스에 관한 주석서이다.

그는 관상이라는 행동은 완덕으로 올라가는 세 단계 안으로 생겨난다고 설명한다: 습득적 관상, 믿음의 단순한 응시, 습득적 신비신학이라고도 불린다; 신적 어두움 안에서의 은사의 탁월한 조명에서 기인하는 주부적 관상; 궁극적인 관상, 또는 최고의 관상, 하나님을 맛봄, 엄격한 의미에서의 신비신학. 그러나 그는 독자들에게 하나님은 인간의 체계에 의지하지 않는다는 것, 그리고 어떤 법도 인간이 정해 놓은 제도를 따라라고 강요할 수 없다는 것을 상기시킨다. 은사와 관련하여, 그는 은사들을 직접적인 원리로 삼는 관상의 경우에, 갈멜 수도회 작가들은 이 주부적인 기도가 지혜의 은사에 기인하는지 아니면 이해의 은사에 기인하는지 의견을 달리한다는 것을 지적한다.

프랑스 사람인 필립 데 라 트리니테(Philippe de la Trinité, 1603-

1671)는 갈멜 수도회의 장상들에 의해 페르시아와 인도로 파견되어, 신학과 철학을 가르쳤다. 이 지역에서 약 10년 정도 사역한 후에, 그는 프랑스로 돌아와 신학 교수로 활동하면서 저술활동을 시작했다. 그의 저서인 『신비신학 대전』(*Summa theologiae mysticae*)은 영성생활을 전체를 다룬 최초의 개관서이다.

그는 십자가의 요한의 견해를 따랐으며, 그의 견해와 테레사의 견해의 조화를 이루려 했고, 아울러 버나드와 보나벤투어의 견해도 활용했다. 그는 전통적으로 갈멜 수도회에서 주장해온 바 습득적 관상과 주부적 관상이라는 구분을 지지했고, 이 차이점을 설명하기 위해서 은사들의 이론에 호소했다. 그는 주부적 관상은 지식이나 이해나 지혜라는 상이한 은사들을 통해서 상이한 시기에 유도될 수 있을 것이라고 생각했다. 또한 그는 은사들보다 더 고양된 하나의 원리에서 기인하는 고차원의 관상이 있다고 인정했다.

안달루시아 사람인 호세 델 에스피리투 산토(José del Espíritu Santo, 1667-1736)의 저서인 *Cursus theologiae mystico-scholasticae*는 20년 동안 저술된 책이다. 이 책은 6권으로 이루어져 있으나, 완성되려면 아직도 두 권이 더 나와야 한다. 이 책의 중심은 관상에 있다. 토마스 아퀴나스의 열렬한 추종자인 호세 델 에스피티우 산토는, 관상인 본질적으로, 그리고 근본적으로 지성의 행위이며 의지를 보완하는 행동이라고 주장한다. 그럼에도 불구하고, 이 두 가지 기능은 마치 쌍둥이처럼 함께 작용한다. 왜냐하면 복음적인 관상은 철학적인 관상과 만날 때에 사랑의 관점에서 본 진리, 즉 사랑의 목적이요 실현이신 하나님을 획득하기 때문이다.

그는 관상을 습득적 관상, 주부적 관상, 탁월한 관상 등 세 가지로 구분한 것을 따르면서, 믿음 안에서와 성령의 은사들 안에서 습득적 관상과 주부적 관상을 위한 원리를 발견한다. 탁월한 관상은 영광의 빛과 비슷한 다른 빛을 요구하며, 따라서 그는 이 관상을 *gratis data* 은혜라고 설명하는 사람들의 의견에 반대한다.

압축된 형식과 환상에 호소해야 할 필요성에 관한 문제에 대해 답하면서, 그는 믿음이 은사들에 의해 조명될 때에 그 형식이 본질적으로 초자연적인 것일 필요가 없다고 설명한다. 탁월한 관상의 경우에, 그 형식은 본질적으로 초자연적인 것이어야 한다.

그의 가르침 중에서 몇 가지 다른 요점들은 그 당시에 행해진 사변의 종류들을 가리켜 준다. 길이 되시는 바 인성 안에 계신 그리스도를 기억하는 것은 신성 안에 계신 그리스도라는 용어를 의지하는 것을 방해하지 않는다. 하나님을 대면하여 보는 것은 이 세상에서도 가능하지만, 그것은 기적적인 일이 될 것이다. 이렇게 하나님을 보는 것은 성모 마리아, 요셉, 바울, 엘리야, 모세 등에게 허락되었다. 완덕은 인간의 의지를 하나님의 뜻과 일치시키는 데 있다. 그러나 관상은 천국의 복, 지식을 통해서 하나님을 소유하는 것을 앞당겨 준다. 완덕의 도덕적인 측면은 사랑(charity) 안에서 발견되며, 물질적인 측면은 관상(천국의 축복에 반드시 필요한 것에 공식적으로 참여함) 안에서 발견된다. 영성생활에서 관상은 표준적인 일이다. 비록 주부적 관상은 하나님이 값없이 주시는 은사이며 완덕에 반드시 필요한 것이 아니지만, 우리는 그것을 요청할 수 있다. 마지막으로, 영성생활은 관상적인 것(전적으로 관상과 사랑에 집중함), 활동적인 것(사랑의 행위에 집중함), 그리고 혼합된 것(관상이 넘쳐 흘러 사랑의 행위로 나타남)으로 구분할 수 있다.

1618년에 십자가의 요한의 저서들의 초판의 편집자는 광명파(Illuminism)라는 오해나 비난을 막기 위한 안전장치로서 몇 페이지를 삭제하고 몇 페이지는 추가했다. 몇 가지 사소한 부분을 바로잡은 것 외에 이러한 상태로 유지되어 오다가, 금 세기에 교정판이 출판되었다. 그러나 이와 같이 초기에 출판하면서 조심했음에도 불구하고, 십자가의 요한의 저술들은 종종 광명파라는 비난을 받고, 종교재판에 회부되기도 했다. 요한이 시복된 것이나 시성된 사실도 그를 광명파라거나 정적주의라는 비난에서 완전히 해방시키지는 못했다. 그의 추종자들 역시 광명파나 정적주의라는 의심을 받았다. 이 갈멜 수도회 저자들은 특히 습득적 관상, 영적 기능의 정화와 벌거벗음, 또는 성령의 움직임에 대한 수동적 포기 등에 대해서 말할 때에는 표현하는 방법에 특별히 관심을 기울여야 했다. 그러나 그들은 가르칠 때에는 약해지지 않았고, 갈멜학파의 주장에 대한 훌륭한 변증서들을 저술했다. 십자가의 요한의 저술들이나 다른 갈멜 수도회 저자들의 저서들 중에서 궁극적으로 금서목록에 포함된 책은 하나도 없었다.

정치적으로나 사회적인 격동기였던 19세기에, 많은 수도원들은 문을 닫아야 했고, 수도사들은 공동생활을 포기해야 했다. 20세기에 와서야, 수도회가 부흥하여 학구적인 삶을 회복했다. 신학자들은 다시 주부적 관상과는 구분되는 습득적 관상에 대한 질문, 그리고 영성생활의 발달에서 주부적 관상이 행하는 역할에 대한 질문을 제기하기 시작했다. 이러한 논란은 20세기의 갈멜 수도사들로 하여금 수도회를 창시한 사람들의 저서를 비판적으로 분석하게 만들었다. 17, 18세기에 활동한 갈멜 수도회 저자들의 지나치게 수식적인 문체 및 퇴폐적인 스콜라주의 때문에, 오늘날 그들의 저서들은 그다지 호소력을 갖지 못한다. 게다가 이 저자들은 올바른 주석 방법에 대한 관심을 전혀 나타내지 않았기 때문에, 오늘날 이들은 그 수도회를 창시한 사람들의 저서를 주석한 신뢰할 만한 주석가로 간주되지 않는다. 그럼에도 불구하고, 예수의 테레사와 십자가의 요한의 호소력은 여전히 존재하고 있다. 아마 그 이유는 그들의 교리 외에도, 그들은 자신이 경험하고 실천한 신적 신비의 일부를 전달해 주는 특별한 능력을 가지고 있기 때문인 듯하다.

주

1) 16세기 스페인 영성의 용어 사용에서, 관상이란 진리에 대한 단순한 직관의 행위 또는 알려진 객체 안에서의 평온한 휴식의 행위라는 특성을 가진 앎의 형태로 정의될 수 있다. 그것은 심리적, 철학적, 또는 종교적 질서에 속한 것일 수도 있다. 기독교의 종교적 의미에서, 관상이란 믿음을 통한 보다 고차원적인 형태의 앎, 즉 사랑의 영향을 받아 믿음을 통해서 도달한 계시된 진리에 대한 직관이다. 이 진리는 내용에 있어서 개인적인 것이다. 즉 그리스도가 중심이 되는 구원의 신비로 인식되는 바 개인의 삶 안에서의 하나님이시다. 그분은 교회에 자기의 빛을 비추어주시며 우리 존재의 깊은 곳에서 자신의 삼위일체적 삶을 제공해 주신다.

관상은 한편으로는 묵상, 즉 하나님과 관련하여 믿음을 표현하는 인간의 내적 행위들과 경계를 접한다. 그리고 다른 한편으로는 지복의 직관과 경계를 접한다. 묵상 안에서, 믿음과 사랑의 행위들은 보다 단순해질 수 있으며, 다소 관상적인 성향을 취한다. 이것이 적극적 관상, 또는 습득적 관상이다. 주부적 관상이란 하나님에 대한 수동적, 또는 주부적, 은밀한, 또는 어두운 사랑의 지식을 말한다. "주부적"이라는 단어는 또 다른 요소의 개입, 즉 내면에서 역사하시는 하나님의 은사를 함축한다. "은밀한"이라는 단어는 믿음의 존재 및 그 내용의 말로 표현할 수 없는 특성을 함축한다. 주부적 관상에는 두 가지 주요한 형태가 있다: 불완전한 관상과 완전한 관상. 불완전한 관상에서는 수동성이 간헐적으로 나타나며 덜 두드러지며, 하나님의 현존이 희미하고, 영의 힘(정신, 의지, 감성)들의 작용이 단절된다. 완전한 관상에서, 그 깊은 근원에서 사랑의 지식에 의해서 민감해지고 하나님에 대해 영구히 개방된 영은, 표면적인 활동을 할 때에도 항상 그의 사랑의 임재에 의해 지탱된다. 신비주의 작가들은 이것을 인간과 신의 관상적 연합, 영적 결혼으로서 많은 바람직한 결과를 맺는다고 말해왔다.

2) *Alumbrados(dejados)*는 스페인에서 활동한 무리로서, 침잠이라는 영적 활동에 참여하면서 구송기도, 그리스도의 고난에 대한 묵상, 성상, 금식, 의식, 종교 생활 등을 포기하고 오직 하나님의 사랑에 헌신하는 과정을 선택했다. 그들은 이것들 모두가 영적 진보에 방해가 되거나 무익하다고 간주했다. 종종 여기에는 엑스타시, 환상, 그 밖의 다른 특별한 현상에 몰두한 사람들도 포함된다.

3) *The Collected Works of St. Teresa of Avila*, vol. 1, trans. K. Kavanaugh and O. Rodirguez.

4) *The Collected Works of St. Teresa of Avila*, vol. 2.

5) *The Collected Works of St. Teresa of Avila*, vol. 3.

6) "어두운 밤", 성경적 문헌이나 교부 문헌에 근원을 둔 상징으로서 십자가의 요한은 자신의 신비한 시(詩)에서 믿음의 생활 전체를 언급하는 데 사용했다. 믿음은 처음에는 어두움과 박탈로 경험되며, 그 다음에는 연합에 이르는 소중한 안내자요 수단으로 존재한다. 마지막으로, 믿음 자체가 연인이 된다. "어두운 밤"이라는 용어는 우리가 하나님의 일이나 세상의 일에 있어서 만족을 발견하지 못하며 기도할 때에 상상력이나 다른 능력들을 발휘하려는 성향을 나타내지 않으며 도중에서 퇴보하여 하나님을 섬기지 못하는 데 대한 두려움을 느끼는 영적 여정에서 반복되어 나타나는 위기를 언급하기 위해 사용된다. 주부적 관상이나 다른 어려운 상황에 의해서 초래된 이 위기는 그 강도와 깊이가 강할 수도 있고 약할 수도 있다. 그것이 강할 때에, 우리는 하나님에 의해 돌이킬 수 없을 정도로 버림을 받았다고 느낀다. 만일 밤이 정화를 위한 것이며, 따라서 진정으로 "어두운 밤"이라면, 주제는 인내함으로 이 위기에 반응해야 하며, 하나님께서 부어주시는 사랑의 힘과 믿음의 빛의 도움을 받아 계속 신실하게 살아야 한다.

7) *The Collected Works of St. John of the Cross*, trans. K. Kavanaugh and O. Rodriguez.

참고문헌

원전

The Collected Works of St. John of the Cross. Translated by K. Kavanaugh and O. Rodiriguez, with introductions by K. Kavanaugh. 2nd ed. Washington: ICS Publications, 1979.
The Collected Works of St. Teresa of Avila. Translated by K. Kavanaugh and O Rodriguez. 3 vols. Washington: ICS Publications, 1979 (vol. 1), 1980(vol. 2), vols. 3 (forthcoming).
The Completed Works of St. John of the Cross. Translated by E. Allison Peers. e vols. Westminster, MD: Newman Press 1953.
Obras de San Juan de la Cruz. Edited with notes by Silverio de Sante Teresa. 5 vols. Burgos: Editorial El Monte Carmelo, 1929-1931.
Obras de Santa Teresa de Jusús. Edited with notes by P; Silverio de Santa Teresa. 12 vols. Burgos: Editorial Monte Carmelo, 1915-1924.
San Juan de la Cruz: Obras Completas. Textual revision, introductions, and notes to the text by José Vicente Rodríguez and doctrinal introductions and notes by Federico Ruiz Salvador. Madrid: Editorial de Espiritualidad, 1980.
Teresa de Jesús: Obras Completas. Text revised and annotated by Tomás Alvarez Burtos: Editorial Monte Carmelo, 1977.

연구서

Adolfo de la M. de Dios. 'Espagne: L'Age d'or." In Dict. Sp., 4, cols. 1127-78.
Andres, Melquiades. *La Teología espanola en el siglo XVI.* 2 vols. Madrid: Biblioteca Autores Cristianos, 1976, 1977.
Auclair, Marcelle. *Teresa of Avila.* Translated by K. Pond. New York: Pantheon, 1953.
Baruzi, Jean. *Saint la Croix et le problème de l'expérience mystique.* Paris: Felix Alcan, 1924.
Clissold, Stephen. *St. Teresa of Avila.* New York: Seabury, 1982.
Crisogono de Jesus Sacramentado. *The Life of St. John of the Cross.* Translated by K. Pond. London: Longmans, Green, 1958.
Dicken, E. W. Trueman. *The Cruicible of Love: A Study of the Mysticism of St. Teresa of Jesus and St. John of the Cross.* New York: Sheed & Ward, 1963.
Pacho, Eulogio de la Virgen del Carmen. "Illuminaton dans l'école carmelitaine.' In *Dict. Sp.*, 7 cols. 1346-67.
Peers, E. Allison. *Studies of the Spanish Mystics.* 3 vols. Vols. 1-2, London: Sheldon Press. 1927-1930. Vol. 3, London: SPCK, 1960.
Thompson, Collin P. *The Poet and the Mystic: A Study of the Cantico Espiritual of San Juan de la Cruz.* Oxford: Oxford University Press, 1977.

제4장
역종교개혁과 대중 영성

키스 P. 루리아(Keith P. Luria)

역종교개혁(Counter-Reformation) 기간에 이루어진 가톨릭 신앙의 부흥과 갱신으로 말미암아 사회의 모든 계층 사람들의 종교생활이 변화되었다. 일반적으로 우리는 역종교개혁을 아빌라의 테레사와 같은 신비가들, 찰스 보로메오(Charles Borromeo)와 같은 교회 개혁자들, 빈센트 데 폴(Vincent de Paul)과 같은 자선단체의 창시자들, 또는 피에르 데 베륄과 같은 신학자들의 업적과 연결지어 생각한다. 기도, 선행, 신앙의 전파 등에 헌신한 그들의 삶은 거룩함과 완덕을 향한 끊임없는 추구의 본보기가 되었다. 그러나 가톨릭 개혁자들은 종교에 대한 새로운 개념을 이러한 신앙의 영웅들을 훨씬 초월하는 데까지 확대하려 했다. 그들은 모든 가톨릭 신자들의 영성의 본질을 변화시키려 했다.

그들이 소개한 경건의 형태는 이전의 전통적인 형태와 매우 대조적이었다.[1] 중세 후반의 대중 영성의 특징은 특정의 성인과 성유물, 종교단체들, 정기적인 축일들, 행렬과 순례, 교회의 성례전 등에 집착하는 것이었다. 사람들의 종교는 종종 공적이고 감정적이며, 종종 종교 단체들을 중심으로 조직되었는데, 교회는 이러한 단체들을 완전히 통제하지 못했다. 반면에, 역종교개혁의 영성은 집단이 아니라 개인에 중심을 두었다. 가톨릭 개혁자들은 각 사람이 자기의 양심을 자주 성찰해야 하는 신앙을 강조했다. 종교적인 감정이 내면화되어야 했고, 따라서 집합적이고 공적인 표현은 전처럼 빈번하게 발생하지 않을 것이었다. 혹시 그러한 표현이 발생한다고 해도, 그것은 교회의 교구라는 조직 안에서 발생할 것이었다. 전통적인 신앙은 기적을 원하는 사람들의 욕구에 부응했었다. 성인들을 통해 중재되는 신적 개입은 거친 세상에서의 삶의 어려움들을 완화하는 데 도움을 주었다. 기적은 어디서든지 발생할 수 있었다. 또한 성직자들의 감시를 받은 교구 안에서가 아니라 교회당이나 교회의 권위가 그다지 미치지 못하는 기이한 장소에서, 즉 교회의 공식적인 성직 구조의 틀을 벗어난 곳에서도 기적이 발생했다. 가톨릭 개혁자들은 모든 종교적인 활동을 사제들이 책임지고 감독할 수 있는 교구 내에 제한함으로써 영적인 현상들을 통제하려 했다. 그렇게 행동한 것은 부분적으로는 개신교 비판가들에 대한 반작용이기도 했지만, 보다 점잖고 새로운 형태의 영성을 도입하기 위해서 종교 생활 전체를 통제해야 할 필요가 있었다. 가톨릭 개혁자들은 각 지역의 사람들이 각기 나름의 관습을 추구하고 의식을 거행하며 자기들 나름의 성인들을 숭배하는 전통적인 다양한 특성을 그대로 보유하는 것을 허락할 수 없었다. 종교를 중앙집중화하고 통제하려면, 그 종교는 보다 획일적인 것이 되어야 할 것이다. 지역적인 신앙의 상징들 대신에 교회의 보편적인 상징들을 도입해야 했다. 다양성과 대중 신앙을 나타내기보다는 통일성을 나타내고 교리를 인정하는 관습과 계율과 예배가 채택되어야 했다.

개혁자들은 어느 정도 성공을 거두었다. 그들은 먼저 가톨릭 성직자들을 개혁했다. 역종교개혁 이전에, 주교들은 항상 자신의 주교구나 교인들의 종교생활을 부지런히 관리하지는 않았었다. 종종 무식하고 교육을 제대로 받지 못한 사람들이 교구 사제로 활동했었다. 수도회들의 상태는 무질서한 경우가 빈번했다. 역종교개혁 시대에 교회는 새로운 교단들을 세우고 옛 교단들을 개혁했다. 트리엔트 공의회의 교령(敎令)에서는, 고위 성직자들은 주교 관구에 거주하면서 규칙적으로 각 교구를 방문해야 한다고 주장했다. 실제로, 주교들은 역종교개혁의 주요한 활동자가 되어야 했다. 그들은 훌륭하게 교육을 받고 가톨릭 개혁의 정신이 충만한 교구 사제들을 배출함으로써 이 일을 시작했다. 사제들은 새로 세워진 신학교에서 교육을 받았다. 그들은 종교회의, 피정, 주교들의 빈번한 교구 방문 등을 통해서 그들의 헌신은 끊임없이 강화되었다.

또한 개혁자들은 가톨릭 엘리트들 사이에 그들의 강령을 진작시키는 데 성공했다. 신앙심이 깊은 귀족들과 도시의 중산층 사람들은 프란시스 드 살과 같은 영적 조언자들이나 신비가들의 책을 탐독했다. 그들은 잔느 드 샨달처럼 새로운 교단을 세우거나 자선 기관을 세웠다. 예를 들면 이탈리아의 *Moni di Pieta*나 프랑스의 *hôpitaux généraux*를 들 수 있다. 그들은 공인된 성례나 묵주 기도를 자선단체에 도입하고 역종교개혁 성인들을 숭배함으로써 새로운 의식들을 채택했다. 게다가, 그들은 사회의 다른 계층 사람들에게 새로운 영성을 전하려는 개혁자들의 노력을 지원했다.

개혁자들의 과업 중에서 이 부분이 가장 큰 도전이었다. 평신도 엘리트들은 유식했으며 역종교개혁 영성에 합류하기를 간절히 원했다. 보다 저급한 교단의 신앙을 변화시키기 위해서, 가톨릭 개혁자들은 방대한 교육 프로그램에 착수해야 했는데, 그것은 주로 구두 문화를 소유하고 있는 사람들을 대상으로 하고 있었다. 어떤 의미에서, 사상들은 사람들의 종교적 경험에 직접 호소하는 언어로 번역되어야 했다. 개혁자들은 반드시 새로운 것은 아니지만 역종교개혁이 재강조했던 목회 사역 방법에 의지했다. 설교, 선교, 요리문답 등은 모두 개혁자들이 주요 목표라고 여긴 것—무지와 미신의 극복—를 성취하는 데 적합했다.

역종교개혁이 대중 영성에 미친 영향을 이해하려면, 먼저 개혁자들이 목회적 교육 프로그램을 통해서 사람들에게 자신의 메시지를 전달한 방법을 살펴 보아야 한다. 둘째로, 가톨릭 개혁에서의 신앙과 계율의 확대 및 과거의 예배 형식들이 사라진 것을 살펴봄으로써 가톨릭 신자들이 영성에 대한 새로운 개념을 어느 정도 받아들였는지를 평가해 보아야 한다.

목회 프로그램에서 사용하는 방법

설교

설교(preaching)는 역종교개혁의 다른 목회 사역 방법들 안에서 나름의 역할을 했기 때문에 그러한 방법들을 유익하게 소개할 수 있다. 훌륭한 설교자들은 단번에 전체 공동체들을 가르치고 영감을 주고 매료시킬 수 있었다. 그들은 직접적이고 매우 효과적인 영향을 미쳤다. 책에서는 그다지 많은 유익을 얻지 못했을 청취자들은 그 시대의 유명한 설교자들의 감동적인 연설에 빠르게 반응할 수 있었다. 기록에 의하면, 이탈리아에서 활동한 레오나르도 아 포르토 마우리지오(Leonardo a Porto Maurizio)나 알퐁소 리구오리(Alfonso Liguori), 프랑스에서 활동한 빈센트 드 폴(Vincent de Paul)과 호노레 데 칸느(Honoré de Cannes)와 같은 설교자들은 무관심하거나 무지한 많은 청중들을 열렬한 신자들로 변화시켜 죄악된 습관과 미신을 버리고 바른 교리와 영적 태도를 취하게 했다고 한다. 물론 그러한 기록은 과장된 것이기는 하지만, 위대한 설교자들의 명성을 부인할 수는 없다. 훌륭한 설교를 하고픈 갈망 때문에 유명한 설교자들은 이 지방에서 저 지방으로 끊임없이 여행을 했다. 도시나 마을, 시 당국자나 교회의 권위자들, 사회의 모든 계층의 사람들로부터의 그들에 대한 요구는 계속 증가되고 있었는데, 그것은 설교가 신자들의 마음과 정신에 호소하는 가장 직접적인 방법이었음을 나타내 준다.

트리엔트 공의회에서 개혁자들은 개신교 설교자들이 누리고 있는 성공을 목격했었다. 그들은 그에 대처하기 위해서 모든 "주교들, 대주교들, 고위성직자들, 그리고 교회를 지도하는 책임을 맡고 있는 사람들"에게 복음 전파라는 그들의 주된 의무를 상기시켰다. 이 의무를 이행하지 못한 사람들은 "엄한 징계"를 받게 될 것이었다. 게다가 수석 사제들, 교구 사제들, 그리고 교구 교회를 소유하고 있는 모든 사람들은 최소한 주일날과 축일에는 "자기의 능력과 청취자들의 능력에 따라서" 교인들에게 "영적 양식"을 공급해 주어야 했다.[2] 공의회에서는 제대로 된 설교는 세 가지 특징이 있어야 한다고 주장했다. 첫째, 바른 설교는 교훈적인 것으로서 "기독교인들이 구원 받기 위해 알아야 할 것"을 사람들에게 가르쳐 주어야 한다. 둘째, 피해야 할 악덕과 실천해야 할 덕목을 지적해줌으로써 청취자들을 개인적인 회심으로 초대하는 것이어야 한다. 셋째, 효과적인 설교를 하려면 청취자들의 능력에 맞추어 설교해야 하며, 청취자들이 쉽게 이해할 수 있는 용어를 사용해야 한다.[3] 미사여구는 조심스럽게 다루어져야 했다. 빈센트 데 폴은 설교자들에게 허영심을 나타내지 말고 단순한 방식으로 신자들을 가르치며 개신교 목사들과 복잡한 신학적 논쟁을 하지 말라고 가르쳤다. 그는 긍휼과 겸손을 겸비한 단순성을 유지하는 사제들은 허영심을 피할 수 있다고 말했다. 속죄회(Redemptorist)의 창시자인 알퐁소 데 리구오리는 선교사들에게 간단한 문장, 쉬운 단어, 구체적인 개념을 가지고 설교하라고 요구했다. 이것은 복음의 진리를 전하고 도덕적 의미를 깨우치기 위한 가장 좋은 방법이었다.

개혁자들은 "양분이 있고" 이해할 수 있는 설교에 대한 가톨릭 신자들의 갈망을 제대로 파악했지만, 그들에게 복잡한 것을 공급해 주었다. 가장 큰 문제는, 17세기 중반 이전에는 많은 사제들이 훌륭한 설교를 할 능력이 없었다는 것이다. 때로 그들 중에는 기초적인 교육조차 받지 못하거나 교리에 대한 바른 지식을 소유하지 못한 사람들도 있었다. 그러한 현상은 특히 농촌 지역에서 심했다. 지방 교구에서 행해지는 설교는 뉴스를 읽어주는 것, 성찬식, 또는 종교에 대한 몇 가지 요점을 설명해 주는 것으로 이루어졌다. 때로 주교들은 설교에 사용하기 위해서 미사 전문의 일부를 모국어로 번역하는 법을 교구 사제들에게 가르치거나, 또는 사제들이 사용할 수 있도록 표준적인 설교를 공급해 주었다. 개선된 요리문답을 사용할 수 있게 되면서, 설교자들은 요리문답에서 설교 자료를 발췌하였고, 매주 성인들을 위한 종교 교육의 수단으로 그 중 한 장을 요약했다.

그럼에도 불구하고, 교구 사제들에 의한 설교의 발달을 과장해서는 안된다. 이런 까닭에 주교들은 종종 효과적인 설교를 확보하기 위해서 교단의 회원들을 의지했다. 일반적으로 교구 사제들은 재속 사제들보다 교육을 많이 받은 사람들이었고, 몇몇 새로운 교단들은 선교 사역의 일부로서 설교에 헌신했다. 시 당국자들은 오랫동안 수도사들에게 사순절 기간에 설교할 것을 요청해왔었지만, 농촌 지역에서는 중요한 설교자들의 감동적인 설교의 혜택을 거의 받지 못했다. 그러나 17세기에 순회 설교자들이 지방으로 진출하기 시작했다. 가톨릭 교회 내에서의 선교는 역종교개혁의 목회 프로그램의 가장 놀라운 측면이었다.

선교

역종교개혁 시기에 선교를 위한 교회의 노력은 전 세계로 확장되었다. 선교사들은 유럽 내의 가톨릭 신자들과 개신교 신자들 사회에서 뿐만 아니라, 아시아, 아프리카, 아메리카 등 비 기독교 지역에서도 활동했다. 그러나 지금 여기에서 논의되는 선교는 가톨릭 교회 자체 내의 선교이다. 그들은 가톨릭 신자가 아닌 사람들을 가톨릭 신자로 개종시키기 위해 노력한 것이 아니라, 가톨릭 신자들을 교육하고 그들의 신앙을 갱신시키며, 역종교개혁의 영성을 받아들이게 하는 데 목적을 두고 있었다.

가톨릭 개혁의 목회 사역은 선교에서 그 절정에 도달했다. 선교사 설교자들 및 그들과 동행한 고해신부들은 한 지역에 몇 주일이나 몇 달 동안 머물고는 다른 곳으로 이동하곤 했다. 그들의 노력이 지속적으로 효과를 나타내기 위해서는, 되도록 짧은 기간 안에 가장 강력한 영향력을 발휘해야 했다. 프랑스의 빈센트 드 폴이나 이탈리아의 알퐁소 리구오리와 같은 선교에 대한 이론가들은 선교사들이 어떤 인상을 주어야 하는가에 대해 많이 생각하고 많은 글을 썼다. 그들은 각 지역에서 준수해야 할 활동 스케줄을 상세히 지시함으로써 바람직한 인상을 줄 수 있다고 보장했다. 계획은 교단마다 달랐지만, 설교, 요리문답, 미사, 행렬, 종교 집단들의 조직 등 목회적 기법들의 전 영역을 섭렵하고 있었다. 농촌 교구들과 모든 도시에서는 열렬한 종교 활동에 몰입했다. 1680년에 리용에서의 선교를 목격한 어느 총대리의 기록에 의하면, 마치 도시 전체가 불길에 휩싸인 것 같았다고 한다.[4]

선교의 창시자들은 사도들에게로 거슬러 올라가는 긴 역사를 언급할 수 있었다. 교회는 이 전통을 잘 의식하고 있었다. 역종교개혁 진영의 선교사들은 교회 창사자들의 호칭을 차용했는데, 아마 "인도의 사도" 인 프란시스 자비에르(Francis Xavier)가 가장 현저한 예일 것이다. 그러나 17, 18세기의 유럽인들의 선교의 배후에 있는 가장 강력한 추진력은 16세기에 아시아와 아프리카 및 아메리카에서 기울인 교회의 노력에서 기인한 것이었다. 믿음을 전파하며 개신교의 성장을 유럽 지역으로 한정하려 하면서, 가톨릭 신앙은 "신세계에서 옛 세계의 균형을 회복할 것을 호소했다."[5] 가톨릭 개혁자들은 17세기에 일에 착수하면서부터 해외 선교를 염두에 두고 있었다. 엥거스의 헨리 아놀드 주교와 그레노블의 에티엔 르 카뮈 주교는 자신의 주교구를 외국으로 비유했다.

17세기 초, 프랑스의 선교는 개신교도들에게 집중되었다. 그러나 일부 지역에서, 선교사들은 가톨릭 신자들을 대상으로 사역하기 시작했다. 아드리안 부르도아즈(Adrien Bourdoise)는 1613년에 성 니콜라스 두 샤도넷이라는 종교 공동체를 세웠고, 2년 후에 그의 사제들은 파리 지역의 마을들에서 사역을 수행하기 시작했는데, 그 일은 1640년까지 계속되었다. 그 후 수년 동안 많은 수도회와 종교 공동체들이 가톨릭 내부에서의 선교 사역을 행했다. 이탈리아에서는 후일 도시 선교 활동이 매우 강력하게 이루어졌다. 남부 이탈리아에서는 그다지 선교 사역이 활발하지 못하다가, 1740년대에 알퐁소 리구오리가 조직적인 선교를 시작했다.

선교 사역에 전적으로 헌신하거나 부분적으로 헌신한 집단은 대체로 가톨릭 개혁과 관련된 수도회나 회중이었다. 거기에는 카푸친 회(Capucins), 바르나바 회(Barnabites), 예수회(Jesuits), 오리토리오 회(Oratorians), 나자르 회(Lazarists), 쉴피스회(Sulpicians), 유드 회(Eudists), 요셉 회(Josephists) 등이 포함되어 있었다. 18세기에 속죄 회와 몽포탠 회(Montfortains)가 이 대열에 합류했다. 이 목록은 선교 사역에 종사한 단체들을 총망라한 것은 아니며, 다만 역종교개혁 진영의 선교 운동에 참여한 단체들이 얼마나 많은지를 가리켜줄 뿐이다. 비록 이들의 선교 사역에는 비슷한 점들이 많지만, 각 수도회나 회중은 나름의 선교 방법, 기법, 태도 등을 가지고 있었다. 이 책에서는 그 중 일부에 대해서만 언급하는데, 그러한 예들은 선교사들이 자기들의 공동의 목표를 성취하기 위해서 사용했던 다양한 수단들을 암시해준다.

가장 초기에 선교를 새로이 장려한 인물들 중 한 사람인 빈센트 드 폴은 1625년에 그의 회중을 설립했다. 나자로 회의 선교사들은 드 폴의 세심한 방법(petite méthode)을 따랐는데, 거기서는 교리 설명, 대중 설교, 요리문답 등에서의 단순성을 강조했는데, 그렇게 하면 신자들이 공동 참회(general confession)와 성찬에 참여하게 될 것이었다. 선교사들은 매일 아침 미사 때에 설교하고, 오후에 어린이들을 대상으로 간단한 요리문답을 행하고, 저녁에는 어른들을 대상으로 요리문답을 행했다. 나자로 회에서는 각 청취자들이 자기의 양심을 성찰해야 한다고 강조했고, 공동체 내에서의 불화를 완화하는 데 도움을 주었다.[6]

카푸친 회 선교사들은 가르침에 있어서 다소 극적이고 화려한 방법을 사용했다. 그들은 청취자들의 지성에 호소한 것이 아니라 구원에 대한 그들의 의심에 호소하기 위해서 감정적인 설교를 했다. 카푸친 회 수도사들 역시 농촌 지역을 다니면서 병자들을 치료하고 약을 나누어주었다. 그들은 자선 기관과 새로운 종교 단체들, 그리고 소송을 중재하고 화해를 장려하기 위한 사무소 등을 세웠다. 이러한 활동의 극적이고 관대한 효과 때문에 카푸친회 선교사들은 17세기에 가장 인기가 많았다.[7]

17세기에 프랑스 선교사들이 발달시킨 많은 방법은 18세기에 이탈리아에서도 사용되었다. 그러나 이탈리아에서의 선교 사역에서도 지중해 지역 영성을 보존하면서 지나치게 수식적인(baroque) 감성을 더 많이 사용했다. 피에트로 안살로네(Pietro Ansalone)와 같은 설교자들은 자기를 채찍질하는 행동으로 청중들을 감동시켰고, 때로는 청중에게 자기의 본을 따르라고 촉구하기도 했다. 1710년경에 시비타 베치아에서 사역한 어느 몰타 선교사는 회중에게 나누어줄 채찍들을 가지고 왔다. 그는 그곳에 머무는 동안, 다섯 차례나 자기 몸을 채찍질 하는 사람들의 행렬을 주도했다. 유명한 프란치스코 회 설교자인 레오나르도 아 포르토 마우리지오(Leonardo a Porto Maurizio)는 1749년에 로마에 와서 하나의 행렬을 이끌었는데, 수도사들은 십자가, 깃발, 해골, 유골 등을 가지고 행렬에 참가했다. 레오나르도는 무거운 쇠사슬을 몸에 걸고 가시면류관을 쓰고 행진했다. 나폴리에서 활동한 속죄회 선교사들은 설교하면서 자기 몸을 채찍질하고, 죄인을 저주하고, 그들을 깨우기 위해서 종을 쳤다. 어떤 선교사들은 청중들의 수다스러움을 회개하기 위해서 교회의 마룻바닥을 입으로 핥게 했는데, 이러한 관습은 많은 비판을 받았다.

과시적인 영성이 지닌 현란한 특성들은 중세 시대 사람들의 종교생활에서 오랫동안 중요한 역할을 했다. 13세기 이후로, 종교 단체들은 개인적인 회심과 보속을 강조하기 위한 수단으로 채찍질을 하는 의식을 실천해 왔었다.[8] 선교사 설교자들의 본을 따른 채찍질 고행자들은 하나님 앞에서, 그리고 자기들이 해를 가한 사람들 앞에서 자기를 낮추었다. 해골과 쇠사슬은 그들로 하여금 개인적으로나 공동적으로 종교적인 평정 의식을 회복하기 위해서 수치를 통한 고행을 추구해야 할 필요성을 상기시켜 주었다. 그러나 역종교개혁의 결과로서(그리고 계몽주의적 태도의 영향 아래서), 그러한 화려함은 적절하지 못한 것 같았다. 그것은 가톨릭 개혁자들이 제거하고자 했던 전통적인 미신적인 신앙을 연상하게 했다. 이탈리아 북부에서 선교 사역을 행한 제수잇들은 속죄회에서 사용하는 방법을 인정하지 않았다. 어느 제수잇 선교사는 다음과 같이 기록했다: "마귀는 그러한 선교사역으로부터 무수히 많은 신성모독을 이끌어 내며, 불쌍한 죄인들을 다시 붙잡는다. 그렇게 붙잡힌 죄인의 영혼은 내적인 회개를 전혀 하지 않으면서 악을 쓴다." 리구오리의 선교 사역을 목격한 교구 사제들은 그들이 교구민들을 위협하는 방법을 비판했고, 그 때문에 리구오리는 "하나님, 우리가 무엇 때문에 이 일을 하는 것입니까!"라고 불평했다.

속죄회에서 행한 것과 같은 이탈리아에서의 선교 사역에서는 두 가지 형태의 영성을 결합했다. 그들은 한편으로는 집단적인 활동과 감정적인 신앙을 분명히 나타내는 것을 강조하면서 전통적인 경건한 관습에 뿌리를 두고 있었다. 동시에, 그들은 보다 온건한 영성을 실천하는 수도회들로부터 배운 방법들을 결합했다. 예를 들면, 속죄회 선교사들은 *esercizio devoto* 또는 *vita devota*의 사용을 장려했다(프랑스인 카푸친 선교사들은 그와 유사한 관습을 *oraison mentale*[묵도]라고 불렀다). 그 관습은 로욜라의 『영신수련』의 체계적인 기도, 또는 드 살의 『경건생활 입문』과 밀접한 관계를 가지고 있었지만, 그다지 유식하지 못한 보다 많은 청중을 대상으로 하고 있었다. 그 훈련은 동정녀 마리아의 수난이나 슬픔 등의 경건한 주제에 관한 묵상으로 이루어졌다. 묵상은 선교하는 동안 공동체적 상황에서 행해지는 개인적인 행위였다. 물론 집에서 가족 단위로 그 일을 행할 수도 있었다. 설교자들은 묵상하기 전에 회중에게 사용해야 할 방법을 가르쳐 주며, 어떤 상황에서든 그것을 실천할 수 있는 신자들의 능력을 강조함으로써 그들을 격려해 준다.

가톨릭 개혁의 다른 영적 활동들이 그렇듯이, 선교사들은 회심과 신앙부흥을 진작시키기 위해서 그 훈련을 채택했다. 묵상은 준엄함을 구현하고, 역종교개혁에 알맞은 본성을 특수화했다. 묵상을 자주 실천하면 사람들에게 선교에 대한 가르침들을 상기시켜 줄 수 있을 것이었다. 묵상은 그것을 행하는 사람의 양심에 영향을 줄 개인적인 행동으로 의도된 것이라는 사실에도 불구하고, 속죄회 선교사들은 계속 그것을 보다 전통적이고 집단적인 영적 활동들과 결합했다. 일부 수도회에서는 묵상을 하는 사람은 십자가 고상을 손에 들어야 한다고 주장했지만, 속죄회에서는 회중 앞에 상복을 입은 마리아상을 세워 놓았다. 리구오리는 훈련의 마지막 단계에 교인들이 가시 면류관을 쓴 예수의 초상(*ecce homo*) 앞에서 통회의 행동을 하기를 원했다. 그는 또 묵상 전후에 찬송을 부를 수도 있다고 생각했다. 속죄회는 *esercizio dovoto*를 보급하는 데 크게 성공했다. 아마 그것이 그처럼 인기가 있었던 것은 전통적인 영성과 새로운 영성, 집단적인 영성과 개인적인 영성을 결합했기 때문이었을 것이다.[12]

개혁자들은 선교를 통해서 사람들은 사육제에 참여하거나 주일날 술집에 가는 것 등 "비속한" 일에서 끌어내기를 원했다. 카푸친 수도사인 호노레 데 칸느(Hororé de Cannes)는 1678년에 사육제 기간에 물렝에서 설교했는데, 그의 설교는 사육제를 사순절로 바꾸는 효과를 나타냈다.[11] 소문에 의하면, 속죄회가 사르노에서 선교를 하고 나서 약 10년 동안은 술집들이 텅텅 비었다고 한다. 선교사들은 이러한 활동 대신에 새로운 경건한 의식을 행하기를 바랐다. 스피넬리(Spinelli) 추기경은 나폴리 주교구에 속죄회 선교사들과 *esercizio devoto*가 들어오는 것을 환영했다. 다른 많은 주교구들도 그 관습을 채택했다. 프란시스 드 살은 "40시간"(Forty Hours)이라는 성찬 기도를 제정했다. 대부분의 선교 수도회에는 각기 추진하는 특수한 기도가 있었다. 오라토리오 회는 아기 예수께 드리는 기도, 예수회는 영속적인 예배(Perpetual Adoration), 유드회는 거룩한 마음(Sacred Heart)을 기리는 기도 등을 장려했다. 선교사들은 새로운 종교 단체, 자선 기관, 행렬 등을 제정함으로써 자기들이 방문한 공동체에 영구적인 표식을 남기려 했다.

가톨릭 개혁을 받아들인 교구의 고위 성직자들의 입장에서 보면, 선교사들은 매우 효과적인 도구였다. 그러나 17, 18세기에, 주교들은 새로운 영성을 교인들에게 소개하기 위해서 자기들이 보다 직접적으로 통제할 수 있는 다른 수단을 개발했다. 그 중에서 가장 주목할 만한 방법은 요리문답과 주교들의 심방이다. 보다 훈련을 받는 본당의 성직자들은 신자들을 가르치기 위해서 요리문답을 사용했고, 주교들은 심방을 통해서 개인적으로 신자들의 종교 생활을 변화시키려고 노력했다.

요리문답

가톨릭 개혁자들은 새로운 요리문답을 성실하게 사용함으로써 신자들의 정신 속에 종교적 개혁이 확고해질 것이라고 생각했다. 1546년에 트리엔트 공의회에서는 그러한 요리문답의 작성을 명했다. 그러나 트리엔트 공의회가 토의를 마칠 때까지도 그 일을 맡은 위원회는 임무를 완수하지 못했고, 따라서 로마의 요리문답(Roman Catechism)이라고 알려진 *Catechismus ex decredo concilii Tridentini ad parochas*는 1566년이 되어서야 출판되었다. 새로운 설명서는 평신도 계층에서는 널리 읽히지 않았고, 또 그것을 목적으로 하지도 않았다. 노련한 신학자들은 본당의 성직자나 주교들이 주교구의 요리문답서를 작성해야 하는 일을 충족시켜 주기 위해서 그것을 작성했다.[12]

1560년부터, 독일의 가톨릭 신자들은 제수잇인 피터 칸니시우스(Peter Canisius)의 요리문답의 독일어판을 사용해왔었다. 거기에는 질문과 답변에 교리 상의 요점을 설명하는 데 도움을 주기 위해 목판화가 삽입되어 있었고, 달력도 포함되어 있었다. 덕분에 그 문답서는 널리 호응을 얻을 수 있었다. 그것은 16세기에만 200판이 인쇄되었다.[13]

다른 지역에서는 신자들에게 교리를 문답식으로 가르치는 일이 서서히 성공을 거두었다. 그 이유는 부분적으로는 설명서의 부족 때문이고, 또 제대로 교육을 받지 못한 성직자들 때문이기도 하다. 16세기 말에는 일부 이탈리아의 주교구들의 상태가 개선되었지만, 프랑스의 주교구들은 17세기 후반 이전에는 거의 변화를 보이지 않았다. 1672년에도, 파리 지역에 있는 139개의 교구 중에서 34개 교구에서만 정규적으로 요리문답 교육을 행했다.

본당의 성직자들의 잘못을 보충하기 위해서 교회에서는 새로운 기관들을 발달시켰다. 1560년에, 케사르 바로니우스(Cesar Baronius) 추기경은 로마에 Confraternity of Christian Doctrine을 세웠다. 그 단체의 회원들은 아이들의 요리문답 교육에 헌신했다. 찰스 보로메오(Charles Borromeo)는 밀란에 있는 그와 비슷한 기관을 지원했다. 16세기 말, 프랑스에서는 시저 데 부스(César de Bus)가 Congregation of Christian Doctrine이라는 사제들의 공동체를 구성했는데, 그들은 요리문답 교육에 전념했다. 성-니콜라스 두 샤도넷이나 나자로 회의 사제들과 같은 선교자들의 회중들은 선교 차 방문하는 지방에서 요리문답 교육을 했다.[14]

17세기 말에, 요리 문답서 저술이 성행했다.[15] 새 요리문답서의 저자들은 요리문답서가 평신도들에게 접근할 수 있어야 한다는 것을 깨달았다. 대체로 무식한 대중들을 다루는 사제들은 새로운 요리문답서를 읽고 가르치는 데 있어서 계속 주요한 역할을 하게 될 것이었다. 그러나 가톨릭 개혁자들은 개신교에서 강조한 바 읽고 쓰는 능력과 종교 서적을 읽는 데 도전해야 한다고 느꼈다. 평신도들이 접할 수 있는 서적들은 읽고 쓰는 능력을 증진시키고 알맞은 교리서적을 읽을 수 있게 해줄 것이라고 생각했다. 요리문답서들은 특정한 연령 집단을 대상으로 하여, 어린이들을 위한 소요리문답과 어른들을 위한 대요리문답이 있었다. 또 종들을 위한 것, 노인을 위한 것, 또는 거지들을 위한 것 등 특수한 지침서도 등장했다. 가톨릭 당국자들은 넓은 독자층을 확보하려면 사람들이 아는 언어로 요리문답을 제작해야 한다는 것을 깨달았다. 이런 까닭에, 프랑스에서는 프로방스어 요리문답, 오크어 요리문답, 브르타뉴어 요리문답 등이 출판되었다.[16]

요리문답서들은 역종교개혁 교리와 일치하지 않는 내용을 근절하려 했다. 예를 들어, 교회가 인정하지 않게 된 성인들에 대한 이야기는 새로운 지침서에서 삭제되었다.[17] 그러나 일부 요리문답서 저자들은 자기들이 원하는 한도까지 옛 신앙의 내용들을 제거할 수는 없으리라는 것을 깨달았다. 보슈에(Bousset)의 재직 기간 동안 메욱스(Meaux) 교구에서의 요리문답은 성 요한의 축일에 모닥불을 태우는 것처럼 미신적인 것이라고 의심이 가는 것도 있었다. "교회는 그러한 불을 붙이는 일이 참여해야 하는가?"라는 질문에 대해서, 메욱스 교구를 포함한 일부 교구에서는 그렇다고 대답했다. 이렇게 교회적인 모닥불을 태우는 이유를 묻는 질문에 대한 답변은 "성 요한의 불 주위에서 실행되는 미신들을 추방하기 위해서"였다. 마지막으로, 학생은 이러한 "미신들"을 열거해야 했는데, 거기에는 불 주위에서 춤을 추는 것, 정직하지 못한 노래를 부르는 것, 불에 목초를 던지는 것, 그리고 거기서 나온 석탄을 보관하는 것 등이 포함되어 있었다.[18] 메욱스의 가톨릭 개혁자들은 주된 "미신"인 모닥불 자체를 폐지하기를 바랄 수 없었다. 그들은 대신에 그것을 이용하여 모닥불과 관련된 전통적인 관습들을 제거하려 했다. 이론적으로, 요리문답서들은 역종교개혁 영성을 고취하기 위한 훌륭한 도구로 등장했다. 실질적으로, 그것들은 역종교개혁이 대중 신앙과 맺어야 했던 타협을 구현했다.

대중 영성의 변화

가톨릭 개혁자들은 설교, 선교, 신방, 요리문답 등의 목회사역을 통해서 수행되는 교육 운동이 종교적인 관습이나 태도에서 상당한 변화를 성취하기를 기대했다. 교회는 보다 큰 감독의 권위를 발휘하기를 원했다. 이 목표를 달성하기 위해서, 개혁자들은 관습, 중심적 교권에 대한 순종, 알맞은 예법 등에서의 통일성을 강조했다. 그들은 지방적인 관습에서 비롯된 종교 의식을 떼어내고, 그 대신 어디에서나 동일한 관습들을 지지하려 했다. 자율적인 과거의 종교 단체들보다는 엄격하게 기도나 자선 사역이나 다른 사람들의 회심 등에 헌신하는 새로운 기관들을 지지를 받았다. 먼 곳에 있는 성지로의 순례나 행렬은 정죄를 받았다. 개혁자들은 집에서 보다 가까운 곳, 사제들이 보다 쉽게 통제할 수 있는 곳을 선호했다. 이제 신자들을 보다 경건한 일에 몰두하게 하는 데 열심을 내는 성직자들은 축제, 사육제, 박람회 등 전통적인 축하 의식들에 대해 분노하기 시작했다.

신자들에게 새로운 형태의 종교를 가르치는 것은 표면적인 경건 행위의 변화 이상의 의미를 지닌 것이었다. 개혁자들 역시 새로운 내면적이고 영적 태도를 고취하기를 원했다. 그러기 위해서는, 그들은 가톨릭 신자들의 관심을 과거의 영성의 상징들로부터 새로운 영성의 상징들에게도 돌려 놓아야 했다. 옛 성인들의 헌신, 기도, 노래, 의식 등은 집합적이고 공적인 종교적 표현을 가진 영성을 고취했었다. 전통적으로 사람들은 함께 예배할 때에는 자기들이 보편 교회 안에 참예한다는 것을 표현했지만, 특별한 공동체나 혈연 집단이나 종교 단체에 대한 소속감을 보다 직접적으로 포현했다. 과거의 영성은 흔히 어려운 환경을 조종하기 위해서 성인들의 비위를 맞추려는 갈망에 초점을 두었다. 사람들은 다음 세상에서 깊은 죄의식에서 해방되고 구원을 얻기 위해서 뿐만 아니라, 이 세상에서 직접적이고 물질적인 보상을 얻기 위해서, 장황한 의식과 보속 행위에 참여할 각오를 하고 있었다.

개혁자들은 이러한 영적 신앙을 상스럽다고 느꼈다. 세상적인 욕구를 충족시키기 위해서 종교를 이용하라고 요구하는 것은 미신적인 것처럼 여겨졌다. 대중적인 축제—행렬, 성인들의 축일, 종교 단체의 잔치, 사육제 등—은 부도덕한 행위, 탐식, 술취함, 부정한 성 행위 등으로 이어지곤 했다. 개신교도들은 이러한 대중적인 관습들을 조롱했고, 교회의 당국자들 역시 그것들을 혐오했다. 그들은 순종과 질서와 통일성을 진작하기 위해서 종교적인 상징들을 사용했다. 이전에는 사람들이 대중적인 시위 형태로 영적인 감정들을 표현했지만, 이제는 각 사람의 양심 성찰을 지향하며, 내적인 경건 의식이 종교 생활의 목표가 되었다.

영성의 내면화란, 종교가 순수히 개인적인 일이어야 한다는 의미가 아니었다. 개혁자들은 교구 교회가 종교 생활의 초점이 되어야 한다고 주장했다. 모든 중요한 의식은 교회에서 거행되어야 했으며, 사제들은 교회에서 의식이 올바르게 진행되도록 보장할 수 있었다. 그밖에 종교 단체의 예배실이나 순례의 성소들과 같은 거룩한 장소처럼 성직자들이 항상 의식을 통제할 수 없는 장소들은 그 중요성을 상실하게 되었다.

바로크 신앙

내면화된 준엄한 영성은 가톨릭 개혁에서 생겨난 유일한 형태의 종교 생활은 아니었다. 공개적으로 자신의 신앙을 나타내고자 하는 신자들의 전통적인 갈망과 결합되어 개신교의 도전에 직면하여 승리하는 교회를 나타내려는 관심 때문에 지중해 지역에서는 보다 화려한 양식의 의식이 발달하게 되었다. 이와 같이 화려한 바로크 영성의 표현에는 풍성한 교회 장식, 회원들이 두건을 쓰고 이탈리아와 프랑스 남부 지역의 거리를 행진하곤 한 많은 참회의 단체들, 그리고 공개적인 성인 숭배 행위, 특히 성모 마리아 숭배 등이 포함되어 있었다.

바로크 신앙은 18세기까지 신자들에게 강력한 영향을 발휘했지만, 종교를 개혁하려는 사람들은 지나치다고 여겨지는 것에 대해서 불편함을 느꼈다. 그것은 지나치게 과시적이고, 성직자들을 통제로부터 지나치게 독립되어 있었다. 교회를 화려하게 장식하는 것은 좋지만, 그 안에 불경한 조각상이나 필요 이상의 촛불을 비치하는 것은 허용되지 않았

기울리오 케사레 프로카치니, 성 프란시스, 도미니크, 천사들과 함께 있는 성모 마리아와 아기, 1613년경

다. 부자들이 장례식을 필요 이상으로 호화롭게 거행하는 것도 허락되지 않았다. 교회에서 종을 치는 것, 장례 행렬에 음악을 연주하는 것, 교회를 방패 꼴의 문장으로 장식하는 것, 그리고 촛불로 장식하는 것 등은 모두 지나쳐 보였다. 게다가, 빈번한 장례 미사 때문에 사제들의 인력 자원에 무리를 줄 수 있었다. 성례나 로사리오 기도와 같은 공인된 헌신 행위에 전념하는 참회 단체들은 유익한 자선 사역을 수행했지만, 성직자들은 쉽게 그들을 통제하지 못했다. 그리고 그들이 거행하는 의식들은 종종 교구의 미사를 방해했을 뿐만 아니라, 성직자들은 그들이 밤에 행하는 행진도 좋아하지 않았다. 그러므로 바로크 신앙은 역종교개혁 안에서 애매한 위치를 차지하고 있었다. "열정, 존숭, 침묵, 그리고 질서"를 장려해야 했던 영성은 바로크 신앙의 소음과 화려함으로 인해 대중에게 그다지 호응을 받지 못했다.[19]

규제된 활동, 관습, 기도

이것은 새로운 영성 때문에 사람들이 세상으로부터 등을 돌리게 되었다는 말이 아니다. 새로운 영성 역시 평신도와 엘리트 성직자들이 지닌 사회적 책임을 강조했고, 자선 활동을 장려했다. 전통적으로 자선은 개인, 단체, 수도회 등의 의무로 간주되어 왔었다. 부자들은 유언장에 구제금의 분배를 명했고, 종교 단체들은 장례식 행진 때에 형제들의 시신을 호위하기 위해서 가난한 사람들을 고용했다. 또 수도사들은 수도원 문 앞에서 빵을 나누어 주었다. 이제 자선활동은 엄격히 규제되어 *Monti de Pieta*라는 체계적인 전당포를 통해서 가난한 사람들에게 제공하거나, 정부나 수도회에서 운영하는 병원에 수용했다. 그곳에서 그들은 고된 작업, 극기, 순종 등의 가치를 배울 수 있었다. 가난한 사람들을 다루는 것은 전통적인 종교 의식이 지닌 공적이고 집단적 본질을 반영해 주어 왔었다. 17, 18세기에는 가난한 사람들은 순종하고 공경하고 규모 있는 새 영성의 상징이 되었다.

가톨릭 개혁자들은 계획의 성공을 위해서, 중세시대의 종교적 축제들을 제거해야 했다. 과거의 축일 중에서 으뜸이 되는 것은 사순절 전에 지키는 사육제였다. 개혁자들은 사육제 중에서 방탕하고 불경하다고 생각하는 것들을 혐오했다. 그들은 대중들이 실천하는 많은 신앙 관습들도 공격했다. 특히 성인들과 성인들을 기리는 축일들을 자세히 조사했다. 사람들을 치료해준 성인들, 가축이나 곡식을 보호해준 성인들을 숭배하는 의식에는 개혁자들이 싫어하는 요소들이 포함되어 있기도 했다. 성인들의 축일은 마을 사람들에게 자선시(fair)를 개최하거나 인근의 교구를 방문하여 먹고 마시고 구애할 수 있는 기회를 제공해 주었다. 신자들은 행렬, 성지 순례, 헌금, 특별한 기도를 드리는 것, 성유물을 만지는 것, 모닥불을 밝히는 것, 총을 쏘는 것, 춤을 추는 것 등 성인들을 기리기 위해 온갖 수단을 동원했다. 주교구의 권위자들은 이러한 관습들을 금지했다.

그러나 개혁자들의 노력은 성인 숭배 뿐만 아니라 성인들 자체에도 미쳤다. 성인들 중에 다수는 지역적으로만 알려져 있었고, 특수한 지역 외부에서는 거의 알려지지 못하거나 관심을 끌지 못하고 있었다. 역종교개혁을 추진한 사람들은 보다 통일된 종교를 만들기 위해서 보편 교회의 상징으로 이바지할 수 있는 성인들은 강조했지만, 지역적인 성인들은 중요시하지 않았다. 역사적인 조사를 통해서 많은 성인들에 관한 전설을 파괴했고, 그들이 남긴 성유물의 효력에 대해 의심을 제기했으며, 심지어 그들의 존재 자체까지 의심했다. 예를 들어, 지롤라모 타르타로티(Girolamo Tartarotti)라는 역사가는, 티롤의 트리엔트 계곡에서 숭배되고 있던 성 아달프레토(St. Adalpreto)가 전설에서 주장되는 것처럼 순교자가 아니라 분파주의자였을 가능성이 있다는 것을 증명했다. 그러나 어느 성인이나 성유물이 조작된 것임을 개혁자들이 증명해 내도, 백성들의 신앙은 바뀌지 않았다. 트리엔트 계곡의 주민들은, 아달프레토가 아니라 타르타로티가 이단자라고 생각했다.

미신적인 관습이나 상스러운 상징들에 대한 역사적 비평에 힘을 얻어 개혁자들은 교회력에서 옛 성인들의 축일들을 정리하고 일과기도서나 기도서도 정리했다. 그들은 신자들이 역종교개혁에서 장려하는 성인들에게 관심을 갖기를 원했다. 그레노블 주교 관구의 르 까뮈(Le

Camus) 주교는 성 맛디아 축일, 성 야고보 축일, 성 빌립 축일, 성 크리스토퍼 축일, 성 바돌로뮤 축일, 성 마태 축일, 성 시몬 축일, 성 유다 축일, 성 도마 축일 등을 폐지했다. 이 성인들은 지역적인 성인은 아니었지만, 더 이상 교회의 목적에 이바지하지 못하고 있었다. 역설적이게도, 그는 자신의 주교 임기가 끝날 무렵에, 교인들의 헌신을 확실히 하기 위해서 이 축일들을 다시 제정해야 할 필요를 느꼈다. 1693년에, 오튄(Autun) 주교 관구에서는 교인들이 일을 삼가야 하는 축일의 수를 90개에서 77개로 줄였다. 같은 해에, 앙제(Angers)의 르 페레티어(Le Peletier) 주교는 자기 교구의 예식 일정에서 그러한 의식 24개를 제거했다. 1676년부터 1686년 사이에 파리에서는 일과 기도서에서 40개의 성인들의 전설을 삭제했다. 18세기에, 교황 베네딕트 14세는 자신의 권위를 배경으로 하여 유럽 전역의 주교들이 자신의 주교 관구에서 축일의 수효를 줄이는 것을 장려했다.

교회 당국자들이 강요하지 않았는데도 대중의 관심에서 밀려난 성인들도 있었다. 예를 들어, 파두아(Padua)의 성 안토니는 17세기에 이탈리아에서 매우 인기가 있었다. 그는 연인들, 산악인들, 돼지, 당나귀 등을 보호해 주었다고 한다. 교회에서 요구하지 않았음에도 불구하고, 많은 사람들은 그의 축일을 일을 하지 않는 날로 정하여 지켰다. 하지만 18세기 중엽에 이르러, 파두아 지역이 아닌 곳에서 하루의 수입을 포기함으로써 그를 기리려는 사람들은 감소되기 시작했다. 그는 사라지지는 않았다. 그는 스페인 함대가 알제리 해적들로부터 알리칸테(Alicante)를 탈환하는 일을 도왔지만, 전과 같은 숭배를 받지 못했다. 성 크리스토퍼 숭배도 쇠퇴했다. 그는 여행자들을 예기치 못한 죽음에서 보호해 주는 성인이었으며, 이탈리아 지방의 교회 현관에는 그의 그림이 걸려 있는 것을 발견할 수 있었다. 18세기 중엽에는 그러한 그림들이 감소되었다. 이 성인들은 사람들이 옛 성인들에 대한 관심을 읽고 보다 강력한 기적을 행하는 능력의 가진 새로운 성인들을 받아들인 지속적인 과정의 결과로 이 성인들은 인기를 잃었다. 이와 같이 옛 성인들 대신에 새 성인들을 받아들이는 과정은 역사적인 타당성을 갖지 못한 성인들이나 미신적인 숭배 의식의 대상이 되는 성인들을 공격한 역종교개혁 진영 외부에서 작용했다. 교회의 당국자들로부터 탄핵을 받는 성인들 중 다수는 신자들의 삶에 계속 중요한 역할을 했다.

마리아 숭배

역종교개혁 시대에 숭배된 가장 중요한 인물은 성모 마리아였다. 마리아 숭배 의식은 그리 새로운 것이 아니었다. 사람들은 다양한 호칭이나 이름을 사용하여 마리아를 존중했다. 역종교개혁 진영에서는 이러한 이름들 중 몇 가지를 장려하려 했는데, 그중 가장 중요한 것이 묵주신공(Rosary)이었다. 1495년에 교황 알렉산더 6세는 묵주신공을 인정했다. 1세기 후에 교황 피우스 5세는 묵주신공의 사용을 장려하는 교서를 발표했다. 그 무렵, 이탈리아에서는 이미 그것이 잘 알려져 있었다. 그것은 매우 대중적인 것이 되어, 많은 주교 관구 내에 있는 그의 모든 교구에 묵주신공을 행하는 예배당이나 단체가 있었다. 그러한 단체에는 남자 회원과 여자 회원들이 있었지만, 종종 여성들이 먼저 가입했다. 신자들에게 있어서, 묵주신공은 자신의 가장 가까운 거룩한 친구와 후원자에 대한 신앙을 표현하는 새로운 방법을 제공해 주었다. 개혁자들은 묵주신공이 고취한 영성에 고마움을 느꼈다. 그것에 헌신한 사람들은 단체 연회나 긴 행진에 참가하지 않고, 대신에 매우 조직적이고 체계적이고 묵상적인 기도와 가르침에 전념했다.

교회는 마리아에 대한 신앙을 표현하기 위한 성모의 원죄 없는 잉태(Immaculate Conception)와 같은 새로운 것들을 발견했다. 현대 초기 유럽에서 마리아의 잉태의 순결을 에워싼 논쟁은 새로운 것이 아니었고, 그 논쟁은 그 후에도 계속되었다. 역종교개혁 시기에, 성모 마리아의 원죄 없는 태생이라는 사상은 강력한 지지자를 확보했다. 제수잇 수도사들은 교회의 마리아 신앙에 대한 개신교의 공격에 도전하기 위해서 그 사상을 강력하게 지지했다. 주르바란(Zurbaran), 리베라(Ribera), 무릴로(Murillo)와 같은 스페인 화가들은 종종 죄에 물들지 않는 동정녀 마리아라는 주제를 묘사했다. 쟝 유드(Jean Eudes)는 그 관습을 프랑스에 보급하는 데 도움을 주었고, 그의 저술에서 그것을 옹호하여 "마리아는 예수에게 꼭 맞는 짝이었다. 그분(하나님)은 우리에게 어머니이신 동정녀 마리아를 주려 하셨다. 아들은 그의 본질의 상징이며…신성의 완전한 이미지(형상)이므로, 마리아 또한 그를 완벽하게 닮은 것을 지녀야 한다"[20]고 선언했다. 1708년에 교황 클레멘트 9세는 마리아 숭배를 인정하고, 신자들에게 원죄 없는 잉태의 축일을 지키라고 명했다. 그러나 그는 그 교리를 신학적으로 분명하게 정의하지는 않았고, 또 로마 교황청에서는 그 외의 다른 마리아 숭배 교리—마리아 몽소승천 교리—를 세심하게 설명하지도 않았다. 그렇지만 그 교리는 계속 성장했다. 예를 들어, 프랑스에서는 특히 1638년에 루이 13세가 왕국을 마리아에게 봉헌한 후에 성모몽소승천 축일의 행렬이 급속히 증가했다.

대중적인 마리아 숭배에 대한 도전이 없었던 것은 아니다. 제수잇회와 경쟁관계에 있던 도미니크회에서는 원죄 없는 잉태의 교리에 반대했다. 18세기에, 이탈리아에서는 무라토리(Muratori)가 『규모 있는 숭배에 관하여』(*On a Well-Ordered Devotion*)라는 저서에서 지나친 마리아 숭배를 비판했다. 프랑스에서는, 17세기 말부터 신학자들과 얀센주의의 영향을 받은 평신도들 사이에서 마리아에 대한 관심이 감소되었다. 그 세기 후반에 출판된 책들 중에서 마리아에게 헌정된 경건 서적들 중 상반기에 출판된 책의 절반에 불과했다. 그럼에도 불구하고, 대중의 마리아 숭배의 열기는 강력했고, 몽소승천이나 원죄 없는 잉태의 교리 아래서 묵주 신공 단체들과 예배당들은 계속 전파되었다.

성인들과 관련된 영성

대중 영성을 개선하기 위해서, 교회는 새로운 마리아 숭배의 관습들 뿐만 아니라 새로운 성인들을 장려했다. 교회는 때로 공식적으로 인기 있는 종교적 인물들을 성인으로 인정함으로써 그들을 합법화했고, 또 가톨릭 신앙을 형성하기 위해서 교회 자체의 영웅들을 성인으로 시성하고 그들을 숭배하는 것을 장려했다. 종교개혁 시대에, 새로운 숭배의식들은 성인 숭배에 대한 개신교의 공격에 맞서는 방벽을 제공하는 데 도움을 주었다. 종교 의식들의 다른 측면들이 그렇듯이, 새로운 성인들에 대한 정의는 교회의 권세자들의 통제 하에 놓였다. 가톨릭 개혁자들은 성직자가 명한 것이 아닌 신앙의 표현은 의심했다. 16세기와 17세기에, 교회는 새로운 시성의 규칙을 정했다. 그에 의하면, 치유의 기적적인 본질을 의사가 증언해야 하며, 기적을 목격한 증인들은 세심하게 심문해야 했다. 18세기에, 교황 베네딕트 14세는 자신의 저서인 *De canonizatione*에서 보다 엄격한 규칙에 찬성했다.

이러한 제한이 주어졌음에도 불구하고, 새로운 성인들은 여전히 가톨릭 개혁 내에 존재하는 다양성을 대변했다. 그들 중에는 찰스 보로메오(Charles Boromeo)나 프란시스 드 살과 같은 주교들도 있었다. 정력적인 개혁자였던 고위 성직자들의 시성은 모든 종교 활동을 성직자들의 통제 하에 두려는 교회의 노력을 촉진하는 데 도움을 주었다. 그것은 주교의 직무를 미화했고, 이 성인들을 기리는 사람들로 하여금 교회의 힘을 상기하게 해 주었다.

새로운 성인들 중에는 선교사들도 포함되어 있었다. 프란시스 자비에르나 빈센트 드 폴과 같은 사람을 성인으로 시성한 것은 그들이 교회에 가치 있는 인물이라는 것, 그리고 설교자와 교사와 치료자로서의 그들의 호소력을 인정한 것이었다. 로욜라의 이그나티우스, 루이즈 데 마릴락(Louise de Marillac), 잔 드 샨달(Jeanne de Chantal), 필립 네리(Philip Neri) 등 수도회나 회중의 창시자들도 성인으로 시성되었다. 새로운 수도회들은 자기 수도회의 창시자가 성인으로 추앙될 것을 강력하게 옹호했지만, 이러한 성인들의 시성 역시 가톨릭 교회 내의 개혁 욕구는 대체로 새로운 조직들에서 생겨났다는 사실을 반영해 주었다. 아빌라의 테레사나 십자가의 요한과 같은 신비가 성인들은, 그다지 널리 전파되지는 않았지만 내면화된 역종교개혁의 영성이 계속 양육해온 오랜 영적 전통으로 되돌아가는 요소를 대표했다.

이와 같이 대중적인 유형의 성인들에 대한 교회의 관심은, 오웬 채드윅(Owen Chadwick)이 18세기 시성에 대해 행한 연구에서 꽤 분명하게 나타난다. 18세기에 교회는 29명을 성인으로 공식적으로 인정했다.

그들 27명은 수도회에 속한 사람들이었다: 11명은 프란시스코회, 3명은 도미니코회, 3명은 제수잇, 그리고 1명은 갈멜회 소속이었다. 성모 마리아의 종복회와 나자로회, 카밀리우스파의 창시자들도 포함되어 있었다. 새 성인들 중에 여성은 7명뿐이었고, 신비적 환상가들 중에 성인이 된 사람도 소수(7명)에 불과했다. 코르토나의 마가렛타(Margareta of Cortona)와 십자가의 요한은 신비가들 중에서 가장 유명한 사람이었다. 대부분의 사람들은 병원 사역, 선교 활동, 수도회 설립 등에 종사한 사람들이었다. 그 중에는 페루의 투리비오(Turibio), 빈센드 드 폴, 카밀리우스 드 렐리스(Camillius de Lellis) 등이 포함되어 있었다. 잔 드 샹달 역시 이 집단에 속해 있었다. 페루의 투르비오, 폴랜드의 스타니슬라우스 코스트카(Stanislaus Kostka), 또는 체코슬로바키아의 존 네포무크(John Nepomuk)는 국가의 수호성인이 되었다. 마지막으로, 성인 시성은 가톨릭 교회의 부흥에 지중해 지역이 얼마나 중요했는지를 드러내 준다. 새로 시성된 성인들 중 16명이 이탈리아인이고, 5명은 스페인인, 그리고 3명은 프랑스인이었다. 그밖에 폴랜드 사람이 3명, 체코인이 1명, 독일인이 1명이었다.[21]

새로운 성인들 중 여럿은 대중에게 그다지 호소력이 없었다는 사실에 주목해야 한다. 그들은 널리 숭배되지 않았고, 따라서 대중 영성에 거의 영향을 미치지 않았다. 신비가들과 주교들이 시성된 것은 신자들의 정서 때문이라기보다는 그들이 속한 수도회나 교회의 욕구 때문이었다. 예를 들어, 스페인에서는 전통적으로 기적을 행한 사람들을 대신한 새로운 성인이 거의 없었다. 신비가요 시인이었던 십자가의 요한은 지나치게 준엄하고 지적이어서 대중의 관심을 그다지 끌지 못한 영성을 대변했다. 이탈리아에서 보로메오(Borromeo)가 성인으로 승격된 것(그는 사후 26년 후인 1584년에 시성되었다)은 널리 존숭되었기 때문이라기보다 교회의 당국자들의 노력에 따른 결과였다. 그의 지지자들은 기적의 증거를 찾을 때에도 어려움을 겪었고, 보로메오를 존경하지 않는 사람들은 그를 역종교개혁 진영 개혁자의 본보기가 아니라 세바스티안처럼 전염병과 관련된 성인이라고 간주하기도 했다. 그 이유는 밀란에서 전염병이 발생했을 때에 그가 병자들 사이에서 행한 일 때문이었다. 프랑스에서는 프란시스 드 살이 엘리트 영성에 막대한 영향을 주었지만, 그는 많은 예배당이나 성소를 헌정하도록 고취하지는 않았다.

　일반적으로 인기가 있는 성인들은 사람들과 보다 밀접했던 사람들이었다. 그들의 영성은 보다 전통적이었거나, 또는 새로운 양식의 종교 의식과 옛 양식 사이를 이어주는 역할을 했다. 남부 이탈리아 출신의 무식한 소치는 사람으로서 카푸친회의 평수사가 된 칸탈리체의 펠릭스(Felix: 1587년 사망, 1712년 시성)가 그러한 인물이다. 펠릭스는 로마에서 구걸함으로써 참된 탁발수도사의 생활을 했다. 그는 로마의 가난한 사람들 가까이에 머물었는데, 그들은 그의 무덤 앞에서 병이 낫는 기적을 경험했다. 팔레르모 사람들도 그 지방의 수도사인 돈 가에타노(Don Gaetano)가 죽은 후에 동일한 경험을 했다. 가에타노는 임종하기 전에 자신이 성체를 축성할 때마다 주님이 팔을 벌려 그를 안아 주시는 환상을 보았다고 고백했다. 그는 거룩한 성체 앞에 무릎을 꿇고 앉아서 임종했다. 그의 고해 신부는 그 환상에 대해 교구 사람들에게 알리고, 가에타노가 기적을 행할 수 있다고 주장했다. 사람들은 가에타노의 시신을 보거나 만지기 위해 교회로 몰려왔고, 그의 옷을 찢어갔다. 병이 나은 사람들도 있었다. 가에타노는 기적을 행하는 사람, 그러한 성인들의 전통에 속한 사람이었다. 그러나 그의 죽음과 환상들은 그의 기적을 역종교개혁 영성의 중심인 거룩한 성찬과 연결했다.

　베네딕트-요셉 라브르(Benedict-Joseph Labre: 1748년부터 1783년까지 살았으며, 1881년 시성)도 그러한 성인이었다. 그는 블로뉴(Boulogne) 근처에 사는 상인의 집안에서 태어났다. 소년 시절, 그는 얀센주의 설교의 가르침으로 인해 압도적인 죄의식을 느꼈고, 고난을 통해서 속죄하기를 원했다. 여러 수도회들은 이 고민하는 청년을 받아주지 않았기 때문에, 그는 순례자가 되어 프랑스, 이탈리아, 스페인, 독일 등지의 성소를 찾아다녔다. 1774년에 그는 로마에 도착했다. 그는 여생을 그곳에서 지내면서 낮에는 구걸하고 밤에는 콜로세움에서 잠을 잤다. 성체를 모시고 사십 시간씩 기도하는 교회에서는 항상 그를 발견할 수 있었다. 그는 자신의 전통적인 탁발 영성을 보다 새로운 기독론적 의식과 결합했다. 그의 죽음은 로마에 큰 소동을 일으켰는데, 어떤 사람은 그 소동을 "한 민족의 영혼에 일어난 지진"[22]으로 비유했다. 로마인들은 그의 머리카락이나 옷을 간직하려고 그의 시신이 안치되어 있는 마돈나 데이 몬티 교회로 왔다. 그 즉시 사람들의 병이 낫기 시작했다. 특히 부활 주일에는 많은 사람들이 몰려왔기 때문에, 교회를 폐쇄하기 위해 군대가 동원되었다. 교회 당국자들은 라브르를 뜨내기로 간주했지만, 로마인들은 그를 새로운 성 프란시스라고 생각했다.

새로운 수도회들도 과거의 종교 형태를 구현한 성인들을 배출했다. 예를 들면, 속죄회의 평수사인 게라르도 마이엘라(Gerardo Maiella, 1755년 사망, 1904년 시성)가 있다. 마이엘라는 평생을 이탈리아 남부의 농촌 지역을 여행하고 설교하면서 보냈다. 그의 공식적인 전기들은 그가 윗사람에게 엄격하게 순종하고 복종한 것을 강조한다. 그러나 그의 영성이 교회의 전체적인 통제를 벗어나 있었기 때문에, 교회는 그의 성품의 이러한 측면을 강조하는 데 관심을 가진 듯하다. 여기에서 언급된 다른 대중적인 성인들과 마찬가지로, 마이엘라는 기적을 행한 사람이었고, 그의 기적은 평범한 농촌 생활의 물질적인 욕구에 직접 응답했다. 그의 거룩한 생활은 아기 예수가 흰 빵을 주시는 환상을 보면서 시작되었다. 아기 예수가 빵을 주시는 환상은 성찬의 상징과 동조한다. 그러나 기적에 관한 기사들은 훌륭한 품질의 흰 빵을 강조하는데, 당시의 궁핍한 상황에서는 흰 빵이 무척 귀했다. 마리엘라의 사역은 대체로 생존이 지닌 불안한 본질을 완화해 주는 것과 관련되어 있었다. 그는 종종 여행을 하면서 가난한 사람들에게 빵이나 곡식을 나누어 주었다. 특히 궁핍한 시기에 그가 행한 기적들은 유익한 기능을 발휘했다. 그는 지방 전체에 식량이 바닥이 났을 때에 가난한 사람들을 위해서 기적적으로 빵을 만들어내곤 했다. 또 수도사들이 자선 사역에 곡식을 다 사용한 후에 수도원의 창고에 곡식을 다시 채워 주기도 하고, 밭에서 쥐 떼를 제거하기도 했다. 그는 일생을 농촌 지역의 사람들에게 바쳤고, 농민들은 교회

지도층의 금지와 상관 없이 그를 거룩한 사람으로 대우했다.[23]

　베네딕트 요셉 라브르나 게라르도 마이엘라와 같은 성인들은 기적을 행하는 사람으로서의 역할 뿐만 아니라 방랑 생활 및 극단적인 금욕적 삶을 통해서 과거의 전통적인 성인의 개념을 상기시켜 주었다. 그들은 "하나님을 위한 어릿광대"였다. 라브르는 항상 초라한 옷을 입고 병을 앓으면서 방랑생활을 한 거지였다. 마이엘라는 오랫동안 철야와 금식을 실천하고, 가시덤불 위에서 자며, 스스로를 채찍질했다. 17, 18세기의 교회는 그러한 관습들을 저지했다. 그러나 이러한 성인들로부터 기적을 추구한 사람들이 볼 때에, 그들의 가혹한 생활―그들의 "광기"―은 오히려 그들의 카리스마를 증가시켜 줄 뿐이었다. 사실상, 광기는 이 성인들에게 특별한 능력을 부여해 주었다. 세평에 의하면, 마이엘라는 귀신 들린 사람들을 치료할 수 있었다고 한다. 역종교개혁 진영의 교회는 모든 종교적 표현을 통제하는 데 관심을 가지고 있었지만, 이러한 형태의 종교적 에너지에 대해서는 완전한 권위를 발휘할 수 없었다. 계몽주의의 합리주의적 사상의 영향을 크게 받은 18세기 교회의 지도자들은 그것을 지지할 수 없었고 이해할 수도 없었다. 라브르나 마이엘라 같은 인물은 일반 백성들의 추앙을 받은 성인이며, 뒤늦게 교회의 성인이 된 사람들이다.

　역종교개혁은 새로운 성인들을 승격시키는 데 있어서 확고한 기반을 확보하지 못했고, 일반 백성들의 성인들을 항상 완전히 받아들일 수 있었던 것은 아니지만, 특정의 과거의 성인들에 대한 숭배를 재강조하는 데 있어서는 어느 정도 성공을 거두었다. 회개의 성례와 죄사함의 교리에 대한 개신교의 공격에 대한 반응으로, 교회는 보속을 통해서 구속함을 받은 성인들을 숭배하는 것을 지지했다. 그리스도를 부인했으나 용서 받은 베드로는 종교적인 그림의 주제로 자주 등장했다. 교황의 권위가 심각한 도전을 받았기 때문에, 베드로의 중요성을 강조하는 데는 다른 이유도 있었다. 창녀였으나 회개한 이집트의 마리아(Mary of Egypt)는 막달라 마리아처럼 새로운 관심을 갖게 되었다. 막달라가 그리스도, 특히 부활하신 그리스도와 교제한 것은 성찬 안에 그리스도의

몸과 피가 실제로 현존한다는 것을 방어하는 데 도움이 되었다.[24]

　예수님의 삶, 특히 예수님의 가족들의 삶과 관련된 다른 성인들 역시 교회의 인정을 받고 사람들로부터 인기를 얻었다. 우리는 이미 현대 초기의 영성에서 마리아가 차지하는 중요성에 대해 살펴 본 바 있다. 그녀의 모친인 성녀 앤(St. Anne)도 이러한 인기를 어느 정도 누리고 있었다. 교회는 역종교개혁을 시작하기 전에도 그녀를 숭배하는 것을 장려해 왔지만, 1620년대에 반-개신교 운동을 하는 동안 프랑스의 오레(Auray)에 그녀의 유령이 출현하면서 그러한 노력이 강화되었다. 프랑스의 가톨릭 신자들은 그녀의 유령이 나타난 것은 이단을 대적한 그들의 투쟁을 하나님이 지지하신다는 상징으로 해석했다. 성녀 앤에 대한 관심은 성모 마리아의 원죄 없는 잉태의 교리에 대한 논쟁에서부터 생겨나기도 했다. 앤은 모든 카톨릭 신자들이 믿을 수 있는 구심점이 되는 상징이었다. 그녀는 자기의 딸과 손자의 중요성을 반영해 주는 성인이었다. 종교화에서는 흔히 그녀를 여가장(女家長)으로 묘사했다. 그러나 교회는 부부인 성 요아힘과 성 앤이 안고 있는 모습을 표현한 동상을 예루살렘의 황금문 앞에 세워 두는 것을 인정하지 않았는데, 그것은 그 동상이 풍기는 성적인 분위기 때문이었다. 성 앤을 존숭하는 사람들은 그녀가 지닌 어머니로서의 분명한 역할을 중요시했다. 앤은 잉태한 여인들을 보호해 주었고, 그녀에게 드리는 기도는 출산의 위험을 완화하는 데 도움을 주었다. 또 그녀는 순수히 지역적인 중요성을 소유하기도 했다. 예를 들어, 알프스 지방에서는 마을 사람들을 눈사태로부터 보호해 주는 성인으로 간주되었다. 그러나 그녀는 어머니로서의 경험과 가장 큰 관계를 가진다.

　요아힘은 그다지 크게 인기를 얻지는 못했지만, 그의 사위인 요셉은 큰 인기를 얻었다. 중세 시대에 요셉이 누린 평판은 애매한 것이었다. 목수들은 요셉을 목수들의 단체의 수호성인으로 숭배했지만, 대중적인 전승에서 요셉은 부정한 아내의 남편의 전형으로서 약간 코믹한 인물로 등장했다. 역종교개혁과 더불어, 요셉은 새로이 중요하게 부각되었다. 사실, 가톨릭 개혁에서의 요셉은 한 성인이 얼마나 다양한 의미를 취할 수 있는지를 보여 주는 훌륭한 본보기이다. 16세기와 17세기초에, 요셉은 신비가들의 사랑을 받는 성인이었다. 그들은 위-디오니시우스의 글을 읽고서 요셉을 예수와 아주 가까이 있었으면서도 자기를 내세우지 않은 인물의 전형으로 삼았다. 아빌라의 테레사는 요셉을 자기의 수호성인으로 삼았고, 그 후 200년이 넘는 기간 동안 요셉은 수백 개의 갈멜 수녀원을 관장했다. 17세기 중엽에 신학적 논쟁의 결과로서, 요셉과 관련된 신비주의는 쇠퇴했다. 그러나 요셉 숭배는 계속 성장했다. 1621년에 교황 그레고리 15세는 요셉의 축일을 보편교회의 축일로 확대했다. 1661년에 프랑스에서는 그것인 의무적으로 휴업하고 지켜야 하는 축일이 되었다.

   마리아와 앤의 숭배가 그렇듯이, 요셉 숭배도 예수의 삶의 상태에 대한 새로운 관심의 혜택을 받았다. 화가들은 중세 시대의 화가들처럼 그를 나이가 지긋한 족장으로 묘사하지 않고 젊은 아버지, 마리아와 아기 예수의 보호자로 묘사했다. 17, 18세기에, 가톨릭 신학자들과 신앙고백 지침서의 작가들이 결혼과 자녀 양육을 선하고 유익한 영적인 일로 간주하게 되면서, 요셉은 기독교 가정의 수호 성인 역할을 담당하게 되었다. 그의 가정은 일종의 세상적인 삼위일체가 되었다. 이처럼 요셉의 위상이 올라간 것은 교회가 예수와 그의 모친 사이의 관계에 대한 불편한 주장을 피하는 데 도움이 되었다. 알퐁소 리구오리가 묘사한 것처럼, 마리아는 천국에 들어갈 때에 아들이 아니라 기뻐하는 남편의 마중을 받았다.[25] 벨라즈퀘즈(Velázquez)와 엘 그레코(El Greco) 등이 그린 그림에서, 마리아에게 면류관을 씌워주는 사람은 예수가 아니라 삼위일체이다. 만일 이것이 결혼을 암시하는 것이라면, 신랑은 그리스도가 아니라 요셉이다.

   대중 영성이 요셉에 대한 새로운 개념을 어느 정도까지 채택했는지 알기는 어렵지만, 요셉을 숭배하는 경향이 널리 퍼졌음은 확실하다. 17, 18세기에 그를 기리는 교회당이나 단체들이 엄청나게 증가했다. 남편과 아버지로서의 요셉의 지위, 특히 아기 예수의 보호자로서의 역할이 중요한 의미를 지녔다. 교회당에 있는 그의 성화, 그리고 그의 이름 하에 세워진 단체들의 유형은 그가 다른 이유에서도 중요한 인물이었음을 암시해준다. 목수들은 요셉을 자기들의 성인으로 존숭했다. 또 요셉은 보다 일반적으로 모든 육체 노동자들의 수호성인으로도 간주되었다. 요셉은 편안한 죽음의 수호성인, 임종하는 사람들의 수호성인으로 널리 알려졌다. 프랑스 남부에서는 18세기 초까지 페스트가 창궐했고, "임종을 앞둔 사람들의" 단체들이 많았다. 사람들은 마지막 통과 의식을 통해서 자기들을 평화롭게 인도해줄 수 있는 동반자를 찾으려 했다. 요셉은 겸손히 하나님의 뜻을 기다리고 받아들이는 동안 다른 가족들의 시중을 받으면서 모범적으로 임종했었다. 그를 기념하는 교회에 걸려 있는 그림에서는 종종 그를 이런 모습으로 묘사한다. 또는 그가 임종할 때에 그리스도의 방문을 받는 모습, 또는 아들 예수에 의해 천국으로 영접되는 모습으로도 묘사된다. 그의 평화로운 임종과 낙원으로 영접된 것은 죽음을 앞두고 있는 사람들에게 위로를 줄 수 있었다.

기독론적 신앙과 성찬 신앙

앤과 마리아, 그리고 요셉에 대한 존숭은 그리스도에 대한 존숭에서 파생된 것이었다. 역종교개혁 교회가 대중 영성에 미친 가장 큰 영향은 기독론적 신앙의 증진이었다. 가톨릭 개혁자들이 신자들을 지엽적인 신앙과 미신적인 의식으로부터 돌이키게 하는 가장 효과적인 방법은 기독교의 중심적인 인물을 향하게 하는 것이었다. 교회의 보편적이고 통일시켜 주는 상징으로서의 그리스도의 위치는 다른 어느 성인의 위치보다 위대했다. 그의 영광은 교회의 권위 구조의 위엄을 강화해줄 것이라고 기대되었다. 그의 중요성은 그리 새로운 것이 아니었지만, 화체설에 대한 개신교의 공격 때문에 교회는 성찬 숭배를 아름답게 꾸미려는 새로운 자극을 받았다. 새로운 형태의 그리스도 중심의 의식들을 증진함으로써, 교회는 가톨릭 예배에서 화체설의 중심성을 옹호하고, 모든 비-그리스도 중심적 예배 형태들을 종속시킬 수 있었다. 게다가 신자들의 신앙의 구심점을 성찬과 그리스도에게 둠으로써, 그들에게 교제와 죄고백의 책임을 상기시켜 주고, 역종교개혁의 가르침을 그들의 것으로 삼는 데 도움을 둘 것이라고 기대되었다.

　가장 대중적인 기독론적 예배는 성찬과 직접적인 관련을 가지고 있었다. 성례에 헌신하는 종교 단체들이 널리 퍼져 있었다. 16세기부터 17세기 초에 이르는 기간에 이탈리아의 여러 도시에 24개의 단체가 설립되었다. 그 단체들은 17세기에 프랑스에서 경이적으로 성장했다. 프랑스의 주교구들에 대한 연구에 의하면, 그 단체들은 로사리오 단체들과 함께 가장 흔한 종교적 단체였다. 성례전적 모임에 속한 형제들은 성찬을 예배하는 관습에 초점을 두었다. 그들은 성체축일이면 성체를 모시고 행진하고, 특별 미사를 거행하며, 회원들에게 성찬에 자주 참여하라고 독려했다. 때때로 그들은 자기 단체의 예배당 제단에 성체를 진열할 권리를 옹호하기 위해서 교구 사제들과 싸우기도 했다. 프랑스에서는 강력한 성례 신앙은 가톨릭 형제들의 영성을 형성하고 있었을 뿐만 아니라, 위그노들을 대적하는 무기가 되었다. 종교 단체가 아니라 프랑스의 많은 도시에 지부를 둔 비밀 조직인 Company of the Holy Sacrament 내에 성찬 중시주의와 반-개신교주의의 결합이 가장 현저하게 나타났다. 그 조직의 회원들은 성례를 중심으로 하여 모여 자신의 신앙을 표현할 뿐만 아니라, 개신교도들을 회심시키려는 공격적인 시도를 위해서, 가톨릭 성직자들 자체를 개혁하도록 압박하기 위해서, 그리고 농촌 교구에 사제와 교사와 장식물을 공급했다. 그 비밀 단체를 의심한 국가는 결국 그 단체를 진압했다.

　다른 형태의 성찬 신앙에는 특수한 집단들 뿐만 아니라 전체 공동체들이 포함되었다. 이 새로운 관습들 중에서 가장 현저한 것이 성체를 모시고 40시간 동안 기도하는 관습(Forty Hours Devotion)이었다. 이 관습은 사흘 동안 교회의 제단 위에 놓은 성체 앞에서 행하는 철야 기도였다. 그것은 1520년에 밀란에서 일련의 속죄의 기도로서 시작되었다. 1537년에, 교회는 조심스럽게 그 의식을 정의하고, 거기에 대사(indulgence)를 부여했다. 1550년대에 필립 네리가 그것을 로마로 도입했다. 제수잇회에서는 1574년에 파리에서 처음으로 이 관습을 구체화했다. 그러나 그 관습을 프랑스 전역에 전파한 것은 대체로 카푸친 수사들이다.

그 기도의 원래의 목적은 전쟁이나 전염병이 돌 때에 신의 도움을 청원하기 위한 것이었다. 프랑스의 카푸친들은 그것을 달리 사용했다: 교황청의 염려와 프랑스 주교단의 염려에도 불구하고, 그들은 휘장으로 덮인 등불로 조명된 중앙 무대에 성체를 둔 작은 극장과 흡사한 정교한 제단 장식을 마련함으로써 그 의식을 과장하여 표현했다. 그것은 성체의 존재를 극화하고 카푸친회의 선교의 성공을 보장하는 데 이바지했다. 카푸친 수사들은 성찬 신앙을 선포하고 개신교주의와 싸우기 위해서 그 관습을 사용했다. 그들은 종종 개신교 종교회의가 개최되는 동일한 장소에서 동일한 시간에 그것을 공연하기도 했다. 가톨릭 개혁자들 역시 대중적인 종교 전통들을 대적하는 운동을 하는 데 그것을 사용했다. 40시간의 철야기도는 사육제와 동일한 시기에 개최되었는데, 프랑스보다는 이탈리아에서 빈번하게 행해졌다. 17세기 말, 교회 당국자들은 추잡한 일들을 방지하기 위해서 밤이 아니라 낮에만 철야기도를 하라고 주장했다. 이것은 그 관습의 궁극적인 몰락의 계기가 되었다.

성찬 숭배의 또 다른 형태인 영속적인 성찬 숭배(Perpetual Adoration of the Holy Sacrament)는 40시간 철야기도에서 파생되어 나온 것이지만, 일련의 교회에서 특별한 시기에만 아니라 정기적으로 행해졌다. 두 가지 관습 모두 극적인 특성 때문에 널리 인기를 얻었다. 그러나 그것들은 집단적이고 전통적인 형태의 영성이 아니라 개별화된 형태의 새로운 영성을 가르쳐 주었다. 의식을 거행하는 동안 사람들은 둘씩 무릎을 꿇고 성체 안에서 개인적으로 기도하며, 관심은 성체에 집중했다. 이처럼 새로운 성찬 숭배 신앙에서는 집단적인 신앙과 단결을 표현하는 행진 등 이전의 의식들은 설 자리를 찾지 못했다.

역종교개혁 영성의 그리스도 중심주의는 성찬 숭배 신앙에서 멈추지 않았다. 베륄이 강조한 것처럼 그리스도의 삶의 여러 단계에 대한 관심은 다양한 숭배의 형태를 야기했다. 교회의 장식물이나 그 시대의 다른 예술품에서 분명히 나타나듯이, 15세기 이후에는 그리스도의 고난에 관심이 집중되었다. 그러한 관심은 17세기나 18세기에 참회의 단체들의 행렬 등 후대의 의식에서도 지속되었다. 따라서 성 십자가 단체들이 십자가를 숭배한 것도 중세 말기의 신앙의 잔재였다.

역종교개혁으로부터 새로운 자극을 받은 관습들도 있었다. 그리스도의 유아기에 대한 관심은 두 가지 사상의 흐름에서 파생된 것이다. 베륄에게서 기원한 한 가지 사상의 흐름은 비교적 준엄한 것이었다. 그것은 아기 예수의 삶은 하나의 영적 이상으로 간주하는데, 그 이유는 그것은 순종과 순진함과 겸양을 나타내기 때문이다. 이러한 사상들은 갈멜 수도회와 같은 수도회들에 큰 영향을 주었다. 베륄과 관련이 있는 오라토리오 회에서는 선교를 통해서 그러한 관습을 전파했다. 그들은 행렬을 벌이곤 했는데, 예를 들면 1682년에 아비뇽 지역에서 아기 예수의 승리를 묘사하는 행렬을 벌였다. 사람들은 천사 차림을 한 지방 귀족의 아들을 거룩한 아기의 형상으로 장식한 들것에 태우고 행진했다. 다른 어린 아이들은 찬송을 하면서 들것 뒤를 따라갔다. 그러나 베륄이 대중 영성에 미친 영향은 대단히 제한된 것이었다. 이탈리아와 북유럽 인문주의의 영향이 더 널리 미쳤는데, 그것은 아기에 대한 보다 생생한 견해를 소유했으며, 이탈리아의 화가들로 하여금 로마에 있는 아라코엘리와 같은 교회를 아기 예수(bambini)의 그림으로 장식하게 했다.

아라코엘리 교회의 아기는 구유에 누워 있다. 그것은 17, 18세기에 매우 유행하게 된 아기 예수 숭배의 또 다른 형태이다. 그리스도의 탄생 장면을 묘사하게 된 기원은 확실하지 않지만, 종종 프란치스코 수도사들에게서 비롯된 것으로 간주되어 왔다. 18세기 초, 테아틴 수도회(Theatine order)의 창시자인 가에타노 다 티엥(Gaetano da Thiene)은 산타 마리아 마지오르에서 환상을 본 후에 자기의 수실 안에 구유 안에 있는 아기 예수상을 만들어 놓았다. 많은 수도회에서 그 사상을 받아들였고, 그것을 이탈리아, 오스트리아, 독일 전역에 전파하는 일을 도왔다. 훌륭한 장인들과 부자 후원자들 덕분에 구유에 누운 아기 예수상은 손으로 만든 기적이 되었다. 그러나 이것은 가톨릭 당국자들로 하여금 아기 예수가 구유에 누운 장면을 소중히 여기게 하지는 못했다. 그들은 그러한 관습은 부적당하며, 인형극과 지나치게 밀접하게 관련되어 있다고 생각했다. 일반적으로 구유에 누운 아기 예수를 숭배하는 신앙이 인기를 얻어가는 데 지면하여 그들이 할 수 있었던 일은 관객들로 하여금 건축자의 독창성보다는 거룩한 아기의 일생을 생각하게 해줄 보다 단순한 구유를 요구하는 것뿐이었다.

구유에 누우신 아기를 묘사하는 것은 프랑스에서는 뿌리를 내리지 못했지만, 성탄절 노래와 기도에서 동일한 추진력을 발견할 수 있다. 그리스도 중심의 신앙이 대중 영성과 엘리트 영성에 미친 영향에도 불구하고, 많은 사람들의 입장에서 보면 그리스도는 여전히 거리가 먼 인물로 남아 있었다. 사람들은 아기 예수에 대한 감정을 보다 쉽게 발달시킬 수 있었다. 아기 예수는 압박을 받는 사람들의 보호자가 되었다. 예를 들어 프와투(Poitou) 지방 사람들은 성탄절이면 "사랑스러운 아기 예수여, 우리를 불행에서 구해 주십시오. 토지세와 소금세에서 구해 주십시오."[26]라고 노래했다.

17세기 말에, 예수 성심의 축일(Sacred Heart)이 프랑스에서 유행하기 시작했고, 이어 이탈리아에서도 성행하게 되었다. 예수 성심의 축일은 기독론적인 관습이었고, 따라서 교회가 장려하고자 한 유형의 영성과 조화를 이루는 것이었다. 그러나 그것의 발달사를 보면, 그 관습이 성공한 것은 부분적으로 다소 전통적인 영적 요소들 때문이었음을 알 수 있다. 베륄은 예수의 성심을 감성의 소재지일 뿐만 아니라 한 인간과 하나님 사이의 만남의 장소요 인간적 행동의 근원이라고 묘사했다. 그 마음은 그리스도의 신적 인성을 표현해 주며 이성보다 영감이 중요하다는 것을 강조해 주는 상징이었다. 프란시스 드 살, 페넬론, 특히 쟝 유드 등 많은 개혁자들이 그 관습을 전파했지만, 그것은 특정의 수도회나 형제회 안에서만 성행했다. 그러다가 1673년에 알라코크(Marguerite-Marie Alacocque)라는 수녀가 화염, 밝은 빛, 가시 면류관, 그리스도로부터 예수 성심의 사도가 되어달라는 요청 등 일련의 환상을 보았다. 제수잇회에서는 제수잇 수사인 페레 크로아제(Père Croiset)의 헌신에 대한 책의 영향을 받아서 그것을 받아들였다.

그 관습은 군주와 관계를 가졌다. 1689년에 알라코크는 루이 14세의 군대의 군기에 예수 성심을 그려넣어야 한다고 주장했다. 그러한 주장을 촉발한 계시는 루이의 군대가 어려움에 직면한 시기에 하나님의 은총을 보여 주는 길조로 다가왔다. 스타니슬라스 레슥진스키(Stanislas Leszczynski)와 마찬가지로, 유배당한 제임스 2세도 그 관습을 받아들였고, 1792년에는 루이 16세도 받아들였다.

그러나 예수 성심의 축일에 반대가 없었던 것은 아니다. 프랑스의 얀센파는 그것이 지닌 감정적이고 신비적인 요소들을 거부했다. 1680년대에 교회는 그것의 인가를 거부했고, 1729년에도 프랑스의 마리 여왕의 지지에도 불구하고 역시 거부했다. 프로스페로 람베르티니(Prospero Lambertini) 추기경은, 그 관습은 마음이 느낌의 중심지라고 주장하므로 이 주장은 의심스러운 것이며 그 관습 역시 의심스러운 것이라고 주장했다.

그럼에도 불구하고, 교회 당국자들의 불안은 그 관습이 전파되는 것을 막을 수 없었다. 부분적으로 그 관습의 인기는 알라코크의 환상에서 기인한 것이었지만, 예수 성심은 다른 기적들로 이루어냈다. 마르세이유 사람들은 1720년에 전염병이 종식된 것은 예수 성심의 신앙 덕분이라고 간주했다. 그 관습은 마르세이유에서부터 프로방스의 다른 지방으로 전파되었고, 다음에는 이탈리아로 전파되었다. 폴 단코(Paul Danco)와 그가 세운 그리스도 수난회(Passionsts)에서는 흰 심장을 상징으로 사용했는데, 그것은 예수성심 숭배와 관련이 있는 듯하다. 도메니코 피로티(Domenico Pirrotti)는 가톨릭 국가에서 예수 성심 숭배를 장려했다. 18세기 후반에 로마, 베니크, 터스카니 등지에는 예수 성심을 기리는 단체들이 존재했다. 1765년에 교황 클레멘트 13세는 예수 성심의 축일을 공식적인 축일로 인정했다.

결론

예수 성심 숭배는 역종교개혁이 대중 영성에 미친 일반적인 영향을 특별한 방법으로 반영해준다. 가톨릭 개혁자들은 전통적인 지역화된 중세 시대의 신앙을 제거하고, 그 대신에 자기들이 통제할 수 있는 영성을 내세우려 했다. 그들은 과거의 음란하거나 미신적인 형태의 예배를 제거하고, 그 대신에 모든 가톨릭 신자들이 이해하는 상징들로 표현되는 새로운 예배를 장려하려 했다. 그렇게 함으로써 예배가 중앙집중화되고 통일을 이루리라고 기대했다. 새로운 예배의 관습들은 집단적이고 공적이고 감정적인 신앙보다는 개별적이고 내면화된 신앙을 장려하려 했다. 이와 같이 새로운 영성에 대한 관심은 부분적으로는 개신교의 비판에 맞서야 할 필요에서 생겨났지만, 교회의 성직제도 및 그것이 섬기는 사회의 엘리트들 역시 개혁과 통제를 향한 갈망을 느꼈다.

개혁자들은 어느 정도까지는 성공을 거두었다. 유럽의 가톨릭 신자들은 새로운 신앙의 관습들을 채택했다. 특히 기독론적인 관습이나 마리아 숭배 등의 관습을 채택했다. 그러나 그것들로부터 교회가 의도했던 것과 동일한 의미를 끌어냈는지는 짐작할 수 없다. 예수성심 숭배나 성 요셉 숭배는 신앙의 각각의 요소들은 다수의 의미를 소유할 수 있다는 것을 보여준다. 더욱이, 사람들은 종종 자신이 존숭하던 옛 성인들에게로 돌아오거나, 아니면 게라르도 마이엘라와 같은 새로운 성인들을 의지했다. 그런 성인들은 전통적인 기적을 행하는 사람들이었다. *esercizio dovoto*와 같이 새로운 기도 방법은 새로운 양심의 특징인 지속적인 양심 성찰을 촉진하는 데 도움을 주었을 것이다. 그러나 *esercizio dovoto*는 가톨릭 교인 전체가 아니라 엘리트 교인들에게 더 큰 영향을 미친 듯하다. 사람들은 자기들의 삶의 절박함에 응답해 주는 영성을 필요로 했다. 집단들의 통일성, 감정적 신앙을 공적으로 나타내는 것의 효과, 그리고 세상에 신의 능력이 빈번하게 현시됨 등을 주장하고자 하는 사람들의 입장에서 보면, 준엄하고 추상적이고 내면화된 믿음은 그다지 의미가 없었다. 가톨릭 개혁자들은 가톨릭 지식인들을 설득하고, 성직자들을 개심시키고, 점잖고 통제된 종교를 제정하는 데 성공했다. 그러나 모든 가톨릭 신자들을 위한 새로운 영성을 도입하기 위한 전쟁은 앞으로도 계속 될 것이었다.

주

1) 역종교개혁이 종교 생활에 미친 영향에 대한 표준적인 분석을 보려면, John Bossy, "The Counter Reformation and the People of catholic Europes," *Past and Present* 47 (May 1970) 51-70을 보라.
2) Decrees of the Council of Trent quoted in Jean Delumeau, *Le catholicisme entre Luther et Voltaire*, 62.
3) Decrees cited in Benerd Dompnier, "Le missionaire et son public,' in *Journées Bousset: La prédication au XVIIe siècle* (Actes du colloque Kijon 2-4 déecembre: Paris: Labrairie A. G. Nizet, 1980) 106.
4) Raoul de Sceaux, "Le Père Honoré de Cannes, capucin missionaire," *XVLLe siècle* No. 41, 4 (1958) 355.
5) H. Outram Evenett, *The Spirit of the Counter-Reformation* (Notre Dame, IN: University of Notre Dame Press, 1975) 122에서 인용함.
6) Vincent de Paul과 나사로회의 사역에 관해서 알려면, G. Chalumeau, "Saint Vincent de paul et les missions en Frnace," *XVIIe siécle* No. 41, 4 (1958) 317-27; F. Lebrun, "Une mission à Brissac en 1707," *Annales de Bretagne et des pays de l'Ouest* 81 (1974) 517-29; B. Dompnier, "Le missionaire et son public,' 105-28; Delumeau, *Le catholicisme*, 289-90을 보라.
7) R. de Sceux, "Le Père Honoré de Cannes, capucin missionaire," *XVIIe siécle* No. 41, 4 (1958) 349-74; B. Dompnier, "Activités et méthodes pastorales des capucins au XVIIe siècle, l'exemple grenoblois,' *Cahiers d'histoire* 12 (1977) 235-54.
8) Ronald F. E. Weissman, *Ritual Brotherhood in Renaissance Florence* (New York: Academic Press, 1982) 50-58.
9) O. Chadwick, *The Popes and European Revolution*, 161에서 인용함.
10) Maurice de Meulimeester, "La *vita devota* des missions napolotaines au XVIIe siècle," *Revue d'ascétique et de mystique* 25 (1949) 457-64.
11) R. de Sceaux, "Le Père Honoré de Cannes, capucin missionaire," *XVIIe siècle* No. 41, 4 (1958) 354.
12) René Tasveneaux, *Le catholicisme dans la France classique, 1610-1715*, 166-67; Herman Tüchle, C. A. Bouman, and Jacques leBrun, *Nouvelle Histoire de l'Eglise*, 3:191.
13) Tüchle, *Nouvelle Histoire*, 202.
14) Eugène Mangenot, "Catéchisme," in *Dictionnaire de Théologie Catholique* (Paris: Letouzey et Ané, 1932) 2:1895-1965; Taveneaux, *Le catholicisme*, 168.
15) Jean-Claude Dhôtel, *Les origines du catéchisme moderne d'après les premiers manuels imprimés en France* (Paris: Aubier Montaigne, 1967).
16) Roger Chartier, Dominique Julia, Marie-Madeleine Compère, *L'éducation en France du XVIIe au XVIIIe siècle* (Paris: S.E.D.E.S., 1976) 7-8을 보라.
17) R. Taveneaux, *Le Catholicisme*, 172.
18) Delumeau, *Le catholicisme*, 269-70에서 인용함.

19) Bishop Fléchier of Nîmes, writing in 1707; quoted in R. Sauzet, "Miracle et Contre-Réforme en Bas-Languedoc sous Louis XIV," *Revue d'histoire de la spiritualité* 48 (1972) 179-92.
20) Marina Warner, *Alone of All Her Sex,* 249에서 인용함.
21) O. Chadwick, *The Popes and European Revolution,* 25-27.
22) Ibid., 23.
23) Gabriele de Rosa, "Sainteté, clergé, et peuple dans le Mezzogiorno italien au milieu du XVIIIeme siècle," *Revue d'histoire de la spiritualité* 52 (1976) 245-64.
24) 보속을 통해서 구속함을 받은 성인들에 관해서 알려면 M. Warner, *Alone of All Her Sea,* 234을 보라.
25) Ibid., 132.
26) M. L. Fracard, *La fin de l'Ancien Régime à Niort: Essai de sociologie religieuse* (Paris: Desclée de Brouwer, 1956) 240에서 인용함.

참고문헌

Annales de Bretagne et des pays de l'Ouest 81 (1974). Special issue on missions.
Bossy, John. "The Counter Reformation and the People of Catholic Europe." *Past and Present* 47 (May 1970) 51-70.
Chadwick, O. *The Popes and European Revolution.* Oxford: Oxford University Press, 1981.
Delumeau, jean. *Le catholicisme entre Luther et Voltaire.* Paris: Presses universitaires de France, 1979.
XVIIe siècle. No. 41, 4 (1958). Numéro speciale: Missionaires catholiques a l'interieur de la France pendant le XVIIe siècle.
Evenett, H. Outram. *The Spirit of the Counter-Reformation.* Notre Dame, IN: University of Notre Dame Press, 1975.
Perouas, Louis. *Le diocèse de La Rochelle de 1648 à 1724: Sociologie et pastorale.* Paris: S.E.V.P.E.N., 1964.
Taveneaux, René. *Le catholicisme dans la France classique, 1610-1715.* 2 vols. Paris: S.E.D.E.S., 1980.
Tüchle, H., C. A. Bouman, and J. LeBrun, *Nouvelle Histoire de l'Eglise,* vol. 3. Paris: Seuil, 1968.
Warner, Marina. *Alone of All Her Sex: The Myth and the Cult of the Virgin Mary.* New York: Vintage Books, 1976.

제5장
얀센주의와 정적주의

Louis Dupré

일반적으로 영성생활을 공부하는 학생들은 얀센주의(Jansensim)와 정적주의(Quietism)를 제대로 다루지 않아왔다. 많은 사람들은 그 운동들을 처음에 혹시 소유하고 있었을지도 모르는 작은 생명마저 점차 질실시켜버리는 잘못 인도된 기독교 신앙의 썩은 물 정도로 간주했다. 그러나 역사적 결과의 후미등에 비추어 보지 않고 그것들 자체의 빛에 비추어 보면, 그것들은 아주 상이한 모습으로 등장한다. 그 운동의 영감있는 대표자들은 간과되었던 여러 세기로부터 몇 가지 중요한 영적 원리들을 찾아냈다. 그러므로, 나는 그 두 가지 운동은 가톨릭 전통에서 이탈한 것이 아니라 가톨릭 전통에 속한 운동이라고 간주한다. 보다 좁은 의미에서 보면 그것들은 전통적인 운동이기도 하다. 후일 그것들이 분리주의적 분파로 발달하면서 전통적인 특성도 흐려졌다. 종교개혁과는 달리, 그 운동들은 가까운 과거를 혁명적으로 반대하지 않았고, 자기들이 가톨릭 정통 신학에 견고하게 닻을 내리고 있는 현재의 영적 조류를 지속하고 강화하고 있다고 여겼다. 두 운동 모두 17세기 프랑스의 주도적인 학파들, 소위 장 자크 올리에(Jean-Jacques Olier)의 *École française*, 피에르 드 베륄, 그리고 프란시스 드 살의 *Humanisme dévot* 등으로부터 많은 통찰과 영감을 얻었다. 때로 변화를 거의 감지할 수 없는 경우가 있다. 누가 피에르 니콜의 *Traité de l'oraison*과 장-피에르 드 코사드의 *Le divin abadon*을 17, 18세기 프랑스 신앙의 주류에서 배출된 훌륭한 책들과 구분할 수 있겠는가?

얀센주의

기원

영성생활에만 초점을 둔다면, 아마도 얀센주의와 정적주의가 각기 다른 명칭을 사용하는 것이 과연 정당한 일인지 의아하게 여길 수도 있을 것이다. 물론, 그 두 운동은 교회로부터 반쯤 분리된 분파들이다. 특히 얀센주의의 경우가 그렇다. 그러나 한 분파로서의 얀센주의가 이 논문의 주제는 아니다. 그 집단에 속한 보다 영적인 회원들은 자기들이 분파적 분리를 낳은 독선과 교만이라는 정신 구조와 끊임없이 싸우고 있음을 발견했다. 만일 얀센주의가 처음에는 신학적 논쟁에 불과했거나, 마지막에는 말다툼을 좋아하는 엘리트주의 집단으로 전락했다면, 얀센주의는 영성의 역사에서 아무런 지위도 획득하지 못했을 것이다. 그러나 그 운동의 불모의 출발과 논쟁적 종말 사이에는 프랑스와 저지대 국가의 종교생활에 지울 수 없는 흔적을 남긴 영적 개혁 운동이 놓여 있다. 그 운동의 체계적인 존재가 실질적으로 붕괴된 후에도, 그 운동은 그 지역의 가톨릭 교회 내에서 종교적 준엄함의 저류(底流)로서 계속 영향을 발휘했다. 얀센주의는 과거에 파스칼, 라신, Boileau 등에게 영향을 주었듯이, 20세기에도 모리악(Mauriac), Montherlant, 줄리안 그린(Julian Green) 등의 작가들에게 영향을 주었다.

먼저, 그 운동의 신학적 기원에 대해서 다루려 한다. 1640년에, 다소 난해한 라틴어 연구서인 『아우구스티누스』(*Augustinus*)가 코넬리우스 얀센(Cornelius Jansen)의 사후에 출판되었다. 코넬리우스는 루뱅 대학의 신학 교수로서 서부 플랑드르의 이프레스(Ypres)의 주교로서 말년을 보냈다. 얀센은 루뱅 대학 시절의 동료로서 종교개혁과 더불어 시작된 본성과 은혜에 관한 끝없는 토론의 고리인 미셸 두 바이(Michel du

Bay)의 이론의 영향을 받았었다. "전적으로 타락한" 본성이라는 개신교의 주장에 대한 반작용으로, 역종교개혁 진영의 가톨릭 신학자들은 실질적으로 근본적으로 변화되지 않은 독립된 자연의 질서를 죄로 말미암아 파괴되었으며 은혜로 말미암아 회복된 초자연적인 질서와 구분하려 했다. 자연에 은혜를 "추가하는" 비본질적인 종합은 부당하게도 죄와 대속의 각각의 결과를 제시했다. 바이(Bay)의 주장에 의하면, 공의의 원래 상태는 하나님께서 인간의 자연적인 상태에 무상으로 추가해 주신 초자연적인 선물이 아니었다. 그것은 하나님의 계획 안에 있는 인간들의 자연적인 상태이다. 죄로 말미암아 인성이 소유해야 하는 선을 박탈당했으므로, 바이는 그것이 실질적으로 인간의 본성을 타락시켰다고 결론지었다. 인간들은 외적인 강압으로부터는 자유롭지만 악을 향한 충동으로부터는 자유하지 못하다. 심지어 어거스틴이 이교도들의 도덕적 특성이라고 부른 이 악한 성향 안에 덕목들도 굉장한 악덕이다. 대속은 선을 행하는 능력을 회복시켜 주지만, 본성적인 성향으로서가 아니라 무상의 은혜로서 일부 사람들에게만 주어지고 다른 사람들에게는 주어지지 않는다.

바이의 사상은 정죄되었고, 그는 복종했다. 그러나 그를 존경하던 얀센은 논쟁적인 이론의 대부분이 유익한 것이라고 느꼈다. 얀센의 신학은 복잡하지만, 그는 단순한 사상을 따른 사람이라는 인상을 준다. 그는 지적인 회심의 결과로서, 하나님의 은혜를 통한 구속의 신비만이 이론적으로나 실질적인 관심을 기울일 가치가 있다고 확신했다. 교부들에 대한 확실한 지식을 가졌던 그는, 성 어거스틴이 그 주제에 관해 필요한 모든 것을 저술했다고 결론지었다. 그는 평생 동안 행한 묵상과 연구의 결과로서 『어거스틴』을 저술했다. 그 책은 곧 직접적이고 거센 반응을 야기했다. 제수잇회는 자기들의 은혜의 신학이 직접적인 공격을 받았다고 여겼다. 게다가 그 책의 출판은 1607년에 교황 바울 5세가 은혜와 자유의지에 대한 끝없는 토론을 금지한 금령을 범한 것이었다. 제수잇회는 이러한 토론에서, 몰리나(Molina)의 지도 하에 자유로운 협력의 중요성을 강조했었고, 도미니코회는 유효한 은혜에 대한 예정론적 견해를 선호했었다. 그들의 논쟁은 가톨릭 신학계를 흔들어 놓았고, 교황이 개입하기 전까지 종교개혁의 상처를 입은 후에 절실하게 필요한 교리적 평화를 심각하게 위협했다. 『어거스틴』은 여러 번 정죄되었다. 처음에는 1642년에 은혜에 관한 저서를 출판할 때에 필요한 사전 승인을 받지 않았기 때문에 정죄되었다. 1653년에는 얀센의 저서에서 이 이론을 대표한다고 생각되는 다섯 개의 특별한 명제가 이단적이라고 선포되었다. 그 중에는 그리스도가 모든 사람들을 위해서 죽은 것이 아니라 일부만을 위해서 죽었다는 주장, 그리고 내면의 은혜는 불가항력적이라는 주장이 포함되어 있었다. 교의사에서 가장 진기한 일화에서, (처음으로 다섯 가지 명제를 선별해낸 사람들인) 안톤 아놀드(Antoine Arnauld)와 니콜(Nicole)은 원칙적으로는 로마의 판결을 인정했지만, 다섯 가지 명제가 실제로 『어거스틴』에 포함되어 있다는 사실을 부인했다. 알렉산더 7세는 공식적으로 그 명제들이 실제로 『어거스틴』에서 발견되었다고 선포함으로써 그 문제를 일단락 지으려 했다. 그러나 이것으로 문제가 종식된 것은 아니었다. 1690년에 로마는 "오류" 목록을 공포했고, 1719년에는 오라토리오회의 파스키에르 케스넬(Pasquier Quesnel)이 제기한 얀센의 신학을 공격하는 교서를 발표했다. 1794년에 로마가 피스토이아 종교회의(Pistoia Synod)를 공식적으로 거부한 것도 반-얀센주의의 표현이었다.

얀센의 해석에 의하면, 인간은 원래 인간의 본성이 요구하는 공의로운 상태로 창조되었다. 타락으로 말미암아 인류는 원래의 공의를 상실했다. 구속의 은혜가 모든 신자의 내면에 인간적인 상태를 회복해 주었지만(이 점에서 얀센은 바이와 견해를 달리한다), 이 보편적인 은혜는 구원을 위해 충분하지 못했다. 우리의 타락한 본성이 악을 향하는 불가항력적인 성향을 효과적으로 극복하기 위해서는 일반적인 은혜가 아니라 특별한 은혜가 필요했다. 하나님은 이 효과적인 은혜를 모든 사람에게 주시는 것이 아니라, 그리스도의 죽음 안에서 예정하신 사람들에게만 주신다. 얀센의 교리에는 칼빈의 예정론과 흡사한 부분이 많다. 그러나 칼빈과는 달리, 얀센은 예정된 사람에게서 칭의를 위해서는 믿음만으로는 충분하지 못하다고 가르친다. (하나님의 효과적인 은혜를 통해 확보된) 선행을 통한 적극적인 협력이 필요하다.

인간성과 윤리성

사람들은 교회가 무척 피곤한 것이라고 선언했던 주제에 관한 추상적인 이론이 어떻게 한 세기를 뜨거운 논쟁에 휩싸이게 만들었는지 의심스럽게 여긴다. 그 부분적인 이유는 신학 분야가 아닌 곳에 있다. 얀센주의 논쟁에서는 인간성(personalities)이 교리로서 중요한 역할을 했다. 그 운동은 프랑스 내의 새로운 법복 귀족(noblesse de robe)의 대표자라고 할 수 있는 유식하고 지적이고 도덕적 관심을 가진 사람들의 특별한 집단과 함께 출발했다. 그러나 그들은 율법주의를 향하는 경향을 지녔고, 인간적 권위 의식이 강하여 특권을 주장했다. 무엇보다도 그들은 논쟁을 자초했다. 만일 영적으로 강력한 반대의 흐름이 미치는 심오한 영향이 없었다면, 이러한 사회적 경향들은 국가적 권리와 계층적 권리를 강조하면서 프랑스 교회에 "고올주의" 운동을 낳았을 수도 있다. 이 영적 흐름은 결코 얀센주의만의 특징은 아니었지만, 얀센주의자들은 그것을 신학적으로나 도덕적으로 연결하는 데 성공했다.

얀센주의의 초기의 추진력의 대부분은 생 시란(Saint-Cyran)과 아놀드라는 두 명의 위대한 인물에게서 제공되었다. 그 운동에 지속적인 영향을 미친 파스칼은 이 두 선구자들이 프랑스의 무대에서 사라진 후에 그 운동에 합류했다. 앞으로의 논의는 이 세 사람에게 초점을 둘 것이다. 후일 생 시란의 수도원장으로 임명된 장 디베르지에 데 오란(Jean Duvergier de Hauranne)은 루뱅에서 공부하던 시절부터 얀센을 알았다. 그 후 그들은 오랫동안 프랑스를 방문하거나 루뱅을 방문할 때를 제외하고는 지속적으로 편지를 주고 받았다. 그들의 편지는 어거스틴, 제수잇회, 그리고 그들과 관련되었다고 생각하는 인물들을 암호로 지칭하는 등 비밀스러웠다. "생 시란은 신비한 태도를 지니고 있었다. 그는 끊임없이 교회의 타락에 대한 일반적인 일들을 이야기했고, 당신에게 그러한 일들을 반복하지 말라고 탄원했다. 만일 당신이 그러한 일을 되풀이 한다면, 그는 그러한 일을 말했던 것을 부인할 것이다."[1] 그러나 이 아첨을 모르는 노골적인 글의 저자인 로널드 녹스(Ronald Knox)는 생 시란이 특별한 영적 지도자라고 강조했다. 그에게는 다른 성품도 있었다. 후일 그를 체포하게 만든 리슐리외(Richelieu)는 그가 유럽에서 가장 유식한 사람이라고 말했다. 그 시대의 사람들은 그를 건전하고 금욕적인 사람이라고 생각했다. 그러나 그는 내향적이고 자의식이 강해서 사람들에게 불쾌한 느낌을 주었는데, 그 때문에 헨리 브레몽(Henry Bremond)은 "그는 매우 엄숙하고 거룩한 순간에도 우울한 성품, 솔직하지 못하고 약간 우스꽝스러운 면을 지니고 있다"[2]고 말했다. 그럼에도 불구하고, 포트 르와이얄(Port-Royal) 수녀원의 영적 진로를 확실하게 세운 사람은 생 시란이었다.

생 시란이 지도자로 부임했을 당시, 파리에서 몇 마일 거리에 위치한 시토회 수녀원인 포트 르와이얄은 영적 개혁을 완전히 진행하고 있었다. 개혁 의지를 가진 젊은 수녀원장 안젤리크 아놀드는 이 지도 신부에게 맹목적으로 헌신하여, 수녀원에서 그의 사상을 이행하도록 주선했다. 그의 사상은 곧 수녀들의 친척들 및 많은 친지들에게로 전파되었다. 결국, 몇 명의 지식인들이 그들의 "독거"(solitude)에 합류하면서, 수녀원은 얀센주의 신학 및 종교적 개혁의 중심지가 되었다. 생 시란이 투옥되면서(그는 석방된 직후에 사망했다), 안젤리크 수녀원장의 남동생인 안톤 아놀드가 그 운동의 지도자가 되었다. 예리하고 논리적인 지성과 논쟁적인 성향의 소유자인 아놀드는 그 단체와 제수잇 간의 끊임없는 말다툼에 의해 야기된 논쟁에 합류하여 얀센주의의 엄격주의를 단호하게 옹호했다. 아놀드는 『빈번한 성찬』(*Frequent Communion*, 1643)이라는 책을 저술하면서 자신의 권위를 다졌다. 17세기 프랑스의 해이해진 풍토 속에서, 제수잇의 궤변에 의해 인정을 받았다고 생각한 아놀드는, 신자들은 죄를 고백하지 않은 채 성찬을 받아서는 안되며, 또 고해 신부들은 오랜 준비 기간을 부과해야 한다고 주장했다. 그 책은 오늘날 그 책을 읽고자 하는 사람으로서는 상상하기 어려울 정도로 성공을 거두었다. 신앙심이 깊은 사람들은 여러 달, 때로는 여러 해 동안 성찬을 삼갔다. 얀센주의의 영향을 받은 지역에서의 영향력은 20세기까지 지속되었다. 그 책은 엘리트주의와 말다툼을 좋아하는 것과 분파적인 것이 얀센주의 정신의 그다지 바람직하지 못한 특성이라고 정의한다. 그것들은 브레몽의 통렬한 판단에 영향을 주었다:

> 그 집단의 최초의 성명서, 그들이 어떤 형태로든 반복하면서 그 때마다 악화시킨『빈번한 성찬』은 하나의 팜플렛과 같다. 그들은 항상 누군가를 대적하여 글을 쓰고 생각하고 생활한다. 그들의 신학은 하나의 내란이다. 한 마디로 말해서, 올리에르의 무서운 말처럼 "그들은 교회가 살아가는 수단인 사랑의 마음을 먹어 치운다"…그것은 정신 깊이 뚫고 들어가기도 전에 모든 참 종교의 상태인 평화를 망친다. 그것은 회심시키기는 커녕 그 시대의 신비적 흐름으로부터 치명적으로 분리시키는 분파주의자들을 만들어 낸다.[3]

앞으로 살펴보겠지만, 이 운동 전체에 대한 이 판단은 부당한 것이다. 그러나 아놀드에 대한 판단은 가혹하기는 하지만 옳지 않은 것은 아니다. 특히 아놀드가 다음 번 저서인『얀센을 위한 변증』(Apologies for Jansenius)를 출판하면서, 개혁 운동의 중심지였던 포트 르와이얄 수녀원은 신학적 논쟁의 온상이 되었다. 얀센주의는 서서히 몇몇 주교들과 수도원장들 및 많은 지성인들과 귀족들의 지지를 받는 하나의 "파당"(party)으로 변하고 있었다. 후일 얀센주의를 파괴하게 될 루이 14세의 궁정에도 비록 서원을 하지는 않았지만 얀센주의의 충실할 추종자들이 있었다. 그들은 항상 얀센주의를 보호하고 강화하기 위해 계획하고 도모했다. 그러나 권세의 절정에 달해 있던 아놀드는 자기의 힘을 과신했다. 그는 정죄된 다섯 가지 명제의 "실질적인" 존재에 관한 로마의 판결을 강화하려 한 쉴피스회(Sulpicians)를 가차없이 공격했지만, 솔본느 대학에서는 그를 정죄했으며, 만일 그가 순종하지 않으면 그의 신학 박사 학위를 취소하겠다고 위협했다. 아놀드는 12년 동안 은신생활을 했고, 얀센주의 신앙 때문에 급속히 증가한 순교자 중 한 사람이 되었다.

그 무렵 세번째 인물인 블레이즈 파스칼이 얀센주의 무대에 등장했다. 파스칼은 수세기 동안 살아 남을 저서들을 저술한 인물이다. 그의 등장이 장차 끝없이 진행되는 지루한 논쟁을 덜어주는 데 기여하리라고 기대되지는 않았다. 파스칼이 "시골에 살고 있는 사람에게 보낸" 최초의 편지들은 익명으로 출판되었지만, 결코 간과되지 않았다. 그 이전에 출판된 대부분의 매우 지적이고 논쟁적인 저술들과는 달리, 제수잇 도덕성에 대한 파스칼의 예리한 풍자는 모든 세밀한 구분과 학문을 공격하면서, 사람들로 하여금 이처럼 간단한 일을 분명하게 결론짓는 데 왜 그처럼 오랜 시간이 소요되었는지 의아히 여기게 만들었다. 문제는, 파스칼이 그 문제가 복잡하다는 것을 알고서 그것을 간단한 것처럼 보이게 만들기 위해서 모순된 말을 했다는 데 있다. 지금도 우리는 논쟁에서 승리하기 위해서 근본적인 공정함마저 희생시키려는 무책임한 욕망의 충동을 받은 사람이 어떻게 그처럼 영적인 저서인 『팡세』를 저술할 수 있었는지 의아해 한다. 『시골 사람에게 쓴 서신집』(*Provinciales*)의 신학적 논박에 결여된 것이 있다면, 그것은 영적인 것에 대한 의식일 것이다. 그의 난처한 목적에 대한 두려움이 일시적으로 목적 자체를 흐리게 했었는가? 다행히도, 이 논문의 목적은 내가 이 비 영적인 저서를 무시하고 얀센주의 운동의 최고의 업적인 놀라운 저서 『팡세』를 다루는 것을 허락해준다.[4]

영적 얀센주의자들

『팡세』는 역종교개혁의 열광적이고 의기양양한 분위기와는 현격한 대조를 이루는 바 인간 본성에 대한 절대적인 염세주의적 인상을 전달하는 것으로써 시작된다. 인간의 "사악함"이라는 주제가 거듭 등장한다. 인간의 상태는 고난과 굴욕적인 불행으로 구성된다. 그리스도의 대속에 의해서 그러한 상태가 완화된 것이 아니다. 왜냐하면 구속 자체도 고난 안에서 발생하기 때문이다. 지금도 예수는 부활의 승리 안에 현존하시며 동시에 그의 고난 안에 현존하신다. "그분은 세상 끝날까지 고통 속에 계실 것이다"(『팡세』 #919). 그분의 위격 안에서 우리의 타락한 본성은 고통스럽게 하나님의 거룩의 충만한 영향을 받는다. 우리의 본성과 그리스도의 신성의 연합은 결코 전반적으로 구속을 보장하는 것은 아니다. 어떤 사람들은 택함을 받고, 어떤 사람들은 거부된다. 그럼에도 불구하고, 칼빈의 예정론에 대한 파스칼의 반대는 굳건하고 확실하다. 하나님이 택하신 사람들은 본질적으로 구속함을 받는다. 법정적이고 외적인 칭의에 대한 칼빈의 이론은 하나님의 섭리에 맞지 않는 한계를 설정한다.

> 하나님께서 자신을 우리와 결합시켜야 한다는 것은 믿을 수 없는 일이다. 이러한 고찰은 우리 자신의 악함에 대한 인식에서부터 비롯된다. 그러나 만일 당신이 그것을 믿는다면, 나처럼 우리는 너무나 악하므로 혼자 힘으로는 그분의 자비하심이 우리로 하여금 그분에게 도달할 수 있게 해줄 것인지 알지 못한다는 것을 깨달아야 한다. 그렇기 때문에 나는 자신의 연약함을 인정하는 동물이 무슨 권리로 하나님의 자비를 측량하며 그것을 자신의 환상에 의해 설정한 한계 안에 두려 하는지 알고 싶다. 그는 하나님이 어떤 분이신지에 대해서 거의 알지 못하므로 자신이 어떤 존재인지도 알지 못한다.(#149)

파스칼의 염세주의는 우리에게 손을 뻗으시는 하나님의 전적 초월성에 대한 점증하는 의식에 의해 균형을 이룬다. 그가 보편적으로 충분한 은혜라는 제수잇 이론과 하나님의 내재를 배제한 칼빈의 이론을 거부한 것은 신적 초월성의 의식에서 비롯된 것이다. 우리는 오직 하나님으로부터 (믿음 안에서) 우리의 태도를 성화시켜주며 우리의 행위에 공로를 부여해 주는 완전하고 본질적인 대속에 대해서 배울 수 있다. 그러나 믿음의 대상인 "예수의 신비"는 어떤 사람들은 조명해 주지만 어떤 사람들은 장님으로 만든다. 택한 자들에게 주어진 믿음의 눈을 통해서만, 이 신비의 참된 실체를 볼 수 있다. (효과적인 은혜의 부족 때문에) 거부하는 사람들은 마치 "예언에서 예고된 메시아의 위대함이나 비천함을 이해하지 못하는 육적인 유대인들"과 같다(#256). 파스칼은 영적인 기독교인들과 유대인들을 육적인 기독교인들과 유대인들로부터 구분한다. "육적인 기독교인들에 따르면, 예수 그리스도는 우리에게서 하나님을 사랑하는 일로부터 면제해 주며 우리의 도움 없이도 충분히 효과적인 성례를 주기 위해서 세상에 오셨다. 이것들은 모두 유대교나 기독교가 아니다"(#287).

얀센주의 교리의 핵심인 영적인 것과 육적인 것의 구분은 그 운동의 보다 의심스러운 특성들―엘리트주의, 그리고 어떤 경우에 교만과 경시로 기울어진 독선적인 정신구조―을 형성하는 데 기여했다. 그러나 지금은 잊혀졌지만 포트 르와이얄 운동에 참여했던 많은 사람들의 경우에서처럼, 말년의 파스칼은 하나님과의 공로 없는 연합이라는 겸손한 의식을 소유했다. 포트 로와이얄은 원래, 그리고 언제나 논쟁의 중심이 아니라 경건의 중심지였다. 그 수녀원의 경건 서적인 *Exercises*는 아놀드의 시끄러운 논쟁과는 매우 다른 정신을 드러낸다. 『팡세』에서 우리는 마음의 지식에 관한 내용에 신앙이 반영되어 있음을 발견한다.

> 일반적인 지식, 심지어 철학적 지식까지도 자연적인 결과로서 회의를 낳는 데 반해, 내면 생활의 통일된 중심인 마음의 지식은 우리를 위로 끌어올려 주는 직관이다. 하나님은 이 본성적인 직관을 통해서 택한 자들을 가르치신다 그것이 없는 종교는 불확실한 투쟁으로 존재한다.

> 하나님께서 마음을 감화시킴으로써 주시는 깊은 믿음을 부여받는 사람들은 매우 운이 좋은 사람들이며, 합법적으로 확신을 갖는다. 그러나 그것을 소유하지 못한 사람들의 경우에, 하나님께서 그들의 마음을 움직여 주심으로써 믿음을 주지 않는 한, 우리는 이성을 통해서만 그러한 믿음을 줄 수 있다. 그것이 없는 믿음은 인간적인 믿음으로서 구원에는 쓸모없는 믿음이다.(#110)

또 "하나님을 감지하는 것은 마음이지 이성이 아니다"라는 구절도 있다(#424). 그러나 마음 자체를 통해서는 이러한 믿음의 이해에 이를 수 없다. 하나님에 대한 모든 지식은 하나님이 부여해 주셔야 한다. 이성에게 있어서, 하나님은 "감추어진 하나님"으로 남아 있다(#228). 하나님은 "눈 먼 사람들도 볼 수 있을 만큼" 분명하게 자신을 계시하지 않으시지만, 또 성실하게 하나님을 찾는 사람들이 인정할 수 없을 만큼 숨어 계시는 것도 아니다"(#149). "택한 사람들을 조명해줄 충분한 빛이 있고…유기된 사람들의 눈을 멀게 할 충분한 캄캄함이 있다"(#236). 하나님을 찾는 것 자체가 이미 하나님을 발견하는 것을 포함하는 은혜이다. "만일 네가 이미 나를 발견하지 않았다면, 너는 나를 찾지 않을 것이다"(#919). 하나님을 찾는 은혜는 하나님을 발견하는 일이 허락될 사람들에게만 주어진다.

여기에서 우리는 "하나님의 택함"(election)이 지닌 보다 깊고 신령한 의미에 접근한다. 믿음의 은혜만이 감추어진 하나님의 표적을 읽는 데 필요한 시각을 우리에게 제공한다. 그러나 성경과 자연은 지속적인 믿음의 조명으로만 해독할 수 있는 은밀한 언어로 기록되어 있다. 파스칼은 누이동생에게 다음과 같이 편지했다: "초자연적인 빛이 없으면 이 신성한 문자들을 인식할 수 없다. 왜냐하면 만물은 하나님을 아는 사람들에게 하나님에 대해 말하며, 하나님을 사랑하는 모든 사람에게 하나님을 계시해 주며 하나님을 알지 못하는 사람에게는 하나님을 감추기 때문이다."[5] 기독교 영성을 공부하는 학생들 사이에 퍼져 있는 얀센주의에 대한 좋지 않은 평판은 특히 니콜이 취한 모든 형태의 수동적 기도에 대한 비판적인 자세와 논쟁적 성향에서 비롯된다. 이러한 결점들 때문에 얀센주의가 지닌 영적 특징이 쇠퇴했다. 파스칼의 *Memorial*은 한 가지 예를 제시한다.

> 1654년 은혜의 해
> 11월 23일 월요일, 교황이요 순교자인 클레멘트 및 순교록에 포함된 사람들의 날.
> 순교자 크리소고누스 및 다른 성인들의 축일 전야.
> 저녁 10시 30분부터 밤 12시 30분경까지
> 불
> 철학자들과 과학자들의 하나님이 아닌 아브라함의 하나님, 이삭의 하나님, 야곱의 하나님
> 확신, 확신, 감정, 기쁨, 평화.
> 예수 그리스도의 하나님.[6]

여기에서 파스칼은 믿음의 눈으로 직접 보는 것, 분명한 택함의 표적을 포함하는 하나님의 임재에 대한 분명한 의식을 묘사한다. 그 후로, 그는 하나님의 사랑을 확신할 수 있었다. 하나님은 먼저 은혜 아래 그를 묻은 후에 그를 거부하심으로써 그를 속일 수 없었다.

이처럼 그를 경건한 인문주의자들(프란시스 드 살의 학파)에게 접근시켜준 것과 동일한 방법에 의해서, 파스칼은 자기의 참된 형제들, 신비가들과도 재결합한다. 하나님을 느끼는 이 마음, 또한 우리로 하여금 "최초의 원리들"을 알 수 있게 해 주는 마음이 그 궁극적인 경계 안에서 이 "영의 최고 지점", 하나님과 영혼이 만나는 심오한 지역에 접해야 한다. 그러므로 영혼 안에 완전히 살아 있는 생명은 우리가 영혼을 다스리는 기준으로 생각하는 지극히 편협한 공식들을 완성하고 교정하고 초월한다.[7]

이 강력하고 신비한 경험은 지속적인 하나님 임재 의식의 절정을 이룬다. 파스칼의 경우, 은혜는 그 임재와의 영원히 새로운 만남 안에 존재한다.

처음으로 그것을 어렴풋이 보게 해줄 수 있는 은혜가 그것을 계속해야 하며, 그것을 영원히 생생히 보존하기 위해 신자들의 마음 속에서 그것을 끊임없이 회고함으로써 그것을 영원히 현존하게 만들어야 한다. 이것은 하나님께서 끊임없이 복받은 사람들의 내면에서 그들의 복을 새롭게 하시는 것(이것은 실질적으로 은혜의 결과이다), 또 성부께서 지속적으로 성자는 산출하시며 끝이 없고 방해받지 않는 하나님의 본질의 유출을 통해서 그의 본질의 영원성을 유지하신다는 교회의 주장과 흡사하다. 신자들이 정의를 지속하는 것은 은혜의 주입의 지속에 불과하다.[8]

파스칼은 "영적인" 얀센주의자로서 나타난다. 그는 가장 설득력이 있는 사람이었을른지도 모른다. 그러나 그의 주위에는 우리가 포트 로와이얄과 동일시하는 불쾌한 특성들을 갖지 않은 사람들도 많았다. 포트 르와이얄에서 자신의 언니와 합류하여 수녀원장으로서 그녀의 뒤를 이은 아그네스 아놀드가 그 중 하나이다. 그녀의 저서인 *Secret Rosary*는 한 때 논쟁의 근원이었지만, 이제는 시들어버린 꽃다발 같은 느낌을 준다. 그녀는 소중한 신앙과 사랑의 소유자로서, 그녀의 영성생활은 모든 금욕적 스승들 중에서 가장 온유한 프란시스 드 살의 영향을 받은 것이었다. 그녀의 편지들은 성 뵈메의 열심을 일으켰다. 브레몽은 그녀를 "명상적이고, 한결같고, 조용하고, 은둔생활을 하며, 훌륭한 정신의 소유자요, 오직 영적인 일에만 관심을 갖는 사람"[9]이라고 묘사한다. 본성적으로 평화를 사랑한 니콜(Nicole)도 파스칼 주위의 인물이다. 그는 예리하고 합법적인 정신 때문에 마지 못해서였지만 끊임없이 논쟁에 빠져들었다. 정죄된 명제들에 관한 논쟁에서 권리(droit)와 행동(fait)을 구분한 인물이며, 『가상적 이단에 관한 편지들』(Letters on the Imaginary Heresy)의 저자인 그는 곧 논쟁에서 물러나, 특별한 통찰과 신앙을 가진 영적 지도자로 머물었다. 물론 그는 수동적 관상을 맹목적으로 지지한 약점이 있었다. Les Visionnaires에서 그가 현대 신비주의의 모든 형태를 공격한 것 때문에, 얀센주의 운동 전체가 반 신비주의적이라는 평판을 받게 되었다. 그러나 이 "신비주의를 반대한 니콜"은 이그나티우스의 묵상 방법과 관련하여 확고하고 깊은 신앙 서적인 『기도에 관한 논문』(Treatise on Prayer)를 저술했다. 더욱 안타까운 일은 그가 말년에 다시 정적주의를 반대하는 논쟁에 휩싸인 것이다. 그 외에 탁월한 덕과 관상적 정신의 소유자인 르 냉 드 틸레몽(Le Nain de Tillemont)도 파스칼 주위의 인물이었다. 포트 로와이얄의 겸손하고 거룩한 의사 하몬(Hamon)을 들 수 있는데, 성 뵈베는 그를 "17세기의 위대한 영성인"[10]이라고 불렀다. 그러나 생 시랭의 영적 원리가 지닌 잠재력을 가장 잘 이해한 사람은 그의 조카인 마틴 드 바르코스(Martin de Barcos)였다. 그는 관상생활은 어거스틴의 은혜의 교리와 아주 일치한다고 보았다. 니콜은 자신이 정적주의를 공격하면서 바르코스를 염두에 둔 적이 있었다고 인정했다. 실제로, 그는 정적주의와 얀센주의 사이의 자연적인 연결고리가 되었다. 얀센주의는 상이한 분위기와 상반되는 태도에도 불구하고, 분명한 "정적주의적" 저류를 나타냈다. 아그네스 아놀드는 자신의 서신에서 자연에 대해 가해지는 모든 폭력에 대한 경고와 하나님의 은혜의 초청을 앞서려 해서는 안된다고 거듭 말했다. 바르코스는 더 나아가 영성생활의 중요성을 고요한 관상 안에서 양성된 유순한 수동성에 두었다. 포트 로와이얄, 최소한 초기의 포트 로와이얄을 평가함에 있어서, 항상 이것이 이단적인 비밀 집회가 아니라 매우 헌신적인 신자들, 교회와 자기들이 속한 회중의 전통 안에 머무는 데 관심을 가지며 현존하는 공동체와의 결속을 희생하지 않으면서 순수한 전통의 순수한 근원으로 복귀하기 위해 노력하려 한 집단이라는 것을 기억해야 한다.

공식적인 운동으로서 활동한 마지막 시기에, 얀센주의는 논쟁적인 분파로 전락했다. 프랑스 교회사에서의 이 영적으로 무가치한 시대는 오늘날 우리에게 그다지 감화를 주지 못한다. 최근의 얀센주의 저술가들은 그 운동의 초기에서 영적인 양분을 찾아야 했다. 얀센주의 내에서 교화를 구하는 사람들은 주요한 종교적 개혁 운동이 초기에 대적했던 고올주의 이론과 결합한 것, 얼간이 같은 파리의 de Noailles 추기경의 교활한 정책, 오라토리오 회원인 파스키에르 퀘스넬(Pasquier Quesnel)의 기회주의적인 술책 등 모든 것을 망각해야 했다. 그러나 그것들 중 어느 것도 그 적수들이 취한 잔인한 조처, 즉 새로운 수련수사들을 받아들이지 못하도록 금지한 것, 그리고 루이 14세의 근위병들이 포트 로와이얄을 완전히 파괴한 것을 정당화해 주지는 못한다. 그러나 분파주의적 악습이나 외적인 폭력으로도 수세기의 세월을 가로질러 말해 주는 경건한 음성을 파괴할 수는 없었다.

정적주의

기원

정적주의는 영적 스펙트럼의 반대편에서 위치한 듯하다. 궁극적으로 페넬론(Fénelon)을 정죄한 정적주의 논쟁에서 얀센주의자들이 두드러진 역할을 했다. 그에 대한 앙갚음으로 페넬론은 프랑스 내에서 조직적인 운동으로서의 얀센주의를 제거하는 데 기여했다. 이 적대감은 인간들의 갈등으로 치부하는 것은 너무 단순한 판단일 듯하다. 우리는 두 가지 상이한 종교적 유형을 다루고 있다. 관상적 조화를 의심하는 얀센주의에서는 도덕적 진지함과 개인적인 노력을 강조했다. 은혜와 비슷한 정도의 인간적인 주도(initiative)를 불신하는 정적주의는 수동성과 비저항을 설교했다. 그러나 프랑스에서 이 두 운동은 밀접하게 연결되어

기욘 부인의 초상화

펠릭스 페넬롱의 초상화

있었다. 두 운동 모두 베륄 및 프랑스 학파의 대가들이 프랑스의 정신에 고취해온 것과 동일한 인간 본성에 대한 염세주의적 개념에서부터 출발했다. 그러나 동일한 염세주의가 상반되는 결론으로 이어졌다. 얀센주의자들은 우리가 은혜와 협력하면서 두렵고 떨림으로 구원을 이루어야 한다고 결론지었다. 타락한 본성 안에서의 은혜의 절대적인 효용을 강조하는 정적주의자들은 전적인 유기(total abandon)를 옹호했다.

동시에 두 운동의 가장 훌륭한 대표자들은 프란시스 드 살의 "경건한 인문주의"(devout humanism)의 혜택을 크게 지고 있었다. 아놀드 자매와 생 시란에게서 그의 영향력을 분명히 감지할 수 있다. 정적주의자들 사이에서는 제네바의 감독이 보편적인 영향을 미쳤다. 영성생활에서의 진보에 대해서 근심하지 말라는 그의 충고는 프랑스 내에서 그 운동 전체의 주도적 원리가 되었다. 프란시스 드 살은 사막 교부들에게서 비롯되었으며 라인란드 지방 신비가들과 스페인의 갈멜 수도회 등의 학파에서 등장하는 사상을 새로이 강조하고 표현한 데 불과하므로, 우리는 그 그 영향들의 기원을 훨씬 더 깊이 추적하려 할 수도 있다. 우리가 이 귀중하고 유서깊은 흐름을 염두에 두지 않는다면, 그것이 일으킨 논쟁의 편협한 렌즈를 통해서 봄으로써 정적주의를 한계적 사상의 조류, 영적인 막다른 골목으로 보려 할 수도 있을 것이다. 프랑스 학파는 이 관계가 먼 전통을 전달하는 것 외에, 정적주의의 어휘에 "순수한 사랑"(pure love)이라는 중요한 개념을 도입했다. 때때로, 소위 가장 훌륭한 정적주의자들을 그들의 위대한 선조들로부터 구분하기가 어렵다. 정적주의가 검사 성성(Holy Office) 내에서 일으킨 반응과 몇 가지 무절제한 주장에 의해 야기한 불리한 여론이 없었다면, "정적주의"라는 고유명사를 확보할 수 있었겠는가? 우리가 그들의 원수들 중 한 사람의 말을 믿는다면, 최소한 나폴리에서는 몰리노스의 추종자들이 스스로 "정적주의자들"이라는 명사를 취한 것이 사실이다.

정적주의의 "선례들"에 대해 이야기하는 사람들은 주로 사변적 묵상과 활동적인 덕보다 관상적 고요와 수동성을 강조하는 논쟁적인 운동들을 언급한다. 매우 빈번하게 언급되는 명사들 중 하나가 스페인의

Alumbrados(광명파)이다. 우리가 그들에 대해서 가지고 있는 정보는 대체로 적대적인 자료 및 강요된 고백에 근거한 것들이다. 그것은 신빙성도 없고 일관성도 없는 듯이 보이지만, 그것이 하나의 분파라기보다는 하나의 영적 운동이었으며, 또 몇 가지 "완덕"의 단계를 소유하고 있었을 것임을 보여준다. 종교재판소는 그 집단이 완덕에 이르는 방법으로서 도덕적 덕의 적극적인 추구를 멸시한다는 혐의에 관심을 가졌던 듯하다. 에라스무스의 『그리스도의 군사 편람』(*Enchiridion Militis Christiani*)과 이그나티우스의 『영성 훈련』(*Exercises*)에도 등장하는 핵심 용어는 성 무관심(sacred indifference)이다. 1621년에 세빌라(Sevilla)가 유죄 판결을 받은 직후, 프랑스에서도 비슷한 경향들이 전개되었지만, 프랑스의 "영적주의"(spituels)와 스페인의 광명파 사이에 분명한 연계는 없다.

몰리노스

분명히 "정적주의"라고 할 수 있는 최초의 운동은 이탈리아의 밀란에서 제수잇 회원인 아킬레 가글리아르디(Achille Gagliardi)는 그의 고백자인 이사벨라 벨런자가(Isabella Bellinzaga)의 영향을 받아 저술한 아직 정통적인 저서인 *Breve compendio intorno alla perfezione cristiana* 안에 처음으로 등장했다. 그 책은 까뮈(Camus)와 젊은 베릴에 의해 여러 번 번역되고 의역되었으며, 시렝(Surin)을 비롯하여 신뢰할 수 있는 여러 영적 지도자들이 그 책을 추천했다. 후일 하나의 참된 "정적주의" 운동이 등장하면서 그 책과 관련하여 논쟁이 발생했다. 후자에 대한 비난이나 감사는 대체로 몰리노스에게 돌아간다. 1628년에 사라고사(Saragossa)에서 태어났으며 코임브라 대학의 신학 박사였던 미구엘 데 몰리노스(Miguel de Molinos)는 발렌시아(Valencia)에서 젊은 설교자요 고해신부로서 명성을 얻었다. 그 도시의 시민들은 그 도시 출신 사람의 시성을 촉진하기 위해서 그를 로마로 파견했다. 그 일을 아무런 소득도 없었지만, 몰리노스는 로마에 머물면서 곧 위대한 영적 지도자로 알려졌다. 1675년에 그는 잦은 성찬 참여에 관해 아놀드의 주장과 정반대가 되는 소논문을 출판했다. 그러나 그 책은 그의 저서인 『영적 지도』(*Spiritual Guide*)만큼의 관심을 끌지 못했다. 그 책에서는, 관상기도, 즉 순수히 수동적인 기도만이 영적 완전으로 이어진다고 주장했다. 기독교인이 그것을 얻으려면 모든 금욕적인 노력을 피해야 하며, 대신에 내적 고요와 포기에 완전히 집중해야 한다. 이번에도 먼저 제수잇 수사들이 자기들의 묵상 관습에 대한 위협이라고 생각하는 것을 공격했다. 그러나 몰리노스의 명성은 견고하게 자리잡았기 때문에, 몇 명의 추기경이 그를 구해 주었으며, 그를 비판하는 사람들 자신이 유죄 판결을 받도록 조처했다. 그러나 그의 저서의 효과로 말미암아 점차 의심이 야기되었고, 처음에는 그들을 보호해 주었던 교황 이노센트 11세는 결국 그를 체포하게 했다. 그 이유가 무엇이었는지는 오늘날도 확실히 알 수 없다. 검사 성성(Holy Office)에서는 약 12,000편의 편지를 포함한 그의 저술들을 자세히 조사했다. 오랫동안 재판을 받은 후에 그는 간신히 종신형을 선고받았다. 몰리노스는 교리적인 잘못은 물론 부도덕한 행동을 했다는 선고를 받았다. 그것은 모범적인 생활을 하는 사람으로 알려져 있고 가족들로부터 존경을 받는 사람에게 어울리지 않는 죄목이었다. 그는 정말로 고발된 것처럼 노출 행위를 했을까? 다른 사람들과의 관계에서 신중하지 못했던가? 자신의 몸 안에서조차도 악에 저항하지 않아야 한다는 그의 이론은 일반적인 도덕적 해이를 암시하지 않는가? 계속 역사가들을 당황하게 만드는 편견을 지지하는 증거는 주로 여인들에게 보낸 편지 안에 있다. 지금도 그 편지들은 봉인되어 바티칸에 보존되어 있다. 몰리노스가 68개의 조목에 대한 자신의 유죄를 인정했다는 사실은 그가 죽음을 앞에 두고서도 자신이 전파한 무저항을 기꺼이 실천하려 했음을 증명해 준다. 그 후의 삶도 그의 행위가 도덕적으로 비열하다는 비난을 입증하지 않는다. 그는 로마의 감옥에서 만나는 모든 사람에게 선과 신앙의 모범을 보여 주면서 9년을 보낸 후 거룩한 죽음을 맞았다.

『영적 지도』에서 정죄받은 명제들을 찾아내기는 어렵다. 명제 12에서는 자신의 자유를 완전히 하나님께 바친 사람은 지옥이나 천국에 대해

제5장 얀센주의와 정적주의 199

서 걱정해서는 안된다고 주장한다. 그는 자신의 완덕, 성성(聖性), 또는 구원을 원해서는 안된다. 심지어 자신이 소멸하리라는 희망도 소유해서는 안된다. 자신의 동의 없이 몸 안에서 마귀가 범한 육체적인 행동에 대해서는 도덕적인 책임을 질 필요가 없다는 것(명제 41), 그리고 그러한 행동에 저항해서는 안된다는 것(명제 47) 등은 일반적인 원리로서는 위험할 수도 있지만, 특별한 사람, 꼼꼼한 성향을 가진 사람들에게 주는 특수한 충고일 경우에는 그것이 지향하는 상황을 떠나서는 판단할 수 없다. 몰리노스는 재판을 받으면서, 하나님이 주신 내적인 빛이 그로 하여금 언제 참회자의 행동이 마귀에게서 오는지를 탐지할 수 있게 해준다고 주장했다. 진기한 광희의 분위기와 결합된 이 예언적 태도 때문에 그의 정신적 균형에 대한 의심이 야기되어 왔다. 로널드 낙스(Ronald Knox)는 그로 하여금 자신이 예언자이며 일반적인 도덕적 분별에 속한 고찰들보다 탁월하다고 믿게 만든 "혼란스러운 심리 상태"를 언급한다. 그 이론은 그럴 듯하지만, 뒷받침해 주는 증거가 빈약하다. 출판된 그의 저술들은 의심스러운 일방적인 태도를 암시한다. 특히 질문을 제기하는 한 가지 요점이 있다. 몰리노스의『영적 지도』는 성녀 테레사부터 시작된 분명한 구분, 즉 습득적 관상과 주부적이고 순수히 수동적인 고요의 구분을 흐리게 만들었다. 여기에는 전통적인 기도 방법에 대한 경멸도 병행한다. 우리는 여기에서 임의적인(à volonté) 신비주의 또는 신비주의가 영적 보호의 유일한 방식으로서 모든 사람에게 쉽게 수여된다는 가정을 소유하는 듯하다. 낙스는 다음과 같이 표현한다:

> 몰리노스는…수동적 기도가 시작되기 전에 적극적인 관상의 단계에 대해서 저술한다고 주장한다. 만일 영혼이 그 행로에서 만날 준비를 갖추어야 하는 정화에 대한 십자가의 요한의 표현을 사용한다면, 그는 자신의 주제에 적용되지 않는 표현을 사용하고 있는 셈이다.[11]

그러나 이 점도 전혀 분명한 것이 아니다. 몰리노스는『어느 스페인 사람에게 보낸 편지들』(*Letters to a Spaniard*, 1676)에서 자신이 묵상을 공격하려 한 것이 아니며 다만 완전함에 이르는 또 하나의 방법을 제공하려 했을 뿐이라고 분명히 선언한다. 그는 영적인 사람은 하나님께서 권하실 때면 묵상을 포기해야 한다고 말한다. 이것은 결코 무책임한 충고가 아니다! 그가 예수회의 총장 올리바(Fr. Oliva)와 서신을 교환하면서 주부적 관상(infused contemplation)은 완전히 하나님의 은혜에 의존하는 것이므로 우리의 능력을 초월하는 것이라고 밝힐 때에, 주부적 관상의 문제는 만족하게 설명되었다. "습득적 관상"(acquired contemplation)도 모든 사람들을 위한 것이 아니라 선택된 영혼들만을 위한 것이다. 그러나 궁극적으로 몰리노스의 견해에 의하면 완전의 형태는 오직 하나, 즉 주부적 관상을 통한 하나님과의 연합뿐이다. 십자가의 요한이나 다른 작가들의 저술에도 비슷한 주제가 함축되어 있는지는 확신할 수 없다.

레제크 콜라코우스키(Leszek Kolakowski)가 제대로 인식했듯이, 문제는 이처럼 절대적으로 인정된 거룩한 사랑이 종국에는 소멸하는 듯하다는 것이다.

> 하나님을 향한 갈망은 신비가로 하여금 자신의 행복, 심지어 하나님께서 그에게 알게 해 주신 은혜에 대해서도 완전히 무관심하게 만들 정도로 순수하고 강렬한 단계에 도달해야 한다. 그럼에도 불구하고 이러한 은혜의 경험 안에서 우리는 관상하는 사람의 비어 있는 영혼 안에 머물러 계시는 하나님을 경험한다. 이러한 은혜에 대해 무관심하게 된다는 것은 곧 하나님 자신과의 접촉, 신비적 연합, 하나님께서 자기 종에게 주시는 모든 귀중한 것에 대해서 무관심해지는 것이다. 그러므로 결국 신비가의 이상은 하나님을 매우 분명하게 갈망함으로써 더 이상 자기 자신을 원하지 않게 되는 것이다.[12]

기욘 부인

장 마리 기욘(Jeanne-Marie Guyon)과 관련해서는 불명료한 것이 전혀 없다. 그녀에 관한 모든 것은 완전히 개방되어 있고, 모든 느낌은 느끼는 즉시 표현된다. 그러나 기욘 부인이 말할 수 없는 경험, 때로는 직접

눈으로 본 경험을 말로 표현하려 한 것은 그 나름의 문제를 야기한다. 그녀에게 있어서 문제는 얼마나 자제했는가가 아니라 얼마나 과장했는가에 있다. 분명히 그녀는 자신의 감정 뿐만 아니라 말에 도취되는 경향이 있었다. 그녀의 정신 상태는 논쟁의 주제가 되고 있다. 심리학자들은 그녀의 어머니가 그녀를 등한시한 것으로 인해 야기된 정서적 좌절, 그리고 그녀보다 연상이었던 사촌과의 불행한 결혼, 분명치 않은 잦은 병치레, 두 자녀를 잃은 데서 비롯된 고통, 셋째 아이가 천연두에 걸려 곰보가 된 것 등을 중시해왔다. 많은 사람들은 이것을 토대로 하여 그녀가 "히스테리 환자"였다고 단정해왔다. 그러나 이처럼 쉽게 단정하면 그녀의 업적을 공정하게 평가하지 못한다. 프랑소아 말레-조리스(Françoise Mallet-Joris)는 그녀의 전기에서 히스테리라는 비난에 대해 다음과 같이 반박했다: "vocable commode et mal défini sous lequel on classe tout ce qu'on veut discréditer chez la femme."[13]

　이 통찰력 있고 신령한 사람을 평가하는 데 있어서, 교육을 받지 못한 여성에게는 영적 권위를 부여하지 않으려 하는 보편적인 편견이 작용했음이 분명하다. 귀용은 히스테리한 성질 때문이 아니라 그녀가 처한 삶의 특별한 상황 때문에 많은 고난을 당했다. 특히 여성들의 열등한 지위 때문에 어렸을 때에 교육을 받지 못한 것, 그녀의 뜻과 상관없이 어울리지 않는 사람과 결혼한 것, 시어머니의 감시를 받으면서 생활한 것, 천연두가 창궐했을 때에 자녀들을 피신시키려 했으나 거절당한 것 등이 그러하다. 그녀가 재산 관리를 포함하여 물질적인 의무를 이행한 솜씨를 보면, 그녀가 훌륭한 현실적 의식의 소유자였다는 느낌을 받는다. 특히 그녀의 정신적 지도자인 바르나바 회(Barnabite) 소속의 신부 라콩베(Lacombe)와의 지극히 순진한 관계에서 때로 그녀의 판단이 완전하지 못했을 수도 있다. 기욘을 판단할 때는 그녀의 인생의 기복을 참작해야 한다. 그러나 그것들이 그녀의 특별한 영적 감수성을 설명해 주지는 않는다. 현대의 주석가들 중에 이 손쉬운 표적을 조롱하려는 유혹에 저항하는 사람은 극히 드물지만, 그들은 그렇게 하면서 그녀가 그 시대의 가장 통찰력 있는 스승들 중 일부에게 미친 심오한 영향을 설명하지 못한다. 매우 유명한 그녀의 영적 능력들은 실질적인 것이었으며, 비록 판단력이 없이 과장된 점이 있기는 하지만 그녀의 저술들은 하나님을 향한 정신의 특별한 여정을 감명 깊게 입증해 준다. 기욘 부인은 몰리노스의 이론의 영향을 받았는가? 그녀는 그것을 부인하지만, 그녀의 고해신부인 라콩베 신부는 후일 몰리노스의 교리를 신봉했으며 다소 의심스러운 도덕적 원리에 따라 행동한 적이 있었다고 고백했다.

그녀의 저서인 『간단한 기도 방법』(*Short Method of Prayer*, 1685)은 고요한 기도가 가장 쉽고 생산적인 방법이라고 주장한다. 그녀는 신자들 모두가 관상기도에 적합하다고 생각한 듯이 보인다. 그러나 후에 저술한 『영혼의 격류』(*Torrens spirituels*)에서는 입문자들에게만 메시지를 전한다. 위험한 일반화와 영적 엘리트주의의 결합이 모든 정적주의 운동의 특징인 듯하다. 상이한 접근 방식을 대할 때에 참지 못하는 태도는 일종의 영적 영지(*gnosis*)와 쉽게 혼합된다(흥미롭게도 페넬론은 『알렉산드리아의 클레멘트의 신비철학』이라는 훌륭한 연구서를 저술했다). 그러나 기욘과 말라발(Malaval)과 페넬론이 진심으로 가톨릭 정통주의의 한계 안에 머물기를 원했음에는 의심의 여지가 없다. 그들 각 사람은 어느 시점에서 비난을 받았고 즉시 복종했다. 『중개료』(*Moyen Court*)는 출판되기 전에는 심각한 교리적 반대를 받지 않고 널리 유포되었다. 거기에서 분별없는 판단이나 의심쩍은 원리를 찾아내려는 것은 헛수고일 것이다. 일방적인 주장은 영적 발달의 흐름을 지나치게 단순화하려는 경향을 지닌다. 그것은 모든 독자들에게 호소하지 않을 것이며 오늘날에는 처음 출판되었을 때보다 호소력이 없는 특별한 형태의 신앙을 위한 유익한 지침서로 남아 있다.

『격류』에서 기욘 부인은 영성생활의 세 단계를 구분한다. 영혼이 피동적이 되는 방법을 학습한 후에 그것의 실질적인 시작이 이루어진다. 감정(affection)의 통일된 상태에서 의지와 감각은 점차 자신의 분명한 영향력을 상실한다. 이 고요한 상태는 습득된 것인가, 아니면 주입된 것인가? 기욘 부인은 다음 단계에서 거두어갈 "특별한 은혜들"을 언급한다. 그러면서도 그녀는 이 상태의 일상적인 업적들과 사람의 선천적인 능력이나 후천적인 능력을 초월하는 세번째 단계의 업적들을 구분한다. 그러나 전자는 정상적인 행동 유형을 변화시키거나, 특별한 정신 현상을 초래할 수도 있는 무의식의 해방을 야기할 수도 있다. 그러나 어느 시점에서 영혼은 자신이 그 상태의 원인보다 상태 자체에 애착하고 있음을 의식하게 된다. 영혼은 신적인 것을 자신의 목적에 전용하며 하나님 자신을 위해서 하나님의 임재를 즐거워하는 경향을 인식한다. 이 인식은 하나의 새로운 태도, 기도 중에 영혼이 모든 맛을 박탈당하며 심지어 덕을 실천하는 능력까지 박탈당하는 상태를 야기한다. 이처럼 새로운 건조하고 황폐한 상태에서, 영혼은 더 이상 하나님의 상징의 표식을 감지하지 못하고, 다만 자신이 철저히 부적합하다는 사실에 직면할 뿐이다. 이러한 공허는 마지막 단계, 하나님께서 영혼을 완전히 소유하시어 하나님의 차원으로 올려주시는 단계를 준비해준다. 이 새로운 상태에는 감각을 초월할 수 있는 안정된 기쁨의 느낌, 처음 상태의 간헐적인 고양과는 전혀 다른 느낌이 수반된다. 우리는 성녀 테레사가 묘사한 영적 결혼에 대해 상기하게 된다. 영혼은 더 이상 자신의 개인적인 능력을 마음대로 할 수 없지만, 하나님께서 은혜를 도구로 하여 영혼의 모든 활동을 통제하시게 된다.

기욘 부인의 경우, 이 "이동"(transfer)은 자동 서기(automatic writing)나 자동 발언(automatic speaking)으로 이어졌다: 말이 더 이상 그녀 자신에게서 나오는 것이 아니라 그녀의 내면에 있는 심오한 원천에서 나오는 듯했다. 그녀는 이 상태의 참된 의의에 대해 확실히 알지 못했고, 그에 대한 그녀의 소박한 해석은 많은 불필요한 난제를 야기했다. 페넬론은 그녀가 자신에게서 비롯된 것 같은 것을 영감된 하나님의 말씀으로 간주하는 것에 대해 경고했다. 여기에 정적주의 운동이 지닌 가장 논쟁적인 특성—개인적인 통제를 피하는 듯이 보이는 움직임에 거역하지 말라는 권고—의 근원이 놓여 있는 듯하다. 헨리 델라크로와(Henri Delacroix)는 이 흥미를 자아내는 현상을 신비가의 무의식이 정상적인 금지(inhibition)를 완전히 극복하며 다양한 무의식적인 방법으로 자신을 나타내는 완전한 피동성의 상태에 전가한다. 영적인 사람의 특징인 금욕적인 태도는 음성을 듣거나 환상을 보는 중에, 또는 육체적 움직임 속에 발생하는 억제되지 않은 표현에 굴복한다. 성녀 테레사처럼 시각적인 것을 지향한 사람의 경우에, 이것은 환상을 일으킬 수도 있습니다. 테레사는 그중 몇 가지는 마귀에게서 온 것이라고 간주했습니다. 자유로운 무의식의 무의식적인 표현 안에 분명히 통찰력 있는 판단이 부재하기 때문에, 십자가의 요한은 영적인 사람은 종류를 불문하고 환상이나 음성에 분명한 중요성을 부여하지 말라고 조언한다. 다른 사람들의 경우, 이것은 무의식적인 행동으로 이어졌을 수도 있다. 델라크로와는 기욘 부인의 정신 상태에 대해서 다음과 같이 기록한다:

> 참을성 있는 내적 작업을 통해서, 그리고 독창적인 무의식의 풍요로움을 통해서, 기욘 부인은 논설적인 생각을 그녀의 정신 전체를 채운 말로 표현할 수 없는 직관으로 대치했다. 그리고 우리는 하나님과 일치하는 상태에 머물기 위해서 행동해야 하므로, 그녀는 개인적이고 자발적인 행동을 무의식적이고 개인 감정이 섞이지 않은 행동—그녀는 이것을 수동성이라고 부르며, 독창적인 무한성으로 여긴 듯하다—으로 바꾸었다. 그러나 이 수동성은 혼란하고 균형을 잃은 운동으로 표현되지 않는다. 그것은 일관성이 있고 지적인 것이며, 통일성과 합목적성을 나타낸다.[14]

기욘 부인의 이론과 그보다 덜 논란이 된 신비가들의 이론은 근본적으로 일치한다. 세 단계와 성녀 테레사의 『영혼의 성』(Spiritual Castle)에 등장하는 신비한 "궁방들"(mansions) 사이에는 유사성이 있다. 기욘 부인의 이론이 이따금 의심스러운 점은 내용에 있는 것이 아니라 표현에 있다. 저자가 공식적인 신학 교육을 거의 받지 못했으며 저술 활동을 마칠 때까지 신학자들과 만날 기회가 거의 없었다는 점을 고려하면 이것은 그다지 놀라운 일은 아니다. 그녀의 교리의 분명한 요점들은 건전한 것이며 기독교 전통과 완전히 일치하는 것처럼 보인다. (1) 영성생활은 탈-전유(disappropiation)의 과정, 하나님께서 영혼을 소유하시는 것을 허락하는 이탈(detachment)의 성장 안에 존재한다. 에크하르트에서부터 이그나티우스와 십자가의 요한에 이르기까지 거의 모든 기독교 신비가들은 형태는 다르지만 이 이상을 소유하고 있었다. (2) 영성생활은 낮은 단계에서부터 고등한 단계로 이동하는 목적론적인 과정이다. 여기에서도 우리는 자신이 잘 다져진 서방 영토에 있음을 발견한다. 장 기욘이 자신의 약간 특별한 발달 측면들을 영성생활의 단계들과 동일시하려 한 경향은 그리 보편적인 것은 아니다. 그녀의 사상을 이해할 수 있는 열쇠는 그녀의 전기이다. 그녀가 삶과 교리를 동일시하려 한 것은 그녀의 말이나 글이 이따금 나타내는 분명한 어조를 설명해 주는데, 그것은 성직자들을 귀찮게 했다. 기욘은 자신이 많은 시련을 통해서 구속의 새 시대를 소개해야 하는 신적 사명을 지니고 있다고 간주하게 되었다. 보슈에(Bousset)는 이러한 예언적인 태도를 신랄하게 비평했다. 특히 적대감을 야기한 것은 그녀가 역사적으로 자신의 사상을 선행하는 것이 없고 그 사상을 흐리게 만드는 복잡한 의미도 없는 듯이 다룬 태도였다. 그러나 이 편협한 시각은 그녀로 하여금 역경이나 고통이 지나간 뒤에는 즉시 그것을 망각하며, 의심이나 기억의 방해를 받지 않고 순간적인 영감에 기초를 두고서 자신감을 가지고 행동할 수 있게 해 주었다.

페넬론

페넬론과 같이 탁월한 재능을 소유한 매우 신앙심이 깊은 사람에게 미친 기욘 부인의 영향력은 그녀가 "영적 사기꾼"이거나 "히스테릭한 여인"이었을 가능성을 배제한다. 그녀의 영향으로 말미암아 장래의 감독의 생활방식과 저술 방식이 완전히 변화되었다. 그로 인해 그는 무수한 치욕을 당했다: 동료 주교요 사랑하는 제자의 도덕적 품성에 대해서까지 의심을 제기한 표독한 보슈에와의 괴로운 논쟁: de Maintenon 부인의 귀족적 학교 및 궁중의 왕세자를 가르치는 교사의 지위에서 쫓겨난 것: 그리고 교황 이노센트 11세가 그의 저서 『성인들의 금언집』(*Maximes des saints*)을 공식적으로 정죄한 것. 그러나 이러한 치욕에도 불구하고 기욘 부인의 영향력은 계속 존속했으며, 그는 죽을 때까지 자신의 영적 스승에게서 배운 겸손한 "포기"(abandon)의 정신으로 살았다. 우리는 이 유식한 고위 성직자가 기욘 부인의 권고에서 취한 내용을 보다 분별력 있게 자세히 조사하지 않은 것, 그리고 영적 유아기의 원리를 문자 그대로 받아들인 것 등을 유감스럽게 생각할 수도 있을 것이다. 그는 그렇게 함으로써 조롱을 받고, 기욘 부인과의 본질적인 관계에 대해 부당한 의심을 받았다.

라콩베 신부가 기욘 부인에게서 떠난 후, 페넬론과 기욘 부인이 만났을 때에 기욘 부인은 이미 말썽 많은 신자로 인정된 상태였고, 페넬론은 총명한 지성을 지닌 신앙심 깊고 고위층과 관련을 갖고 있는 사람으로 자리잡은 상태였다. 그는 처음에는 호기심이 있었지만 억제했다. 그러나 정적주의의 생활을 택한 후에는 무조건 복종했다. 기욘 부인은 그의 지도인인 동시에 그에게서 배우는 신학적 제자가 되었다. 그는 그녀의 지나치게 임의적인 표현을 조정했고, 그녀에게 절실하게 필요한 교부적이고 학문적인 지원을 제공했다. 그는 정적주의 운동에 신학적 토대를 제공했을 뿐만 아니라, 그 운동의 초점을 특별한 양식의 기도에서부터 특별한 양식의 사랑— *l'amour pur*—으로 이동시켰다.

"순수한 사랑"이라는 사상은 프랑스에서 이미 현저한 역사를 소유하고 있었다. 그것의 기원은 성 프란시스 드 살의 『하나님의 사랑에 대한 논문』(Treatise of Divine Love)에 있다. 1640년에 프란시스의 제자인 장-피에르 까뮈 주교는 *Défense du pur amour*를 출판하여 약간의 논란을 일으켰다. 정적주의 운동에서는 순수한 사랑이 항상 중요한 위치를 점유해 왔지만, 중심적인 위치를 차지하게 된 것은 페넬론에게서이다. 페넬론의 임의적이면서도 아름다운 많은 편지들은 전혀 이론적이지 않다. 그러나 체계적인 *Explication sur les maximes des saints*(1697)에서는 순수한 사랑의 교리적 원리들을 다루고 있다. 이 책에서 그는 de Noailles 주교, 보슈에(Bousset) 주교, 세인트 쉴피스의 수도원장 등으로 구성된 위원회가 기욘 부인의 교리를 조사한 후에 발표한 34개 조항을 호의적으로 해석하려 했다. 페넬론은 그 위원회에 영향력을 행사하여 세밀하게 공식화하는 일을 피하게 했었다. 이제 그는 그 조항들에 관한 정적주의적 주석서를 저술함으로써 자신의 위치를 향상시키려 했다. 한편 보슈에는 더욱 강력하게 저항해왔으며 그것을 *Instruction sur* *les états d'oraison*에 표현했다. 페넬론은 보슈에의 책이 출판되기 전에 서둘러 *Maximes*를 인쇄했다. 이것이 그 책이 저술될 당시의 논쟁적 분위기의 특징이었다. 각 조항에서는 순수한 사랑에 대한 참된 논제와 거짓된 논제들을 열거한다.

페넬론은 그 책 서론에서 "신비가"(les mystiques : 이 용어는 페넬론과 기온의 글에서 처음으로 살아 있는 사람들에게 적용된다)들이 신학적 전통에 견고하게 뿌리를 두고 있음을 증명함으로써 그들을 옹호하려 한다. 그 다음에 "고요한" 관상을 하나님의 순수한 사랑의 발휘와 동일시한다. 페넬론은 묵상이 추론적인 행동과 분명한 행동으로 구성된다고 묘사한다. 이 묵상은 "불완전한 사랑", 즉 희망과 두려움이라는 동기들과 섞여 있으며 분명히 반성적인 행동에 의해 작용되는 사랑에 적절하다. 한편, 관상은 매우 단순하고 직접적이고 고요한 행동으로 이루어지기 때문에, 영혼은 그것들을 구분할 수 없다. 그것은 하나님의 순수한 사랑을 실천한다(제21조). 페넬론은 "순수한 사랑"을 어떻게 이해했는가? 그는 자신의 유익 때문에 하나님을 사랑하는 탐욕적인 사랑과 (대체로 자신의 장래의 유익 때문에) 소망 안에 함축된 사랑 및 박애의 사랑을 구분했다. 만일 박애의 사랑이 정화되어 마침내 오로지 자기 자신 때문에 하나님을 사랑하게 된다면, 그 사랑은 순수한 사랑이 될 것이다. 페넬론은 이러한 구분에 당시 통용되던 여러 가지 영적 개념을 적용한다. 따라서 소망은 정화, 조명의 사랑, 합일의 순수한 사랑 등의 시작이 된다. 가장 자주 인용된 인물인 프란시스 드 살과 더불어, 페넬론은 소망과 사랑의 "거룩한 체념"과 순수한 사랑의 "거룩한 무관심"을 구분한다. 체념한 사람은 고통과 고난 속에서도 동일하게 하나님을 사랑하지만 개인적인 욕망을 그대로 보유한다. 무관심 속에 있는 영혼은 자신을 모든 좋아하는 것으로부터 해방시킨다(제5조). 무관심은 시련을 통해서 포기(abandonment)로 성장하며, 이것은 수동성이라는 이상적인 상태로 이어진다. 페넬론이 설명하는 바에 의하면, 수동성은 적극적인 덕이나 행위의 부재가 아니라, 영혼이 충분한 행동을 하지 않는 데 대한 두려움 때문에 은혜의 자극을 능가하려는 침착하지 못한 태도의 부재이다. 그것은 주도권을 하나님께 넘기는 사람의 성향이다.

순수한 사랑의 상태에서, 영혼의 보다 고등한 부분은 저급한 부분으로부터 분리되어, 최소한 감각과 상상력이 은혜의 커뮤니케이션과 단순한 평화 안에 참여하지 못하게 되는 듯하다(제14조). 그리스도는 십자가에 달려 고민하시면서도 계속 복된 환상을 즐기셨다. 검사 성성에서 재빨리 지적한 것처럼, 영혼의 두 부분에 대한 페넬론의 묘사는 조잡하며, 그리스도에 대한 언급은 부적절하다. 그러나 그는 영혼의 저급한 부분이 그 동물적인 욕망에 맡겨져 있다고 주장한 것은 아니다. 사실, 그의 주장은 하나님의 직접적인 커뮤니케이션은 사색적 지성과 신중한 의지를 초월하여 *fundus animae* 안에서 발생한다고 가르쳐온 기독교 신비주의 전통의 주류에 속한 것이었다. 십자가의 요한은 영혼의 "본질"(substance)을 말하고, 타울러는 영혼의 "작은 불꽃"을 말한다. 페넬론은 프란시스 드 살의 표현을 사용하여 "la pointe de l'esprit ou la cime de l'âme"을 말한다(제9조). 순수한 사랑은 뚜렷한 덕을 방법론적으로 추구하는 것을 포기할 뿐, 덕의 기초는 그대로 존속하며 사랑의 "직접적인" 행동들을 풍성하게 한다. 궁극적인 "탈-전유"(disappropriation)의 단계에서, 영혼은 영적 자기 실현의 과정에 대한 적극적인 통제도 완전히 포기한다.

로마 교황청에서 *Maximes*를 정죄한 것은 페넬론의 의도들을 지나치게 단순화하며, 그것들을 문맥에서 분리해냄으로써 그의 표현들까지 단순화한다. 그것의 교의적 "논제들"은 불행한 논쟁으로 인해 그가 이론적인 금언으로 요약해야 했던 바 정신의 상태에 대한 미묘하고 심리학적인 묘사를 제대로 파악하지 못하고 있다. 그 책을 정죄한 것은 영적인 우월성을 전혀 용납하지 않는 일치에 대한 관심을 나타내는 것인가? 분명히, 그 책을 비난한 방식은 영적 진리에 대한 깊은 관심보다는 정치적인 교활함을 드러내준다. 그러나 우리는 모든 것이 순수하며, 불완전하고 평이하게 획득할 수 있는 것은 존속할 권리를 거의 부여받지 못하는 이론을 대할 때에 일종의 불안을 피할 수 없다. 결국, 정적주의의 "이단"은 일상적인 것을 포기하려는 지나치게 사려깊은 결정 안에 존재한다고 볼 수도 있을 것이다. 그것은 그 운동의 자연적인 대적인 얀센주의가 소유한 것과 같은 이단이지만, 17세기와 18세기의 가장 영적인 지성들 중 일부를 훈련하지 못하게 막지는 못했다. 얀센주의와 정적주의는 분리주의적 운동이라기보다는 기독교의 영적 전통의 기초에서 떨어져 나가고 있는 문화 안에서 그 전통을 영속화하려는 시도였다고 간주해야 한다. 그 운동들을 "상이한 것", 대부분의 신자들이 받아들일 수 없는 것으로 만든 것은 개인적인 자부심이나 교묘한 엘리트주의에서 비롯된 것이 아니라, 새로운 문화에 의해 확립된 개념적인 모체―그들이 받아들이기도 하고 거부하기도 한 모체들― 에서 비롯된 것이다.

주

1) Ronald Knox, *Enthusiasm*, 184.
2) Henri Bremond, *Histoire littéraire*, 4:45-46.
3) Ibid., 306-7.
4) Trans. A. Krailsheimer (Baltimore: Penguin Books, 1966, 1973).
5) Letter to Mme. Périer, 1 April 1648, trans. in Jean Mesnard, *Pascal,* trans. Calude and Marcia Abraham, 129.
6) Ibid., 116-17.
7) H. Bremond, *Histoire littéraire,* 462.
8) Letter to Mme. Périer, Nov. 5, 1648, Mesnard, p. 128.
9) H. Bremond, *Histoire Littéraire,* 4:2, 177. See also, Sainte-Beuve, *Clauseries du lundi* (5th ed.; Paris: Garniere, n.d.) 14:148-62.
10) Saint-Beuve, *Port-Royal,* 2:755.
11) R. Knox, *Enthusiasm,* 292.
12) Lezek Kolakowske, *Chrétiens sans église,* 518.
13) F. Mallet-Joris, *Jeanne Guyon,* 140.
14) H. Delacroix, *Les grands mystiques chrétiens,* 219.

참고문헌

얀센주의

Pascal, Blaise. *Pensées*. Translated by A. J. Krailshaimer. Blatimore, MD: Penguin Books, 1966.
____. *The Provincial Letters*. Translated by A. J. Kraielshaimer. Blatimore, MD: Penguin Books, 1967.
Balthasar, Hans Urs von. *The Glory of the Lord*, 3:172-238. San Francisco: Ignatius Press, 1986.
Bremond, Henri. *Histoire littéraire du sentiment religieux en France*. Paris, 1911-1933. Republished 1968.
Guardini, Romano. *Pascal for Our Time*. Translated by Brian Thompson. New York: Herder, 1966.
Hazelton, Roger. *Pascal: The Genius of His Thought*. Philadelphia: Westminster, 1974.
Mesnard, Jean. *Pascal*. Translated by Claude and Marcia Abraham. University, AL: University of Alabama Press, 1969.
Saint-Beuve, Charles A. *Port-Royal*. 1889. Paris: La Pléiade, 1953.

정적주의

Armogathe, Jean Robert. *Le Quietisme: Que sais-je?* Paris: Presses universitaires de France, 1973.
Knox, Ronald. *Enthusiasm: A Chapter in the History of Religion*. New York: Oxford University Press, 1950.
Kolakowski, Leszek. *Chrétiens sans église*, 492-566. Paris: Gallimard, 1969.

몰리노스

Molinos, Miguel de. *Guida spirituale*, Rome, 1675. *Spiritual Guide*. Translated by Kathleen Lyttleton. London, 1906. Incomplete.
Dudon, Paul. *Le quiétiste espagnol Michel Molinos*. Paris, 1921.
Menendez, Pelayo. *Historia de los heterodoxos espanoles*, 4:253-74. Madrid, 1947.

기욘

Guyon, Jeanne-Marie de la Mothe. *Oeuvres*. Edited by P. Poiret. Cologne, 1713-1732.
____. *A Short Method of Prayer* and *Spiritual Torrents*. Translated by A. W. Marsron. London, 1875.

Cognet, Louis. "Guyon." In *Dict. Sp.*
Delacroix, Henri. *Les grands mystiques chrétiens,* 108-307. Paris, 1938.
Mallet-Joris, Françoise. *Jeanne Guyon.* Paris: Flammarion, 1978.

페넬론

Bremond, Henri. *Apologie pour Fénelon.* Paris, 1910.
Gouhier, Henry. *Fénelon philosophe.* Paris: Presses universitaires de France, 1977.
Bedoyere, Michael de la. *The Archbishop and the Lady. The Story of Fénelon and Madame Guyon.* New York: Pantheo, 1956.

제6장
최근의 가톨릭 영성: 통일성과 다양성

데이빗 트레이시

작은 지면에 19세기와 20세기의 가톨릭 영성의 다양한 형태를 모두 다룬다는 것은 불가능한 일이다. 그러나 몇 가지 공통된 특성과 대표적 인물에 대해 연구할 수는 있다. 따라서 이 장 첫 항에서는 영향력이 있고 대표자라고 할 수 있는 가톨릭 교회의 인물 두 사람—존 헨리 뉴먼 추기경(John Henry Cardinal Newman)과 프리드리히 폰 휘겔(Friedrich von Hügel)에 대해 살펴 보려 한다. 그들의 업적과 정신 속에서 가톨릭 영성의 표식들—특히 제2차 바티칸 공의회에서 표현된 것—을 발견할 수 있다. 두번째 항에서는 선별된 가톨릭 전통의 영적 전거와의 관계 및 현대 세계에 대한 상이한 해석들을 통해서 특정의 신학자들과 철학자들에 대해 분석해 보려 한다. 버나드 로너건(Bernard Lonergan), 칼 라너(Karl Rahner), 한스 우르스 폰 발타사르(Hans Urs von Balthasar) 등의 신학자들, 피에르 테이야르 데 샤르뎅, 에디스 스타인(Edith Stein), 루이스 두프레(Louis Dupré) 등의 종교 철학자들 등 대표적인 사상가들에 대해서도 연구하게 될 것이다. 나머지 두 항에서는 라틴 아메리카의 해방신학의 발달, 그리고 북아메리카의 도로시 데이(Dorothy Day)와 토머스 머튼(Thomas Merton) 등의 인물, 그리고 뉴먼과 휘겔에 의해 패러다임이 정해진 이후 가톨릭 영성에서의 새로운 추이—정치적 정의라는 관심사를 보다 전통적인 가톨릭의 강조점들과 연합하는 세계 교회를 지향하는 신비적-정치적 영성—에 대해 연구할 것이다.

그러나 그처럼 대표적인 운동들과 인물들을 다루는 것으로 현대 가톨릭 영성의 영역 전체를 공정하게 다룰 수는 없다. 계속 번영하고 있는 전통적인 형태의 영성에 대해서도 간단하게 다루려 한다.

현대 가톨릭 영성의 토대: 뉴먼과 휘겔

만일 *caritas*가 가톨릭 영성사 전체를 꿰뚫는 중심 사상이라고 가정한다면, 존 헨리 뉴먼 추기경(John Henry Cardinal Newman)과 프리드리히 폰 휘겔(Friedrich von Hügel) 남작의 사상을 상기해 봄으로써 현대 가톨릭 영성을 상술할 수 있을 것이다. 뉴먼의 사상과 영성은 현대 가톨릭 사상에 매우 깊은 영향을 주어왔으므로, 제2차 바티칸 공의회의 정신을 "뉴먼의 정신"이라고 해도 과언이 아니다. 뉴먼의 영향을 가장 많이 받은 사상가는 뉴먼과 같은 시대의 인물로서 뉴먼보다 훨씬 어린 폰 휘겔 남작이었다. 폰 휘겔은 19세기 말과 20세기 초 가톨릭 전통과 현대 사상의 관계—특히 과학, 개성주의적 철학, 역사 의식—과 관련한 불안과 동요에 깊이 연루되어 있었다. 게다가 두 사람의 정신과 논조는 에큐메니칼했다. 뉴먼은 자연스럽게 세계교회주의를 지지하게 되었는데, 이는 (그의 저서인 *Apologia pro vita sua*에서 나타나는 것처럼) 그의 복음주의적 유산과 국교회 유산이 항상 강력하게 존속했기 때문이다. 휘겔이 다른 전통들에 대해 개방적인 태도를 취한 것은, 현대 사상 및 다른 기독교 전통이나 비 기독교적 전통과의 대화를 허락함으로써 다양성을 지닌 가톨릭 전통을 회복시켜야 한다는 소명 의식에서 비롯되었다. 어떤 의미에서, 폰 휘겔은 뉴먼이 분명히 말한 가톨릭 영성을 위한 신학적 토대에 기초를 두었고 그것을 더욱 발달시켰다. 다른 의미에서 보면, 제2차 바티칸 공의회는 뉴먼과 폰 휘겔이 나름의 독특한 방법으로 거부한 교황권 지상주의의 영성의 지배를 몰아내면서 뉴먼의 기본적인 접근 방법의 보편성을 비준했다.

뉴먼의 사상과 영성이 지닌 몇 가지 측면은 매우 가톨릭적이다. 첫째, 그는 교리는 계시된 진리에 기초를 둔 모든 종교의 필수적인 요소라고 강조했다. 뉴먼은 "개인적인 경험"을 강조하는데, 이는 그가 분명한 "개념적" 동의와 구분되는 "추정적인 의미"(illative sense)와 "참된 의미"를 강조한 것, 또는 믿음이란 계시의 진리에 대한 심오한 개인적인 동의의 문제라고 여기는 일반적인 가톨릭 신자의 믿음을 권위있게 변호한 데서 찾아볼 수 있다. 또한 뉴먼이 결코 "양심"(하나님의 음성)을 범해서는 안된다고 강조한 것은 기독교인의 양심은 교회 공동체의 가르침과 징계를 통해서 그 안에서 형성되어야 한다는 관심사와 결합되었다.

뉴먼의 "개성주의적" 주장은 민감한 종교 심리학, 그리고 후대의 모리스 블론델(Maurice Blondel), 맥스 쉘러(Max Scheler), 임마누엘 무니어(Emmanuel Mounier) 등의 철학과 공명하는 "개성주의"에 대한 신학적이고 영적인 변호 및 가톨릭 근대주의자인 조지 티렐(George Tyrell)과 알프레드 로이지(Alfred Loisy)의 "종교 체험"의 강조를 산출했다.

그러나 뉴먼의 "개성주의"와 개인적인 경험의 강조에서는 가톨릭적인 특성이 매우 두드러진다. 그가 진리로서의 계시와 참된 교리를 강조한 것은 이 가톨릭적인 감각을 충분히 지적해준다. 그러나 뉴먼은 개인적인 종교 체험을 무척 중요하게 여겼지만, 결코 계시의 말씀의 진리에 대한 응답적인 특성을 부인하기 위해서 그 경험을 허락하지는 않았다. 뉴먼의 견해에 의하면, 가톨릭 전통에 속한 표준적인 교리들은 성경에서 발달되어 나온 것이며, 성경적인 계시의 말씀의 상징들, 행위들, 이미지들의 확장이었다. 철학적인 용어로 표현하자면, 뉴먼은 아직 완전히 성숙하기 전의(*avant la lettre*) "현상학자"라고 부를 수 있을 것이다. 종교 체험에 대한 그의 관심은 결코 그것의 자율적인 특성이나 감정이나 느낌에 있었던 것이 아니라 그것의 의도성(intentionality)에 있었다. 뉴먼이 볼 때, 개인적인 종교 체험은 언제나 성경 말씀과 전통 안에 계시된 말씀을 통해서 중개된 하나님 체험이었다.

뉴먼은 믿는 사람이 진정으로 동의하면서 받아들인 교리의 객관적 진리를 강조했다. 사실 그는 자신이 처음으로 15세 때에 회심한 것과 관련하여 *Apologia*에 수록된 유명한 표현에서 이와 같은 교리적 원리를 확인했다: "내가 15살 때(1816년 가을), 나의 생각이 크게 변화되었다. 나는 하나의 분명한 신조의 영향력에 굴복했으며, 나의 지성 안에 교의적인 인상들을 받아들였다. 하나님의 자비로 말미암아, 그것들은 결코 삭제되거나 흐려지지 않았다."[1] 이러한 사실은 뉴먼이 추기경이 되는 것에 관해 행한 유명한 반-자유주의 성명을 이해하는 데 도움이 된다: "나는 30-50년 동안 힘을 다해 종교 안에서의 자유주의 정신에 저항해 왔다."[2] 뉴먼에게 있어서 "자유주의"란 일반화된 "자유주의" 정신이나 개인적인 경험에 대한 요구가 아니었다(그는 이 두 가지 모두를 옹호했다). 뉴먼의 경우, 정확한 의미에서 자유주의는 반 교리적 정신이었다. 여기에서 우리는 뉴먼에게서부터 칼 라너와 도로시 데이를 거쳐온 현대 가톨릭 영성에서 교리의 중요성을 알 수 있다. 가톨릭 신자들의 견해에 있어서, 성경적 이미지와 상징에서부터 발달된 적합한 의미로서의 교리는 하나님의 계시된 말씀의 진리 안에 기초를 둔다. 교리 자체는 개인적인 종교 체험에 장애물이 아니라 가톨릭 영성으로 인도해 주는 신뢰할 수 있는 안내자가 된다.

이렇게 교리의 객관성과 그것의 영적 의미를 개인적으로 적용하는 것 사이의 끊을 수 없는 연결을 강조함으로써 뉴먼은 상징, 성례, 성육신 등에 대한 교부적(특히 알렉산드리아 교부) 관념을 부활시키기에 이르렀다. 하나님께서 예수 그리스도의 말씀 안에 성육신하셨기 때문에, 기독교인들은 성례전과 전통에 속한 표준적인 상징들 안에서 계시된 진리를 분별할 수 있다. 그러한 분별은 각각의 기독교인으로 하여금 나름의 방법으로 믿음을 이해하고 실천하게 만드는 듯하다: 여기서부터 가톨릭 영성과 신학의 다양성이 출현한다. 그러나 이처럼 다양한 방법들은 성례와 상징과 교리라는 객관적인 방편을 통해서 중재된 신적 실재인 말씀의 객관적 진리 안에서 그 기초를 발견할 것이다.

뉴먼이 기질들이 매우 상이하며 종교적, 도덕적 지적 발달 수준이 상이한 계층들과 상이한 문화 안에서 많은 유형의 개인들이 존재하는 곳에는 많은 "방법들"이 있어야 한다고 강조한 데서, 이처럼 통일성과 다양성을 동등하게 강조한 것을 충분히 찾아 볼 수 있다. 동시에 이 모든 방법들은 말씀 안에 있는 하나님의 계시의 한 방법 안에 기초를 두며 영적으로 그에 대해 책임을 져야 한다. 왜냐하면 그 말씀은 성경, 교리, 상징, 성례전 등의 위대한 전통 안에서 우리에게 중재되기 때문이다. 영적 통일성 가운데서 영적 다양성을 감지하는 가톨릭 교회의 의식은 모든 가톨릭 영성 안에 있는 이러한 객관적 실체들—전통에 대한 의식, 보다 넓은 공동체에 대한 의식, 성례전의 완전한 의미를 이해함으로써 모든 실체의 객관적이고 성례전적인 구현인 교리를 굳게 주장한 것—에 대한 뉴먼의 고찰과 변호 안에 표현된다. 게다가 이러한 가톨릭 교회의 근본적인 주장들은 뉴먼으로 하여금 현대에 "개인적인 경험"을 강조하는 것은 완전히 가톨릭 영성 안에서 편안하게 받아들여진다고 주장하게 만들었다. 교리, 공동체, 전통, 성례 등은 모든 영성의 개인적인 종교체험을 궁핍하게 하는 것이 아니라, 오히려 신자들로 하여금 기독교 내의 근거들, 영성생활의 큰 딜렘마들—양심의 의미, 감정과 느낌의 변덕, 특히 점진적인 개연성의 축적되어, 그 방법이 객관적이고 계시된 진리 안에 세워졌다는 영적 확신으로 발달됨—에 초점을 두도록 도와주는 안전한 근거를 제공함으로써 그러한 개인적인 경험을 풍성하게 해준다. 뉴먼은 교황권 지상주의 시기의 절정에서, 영국의 경건한 관습들은 이탈리아의 종교적 관습들과 동일하지 않을 것이라고 주장했다. 따라서 그것들은 동등하게 교리와 성례와 전통과 공동체 안에 굳게 기초를 둔 것으로서 확실히 가톨릭적인 것들이다.

교회의 실체에 대한 뉴먼의 고찰은 분명히 가톨릭적인 표식을 지니고 있다. 뉴먼은 교회라는 "이상"(idea)에 호소할 때에는, 그것을 구체적인 완전체 및 그것을 구성하는 부분들에 대한 가장 심오한 의식으로 이해했다. 그 시대의 다른 많은 사람들과 마찬가지로, 그는 "이상"이란 실체와 동떨어진 추상적인 것이 아니라 영적으로 인식되며 결코 완전히 이해되지는 않고 부분적으로만 이해되는 실체를 의미한다고 보았다. 『교리의 발달에 관한 논문』(Essay on the Development of Doctrine)이라는 그의 저서에서, 기독교는 수세기를 거쳐 발달하면서 인식되고 느껴지고 이해되며 부분적이고 불완전하지만 참된 이해에 굴복하는 유기적인 이상으로 다루어진다. 하나의 이상으로서의 교회는 그리스도의 영에 의해 구성된 그리스도의 몸의 객관적인 실체였다. 그렇기 때문에 진실로 신령한 사람들은 교회를 이해할 수 있었고, 기독교인들은 교회 안에서 교회를 통해서 그리스도와 성령을 경험하고 이해했다.

뉴먼은 결코 교회라는 이상을 단순한 이상이 아니라 지금 여기에 존재하는 교회로서의 정체(polity)로 여겼다: 즉 그 안에서 가톨릭 신자들이 생활하는데, 그곳에는 항상 그들의 선물로 받은 실체 및 인간적인 허물과 자기 개선의 욕구가 존재한다. 그러므로, 통일체로서 다양한 부분—이 부분들은 하나님으로부터 은혜로 주어진 선행하는 통일성을 감소시키지 않는다—을 소유한 교회를 이해하고 감지하는 것이 가톨릭 영성의 일부이다. 또한 교회의 어느 부분을 강화하거나 발달시키거나 개혁에 의해 지나친 것을 바로잡아야 하는지 등을 식별하기 위해 노력하는 것도 가톨릭 영성의 일부이다. 이성주의는 예언적 가르침의 직무(신학)를 유혹하며, 권력은 다스리는 직무를 유혹하며, 미신은 신성한 사역과 신앙을 유혹한다. 각각의 유혹을 식별하고 치유해야 하며, 각 부분이 스스로 교회 전체라고 생각하는 위험을 피해야 한다. 그러므로, 뉴먼은 아리우스 논쟁이 벌어졌을 때에 대부분의 감독들이 참된 기독론 교리를 포기하고 교회는 그 참된 정체성을 유지하기 위해서 평신도들을 의존해야 했던 4세기의 역사에 호소할 수 있었다. 이 본보기는 뉴먼으로 하여금 평신도들의 의견에 귀를 기울이며 참된 교회 의식인 *sensus fidelium*을 옹호해야 할 필요성을 강조하게 했다.

요컨대, 뉴먼의 견해에 의하면, 교리, 성례, 전통, 공동체, 그리고 세 가지 필수적인 기능을 포함하는 그리스도의 몸 된 교회 등은 모든 문화권에서 가톨릭 신자들의 영성을 형성한다. 이러한 구성은 영적인 방법들의 다양성을 허락하는 동시에, 그것들을 성령의 내주하시는 임재의 중심적 실체 안에서 그리스도의 영적 임재인 교회와 교제하는 개개의 영혼과 결합한다. 뉴먼이 교회의 영원히 변화하는 역사적이고 신학적인 실체 안에서 분별의 능력과 다양성의 욕구를 특별히 인식했기 때문에, 그의 영성은 확실히 가톨릭적이며 분명히 현대적인 많은 현대 가톨릭 신자들에게 영향력을 발휘한다. 그 영적 인식은 다른 종교 전통에 속한 선한 사람들 및 제2차 바티칸 공의회의 주요 교령에 나타난 매우 현대적인 것들에 대한 개방적인 태도에 가득 차 있다.

뉴먼이 그 시대에 자기보다 여린 사람들에게 미친 영향력의 한 가지 본보기는 프리드리히 폰 휘겔 남작의 사상에서 발견된다. 비록 폰 휘겔 남작은 20세기 초의 근대주의 위기에서 발휘한 그의 복합적인 역할 때문에 기억되지만, 그의 표준적 저서인 『제노바의 캐더린과 그녀의 친구들에게서 연구된 종교의 신비적 요소』(*The Mystical Element of Religion as Studied in Saint Catherine of Genoa and Her Friends*)에서 그가 현대 가톨릭 영성에 공헌한 점이 발견된다. 그의 다른 저서에서처럼 이 책에서도 우리는 가톨릭 영성의 "현대적인" 측면을 발견한다. 그것은 근대주의 위기에서 처음으로 분출되었으며, 교회에 의해 억제되었으나 제2차 바티칸 공의회에서 절정에 달한 20세기 초 가톨릭주의의 위대한 개혁 운동들 안에서 보다 실질적으로 가톨릭적인 형태로 복귀했다. 가톨릭 근대주의 운동의 장점들 모두가 폰 휘겔에게서 발견된다: 역사 의식을 강조한 것과 성경 연구와 교회사에 역사비평 방법을 사용한 것; 종교적 진리의 실존적 특성을 강조하는 개성주의 철학을 전개한 것; 현대 과학이 발견한 것들 및 현대의 업적들에 대한 개방적인 태도, 다른 위대한 종교 전통들의 소유하는 통찰과 영적 방법을 존중하는 태도와 결합된 기독교 내의 교회 연합주의 정신.

그는 알프레드 로이지가 역사 비평 방법을 사용한 것 및 조지 티렐이 개인적인 경험을 강조한 것을 옹호했다. 그는 자신의 저술에서 그 당시 교황권 지상주의를 주장하는 로마 가톨릭 교회의 특징인 너무 많은 서신 왕래와 행동에 반대했다. 그는 가톨릭 교회가 항상 지나친 중앙집중화, 교권주의, 관료화의 위험에 처해 있다고 주장하면서도, 가톨릭 교회의 제도적 실체를 존중했다. 현대성에 대해 매우 개방적이고, 그 시대의 제도적 교회의 실체에 대해 비판적이었지만, 폰 휘겔은 기본 요소들의 균형과 조화의 필요성에 대한 가톨릭적 의식이라고 부를 수 있는 것을 주장했다. 정확히 그러한 가톨릭적 균형 의식 때문에 그는 로이지의 역사적인 공헌과 티렐의 경험적 통찰에 공감하면서도 그들의 주장보다는 뉴먼이나 블론델의 주장과 흡사한 주장을 전개하게 되었다. 뉴먼의 경우, 이 균형은 거듭 비교 검토되었다. 아마 교회의 세 가지 직무 및 역사적으로 어느 특별한 시기에 각 요소의 상대적인 장점과 단점에 대한 꾸준한 영적 분별의 필요성에 대한 고찰에서 매우 현저하게 다루어진 듯하다.

폰 휘겔의 업적은 뉴먼의 통찰을 가톨릭 교회의 영적 통일성 안의 다양성으로 발달시킨 데 있다고 간주할 수 있을 것이다. 폰 휘겔은 뉴먼의 통찰을 교회의 실체에만 적용한 것이 아니라 종교의 실체에도 적용했다. 그러나 폰 휘겔은 뉴먼보다 신학적이지 못했고, 따라서 그리스도의 내주하시는 영의 임재로서의 교회의 신학적 실체를 보여 주는 데 그다지 관심을 갖지 않았다. 그의 주된 관심사는 다양성 안에 있는 통일체인 구체적인 사람의 실제를 보여줄 수 있으며, 그럼으로써 대단한 다수성과 진정한 통일성을 지닌 구체적인 인간의 특성을 소유하는 종교의 실제를 보여줄 수 있는 종교 철학을 발달시키는 데 있었다.

철학적으로, 폰 휘겔은 (그 시대의 급진적인 경험주의와 개성주의와 조화를 이루면서) 각 사람 안에서 정서적 요소와 지적 요소와 의지적 요소가 존재하면서 조화를 이루면서 작용한다고 주장하는 개성주의 철학을 발달시켰다. 그보다 앞서 콜리지(Coleridge)와 뉴먼이 그랬듯이, 폰 휘겔도 선험적 통일체가 모든 구체적인 인격적 실체에게 주어진다고 믿었다. 그 실체는 감지될 수 있고 실천될 수 있지만 결코 완전하게 분석될 수는 없다. 그러나 우리는 정서적 요소와 지적 요소와 의지적 요소의 발달과 조화를 위해서 각 사람의 복합적인 발달이 필요하다는 것에 주목할 수 있다.

이 개성주의적 모델은 『종교의 신비 요소』(*The Mystical Element of Religion*)에서의 종교에 대한 폰 휘겔의 논의의 특징이 된다. 그는 그 책에서 제노바의 성녀 캐더린의 일상인 영성에 대한 역사적 연구를 하면서 모든 살아있는 종교는 살아있는 사람 안에 그와 유사한 것을 만들어 낸다고 증명하려 한다. 신자는 종교 안에 계시된 구체적인 하나님의 실체를 알고 신뢰한다. 사람의 경우와 마찬가지로, 살아있는 통일체나 사물은 분석이나 비판이 이루어지기 전에 구체적으로 실현된다. 사람의 정서적 요소, 지적 요소, 의지적 요소와 유사하게, 종교는 세 가지 주된 기능을 발휘한다. 그것이 계속 확실한 개성의 균형과 조화를 이루기 위해서는 계속 각각의 요소들 및 그것들의 상호관계를 발달시켜야 한다.

이 개성주의적 유추는 폰 휘겔로 하여금 역사적 종교를 구성하는 세 가지 주요 요소들을 이해하기 위한 믿음직한 제안을 하게 만들었다. 그는 이러한 구분을 하기 위해 다양한 표현을 사용했다. 그중 하나에서는 모든 구체적인 종교는 다음과 같은 세 가지 요소를 포함한다고 주장한다: (1) "외적이고, 권위있고, 역사적이고, 전통적이며 제도적인 요소"(이것은 인간이 지닌 의지적 요소와 유사하다); (2) "비판적-역사적이며, 종합적-철학적 요소"(이것은 지적 요소와 유사하다); (3) "신비적이며 직접적으로 적용하는 요소"(이것은 정서적 요소와 유사하다).

폰 휘겔은 몇 가지 특이하게 현대적인 지적 욕구에 관심을 기울이면서도 특히 가톨릭 신앙의 복합성에 충실하려 했다. 폰 휘겔이 가톨릭적인 균형과 현대성을 결합한 예는 다음에서 찾아볼 수 있다: (1) "제도적"인 요소가 실재하며 긍정되어야 하지만, 권위있고 역사적이고 전통적인 것으로서 보다 완전하게 묘사된 이 "외적" 요소에 필요한 충만함과 관련하여 긍정되어야 한다; (2) "지적" 요소는 중요한 것이며, 현대에는 (고전적 스콜라적 신학 및 그것들을 이어받은 신-스콜라주의 후계자들에게서처럼) 철학적-종합적인 것들 뿐만 아니라 (성경적이고 교리적인 연구에서처럼) 비판적-역사적인 것들도 포함해야 한다; (3) "신비적" 요소는 단순히 수동적인 것이 아니며, 제노바의 캐더린의 영성이 보여 주듯이 활동적인 특성도 포함한다; 폰 휘겔의 입장에서 가장 대표적인 가톨릭 신비주의 영성들은 원칙적으로 활동-지향적이기도하다.

　뉴먼이 교회의 신학적 틀 아래서 보여 주려 했던 것을, 폰 휘겔은 "종교"의 철학적 틀 밑에서 언급했다. 양자 모두 표준적인 현대 가톨릭 영성으로 간주할 수 있다. 양자 모두 하나님의 실재가 구체적이고 역사적인 형태의 교회(뉴먼)와 종교(폰 휘겔) 안에서 중개된다고 주장한다. 신자가 감지한 그러한 구체성에 주목함으로써 가톨릭 영성의 필수 요소인 객관성과 개성주의를 보증할 수 있다. 양자 모두 이 통일성이 대단한 영적 다양성 안에서 발생한다고 인정한다: 그것은 상이한 기질들, 문화들, 역사적인 시대들에 의해 야기된 다양성과 교회의 삼중 직무(뉴먼)나 구체적인 종교의 세가지 요소(폰 휘겔)에 기초를 두고 있는 다양성이다. 양자 모두 가톨릭 영성 안에서 이러한 하나님의 실재에 대한 의식이 예수 그리스도와 교회 안에서 우리에게 중개된다고 주장했다. 또 가톨릭 신자들이 이 세 가지 기능의 발달과 교정, 아울러 가톨릭의 자기 이해를 위한 현대성의 약속과 공헌을 식별해야 할 영적 필요성이 항존한다고 강조했다.

신학과 철학 내의 현대 가톨릭 영성

모든 신학과 종교 철학은 특별한 영성을 포함한다. 가톨릭 신앙의 "지적" 요소가 자유롭고 효과적으로 기능하는 곳에서는 많은 정통적인 신학과 영성이 있을 듯하다. 토머스 아퀴나스의 신학의 현실주의적 특성은 또한 그가 속한 도미니코 수도회의 영성을 드러내준다. 보나벤투어의 방사주의적(Emanationist) 신학은 프란시스코 영성에 대한 그의 충성을 드러내준다. 현대에 뉴먼이 매우 훌륭하게 표현한 가톨릭 영성의 성례전적 특성은 현대 가톨릭 신학과 철학에서 매우 상이한 방법으로 발견된다. 그러한 주장 여섯 가지를 간단히 연구해 보면, 현대에 가톨릭 사상과 영성이 얼마나 유사해졌고 또 다양해졌는지 알 수 있을 것이다. 결국, 우리는 이미 뉴먼과 폰 휘겔에게서 목격했던 통일성 안의 다양성, 조화와 균형을 추구하는 가톨릭 정신을 볼 수 있을 것이다.

칼 라너

독일의 제수잇 신학자인 칼 라너(Karl Rahner)가 20세기에 가장 유력한 가톨릭 신학자라는 것은 거의 의심할 수 없는 사실이다. 그의 관심의 범주, 많은 논문, 기사, 서적, 백과사전 등을 출판한 것 때문에 그는 위대한 신학자들 중 한 사람으로 간주된다. 라너의 신학은 현대적인 동시에 가톨릭적이다. 현대인으로서의 라너는 "초월 신학"(transcendental theology)을 전개하기 위해서 현대 사상의 "주제 의존"(turn to the subject)을 취했다. 그는 초기의 저서인『세상 안에 있는 영과 말씀의 청취자들』(Spirit in the World and Hearers of the Word)에서 (세상에 있는 영인) 인간이 행하는 지식과 자유와 사랑과 관련된 모든 행위의 초월적인 상태는 절대 신비(Absolute Mystery)이신 하나님의 공동 확인이라고 주장했다.[3] 인간은 특별한 존재이기는 하지만 하나님께 질문을 하지 않을 수 없다. 이는 인간은 있음직한 계시의 말씀의 청취자에 불과하기 때문이다. 누구도 하나님께서 그러한 자기-계시를 주셔야 한다고 추정할 수 없다. 그러나 예수 그리스도 안에서 사랑이신 하나님의 자기-커뮤니케이션인 계시가 발생했다. 그럼으로써 모든 것이 변화되었다. 초월을 향한 인간적인 추진력은 하나님이 누구이시며 이제 인간들은 능력을 받아 어떤 존재가 되는지—이웃을 사랑하는 사람들과 자기를 의사를 전달하시는 예수 그리스도의 하나님—에 대한 이 결정적인 표현에 의해 채워질 뿐만 아니라 초월된다.

예수 그리스도 안에서 하나님의 자기-커뮤니케이션 앞에서 인간이 스스로를 이해하려면 철학적 고찰과 구분되는 신학적 고찰이 필요하다. 라너가 모든 신학적 고찰을 하면서 교의에 중심적 역할을 부여한 것은 매우 가톨릭적이다. 위대한 교리들—특히 니케아와 칼케돈의 기독론 교리들—은 예수 그리스도 안에서의 하나님의 계시 이해의 견고한 기초로 존속한다. 라너도 뉴먼처럼 교리는 참된 말씀의 계시의 필수적인 암시라고 여겼다.

라너의 신학적 고찰이 전개되면서, 그의 특별한 초월적 고찰이 영적으로나 지적으로 기독교 사상과 실천에 얼마나 유익한 것인지 분명해진다. 라너의 사상은 신비인 하나님의 실재, 참여 상징의 신학(theology of participatory symbol), 그리스도 중심의 인간론 등을 확실히 파악함으로써 신학에서의 신스콜라주의적 지도서의 지배를 벗어날 수 있었다. 그의 신학 안에 존재하는 영성은 이그나티우스의 영성과 흡사하다. 왜냐하면 이 성육신적 이상이 지닌 긍정적(katapatic) 요소들(이미지, 상징, 교리, 이야기)은 일상적인 것들을 언급하기 때문이다. 그는 기독교 영성은 특별한 경험들 안에서만 발견되어서는 안되며, 하나님의 실재의 드러냄인 이웃을 향한 세상에서의 활동과 지극히 일상적인 행동들—앉고 걷고 먹고 대화하는 것 등)—에서도 발견되어야 한다고 주장한다. 반면에, 보다 후기의 라너의 "비법 전수 신학"(mystagogical theology)에서는 부정적(apophatic) 요소가 보다 두드러진다. 그는 모든 신학은 기껏해야 "신비로의 환원"(reduction to mystery)에 불과하며, 이해하기 쉬운 신학적 고찰이라도 궁극적으로 하나님과 우리 자신의 근본적인 불가해성에 굴복해야 한다는 것을 보여준다.

이처럼 독특한 부정적 요소와 긍정적 요소의 결합 때문에 라너의 초월 신학은 특별히 현대적이고 가톨릭적인 것이 된다. 그의 신학과 영성은 근본적으로 성육신적이며, 그렇기 때문에 긍정적이다. 그러나 그의 "주제 의존"은 신비에 대한 영적 의식을 감소시키기보다는 증가시켰고, 그것들을 매우 부정적인 것으로 만들어주었다. 또 라너는 모든 가톨릭 신학으로 하여금 그의 특별한 길을 취하게 하는 데 관심을 갖지 않았다. 오히려 그는 J. B. 메츠(Metz)의 신비적-정치적 신학과 구스타보 구티에레즈(Gustavo Gutierrez)의 해방신학의 발달을 장려했다. 그는 현대 가톨릭 교회의 가장 중요한 특성은 유럽 중심의 교회에서 참된 세계 교회로 이동하는 것이라고 주장했고, 그러한 현상을 환영했다.

버나드 로너건

영어권에서 뉴먼 이후 가장 위대한 신학자는 분명히 캐나다의 제수잇 회원인 버나드 로너건(Bernard Lonergan)이다. 뉴먼과 마찬가지로(그)의 *Grammar of Assent*는 로너건의 주요한 철학 서적인 『통찰』(*Insight*

에 깊은 영향을 주었다. 로너건의 사상과 영성은 분명히 경험주의적 경향을 지니고 있다.[4] 로너건도 라너처럼 현대 사상의 주제 의존을 취하려 했지만, 그의 초월적 방법을 보다 정확하게 묘사하자면 "일반화된 경험주의적 방법"이라고 할 수 있다. 또 뉴먼의 사상이 그렇듯이, 로너건의 사상은 경험주의적 특성과 역사적인 특성을 지니고 있었다. 그는 『방법과 신학』(Method and Theology)에서 신학의 주된 과업은 종교의 의미와 가치를 하나의 문화를 위해 중재하는 것이라고 주장했다.

그는 현대는 문화적 위기를 목격했으며 그 위기를 신앙의 위기로 오해했었다고 주장했다. 현대의 의식은 모든 문화에 결정적인 것으로서 자신의 문화적 규범 안에 있는 표준적 문화와 그 확실성을 지나, 문화의 다원성이 인정되어야 하는 역사적 정신을 지닌 문화로 이동했다. 그러므로 동일한 신앙을 역사적 정신을 지닌 새로운 문화와 다른 모든 문화에 새로이 중재해야 할 필요가 있었다. 새로운 믿음이 필요한 것이 아니었고, 그러한 믿음이 위치할 공간도 없었다. 로너건이 교리를 옹호하고 존중한 것은 뉴먼이 예수 그리스도 안에 있는 하나님의 객관적 계시의 교리적 특성을 강조한 것과 흡사하다.

로너건의 주장에 의하면, 인간의 의식적인 계획성의 세력에 충성하려면 하나님에 대한 질문이 요구되며 동시에 함축된다. 신학적 질문을 통한 과학적 질문에서부터, 서방 세계의 표준적인 문화에서부터 모든 문화에 이르기까지, 인간의 의식은 초문화적(transcultural)이며 초월적인 명령들—"주의를 집중하라, 지혜로우라, 합리적으로 행하라, 책임감 있게 행동하라, 사랑하라, 필요한 경우 변화되라"[5]—에 충실하려는 욕구에 의해 추진된다. 인간은, 진정 인간적이라는 의미에서 이러한 명령에 충성하면서, 자신이 단순히 더 큰 발달을 하도록 부름을 받은 것이 아니라 모든 생각과 활동이 지향할 새로운 방향을 발견함으로써 스스로 근본적으로 변화하라는 부름을 받았음을 발견한다.

그러므로 로너건은 『통찰』에서 해석한 근본적인 도덕적·지적 변화(또는 회심)의 필요성을 초월하여, 진실로 현대적인 의, 즉 경험주의적 정신과 역사적 정신을 가진" 탐구자에게 있어서의 종교적 회심의 필요성과 그 특성을 보여 주었다. 로너건은 가톨릭 교회의 *caritas* 전통과 조화를 이루면서, 종교적 회심에서 지식보다 사랑에 선행해야 한다고 주장했다. 종교적 회심의 특성은 "제한이 없는 사랑 안에 거함"이다. 종교적 회심은 인간에게 새로운 지평을 공급해 주며, 그럼으로써 모든 지식과 행동에 심오한 영향을 미치는 새로운 태도를 제공해 준다. 그런 의미에서, 믿음은 곧 "사랑에서 태어난 지식"이다. 우리는 아무리 약한 형태일지라도 감각은 "거룩함으로의 두려운 소명"[6]의 흐름을 거슬러가는 강력한 저류(底流)임을 인정한다.

그런 의미에서, 종교적 회심은 기본적인 지평을 마련해 주는데, 그 안에서 기독교인들은 (사실과 가치에 대한 참된 판단인) 교리의 의미를 식별하며, 신학의 지적 여정—지적, 도덕적, 종교적으로 변화될 경우, 이것 역시 영적 여정이다—을 주도한다.

요컨대, 버나드 로너건은 현대에 인간이 질문의 초월적 명령에 충실함으로써 영적인 것의 실체를 인정할 수 있는 방법을 보여 주는 방법론을 만들어 냈다. 역사적 의식과 현대 과학에 대해 개방적인 그의 저서는 점증하는 다양성 안에서의 통일성의 필요성에 대한 가톨릭 의식 안에 뿌리를 두고 있었다. 로너건은 고전적 의식에서 역사적 의식으로의 변화가 필요하다는 주장에 의해서, 그러한 다양성을 받아들이는 길을 보여 주었다. 그는 경험에 의해서 제한 없는 사랑 안에 거하는 것인 종교적 회심의 실체에 관심을 기울임으로써 전통의 표준적 교리들을 영적으로나 신학적으로 적용하기 위한 새로운 영적 지평을 열었다.

로너건도 뉴먼처럼 개념적 실체에 대한 지나친 관심에서부터 가톨릭 영성을 해방시켰고, 가톨릭 영성생활에서 기능적인 관계들과 미묘한 구분들을 식별하는 새로운 길을 마련했다. 로너건은 영성과 신학의 초점은 하나님의 사랑의 실체에 둠으로써, 교회와 교리, 전통과 공동체에 대한 가톨릭 교회의 핵심인 성령의 내주하는 임재를 강조하는 전통적인 주장을 구성하는 현대적인 방법을 마련했다. 그의 신학도 그의 영성과 마찬가지로 현대적인 동시에 가톨릭적이다. 그것은 모든 가톨릭 영성이 지닌 다양성 안의 통일성에 대한 연구를 위한 경험적이고 역사적인 의식 모델을 제공한다.

피에르 테이야르 데 샤르뎅

프랑스의 제수잇회 과학자요, 철학자요, 시인이요 신비가인 테이야르 데 샤르뎅(Teilhard de Chardin)의 현대적인 특성을 가톨릭측에서는 매우 깊이 해석한다. 동시에 전통적인 가톨릭 영성은 특이하게 현대적인 해석을 받아들인다. 테이야르 데 샤르뎅을 해석하는 것은 철학자나 신학자나 과학자를 해석하는 것이라기보다, 위대한 시인이면서 신비가인 위대한 이상가를 해석하는 것으로 보는 것과 흡사하다. 중요한 것은 환상이다. 그것은 전통적인 카톨릭 영성과 과학적인 현대성을 조명하고 변화시키는 방법으로 그것들의 새로운 구현을 드러냄으로써 중요성을 지닌다. 어떤 의미에서, 테이야르는 진화론에 가톨릭적인 해석을 제공했다. 다른 의미에서, 그는 가톨릭 신학과 영성의 몇 가지 중심 주제들(창조, 성육신, 성례, 사랑, 인격적인 하나님, 바울과 요한이 제시한 우주적인 그리스도)을 진화론적으로 해석했다. 그는 이 두 가지 일을 행했기 때문에, 종종 어디에서 종교적 이상이 시작되고 과학적 이론이 끝나는지 알기가 어렵다.

　테이야르 이후, 가톨릭 영성은 단순히 내세적인 자세, 또는 반-물질, 반-행동적 자세로 물러나기 어렵게 되었다. 테이야르의 입장에서 보면, 기독교인이 성육신을 긍정하면 자유로이 물질과 세상을 종교적으로 긍정할 수 있었다. 동일한 긍정을 진화론적 관점에서 재해석했기 때문에, 가톨릭 영성은 위대한 "우주적 그리스도"(Cosmic Christ), 헬라 교회 및 요한과 바울 전통(에베소 사람들과 골로새 사람들)의 *Pantocrator*를 회복할 수 있었다. 그 성육신적 언명은 하나님의 사랑의 내재의 희미한 성례로서의 우주의 건설, 그리고 거의 잊혀졌던 이미지(형상) 신비주의(image mysticism)의 새롭고 현대적인 형태로의 복귀를 허락한다.

　테이야르는 기독교인들은 진화론적 관점에서 성육신에 대한 자신의 중심적 신앙을 새롭게 고찰함으로써 세상을 통한 하나님과의 교제를 인정해야 한다고 생각했다. 그러한 관점은 우리로 하여금 모든 창조물이 새로운 분화, 보다 큰 복잡성, 분화 내의 통일성의 집중이 계속 증가해 가는 방법을 볼 수 있게 해준다. 그러한 움직임은 영적으로 이해되어야 한다. 이 영성에서 집중을 향한 움직임은 곧 물질에서 영으로, 인간에게서 그리스도에게로 가는 움직임이다.

진화 과정의 궁극적인 의미는 기독론적으로만 이해될 수 있다. 그리스도이신 나사렛 예수의 성육신과 죽음과 부활 때문에, 집중을 향한 우주의 투쟁이 분명해진다. 그리스도의 능력이 인류, 역사, 최초의 창조 안의 우주와 그리스도이신 예수의 새 창조에 부어졌기 때문에, 과학자들이 감지하는 것―온 우주는 하나님의 성례이다―이 분명해졌다. 그 성례는 하나님 자신의 진화적 과정을 통해서 그리스도의 사랑의 힘에 의해 구동되며, 영과 궁극적인 통일성 안의 분화, 인간 안에서 인간을 위해 발휘되는 완전한 사랑을 향해 이동된다. 하나님은 사랑이요, 인간은 물질과 정신에 의해 그 사랑이 모든 역사와 온 우주가 지향하는 집중, 다양성 안의 통일성임을 인정한다. 테이야르는 가톨릭 교회의 사랑의 신비주의와 완전히 하나님과의 사랑 안에 있는 궁극적인 집중을 향한 진화적이고 그리스도 중심적인 이미지(형상) 신비주의를 결합했다.

동시에, 테이야르 데 샤르댕의 진화적 관점은 전통적으로 가톨릭 성육신주의를 가장 강력하게 시인한 것들 중 하나이다. 그의 영성에서, 세상 안에서의 활동은 고난만큼 중요하다. 이 영성은 비록 내세적이고 초자연적인 성육신의 계시의 기초를 두고 있지만, 창조와 성육신, 그리스도의 죽음과 육체적 부활에 대한 신앙을 고백하는 모든 기독교인들을 위한 현세적 영성에 귀착된다.

그러한 영적 능력으로는 모든 창조 안에서의 하나님의 내재를 거의 묘사하지 못해왔다. 테이야르의 하나님의 초월성에 대한 의식이 비교적 연약하고, 죄라는 인간적 딜렘마에 대한 그의 이해가 비인격적이고 통계학적이지만, 그의 이상(vision)이 지닌 영적 능력을 부인하기는 어렵다. 종종 가톨릭 영성은 실질적으로, 때로는 이론적으로 물질, 몸과 지구를 멸시하는 것을 장려하며, 이 세상 및 세상에서의 활동(정의와 평화, 그리고 민족들과 문화들의 조화를 위한 투쟁)과 지적인 책임(학문)으로부터 도피할 것을 요구하는 것처럼 보였다.

이런 점에서, 테이야르 데 샤르뎅의 영성은 그의 진화에 대한 이해로 인한 철학적 논쟁이나 세상에 대한 지나친 낙관론에 대한 신학적 논쟁 안에 있는 것이 아니다. 그의 영성은 창조와 성육신, 그리스도의 육체적 부활, 그리고 객관적인 실체들이 기독교인들에게 영적인 길과 관련하여 요구하는 것 안에 놓여 있다: 내세적이면서 현세적인 영성; 영과 물질, 우주와 지구를 모두 긍정하는 영성; 우리가 하나님, 우리 자신, 역사, 우주 등에 대해 소유하는 가장 분명한 이해로서 사랑을 인정하는 창조 영성. 이러한 영적 강조점들이 일부 가톨릭 신자들에게 아무리 현대적인 것처럼 보여도, 그것들은 모든 가톨릭 성육신 영성의 중심적인 특성들을 나타낼 뿐이다. 가톨릭 신자들이 볼 때, 온 우주는 하나님의 성례이다. 이는 테이야르 샤르뎅이 보여 주는 것처럼 실재 전체는 곧 "신적 환경"(the divine milieu)이기 때문이다.

한스 우르스 폰 발타사르

이 유명한 스위스 신학자는 많은 저서, 특히 『주님의 영광』(*The Glory of the Lord*)를 통해서 현대의 영성과 신학을 위해서 고전적인 가톨릭 전통에서 등한시 되어온 많은 주제들을 회복시켰다. 폰 발타사르(von Balthasar)는 "현대성"(modernity)의 많은 특징에 관한 글을 저술했지만, 그는 가톨릭 전통을 현대성의 어떤 특성과 연결하는 것보다는, 현대적인 것의 냉혹한 전망으로 간주하는 것을 위해서 가톨릭 전통의 고전적 자료들을 복구하는 일에 더 많은 관심을 가졌다.

테이야르 데 샤르뎅이나 칼 라너, 또는 버나드 로너건과는 달리, 폰 발타사르는 현대성을 근본적으로 부정적인 면에서 본다. 그는 계몽운동의 순수한 업적은 부인하지 않지만, 칸트의 견해보다는 헤르더(Herder)와 괴테(Goethe)의 견해를 선호한다. 그는 주제 의존(turn-to-the-subject)의 효과가 매우 애매하다고 주장한다: 그것은 믿음과 계시 안에 있는 주관적 요소를 지나치게 강조해왔고, 자연 질서 및 인간 본성과 전통 사이의 연계도 분해했다. 폰 발타사르도 라너와 로너건처럼 무

게오르그스 루올트, 그리스도의 상하신 머리, 1905

미건조한 이성주의와 신스콜라주의 신학의 "지침서들"을 지나치게 요약하는 것을 강력하게 정죄했지만, 전통신학과 현대 신학, 전통 영성과 현대 영성에 대한 폰 발타사르의 비판의 기원은 상이하다. 전통적인 것과 현대적인 것 모두 기독교 사상에서 형태의 완전한 중요성을 상실했다. 여기에서 폰 발타사르의 업적은 매우 건설적이다. 그는 역사적이면서 조직적인 작업을 통해서, 예수 그리스도가 어떻게 하나님의 내적-삼위일체적 자아의 가시적 형태인지를 보여준다. 이런 까닭에, 진정한 기독교 신학과 영성은 영 뿐만 아니라 몸과 감각과 자연에도 초점을 두어야 한다.

위대한 교부 시대의 신학자들과 중세 시대의 신학자들(특히 보나벤투어와 단테)에게서의 가시적 형태에 대한 연구서에서, 폰 발타사르는 신학 및 영성에 중요한 결과를 초래하는 건설적인 신학적 미학을 발달시킨다. 그는 하나님의 내적-삼위일체적 자아를 표현하는 형태인 예수 그리스도의 가시적 형태의 중요성을 강조함으로써, 영적·신학적 관심을 근본적으로 객관적 계시와 가톨릭 신앙의 성육신적이고 성례전적인 본질에게로 이끌어간다. 진리를 가시적 형태로 비추는 것인 미의 역할을 강조함으로써, 그는 가톨릭 영성으로 하여금 의식, 드라마, 이콘, 이미지, 상징, 가시적 형태로서의 말씀 등의 중요성을 보다 확실히 인식하게 했다.

폰 발타사르는 현대의 어느 신학자보다도 성육신적인 가톨릭 지각을 위해서 긍정적(kataphatic) 전통을 회복시켜 준다. 그는 전통적인 상징들과 형태들 중의 형태인 하나님의 말씀, 예수 그리스도와의 창조적인 연속성을 보여 주며, 그럼으로써 가톨릭 영성 안에 있는 플라톤주의적 요소를 교정할 수 있는 주의깊은 길을 제공해 준다.

플라톤과는 다르지만 단테와 같이, 폰 발타사르는 하나님의 사랑은 가시적인 형태 안에서 발견되어야 한다고 주장하는데, 거기에는 형태들 중의 최고 형태의 실체, 하나님 자신의 참된 형태인 예수 그리스도를 보여 주는 많은 성인들의 가시적인 형태도 포함된다. 계시된 가시적 형태의 객관적 실체에 초점을 두는 이 매우 성육신적인 이상은 가톨릭 영성이 모든 형태들—우주 안에 있는 미를 닮은 것들(제라르 맨리 홉킨스의 경우처럼), 성인들의 이야기, 성경의 가시성, 의식, 성찬, 성례전 등, 그리고 (단테에서부터 클로델에게 이르는) 가시적 형태의 중요성을 이해하는 모든 위대한 기독교 예술가들—에게 관심을 기울임으로써 새로운 지식을 소유하며 변화되는 데 도움을 준다. 폰 발타사르의 주장에 의하면, 성육신의 형태는 동시에 십자가의 형태이다. 그의 신학은 고난, 갈등, 인간 실존의 비극들, 그리고 창조와 부활의 기쁨 등에 동일한 관심을 기울인다.

폰 발타사르가 현대 문화에서 상실될 수도 있는 전통, 특히 가시적 형태의 실체와 예수 그리스도의 형태 안에 있는 아름다움의 중요성을 보존하기 위해 기울인 관심과 능력은 형태를 상실할 위험에 처해 있는 현대 영성에 주된 공적이 된다.

가톨릭 철학과 영성

최근 일부 철학자들은 현대의 딜렘마에 직면하면서 고전적 가톨릭 영성의 회복에 크게 기여해왔다. 여기에서 대표적인 저서에는 위대한 신-토마스주의 철학자 자크 마리탱(Jacques Maritain)이 『지식의 등급』(*Degrees of Knowledge*)에서 행한 신비주의에 대한 중요한 연구, 그리고 초월적 토마스주의자인 조셉 마레칼(Joseph Marechal, S. J.)이 『신비가들의 심리학』(*Psychology of the Mystics*)[7]에서 행한 신비주의에 대한 철학적-심리학적 연구가 포함된다. 가톨릭 철학 내의 현상학적 전통은 특히 영성에 관한 많은 저서를 배출했다: 맥스 쉘러(Max Scheler), 에디스 스타인(Edith Stein), 로마노 과르디니(Romano Guardini).

독일 철학자인 에디스 스타인은 현상학적인 방법은 가톨릭 영성 연구에 적용했고, 후세를(E. Husserl)를 도와 감정이입에 대한 훌륭한 연구서를 제작했다. 스타인은 유대교에서 가톨릭으로 개종한 후, 현상학과 토마스주의 철학의 관계에 관한 몇 가지 훌륭한 연구서를 저술했다. 이 철학적이고 문화적인 논문들은 실질적이기는 하지만, 현대 가톨릭 영성의 표현과 발달에 기여한 에디스 스타인의 중요성은 그녀가 갈멜 수도회에 입회하여 베네딕타(Sister Benedicta)라는 이름을 받은 후에 갈멜회의 신비가들에 대해 저술한 저서에 있다. 그 시대의 그녀의 저서들은『하나님을 아는 방법』(Ways of Knowing God)과 갈멜회 영성을 찬양한『십자가의 과학』(Science of the Cross)에서 절정에 달했다.

그녀는 갈멜회의 위대한 박사들인 아빌라의 테레사와 십자가의 요한의 사랑의 신비주의라는 전통이 하나님이 임재하시는 내면 생활인 "영혼"이라는 개념을 얼마나 소생시키는지를 보여 주었다. 영혼의 정수를 이루는 것은 지식이 아니라 사랑이다. (테레사와 요한이 강력하게 가르친) 이 주제가 철학자인 스타인의 사유(思惟)의 현저한 진리가 되었다. 만일 하나님이 사랑이시라면, 하나님의 삼위일체적 실재는 철학적이고 신학적인 사변의 문제가 아니라 하나님의 사랑 안에 있는 사랑의 실재에 대한 실존적 응답일 것이다.

십자가의 요한에 대한 연구서인 주요 저서『십자가의 과학』에서는 1914년부터 1945년까지(1942년에 그녀는 아우슈비츠에서 처형되었다) 공포 때문에 황폐해진 유럽에서 갈멜회의 사랑의 신비주의와 십자가의 신학이 발휘한 능력을 다룬다. 모든 실체와 모든 인간 영혼의 중심에 있는 하나님의 사랑과 "십자가의 과학"에 대한 그녀의 충성심은 그녀의 삶의 의미 전체, 그리고 성령의 삶을 회복하기 위해 갈등하는 현대인에게 주는 메시지를 드러낸다:

> 우리는 영적으로 궁핍한 세대이다. 우리는 물을 찾으려는 소망을 가지고 도처에서 성령을 찾고 있다. 만일 영이 살아 있으며 결코 죽지 않는다면, 과거에 성령께서는 적극적으로 인간 생활과 인간의 손으로 행하는 일을 형성하시던 모든 곳에 지금도 여전히 현존하셔야 한다. 그러나 역사적 기념물들의 흔적 안에서가 아니라 은밀하고 신비한 삶 안에 현존하신다. 성령은 작지만 주의깊게 보살핌을 받아 언제든 타오를 준비를 갖추고 있는 불꽃과 같아서, 영이 불을 붙여 주는 최초의 입김을 느끼는 순간에 큰 불길로 타오른다.[8]

현대 철학자인 루이 두프레(Louis Dupré)도 전통적인 고전적 신비한 본문들을 사변적(철학적-영적)으로 재해석함을 통해서 영성생활을 중개하려는 현대 지성인들의 욕구를 강조해 왔다. 루이스브렉(Ruysbroec)의 삼위일체 신비주의를 재고하면서, 현대 영성 안에서 현대 영성을 위해 고전적 신비주의 본문들을 철학적으로 중개하는 예를 제시한다. 그와 비슷한 활동에 의해서, 아빌라의 테레사 및 다른 기독교 사랑의 신비가들에게서 그리스도의 인성을 강조함에 의해서 조명된 세상적이고 평범한 실체들에게로의 복귀, 그리고 위대한 신비가들의 철학적 중요성을 보여 준다.

요컨대, 고전적 신비주의 본문들에 대한 철학적 고찰은 현대에 위험에 처해 있는 철학적인 문제와 영적인 문제를 조명해준다. 철학적으로 우리가 선택할 수 있는 대안들은 순수한 자율적인 자아의 현대적 모델 안에 내재해 있는 개인주의에 의해 제한되어야 한다; 또 포스트-모던 사상의 "주제의 사망"이나 신-보수적 사상의 공동체 내의 자아에 대한 전-현대적 이해로 이동하려는 헛된 시도 역시 제한되어야 한다. 신비주의 본문들에 대한 현상학적 해석은 현대 지성인들에게 영적 공허의 부정적(apophatic) 의식, 그리고 하나님과 영혼을 위해 사용하는 모든 명사들을 부정해야 할 영적 욕구에 대한 부정적 의식을 중개해 줄 수 있다. 현대 지성인들은 이미지(형상) 신비가들, 삼위일체 신비가들, 사랑의 신비가들 안에 있는 고전적인 영적 자원들의 회복을 통해서 창조의 선함에 대한 보다 깊은 영적 인식에 이르며 불완전 안에서의 유한의 영적 긍정에 이를 수 있다. 잔 반 루이스브렉의 신비신학에 잘 표현되어 있는 바, 지극히 평범하고 세상적인 의미에서 활동으로의 복귀는 여기에서 현대의 지적인 기독교인들을 위해 영적·철학적으로 새롭게 중개된다.

신비적 예언적 방법의 출발점: 머튼과 데이

토머스 머튼

루이스(Louis)라는 수도 명을 가진 트라피스트회 수도사인 토머스 머튼(Thomas Merton)은 20세기에 가장 유력한 영성생활의 옹호자 중 한 사람이었다. 비범한 작가요 시인이었던 머튼이 저술한 30권의 책과 많은 시를 연구해 보면, 그가 영향력을 지닌 이유들이 드러난다. 머튼은 완전히 독창적이라고 간주할 수 있는 것은 거의 제공하지 않았지만, 그의 업적은 놀라울 만큼 대표적인 특성을 지니고 있다. 그는 모든 저서에서 신비 전통의 다양성을 현대적인 용어로 재고했다. 2,000년 동안의 가톨릭 영성사에서의 신비적 전통들—닛사의 그레고리, 오리겐의 이미지(형상) 신비주의에서부터 머튼이 속한 시토회의 삼위일체 신비주의와 마이스터 엑하르트의 부정적인 급진성(apophatic radicality), 클레르보의 버나드로부터 시작되어 십자가의 요한과 아빌라의 테레사에 이르는 위대한 사랑의 신비가들; 오리겐이나 엑하르트의 사변적인 신비주의에서부터 시작하여 아빌라의 테레사의 자서전적인 경향을 거쳐 영국 신비가들의 상식적인 단순성과 아름다움에 이르는 전통—전체를 회복하려고 세심하게 노력했다.

 토머스 머튼의 글을 읽으면, 이와 같이 종종 서로 충돌하는 가톨릭 영성들 전체, 현대 생활에서 선택할 수 있는 것으로서 때로는 홀로 제시되고 때로는 함께 제시되는 영성들 전체를 발견하게 된다. 그러나 머튼이 신비주의 전통을 대변하는 비결은 신비주의 전통을 분석한 데 있는 것이 아니라 그것들을 현대적인 글로 제시한 데 있다.

 그의 삶, 인격, 자신의 영성에 대한 재고 등은 전형적으로 20세기적인 특성을 지닌다. 머튼은, 풍성한 가톨릭 전통과 영구히 변화되는 현대의 상황 안에서 때로는 평안함을 느꼈지만 때로는 평안함을 느끼지 못한 채, (다원성과 보편성에 있어서) 신뢰할 수 있을 만큼 가톨릭적이며 (현대의 냉혹한 영적 전망 안에서 편안함을 느끼지 못하고 불안하다는 점에서) 현대적인 영성을 발견하려고 노력했다.

 영적인 생활을 추구하는 많은 현대인들처럼, 머튼도 우리 시대의 영적 공허에 대해 지적으로 민감한 사람들에게 어울리는 어두움의 전통 안에서 편안함을 느꼈다. 그것은 그로 하여금 십자가의 요한(John of the Cross), 노리지의 줄리안(Julian of Norwich), 마이스트 엑하르트 등

뿐만 아니라 폴 틸리히(Paul Tillich)와 실존주의 철학 안에서 부정의 요소들을 탐구하게 만들었다. 후일 그는 선(禪) 사상과 티베트 불교에서의 공(空, sunyata)의 실체에 대하여 공부했다. 그가 수도 공동체와 수도사로서의 은둔생활에 동시에 헌신한 데서 나타나듯이, 그가 근본적인 독거 생활에 끌린 것은 이러한 부정의 영성을 반영해준다.

동시에 머튼은 공동체와 시토회 전통 안에 있는 수도사로서 자신이 물려받은 수도적 유산인 이미지(형상) 신비주의를 새롭게 해석했다. 그는 각 사람이 그리스도 안에서 하나의 이미지(형상), 하나님 자신의 자아(God's own self)가 될 수 있다고 강조했다. 모든 인간 안에서 하나님의 형상을 봄으로써, 머튼은 현대 개인주의의 파괴적인 결과로 인해 고통하고 있는 동시대 사람들의 왜곡되고 소외된 자아들 안에서도 "참 자아"(하나님의 형상)를 발견하는 방법을 분명히 표현할 수 있었다. 그리하여, 머튼은 세상에 있는 동안에도 위대한 수도원 전통들에 참여하기를 간절히 원하는 많은 사람들에게 진정한 지도자가 되었다.

그는 말년에, 보다 급진적인 영적 탐구를 시작했다. 그의 부정의 영성은 그로 하여금 선(禪)과의 대화, 그리고 티베트 중들과의 대화를 가능하게 해 주었다. 선의 매우 부정적인 본질 속에서, 머튼은 기독교 영성을 강화해줄 잠재력을 가진 영성을 발견했다. 이러한 종교 간의 협력 추진은 머튼이 신비적-예언적 영성에 몰두하는 것과 동시에 발생했다. 머튼이 신비주의 전통에 토대를 두고 있는 수도사로서의 헌신은 점차 평화와 정의를 위해 활동하는 예언적 영성이 되어 갔다. 이것은 1960년대에 저술한 그의 저서들, 특히 *Conjectures of a Guilty Bystander*에 분명히 나타나 있다. 그의 주장에 의하면, 기독교인, 특히 수도사는 위해서 세상으로부터 해방되어야 하며, 가능한 모든 방법을 사용하여 억압받는 사람들과 평화와 정의를 위한 기독교의 비폭력 사역을 위해서 발언하고 저술하고 행동해야 한다고 주장했다. 이렇게 동방의 전통들을 향한 영적인 개방성과 내적-신비적 근거, 예언적인 증언과 활동을 강조한 것이 결합되었기 때문에, 말년의 머튼의 저술과 활동은 가톨릭 영성에서 진정한 종교 간의 협력을 추구하는 세계 교회 및 정의와 평화를 위한 비폭력 사역으로의 급진적인 전환을 나타낸다. 그의 업적에 대한 저술이 급격히 증가하면서, 이 가톨릭 수도사-저술가의 영향력은 앞으로도 분명히 지속될 듯하다. 머튼의 영적 탐구는 가톨릭주의의 신비적이고 지적이고 제도적인 실체에 뿌리를 두고 있기 때문에, 그 풍성한 전통을 점점 더 평화와 정의를 위한 증인의 신비적-예언적 영성, 다른 영적 전통들에 대해 근본적으로 개방적인 보편성의 필요성을 인정했다.

도로시 데이(Dorothy Day)

훌륭한 저술한 작가요 영적 지도자요 사회-정의 활동가인 도로시 데이만큼 현대의 산업적이고 기술적인 세계가 새로운 가톨릭 영성을 활성화하는 데 도움을 준 인물은 극히 드물다. 그녀의 영적 스승인 러시아인 도스토에프스키와 베르쟈예프, 그리고 그녀와 함께 가톨릭 노동자 운동을 설립한 프랑스인 피터 모린(Peter Maurin)처럼, 데이는 영의 생활이 모든 역사의 비밀이며, 이 생활만이 공동체 내의 영의 생활일 수 있다고 믿었다. 이 공산주의적 기독교 완전주의는 그리스도의 몸의 실질적 지체 또는 잠재적 지체로서의 각 개인의 권위를 강조했다.

그러나 가톨릭 영성의 다른 형태들과는 달리, 데이는 공동체 내의 영의 생활은 압제받는 사람들을 위한 활동 중심의 경제적-사회적-문화적 세계를 피할 필요가 없다고 주장했다. 그녀의 개성주의적 기독교 영성의 신비한 특성은 정의를 위한 예언적 활동으로 표현되었다. 그녀의 영성을 단순히 영의 진리를 인정하게 된 사회 활동가의 영성으로 해석하는 것은 그녀의 영성을 오해하는 일일 것이다. 그보다는 20세기 초 미국의 급진적인 사회 정치에 깊이 개입한 데이가 가톨릭으로 개종하고 나서, 사회 정의에 대한 예언적 소명을 기독교 영성생활의 중심에서 이해해야 하는 가톨릭 영성을 발달시켰다고 말하는 것이 정확할 것이다.

그녀의 영성신학은 그녀가 *The Catholic Worker*라는 잡지에 기고한 글을 비롯하여 많은 서술에 표현되어 있다. 도로시 데이는 평화와 사회 정의를 위해 끊임없이 사려깊게 활동하는 한편, 집단 농장(farm commune)은 물론 북아메리카의 산업 도시에 극빈자들을 위한 구빈원

(House of Hospitality)들을 세우기도 했다. 그녀가 자서전인 *The Long Loneliness*에서 주장한 것처럼, 그 신학의 특징은 모든 은혜와 행동하는 사랑이 삶에 하나님의 실재를 가져다 주는 중심되는 방법이라는 신념이었다.

그녀는 종종 가톨릭 노동자 운동의 의미를 알려주는 중요한 문장으로서 도스토에프스키의『카라마조프의 형제들』의 한 구절을 언급하곤 했다.

> 행동하는 사랑은 꿈속의 사랑과 비교하면 사납고 두려운 것이다. 꿈 속의 사랑은 모든 사람들이 보는 데서 신속하게 수행되는 즉각적인 행동을 갈망한다. 사람들은 호된 시련이 오래 계속되지 않고 무대 위에서처럼 방관과 박수갈채 속에서 곧 끝날 수만 있다면 목숨이라도 내놓을 것이다. 그러나 사랑은 불굴의 정신이요 고역이다…당신이 노력에도 불구하고 목표에 가까이 가기는 커녕 목표로부터 멀어진다는 것을 두려움을 가지고 볼 때, 바로 그 순간에…당신은 그곳에 도착할 것이며 항상 당신을 사랑하시고 신비하게 인도해 주시는 주님의 기적적인 능력을 분명히 볼 것이다.[9]

이 "잔인하고 두려운 행동하는 사랑"의 영성은 도로시 데이의 평생 동안 지속된 일련의 행동이 되었고, 그녀의 저술들 안에서의 유기적인 지성, 지적인 변론과 발달로서의 그녀의 역할과 보조를 이룬다. 데이의 영성은 지적으로나 실질적으로 다음과 같은 일곱 가지 주제로 이루어져 있다: (1) 그 위대한 과학적 업적에도 불구하고, 산업적이고 기술적인 현대 세계는 영을 빼앗긴(spirit-bereft) 시대이다. 브르조아 정신은 영의 요구와 가능성을 단순히 개인적인 엑스타시나 짐짓 과소평가된 유토피아적 꿈으로 전락시킨다. 행동하는 정신의 실체만이 우리를 둘러싸고 있는 숨막히게 하는 환경에 도전할 희망을 가질 수 있다. (2) 사람들은 각기 범할 수 없는 특별한 가치를 가지고 있으며, 동시에 다른 모든 사람들에 대한 동등한 책임도 가지고 있다. (3) 이 영이 부재하는 환경 속에서 가난한 사람들 및 영을 위한 투쟁에 합류하는 모든 사람들과 함께 공동체 안에서 삶으로써 이러한 영의 책임을 가장 훌륭하게 충족시킬 수 있다. (4) 만일 그 싸움이 진정한 것이 되려면, 가난한 사람들을 위한 활동을 할 수 있어야 한다. 그 활동은 현대 세계의 도시에서 가난한 사람들을 보살피고 먹이는 책임을 요구한다(여기에서 데이의 영성은 그녀가 존경하는 캘커타의 마더 테레사의 행동하는 사랑[caritas-in-action]의 영성과 비슷하다). (5) 또한 행동은 사회 정의를 위한 투쟁과 평화를 위한 투쟁이 벌어질 때에 거기에 헌신할 것을 요구한다(여기에서 데이의 영성은 역시 그녀가 존경하는 도미니크 수도사인 브라질의 Helder Camara of Recife의 행동하는 사랑의 사회적-정의의 영성과 비슷하다). (6) 이 투쟁에 알맞은 영성에는 종교적 비폭력의 생활을 위한 자발적인 가난이 포함되어야 한다(여기에서 데이의 영성은 마하트마 간디와 마틴 루터 킹의 비폭력 주장과 비슷하다). (7) 사회를 위한 목적은 마르크스주의와 자본주의라는 인간성을 박탈하고 영성을 박탈하는 두 가지 체계 사이에서 "제3의 방법"을 발견해야 한다. 데이의 입장에서 보면, 교황이 발표하는 회칙들의 사회적-정의의 전통의 한 가지 흐름과 조화를 이루며, 또 프랑스의 엠마누엘 무니에르(Emmanuel Mounier)와 피터 무니에르의 개성주의적 운동과 조화를 이루는 이 "제3의" 사회적 모델은 공산주의적인 것이었다. 그것은 사회는 궁극적으로 개인의 회심에 의해서만 변화되어야 하지만, 그러한 회심은 가난한 사람들과 학대받는 사람들의 공동체 안에서 그들을 위해 이루어지는 것이어야 한다는 개성주의적 믿음에 기초를 두고 있었다. 그녀에게 있어서, 그것은 기독교의 사랑과 정의의 원리에 따라서 협력하고 물건을 통용하는 것에 기초를 둔 분산된 보다 단순한 사회의 발달에 도움을 줄 영적 희망이었다.

그녀는 같은 시대 인물은 사이몬 윌(Simone Weil)과 마찬가지로, 뿌리 없고 영이 박탈된 특성을 지닌 현대 부르조아 세계는 새로운 종류의 신비적-예언적 영성의 발달, 그리고 정의와 평화를 위해 싸우는 새로운 종류의 세상 안의 거룩(saintliness-in-the-world)의 발달을 요구한다고 생각했다. 도로시 데이는 행동으로나 생각으로 가톨릭 교회의 그 새로운 영적 이상의 실체를 현실화했다. 그것은 20세기 말 가톨릭 세계에서 사상적으로나 행동적으로 신비적-정치적인 모든 강력한 운동에 강력한 영향을 미쳐왔다. 그 영향은 실질적이며 지적이다. 그녀의 경우에 그 둘은 영의 실체에 뿌리를 두고 있으며 그 실체를 조금이라도 인식하는 모든 사람에게 호소한다. 그녀는 *The Long Loneliness*에 다음과 같이 기록했다: "우리는 오랜 고독을 알고 있으며 그 유일한 해결책은 사랑이라는 것, 그리고 그 사랑은 공동체와 함께 임한다는 것을 터득해왔다…그것은 우리가 그곳에 앉아서 이야기하고 있는 동안에 발생했으며, 지금도 여전히 진행되고 있다."[10]

가톨릭 영성의 신비적·예언적 흐름의 발달

지금까지, 현대 가톨릭 영성의 주요한 요소들이 원래 뉴먼과 휘겔에 의해 만들어졌다는 것을 살펴보았다. 현대에 각각의 요소(제도적 요소, 지적 요소, 신비적 요소)는 독특하고 새로운 형태를 취했다. 특히 현대 가톨릭 교회의 중대한 사건인 제2차 바티칸 공의회(1961-1965)의 제도적, 신학적, 종교적 변화를 통해서, 가톨릭 세계 전역에 새로운 형태의 영성이 출현했다. 칼 라너가 주장했듯이, 제2차 바티칸 공의회는 신학적으로 유럽 중심에서 탈피한 세계 교회의 출현의 확인이라고 볼 수도 있을 것이다. 세계에서 일련의 새로운 가톨릭 영성들이 출현함으로써 몇 가지 새로운 국면이 야기되었다. 이 모든 영성의 중심은 가톨릭 영성을 위한 몇 가지 새로운 형태의 패러다임—신비적-예언적인 모델—을 분명히 표현한 것이다. 우리 시대에 발생하고 이 모델의 몇 가지 형태를 분명히 설명하는 데 도움이 될 것이 세 가지가 있다: 정의를 강조하는 해방신학, 자연과 우주의 회복을 중시하는 창조 중심(creation-centered)의 영성, 그리고 기독교 내의 일치를 위한 대화 및 보다 넓은 범주에서의 종교간의 대화에 의해 밝혀진 것처럼 다른 위대한 영적 전통들이 소유한 영적 보화에 대한 개방적인 태도.

이와 같이 현대 가톨릭 영성의 새로운 형태들을 연구하기 전에, 현대에 보다 전통적인 가톨릭 영성의 새로운 형태들과 계속되고 있는 통일성을 강조하는 것도 역시 중요한 일이다. 물론 몇 가지 전통적인 경건의 관습들—9일 간의 기도(novena), 로사리오 기도, 성체 강복식(Benediction) 등—은 쇠퇴해왔다. 그러나 우리는 지금도 이 전통적인 가톨릭 영성의 형태들이 많은 현대 가톨릭 신자들에게 중요하게 여겨지며 힘을 발휘하고 있음을 알 수 있다. 루르드, 파티마, 콰달루페, 체스토코바 등 여러 지방에서 마리아 숭배 신앙이 계속 중요하게 여겨지고 있음을 보라.

동시에, 가톨릭 영성의 전통적인 전통들이 우리 시대에도 영원히 새로운 형태로 살아남아 있다: 베네딕트 영성, 카르투지오 영성, 도미니크 영성, 프란시스코 영성, 갈멜 영성, 제수잇 영성 및 새로운 수도회와 세속적인 기관들은 전통적인 가톨릭 전통들을 유지하는 동시에 이러한 전통들이 현대 세계에서 생존하는 것을 허락해 주는 새로운 방법을 발견한다. 사랑(caritas)을 강조하는 가톨릭의 영성생활이 표현되는 새로운 방법을 대표하는 사람 셋을 들 수 있다: 리주의 테레사(St. Thérèse of Lisieux), 샤를르 드 푸꼬(Charles de Foucauld), 캘커타의 마더 테레사. 이들은 현대에 가톨릭 교회의 사랑을 실현하는 새로운 방법을 분명히 나타내는 데 도움을 준 탁월한 영적 인물들이다. 리주의 테레사는 갈멜회의 수녀로서의 삶과 영적 자서전에 의해서 세상에 사는 많은 가톨릭 신자들 및 동료 갈멜 수도사들을 위해 영성생활의 방법을 분명히 설명해 주었다. 그녀가 사용한 (역시 갈멜회 수녀였던 아빌라의 테레사의 신비적 여정에 비교할 때) "작은 길"은 많은 사람들로 하여금 일상적인 세상에서 사랑을 위한 작은 행동의 영성을 준수할 수 있게 해 주었다. 점차 많은 가톨릭 신자들이 일상적인 평범한 생활 속에서 신뢰할 수 있는 영성생활을 하는 보다 훌륭한 방법을 추구함에 따라서 그녀의 영향력은 계속 증가한다.

샤를르 드 푸꼬와 캘커타의 마더 테레사는 세상의 가난한 사람들과 무시 받는 사람들 사이에서 사랑의 전통을 실천하는 새로운 방법을 정의하는 데 도움을 주었다. 이 두 사람은 가난한 사람들과 버림받은 사람들과 죽어가는 사람들을 위해서 특별한 사랑의 행위로 표현된 사랑의 방법이 곧 사랑의 구체적인 힘을 나타내는 방법임을 발견했다. 두 사람 모두 그들의 삶을 변화시켰으며 그들의 구체적인 행위를 알려주는 사랑의 이상을 분명히 보여 주는 저술들을 남겼고, 그들의 이상을 지속하기 위해 새로운 교단을 세우거나, 사람들을 감화하여 새로운 교단을 세우게 했다. Little Brothers and Sisters는 샤를르 드 푸꼬의 감화로 세워졌고, Sisters는 캘커타의 마더 테레사가 세운 것이다.

평범한 생활 속에서 구체적인 행동과 단순한 문장으로 사랑을 표현하는 능력(리주의 테레사), 그리고 가난과 고통 속에서 사랑을 표현하는 능력(샤를르 드 푸꼬와 마더 테레사) 때문에 이 세 사람은 우리 시대에 사랑-중심의 가톨릭 영성을 표현하는 표준적인 인물이 되었다.

해방 영성(Liberation Spirituality)

20세기에 새로 출현하기 시작한 가톨릭 영성의 형태들 중에서 중요한 것은 많은 해방 신학과 해방영성이다. 해방 신학은 원래 성경적인 부흥(특히 종말론과 정의를 향한 예언적 소명의 회복), 유럽에서의 "정치 신학"의 출현 및 교황청의 사회적 교칙과 제2차 바티칸 공의회에서의 사회적/정치적 정의를 위한 투쟁에 합류하라는 부름의 감화를 받은 것이었다. 동시에, 해방신학은 가톨릭 영성에 복합성과 새로운 강조점을 가져다 주었다. 해방신학에서 주로 강조하는 것은 완전한 변화에 대한 기독교적 이해의 핵심에서 발견하는 바 정의를 위해 싸우라는 예언적 소명이었다. (그 이전의 머튼과 데이처럼) 해방신학에서 새로 도입한 것은 완전한 정의를 위한 투쟁과 사랑의 힘을 뗄 수 없이 연결하는 것이었다. 기독교적 삶의 사랑과 정의라는 상극을 재고하기 위해서, 해방 신학자들은 영적/세상적인 완전한 해방—개인적, 경제적, 문화적, 정치적, 종교적 해방—을 적절한 가톨릭 영성을 위한 중요한 상징으로 삼았다. 이 새로운 해방주의 영성을 제도적인 용어로 선포한 것 중에 가장 중요한 것은 라틴 아메리카의 주교들이 메델린(1968)과 푸에블라(1977)에서 발표한 문서; 1971년의 주교 회의에서 작성한 "정의를 위한 행동과 세상의 변화에 참여하는 것은 복음 전파의 기본적인 차원인 듯이 보인다"는 표현[11]; 많은 주교들과 교황 존 폴 2세가 사용한 "가난한 자들을 위한 우선적인 선택권"이라는 표현; 브라질의 도미니크 수도사인 Helder Camara of Recife와 같은 주교들과 수도사들이 행한 사랑과 정의를 위한 행동; 그리고 라틴 아메리카와 가톨릭 세계 전체에서 많은 기초 공동체(base community)들과 같은 새로운 제도적인 실체들이 발달한 것(이곳에서의 공동의 성경 읽기, 기도, 전례, 영적 활동 등은 이러한 수도사들과 평신도들의 작은 공동체들이 그들 자신의 정의를 위한 구체적인 투쟁에서 회개로의 복음적 수명의 의미를 어떻게 식별하려는지를 보여준다).

신학적으로 말하자면, 이 새로운 영성과 신학의 기초가 되는 문서는 페루의 신학자 구스타보 구티에레즈(Gustavo Gutierrez)의 『해방 신학』(*A Theology of Liberation*)이다. 구티에레즈의 다른 저서 및 그의 많은 동료들의 저서가 보여 주듯이, 해방 신학은 인민의 영성 및 많은 전통적인 형태의 가톨릭 영성에 기초를 두고 있다: 구티에레즈의 『우리는 자신의 우물 물을 마신다』(*We Drink From Our Own Wells*) 및 욥기에 대한 그의 신학적-영적 연구서에 반영된 그의 성경적 기원에서 대중 신앙을 존중하고 있음; 브라질 사람인 레오나르도 보프(Leonardo Boff)의 신학에 나타난 인민의 영적 각성과 자발적 가난으로의 소명과 프란시스적인 공동체 의식; 살바도란 혼 소브리노(Salvadoran Jon Sobrino)의 신학에서 이그나티우스의 영적 훈련을 사용한 것.

라틴 아메리카인들은 다양한 해방 신학과 영성을 발달시키는 데 있어서 전체 가톨릭 세계를 주도해왔다. 그럼에도 불구하고, 아시아(특히 인도, 한국, 필리핀), 아프리카, 그리고 북아메리카의 흑인신학, 히스패닉 신학, 원주민 신학 등에서 새로운 상이한 형태의 해방주의 주장을 발견할 수 있을 것이다. 또 서유럽과 북아메리카의 정치 신학과 동유럽의 영성들(예를 들면, 폴란드의 Solidarity 운동)은 해방주의 신학을 추구하는 동료들과 마찬가지로 정의의 중요성을 강조한다.

이렇게 정의를 위한 투쟁을 가톨릭 영성의 중심으로 강조하는 현상은 해방주의 주제들과 아울러 새로운 가톨릭 여성신학의 발달로 이어졌다. 가톨릭 영성사에서 여성들의 역할을 고려해볼 때, 이러한 신학들은 너무 빈번하게 망각되고 억제되어온 역사를 회복시키고 있다. 엘리자베스 쉬슬러 피오렌자(Elisabeth Schüssler Fiorenza)가 신약성서에서의 여인들의 역할을 연구한 것, 많은 학자들이 여성 신비가들의 주장을 분석한 것, 그리고 로즈매리 래드포드 류터(Rosemary Radford Reuther)와 앤 카(Anne Carr) 등의 신학자들이 행한 바 예언적 전통 내의 가부장적 요소에 대한 예언적 자기 비판 등을 참고하라.

이러한 신학들은 가톨릭 교회의 제도적, 지적, 종교적 삶의 모든 측면에서의 여성들의 전통적 역할을 매우 의심스럽게 바라본다. 게다가 이 성경적-예언적 정의에 대한 새로운 인식은 위대한 영적 여성 지도자들(예를 들면, 아빌라의 테레사, 시에나의 캐더린, 제노바의 캐더린, 장 기욘, 도로시 데이), 종교 공동체들(예를 들면 beguines), 그리고 전통적이고 현대적인 가톨릭 영성에 배태되어 있는 가부장적인 편견들의 재해석을 일으키는 듯하다. 그러므로 장차 잊혀져온 영적 자원들의 여권주의적 회복과 전통 내의 표준적인 영성에서 여성에게 행해진 불의에 대한 예언적이고 여권주의적인 의심이 지닌 심오한 영적 능력에 고취되어 가톨릭 교회의 제도적이고 지적이고 종교적인 삶을 보다 근본적으로 재해석하게 될 것이다.

창조 중심의 영성: 자연의 회복

정의를 위한 투쟁을 하라는 예언적인 소명은 많은 현대 가톨릭 신자들이 새로운 영적 운동을 추진하는 데 도움을 주었다. 생태학적 위기의 범위가 분명히 드러나고 핵으로 인한 가공할 만한 위협이 널리 인식되면서, 망가지기 쉬운 지구 위에서 사는 다른 모든 생물들을 공정하게 다루어야 한다는 요청이 새로운 영적 여정이 된다. 몇몇 사람들의 주장에 의하면, 예언적 전통은 자연으로부터의 소외와 자연의 제거라는 딜레마를 분명히 밝혀 주며 충분한 영적 자원을 충분히 제공할 수 있을 것이다. 그런 까닭에 많은 현대의 예언적 영성과 신학에서 모든 창조 세계의 청지기로서의 인간에 대한 성경적-예언적 의식을 회복시킬 수 있을 것이다.

그러나 다른 사람들은 강력한 비판과 정의에 대한 요청을 지닌 예언적 전통으로도 충분하지 못할 것이라고 본다. 이러한 "창조-중심의" 영성에서 보면, 전통적인 영성은 지나치게 인간중심적이며, 창조론(골로새서와 에베소서에서 선포되었고 테이야르 데 샤르댕이 재해석한 원래의 창조와 새로운 창조)보다는 구속론에 치우치는 듯하다.

따라서, 창조 중심의 영성으로의 호소는 가톨릭 영성에서 등한시되어온 많은 요소들에 대한 연구로 이어져 왔다: 단순히 인간 중심적인 견해보다는 우주 중심적인 견해를 지닌 신·구약 성서의 지혜 전승들; 아씨시의 프란시스의 행동과 기도, 그리고 보나벤투어의 상징적이고 성례전적인 신학에 표현된 바와 같이 인간들 뿐만 아니라 모든 살아 있는 피조물과의 관계를 중시하는 프란시스의 전통; 우리의 구현된 본성 및 전통적인 동방 기독교의 신학과 많은 신비가들, 특히 여성 신비가들에게서 발견되는 바 자연 및 우주 전체와 우리의 관계를 크게 존중하는 성육신의 교리; 고대의 여신 전통들과 같은 전통들에 대한 관계를 재고해야 할 필요성; 전통적인 기독교에서 아프리카의 전통, 또는 아메리카와 유럽의 토속 전통처럼 통전적이고 자연 지향적인 전통들을 비방하거나 후원함; 종종 지나치게 인간 중심적이라고 입증되어온 가톨릭 교회의 영적 전통 안에서 "자연"이 중심적 위치를 되찾아야 할 필요성; 가톨릭 교회의 영성보다 다른 종교 전통에서 더 강력하게 자연과 우주와의 결속을 주장해왔음을 깨달아야 할 필요성.

아마 최근에 예언적인 방향을 지향하는 해방신학이 우주적이고 신비적인 전통들을 재고하려는 개방적인 태도를 나타낸 것과 같이, 창조 중심의 영성과 신학도 인간의 정의를 위한 투쟁에 대한 보다 큰 관심을 그들의 창조 중심의 영적 방법에 중요한 것으로 여겨 받아들여왔다고 말할 수 있을 것이다. 요컨대, 양자는 신비적-예언적 영성과 신학을 발달시키는 새로운 방법을 배우고 있다. 그러한 탐구는 부분적으로 가톨릭 영성을 다른 종교 전통들에 대해 개방시켜 줄 것이다.

교회 일치를 위한 협력과 종교 간의 대화

제2차 바티칸 공의회의 개방성과 결합된 가톨릭 신앙의 성경적, 전례적, 교부적 부흥 덕분에 가톨릭 영성은 에큐메니칼한 태도 및 진지한 종교간의 대화를 지향하게 되었다.

많은 개혁주의 전통들이 성례전적인 유산을 회복함과 아울러 가톨릭 영성은 말씀에 대한 개혁주의적 강조를 재발견했다(예를 들면 한스 킹의 저서에서처럼). 현대 개신교 영성과 가톨릭 영성의 발달은 크게 에큐메니컬한 것으로 증명되었다. 쇠렌 키에르케고르, 디트리히 본회퍼, 도로테아 쵤레(Dorothea Soelle), 마틴 루터 킹 등이 많은 가톨릭 신자들에게 미친 영향, 그리고 프레드리히 폰 휘겔, 에디스 스타인, 토머스 머튼, 도로시 데이 등이 우리 시대의 많은 개신교인들에게 미친 영향을 생각해 보라. 또 전통의 신비적인 측면에 대한 큰 관심의 재출현 및 예언적인 해방 영성들의 출현은 상호-신앙고백적인 학문을 자극하고 또 자극을 받아왔다. 가톨릭 신자들과 개신교도들 사이에서, 우리 시대에는 초 교파적인 기독교 신비적-예언적 영성이 필요하다는 의식이 증가하고 있다.

또 가톨릭 신자들과 개신교인들은 역사 지향적인 어거스틴의 영적 유산의 힘과 약속 뿐만 아니라 그 한계에도 주목하기 시작했다. 가톨릭 신자들과 개신교인들은 자연과 우주와 우리의 관계를 고찰해야 할 필요성을 느끼면서, 자기들이 정교회의 우주 중심적 신학으로부터 새롭게 배우고 있다는 것을 발견했다. 이것은 오리겐, 클레멘트, 닛사의 그레고리 등이 주장한 위대한 상징 신비주의와 삼위일체 신비주의의 회복, 그리고 그레고리 팔라마스의 고전적 비잔틴 영성의 발견을 낳았다. 게르숌 숄렘(Gershom Scholem)이 유대교의 카발라 신비주의에서 관찰한 것처럼, 이 우주 중심적-신비적 전통을 찬성하는 에큐메니칼한 의식은 공통의 전통이 지닌 고대의 유산을 재발견해야 할 필요성을 제기했다. 여기에서 위대한 루마니아 정교회의 종교사학자인 미르케아 엘리아드(Mircea Eliade)는 보다 완전한 기독교 전통이 지닌 우주 중심적인 힘을 회복하는 새로운 방법들을 제공했다. 이 기독교의 에큐메니칼한 대화 덕분에 많은 기독교인들은 완전한 기독교의 유산의 보화에 쉽게 반응하며 우리 시대의 종교적인 욕구를 위해 결실을 맺을 수 있다고 증명될 수 있는 기독교 신비적-예언적 영성을 탐색하게 되었다.

가톨릭 영성은 유대교 영성의 위대한 전통과 대화하는 새로운 방법을 습득했다. 프란츠 로젠바이그(Franz Rozenweig)의 "두 언약"이라는 개념 및 유대인 대학살의 공포에 직면하면서 유대인들과 기독교인들이 느낀 "역사로의 복귀"의 필요성 때문에 많은 가톨릭 신자들은 신학과 영성에서의 새로운 길을 유대인 동료들로부터 배웠다. 기독교의 자기 인식에 있어서 담화의 중요성에 대한 유대교적 통찰을 새롭게 인식한 것, 율법에 관한 랍비 유대교의 진수를 확고히 파악한 것, 그리고 가톨릭 교회의 반-유대주의 역사를 회개해야 한다는 영적인 의식 등은 신학 및 메시아 소망에 관해 서로 변화시켜 주는 영성에 관해 가톨릭 교회와 유대교와의 대화의 새로운 가능성을 열어놓았다. 해방신학과 모든 언약 신학(covenantal theology)은 기독교 영성이 지닌 유대교적 근원을 보다 분명하게 밝혔다. 숄렘 및 여러 학자들이 유대교의 신비신학들을 재발견해내면서 유대교 내에서도 우리 시대를 위한 신비적-예언적 선택을 해야 할 필요성이 다시 대두되었다.

유대인과 기독교인이 볼 때, 이슬람 전통은 더욱 존중해야 할 상이하면서도 비슷한 풍부한 유산을 소유한 제3의 언약적 파트너로 존속한다. 현대의 공통된 영적 욕구에 관해 유대교-기독교-이슬람교 간의 대화를 향한 소망은 초기 단계에 있다. 이 아브라함과 사라의 후손들이 공동의 성경적인 유산과 중세시대의 유산을 회복하며 공동의 유일신 영성에 도움이 될 현대적인 대화 방법을 찾는 방법을 터득함에 따라, 그 대화는 많은 결실을 맺을 것이다.

이 세 가지 유일신 전통들은 종교간의 대화 속에서 다른 위대한 영적 방법을 발견하고 그로부터 배우는 새로운 방법을 발견해냈다. 가톨릭의 경우, 이렇게 발달된 것들이 많다. 아프리카와 멜라네시아의 가톨릭 신앙은 아프리카 영성과 멜라네시아 영성의 원시 전통들을 새롭게 존중하게 되었다. 라틴 아메리카와 북아메리카에서는, 아메리카의 토속적인 원시 전통들을 재고하며 아울러 과거의 잘못을 회개하고 있다. 라틴 아메리카에서의 "대중 종교"에 대한 논의; 북아메리카의 많은 가톨릭 신자들이 토속 전통의 통전적 관점에서 학습하고자 하는 의식을 지닌 것; 그리고 북아메리카, 브라질, 카리브 지역의 흑인 기독교인들 사이에서 아프리카의 영적 근원을 재발견한 것.

포스트-유럽 중심의 세계교회에서 보다 세계적인 가톨릭 영성의 필요성이 증가한 시기에, 아시아의 가톨릭 사상가들은 위대한 아시아 전통들과의 진지한 종교간의 대화를 주도하고 있었다. 그것을 보여 주는 예는 많다: 토머스 머튼(태국), 비드 그리피스(인도), 윌리엄 존스튼(일본) 등 유럽과 북아메리카의 영성 신학자들은 변화된 가톨릭 영성 안에 동방의 영성(특히 불교와 힌두교)의 보화를 결합할 새로운 방법을 모색했다. 또 아시아 출신의 가톨릭 신자들도 자기들의 영적 문화 안에서 기독교 유산을 재고하는 새로운 방법을 찾아냈다. 민다나오에서 이루어진 회교도와의 대화, 인도에서의 기독교-이슬람교-힌두교의 대화, 한국, 일본, 대만 등지에서 가톨릭 신자들을 위한 새로운 영성의 형태들은 새로 출현하는 세계 교회가 세계적이고 대화가 가능한 영성을 발달시킬 새로운 방법을 발견할 것이라는 희망을 주고 있다. 가톨릭 신자들이 볼 때, 뉴먼과 폰 휘겔이 가톨릭 교회의 "세 가지 요소"(제도적 요소, 지적 요소, 신비적 요소)를 위한 견고한 기초를 놓은 것이 그 희망의 중심일 것이다. 그 희망에 새로운 요소들이 결합될 것이다: 모든 가톨릭 영성 안에서 정의를 위해 투쟁을 강조한 예언적-해방주의적 견해; 창조 중심의 영성에서 자연을 새로이 존중한 것; 가톨릭 교회 내에서의 세계교회의 출현에 대한 의식 및 진지한 종교 간의 대화에 의해서 제공되는 상호 변화와 에큐메니칼한 영성이 필요하다는 기독교의 의식의 증가에 의해서 초래된 영적 개방성.

이렇게 발달된 현상들에서 중요한 것은 뉴먼과 폰 휘겔도 완전히 의식하지 못했던 패러다임―가톨릭 교회 내의 더 많은 다양성 가운데서 풍성한 통일성, 가톨릭 교회의 세계적이고 신비적-예언적인 영성이 필요하다는 의식―이기를 바라도 지나친 기대는 아닐 것이다.

주

1) John Henry Newman, *Apologia pro Vita Sua*, 4.
2) Cited in Wilfrid Ward, *The Life of John Henry Cardinal Newman* (London: Longman, Green, 1912) 2:460.
3) Karl Rahner, *Spirit in the World* (New York: Herder & Herder, 1968): *Hearers of the Word* (New York: Herder & Hereder, 1969).
4) John Henry Newman, *An Essay in Aid of a Grammar of Assent* (London: Longman, Green, 1891).
5) Bernard Lonergan, *Method in Theology*, 231.
6) Ibid., 105.
7) Jacques Maritain, *Degrees of Knowledge* (New York: Scribner, 1918); Joseph Marechal, *The Psychology of the Mystics* (London: Burns, Oates, & Washbourne, 1927).
8) Quoted in Waltraud Herbstrith, *Eith Stein* (San Francisco: Harper & Row, 1985) 131.
9) Referred to in Dorothy Day, *The Long Loneliness,* 43, 107.
10) Ibid., 286.
11) "Justice in the World," no. 6, in *The Gospel of Peace and Justice,* ed. Joseph Gremillion.

참고문헌

원전

Balthasar, Hans Urs von. *The Glory of the Lord*. 3 vols. Edinburgh: T. & T. Clark, 1982-86.
___. *Love Alone: The Way of Revelation*. London: Burns & Oates, 1968.
___. *Thérèse of Losieux: The Story of a Mission*. London: Sheed & Ward, 1953.
Carr, Anne E. *A Search for Wisdom and Spirit: Thomas Merton's Theology of the Self*. Notre Dame, IN: University of Notre Dame Press, 1988.
___. *Transforming Grade: Christian Tradition and Women's Experience*. San Francisco: Harper & Row, 1987.
de Chardin, Pierre Teilhard. *The Divine Milieu: An Essay on the Interior Life*. New York: Harper & Row, 1960.
___. *The Future of Man*. New York: Harper & Row, 1964.
___. *How I Believe*. New York: Harper & Row, 1969.
___. *The Phenomenon of Man*. New York: Harper & Row, 1959.
Day, Dorothy. *The Long Loneliness.* New York: Image, 1968.
Dupré, Louis/ *The Common Life: The Origins of Trinitarian Mysticism and Its*

Development by Jan Ruysbroec. New York: Crossroad, 1981.
___. *The Deeper Life: An Introduction to Christian Mysticism.* New York: Crossroad, 1981.
___. *The Other Dimension: A Search for the Meaning of Religious Attitudes.* New York: Doubleday, 1972.
de Foucauld, Charles. *Spiritual Autobiography of Charles de Foucauld.* Edited by J. F. Six. New York: Kennedy, 1984.
Guitierrez, Gustavo. *On Job: God-Talk and the Suffering of the Innocent.* Maryknoll, NY: Orbis, 1987.
___. *A Theology of Liberation.* Maryknoll, NY: Orbis, 1973.
___. *We Drink From Our Own Wells.* Maryknoll, NY: Orbis, 1984.
Hügel, Friedrich von. *The Mystical Element of Religion as Studied in Saint Catherine of Genoa and Her Friends.* 2 vols. London: Dent, 1908.
Lonergan, Bernard. *Insight: A Study of Human Understanding.* New York: Philosophical Society, 1970.
___. *Method in Theology.* New York: Seabury, 1972.
Merton, Thomas. *Conjectures of a Guilty Bystander.* Garden City, NY: Doubleday, 1966.
___. *Contemplative Prayer.* New York: Image, 1970.
___. *Life and Holiness.* New York: Doubleday, 1973.
___. *Mystics and Zen ᵐasters.* New York: Well, 1969.
___. *New Seeds of Contemplation.* New York: New Directions, 1972.
Newman, John Henry. *Apologia pro Vita Sua.* London: Longmans, Roberts & Green, 1864. Reprint, Oxford: Clarendon, 1967.
___. *Essay on the Developments of Doctrine.* London: J. Toovey, 1845.
___. *Meditations and Devotions.* London: Burns & Oages, 1964.
___. *Parochial and Plain Sermons.* London: Pickering, 1958.
Rahner, Karl. *Foundations of Christian Faith.* New York: Crossroad, 1978.
Ruether, Rosemary Radford. *Sexism and God-Talk: Toward a Feminist Theology.* Boston: Beacon Press, 1983.
Schüssler Fiorenza, Elisabeth. *In Memory of Her: A Feminist Theological Reconstruction of Christian Origins.* New York: Crossroad, 1983.
Sobrino, Jon. *Spirituality of Liberation: Toward a Political Holiness.* Maryknoll, NY: Orbis, 1988.
Stein, Edith. *The Science of the Cross.* Chicato: Regnery, 1960.
___. *Ways to Know God.* Washington: The Thomist, 1946.
Thérèse of Lisieux, Saint. *The Autobiography of St. Therese of Lisieux.* New York: Image, 1959.

연구서

Bouyer, Louis. *Newman, His Life and Spirituality.* London: Burns & Oates, 1958.

Gremillion, Joseph, ed. *The Gospel of Peace and Justice*. Maryknoll, NY: Orbis, 1976.
Hamilton, E. *The Desert My Dwelling Place: A Study of Charles de Foucauld*. London: Hodder & Stoughton, 1968.
Haughey, John C., ed. *The Faith That Does Justice*. New York: Paulist, 1973.
Herbstrith, Waltraud. *Edith Stein*. San Francisco: Harper & Row 1985.
de Lubac, Henri. *The Religion of Teilhard de Chardin*. Garden City, NY: Doubleday, 1968.
Miller, William D. *Dorothy Day*. San Francisco: Harper & Row, 1982.
Nédoncelle, Maurice. *Baron Friedrich von Hügel, His Life and Thought*. London: Longmans, 1937.
O'Donovan, Leo, ed. *A World of Grace: An Introduction to the Themes and Foundations of Karl Rahner's Theology*. New York: Crossroad, 1978.
Riches, John, ed. *The Analogy of Beauty: The Theology of Hans Urs von Balthasar*. Edinburgh: T. & T. Clark, 1986.
Tracy, David. *The Achievement of Bernard Lonergan*. New York: Herder & Herder, 1971.

제1장
성서읽기: 현대영성의 위치

데이비드 파치니(David S. Pacini)

오늘날 현대 영성을 정의한다는 것은 무모한 일이다. 왜냐하면 우리는 지금까지 불가피한 것들은 체념하고 받아들여야 했기 때문이다. 우리는 이제 "현대"라는 것이 어디에 존재하는지 발견하기 시작했을 수도 있다.[1] 이런 까닭에, 현대 영성의 흐름을 설명하려는 신중한 태도를 융통성이 없는 자만심으로 이해하기보다는 주제를 나타내 주는 전조로 이해하는 것이 좋다.

우리가 한동안 현대에 대해서 알고 있었던 것은 17세기 후반에 서방의 언어 개념에 변화가 발생했거나 발생하고 있었다는 것이다. 마치 언어가 갑자기 분명치 않게 된 것 같았다. 언어는 오랫동안 존재의 신적 고리를 조명해 주는 투명한 매체로 이해되어 왔지만, 이제는 나름의 불가사의한 역사를 가진 빽빽한 그물처럼 보였다. 프랜시스 베이컨(Francis Bacon)이 문법, 논리, 수사학 등 중세 시대의 삼과(三課)를 개정하면서 담화와 이성을 분리하고 단어와 사물과 이성의 관계를 연구하기 위한 비교 언어학을 제안했을 때; 데이비드 리카르도(David Ricardo)가 실질 생산과 노동 조건의 관계가 사회적 선택을 평가하는 시금석이라는 것을 증명하려 했을 때; 조지 쿠비어(Georges Cuvier)가 유기적인 활동과 물리적·화학적 과정의 관계는 일반적인 법에 의해 예증되는 것이 아니라 유기체의 특색에 의해 예증된다는 것을 증명하

려 했을 때 : 한 마디로, 언어와 질서와 사물 사이의 관계에 대한 경쟁적이고 혼란스러운 주장들에 의해서 존재의 공동의 소재지 또는 큰 고리가 중요성을 잃었을 때, 그 미묘한 결과 때문에 인식아(knower)는 새로운 역할을 취했다.[2] 과거 하나님께서 말과 창조의 원시적 요소들 사이에 세우셨던 상호의존이 상실되면서, 그 공백 때문에 언어는 전례없는 일, 즉 단어와 단어가 의미하는 것 사이에 적절한 관계를 확립하는 일을 맡게 되었다. 이와 같은 언어에 대한 이해의 변화는 분명히 인식론에서의 변화, 인식아가 행해야 할 역할의 변화와 연결되어 있다. 알렉산더 포프(Alexander Pope)는 『인간론』(*Essay on Man*)에서 이 인식론적 변화에 영속적인 철학적 상징을 부여했다: "인간은 만물의 척도이다."[3] 포프는 이렇게 말하면서 현대인은 전처럼 사물의 질서 안에 배열되어 있는 객체들 가운데 있는 하나의 개체일 뿐만 아니라 단어들과 그것들이 나타내는 것들 사이의 관계를 단정하는 주체라는 사실을 표면화했다. 현대인은 이와 같은 주관성 안에서 무대에 등장했다.

적어도, 그 당시 인간의 문법적인 위치 안에서의 이러한 변화는 전과 동일한 것이 아니었다. 그 전까지 인간은 삶과 생각과 고난 등은 이미 사라진 것들이 성취되는 하나님의 경륜 안에 놓여져 왔었다. 그러나 현대적인 주체로서의 인간은 그 언어가 존재하는 것과 동시에 존재하게 되었고, 인간의 언어학적 관습 안에서 시간을 오래 기억하게 해 주는 새로운 논리학이 성행하게 되었다. 그러므로 언어를 능가하거나 선행하는 존재를 박탈당한 현대적인 주체는 근원이 없이, 또는 근원은 없고 언어 자체만 가지고서 한 분야를 통과할 계획을 세운다. 그러므로, 현대적인 주체는 존재의 빈 공간을 조직해야 하는 의무를 지닌 자로서 등장했다. 그러나 역설적이게도 이 파탄된 공간에서부터 그 공백 안에 있는 주체가 위압이나 포고를 통해서 합법적인 지식의 한계를 세울 수 있다는 생각이 떠오른다. 그 안에서, 현대적인 주체는 모든 가능한 앎의 한계로서 자체의 한계, 자신의 유한성을 설정한다. 이러한 행동에 의해서, 현대적 주체의 무력함은 그것이 주장하는 인식론적 주권의 기초가 된다.

우리가 오랫동안 현대와 제휴해온 변화들—언어, 인간, 시간, 지식 등에 대한 개념의 변화—가 그러한 것들이다. 그것들을 고려할 때, 현대 영성의 의의는 일련의 평이한 언어적 관습들이나 성경 및 그 저자에게서 발췌된 구절들로부터 나온 하나의 신학적 의미 안에 있는 것이 아니다. 현대 영성의 의의는 근원적인 것이 아닌 몇 가지의 결합된 주제별 궤적들이 존재하는 담화들의 다차원적 구조에서 파생되는 듯하다.

지금 우리가 "현대적"이라고 부르는 견해를 초래하는 변화는 언어에 대한 상이한 개념 이상의 것, 새로운 담화—법, 물리학, 형이상학, 윤리학, 정치학, 경제학, 역사, 종교 등—의 생산을 조절하고 선택하고 체계화하는 일련의 과정을 수반한다.[4] 이러한 과정들 중에서 주목할 만한 것은 배타적인 관습들, 분류와 배열의 내적인 규칙들, 그리고 담화의 사회적-의식적 전용 등이다.

이것들은 특히 그 시기에 등장한 저술의 개념 안에 분명히 나타나 있다. 그 당시, 언어라는 개념이 변화를 겪은 것처럼, 언어의 새로운 개념 때문에 형성된 문학적 저작의 개념도 역시 변화를 겪었다. 그러므로 내가 현대 영성을 주로 언어에 대한 새로운 이해 및 새로 생긴 문자적 저작의 개념 안에 두려 하고 있으며, 부차적으로는 이러한 관습들과 일치하며 강화해 주는 철학적·종교적 주제 안에 두려 한다고 말하는 것이 정확할 것이다. 우리가 "영성"의 주요 목록들로서 "의식"이나 "예배의 음성"을 의지하는 데 아무리 익숙해져 있다 해도, 그와 비슷하게 글을 쓰고 읽는 관습이 지닌 공식적인 역할로부터 시선을 돌려왔다. 그러나 이와 같이 편협하지만 매우 강력한 현대생활의 특징들 안에 "현대 영성"의 독특한 표식들이 감추어져 있다.

웨스트민스터 신앙고백과 저자의 계획

내가 말하고 있는 문학적 저작이라는 개념은 저술을 본문과 동일시하는 것으로서 친숙하기는 하지만 매우 분명치 않은 개념이다. 현대의 문헌들 중에서 저술과 "본문"을 동일시하는 두드러진 예는 1647년에 작성된 웨스트민스터 신앙고백일 것이다. 그 신앙고백의 고백들 중에서 주요한 것은 성경은 계시된 자연과 하나님의 의지를 이해하기 위한 유일한 통로라는 주장이다(I. 1).[5] 이 주장에 의하면, 성문화된 기록이 모든 직접적인 계시를 대신한다: 그 안에서 성경과 하나님의 말씀은 분명히 확인된다. 그러나 하나의 저술에 한 저자(Author)를 지정하는 것은 그것을 제한하는 것이며, 웨스트민스터 신앙고백을 작성한 사람들의 입장에서는 그것을 폐쇄하려는 시도이다. 성경은 저자가 하나님이시기 때문에 권위가 있다고 말하는 그 신조의 주장은 무자비하게도, 표면적인 전거들, 인간의 전통들, 또는 성령의 새로운 계시들은 성경 해석과 관계가 없다고 주장한다(I. 4). 이런 까닭에 성경 안에 공표된 일반적인 원리들은 성경 자체의 해석 및 삶에서의 결정을 위한 표준이다. 마지막으로, 권위 있는 성경 역본들은 구약 성서의 히브리어와 신약 성서의 헬라어 안에서 발견되어야 한다. 이 신앙고백의 주장의 배후에는 히브리어는 이스라엘 백성의 언어였고, 헬라어는 신약성서가 계시의 주제가 되는 시대의 공용어였다는 추론이 놓여 있다(I.2-3).

비록 성경이 하나님의 말씀과 동일하다는 주장, 또는 히브리어와 헬라어가 성경을 기록한 원래의 언어라는 주장이 진기한 것이었지만, 그 주장의 과격함은 르네상스 시대에 어렵게 이루어졌고 그 기원을 어거스틴 이전의 신학에서 추적할 수 있는 완전한 의미의 변화에 있다. 간단히 말해서, 르네상스 시대(또는 그 이전)에는 세상은 창조의 질서가 되는 방대한 구조나 조직을 가진 무수히 많은 유사하고 비슷한 것들로 이루어져 있다고 보았다. 우주 전체에 흩어져 있는 사물들을 하나의 큰 사슬 안에 연결되면, 그것들은 자신의 특이성을 상실하지 않고서 서로에게 이끌린다. 이와 같이 유사한 것들로 이루어진 방대한 그물이 "본문"이며, 그것의 특성은 하나님이 손으로 쓰신 글(script)이나 서명에 의해서만 인간들에게 분명해진다. 거룩한 글은 우리가 존재의 신적 고리를 보는 방법과 장소, 그리고 어떤 표식에 의해서 그것을 인식할 수 있는지를 말해준다. 거룩한 성경은 어떤 면에서 시각적인 보조물, 존 칼빈이 즐겨 말한 것처럼 하나님의 창조를 바르게 보게 해 주는 광경들이다.

르네상스 시대(또는 그 이전)의 견해와는 달리, 웨스트민스터 신앙고백은 하나님이 친필로 쓰신 글(script)과 "본문"(text)의 구분을 무너뜨렸다. 즉 "본문"이 곧 친필로 쓰신 글로 여겨졌다. 이제 결속들로 이루어진 세상은 더 이상 글에 의해 조명되지 않으며, 또 그러한 결합 조직의 세상은 독특한 존재를 갖지도 않는다. 이제는 말(word)이 세상이요, 맴도는 단어들(words)이나 "본문"은 손으로 쓴 글(script)의 체제 안에서 정리된다. 웨스트민스터 신앙고백의 문맥에서 원래 지녔던 기능적인 역할(경계를 정하는 역할)에도 불구하고, 단어로 이루어진 본문은 마음의 양식이 되는 본문처럼 되었다. 웨스트민스터 신앙고백은 성경 본문의 완성이 종결되었으므로 성경에 더 이상 추가하는 것을 금지했다. 그것은 성경은 "하나님의 완전한 지혜"(I.6)라고도 주장했다. 그것은 본문의 종결이 된 원인을 성경의 권위 있는 역본들―헬라어와 히브리어―에게 있다고 간주했다. 따라서 이제부터 그것들은 해석과 관련된 논쟁에서 호소할 수 이는 궁극적인 능력으로 간주되어야 한다. 이제 성경은 하나님의 모든 지혜를 포함하고 있다고 주장되므로, 성경은 더 이상 추가되는 것을 분명히 금지하는 완성된 책이다. 게다가, 히브리어와 헬라어로 된 권위 있는 역본들이 등장한 후로 본문이 지닌 완성된 특성 또는 종결된 특성이 분명히 목격되고 있다. 본문이 종결되면서, 성경의 저자이신 하나님(Author-God)은 사라지거나 아주 멀리 떨어진 곳에 머무신다. 성경에는 이 신비한 거리감이 가득차 있다: 부재하시는 성경의 저자이신 하나님에게 어울리는 성경은 중요한 것인 동시에 하찮은 것이다. 실제로 성령은 저자이신 하나님의 음성의 메아리에 불과하며, 더 이상 해석하는 역할을 발휘하지 못한다.[6] 여기에 성경의 저자이신 하나님의 계획이 있다: 인간은 마치 성경의 저자이신 하나님에 대해서 말하는 것이 가능한 것처럼 말하지만, 이 주장의 은유적인 상태를 인정하지 못한다.

　규정된 배타적인 관습들은 위경 뿐만 아니라 독자의 역할에 관한 것들이다. 르네상스 시대의 독자의 역할은 주석가(commentator)의 역할로서, 그의 주석은 사본에 첨부된 방주(旁註)를 이루는 바 성경 안의 비슷한 것들을 다루는 것인데 반해, 웨스트민스터 신앙고백에서의 독자의 역할은 잠재적인 비판가의 역할로서, 그가 해야 할 일은 작품의 배후에 놓은 저자의 의도를 발견해내는 것, 즉 모든 논쟁에서 참고해야 하는 바 권위 있는 성경 역본들을 구체적으로 명시하는 것이다.

웨스트민스터 신앙고백에 명백히 표현된 "본문"의 개념에 대한 배타적인 관습들 외에, "본문" 내의 담화들의 배열과 분배를 정하는 내적인 분류의 법칙들이 있다. 은유적으로 성경의 저자를 하나님으로 보는 원리는 이 공통점이 없는 일련의 저술들을 통일시켜 주고 일관성을 부여해 준다. 웨스트민스터 신앙고백에서는 "성경을 해석하는 확실한 원리는 성경 자체이다"라고 주장한다(I.9). 성경을 기록한 저자의 불변하는 정체성은 성경적 담화의 의미를 변화시킬 수도 있는 우연한 해석의 위험을 제한한다. 동시에 하나님이 저자라는 원리는 하나님의 영원한 섭리에 관한 주장에 일관성을 준다. 웨스트민스트 신앙고백의 "본문"에 대한 개념의 근간이 되는 부분인 하나님의 영원하신 섭리는 성경을 탄생시킨 실제 이야기에 대한 독자들의 질문에 대한 해답이 된다. 저자(Author)의 "대답"은 성경의 골치 아픈 어법 안에 하나의 윤곽을 심어 주는데, 그 윤곽은 사용된 모든 단어들 가운데 침투하여 그 단어들에게 특성을 부여해 준다.

웨스트민스터 신앙고백에는 "본문"의 의미를 규제하지만 특히 그것을 읽는 사람들의 자격과 관련된 또 다른 과정들이 포함되어 있다. 이 과정들은 담화들을 사회적-의식적으로 전용하는 것과 관련된다. 그것들은 외관상 이론적인 것처럼 보이는 주장들이 사회적으로 규제하는 원리의 역할을 하는 방법을 명시한다. 성경에 하나님의 모든 지혜가 포함되어 있으며 거기에 아무 것도 추가되어서는 안된다는 것, 권위 있는 성경 번역본들이 있다고 결정되었으므로, 성경을 읽는 방법도 명시적으로 규정되었다: "본문"은 "경건한 두려움을 가지고" 읽어야 한다. "경건한 두려움을 가지고" 읽는 것은 특별한 장소와 결부시켜서는 안 된다. 그러나 웨스트민스터 신앙고백에는 "마음 속에 은혜를 가지고" 시편을 노래하는 의식들, "성례전을 합당하게 집례하고 참여하는 것", 그리고 "말씀을 바르게 경청하는 것"이 "감사 기도"와 마찬가지로 상세히 언급되어 있다. 그러므로 의식의 기능이 "독자"에게 요구되는 자격 요건, 몸짓, 행동, "본문"에 수록된 단어들의 중요성 및 그것들이 독자에게 주려는 결과를 강화해 주는 견해 등을 결정한다.

웨스트민스터 신앙고백에 등장하는 바 "본문"의 새로운 의미를 형성해 주는 배제의 과정, 내적 분류의 과정, 사회적-의식적 적용의 과정은 모두 하나님이 친히 쓰신 글과 본문의 구분이 무너지면서, 다시 말해서 그 둘이 동일시되면서 본문은 제도(institution)가 된다. 제도란 기술적인 장치를 의미하는 것이 아니라, 필연적으로 갖는 공통성 때문에 특징이 있고 명확한 정체성을 갖는 집단 안에서 특정의 태도와 행위와 견해를 주도하는 하나의 주제 및 그것에서 파생된 과정들을 의미한다. 이것이 "본문"의 의미에서의 변화에 대한 뚜렷한 해석이므로, 그것은 다음과 같은 논제를 제안한다: 현대는 "제도"로서의 "본문"을 주장하므로, 본문의 통치(Reign of the Text) 기간에 출현한 영성의 형태들은 상이한 사회적 집단들 내에서 주제와 그것을 규제하는 과정들 사이의 역동적인 관계와 관련된 것이어야 한다.[7]

웨스트민스터 신앙고백에서 "본문"의 개념이 "제도"라고 추측하는 것은 그 신앙고백을 작성한 사람들이 제시한 목표와 일치한다. 비록 웨스트민스터 신앙고백을 작성한 사람들의 노력이 마지막에는 크게 흔들렸지만, 그들은 교회의 일치를 이루기를 바랬다. 대체로 감독제도와 장로제를 반대하는 사람들로 구성된 올리버 크롬웰의 군대는 1646년에 일련의 성공을 거두면서 의회가 그 신앙고백을 영국 내의 새로운 교회 직제를 위한 도구로 삼을 것이라는 전망을 완전히 파괴했지만, 그것은 그 영향력을 막을 수는 없었다. 1648년에 의회가 마지 못해 새로운 신조를 승인한 조처로 말미암아 그것의 정치적 운명은 바뀌었을 수도 있지만, 그것은 성경을 읽는 일에 지속적인 영향을 미쳤다. 교회의 관습들은 즉각적으로 변화되지 않았고, 보다 개방적인 1644년의 웨스트민스터 예배 규칙서(Westerminster Directory)를 지향하는 상태에 머물러 있었다.[8] 그러나 웨스트민스트 신앙고백 및 성경의 저자이신 하나님의 계획의 결과로서 성경 해석은 힘, 권력의 발휘와 관련된 일이었다. 현대의 성경 해석의 영역에는 안전하고 단순한 방법은 없다는 것이 점차 분명히 드러날 것이다.

국가와 비판가의 탄생

예기치 않게 토머스 홉스(Thomas Hobbes)는 본문을 제도로 보는 개념을 옹호했다. 그가 1651년에 저술한 『국가』(Leviathan)는 그것의 함축된 의미들을 빈틈없이 해석하기 시작했다. 홉스는 자신이 강조하기 시작한 견해 때문에 의회의 보복을 받을 것을 두려워하여 1640년부터 1651년까지 프랑스로 도피하여 생활했다. 홉스는 하나님이 친히 쓰신 성경과 본문을 동일시하는 것은 그 저자(Author)를 존재론적으로 독특한 영역에 두는 것임을 인정한 듯하다. 그러므로 본문을 함부로 고치는 것을 금지하는 것은 하나님이 저자라고 여기는 원리(Author-principle)에 따른 자연스러운 결과이다. 그 원리에서는, "본문"의 구성을 주관하며 그 과정을 활성화하는 원리들은 독자가 이해할 수 없는 것이므로, 독자는 저자에게 접근할 수 없다. 그 결과, 본문이 제시하는 사회적인 시련 안에 있는 사람은 이 원리들이 자신의 것이라고 정당하게 주장하지 못할 것이며, 반대로 본문이 모든 지원의 소재지라는 관점에서 발언할 수도 없을 것이다. 게다가, 본문의 내적인 규칙들과 분류들 역시 하나님이 저자라는 원리 때문에 설명될 수 없으며, 그것은 본문에는 하나의 질서만 가능하다는 의식을 낳는다.

이 질서는 항상 독자들 앞에 있으므로, 독자는 본문의 이야기를 의식적으로 적용함으로써 "그것을 향하여" 손짓을 할 수 있을 뿐이다. 따라서 기도는 참여가 아니라 규칙에 대한 경의가 된다. 그러므로 본문의 힘은 저자(Author)와 독자의 무력함이라는 거리에 놓여 있다. 독자는 담화들 안에서 교육을 받았음에도 불구하고 본문을 정당화해 주는 원리들에 대한 인지적 접근이 결여되어 있다.

홉스는 존재론적으로 특정 저자와 본문의 질서 사이의 구분을 다음과 같은 방법으로 활용했다. 힘은 저자에게 있으며, 모든 독자들은 무력하다는 점에서 동등하다. 저자의 제국은 힘의 실재를 인정하며 도달할 수 없이 멀다는 점에서 불확실하다. 홉스는 저자를 제거하지 않고 유한한 저자, 또는 인위적인 저자(국가)—이것은 모든 독자들로 구성된다—를 만들어냄으로써 이 관계를 견고하게 한다. 불멸의 저자 밑에 위치한 유한한 저자는 "하나님이 창조 때에 공표하신…명령과 흡사하다."[9] 인위적인 저자는 불멸하시는 저자(Author)의 뒤를 이어 무력한 것들의 영역과 힘의 영역 사이를 중재하는 위치를 차지한다. 무력한 것들의 솜씨이며, 그렇기 때문에 무력한 것들의 영역인 유한한 저자는 그 고안자들이 만들어낸 것에 불과하다. 그럼에도 불구하고, 유한한 저자는 불멸하시는 저자(하나님)의 보이지 않는 힘을 나누어 가지며, 그런 점에서 무력한 것들의 영역과는 구분된다고 한다. 따라서, 인위적인 저자에게서, 무력한 것들의 영역과 감의 영역 사이의 틈이 어느 정도 확대된다.

여기에 홉스가 독자의 역할에서 인위적인 저자의 고안으로 이동하는 것에 내해 생각한 방법의 예가 있다. 불멸하시는 저자의 방에서 추방된 독자는 그 대신에 내면으로 향해야만 한다. 홉스는 "당신 자신의 마음을 읽으라"[10]고 조언한다. 독자는 자신의 내면을 향할 때에 정욕들과 감각들과 욕망들의 소용돌이를 만난다. 독자는 이러한 충동들을 지원하는 원리의 난해함 때문에 좌절하면서도 그것들의 활동을 인정한다. 사실, 그것들의 활동 안에 사로잡힌 독자는 가치의 가상의 격발에 의해서 그 소용돌이를 자기 보존의 충동으로 해석한다. 자기 자신을 읽으려면 자신을 보존해야 하며, 또한 자기 보존에는 자신을 읽는 것이 필요하다. 이것은 자기 보존을 하나의 충동이요 또한 독자가 그것의 경험을 자연존재는 자신을 보존할 자유를 가지고 있다는 것)와 자연의 법칙(존재는 자신의 생명을 파괴하거나 보존하지 못하게 할 일을 강요 당해서는 안된다는 것)의 예로 여기는 강제적인 해석으로 가정하는 것이다.[11] 간단히 말해서, 독자가 내면을 향한 결과는 기본적인 충동이 이성적인 생활 형태, 또는 보편적인 해석의 원리로의 변화이다.

이 변화의 역할은 삶을 파괴하는 것도 아니고 위험한 것도 아니다.

그것은 아주 단순하게 비판가들의 탄생이다. 비판가는 불멸의 저자의 원리에 관한 무엇인가를 정확하게 예측해야 한다. 비록 그것이 프로메테우스처럼 저자의 불을 훔치려는 일에서 자신의 능력의 한계를 인정하는 일에 불과하더라도 그렇게 해야 한다. 자연의 법칙과 권리는 하나님이 주시는 것이라는 말은 해석의 한계를 강조한다.[12] 독자는 결코 자기 보존의 원리가 지향하는 목적을 분별할 수 없다. 그러므로 독자는 그저 하나의 해석을 위한 가설을 도입할 수밖에 없다: "삶이란" 그 자체가 설정한 기준 하에서 "지속적으로 한 장소를 포기하고 다른 장소를 획득하는 것이다."[13]

이 기술은 적절한 것일 수도 있지만, 하나의 전환점이라 할 수 있다. 그것은 질서인 동시에 무질서이다: (저자) 의미의 부재를 인정하는 질서이다. 이 이중적인 메시지 가운데서, 독자들(비판가들)은 자신의 한계를 인식론적인 주권의 형태로 변화시킨다. 독자의 이해 능력을 벗어나는 것은 비난을 받고, 독자의 관점에 일치하는 것만이 지적인 것이라거나 유효한 것으로 간주된다. 독자(비판가)는 하찮은 것들의 체계를 확립함으로써 자신이 저자(author)라고 주장한다: 그 체계는 저자의 것이거나 저자의 것과 동일한 것이며, 저자가 된 독자는 독자의 거울을 만들어낸다. 이 가상적이거나 인위적인 것 중에서 저자는 몇 가지 필요한 것을 얻을 수도 있을 것이다. 저자는 그 자체를 읽으면서 개체를 보는 것이 아니라 인류 전체를 본다.[14] 또 저자가 글을 쓸 때, 그가 쓰는 글은 모든 독자들의 저술이다.[15] 한 마디로, 독자(비판가)는 저자에게 최고의 한도를 부여해 주는데, 그것은 독자로부터 파생된 것이기 때문에 독자는 그것을 존중하지 않을 수 없다. 우리가 비판가와 (가상의) 저자의 공모관계를 어렴풋이 파악하기 시작하면, 저자(하나님)의 부재를 지지하면서도 그것을 무효화하는 비판가의 능력을 의심하게 된다. 비판가는 계속 저자(하나님)를 인정하지만, 저자(하나님)의 불가해성에 대한 인식을 부인하기 위해서 부재를 "채움"으로써 인위적 저자로서의 비판가의 역할은 충분히 발휘된다. 그러므로, 힘의 영역과 무력함의 영역 사이를 이어주는 교량이라는 망상을 주장하는 만큼 비판가의 역할은 활발해진다.

우리는 홉스가 지금까지 독자와 "본문"의 관계에 대해서만 언급해왔으며, 웨스트민스터 신앙고백이 그것에게서 기인하는 것으로 여긴 용어의 의미들을 활용해왔다는 것을 상기해야 한다. 그러나 여기에서 모든 것은 홉스의 유명한 정치적 인간론을 위해 사용된다. 한편에는 모든 개인이 자신을 보존하려는 욕구가 있고, 다른 편에는 개인은 자신의 삶을 파괴할 일은 하지 말아야 한다는 요구가 있다. 이 두 가지 욕구는 백성들의 음성으로서 무대에 올라온 지고한 자의 창조 안에서 충족된다. 이 한 사람 안에서 경쟁적인 주장들이 화해되며, 그것들은 평화로운 사회를 위한 조건을 확립한다. 모든 힘은 사람들로부터 오기 때문에, 모든 사람들은 자신을 존중하듯이 지고한 자를 존중해야 한다.

이 "주권 재민주의"(popular sovereignty)는 홉스가 만들어낸 것이 아니라, 1640년대에 의회가 찰스 1세를 대적하면서 자신의 입장을 유리하게 만들기 위해 만들어낸 것이다. 의회를 지지하는 사람들은, 국민들이 자신의 최고의 권력을 의회에게 완전히 절대적으로 양도했으므로 국민들의 뜻이 곧 의회의 뜻이라고 주장했다. 이 사상을 전개하기 위해 다양한 전략이 채택되었는데, 그것들은 하나도 국민들의 뜻으로서 실현되지 않았다. 1660년에 찰스 2세가 영국 왕으로 복위되었고, 주권 재민주의를 옹호하던 사람들은 권력에서 몰려났다.

주권재민주의라는 개념을 거부하기로 한 것이 영국인의 사회적인 결정이었다 해도, 그럼에도 불구하고 그것은 홉스가 생각을 기울였던 바 독자와 "본문"의 변화된 관계를 나타내는 표식들을 지닌 결정이었다. 홉스가 활용한 결정은 다음과 같다: 사회가 앎 자체의 부재 속에서 집합적 의지의 행동으로 스스로를 변화시키지 못하게 하기 위해 사회를 그 기초가 되는 주제들로부터 분리하는 것. 이점에 대해 분명히 알아 보자: "본문"을 아는 독자가 본문에 응집력을 부여해 주는 윤곽을 소유한 저자에게 빚을 지듯이, 사회가 스스로를 알려면 사회의 기초가 되는 주제들에게 빚을 지고 있다는 것을 인정해야 한다: 독자(비판가)는 창조의 명령(fiat)과 흡사하다. 이 빚을 망각하는 것은 곧 사회가 망상에 사로잡혀 스스로 자체의 의미를 생성하는 것—홉스가 이용한 움직임, 또는 독자와 "본문"의 비교를 계속하는 것, "본문"은 저자(비판가)의 산물이라고 주장하는 것과 같다.

"본문"의 현대적인 개념이라고 부른 것 및 그것과 독자와의 관계에 관한 이 몇 가지 논평을 개괄함으로써, 우리는 현대 "영성"의 우선적인 윤곽들에 대해 무엇인가를 주장할 수 있다. 독자를 본문으로부터 분리시킴으로써 무력하게 만드는 배타적인 관습에서 탄생했기 때문에, 현대의 시대 정신은 저자의 정신은 자신의 정신과 동일하다는 허구를 만들어낸다. 그럼으로써 현대의 시대정신은 자신의 한계에 일종의 주권을 부여한다; 자신 외에 다른 것에 빚지고 있음을 망각하고서, 자신을 의미의 생성자, 또는 "작업"의 제작자라고 생각한다. 그러나 현대적 정신의 추론적인 관습들은 그 기능들이 지닌 비중에 비례하여 양극 사이를 오간다. 저자의 기능이 주도적이고, 접근할 수 없는 힘에 참여하는 능력이 표면화되면, 웨스트민스터 신앙고백에서 볼 수 있듯이 현대적 정신의 담화는 은유적인 형태를 향하게 된다(예를 들어 "저자"[Author]처럼, 대상에게 적용할 수 없는 용어를 적용한다). 반대로, 비판적인 기능이 주도적이면, 독자의 인식론적인 한계 또는 무력함이 드러나며, 홉스에게서 볼 수 있듯이 현대적인 정신의 담화는 환유적인 형태를 향한다("인위적인 저자"나 국가처럼 전체를 부분으로 대신한다). 우리가 알고 있는 것처럼 홉스는 은유란 화자가 "사람들을 속이기 위해" 사용하는 "하나님이 정하시지 않은 단어들의 의미"라고 비난하면서 "말의 남용"을 통렬히 비판했다.[16] 제3의 담화 형태가 존재한다: 그것은 그 구조에 의해서 은유와 환유 사이의 대립을 재현하려 하며, 추론이 주도하는 것을 허용한다. 이것은 비판적-역사적 담화라고 부를 수 있으며, 우리가 아는 가장 좋은 본보기는 스피노자이다.

신학 · 정치론(Tractatus Theologico-Politicus)과 문헌학의 정치

스피노자(Spinoza)는 홉스에게 크게 매료되었지만, 유감스럽게도 비판가의 자기-해석의 솜씨인 가상의 저자들은 드디어 "자기들의 주석서를 하나님의 말씀이라고 알리고 돌아다니며, 종교라는 허울 밑에서 사람들로 하여금 자기들처럼 생각하라고 강요하는 일"[17]에 매달리게 되었다는 것을 곧 깨달았다. 반면에, 그는 그것을 통합하기 위해 노력했다. 그는 저자의 의도를 적나라하게 드러낼 비판적-역사적 성경 해석 방법을 옹호함으로써 그 일을 행했다.

이제 스피노자의 추론을 간단히 살펴 보려 한다.[18] 웨스트민스터 신앙고백과 홉스의 정신에는 충실하지 못했지만 문자에는 충실했던 스피노자는 성경 안에서 발견되는 원리 외에 다른 것은 성경 해석을 위한 원리로 인정하지 않는다. 그러한 원리들은 성경에서 정의되는 것이 아니라 다양한 성경적 이야기들 안에서 작용하는 것으로 발견된다. 그러므로 성경은 그 자체의 역사에 비추어 조사되어야 한다. 이 공표된 목표는 역사를 문헌학으로 만든다. 왜냐하면 스피노자는 성경의 진술들은 그 진술에 포함된 단어들의 의미를 결정하기 위해서 반드시 알아야 하는 본질과 특성과 대화체의 관용법을 가진 언어들의 표현으로 생각한다. 스피노자는 성경의 모든 진술들을 그 언어의 회화체에서의 용도와 비교하기를 원할 뿐만 아니라, 성경적 진술의 저자가 그 글을 저술하는 데 영향을 준 삶과 행동과 추구한 것 등을 결정하라고 우리에게 요구한다. 철저하게 분석하려면, 저작 시기와 원인, 글을 쓴 대상, 그리고 후대에 개작되었을 가능성 등이 결정되어야 할 것이다. 그와 같은 "역사적 기초"를 가진 독자는 성경의 "역사"를 조사하여 "매우 보편적이고 평범한" 것을 찾아내는 일에 착수할 준비가 된 사람이다.

스피노자가 가르친 바에 의하면, 가장 보편적이고 평범한 것은 성경의 토대 역할을 한다. 그렇다면, 성경에 스며 있는 이 가장 보편적이고 평범한 것은 무엇인가? 그것은 하나님의 단일성과 능력으로서, 참된 덕의 원천이다. 스피노자는 이 원리를 지지해 주는 증거가 확실하다고 여겼기 때문에, 그것이 이러한 종류의 글을 제대로 읽기 위한 조종된 수단을 제공할 수 있다고 생각한다. 그의 주장에 의하면, 우리는 일반적인 것에서부터 점차 일반적이지 않은 것으로 나아가서 마침내 특별한 것에 도착해야 한다. 다시 말해서, 스피노자는 연역법의 체계를 가다듬으려 하면서, 기지(旣知)의 것으로부터 미지(未知)의 것을 끌어내며, 완 전체로부터 전제들을 끌어내어 합법적인 결론으로 이끌려 했다. 그러므로 우리는 성경에서 읽거나 듣는 모든 것은 우리를 하나님의 하나됨과 능력 안에 감싼다고 정당하게 주장할 수 있을 것이다. 그러나 또한 이 균형 잡힌 많은 단어들은 역사 상의 저자들과 선지자들의 생생한 지혜이다. 스피노자가 가르친 규칙들은 그 저술들의 형이상학적인 진리가 아니라 역사적인 의미를 재정립하는 것을 목표로 한다. 그리고 그는 그 둘을 혼동하지 말라고 거듭 경고한다.

이런 까닭에, 스피노자가 우리에게 남겨준 것은 픽션을 구성하면서 그 방식 자체에 말하는 소설(metafiction)이라기 보다 변형(metabolism)이다. 그것은 저자와 비판가, 은유와 환유의 대립을 유지하면서도, 자신의 유익을 위해서 하나의 저술 안에 있는 문장들의 의미를 전와하려 하는 사람들에게 우리가 매료되는 것을 허락하지 않는 언어학적으로 드러난 언어의 변형이다. 개인이 힘을 얻기 위해서 문장을 뒤엎는 것은 언제라도 가능하지만, 단어나 언어의 의미를 뒤엎는 것은 항상 가능한 것이 아니다. 이는 대중들과 유식한 사람들 모두의 일반적인 어법과 저술 때문이다.

성경을 해석하는 것에 대한 이러한 계획은 그 구조에 의해서, 그리고 스피노자의 논거의 세부 내용에 호소할 필요가 없기 때문에, 그것은 본질적으로 가상적인 것이다. 언어는 독자와 작가에게 알려진 이미지들의 목록이며, 저자는 그것을 정해진 범위 안에 배치해야 한다; 이 범위를 넘어서는 것은 곧 독자로부터의 어느 정도의 불신을 야기하는 것이다. 이것은 이데올로기적 강조에 있어서 홉스의 입장에서 떠났음을 나타낸다. 홉스는 독자(비판가)에게 가상의 저자를 만들어내는 능력을 부여했지만, 스피노자는 독자(비판가)에게 저자의 역사성을 식별하고 한계를 정하는 능력을 부여했는데, 그에 따른 부수적인 결과로서 본문은 역사적인 작품이 된다. 혹 어떤 사람은 기록된 것, 표면적인 것은 저자의 내면 생활의 반영이라고 홉스가 가정했다고 말할 것이다. 이런 까닭에, 비판가는 저자의 접근 불가능성으로 저술의 주제를 대신할 수도 있다. 그러나 스피노자는 비판가의 정신의 내적인 작업이 아니라 언어가 공적 인물인 저자에게 접근할 수 있게 해준다고 본다. 저자와 비판가의 사생활은 완전히 개인적인 것으로 남으며, 양도할 수 없는 것으로 간주되고 존중될 자유가 있다.

다시 말해서, 스피노자는 진리와 의미, 저자의 내면 생활과 저술이나 연설의 언어 사이에 쐐기를 박는다. 그것은 그가 자유로이 생각할 수 있는 근본적으로 침범할 수 없는 권리와 평화로운 공적 조화를 위해서 군주에게 양도할 수 있는 권리 사이에 박은 것과 동일한 쐐기이다. 물론, 후자는 그의 정치적 이론의 요점이다: 개인은 자신을 보존하기 위해서, 개인들 사이의 복지와 평화로운 조화의 활용을 위해 자신의 권리들 중 일부를 군주에게 양도한다. 홉스의 정치적 인간론을 상기시켜 주는 스피노자의 인간론에는 지금까지 과소평가 되어온 새로운 점이 있는 듯하다. 군주에게 양도될 수 있는 것은 공적인 권리들—행위에 관한 자유—라고 생각할 수 있는 것들이지, 개인적인 권리—생각과 발언에 관한 자유—라고 불릴 수 있는 것들이 아니다. 정확하게 말해서 생각과 발언에 관한 자유를 보유할 때에 인간은 주체로 남지만, 그것을 양도하면 노예가 된다.[19] 역설적인 것처럼 보이지만, 스피노자는 지나친 종교적 관습을 제어할 책임을 주권자에게 줌으로써 공적인 자유와 사적인 자유의 구분을 설명한다. 우리는 이 전략이 어디에서 온 것인지 알고 있다: 그것은 성경을 해석하기 위한 스피노자의 계획에서 온 것이다. 성경의 의미는 일반적인 말과 저술에 사용된 단어들의 역사적 의미를 복구하는 데서 파생되는 한, 그것은 공적인 영역이며 그것에 기초를 둔 관습들(예를 들면 예배와 기도) 역시 공적인 영역에 속한다. 또한 이러한 관습들을 실천하는 자유는 공적인 자유로서 군주에게 양도할 수 있으며, 이러한 관습들에서 생겨날 수도 있는 권리 침해로부터 그 상태를 보호하는 것이 군주의 의무가 된다. 따라서, 만일 종교적 관습이 자유로이 생각하고 발언할 수 있는 개인적인 권리를 침범한다면, 군주는 국민이 노예가 되지 않게 하기 위해서 그러한 권리 침해로부터 개인을 보호해야 한다.

『신학·정치론』(Tractatus Theologico-Politicus)에서 종교적인 편협함을 반대하는 규정 때문에 1670년에 그 책의 출판을 둘러싸고 거센 논쟁이 일었는지는 확실하지 않다. 그러나 1674년에 네덜란드 국회가 그 책의 판매를 금지하고, 이어 로마 교회가 그 책을 금서목록에 수록한 것은 어떤 의미에서 보면 스피노자에게 가해져온 종교적 제재의 연속이라고 할 수 있다. 여기에는 그가 유대교 학문을 포기했을 때에 생명의 위협을 받은 것, 칼빈주의로부터 받은 강력한 개종의 위협, 그리고 린스부르크에서 파문 당한 콜레지안 분파(Collegiant sect)와 제휴했다는 이유로 보복을 당한 것 등도 포함된다. 스피노자의 글을 읽을 때, 그의 말의 묘미와 의미를 이해하기 위해서는 이러한 그의 일생을 참작해야 한다. 예를 들면, "모든 사람들이 준비가 되어 있는 바와 같이, 사람들은 성경이 하나님의 말씀이라고 선포하며 참된 축복과 구원의 길을 가르치지만, 그들이 의미하는 것은 그들의 말과는 다른 것이다."[20] 또 다른 예를 들자면, "야망과 부도덕이 매우 강력하게 득세하기 때문에, 종교는 성령의 저술들을 존중하는 데 존재하는 것이라고 생각되는 것이 아니라 인간이 쓴 주석서들을 옹호하는 데 존재한다고 생각된다. 따라서 종교는 이제 박애와 동일시되지 않고, 주님을 위한 열심과 열정이라는 이름 하에 증오심을 보급하고 불화를 전파하는 것과 동일시된다."[21] 스피노자가 반대한 것은, 저자의 환유적인 역할에서 흘러나와 저자를 정의하는 비판가의 권위를 강화해 주는 사회적 관습들의 배열에서 절정에 달하는 배타적인 관습들이다.

오늘날 우리는 스피노자의 글을 읽는다기보다 지적인 역사의 일반적인 원리들로 해체하고 있다. 그렇기 때문에 우리는 환유(換喩)를 대적하여 무자비하게 싸운 스피노자의 침착한 능력을 레싱(G. Lessing), 괴테(J. W. Goethe), 칸트(I. Kant), 피히테(J. Fichte), 슐레겔(F. Schlegel),

헤겔(G. Hegel), 하이네(H. Heine), 콜리지(S. T. Coleridge), 쉘리(P. B. Schelley), 조지 엘리오트(George Eliot)―이들은 모두 스피노자의 사상을 깊이 받아들인 사람들이다―등 만큼 분명히 파악하지 못한다. 스피노자는 역사적 사건 덕분에 배타적인 정치의 효과를 보는 렌즈를 확보했는데, 그것은 작가로서의 그의 위치의 핵심에 위치하고 있었다. 따라서 그는 관습을 타파하고, 웨스트민스터 신앙고백과 홉스에게서부터 주장되기 시작한 해석의 법칙의 폐해를 발견하려고 노력했다.

만일 스피노자의 글을 읽는 사람들이 얼마나 이 싸움에 적합한지를 우리가 이해하려 한다면, 항상 홉스의 글을 읽는 사람들의 특징적인 복장―가상의 드레스―을 기억해야 한다. 가상의 저자는 참된 저자(Author)와 흡사하기는 하지만 독자가 만들어내거나 고안해낸 것이다. 그 안에서는 참된 것과 외관 상의 것들 사이의 구분이 흐려지며, 실재하지 않는 (가상의) 저자에게 실질적인 위치를 부여함으로써 독자의 위치가 변화된다. 독자들은 자신이 본문에 접근하고 있다고 생각하기 때문에, "저자의" 관점에 흡수되거나 결합된다. 그리고 이제 "저자"(author)는 독자와 참된 저자(Author)를 의미하며, 자신이 정당하게 주장할 수 있는 것 이상의 부가물을 독자에게 제공한다. 이 부가물은 의심스러운 것이기는 하지만, "저자"라는 환유어가 관념적으로 함축하고 있는 의미에 따른 결과로서, 참된 저자(Author)의 본질적인 부재를 감추어준다. 이런 까닭에 독자는 "저자의" 관점에 복종하며, 완전한 것을 부분적인 것이나 그 관점을 주장해야 하는 억압적인 관점(예를 들면 종교적인 편협)에 예속시키게 된다.

대조적으로, 스피노자의 독자는 언어의 역사적 구조를 옷 입는다. 다시 말해서, 언어는 개별적으로 조성해낼 수 있는 것으로 설명되는 것이 아니라, 저자와 독자 모두가 혜택을 입고 있는 것으로 설명된다. 실제로, 언어는 독자를 해석의 윤리라고 부를 수 있는 것에 들어가야 할 의무 하에 둔다. 독자는 저자가 사용한 언어 및 단어들의 의미를 알려주는 어법의 특성들을 존중해야 하며, 독자는 자기 마음대로 다룰 수 없는 것, 생소한 것의 혜택을 받는다. 그렇기 때문에 독자는 글의 한 단편을 완성된 것으로 볼 수 없으며, 단편들을 결합하여 하나의 작품으로 만들어주는 힘을 가진 결합 조직과 언어의 파생 관계를 발견해야 한다. 또한 그렇기 때문에 독자는 저자가 언어를 마음대로 다룰 수 있다고 추측할 수도 없다. 언어의 역사와 그 의미가 애매한 표현들은 독자는 물론이요 각각의 저자도 이해할 수 없다. 그렇기 때문에, 원전들 및 언어의 취약성을 바르게 평가해야 한다는 독자의 책임과, 스피노자로 하여금 하나의 저술 안에서 의미와 진리의 구분을 알려주도록 자극하는 책임은 동일한 것이다. 독자가 식별하는 것은 저자가 이야기들을 쌓아놓는 영역들이다. 독자는 객관적인 시각을 가지고서, 하나의 저술의 의미나 생각할 가치가 있는 것 등을 묘사할 수 있을 것이다. 그러나 하나의 져술의 진리에 관하여, 독자와 저자 모두가 무력하다. 왜냐하면 하나의 저술의 진리는 저자의 저술 습관을 알려주는 힘의 배열에 속한 것도 아니고 독자가 저술에 접근하는 방법에 영향을 주는 힘의 배열에 속한 것도 아니기 때문이다. 진리는 성령의 정신의 능력 안에 거한다. 독자는 이성적으로 이것에 접근할 수 없지만, 이성적으로 평가할 수는 있다. 스피노자의 윤리적인 해석의 관습은 우리가 언어의 혜택을 입고 있다는 사실은 약속된 진리의 땅, 마음의 언어를 찾기 위해서 통과해야 하는 일시적인 고난의 상태임을 가르쳐준다.

여기서 현대 영성에 대한 우리의 이해에 중요한 것이 발생한다: 스피노자는 모든 실체(subject), 즉, 저술하는 사람과 읽는 사람으로 하여금 저술에 충성하게 만듦으로써 우리로 하여금 의미의 표시자(signifier)가 편재하다고 의식하게 해 주며, 의미의 표시자는 우리를 그 목적으로 이끌어주며, 의미가 시험적이라는 사실을 강화해준다. 그러므로 하나의 글의 의미는 진리의 암호, 언어의 구조를 따르는 체계적인 길을 가진 대용(substitution)에 불과하다. 따라서, 독자들과 마찬가지로 본문으로부터 동떨어지기는 했지만, 현대적 정신은 본문을 철저히 생소하기 때문에 하나의 저자를 만들어내야 하는 것으로 간주할 필요가 없으며, 본문의 의미를 확립하기 위해서는 위험을 무릅쓰고 그 기원에 대한 철학적 고찰, 또는 비판적-역사적 고찰의 길을 걸어야 한다. 그렇게 함으로써, 독자는 진리를 아는 데는 무력하다는 것을 인정하면서 본문을 역사적인 저서로 간주할 것이다. 이것은 독자가 아닌 것(진리)을 인식론적으로 망각하는 것을 정당화해 주지만, 또한 무력함이 학대의 목표가 되는 것이 아니라 오히려 관심의 대상이 되는 현대의 정치적 전략의 기초를 만들어낸다(군주는 권리 침해에 맞서 생각이나 말로 진리를 추구하는 권리를 지지해야 한다).

아테네움 단편들(Athenaeum Fragment)과 Auto-Poetic Epiphany(직관적인 진실파악)

낭만주의자들보다 훨씬 앞서서, 본문에 대해 "저자적"(authorial), "비판적", 또는 "언어학적" 입장을 채택한 독자들은 무력함의 소진 및 이 무력함을 덮어줄 계획의 필연성을 경험했다. 이 번민의 차원은 본문을 대하는 "낭만적" 자세—여기에서 고찰할 현대적 자세 중 최후의 것—과는 완전히 다른 것이다. 무력함이란 거의 속죄의 시련으로서, 함축성이 없는 본문을 향한 현대의 망상적인 갈망을 제거하고, 독자적인 권리를 가진 현대 독자의 특성을 형성한다.

여기에서 다루려는 것은 우리가 일상적으로 환상적인 것과 감상적인 것들에 대한 개념들을 육성하는 것에 대해서 듣는 낭만주의가 아니다. 우리는 19세기의 철학적 고찰들과 관계를 가지면서도 웨스트민스터 신앙고백이 재촉한 위기로부터 추진력을 얻는 태도에 관심을 둘 것이다. 앞에서 살펴본 바와 같이, 하나의 본문(text)과 친필 문서(script)가 와해되어 하나의 실체가 되면, 저자와 독자 사이의 관계에 대한 질문이 중대하게 부각되며, 그것을 정당화하는 공동의 관습들과 저술의 중요성에 대한 질문도 크게 부각된다. 이러한 문제들에 대해서 이데올로기적인 실체와 인식론적인 실체를 구분하려는 목적을 가진 인식론적인 해답을 제공할 수 있다. 낭만주의자들의 견해에서 보면, 이것은 어느 정도 불완전한 것이기는 하지만 임마누엘 칸트의 장점이었다.

결국, 이성의 분방하고 지나친 행위, 전혀 실체가 존재하지 않는 관념들에게 실체를 전가한 것을 채찍질하는 일을 맡은 사람은 칸트였다. 그의 비판 철학은 서방의 형이상학적 전통의 오류들 및 희망이 없는 담화의 분야를 제거하려 할 뿐만 아니라 이성 자체의 체계적인 구조 안에서 형이상학의 기원과 합리적인 매력을 이해하려 했다. 형이상학의 합리적인 기원에 대한 이해 덕분에, 그는 과학적 추론과 도덕적 추론 중 어느 것도 손상시키지 않으면서 그 둘의 관계에 대한 분명한 해석을 전개할 수 있었다. 현대적인 기질의 가장 심오한 갈망과 조화를 이루는 이러한 목표들 때문에, 그리고 칸트가 자유의 이성적인 토대들을 증명했다고 간주되기 때문에, 그의 비판 철학은 곧 현대의 종교적이고 철학적인 연구의 표준이 되었다.

칸트는 스피노자의 추론 전략을 특이하게 존중하면서도 그것을 파괴되어야 하는 많은 지적인 상징들 중 하나라고 생각했다. 홉스의 전략에 대한 스피노자의 견해가 확고하지 않았던 것처럼, 스피노자의 전략에 대한 칸트의 견해도 확고하지 않았지만, 칸트는 스피노자의 독자가 속박을 받고 있다는 것을 감지했기 때문에 스피노자의 전략은 칸트의 동정심을 유발했다. 공적인 영역과 사적인 영역 사이의 조화가 부족했기 때문에, 스피노자 파의 사적인 사상의 고귀한 이상들은 공적인 영역에서는 기만과 폭력과 질투의 공격을 받았다. 공적인 영역에서만이 상호주관적인 교역이 허락되므로, 스피노자의 독자 앞에는 약속된 땅이 열릴 수 없고 독자를 "의미 없는 물질의 심연" 속에 삼켜 버릴 "넓은 무덤"이 열릴 뿐이다.[22]

칸트의 생각에 의하면, 스피노자의 잘못은 독자에 대한 평가, 현대적인 주체에 대한 평가에 있었다. 스피노자는 미지의 사적인 영역에게 실체를 수여했다. 칸트의 평가에 의하면, 스피노자는 망상에 희생되었다기보다 그 자신의 논거에 대한 결론이 부족했다. 칸트의 주장에 의하면, 알 수 있는 사적인 영역을 소유하지 못했기 때문에 현대적인 실체는 공허하다.

칸트의 평가에서, 현대적인 실체는 단순한 형태, 논리적인 필연성에 불과하며, 문법적인 긴급성에 불과하다. 사실, 이러한 사상 형태, 즉 나름의 생각들을 소유하고 있다는 사려깊은 의식이 모든 사유에 연속성을 도입한다. 칸트는 말하기를, 실체의 형태, 즉 "자아"는 모든 사유가 따라야 할 형태이다. 현대적인 경험의 중심에 있는 것은 실질적인 "영혼"(soul)이 아니라 공허한 사유의 형태(self)이다.

도덕적 존재인 현대적 실체는 자체를 어느 정도 중요하게 평가해달라고 주장할 수도 있을 것이다. 도덕적 존재인 현대적 실체는 가능한 행동의 경로를 요구하는 도덕적 명령을 알고 있다. 그러나 법, 행동의 이유를 보편화하는 하나의 형태를 아는 것과 자유를 아는 것은 다른 것이다. 사실, 칸트가 주장한 바 자유가 도덕적 명령 안에 거한다는 것을 현대적인 실체는 직접 의식하지 못한다. 자유에 대한 현대적 실체의 의식은 간접적인 것으로서, 도덕률의 부정(negativity)으로부터 추론된 것이다. 나는 계획하고 있는 것이 아닌 다른 일을 해야 한다; 나는 마땅히 해야 하는 일을 할 수 있다; 나는 마땅히 해야 할 것을 행할 자유가 있다고 추론한다. 이런 까닭에 자유에 대한 현대적 실체의 "앎"(knowing)은 자유에 대한 믿음을 정당화하는 데 있다. 그러나 이 정당화 때문에 칸트는 현대 개신교의 감수성에 대한 편람을 작성했다.

칸트의 분별력 있는 시야는 칸트 자신의 엄청난 개념적 능력들도 초월했다. 칸트는 인간 생활이 지닌 알 수 없는 특성과 그것이 지닌 형성하는 능력을 강조했지만, 그럼에도 불구하고 자체 및 자신의 통찰을 인정할 수 있는 실체의 필요성을 인정했다. 이것이 칸트의 비판적 탐구의 핵심이었다. 그의 노트를 보면, 칸트의 묵상에서 그것이 그의 사상 체계의 병폐를 보여 주는 징후였음을 알 수 있다.[23] 칸트는 다양한 노력을 했지만 이 문제에 대한 만족한 답에 이르지 못했다: 그것의 지속적인 힘은 칸트가 준비한 특수한 철학적인 제안에 있는 것이 아니라 그의 독자들 중 일부에게 미친 활력을 주는 효과에 있었다.

슐레겔 형제, 프리드리히와 아우구스트(이들은 언어학자요, 1794년에 *The Athenaeum*이라는 문학 잡지와 Jena Circle의 설립자이다), 그리고 슐라이어마허(F. Schleiermacher)와 노발리스(Novalis)—이들은 모두 스피노자를 존경했지만 피히테의 부탁을 받아 "자유의 스피노자 주의"(Spinozism of Freedom)를 만들어냈다—등의 시각에서 보면, 칸트는 현대 "독자"와 "본문"의 곤경을 그들의 눈 앞에 확실히 드러낸 것 같았다.[24] "본문"에서 제외된 독자는 완전히 생소한 전통을 발견하며 그의 동시대성을 실질적으로 묘사할 수 없음을 발견한다. 이런 까닭에, 전통이 없는 독자는 "공허하며"(empty), 독자가 없는 전통은 "맹목적"(blind)이다. 독자, 또는 칸트의 비워진 "자아"는 나름의 연속성의 원리로서 자세를 취하지만, 이미 전통적인 연속성(soul)의 상실을 암암리에 허락한다. "자아"는 그러한 자세를 취하면서도 만족하지 못한다. 따라서 이 곤경은 한편으로는 이데올로기의 지배를 받지 않는 "본문"을 바라게 만들고, 다른 한편으로는 현재의 특성 형성에서 지적인 전통과 교회의 전통을 성취하고 능가하는 삶의 형성 능력의 자취들을 드러내주는 "본문"을 바라게 만든다. 이 복합적인 소원은 다음과 같은 프리드리히 슐레겔의 관찰에서 강력하게 드러난다: "많은 군주들은 국왕으로서는 실패했지만 훌륭한 시민이 될 수 있었을 것이라고 한다. 이 말을 성경에 대해서도 할 수 있지 않을까? 성경은 평범한 책이었다면 훌륭한 책이며, 그 책의 유일한 허물은 성경이 되었다는 데 있지 않을까?"[25]

이처럼 칸트의 글을 주의깊게 읽을 때에만 주제의 돌연한 상실이나 문장의 분명한 반사회적인 특성 안에서 함축성이 없는 본문을 원하는 현대의 소원에 만족하려는 전략을 발견할 수 있을 것이다. 슐레겔이 그랬던 것처럼 이 희망이 부적합하다는 것—즉 그것은 생산이나 생산력이나 분명치 않은 주제의 표식들을 지니지 않는 제품(본문)을 추구한다는 것—을 파악하면, 그것이 지닌 파괴적인 특성을 파악할 수 있다. 우리는 이 희망은 하나의 본문(제품)이 스스로 만들어지는 방법, 또는 자동 생성되는 방법을 식별하려는 시도라고 추측할 수 있을 것이다. 그런데 그것은 파괴된 현대 독자의 위치를 압제나 지배의 전략의 연장으로 여기지 않고 당연한 것으로 여긴다.

프리드리히 슐레겔과 그의 절친한 동료들(August Schlegel, Caroline Michaelis, Dorothea Mendelsohn-Veit, Schleiermacher, L. Tieck, Novilis, W. Wackenrlder, F. Schelling)은 새로운 저술 양식을 만들어낸

실험을 통해서 이 파괴적인 자세와 부조화를 추적했다. 이 실험은 하나의 생소한 상태를 파악하여 독자에게 전해준다: 현대의 저술 문제를 둘러싸고 있는 철학적 상황과 신학적 상황은 그 장르로부터 분리할 수 없다: 저술은 하나의 단편(fragment)이다. 프리드리히 슐레겔은 다음과 같은 말을 했다: "고대인들의 저서들 중 다수가 단편들이 되었다. 현대의 많은 저서들은 저술되는 순간에 단편이 된다."[26] 여기에서 슐레겔은 "단편"(fragment)이라는 단어의 가치를 정하고, 기능적으로 보다 큰 유동성을 부여한다. 그것은 독자를 "본문"으로부터 제외한 것, 그리고 이제는 고대의 저술들은 유실되거나 단편이 되었기 때문에 더 이상 그것에 접근할 수 없다는 것을 상기시켜 준다. 그러나 "단편", 또는 공유된 것들이 저자의 입장을 갈라지고 파괴된(비슷한 것들로부터 분리된) 것으로 제시하는 한, 그것들은 현대 독자에게 부족한 것(위대한 저서)을 상기시켜 준다. 저술의 장르 안에서 상징되는 "단편"이라는 용어가 지닌 두 가지 의미와 더불어, 그러한 저술의 모든 행위는 (1) 고전적인 것의 추구, (2) 고대인들이 고전적인 것을 완성하지 못한 것을 현대에 완성하려는 시도, (3) 호머와 괴테, 플라톤과 칸트를 연결하려는 시도에서 볼 수 있듯이 하나의 새로운 제품이 된다. 슐레겔과 그의 동료들의 실험에서는 저술을 하나의 단편으로 생각함으로써 그것을 평가절하한 것이 아니다. 그 실험은 최고의 가치, 자율성의 힘을 저술에 부여한다.

슐레겔의 정신을 따라서 어떤 의미에서 이렇게 주장하는지 살펴보자. 그는 주장하기를, 형태와 내용에 있어서 단편적이고, "완전히 주관적이고 개인적인 동시에 완전히 객관적인"[27] 장르는 존재하지 않는다. 다시 말해서, 단편적인 것들은 단편에 의해서 넌지시 암시되지만, 단편에 한정되는 것은 아니다: 편지, 전기, 대화 등도 단편적인 것이며, 분열(fragmentation)의 유기성을 적절히 요약해야 하는 장르의 미래를 나타내준다. 성경이, 일상적인 의미에서 하나의 책이 아니라 하나의 책들의 체계로서, 이 영원히 발달하는 다원성에 아주 근접할 수 있는 의미가 있는데, 그것은 곧 하나(One)라는 의미이다. 저자에 관한 질문은 보편적인 것들의 유기적 공동체에 의해 삭제된다: 중요한 것은 본질적으로 어느 특별한 단편이 아니라 "단편들의 사슬, 또는 고리"[28] 또는 이상의 형태로 표현된 것, 진리의 과정의 실질적인 유한성이다. 이보다 넓은 유기성을 염두에 두어야, 단편과 영원히 발달하는 다원성과의 적절한 관계를 고려할 수 있다. 단편은 완전체(Whole)의 축도(縮圖)이다: "미술품의 모형처럼, 하나의 단편은 주위 세상으로부터 완전히 고립되어야 하며, 호저(毫猪)처럼 스스로 완전해야 한다."[29] 작은 예술품이 그렇듯이, 개성을 지닌 단편은 완전한 작품의 밖에서 그 작품의 핵심을 상징해야 한다는 점을 고려하여 이해되어야 한다. 슐레겔은 이러한 관점을 다음과 같이 다른 방법으로 표현한다: "단편들은…그 시대의 본문에 대한 난외주이다." 만일 하나의 예술품을 완전체로 비유한다면, 단편들은 하나의 난외주로서 작품 밖에 있어야 한다. 하나의 고리나 사슬로 설명되는 난외주들은 예술품(Work of Art)의 윤곽을 둘러싸거나 경계를 설정한다. 따라서 난외주는 뒷면의 밑부분에 위치한다: 그것은 예술품 외부에 있지만 그 작품의 윤곽으로서 반드시 필요하다. 따라서 예술품은 난외주나 단편 안에서 생명을 지니는데, 그것은 곧 형태 안에 주입되는 것—저술에서 나름의 윤곽을 지닌 "작은 예술품"(small work of art)—이다. 이것은 단편은 자신의 의무(난외주가 되어야 하는 것)를 구체화하는 한 자율적이라고 할 수 있으며, 또 비록 예술품의 외부에 위치하지만 자율적으로 형성되기 때문에 자율적이라고 말할 수 있다.

우리의 입장에서 보면 이제 단편이라는 용어는 부식되었지만, 우리는 여전히 이 단어가 지닌 추상개념의 힘을 어느 정도 맛볼 수 있다. 우리가 소유하고 있는 단편은 저술할 때에 형태에 주입하는 활동, 그리고 그 형태가 "작은 예술품"이라는 것을 알게 해 주는 난외주를 의미한다. 슐레겔은 그것이 철학인 동시에 철학의 원리라고 말했다. 만일 우리가 이 말을 해석하는 데 도움이 될 수 있는 역사적인 문화를 향유하지 못해도, 본문의 반사성이라는 개념 및 그것과 상관관계를 가진 것을 충분히 알기 때문에 문학은 해석을 위한 나름의 내적인 기준을 제공해준다. 슐레겔의 관찰에 의하면, 비판적인 담화가 지닌 숙고하는 기능은 문학의 기본 요소라고 말할 수 있다.

그러나 슐레겔의 낭만주의가 특히 파괴적인 것으로 이루어진 것처럼 보이지 않는다 해도, 우리는 저자 및 저자의 의도라는 문제가 제거되었다는 것; 비판가의 역할이 삭제되었다는 것; 분열(fragmentation)이 철학, 역사, 신학 등과 같은 기존의 학문을 뒤죽박죽으로 만들고 모든 것을 의심스럽게 만들었다는 것 등을 상기할 필요가 있다. 물론, 그것이 정치적인 분열과 상관이 없는 것은 아니다. 18세기 후반의 심오한 경제적, 사회적, 정치적 위기 속에서 독일의 부르조아들은 새로 발견된 문화에 대한 접근 수단을 소유했지만 자녀들의 취업을 보장하는 데 있어서는 점점 큰 어려움을 경험했다. 동시에, 프랑스가 독일에서 점령한 부동산 때문에 프랑스 혁명의 약속이 위태로워졌다. 슐레겔과 그의 동료들이 받아들여 부분적으로 실천하려 했던 사상들은 새로운 생활 방식의 본보기가 되어야 했다. 초기 상태의 이 본보기는 슐레겔이 비밀 사회라고 부른 것과 흡사했다. 그 사회의 목표는 혁명이 진행되는 동안 정치적인 투쟁에 도움이 될 사상들을 보급하는 것이었다. 그 자체가 하나의 단편인 이 사회는 부재하는 이상과 근본적인 "공화주의"나 과격 공화주의 정치, 분열(frangmetation)의 중복이 지닌 순수한 윤곽을 개괄하려 했다.

그러나 슐레겔의 낭만주의는 저자의 문제, 비판가의 특권적인 지위, 그리고 기존 학문들의 위치를 겨냥하고 있으며, 아울러 접근할 수 없는 신으로부터 맡겨진 종교 의식과 관련된 관습들의 현대적인 전략을 겨냥한다. 그것들 대신에 배열된 것은 예술품 창조라는 문제, 형태의 형성이라는 문제, 그리고 참 종교는 예술의 범주 안에 든다는 것이다: 종교는 예술이고, 예술가는 "자기의 내면에서 신적인 것을 감지하는 사람이다."[30]

슐레겔의 비판적 노력을 잘못 생각해서는 안된다. 그것은 현대 영성을 위한 일종의 역사적 충격의 급증이라고 볼 수 있다. 현대적 정신의 무력함에게 의미를 부여하기 위해서 그 전략들에 대해 길게 이야기함으로써, 슐레겔은 현대의 정신은 접근할 수 없는 신을 대처하는 데에서의 실패를 대면해야 한다는 것을 절대적인 것으로 만든다. 특정의 상황

> The Philosophy
> of Jesus of Nazareth
> extracted from the account of
> his life and doctrines as given by
> Mathew, Mark, Luke, & John.
>
> being an abridgement of
> the New Testament
> for the use of the Indians
> unembarrassed with matters of fact
> or faith beyond the level of their
> comprehensions.

토머스 제퍼슨의 『나사렛 예수의 철학』 1페이지에 실린 제퍼슨의 편지(1803년 4월 23일)

에서 한두 가지 전략이 더 훌륭하게 성공을 거두는 것이 아니라, 그러한 전략은 모두 거짓이다. 그것은 과거에 지식을 정의하는 데 있어서 신앙이 발휘한 독점적인 지배의 몰락을 보이지 않게 감춘다. 이런 까닭에 하나의 참 저자(Author)를 가정하거나, 그 저자의 부재 안에서 하나의 인위적인 저자(author)를 만들어 내거나, 또는 절제 없이 인위적인 저자를 만들어내는 것을 얼버무리기 위해서 기원에 관한 질문을 하거나, 현대 정신은 종교적 해석을 소유한 범주들에게 호소한다. 그러나 현대 정신에 박차를 가하는 것은 종교적으로 정의된 지식의 분야가 아니라 근거 없이 모든 사람(Everyone)이라고 주장되는 계속성의 원리이다. 결과적으로 이 특징이 없고 외부 자극이 없는 원리인 "자아"가 발휘하는 한계를 정하고 정의하는 역할 때문에 현대 정신은 참 저자(Author), 비판가, 또는 기원에 관한 질문의 형식을 말할 때에 자신의 공허함을 반영해 주는 용어로 말할 수밖에 없다. 그렇기 때문에 현대 정신은 "본문"과 관련하여 효과적인 일을 할 수 없다.

한편, 현대정신은 저술과 관련하여 아무 것도 할 수 없지만, 지술은 현대 정신과 관련하여 무엇인가를 할 수 있다. 현대 정신은 저술에 주입된다. 달리 표현하면 단편적이고 불완전하고 유한한 형태의 형성에 참여한다. 저술할 때에 발생하는 것은 객관적인 분석의 한계를 초월하지만, 다음과 같은 특성을 지니는 듯하다: 그것이 추구하는 대상은 "나"(I)로서, 나에게 그것이 지닌 엄청난 다의(多義)를 받아들이라고 한다. 저술에서 형태의 자동-형성은 특성의 형성, 또는 현대 정신으로서의 특징을 부여해 주는 것의 생산이다. 그러므로, 낭만주의자에게 있어서 특징적인 능력의 형성은 자아(ego)의 특별한 활동들을 고려하지 않으며, 자동-창조, 즉 창조적인 행위의 발생, 즉 창조적인 행위를 통해서 나타난다.

사회적 전용(專用)과 관련된 교회의 의식들

현대 영성의 윤곽은 원래 언어의 차원(의미의 불명료), 그리고 그 뒤에 계속되는 문학적 저작의 개념의 차원(Reign of the Text)에서 식별할 수 있을 것이다. 웨스트민스터 신앙고백 및 여러 곳에서 친필로 기록한 문서(script)와 본문(text)을 동일시한 덕분에, 본문은 제도적인 중요성을 취했고, 이 새로운 인식을 중심으로 한 담화들의 형성은 다양한 방법으로 변화된 배타적이면서도 내면적인 조직 과정을 나타냈다. 그 중에서 가장 두드러진 것은 은유적인 것, 변형된 것, 단편적인 것 등이다. 이것들은 해석을 위한 기본적인 주제로서, 본문에 대해서 저자의 자세, 비판적 자세, 언어학적 자세, 낭만적 자세를 지니는 듯하다. 현대 영성을 구분해 주는 중요한 순간은 이러한 주제들이 요구하는 사회적 의식들을 전용하는 데서 구체적으로 나타난다. 그처럼 전용된 의식들은 외관, 태도나 행위에 있어 그러한 의식의 지배를 받는 집단에게 특수한 정체성을 수여한다. 이러한 관습들이 그들의 주제를 둘러싸고, 고립시키고 소중히 간직한다고 해도 과언이 아닐 것이다.

"저자의"(Authorial) 자세

이 자세들을 차례로 하나씩 다루어 보자. 첫째, 저자의 자세는 루터파 전통과 개혁주의 전통의 신앙고백의 부활, 그리고 영국 국교회의 초기의 복음주의의 부활에 강력히 반영되었다. 루터파 중에서 성경의 타협되지 않은 권위와 무오성을 위해 가장 활발히 싸운 사람은 언스트 헹스텐베르크(Ernst W. Hengstenberg)일 것이다. 그는 성경의 무오성이 모든 신학과 종교적 관습의 토대라고 보았다. 역사적 비평에 반대하는 것이 신앙의 의무였고, 성경의 신적 저작권을 믿는 것은 종교적 의무였다. 성경의 단어들을 "고립시킴"으로써 그 단어들은 확실한 특성을 갖게 되었다. 하나님은 법칙이나 역사적인 상황에 따라서 행동하시는 것이 아니며, 성경적 단어들의 특징적인 위치, 즉 역사 안에 있는 하나님의 말씀의 증거로서의 위치만이 순수한 하나님의 말씀이 왜곡되지 않게 해준다. 이런 까닭에, 신앙 생활에서 교회답지 않은 신학(엄격한 신앙고백적 해석과 일치하지 않는 견해들)을 규탄하는 엄격한 관습들은 반드시 유지되어야 한다.

19세기초에 약 30년 동안 영국에 이러한 편협함이 존재했다. 영국 국교회 내에서 아주 일반적으로 받아들여진 견해—초기 고립주의적 견해라고 부를 수 있는 것으로서, 유럽 대륙의 영향력 및 구교도 해방령(Catholic Emancipation Act)을 향한 자극에 대항하여 제기된 것이다—는, 성경은 전능하신 하나님께서 영감을 받는 저자들에게 구술하여 저술된 신학적 교과서라는 것이었다. 따라서 성경에 담긴 모든 진술과 취지는 확실한 하나님의 말씀으로 받아들여져야 했다. 밴 밀더트(W. Van Mildert)는 1814년에 행한 뱀프튼 강연(Bampton Lectures)에서 성경 비평을 받아들이는 것은 도덕적인 불완전함, 신앙의 건전치 못함, 교회에 대한 불충성을 가리킨다고 했다.[31] 콜리지가 "성경 광신"이라고 부른 이 견해는 문자적 해석 외에 다른 것에는 찬성하지 않았고, 그러한 해석에 바탕을 두지 않은 종교는 쓰러질 것이라고 생각했다.[32]

루터파, 국교회, 개혁파 등에서 성경을 해석하는 관습의 유동성은 그다지 크지 않았지만, 개혁파 전통의 프린스턴 신학에서만큼 은유적인 노력이 대담하게 이루어진 곳은 없었을 것이다. 프린스턴 신학은 찰스 핫지(Charles Hodge)와 그의 추종자들이 50년이 넘는 기간 동안 발달시킨 것이다. 핫지는 웨스트민스터 신앙고백의 전통을 열렬히 옹호했고, 하나님의 백성은 하나님의 말씀 외에 다른 것의 구속을 받아서는 안 된다고 주장했다. 성경은 명료하고 완전하다. 핫지는 추상적인 기독교에 반대하면서, 성경이 구체적인 것이며 문자적으로 해석되어야 하듯이, 기독교의 교의와 형태도 구체적이고 문자적이어야 한다고 주장했다. 따라서 일반적으로 기독교 신앙은 허구였으며, 특별한 형태들—장로교, 감리교, 감독파, 또는 독립교회파—만이 존재한다. 개혁파의 정설(正說)을 위한 판단의 기준으로 등장한 프린스턴 신학은 개혁파의 자의식을 장려했을 뿐만 아니라, 경쟁적인 표현주의(expressivism)의 지나친 행위를 막기 위한 예방 조치로서 교육과 학문적인 전통을 육성했다. 종교 체험의 사실들(facts)은 간과되지 않고 사실로서 존중되었다. 그런데, 사실이란 무엇인가? 사실들은 성경에 의해 형성되며, 그것들의 인증은 성경에서부터 비롯된다. 그렇기 때문에 과학의 발달이 성경의 권리를 침해하지 않는다. 왜냐하면 과학이 밝혀내는 사실들은 궁극적으로 성경 안에서 발견되고 성경에 의해 인증되어야 하기 때문이다. 그 이유는 무엇인가? 핫지의 말에 의하면, 성경은 객관적인 권위와 무오성을 구현하기 때문이다. 따라서 신학과 종교적인 관습이 해야 할 일은 성경이 가르치는 것을 순수히 과학적인 방법으로 설명하는 것이다. 그렇기 때문에 신학과 종교적인 관습의 방법은 귀납적이며, 먼저 "사실들"을 수집하고 나서 그 사실들로부터 원리들을 추론해낸다. 그러나 모든 사실들의 "창고"라는 성경의 지위 때문에, 이것은 곧 성경만이 삶을 해석하는 데 적절한 원리들을 제공할 수 있다는 말이 된다.

프린스턴 신학과 그것의 학습 관행들은 진용을 정비한 보수주의의 방어 기점으로서 널리 받아들여졌고, 조만간 근본으로의 복귀를 요청하는 교파들 간의 요청이 의지할 정신적인 지주가 되었다: 12권으로 이루어진 『근본』(The Fundamentals)이라는 제목의 소책자는 300만 권이나 판매되었다.

본문을 대하는 저자의 자세(authorial stance)는 성경을 문자적으로 해석하는 의식적-사회적 관습이라고 알려져 있는데, 그것은 그러한 관습들로부터 분기되는 것에 대한 생각을 받아들이는 사람들을 반대하는 도덕적인 인정으로 말미암아 강화되었고, 현대 근본주의는 대체로 거기서부터 등장했다. 우리는 이제 역사적인 출판물들 중 일부를 다시 조사함으로써, 근본주의의 자극이 지닌 웅대한 계획은 현대성의 거부가 아니라 철저히 현대적인 발견을 발달시켜, 되도록 가장 광범위한 대중에게 강요하려는 것이었다. 다시 말해서 견해의 통일을 획득하기 위해서는 성경은 친필 문서(script)인 동시에 본문(text)으로 간주되어야 하는데, 그것은 학구적이고 문자적인 해석만을 허용한다. 성경의 "참된" (명료한, 표준적인) 의미를 엄격하게 고수하는 이 관습은 하나의 초자아(superego)의 기능을 소유하는데, 이 초자아가 우선적으로 부인해야 하는 것은 모든 은유를 거부함으로써 자체의 은유적인 특성을 감추는 것이다. 이런 까닭에 이러한 관습을 익힌 사람들은 언어에 관한 치명적인 병—절정에 달하면 엄청난 살인적인 비방을 하게 되는 반 비유주의

(ametaphoria)—에 걸린다. 혹시 반 비유적 태도를 유지하는 사람이 살아 남는다면, 그러한 태도는 이름을 붙일 수는 없지만 그 실천자가 대제사장으로서 주재하는 것 위에 위치하는 성례가 된다.

"비판적인" 자세

비판적인 자세를 취할 때, 해석의 권리는 유해한 문자인 것처럼 보이는 것으로부터 제거되어 다른 진리를 위해 사용된다: 능력을 주는 정신. 그것의 사회적-의식적 실천은 다양한 경건주의 운동에서 표현되는데, 거기에는 독일 루터파의 발달, 영국의 웨슬리의 신앙부흥, 그리고 아메리카의 대 각성 운동 등이 포함된다. 우리가 알고 있듯이, 이와 같이 문자적인 의미가 아닌 다른 의미를 취하는 과정의 출발점은 야곱 스페너(Jacob Spener)의 『경건한 소원』(Pia Desideria)에서 발견되어야 한다. 30년 전쟁, 루터파의 전통 존중, 영주주의(territorial) 교회 체계 등을 배경으로 하고 있는 스페너의 강령에서는 우선적으로 "성경을 부지런히 읽을 것"을 요청한다. 이것은 개인적으로 성경을 한 권씩 차례로 읽는 것을 의미할 뿐만 아니라, 하나님의 영광을 목적으로 마련된 바 성경에 대한 다양한 지식을 탐구할 수 있는 단체적인 성경 읽기도 의미했다. 사실, 그러한 그룹 성경 읽기는 대중 설교나 개인적인 성경공부에 부족한 것, 즉 비판적인 원리를 공급해준다.

그러므로 성경을 읽는 방법은 기독교적인 사랑을 발휘하는 방법과 밀접한 관계가 있다. 첫째, 그것은 "알려져 있는 진리" 안에서의 공동체적인 연합을 권한다. 또한 그것은 스페너가 "잘못을 범하고 있는 사람들"이라고 지칭한 사람들, 즉 동일한 방법으로 성경을 읽지 않기 때문에 잘못에 빠져 있는 사람들을 향한 의무를 소개한다. 이 의무는 무엇보다도 하나님의 영광을 위해서 길을 잘못 들었던 사람들을 다시 받아들이는 것 안에 존재한다. 길을 잘못 든 사람들을 다시 받아들인다는 것은 표준이 되고 있는 견해를 유익하게 바로잡는 것이 포함된다: 논쟁을 통해서만 길을 잘못 든 사람에게 삶의 거룩함을 나누어 줄 수 있다고 생각하는 것은 시간 낭비이다. 그보다는 삶에서 거룩함을 실천하는 것이 효과적이며, 기독교 신앙을 가르치는 일을 맡은 사람들은 자신이 맡은 일은 "성령의 작업장"[33]으로 생각해야 한다. 교수들은 본이 되는 행동을 함으로써, 학생들이 자신의 삶을 규제할 기준이 되는 생생한 본을 가질 수 있게 해야 한다. 이야기를 하거나 강의를 할 때에, 학생들에게 실질적인 신학 훈련을 충실하게 제공해야 하며, "올바른 행동 규칙"을 실천할 기회를 거듭 제공해야 한다. 이렇게 할 때에만 하나님의 말씀이 잘못된 사람의 마음 속을 뚫고 들어가서 뒤이어 발생할 모든 행동을 위한 바른 기초를 형성할 수 있을 것이다.

그렇기 때문에 그 당시 경건주의는 사회적인 개혁을 이룩하려는 진정한 희망 속에서 세상의 상황을 대적하거나 초월하여 획득되는 영적인 특성의 형성 안에 있는 생명력이었다. 유럽 최초의 자선 병원과 고아원이 생긴 것은 경건주의자들의 노력의 결과였다. 그것은 할레(Halle)에서 아우구스트 헤르만 프란케(August Hermann Francke)의 지도 하에 활발하게 전개되었고, 프레데릭 3세의 보호로 말미암아 큰 도움을 받았다. 할레가 그 목적을 받아들이지 않게 되면서, 뷔르템베르크에서 벵겔(J. A. Bengel)의 지도에 의해서 경건주의가 부흥했고, 헤른후트(Herrnhutt)에서도 부흥했다. 모라비아의 박해에서 도망친 후스파 사람들은 헤른후트에 정착하여 스페너의 대자(godson)인 니콜라우스 루트비히 폰 진젠돌프(Nikolaus Ludwig von Zinzendorf) 백작의 지도를 받았다.

오늘날 우리가 아프리카, 인도, 카리브 해 지역, 남아메리카, 북아메리카 등지에서 활동하는 헤른후트파 사람들의 선교의 열정에 관심을 기울이지 않는다 해도, 모라비아의 경건주의가 존 웨슬리에게 미친 영향과 관련된 유산에 관련되어 있다. 사실, 영국에서의 웨슬리의 신앙부흥은 웨슬리가 헤른후트파와의 만남에 의해서, 그리고 뉴잉글랜드 지방의 대각성, 제레미 테일러(Jeremy Taylor)의 『거룩한 생활의 규칙과 훈련』(*The Rule and Exercise of Holy Living*), 토마스 아 켐피스(Thomas à Kempis)의 *Christian Patterns*, 윌리엄 로(William Law)의 『기독교의 완전』(*Christian Perfection*) 등에 의해 형성되었다. 그러나 매주 성경을 읽는 단체, 종교 문제에 관한 토론회, 그리고 사회 활동을 위한 단체 (예를 들면, 탁월한 지도자의 지위에 여성을 포함시키는 것) 등을 구성하는 관습에는 스페너의 경건주의의 표준적 이상의 흔적이 분명히 남아 있다.

그러나 내면 생활과 관련하여 비판적인 자세에 집착하는 것을 개신교의 관습들에 의해서만 정의된다고 생각하는 것은 망상일 것이다. 영을 하나의 체계적인 상징들의 공간 안에 새겨 넣음에 의해서도 비판적인 자세에 사로잡힐 수 있으며, 그것의 경로는 피우스 9세의 교황직에서 아주 강력하게 표현되어 있다. 세속적인 권위를 박탈당한 피우스는 곧 영적인 일에 있어서 자신의 힘을 공고히 했다. 따라서, 1854년에 성모 마리아의 원죄 없는 잉태의 교리를 공표한 것은 교황 무류설을 공고히 하기 위한 첫번째 조처였다: 그것은 비판가를 임명하는데, 그는 자신의 의무를 수행하면서 보편교회가 신봉해야 하는 도덕이나 신앙의 의미를 정의한다. 1870년에 제1차 바티칸 공의회에서 교황 무류설을 공표함으로써 피우스 9세가 이미 성모 마리아의 원죄 없는 잉태의 교의와 관련하여 취했던, 그리고 1864년의 이단서 목록(Syllabus of Errors)—여기에는 가톨릭 신자들이 거부해야 하는 80가지 명제가 수록되어 있다—에서 취한 비판적인 자세에 공식적인 지위를 부여해 주었다.

만일 교황무류설의 공표가 예상되었을 수도 있는 소동을 야기하지 않았다면, 그 이유는 그것이 구현한 본문을 대하는 자세—많은 현대적인 것에 대한 이단서 목록의 신랄한 반대—가 이미 오래 전부터 많은 현대인의 정신 속에 새겨져 있었기 때문이다. 그것은 의미 부여의 과정을 받아들이고 그 과정에 참여하며, 문자적인 것에서 그 유한성을 빼앗고 대신에 근본적인 가치를 제시하는 것이다.

언어학적 자세

문자—언어학적인 문자—로의 복귀는 비판적인 자세를 중심을 하는 부절제한 관습들 때문에 촉진된 반전이었다. 한편으로 보면, "반-교의적 자유주의"와 "복음주의"의 폐해에 대처할 해독제로서, 이전에 일부 경건주의와 이성주의에서 축소하거나 무시해왔던 교리의 중요성을 새롭게 의식하게 되었다. 이것이 옥스포드 운동(Oxford Movement)과 그 운동의 주요 지도자인 존 헨리 뉴먼(John Henry Newman)에게 있어서 출발점이 되었다. 다른 면으로 보면, 역사적 성경적 성경해석학은 개별적인 저술들의 특별한 특성이 교의적으로나 경건주의적으로 형성된 정경의 통일성을 붕괴하고 있음을 드러냈다. 이것이 신 해석(Neology)이라는 운동을 만들어낸 요한 아우구스트 에르네스티(Johann August Ernesti)와 요한 살로모 젬러(Johann Salomo Semler)의 통찰이었다. 비록 다양한 집단들이 존재했지만, 이 새로운 언어학적 문자의 제국(신 해석학자들의 견해는 옥스포드 운동보다는 광교회주의자들의 견해와 흡사했다)은 단어들이 표현하는 주제의 내적 원리를 고려해야만 그 단어들을 제대로 이해할 수 있다는 견해에 기초를 두고 있다고 묘사할 수 있다.

옥스포드 운동에서는, 이 내적 원리가 "정경적인 성경 자체의 표준", "사도적 전승에 속한다고 주장하는 모든 것"[34]을 위한 하나의 본문 안에 존재한다고 보았다. 뉴먼은, 이 원리가 옥스포드 운동의 주창자들의 견해에 대해 아주 강력하게 제기되는 질문들을 기꺼이 받아들이지 않고서는 이해할 수도 없고 거의 상상할 수 없는 방향을 소유하고 있는 독특한 가락을 가지고 있다고 보았다. 성경은 자체적으로 해석이 가능한 것인지, 아니면 논평의 필요성을 인정하는지; 계시와 문서는 같은 비중의 것인지, 아니면 하나가 나머지 하나를 능가하는지; 문서는 부분적인 계시인지, 아니면 계시의 종결인지—이것들은 옥스포드 운동에 참여한 뉴먼과 그의 동료들(John Keble, Edward Pusey, Richard Froude, Robert Wilbereforce)을 괴롭힌 문제들이었다. 그들은 로마 가톨릭 교회와 개신교주의라는 양극 사이에 끼어 있었기 때문에, 이러한 문제들은 중도(*via media*)를 필요로 했다. 뉴먼은 로마 가톨릭 교회에 반대했기 때문에 성경 해석에 있어서 외적이고 권위적인 논평의 원리에 굴복할 수 없었고, 또 개신교도들을 반대했기 때문에 성경적 직역주의라는 개념에도 찬성할 수 없었다. 이런 까닭에, 뉴먼은 성경의 반 도식적인(unschematic) 특성과 부조화한 것들을 인정하면서도 성경 전체에는 하나의 발달 원리(developmental principle)가 관통하여 흐르고 있다는 견해를 받아들였다. 그의 확신은, 언어 습관을 발휘하는 데 있어서 특정의 발달적인 특징들은 하나의 본질적인 사상을 보존하고 어느 정도의 연속성을 나타내며 많은 다양한 사상들을 통일시키는 능력에 의해서 구분된다는 관찰에 토대를 두고 있다. 그러나 발달을 지지하는 그의 주장 중에서 가장 대담한 것은, 그 과정이 어떤 통찰력을 나타내주며 하나의 배아와 같은 사상이 궁극적으로 취할 형태를 예상하게 해준다는 주장이다. 그러므로 성경을 읽는 것은 신학적인 사상들이 발달할 때에 근거하는 규칙이나 원리를 추적하는 일이다. 이렇게 이해하면, 성경, 보다 정확해 말해서 성경을 제대로 읽는 것은 "하나의 매체로서 그 안에서 교회의 정신이 출현하여 발달한다."[35]

뉴먼은 자신이 제시한 견해가 진리임을 증명할 수 있다고 생각했지만, 낙관적인 자세를 취하지는 않았다. 그는 그러한 견해를 주장하는 것과 그것을 실천하는 것은 완전히 다른 일이라는 것을 알고 있었기 때문이다. 그는 자신이 "명목 상의 견해"(paper view)라고 여긴 것과 제도적인 관습들 사이의 차이가 개신교와 가톨릭교회의 치명적인 결점을 나타내 준다고 보았다. 이런 까닭에 뉴먼과 그의 동료들은 로드(Laud)가 추진한 영국 교회의 보수주의 전통에 깊이를 부여하려 했다. 1633년에 찰스 1세에 의해 캔터베리 대주교로 임명된 로드는 청교도와 가톨릭 신자들 모두를 반대했고, 교회의 성직 정치 구조를 회복시키려 했다. 신앙 표현에 있어서 로드보다 과묵했던 옥스포드 운동 주창자들은 로드와 찰스 1세를 자기들의 영적 선구자로 삼았다. 그리고 개인의 영혼에 있어서 종교의 중요성을 드러내놓고 주장했다. 가장 거룩한 것은 감추어져야 한다는 느낌에 사로잡혀 있으면서 전례적인 정서를 갈망했던 옥스포드 운동의 주창자들은 성찬식을 "발달의 원리에 입각해서 저술된 성경 전체"와 "마음의 올바른 상태"를 결합해 주는 근본적인 관습이라고 여겼다. 이 점에 비추어 보아, 순종과 거룩함에 의해 제한을 받는 믿음은 보호받을 수 있다; 그렇게 윤곽이 정해진 마음은 구원은 오직 하나님에게서 온다는 것과 하나님의 구원하시는 행위는 실질적으로 인간의 삶과 행동을 꿰뚫고 변화시킨다는 두 가지 진리를 지지한다.

뉴먼의 저서 『기독교 교리의 발달에 관한 논문』(*Essay on the Development of Christian Doctrine*)에 분명히 드러나 있는 그의 뉴먼의 접근 방식의 독창성은, 종교와 계시는 문자적인 성경 해석 방법이나 비판적인 방법으로 해결할 수 없는 역사적인 문제를 우리에게 강요한다는 인식에 있다. 역사라는 개념을 언어학적이고 관념작용의 발달이라는 한계 안에 둠으로써, 성경적인 저술의 관습들—상이한 시대에 살고 있는 다양한 사람들의 많은 저술들이 하나로 통합된 것"—과 완전히 일치하며 성례전적인 관습을 통해서 강화되는 해석의 규칙을 발견할 수 있게 되었다.

젬러(Semler)가 단어들의 의미를 그것들의 특별한 역사적이고 언어학적인 맥락에서 뿐만 아니라 성경의 저자들과 최초의 독자들의 문화적 정서를 존중하면서 고찰하게 된 것은 우연한 일일 수 없다. 따라서 성경의 언어 사용을 단순히 사전 편집적인 과정으로서 뿐만 아니라 대대로 언어 사용을 고취해 주는 영적 교화에서 변화의 필요성으로 깨닫게 된 것도 우연한 일이 아니다. 사실, 젬러는 수록된 이야기들 안에서, 그리고 인간의 영이 하나님을 향해 꾸준히 성장해가는 움직임에 대한 묘사 속에서 질적인 점진적 변화를 식별할 수 있다고 주장했다. 이런 식으로 이해할 때, 성경은 종교 내의 적절한 관습을 정의한다. 그렇기 때문에 성경의 이야기들은 우리로 하여금 종교의 의미와 진리의 차원들을 구분할 수 있게 해준다: 어떤 것들은 단순히 역사적인 관심의 대상이지만, 영속적인 종교적 의미를 지닌 것들도 있다.

언어학 및 비판적-역사적 성경 해석에서 문자에 의존함으로써 다음과 같은 결과를 초래했다: 우리는 문자를 취하여 그것의 비밀들이 세상에 대한 모든 것—역사, 한 개인의 역사, 그것의 위대한 상징들 등—이 자유주의 및 근엄한 비판 및 그것이 언어에 접근하는 도구주의적인 방법을 떨쳐 버리면서 재발견될 수 있는 무수한 연상들을 통해서 깊어지는 것을 알 수 있다. 왜냐하면 문자는 의미를 지니는 동시에 아무런 의미도 지니지 않기 때문이다. 그것은 아무 것도 모방하지 않으면서 모든 것을 상징하며, 자만하는 자유주의와 독재적인 비판의 알리바이를 기각한다.

"낭만적" 자세

현대는 무엇보다도 널리 퍼져 있는 종교적 관습의 수고를 통해서 의미와 꿈과 낭만적인 경험의 보화를 우리에게 남겨 주었다. 그 중 두 가지 예가 이 책의 목적을 충분히 충족시켜 줄 것이다: 콜리지와 광교회 운동(Broad Church Movement), 그리고 하르낙과 문화 개신교 운동(Culture Protestantism).

콜리지의 『어느 탐구적인 사람의 고백』(Confessions of an Inquiring Spirit)은 7편의 편지에 의해서 성경을 해석하는 방법을 가르쳐준다. 우리는 그것을 거부할 필요가 없다. 심지어 우리는 이따금 그것을 중심에 두거나 그렇게 하는 체 해야 한다. 올바른 성경 해석은 예상치 못한 곳에서 나타난다. 해석되는 하나의 대상은 끊임없이 두 개로 나뉘어져야 하듯, 성경적 해석은 분화되고 배가된다: 종합은 좌절되고, 해석은 제거된다. 한 마디로, 성경적 자유주의, 성경적(교의적) 비판, 또는 성경적 역사주의의 주장에 의해서 얻을 수 있는 것은 아무 것도 없다. 왜냐하면 그것들은 성경의 자명한 권위로부터 떠나기보다는 성경의 권위가 무엇인가를 확립하려 하기 때문이다.

그러나 콜리지의 주장에 의하면, 성경의 자명한 권위는 그것의 영적 진리, "참 빛(True Light)의 내려 비춤"[36]이다. 그러한 진리를 "자연적인 이성"과 혼동하거나 "인간적인 이해"의 역사적인 발휘와 혼동해서는 안된다. 간단히 말해서, 영적 진리의 근원은 인간적인 것이 아니라 신적인 것이다. 각 사람 안에 거주하는 신적인 이성의 빛이 각 사람에게 신적 진리에 대한 통찰을 제공해 준다. 더욱이, 신적인 섭리는 개인이 세상의 역사 안에서 활동하는 동안 도와주는데, 주로 교회의 사역을 통해서 도와준다. 이런 까닭에 말씀의 자명한 진리와 권위는 설교 안에서 증명되는 바 교회와 성경의 상호작용 안에서 특히 분명해진다. 교회나 성경은 각기 서로를 희생시키고서 고양되는 것이 아니라 서로 호혜적인 관계에 있다.

저술들의 객관적인 통일체로 간주되며 문자적이고 제한받지 않는 무오성을 나타내는 성경은 하나의 망상으로서, 영원한 말씀에 의한 계시와 성령에 의한 작용을 혼동하는 것이다. 만일 당신이 성경을 아주 가까이에서 바라본다면, 당신은 단지 고대의 저술들의 집록을 볼 뿐이다; 만일 당신이 평온하게 뒤로 물러선다면, 하나의 "보물 창고", "만나로 덮힌 땅"을 볼 것이다.[37] 근접함이나 거리를 두는 것은 의미를 촉진하는 역할을 하며, 영감과 성령과의 교제의 차이점을 고려하게 해준다. 이 차이점 때문에, 모든 것이 중요하며, "증거들"이라는 기치 아래 의미의 창조를 소진하지 않기 위해서 모든 것이 불가사의하다.

그러므로 독자에게는 순례자의 임무, 부지런히 성경의 정신을 찾는 일이 권해진다. 그 정신은 각각의 여행자에게 필요하고 적합한 양식, 하나님이 주시는 귀중한 선물이다. 콜리지는 독자에게 "결과가 어떠하든지 간에 믿음의 확신을 가지고서" "자유로운 정신으로" 성경에 접근하라고 명령한다.[38] 독자는 각기 자신에게 귀중한 것을 취해야 하며, 위로하고 인도해 주는 성경을 다른 사람들을 위해 귀중한 것으로 남겨 주어야 한다. 그렇게 성경을 읽으면 순례자는 성령에 대해 주관적인 것의 윤곽을 파악하게 된다. 즉, 성령만이 이룰 수 있는 주체로서 전달되는 개별적인 주체를 독자의 내면에서 소생시켜 준다.

만일 신자에게 촉구되는 근본적인 관습이 자유로운 탐구라면, 옥스포드 운동에서는 그것을 거의 반기지 않았을 것이다. 그 운동은 "친구들에 의해서는 Broad Church라 불리고 적수들에 의해서는 Latitudinarian, 또는 Indifferent"라고 불렸고, 코니베어(W. J. Conybeare)는 1863년에 "교회의 파당들"(Church Parties)에 관한 논문에서 그와 비슷한 명칭을 사용했다. 그 운동의 지지자들 중에는 리처드 휏틀리(Richard Whatley), 헤어(J. C. Hare), 스탠리(A. P. Stanley), 토마스 아놀드와 매튜 아놀드, 찰스 킹리(Charles Kingley), 벤자민 조윗(Benjamin Jowett. F.D) 등이 있다. 모리스와 호러스 부쉬넬(Horace

Bushnell)은 그 운동과 어느 정도 거리를 유지하면서도 그 운동의 목표들 중 다수를 지지했고, 알프레드 로드 테니슨(Alfred Lord Tennyson)은 시적인 표현으로 그 운동을 지원해 주었다. 1860년에 *Essays and Reviews*, 19세기 중엽 영국에서 허용되는 종교적 견해들의 범위를 크게 넓힌 운동의 기원의 취지에 대한 성경적-비판적 질문들을 공개적이고 정직하게 탐구하려 한 성명서가 출판되면서 그 운동에 대한 반대는 절정에 달했다. "성경의 해석"에 관한 조윗의 논문은 그 집단의 상징적인 것으로서, 진리에 대한 기독교적인 사랑의 이름으로 비판적인 탐구를 환영할 것을 촉구했고, 다른 모든 성문서와 동일 선상에서 성경의 해석을 옹호했다. 이러한 자세는 영국의 지성에 큰 충격을 주었으며, 잠시 *Essays and Reviews*로 인한 분노의 폭풍이 다윈의 『종의 기원』에 의해 시작된 소용돌이보다 우세했다.

만일 콜리지와 그의 동료들에게 반대되는 것들 사이에 화목하게 하고 심미적인 조화에 대한 확신이 있었다 해도, 그 확신은 넓게 "문화 개신교주의"라고 불릴 수 있는 것을 대표하는 하르낙 및 다른 대표자들의 견해 안에서 약화되었다. 새로운 종교가 되려는 예술적 동기였는지, 아니면 성경의 문학적 장르의 근본적인 재 개념화였는지(예를 들면, F. 휠덜린의 시적 탐구에서 비유를 재구성한 것), 또는 성경에 대한 무관심이든지(S. Mallarmé는 성경을 잊고 지나쳐야 할 수도 있다는 사실을 관찰했다), 또는 낭만적인 자세가 함축하는 의미 중 일부와 관련된 위험이 있었는지 등은 하르낙 및 그와 같은 정신을 가진 사람들이 직접 제기하지는 않은 질문으로서, 그 대신에 분명히 중요하지 않은 질문—역사적 탐구에서 형이상학의 위치—으로 대치했다. 알브레히트 리츨(Albrecht Ritschl)의 견해를 따른 하르낙은 반-형이상학적 편견이라고 할 수 있는 것을 주장했다. 이렇게 거리를 두었기 때문에, 그는 자신이 기독교의 본질이나 규범이 인간생활이나 사회와 지치는 관계를 탐구할 수 있다고 생각했다. 이런 까닭에, 사람들은 "예수 그리스도와 그의 복음"과 더불어 시작한다.[39] 그러나 거기에 멈추어서는 안되며 계속 나아가 예수님과 관련된 제자들의 세대를 포함시켜야 하며, 거기서부터 예수님을 따르는 사람들의 신앙 생활에 시선을 돌려야 한다. 이런 식으로, 하르낙은 우리가 "복음 안에 있는 복음", "상이한 역사적인 형태들 하에서 영구적인 타당성을 지니는 것"[40]에 이를 수 있다고 주장했다. 하르낙이 역사적 탐구에 관한 질문과 역사적인 해석에 대한 질문에 많은 관심을 기울였지만, 이데올로기적인 영향을 분명히 나타낸다: 모든 역사적인 연구는 하나의 본보기를 구성하는 경향이 있으며, 그것의 생산품은 그 노력과 관련하여 정의될 수 있다.

하르낙이 본보기로 선택한 것은 성장과 발달에 관한 유기적 비유였다. 그는 "나무의 뿌리와 줄기 뿐만 아니라 껍질, 가지, 꽃이 피는 방법 등을 고려하지 않고는 나무에 대한 완전한 지식을 얻을 수 없다"[41]고 했다. 예수의 삶과 복음 및 그것이 역사적 기독교에 미친 영향에 비추어 모든 형태의 기독교적 사상의 공통점을 발견하는 것은 우리를 복음과 기독교의 핵심—"하나님의 능력에 의해서, 그리고 그 시선 아래서 시간의 한 복판에 있는 영원한 생명"[42]—으로 인도해준다. 하르낙이 형이상학적인 편견이라고 생각한 것의 반전은 우리로 하여금 하르낙의 역사적 이상에 남겨진 괴테의 흔적을 깨닫게 한다. 하르낙도 괴테처럼 기독교는 철학을 필요로 하지 않으며 역사 안에서 유력하게 활동해온 기독교 자체의 정신을 가지고 있다고 확신했다. 그러나 하르낙이 역사의 모든 것—그것의 분열, 철학과 신조에 의해 밀려남, 절대적인 것(복음)의 반-역사적인 특성—안에 있는 정신의 통일성을 생각한 방법은 그가 표면적으로 인정한 것보다 크게 낭만적인 자세에 의존하고 있었다.

이 점에 있어서 그는 바우어(F. C. Baur), 리츨, 빌헬름 헤르만(Wilhelm Hermann) 등과 크게 다르지 않았으며, 그 문제에 있어서는 에른스트 트뢸치(Ernst Troeltsch)의 초기 역사적 연구서들과도 크게 다르지 않다(물론 트뢸치의 후기의 저술들은 분명히 다른 주제를 이룬다고 말할 수 있다): 이들은 모두 역사적인 과정과 그것의 발달의 본질을 올바른 성경 해석의 윤곽을 묘사하려는 관점에서 이해하려 했다. 이런 점에서, 소위 종교를 연구하는 데 대한 역사적인 접근 방법은 광범위한 결과를 나타냈다: "사회 복음"(social gospel) 운동의 기본 자세에는 그 방법의 독특한 결과들의 흔적이 남아 있다. 사회복음 운동은 복음의 근본적이고 영속적인 주제―정의를 향한 예언적인 요구와 사랑의 법 아래서 하나님 나라를 선포하는 것―가 있다는 개념을 장려했으며, 워싱턴 글래든(Washington Gladden), 리처드 엘라이(Richard T. Ely), 월터 라우쉔부쉬(Walter Rauschenbush)의 지도 하에, 하르낙의 문화 개신교주의와 연결된 낙관적 진보주의를 채택했다.

그러나 무엇보다도 하르낙의 성경에 대한 접근방법은 그것이 근본적으로 윤리적인 것의 구심성을 원래대로 회복시켰다는 판단에 있었다. 그는 믿음에 대한 고대의 규칙들과 현대적인 감수성이 양립할 수 없는 듯이 보인다는 점을 염두에 두고서, 성경, 그리고 교리, 제도, 가치관 등과 성경의 관계를 성령의 새로운 본보기에 따라 재분배할 수 있으며, 전통적인 교회사를 밀어내고 서방 기독교의 사회적 역사를 중시하는 새로운 분야에 들어갔다. 이 사회적 역사 안에는 예수의 강력한 인격, 그의 삶, 그의 가르침 등에 대한 고찰과 결과가 분명히 나타난다. 따라서 성경을 읽는 것은 이러한 일생의 사업의 정서 속으로 들어가는 것인데, 그것은 모든 반대되는 것을 초월한다: 그것은 "이 모든 반대가 궁극적으로 그 아래 존재한다는 것…그리고 그것의 위치는 그것들보다 위에 있다는" 의식을 획득하는 것인데, 그것은 "복음에 주권을 부여해 주는" 의식이다.[43] 간단히 말해서, 하르낙이 가르친 대로 성경을 읽는 것은 현대적인 기질이 하찮게 여기는 것을 피하고, "성령에 의해서 모든 것이 새로워질 수 있도록" 내적 회심 속에서 자신의 도덕적인 힘을 완전히 발휘하는 것이다.

이러한 관습은 루터파, 그리고 특히 베를린을 중심으로 하는 복음적인 개혁 공동체들이 받아들였으며, 역사적 이해에 비추어 과거의 교의와 그것이 현대 세계에 주는 가치와의 관계에 대한 새로운 결정을 하게 만드는 예기치 못한 확신을 낳았다. 교의가 아니라 도덕적 신앙의 특별한 인식의 결과가 이러한 성경 해석 관습 속에서 알려졌다.

현대영성과 "본문"의 소멸

지금까지 현대적인 언어 개념, 그리고 그것이 일으킨 문학 작품의 개념의 관점에서 고려할 때에 고려하게 되는 현대 영성의 광범위한 윤곽을 개략적으로 살펴 보았다. 혹 어떤 사람은 영성에 대한 현대적인 담화에서는 본문(text)은 제도(institution)이며 사회적-의식적 전용 관습은 물론이요 배타적인 과정들과 내적인 분류 방법들을 수반한다고 말할 것이다. 만일 이것이 본문으로서의 성경에 대한 개념이 등장한 경위라면, 세월이 흐르면서 변화된 것은 성경을 읽는 습관들이었다. 사회적-의식적 전용의 관습들 중에서 특히 뛰어난 것은 언어의 영역에서 현대적인 담화의 변화형들이 누린 작용과 흡사한 방법으로 사회적인 범주에서 기능을 발휘한 해석 습관들이다. 현대의 담화에서 은유적, 환유적, 단편적인 변형들이 성경 해석에서 발휘하는 중요한 역할이 변화된 것처럼, 저자적인 자세, 비판적인 자세, 비판적-역사적 자세, 낭만적인 자세 등도 그 대상인 "본문"을 변형시켰다. 경건주의자들의 입장에서 보는 것과 옥스포드 운동의 주창자들의 입장에서 보는 "제도"는 동일한 것이 아니었다. 이런 까닭에 성경해석의 습관들은 현대 영성의 분포 상의 정의와 관련된 것을 구성하며, 각 사회나 공동체적 제도와 그것이 성경적 문헌에 배정하기 위해서 학습하는 정보의 경제 사이에 연결고리들이 출현하게 만든다.

앞에서 현대 영성의 특성의 섭리적 형성을 다루면서, 본문으로부터 축출된 현대 정신은 어쩔 수 없이 하나의 참 저자(Author)를 가정해야 했다고 말했다. 또는 저자가 부족하면 하나의 저자를 만들어내야 했다. 지나치게 많은 저자를 만들어내는 것을 피하거나, 발생적인 탐구 과정을 추구하거나, 또는 그러한 접근 방법들의 몰락에 직면하여 불완전한 저술의 구조에 참여해야 했다. 이 모든 것은 현대 정신의 무력함에 의미를 부여해 주기 위한 많은 시도 안에 존재하는 듯하며, 그럼으로써 접근할 수 없는 신에 만족하려는 결심을 강화해 주는 듯하다. 이제 우리는 약간 다른 방식으로 이 구조를 가다듬을 위치에 서 있다. 본문을 대하는 각각의 현대적인 자세 안에 어느 정도 내재해 있는 무력함의 결과들을 개선하기 위해서 해석의 관습이 단어들 사이에 연상의 패턴들을 배정하는 방법에 주목함으로써, 우리는 어떤 일탈과 혼란이 드러나기를 바랄 수 있다. 사회적인 욕구는 사회적인 기능을 발생하므로, 본문을 대하는 저자의 자세 안에서 표면에 나타나는 무력함의 경험과 조화를 이루는 것으로서 견해의 통일성을 향한 자극: 비판적인 자세, 간격을 메움으로써 축적하려는 충동: 언어학적 자세, 진리의 자리에 "역사"를 놓으려는 시도: 낭만적인 자세, 능력 부여의 꿈 등이 있다고 말할 수 있다.

이러한 다양한 방식이 있기 때문에, "본문"의 개념, 그리고 "문학적인 것"의 개념의 형태는 부분적으로나마 단어들이나 상징들의 결합에서의 차이—그것과 연결된 특별한 해석 습관에 의해서 강화되고 합법화되는 차이점—으로 정의되어야 한다. 이것은 현대의 영적 관습들에 대한 정보를 알려주는 비정상적인 결합 때문에 역사적인 해석자는 해결할 수 없는 사례들을 대면하게 된다고 암시해 준다. 물론 "문학적인 것"들에 대한 그러한 개념들 및 그것들과 관련된 관습들은 역사나 사회와 어느 정도 관계를 갖지만, 이 관계는 특별한 것이며, 내용들의 역사나 사회학과 반드시 일치하지는 않는다.

그러나 만일 우리가 단순한 문자적인 결합을 버리고 함축의 차원에 있는 위치를 취한다면, 최소한 하나의 규칙(code)의 기초를 식별할 수 있을 것인데, 그것의 정당성은 제도로서의 본문에 대한 다양한 개념들 및 그것들과 관련된 해석의 관습에 관련된 것—한 마디로 현대 영성에 관한 것—일 뿐만 아니라, 서방에서 100년이 넘도록 영향을 미치고 있다. 지금은 이 규칙에 이름을 달아 주어야 할 때인 듯하다: 우리는 그것을 *docta ignornatia*의 현대적인 변형이라고 부르려 한다. 쿠사의 니콜라스(Nicholas of Cusa)에게서 유래된 이 가르침의 표준적 표현에서, 앎의 한계는 미지의 것들의 실체로 들어가는 문턱으로 인정된다. 강조되는 음절을 약간 이동시킴으로써, 현대의 변형은 이 가르침이 아주 상이한 목적을 향하게 만들었다. 만일 고전적인 형태에서는 이 가르침을 유식한 무지로 해석했다면, 현대적인 형태에서는 그것을 학습된 무지,

망각, 또는 전체에 영향을 주는 무의식(unawareness)의 관습을 통한 가르침으로 해석한다. 각각의 해석 습관들을 지원해온 주제들을 그 훈련 습관으로부터 분리함으로써, 각각의 해석 습관들은 그것들이 의존하고 있는 주제들의 상위(相違)를 생각하지 않을 것을 가르친다. 그럼으로써 각각의 해석 습관은 자신이 정당화한 문학의 개념들에 대한 인지적 접근을 방해한다. 그리고 하나의 집합적인 몸짓에 의해서 문학에 대한 개념들이 성경의 특성과 애매함을 설명하기에 충분한 것이냐는 질문을 시야에서 제거했다. 그 결과, 현대의 성경 해석 관습들과 그것들이 만들어낸 영성의 행태들은 그것들이 옹호한다고 공표한 본문의 긴요함을 탐구하기 보다는 자기 합법화와 자기 보존—그것들 자신의 "인식론적 제국"의 설립—을 시작하게 되었다.

따라서 우리는 처음에 시작했던 역설적인 순환을 마감한다: 본문과 친필 문서를 동일시하는 것, 그리고 해석 전략들의 출현은 본문(제도)과 본문의 증명이 된다. 이런 까닭에 현대 영성에서 "본문" 또는 문자적인 것의 소멸은 단순한 견해의 변화 이상의 것을 함축한다: 진정한 관습이 아니라 영적인 관습이며 금지된 이해 방법이기 때문에 성경을 죽게 만드는 진정한 이데올로기적인 변화.

주

1) "현대"를 다룬 문헌들은 무척 방대하다. 현대라는 개념이 배양된 지적인 배경을 이룬 인물을 들자면, 칸트(Kant), 헤겔(Hegel), 막스 웨버(Max Weber), 빌헬름 딜테이(Wilhelm Dilthey), 에밀 뒤르깽(Emile Murkheim), 조지 허버트 미드(George Herbert Mead) 등을 들 수 있다.
2) Francis Bacon, Trivium (Works of Francis Bacon; 14 vols.; London: Methuen, 1857); Ricardo, *Works and Correspondence* (Cambridge: Royal Economic Society, 1951-1973); Georges Cuvier, *Le r'egne animal distribu'e d'après son orgnisation, pour servir de base à l'histoire naturelle des animaux et d'introduction à l'anatomie comparée* (4 vols.; Paris: Deterville, 1817).
3) Alexander Pope, *The Twickenham Edition of the Poems of Alexander Pope*, III.i (London: Methuen, 1964) 53.
4) 이 점에 대한 보다 많은 논의를 보려면 David S. Pacini, *The Cunning of Modern*

Religious Thought(Philadelphia: Fortress, 1987)을 참고하라.
5) *The Westminster Confession of Faith*(Critical edition, ed. Caruthers) (Manchester: R. Aikman & Sons, 1957).
6) 웨스트민스터 신앙고백에 묘사된 성령의 역할은 처음 읽을 때에는 애매하다. 그러나 그 신앙고백의 여러 판을 비교해서 읽으면 이러한 애매함은 사라진다. 내적 조명을 강조한 것은 성경의 문장들을 통해서 말씀하시는 지고하신 재판관으로 성령을 강조한 것에 굴복한다.
7) 이 논문의 뒷부분에서 이 관계에 대해서 어느 정도 자세히 살펴보려 한다. 나는 Samuel Weber, Institution and Interpretation(Minneapolis: University of Minnesota Press, 1987)을 참고했다. .
8) "The Westminster Directory" in *Liturgies of the Western Church,* ed. Bard Thompson 을 보라.
9) T. Hobbes, *Leviathan* (Clelveland: Meridian, 1963) Introduction, p. 59.
10) Ibid., 60.
11) Ibid., I.14, pp. 145-46.
12) Ibid.
13) Ibid.
14) Ibid., Introduction, p. 60.
15) Ibid.
16) ibid., 74ff.
17) Spinoza, *Theoligico-Political Treatixe,* in *Works* (New York: Dover, 1951) preface, p. 3.
18) 이것은 스피노자의 *Theological-Political Treatise*를 토대로 한 것이다.
19) Ibid., chaps. 17 and 20.
20) Ibid., 98.
21) Ibid.
22) Immanuel Kant, *Critique of Judgement* (Oxford: Oxford University Press, 1969) 303.
23) Kant, *Opus postumum,* in *Werke* (Wiesbaden: Suhrkamp, 1960).
24) 스피노자의 일원론은 결정적인 것으로 간주되었다. 그러나 칸트의 도덕적인 자유의 철학이 일으킨 흥분 속에서, 일원론적 자유의 철학을 향한 요청은 여러 분야에서 철학적인 관심을 회복시켰다. 피히테는 이러한 경향의 선봉에 섰을 뿐만 아니라 자유의 스피노자주의라고 할 수 있는 것—Wissenschaftslehre—을 저술했다.
25) F. Schlegel, *Lucinde and the Fragments* (Minneapolis: University of Minnesota Press, 1971) #12.
26) Ibid., #24.
27) Ibid., #22.
28) Ibid., #77.
29) Ibid., #206.
30) Ibid. ("Ideas"), #44.
31) William Van Mildert, *An Inquiry into the General Principles of Scripture Interpretation* (Bampton Lectures, 1814; Oxford: Oxford University Press, 1815).
32) S. T. Coleridge, *Confessions of an Inquiring Spirit* (London: George Bell & Sons,

1904).
33) Jacob Spener, *Pia Desideria,* in *Pietists: Selected Writings* (New York: Paulist Press, 1986).
34) John Keble, "Primitive Tradition," in E. R. Fairweather, *The Oxford Movement* (New York: Oxford University Press, 1964) 63-89.
35) John Henry Newman, *Essay on the Development of Christian Doctrine* (New York: Penguin, 1960).
36) Coleridge, *Confessions of an Inquiring Spirit.*
37) Ibid., 332.
38) Ibid., 331.
39) Adolf Harnack, *What is Christianity?* (New York: G. P. Putnam & Sons, 1910) 10.
40) Ibid., 15.
41) Ibid., 12.
42) Ibid., 8.
43) Ibid., 18.
44) Ibid.

제2부

종교개혁 이후의 개신교 영성과 성공회 영성

제8장

개신교 영성: 현대 정통주의와 경건주의

1. 종교개혁 제2기:
루터파와 개혁주의 영성(1550-1700)

에릭 룬드(Eric Lund)

16세기 말 개신교 운동의 정신

종교적 갈등의 심화

16세기 중반에 이르러 루터파와 개혁파 교회의 초기 지도자들의 생산적인 사역은 종식되었다. 1546년에 루터가 사망하고, 1564년에 칼빈이 사망한 이후, 유럽 대륙의 주요 개신교 운동의 지도자들은 그다지 강력하지 못했으므로, 곧 개신교 운동은 생존을 위협하는 일련의 위기에 직면했다. 정치적인 갈등 및 경쟁적인 종교 집단들의 관계의 변화로 인해 야기된 불확실하고 의심하는 분위기가 종교개혁 이후의 개신교 종교생활의 정신에 지속적인 영향을 미쳤다.

1521년 이후 몇 십 년 동안, 독일의 황제와 가톨릭 교회의 지도자들이 다른 일에 관심을 빼앗기고 있는 동안에 개신교 운동은 확장되었었다. 그러나 16세기 중엽에 이르러 로마 가톨릭 교회는 새로운 영적 활력을 나타내기 시작했다. 1547년에 찰스 5세가 슈말칼트 전쟁에서 개신교 제후들을 물리치고 아우그스부르그 잠정 종교 화약(Augusburg Interim)이라고 불리는 가톨릭 신앙으로의 복귀 프로그램을 시행했을 때에, 독일의 루터교인들은 이러한 현상을 극적으로 경험했다. 이러한 사건들은 루터교도의 신앙 의식을 강화해 주었고, 가톨릭-개신교 화해의 가물거리는 희망마저 제거해 버렸다.

같은 시기에, 칼빈주의는 이전에 가톨릭 지역이었던 곳과 루터교 지역이었던 곳으로 전파되어, 종교 집단들 사이의 긴장을 더했다. 1559년 이후 팔라티네이트(Palatinate)의 국교회는 독일 칼빈주의의 중심이 되었다. 그리고 그 후 수십 년 동안 제국의 다른 중요한 국가와 도시들도 개혁주의 신앙(Reformed faith)을 받아들임으로써 루터교도들에게 실망을 주었다. 프랑스와 저지대 국가에서는, 정치적으로 불만이 있는 사람들 사이에서 개혁주의 개신교 운동이 인기가 있었는데, 가톨릭 통치자에 대한 그들의 저항은 결국 프랑스 종교 전쟁(1562-1598), 그리고 스페인에 대한 네덜란드의 반란(1566-1609)으로 표출되었다. 16세기 말에 종교적인 제휴 형태의 변화로 말미암아 신앙고백 집단들 내에서 방어적인 태도가 강화되었고, 또 개신교회들 내의 신학적인 갈등이 분출했다.[1]

순수한 교리의 옹호

아우그스부르그 잠정 화약에 의해 제기된 위협은 루터주의 진영 내에 존재하는 교리 및 기독교적 삶의 본질에 대한 다양한 인식들 때문에 더욱 강조되었다. 루터의 오랜 동료이며 루터 교회의 신학적 지도자로서 논리적인 후계자인 필립 멜란히톤(Philip Melanchthon, 1497-1560)은 루터주의에 대한 거센 공격을 차단하려는 희망을 가지고서 일부 가톨릭 종교 의식과 관습의 회복을 받아들였다. 르네상스 인문주의 정신의 영향을 받은 멜란히톤은 교회의 관습들의 정확한 형태들을 대수롭지 않은 일(adiaphora)로 간주하는 경향을 나타냈다. 원래 성품이 평화적이고, 특히 종교적인 분쟁을 화해시키는 데 관심을 가졌던 멜란히톤은 일부 신학적인 주장을 제기하는 데 있어서도 유연한 태도를 나타내려 했다. 멜란히톤 및 그와 비슷한 정신을 가진 동료들은 필립파(Philippist party)라고 불렸다. 그들은 박해의 시기에 교리와 의식의 문제에 관한 타협이 루터가 시작한 기독교의 개혁을 잠식할 것이라고 염려한 종교 지도자들의 집단인 Gnesio-Lutherans의 맹렬한 비판을 받았다. 루터주의 전통 내에서의 이와 같이 서로 다른 방향을 지향하는 집단들 사이의 긴장은 1552년에 파소 협정(Truce of Passau)의 체결과 더불어 잠정 화약의 위기가 해소된 후에도 오랫동안 지속되었다.[2]

1555년에 아우그스부르그 종교 강화조약(Religious Peace of Augusburg)은 독일 제후들에게 자신의 영지의 종교를 결정할 수 있는 권리를 부여함으로써 루터주의가 생존할 수 있는 길을 확보해 주었지만, 각기 상이한 종교적 관심사와 태도를 반영하는 교리적 논쟁에서 경쟁하는 당파들의 논쟁은 계속되었다. 멜란히톤이 루터주의의 적수들과 협력했다는 사실 때문에 필립파의 이단 가능성에 대한 의심이 심화되었다. 종종 필립파와 그네시오-루터란 사이의 갈등은 루터주의 교구 내에 무식한 신자들이 복음을 잘못 해석할 수도 있는 방법에 대한 그들의 다양한 두려움에 뿌리를 두고 있었다.

1535년에 멜란히톤은 이미 구원을 위해서 선행이 필요하다고 주장함으로써 농민들의 거듭나지 못한 행동의 표현을 공격했었다. 멜란히톤과 같은 관심을 가지고 일부 루터주의 신학자들의 도덕률폐기론적 주장을 거부했던 필립파 사람들은 1550년대에도 멜란히톤의 주장을 되풀이했다. 그네시오-루터란들은 일반적으로 선한 행위로 구원을 얻을 수 있다는 사상이 매우 위험하다고 여겼다. 따라서 그들은 필립파가 가톨릭 교회의 관점으로 돌아가고 있다고 비난했다. 이 논쟁 중에, 극단적인 그네시오-루터란들은 선행은 구원에 필요하지 않을 뿐만 아니라 유해하다고 주장했다. 그러한 주장은 무식한 신자들을 다시 등장하는 가톨릭 전통의 영향으로부터 영구히 해방하기 위해 반드시 필요한 것처럼 보였다.[3]

필립파의 인문주의적 공감은 구원에서 인간의 의지의 역할에 대한 논쟁에서 특히 분명하게 나타났다. 성령과 말씀과 더불어 동의하는 의지를 회심에서의 세번째 요인으로 간주한 멜란히톤을 좇아, 필립파에서는 신자들은 최소한 은혜의 제공을 거부하지 않음으로써 하나님과 협력해야 한다고 주장함으로써 거룩한 생활을 장려하려 했다. 이 제한된 신인협력설에 대한 반응으로, 그네시오 루터란들은 중생의 과정에서 신자의 절대적인 피동성을 강조했다. 루터는 인문주의자인 에라스무스와의 논쟁에서 의지의 속박을 주장했었는데, 일부 그네시오-루터란들은 인간 본성의 전적 타락을 주장함으로써 이 관점을 옹호했다. 그네시오 루터란의 탁월한 지도자였던 마티아스 플라티우스 일리리쿠스(Matthias Flacius Illyricus, 1520-1575)는 동의하는 의지에 대한 필립파의 주장이 펠라기우스의 낙관주의의 뻔뻔스러운 부활이라고 간주했다. 플라키우스는 죄인은 오직 은혜로만 의롭다 함을 받는다는 루터파의 교리를 옹호하면서, 인간들은 돌덩이가 통회하여 조각상으로 변화될 수 없듯이 인간들도 회심에 협력할 수는 없다고 주장했다. 인간 의지의 역할에 대한 논쟁은 곧 원죄와 예정의 본질에 대한 신학적 논쟁으로 확대되었다.[4]

이러 저러한 신학적 논쟁들로 말미암아 야기된 혼란과 나쁜 감정은 중도적인 신학자들로 하여금 쌍방에서 옹호하는 극단적인 주장들을 배격하는 새로운 루터파 신조를 제정해야 할 필요성을 느끼게 만들었다. 이 문서, 즉 일치 신조(Formula of Concord)는 1580년에 대부분의 루터파 교회의 승인을 받았고, 그 이후 신학적인 일치의 기초를 마련했다.[5]

그러나 이전의 갈등들의 기억은 쉽게 잊히지 않았고, 그 다음 세기—소위 정통주의 시대(Age of Orthodoxy)—내내 많은 교회 지도자들은 순수한 교리에 관심을 집중했다. 신학자들은 일치신조, 루터의 신학, 그리고 성서 사이의 연속성을 증명하는 조직적인 논문들을 작성했다. 전통을 옹호하는 일을 돕기 위해서, 학자들은 아리스토텔레스의 용어와 논리를 논증에 활용한 일종의 개신교적인 형태의 스콜라주의를 발전시켰다. 많은 목회자들은 신학적인 오류를 논박하는 일을 우선적인 일로 여겼고, 결과적으로 논쟁적인 저술들 및 가톨릭 교인들과 칼빈주의자

들을 반대하는 설교가 급격히 증가했다.⁶⁾

개혁주의 전통은 루터주의를 괴롭힌 내적인 분열을 겪지 않았지만, 루터파와의 논쟁 및 프랑스와 네덜란드에서 벌어진 가톨릭 신자들에 의한 박해로 말미암아 개혁주의 교회 내에도 신학적인 진리를 옹호하고 체계화하려는 관심이 일어났다. 제네바에서 칼빈의 뒤를 이은 테오도레 베자(Theodore Beza, 1519-1605)는 루터파의 공격에 대한 반응으로 주의 만찬에 그리스도가 현존하는 양식을 보다 자세하게 정의했고, 예정의 교리를 가다듬어 개혁주의 교의학에서 보다 탁월한 위치에 두었다. 베자의 신학적 방법은 매우 스콜라적으로 되었고, 다른 지역의 개혁주의 학자들은 개혁주의 신학을 합리화했고, 분석을 위해서 일부 특별한 교리들을 고립하였기 때문에 때로는 칼빈의 신학을 통합해 주었던 실질적인 관심사들이 사라진 것처럼 보일 정도였다.⁷⁾

스위스 외부에서는, 인문주의의 영향을 받은 칼빈주의자들은 실질적인 기독교 신앙에 한층 더 초점을 두었다. 형이상학적인 사색과 아리스토텔레스의 철학을 사용하려는 경향을 거부한 프랑스의 개혁주의 신학자들 사이에서는 윤리적인 관심사가 특별히 두드러졌다. 신비 신학과 인문주의의 유산을 풍부하게 소유하고 있었던 네덜란드에서는, 교리와 경건을 연결하려는 관심사가 강력했다. 그 지역에서는 더크 쿤른허트(Dirck Coornhert, 1522-1590)가 스콜라주의적 칼빈주의의 발달을 크게 비판했다. 더크는 16세기 말까지 네덜란드 개혁주의 교회 내의 일부 신학자들에게 영향을 미친 인물로서 비 신앙고백적이고 실질적인 신비주의의 옹호자였다.⁸⁾

종교 생활의 감독

16세기 말에 등장한 체계적인 신학 논문들과 신앙고백적 문서들은 너무나 현학적이었기 때문에 평범한 루터파 회중이나 개혁주의 회중들은 이해할 수 없었다. 성직자들은 설교나 요리문답 교육에 의해서 무식한 신자들에게 신학적인 진리를 전달했다. 루터의 『소요리문답』(*Small Catechism*)은 십계명, 신조, 그리고 주기도문에 초점을 두었다. 루터파의 목회자들은 교회에서 공적으로 그것을 낭독하고, 매 년 그것에 관해 일련의 설교를 하고, 매주 어린이들이 그것을 암기하는 모임을 감독했다. 루터 교회에서는 개인적인 고해성사의 관심을 그대로 유지하면서, 그것을 성인들의 교리적 지식을 심사하는 기회를 활용했다. 각 지역의 개혁주의 교회들 역시 나름의 요리문답을 제작하여 광범위하게 사용했다. 요리문답들을 원래의 의도대로 사용하면, 그것들은 사람들이 교리를 일상생활에서의 기독교 신앙의 실천과 연결하는 데 도움을 주었다. 그러나 때때로 요리문답 교육이 추상적이거나 논쟁적으로 되거나, 경건의 실천과는 거리가 먼 것이 되기도 했다.[9]

목회자들은 주로 설교와 성례전의 집례에 의해서 교구민들의 영적 욕구를 보살폈다. 이러한 일들 외에, 목회자들의 주된 일은 징계의 집행으로 이루어졌다. 지역 교회들은 목회자들에게 교회의 관습을 등한히 한 것, 이단 또는 하나님의 법을 범한 것 등을 처벌할 권한을 주었다. 대부분의 지역에서, 성직자와 평신도 지도자들로 구성된 시찰관들이 지역 교회의 모든 교구들을 방문하여 정통적인 교리의 표준과 도덕적인 행위에 얼마나 일치하는지 평가했다. 신성 모독, 엄청난 부도덕, 종교적 의무 태만 등은 민사 사건과 마찬가지로 벌금형이나 구금형을 받았다.[10] 이와 같이 교회와 국가간의 긴밀한 협조는 종종 비국교도들의 비난의 초점이 되었다. 비국교도들은 그것이 교회가 세상에 순응하게 되었다는 증거라고 지적하였다.

개신교 교구 내의 대중 신앙

국교회들이 사용한 징계 과정은 일반적으로 유럽의 개신교 지역에서 교회의 출석 빈도를 증가시켰지만, 심방 기록을 보면 교회다움의 증진에 항상 개인적인 신앙의 괄목할 만한 성장이 수반된 것은 아니다. 교리에 관한 지식을 가르치고 종교생활과 도덕 생활의 질을 증진하기 위한 종교 당국자들과 세속 당국자들의 일치된 노력에도 불구하고, 많은 개신교도들은 여전히 자신이 무엇을 믿어야 하는지 확신하지 못했고, 성직자들이 받아들일 수 없다고 여기는 방법으로 살았다.[11]

중세 시대의 민중 신앙 역시 많은 지역에서 어느 정도 지속되고 있었다. 예를 들어, 일부 명목 상의 루터교인들은 여전히 성인들에게 기도하고, 번개의 위험을 피하기 위해서 교회의 종을 울릴 것을 요구했다. 개신교회에 어려움이 닥치면, 성직자들과 평신도들은 한결같이 악마가 개입하는 징조를 감지했다. 불행이 닥치는 것은 마귀의 탓으로 여겨졌고, 고백신앙적 갈등의 성장과 더불어 마술에 대한 신앙도 강화되었다. 마귀와 마귀의 하수인인 인간이 가하는 해를 극복하기 위해서, 평민들은 종종 개신교회에서 공식적으로 정죄하는 치료법을 의지했다. 성직자들은 마술을 죄로 간주했지만, 일부 평신도들은 질병이나 설명할 수 없는 재앙에 대처하는 치료법으로서 마술적인 기름부음과 축복을 사용하는 사람들의 도움을 구했다.[12]

심방 보고서에 기록된 도덕적 생활과 영성 생활에 대한 비판은 일부 역사가들로 하여금 종교개혁은 대중 신앙에 중요한 영향을 주는 데 실패했다는 결론에 이르게 하기도 한다. 제랄드 스트라우스(Gerald Strauss)는 16세기 말의 독일에 대해 언급하면서, "종교개혁의 메시지에 대한 폭넓고 의미있고 지속적인 반응은 일어나지 못 했다"[13]고 주장했다. 이 견해에 따르면, 적절하지 못한 교육 방법과 일반인들의 종교적 욕구에 대한 공감의 부족 때문에 루터파에서는 대중 사회의 종교적 지향을 변화시키려 노력하게 되었다. 최소한 일부 지역에서 그 세기 말에 현저하게 저하된 종교개혁의 질에 대한 불평을 수집해온 다른 종교 개혁 학자들은 이러한 주장에 도전해왔다.[14] 종교개혁의 영성에 대한 가장 상세한 지역적인 연구서들은, 비록 대중신앙이 완전히 변화되지는 않았지만 개신교 사상의 일부 특징들은 평민들의 신앙과 행동에 분명한 특징을 남기기 시작했음을 지적해준다. 두려운 심판자이신 하나님의 모습은 전보다 덜 두드러졌다. 대중 영성은 하나님은 자비하시고 용서하시는 분이라는 신앙을 장려하는 그리스도 중심적 초점을 발달시켰다. 많은 사람들은 개신교 예배와 성경 읽기와 규칙적인 가정 예배의 실천에서 정신적인 힘을 얻었기 때문에, 고난을 인내하며 견딜 수 있고 죽음도 두려움 없이 대면할 수 있었다.[15] 16세기 말의 종교를 연구한 유명한 학자인 버나드 보글러(Bernard Vogler)는 루터주의에 대한 세 가지 반작용을 구분한다. 대부분의 사람들의 신앙은 매주 교회 예배에 참석하는 것에 한정되어 있었다. 두 가지 중요한 소수 그룹 중의 하나는 매우 신앙심이 깊은 사람들, 종종 도시의 안정된 시민들로 구성되어 있었다. 그리고 나머지 집단은 종교적으로 무관심한 사람들, 일반적으로 사회의 과격파로 이루어져 있었다.[16] 종교 생활의 열심은 지역마다 달랐지만, 개신교를 신봉하는 유럽 전역에서 이 일반적인 패턴이 보편적이었던 듯하다.

종교 생활의 상태에 대한 불만

소위 루터주의 신앙의 위기

일부 역사가들에 의하면, 루터 교회는 1548년부터 1580년 사이에 있었던 교리적 위기를 해결한 직후에 곧 새로운 위기에 직면했다고 한다. 25년 전에 이 사상을 소개한 윈프리드 젤러(Winfried Zeller)의 주장에 의하면, 참된 교리의 옹호에 관심을 가진 교회 지도자들은 의미있는 신학의 발달에 있어서 경건의 중요한 기능을 인식하는 데 실패함으로써 16세기의 마지막 수십 년 동안에 영적 진공 상태를 맞이하게 되었다. 루터주의 개신교도들의 제3 세대는 교회를 위한 기본 교리의 표준을 확립하는 데 성공했지만, 젤러의 관점에서 보면 그 지도자들은 최초의 개혁자들과 같은 심오한 종교 체험을 소유하지 못했다. 그들 중 다수는 "신학적 실존의 순수성은 교리의 정확한 고백에 의해서 뿐만 아니라 영성생활의 내면성과 심오함에 의해서 결정된다"[17]는 사실을 제대로 인식하지 못했다. 이 경건의 위기의 증거로서, 젤러는 이 시대의 많은 종교 비평가들이 표현한 소외 의식을 주목한다. 이 주제를 옹호하는 다른 사람들은 16세기 말의 교회 음악과 틀에 박힌 방식의 미술과 건축 속에서 불안과 망설임의 감정과 연결지을 수 있는 양식의 위기를 감지한다. 이러한 양식의 발달은 몇몇 신앙고백적 전통 안에서 나타나므로, 일부 역

사가들은 이 시대에 유럽 전체에 포괄적인 영적 위기가 있었다고 말하기도 한다.[18]

　루터주의 신앙의 위기에 대한 젤러의 특별한 묘사 및 그 원인에 대한 설명은 몇 가지 이유 때문에 의심의 여지가 있다. 루터교 교구들의 심방 기록의 증거들은 16세기 말의 신앙 상태에 대한 젤러의 주장을 지지하는 듯하지만, 종교적인 불확실성과 도덕적 감수성의 결여에 대한 보고는 이 시대만의 특성은 아니다. 경건한 사회적 비판가들이 언급한 문제들은 종교개혁 초기부터 16세기 말까지 계속 존재해 왔다. 이러한 기록들을 근거로 하여 종교개혁 제3 세대의 대중 영성의 질이 갈수록 저하되고 있었다고 판단하는 것은 성급한 일일 것이다. 더욱이, 20세기의 몇몇 역사가들은 많은 교의학자들의 실질적이고 목회적인 활동에 관심을 가져왔고, 또 이 시대의 루터주의 신학을 생명이 없는 정설(orthodoxy)로 규정한 데 대해 도전해왔다.[19] 어떤 신학자들은 위험하게도 일방적으로 순수한 교리 옹호에 관심을 기울였지만, 신앙고백주의가 항상 실질적인 경건의 배양에 헌신하는 것을 배제한 것은 아니었다.

　경건의 질에서의 심각한 쇠퇴의 증거가 부족하고, 이 시대의 위기 의식이 팽배한 것과 그 원인에 대한 젤러의 결론을 제한할 필요가 부족하지만, 루터주의 독일에서의 실질적인 종교 문헌들을 저술한 대중 작가들은 종교 생활과 사회 생활의 전반적인 개혁이 절실하게 필요하다고 믿었다고 여긴 젤러의 관찰은 옳다. 많은 사람들은 개신교회들이 하나님의 벌을 받을 수밖에 없는 도덕적/영적 쇠퇴의 한복판에 있다고 선언했다. 종말론적인 정신을 지닌 루터교 성직자들은 지진이나 기근, 1593년에 터어키의 위협이 재발한 것 등 자연 재해의 발생을 다가오는 하나님의 심판의 징조로 해석했다. 30년 전쟁 직전 수십 년 동안 개신교도와 가톨릭 교도들 사이의 갈등이 증가한 것 역시 염세주의가 생겨나는 데 기여했고, 이 염세주의는 도덕적/영적 생활의 평가에 영향을 미쳤다.

종교생활에 대한 온건한 비평가와 급진적인 비평가

사회에 대한 경건한 비평가들은 종종 종교 생활의 쇠퇴의 원인에 대해 의견을 달리했다. 브란덴부르크의 유력한 교회 지도자인 안드레아스 무스쿨루스(Andreas Musculus, 1514-1581)는 사탄과 평신도들을 비난했다. 무스쿨루스는 평생 동안 각각의 악덕을 특수한 마귀의 소행으로 묘사하는 소논문들을 저술함으로써 독일 내의 저급한 도덕적/영적 삶을 공격하는 운동을 펼쳤다.[20] 또 요한 아른트(Johann Arndt, 1555-1621)와 같은 사람은 루터교 목사들과 신학자들은 기독교 메시지를 전파하는 방법에 의해서 참된 기독교적 삶을 등한히 하게 만들었다고 주장했다. 아른트는, 성직자들이 교리 논쟁에 몰두하여 회개와 믿음의 참 의미를 교인들에게 전하지 못한다고 비난했다. 그는 교회가 이단에 맞서 자신을 방어해야 한다는 데 동의했지만, 그 시대의 거친 분위기의 논쟁적인 저술들로 인해 안타까워했고, 중요하지 않은 문제들에 대한 논쟁들도 벌어지고 있다고 함축적으로 말했다.[21]

이러한 비평가들의 대부분은 루터 교회의 충실한 교인들로서 종종 중요한 지도자 역할을 한 사람들이었다. 예를 들어, 아른트는 브라운슈바이히-뤼네부르크(Braunschweigh-Lüneburg) 교회의 총감독으로 시무했다. 개중에는 루터교의 종교생활의 방향을 바꿀 수 있다는 가능성에 대해 매우 비관하여 국교회의 적극적인 지원을 회피한 사람들도 있었다. 그러한 급진적인 비국교도의 예가 삭소니의 즈소파우(Zschopau)의 루터교 목사인 발렌틴 바이겔(Valentin Weigel, 1533-1588)이었다. 바이겔은 공식적으로는 루터교를 떠나지 않았지만, 상세한 신조들 및 표면적인 종교 의식들의 중요성에 대한 루터교의 관심을 비난했다. 말년에, 바이겔은 교회를 개혁하려던 노력을 포기하고, 성직자들이 지배하고 국가의 지원을 받은 외적인 제도의 중재 없이 그리스도의 임재를 직접 경험할 참 신자들의 새로운 공동체의 모임을 기대하는 책들을 저술했다. 네덜란드의 더크 쿠른허트처럼, 바이겔도 기독교에 대해 보다 개인주의적이고 내면화된 이해를 선호했다. 성령의 새 시대가 열리는 것과 연결된 지상의 새 예루살렘에 대한 그의 이상은 중세 시대의 신비주의의 영향, 피요르의 요아힘(Joachim of Fiore), 개신교 관념론(Spiritualism), 그리고 파라켈수스(Paracelsus)의 자연 철학 등에 의해 확립된 예언적 전통의 영향을 드러내 준다.[22]

종교 비평가들의 공통된 초점

바이겔과 같은 급진주의자들을 포함하여 위에서 언급된 종교적 작가들은 모두 목회적 지침과 개인적인 종교 생활의 방향을 재정립하는 데 대한 관심을 공유하고 있었다. 그들이 교구에서 감지한 종교적인 결점들 중에 두드러진 것은 종교적인 자만심의 표현, 또는 그릇된 안전감의 표현이 널리 퍼져 있다는 것이었다. 초기 종교개혁을 지도한 대부분의 개신교 지도자들과는 달리, 그들은 선행을 의지하는 것보다는 중생하지 못한 행위와 방탕함이 더 널리 퍼져 있는 문제라고 결론지었다. 칭의에 대한 법정적인 견해, 구원은 그리스도의 전가된 의에 기초를 두고 있다는 정통적인 루터교의 사상을 거부하지 않고서, 아른트와 같은 온건한 비평가들은 신자들의 내면에서 이루어지는 그리스도의 내적 사역의 결과인 개인적인 성결을 새롭게 강조했다. 그들은 하나님의 은혜는 의롭다함을 받은 사람들의 내면에서 경험적으로 관찰할 수 있고 개인적으로 경험된 도덕적/영적 변화를 이루어내야 한다고 주장했다. 이처럼 성화의 과정에 대한 관심의 증가는 특히 16세기 말과 17세기 초에 출판된 많은 경건 서적에서 분명히 드러난다.

영적 작가들과 개신교 신앙 개혁

루터교의 교훈적 저술

종교개혁이 시작할 때부터, 개신교 성직자들은 유식한 교인들을 위해 실질적인 종교 교육을 위한 서적들을 보급해야 할 필요성을 인식했었다. 중세 시대에 가톨릭 교회에서 풍성하게 제작된 경건 서적들은 루터의 신학적 견해를 공유하는 기독교인들이 사용하기에는 적합하지 않다고 간주되었으므로, 루터교 저술가들은 새로운 기도문 선집, 신앙고백 지침서, 위로가 되는 논문, 간단한 성경 주석, 임종을 준비하는 데 도움을 주기 위한 서적 등을 출판함으로써 설교나 찬송이나 요리문답에 의해 제공되는 신앙지도를 보완했다. 루터의 운동의 제2 세대의 교회 지도자들은 계속 실질적인 교훈적 문헌들을 제작했지만, 일반 평신도들에게 지속적인 영향을 준 책을 저술한 사람은 거의 없었다. 그러나 16세기 말에, 종교 생활의 상태에 대한 거센 불만으로 말미암아 대중적인 종교 서적들의 출판에 대한 새로운 관심이 야기되었다. 루터주의의 경건 서적들 중 가장 위대한 고전들 중 일부는 이 시대의 것이다.[23]

이러한 제3세대 저자들에 의해 형성된 새로운 루터교 영성은 루터교 전통 외부의 자료들의 영향을 크게 받은 것이었다. 바이겔과 같은 급진주의자들은 물론이요 정통적인 경건 서적 작가들까지도 영적 성장을 육성하기 위한 안내를 중세 시대의 금욕고행자들과 신비가들에게서 기대했다. 이와 같은 신비 영성(mystical spirituality)에 대한 관심의 선례가 루터교 안에 없었던 것은 아니다. 왜냐하면 젊은 루터도 요한 타울러와 같은 독일 신비가들의 저술에 수록된 일부 주제들에 매료된 적이 있었기 때문이다. 그러나 새로운 저자들은 루터의 말년의 신학에서 시작되었던 신비주의적 경건에서 벗어나는 경향을 번복하고 있었다. 그들은 정설의 시대(Age of Orthodoxy)의 신학자들이 정죄한 중세의 신비주의의 신인협력적이고 관념론적인 경향들에 대해 완전히 무지하지 않았지만, 여전히 영혼 내에서의 그리스도의 변화시키는 사역에 대한 신비가들의 증언을 소중히 했다.[24]

마틴 몰러(Martin Moller)와 스테판 프라에토리우스(Stephan Praetorius)는 이러한 신비주의 전거들을 광범위하게 인용한 최초의 루터주의자들이었다. 몰러(1547-1606)는 1584년에 어거스틴, 클레르보의 버나드, 요한 타울러 등의 저술에서 발췌한 것으로 이루어진 묵상집을 출판했다. 또 중세 시대의 라틴어 찬송들을 루터교회의 예배에 사용하기 위해 독일어로 번역했다. 프라에토리우스(1536-1604)는 생전에 80편의 교훈적인 논문들을 저술했는데, 그것들은 나중에 수집되어 *The*

*Spiritual Treasurechest*라는 제목으로 출판되었다. 구원은 하나님과의 화해의 문제 이상의 것이라고 확신했던 프라에토리우스는 그리스도께서 영혼 안에 실제로 어떻게 거주하시면서 참 기독교인을 살아 있는 하나님의 성전으로 만드시는지를 묘사했다. 그는 신자는 세례를 통해서 신의 성품에 참여하게 된다고 믿었다(벧후 1:4). 그는 이 구원의 보화가 기독교인을 고결한 생활을 살 수 있는 능력을 소유한 새로운 피조물로 만들어야 한다는 점에 주목했다.[25]

그리스도께서 내면에 거하신다는 사상과 새로운 피조물로서의 기독교인에 대한 묘사는 필립 니콜라이(Philip Nicolai)와 요한 아른트의 저술에서 한층 현저하게 나타난다. 니콜라이(1556-1608)는 참 교회의 수호와 거룩한 삶을 장려하는 것에 동일한 관심을 기울였다. 그는 가톨릭 교회와 칼빈주의의 신학을 반대하는 많은 논쟁적인 저서를 저술했으며, 또한 1599년에 초판이 출판된 『기쁨의 거울』(*The Mirror of Joy*)에서는 실질적인 신앙에도 초점을 두었다. 무식한 신자들이 *ordo salutis*, 구원을 일련의 분명한 단계들로 구분한 표준적인 신학적 묘사를 이해하는 것을 돕기 위해서, 니콜라이는 영적 성장은 자연적 출생의 과정 및 그 발달 과정에 비유했다. 그는 구원의 효과적인 원인이신 하나님을 아버지로 묘사하고, 부차적인 원인인 교회를 어머니로 묘사했다. 이 은유에 의하면, 잉태는 세례 때에 발생하며, 신자는 세상에서 사는 동안 마치 아기가 태 속에서 자라듯이 성장하여 마침내 영원한 생명으로 탄생하게 된다. 니콜라이는 하나님과의 영적 성장의 최고 단계로 묘사했고, 하나님의 임재의 경험의 특징을 묘사하기 위해서 신비가들이 사용한 결혼에 관한 표현을 사용했다. 인간의 의지가 은혜에 의해 하나님의 의지와 완전히 일치할 때에 신랑이신 그리스도는 신부인 그리스도인과 완전한 사랑의 유대 안에서 결합한다. 니콜라이도 유명한 찬송, "깨어라, 밤이 지나 가고 있으니 깨어라", "새벽별 빛이 얼마나 밝은가"[26]에서 신랑과의 연합에 대한 갈망을 시적으로 표현했다.

니콜라이와는 달리, 요한 아른트(1555-1621)는 논쟁되고 있는 신학적인 문제의 설명에는 최소한의 관심만 기울였다. 그 대신에 영적 성장에 대한 포괄적인 지도의 발달에 초점을 두었다. 1605년에 초판이 출판되고 이어 여러 번 개정 증보된 『진정한 기독교』(*Four Books of True Christianity*)는 루터교 역사상 가장 영향력 있는 경건서적이 되었다. 이 책은 문학적인 대작은 아니지만, 심리학적으로 효과적인 방법으로 신생과 중생의 중요성을 전해준다. 아른트는 경건의 실천을 위한 지도의 강력한 내적 원천이 될 근본적인 종교적 태도의 형성을 양성하려 했다. 그는 우선 타락 이전과 이후의 인류의 상태를 비교함으로써 독자들을 자기 만족 상태에서 깨어 일으키고, 죄에 대한 진정한 슬픔을 일깨우려 했다. 그는 『진정한 기독교』에서 독자들에게 통회하는 마음을 일으킨 후에, 복음의 약속을 가지고 위로해 주었다. 그는 위로하는 동시에 동기를 부여해 주려 하면서, 독자들로 하여금 은혜의 선물의 결과로서 삶의 변화를 기대하게 만들 방법으로 그리스도의 사역을 묘사해 갔다. 아른트에 의하면, 그리스도는 기독교인들을 죄의 세력에서 해방시키기 위해서 약을 주시는 의사이시다. 질병이 그렇듯이, 죄의 영향력도 단번에 사라지지는 않는다. 아른트는 기독교인으로 하여금 죄를 대적하는 길고 어려운 싸움을 대비하게 해 주며, 신생을 촉진하는 방법으로서 자기 부인과 자기 성찰을 권장했다. 영적 성장 추구를 계속하기 위해서, 그는 그리스도의 삶을 본받는 일의 중요성을 긍정했고, 또 독자들이 궁극적으로 그리스도와의 즐거운 연합을 경험하게 될 것이라는 약속을 제공했다.

　루터교인들 모두가 이 새로운 경건 서적들 안에 표현된 종교적 정서를 인정한 것은 아니다. 특히 아른트는 말년에 이단이라는 비난에 맞서 자신을 변호해야 했다. 일부 신학자들은 아른트가 필립파의 잘못된 신앙을 재현하고 있다고 공격하고, 영적 성장의 가능성에 대한 그의 낙관주의를 의심하고, 그의 경건의 경험적인 초점은 사람들로 하여금 발렌틴 바이겔과 같은 관념론자들의 위험한 열심을 향하게 만든다고 주장했다. 또한 아른트가 자신의 저서에서 자주 가톨릭 저술가들의 글을 의역하여 인용했기 때문에 그가 가톨릭 신앙으로의 퇴행을 촉진한다는 비난도 받았다. 사실, 아른트는 루터교 신앙과 양립할 수 없다고 생각한 구절들은 의식적으로 배제하고 선별하여 인용했다. 그는 요한 게르하르드(Johann Gerhard, 1582-1637)와 같이 루터교 정통주의의 옹호자의 지지를 받았기 때문에, 17세기 내내 그의 명성은 점진적으로 개선되었다.[27]

네덜란드의 알미니우스주의

니콜라이와 아른트가 루터교 신앙의 활력을 되찾아 주고 방향을 재정립하려고 노력하고 있을 때, 네덜란드 개혁 교회 내에서는 칼빈주의 정설에 대한 주요한 도전이 이루어지고 있었다. 라이덴 대학의 교수인 야곱 알미니우스(Jacob Arminius, 1560-1609)는 새로이 디크 쿠른허트와 카르파르 쿨하에스(Caspar Coolhaes)의 대변인이 되었다. 알미니우스는 제네바에서 공부하고 테오도레 베자(Theodore Beza)가 발행한 인정서를 가지고 네덜란드로 돌아왔지만, 개혁주의 신앙고백 전통이 지향하는 방향에 대해 의심을 품기 시작했다. 그 이전의 인문주의자들과 마찬가지로, 그는 대부분의 엄격한 칼빈주의자들이 지지하는 예정론에 대한 타죄이전론적(supralapsarian) 해석을 옹호할 수 없었다. 그는 하나님께서 창조 이전에 특정한 수효의 사람들을 선택하여 자신의 자비를 받게 결정하시고 다른 사람들은 저주하기로 결정하셨다는 신앙은 하나님을 죄의 창시자로 만드는 것이라 여겼다. 기독교적 성결을 촉진하는 데 관심을 가진 목회자로서, 알미니우스는 이 교리가 도덕에 대한 진지한 관심을 저해하는 수동적인 태도를 권장할까 염려했다. 그는 엄격한 칼빈주의자들을 반대하여, 하나님께서 그리스도를 믿는 모든 사람들을 구원하시기로 섭리하셨고, 구원하는 은혜를 거부하려는 사람들만 정죄하신다고 주장했다. 이 주장은 어떤 점에서 신인협력설 논쟁에서 다양한 루터주의 필립파 사람들이 옹호했던 주장과 흡사하며, 인간들은 회심의 과정에서 하나님과 협력할 제한된 능력을 소유한다고 가정한다. 알미니우스를 반대한 엄격한 칼빈주의자의 지도자인 프란시스쿠스 고마루스(Franciscus Gomarus)에게 있어서, 그러한 견해는 펠라기우스주의를 옹호하는 것과 같은 것이었다.[28]

알미니우스가 사망한 후에 하나의 큰 논쟁에 일어났는데, 그 때 네덜란드 교회 내에서 그에게 동조하는 사람들은 자기들의 반대자들이 제안한 징계의 과정에서 보호해줄 것을 국가에 요청하는 청원서를 작성했고, 후일 항의파(Remonstrants)라고 불리게 되었다. 그들은 주 연합(United Provinces) 정부의 유력한 관리인 요한 반 올렌바르네벨트(Johan van Oldenbarnevelt)의 지지를 확보했지만, 교회의 목회자들의 대다수는 연합하여 반-항의파 운동(Counter-Remonstrant movement)을 결성했다. 네덜란드 사회는 양극화되어 내란이 임박해 보였다. 그러나 1618년에 오렌지의 공작 모리스(Maurice)가 올델바르네벨트를 권좌에서 몰아내고, 반-항의파에서 개혁주의 예정론 지지를 강행하는 것을 허락했다. 같은 해에 도르트(Dort)에서 개최된 네덜란드 교회 국가회의에서는 공식적으로 알미니우스 이단을 정죄하고 많은 항의파 지도자들을 추방했다. 그럼에도 불구하고, 이 새로운 진보적 신학은 여전히 오렌지 공작을 반대하는 공화당원들 및 네덜란드의 부유한 상인 계층의 지지를 받았다. 항의파는 교리의 순수성보다는 윤리에 관심을 가진 종교적 소수파로 계속 존재했다. 이 실질적인 신학은 유명한 네덜란드의 법학자인 휴고 그로티우스(Hugo Grotius)와 같은 지식인들과 종교적 관용을 지지하는 사람들에게 호소했다. 이 인문주의 운동과 제휴된 융통성 있는 신학은 17세기에 네덜란드에서 이성주의가 성장하는 데 기여했다.[29]

네덜란드 개혁교회 내의 실질적인 신성

도르트 종교회의 이후, 네덜란드 개혁교회는 칼빈주의 정설을 보존하는 데 있어서 주도적인 요인으로 칭송을 받았다. 알미니우스 논쟁은 개혁주의 교리 설명에 대한 관심을 자극했지만, 또한 교회의 징계에 대한 열심도 새롭게 고취했다. 네덜란드 교회 지도자들은 안식일에 불필요한 일이나 경솔한 오락을 하는 것을 금지하는 새로운 교회 규칙을 마련했다. 도덕적/영적 갱신의 중요성을 강조하는 많은 서적들이 출판되었다. 도르트 회의에 참석했던 목회자인 고트프리드 코넬리우스 우데만

알브레히트 뒤러, *기사, 죽음, 그리고 마귀*, 1513

스(Gotfried Cornelius Udemans, 1580-1649)는 기독교적 덕행의 실천을 장려하며 경건한 관습을 권장하는 몇 권의 대중 서적을 저술했다. 1612년에 출판된 『실천』(*Practice*)에서, 그는 믿음과 소망과 사랑에 대한 일반적인 고찰들과 가정에서 신앙을 육성하는 방법에 대한 자세한 충고를 결합했다. 우데만스와 같은 개혁주의 경건 서적 작가들은 종종 성경적인 법을 특수한 상황에 적용하는 것에 대해 고찰하고, 특수한 사회적 집단이나 계층의 종교적인 의무에 주목했다.

빌렘 텔린크(Willem Tellinck, 1579-1629)는 그 시대의 루터교 신자인 요한 아른트와 마찬가지로 참된 교회를 정확하게 고백하는 것이 참기독교 신앙을 평가하는 데 사용될 유일한 표준이 아니라고 경고했다. 『하나님의 백성의 안타까운 상태에 관해 필요한 경고』(*Necessary Warning Concerning the Sorrowful State of Fod's People*, 1627)와 같은 저서에서, 그는 네덜란드 사람들에게 실질적인 도덕적 개혁에 보다 많은 관심을 기울이라고 권면했다. 텔린크는 알미니우스파 사람들이 회심의 과정에서 인간의 노력의 역할을 지나치게 강조한다고 비판했지만, 독자들에게 악한 습관들을 제거하고 영적 성장을 추구하는 일에 보다 진지하게 관심을 기울이라고 장려했다. 그는 인간 본성의 죄악된 성향들을 극복하기 위해서 자기 부인의 실천이 필요하다는 점에 초점을 두었다. 텔린크의 저술에는 청교도주의의 영향이 분명하게 나타나는데, 특히 경건의 표면적인 실천을 위한 자세한 지시를 제공할 때에 그러하다. 얼마 동안 영국에서 생활했던 그는 청교도 작가들이 매일 기독교적 삶에 십계명을 적용하는 방법을 이해하게 되었다. 그러나 텔린크의 경선에는 저지대 국가들(Low Countries)의 강력한 신비주의 전통에서 직접 유래된 듯한 주관적인 차원도 존재한다. 『새 예루살렘』(*The New Jerusalem*)과 『헌신의 거울』(*Mirror of Devotion*)에서, 텔린크는 영원한 지복을 미리 맛보는 것이라 할 수 있는 바 그리스도와의 하나됨의 경험을 묘사했다.[30]

영국의 청교도주의는 윌리엄 에임즈(William Ames, 1576-1633)의 필생의 사업을 통해서 직접 네덜란드 개혁교회에 영향을 미쳤다. 1610

년에 영국으로부터 추방된 에임즈는 네덜란드에 정착하여 대학교수와 목회자로 활동했다. 그는 알미니우스파와의 논쟁에서 정통 칼빈주의를 지지했지만, 신학에 대한 접근 방법은 많은 네덜란드 동료들과는 달랐다. 개혁주의 스콜라주의의 지성주의적 경향에 반대하여, 에임즈는 자신의 영국인 스승인 윌리엄 퍼킨스(William Perkins)가 옹호한 실질적인 신성의 전통을 추구했다. 그는 항상 교리를 신앙과 연결했고, 신학을 주로 하나님의 뜻에 따라 사는 방법에 대한 지식을 제공하는 학문으로 다루었다. 에임즈가 신학을 가르치기 위해 마련한 교과서인 『신성의 정수』(The Marrow of Divinity)는 두 부분으로 나뉘어 있다. 제1부에서는 개혁주의 교회의 교리를 체계적으로 제시하고, 제2부에서는 기독교인의 신앙을 선호하고 공고히 해 주는 공적/개인적인 종교적 의식 준수에 대해 상세히 논했다. 앞에서 언급된 책과 『양심의 주장』(Cases of Conscience)에서, 그는 경건에 대한 관심이 사람의 생각하고 말하고 행동하는 방법, 심지어 옷 입는 방법에 어떠한 영향을 미치는지 상술하면서 윤리의 상세한 규칙의 윤곽을 이야기했다. 경건에 대한 이 결의론적 접근방법은 17세기 내내 많은 네덜란드 개혁주의 영적 저술가들에게 영향을 주었다.[31]

종교생활과 관련하여 30년 전쟁이 갖는 의의

30년 전쟁이 대중 신앙에 미친 효과

개신 교회 내에서 종교생활의 질을 향상하기 위해 기울인 이와 같은 괄목할 만한 노력은 30년 전쟁(1618-1648)의 파괴적인 영향력에 의해 상쇄되었다. 수십 년 동안 긴장 상태가 지속된 후, 결국 독일의 가톨릭 제후들과 개신교 제후들은 경쟁적인 군사 동맹을 형성했고, 처음으로 보헤미아에서 충돌했다. 이 종교 전쟁은 곧 제국의 다른 지방들로 퍼졌으며, 네덜란드와 스웨덴의 군대가 독일 개신교도들을 지원하면서 국제적인 전쟁이 되었다. 독일 내의 가톨릭 군대가 황제의 인솔 하에 진군하는 동안, 역시 합스부르그 왕조 출신인 스페인의 국왕은 전에 자신이 지배했던 네덜란드 북부 지방을 해방시켰던 네덜란드의 개신교도들을 다시 정복하려 했다. 1635년 이후, 프랑스의 부르봉 왕조가 가톨릭 신자임에도 불구하고 정치적인 이유 때문에 개신교 편을 들면서 전쟁은 한층 더 복잡해졌다. 전투는 매우 파괴적이었고, 전쟁에서 간신히 죽음을 면한 많은 사람들이 페스트와 기근으로 죽음을 당했다. 역사가들은 제국의 인구가 칠백 만 명 또는 팔백 만 명이 감소되었다고 추정한다.

전쟁으로 인한 생활의 어려움 때문에 어떤 사람들은 도덕적 이상과 영적 이상에 대해 무관심하게 되었다. 장래의 소망의 포기한 사람들 중에 술에 취하거나 방탕하게 지내는 일이 많았다. 전쟁을 거룩한 목적을 위한 영웅적인 싸움으로 볼 수 없게 되었기 때문에, 많은 사람들은 신앙고백적 집단들을 분열한 차이점의 중요성에 대해 의심을 품기 시작했다.[32] 그 결과, 많은 교구에서 종교 생활의 공동체적인 측면이 저하되었다. 사회의 분열은 많은 경건한 개신교도들의 종교적 관심의 방향을 수정하게 만들었다. 전반적인 염세적인 분위기는 세상사로부터의 도피를 장려하고, 복된 영적 훈련을 향한 갈망을 자극했다. 사회적 혼란의 와중에서, 전쟁 전에 아른트나 니콜라이와 같은 저자들이 권장했던 내성적인 경건이 새로운 호소력을 얻었다.[33]

17세기 개신교 찬송가 연구

전쟁이 대중 신앙의 방향에 미친 결과는 17세기 중반에 저술된 찬송가에서 분명히 나타난다. 유럽 개신교의 위대한 찬송가 작가들 중 몇 사람이 이 고통의 시대에 활동했다. 그들은 친히 고난을 경험했기 때문에 다른 신자들에게 기억될 만한 위로의 말을 제공해줄 수 있었다. 이 시대의 찬송에는 세상 생활에 대한 우울한 감정이 자주 등장했다. 그럼에도 불구하고, 찬송가 작가들은 그리스도 안에 있는 희망의 근원을 지적했다. 그들은 하나님의 아들이 인간 생활의 고민과 슬픔에 완전히 참여하셨지만 궁극적으로 죄와 사망을 정복하고 승리하셨음에 주목했다. 이 세상에서 십자가를 지는 신자들은 자기들도 이 승리에 동참할 것이라고 확신하면서 장래를 대면할 수 있다. 그리스도의 수난에 대한 이와 같은 묵상은 특히 루터교인인 요한 헤르만(Johann Herman, 1585-1647)의 찬송에서 특히 두드러지게 나타난다. 다른 찬송들은 매우 감정적인 표현으로 그리스도와의 연합에 수반되는 기쁨과 평화를 깊이 생각한다. 많은 찬송가 작가들은 이러한 경험을 내세에서는 물론 지상에서도 경험할 수 있는 것으로 묘사했다.

이러한 주제들을 표현한 찬송 중에는 매우 감상적인 것들도 있었다. 그 찬송이 개인주의적 경건에 초점을 둔 것은 "나"라는 대명사와 주관적인 표현을 사용한 데서 분명히 나타난다. 그러나 가장 훌륭한 찬송가 작가들은 이러한 경향을 극단적으로 나타내기를 피했다. 폴 게르하르트(Paul Gerhardt, 1607-1676)는 루터교의 시인들 중에서 가장 유명한 사람이다. 그는 종교적 서정시에 종교적인 감정의 따뜻한 표현과 자신의 신앙고백적 전통의 중심 교리에 대한 지속적인 강조를 결합했다. 예를 들어, 그는 「오 거룩하신 주님 그 상하신 머리」와 같은 찬송에서 그리스도를 대속주인 동시에 친구로 묘사했다. 그의 찬송들 중 일부는 내세의 행복에 관해 묵상한 것이며, 아침 찬송이나 저녁 찬송 등 다른 찬송들은 피조 세계에서 발견할 수 있는 아름다움을 상기시켜 준다.[34]

이 시기에 개혁주의 전통 내에 있는 찬송가 작가들은 회중 찬송은 성경 본문을 운문화 한 것을 사용하는 데 그쳐야 한다는 믿음 때문에 큰 제한을 받으면서 작업했다. 그러나 30년 전쟁이 끝나고 나서 몇 십 년 후, 네덜란드의 요도쿠스 반 로덴스타인(Jodocus van Lodensteyn, 1620-1677)과 독일의 요아힘 네안더(Joachim Neander, 1650-1680)는 위대한 찬양의 찬송을 작곡했다. 이 칼빈주의 시인들도 루터교 시인들처럼 그리스도의 내주하심의 경험에 대한 신비적인 관심과 윤리적 감수성과 영적 성장에 대한 관심을 결합했다.

개혁 정통주의

30년 전쟁은 많은 경건한 개신교인들로 하여금 개인적이고 주관적인 종교생활로 물러나도록 고취했지만, 이러한 충격은 결코 전반적인 것은 아니었다. 어떤 사람들은 도덕적/영적 생활의 쇠퇴에 대한 반응으로 교회와 사회의 전반적인 개혁을 위해서 일했다. 요한 아른트 영성의 신비적인 요소들은 루터교인들 가운데서 첫번째 유형의 반응을 일으켰지만, 윤리적 회복을 위한 그의 호소는 행동주의자들을 위한 지침을 제공하는 데 있어서도 역시 중요한 역할을 했다. 대학 교수들과 목사들은 개혁 정통주의(Reformorthodoxy)라고 언급된 이 운동 안에서 훌륭하게 대변되었다. 이 루터교인들은 계속 가톨릭 신앙과 칼빈주의와 타협하지 않았지만, 신학을 경건의 실천과 연결시키는 문제에 관심을 가졌다. 특히 로스톡(Rostock) 대학의 교수들은 교회의 징계와 목회적 돌봄을 증진하기 위해 노력하는 데서 탁월한 역할을 발휘했다. 이 신학자들은 아른트의 경건을 높이 여겼고, 이 영향력을 17세기 중반의 가장 중요한 경건서적 저술가들에게 넘겨 주었다.

전쟁이 끝날 무렵에 로스톡에서 공부하고 가르친 요아힘 뤼트게만(Joachim Lütkemann, 1608-1655)은 주로 1643년에 출판된 『하나님의 선하심을 미리 맛봄』(*A Foretaste of Divine Goodness*)의 저자로 알려져 있다. 이 묵상집은 장차 경험할 그리스도의 임재를 묘사함으로써 신자들을 위로해 주었다. 뤼트케만은 『사도적 권면』(*Apostolic Exhortation*)에서 거룩한 삶의 특징들의 윤곽을 묘사하는 데 보다 충실히 집중했다. 그보다 젊은 동료인 하인리히 뮐러(Heinrich Müller, 1631-1675)는 "세상적인 신자들"에 대한 뤼트게만의 비판을 한층 확대하여 전개했다. 많은 경건서적을 저술한 그는 성직자와 평신도를 포함하여 많은 신자들이 실질적으로 세례반, 강단, 고해소의 의자, 제단 등을 숭배하는 우상숭배자라고 주장함으로써 상당한 논란을 일으켰다. 뮐러는 성례전의 중요성을 헐뜯으려 하지는 않았지만, 많은 교인들이 성례전을 제대로 이용하지 못하고 있다고 느끼고 있었다. 그들은 공개적으로 신앙을 고백하고 외적인 의식에 참석했지만, 일상적인 활동에서 참 하나님의 종이 되는 데 실패했다. 뮐러의 영성의 지속적인 주제들 중 하나는 하나님과 이웃을 향한 진심에서 우러난 사랑의 필요성이었다. 『하늘나라의 사랑의 입맞춤』(*The Heavenly Kiss of Love*)과 『거룩한 사랑의 불길』(*The Divine Flame of Love*)과 같은 책에서, 그는 하나님의 내주하심이 영혼에게 얼마나 활력을 불어넣어 줄 수 있으며 내적 평화와 외적인 갱신을 이루어내는지 매우 화려한 언어로 묘사했다. 뮐러는 마음의 성향을 부지런히 살필 것, 그리고 영적 타락의 가능성에 대비하여 항상 경계할 것을 요구했다.[35]

역시 로스톡에서 강의한 크리스챤 스크리버(Christian Scriver, 1629-1693)는 활동적인 경건과 관상적인 경건을 강화하는 운동을 17세기 마지막 수십 년까지 전개했다. 그는 특히 전임자들이 강조했던 주제들을 표현하는 새로운 방법을 독창적으로 발달시켰다. 예를 들어, 『곳홀드의 예비 묵상집』(*Gotthold's Occasional Meditations*, 1663-1669)에서 그는 자신이 영적 메시지를 전달하기 위해 상징적으로 해석한 자연 현상들에 대한 묘사와 기억할 만한 이야기들을 제시했다. 비록 스크리버는 이 상징적인 책이 칼빈주의 신학에 동조하는 영국인 감독 조셉 홀(Joseph Hall)의 저술의 감화를 받은 것이라고 인정했지만, 그가 루터교 정통주의자라는 사실은 심각하게 의심받지 않았다. 기독교적인 삶에 대한 포괄적인 안내서인 『영혼의 보물』(*The Treasure of the Soul*, 1675)에서, 스크리버는 종종 루터의 글을 인용했고, 루터의 신학에 대한 근본적인 글들을 폭넓게 개관하면서 중생과 신생에 대한 관심을 표현했다. 스크리버의 일과는 그가 좋아한 경건이 어떤 것인지를 보여준다. 그는 매일 4시간 동안 기도하고 경건 서적을 읽었고, 1시간 동안 거룩한 죽음을 준비하고, 2시간 동안 찬송을 부르고 경건한 대화를 하고 자선 활동을 하는 등 덕이 되는 활동을 했다.[36]

17세기 말 유럽의 경건주의

루터교의 경건주의

요한 아른트에서 시작되어 30년 전쟁이 진행되는 동안 많은 교회 개혁자들과 경건서적 작가들에게 영향을 주어온 루터교 내의 영적 전통을 일부 역사가들은 경건주의라고 알려진 종교적인 삶의 유형의 초기 표현이라고 묘사해 왔다. 그러나 다른 역사가들은 이 용어를 필립 야곱 스페너(Philip Jacob Spener, 1635-1705)가 프랑크푸르트의 루터파 교회의 담임 목사로 시무하는 동안에 시작한 종교적인 운동에만 한정하여 사용한다. 후자의 관점은 스페너의 신학적인 사상과 경건의 색다름을 강조하는 데 반해, 그 개념을 보다 넓게 사용하는 관점은 스페너와 루터파 영성의 초기 형태 사이의 연속성을 강조한다. 경건주의의 특징과 기원을 정의하는 데 있어서 학자들은 의견의 일치를 이루지 못하고 있으므로, 두 가지 관점의 장점을 인식하는 것이 중요하다.[37]

스페너는 1675년에 『경건한 소원』(Pia Desidiria)를 출판하면서 종교개혁가로서의 명성을 획득했다. 이 책에서 그는 독일 내의 종교적 삶의 상태를 비판하고, 교회의 결함들을 시정하기 위한 구체적인 제안을 했다. 그 책의 많은 주제들은 결코 독창적인 것이 아니다. 스페너도 아른트처럼 각각의 사회 계층 내에 참된 기독교적 경건이 부족함에 대해 개탄하고, 정통 루터교 신학자들이 논쟁에 빠져 있는 데 불만을 표현했다. 뮐러가 그랬듯이, 스페너도 대부분의 교인들이 성례전의 효능에 대한 개념들을 잘못 생각하고 있다고 비난했다. 그들은 참된 회개나 살아 있는 믿음을 나타내지 않은 채 교회 생활에 참여하고 있었다. 스페너가 이 피상적인 경건과 대조하여 옹호한 참 기독교에 대한 이해 역시 주로 아른트의 전통에서 파생된 것이었다. 그것은 거듭남이라는 사상과 신생의 지속적인 과정을 강조했다. 스페너는 이전의 루터교 작가들의 신비적인 관심사보다는 실질적인 메시지를 강조했지만, 그도 역시 그리스도의 내주하심의 경험을 할 수 있는 가능성을 인정했다.

스페너와 그 이전의 루터교 개혁자들 사이에는 이와 같은 유사성이 있지만, 몇 가지 중요한 차이점도 있다. 우선, 스페너의 영성은 그의 선임자들은 갖지 않았던 종말론적인 견해를 혼합한 것이었다. 그는 교회 내의 보다 훌륭한 상태의 가능성에 대해 대단한 낙관주의를 표현하고, 지상에서의 그리스도의 천년 통치를 기대했다. 이 천년왕국에 대한 기대가 그의 개혁 추구의 주요 동인이었다. 교회 갱신을 위한 그의 특별한 제안들은 유대인의 회심과 로마 가톨릭 교회의 몰락을 재촉하기 위해 고안된 것이었는데, 그는 이 두 사건을 천년왕국에 대한 신약성서의 예언들과 결합했다. 둘째, 스페너는 세속 지도자들과 종교 지도자들의 협력하여 행하는 개혁의 노력이 대중 경건에 활력을 불어넣는 열쇠라는 가정에 의심을 표현했다. 『경건한 소원』에서, 그는 성직자들이 주제넘게도 평신도들 위에 군림하여 독재를 행하는 것에 도전하고, 만인제사장설에 대한 루터의 가르침을 새롭게 인식할 것을 요구했다. 그는 "모든 영적 기능이 예외 없이 모든 신자들에게 개방되어 있다"고 확신하고서 평신도들이 서로 가르치고 위로하고 권면하고 교육해야 할 권리와 의미를 강조했다. 스페너는 프랑크푸르트에서 경건회, 또는 비밀 집회(*collegia pietatis*)를 조직함으로써 이 제안을 실천에 옮겼는데, 이 모임에서는 평신도들이 모여 성경이나 경건 서적을 읽고 토론했다. 스페너가 이러한 집회를 최초로 제정한 사람은 아니지만, 그는 이 실험적인 모임을 전례없는 단계로 발전시켰다. 그는 안수받은 성직자들의 가치를 계속 인정하면서도 평신도들의 친교 그룹들이 목회적 돌봄을 감독하는 데 있어서 점차 중요한 역할을 할 수 있기를 원했다. 그들은 교회 내의 교회들(*ecclesiolae in ecclesia*)로서 성직자들이나 국가가 부과하는 징계 조처들보다 효과적으로 거룩한 삶에 대한 헌신을 진작시킬 것이었다.[38]

일부 루터교인들은 스페너의 조직적인 신 제도들과 종말론적인 견해를 매우 의심스러운 시선으로 바라보았다. 그들은 스페너의 추종자들을 언급하기 위해서 멸시하는 의미에서 "경건주의자"(pietist)라는 명사를 사용했는데, 이들은 자기들을 미지근하고 중생하지 못한 교인들로부터 구분하기 위해 이 명사를 받아들여 사용했다. 많은 반대에도 불구하고, 스페너의 영향력은 신속하게 독일의 여러 지역으로 전파되었다. 특히 할레(Halle) 시는 아우구스트 헤르만 프랑케(August Hermann Francke, 1663-1727)의 지도 하에 경건주의의 중요 중심지가 되었다. 스페너의 연하의 친구인 프랑케는 대체로 교육 사역 및 많은 자선 기관을 설립한 것으로 인해 기억되고 있다. 그는 새로 설립된 할레 대학의 교수로 시무하는 동안, 신학교육의 재정립을 위해 스페너의 제안대로 실천했다. 그가 계획한 새로운 교육과정에서는 성경공부를 강조했고, 학문적 연구보다는 마음에서 우러난 경건을 일깨우는 목표를 우위에 두었다. 경건주의 방식의 종교 교육을 촉진하기 위해서, 프란케는 고아원, 성경학교, 학교, 도서관, 출판사 등을 세웠다. 프란케가 프러시아의 지배 계층으로부터 지원을 받았기 때문에, 이 기관들은 활발하게 활동했다. 덴마크의 국왕도 해외에 루터교 선교 사역을 확립하기 위해 노력하는 프란케를 지원해 주었다.[39]

독일의 다른 지역 중에서 스페너의 영향력이 분명히 나타난 곳은 뷔르템베르크(Würtemberg)였다. 1662년에 스페너가 이 지역을 방문함으로써 30년 전쟁 기간 동안 요한 발렌틴 안드레(Johann Valentin Andreae, 1586-1640)와 같은 교회 지도자들의 노력 덕분에 발달했던 도덕적/영적 갱신에 대한 관심이 강화되었다. 프란케가 귀족들의 강력한 지지를 받았던 북부 독일과는 대조적으로, 뷔르템베르크에서 경건주의는 주로 중산층과 농민들에게 호소했다. 또 요한 알브레히트 벵겔(Johann Albrecht Bengel, 1687-1752)과 같은 튀빙겐 대학의 신학자들의 지도력 때문에 지식층의 지지도 확보했다.[40]

개혁파의 경건주의(Reformed Pietism)

아른트의 영성과 개혁주의 정설(Reformed orthodoxy)이 루터파의 경건주의가 발흥하는 데 기여한 주요한 근원이었지만, 스페너는 자신이 개혁주의 전통의 혜택을 입었음도 인정했다. 그는 자신의 추종자들에게 청교도 경건 서적을 읽을 것을 권했다. 아마 그는 논쟁적인 프랑스 개혁주의 목사인 쟝 드 라바디(Jean de Labadie)와의 접촉을 통해서 경건회를 조직하려는 생각을 품게 되었을 수도 있다. 이 두 신앙고백적 집단들의 상호작용은 많은 역사가들로 하여금 경건주의를 개신교 운동의 여러 지류 안에서 동시에 발달한 하나의 종교 운동으로 취급되어야 한다고 확신하게 했다.

30년 전쟁이 끝나고 나서 몇 십 년 후, 네덜란드 개혁교회에서 가장 유명한 신학자는 기스베르투스 보에티우스(Gisbertus Voetius, 1589-1676)였다. 개혁정통주의(Reformorthodoxy)와 제휴한 독일 내의 많은 루터파 신학자들과 마찬가지로, 보에티우스는 교리의 순수성과 삶의 순수성의 중요성을 동일하게 강조했다. 보에티우스는 교리적 저술에서는 형식적인 방법을 사용했지만, 실천 신학의 발달에도 크게 기여했다. 윌리엄 에임즈 및 영국 청교도들이 확립한 방식을 따라, 보에티우스는 일반적인 도덕적 원리들을 특수한 상황에 적용하기 위한 상세한 충고를 제공했다. 또 그는 성경에 계시된 하나님의 법에 완전히 일치하는 삶의 중요성도 강조했다. 이 "완벽주의"에 대한 비판에 응답하면서, 그는 경건의 실천에 대한 그러한 접근 방법을 제대로 사용하는 것과 남용을 구분했다.[41]

보에티우스의 제자인 요도쿠스 반 로덴스타인(Jodocus van Lodensteyn, 1620-1677)은 흔히 개혁파 경건주의의 주요한 본보기로 간주된다. 그는 찬송가를 저술했을 뿐만 아니라, 개혁 교회 내의 해이해진 도덕과 피상적인 신앙을 지적하는 설교를 자주 했다. 로덴스타인은 자신이 저술한 경건 서적에서 회심의 중요성에 초점을 두었고, 영적/도덕적 완전함을 위해 노력할 것을 장려했다. 그 시대의 많은 루터교인들과 마찬가지로, 그는 그리스도의 삶을 본받아야 할 기준으로 지적했고, 특히 자기 부인과 형제애를 실천해야 할 필요성에 주목했다.

로덴스타인은 종종 체계적인 관상의 가치에 대해서 말했는데, 그는 그것이 기독교인이 성령에 의한 지성의 조명 및 그리스도와의 친밀한 교제를 경험하는 데 도움을 줄 것이라고 생각했다. 종교 체험에 대한 관심은 테오도루스 아 브라켈(Theodorus à Brakel, 1608-1669)의 경건에서 한층 더 현저하다. 이 네덜란드인 목사는 특별한 행동의 규칙들을 추천하는 것에는 그다지 관심을 기울이지 않고, 기도와 묵상에서 얻는 정서적 유익에 초점을 두었다. 중세 신비가들이 영적 성장의 세 단계(정화의 단계, 조명의 단계, 합일의 단계)로 구분한 것처럼, 브라켈은 자신의 저서인 『영성생활의 단계』(*The Steps of the Spiritual Life*)에서 경건의 세 가지 상태를 구분했다. 그가 구분한 마지막 단계는 그리스도 안에서 하나님과의 즐거운 교제의 상태이다. 스페너와 프랑케가 생존해 있는 동안, 개혁파 경건주의는 네덜란드에서는 윌렘 아 브라켈(Willem à Brakel, 1635-1711), 독일에서는 테오도르 운테레익(Theodor Untereyck, 1635-1693)의 지도 하에 계속 성장했다.[42]

급진적 경건주의(Radical Pietism)

17세기 말의 경건주의자들을 비판하는 비평가들은 종종 그들이 광신과 분리주의를 촉진했다고 비난했다. 위에서 언급된 사람들은 모두 그러한 비난을 부인하고, 신앙고백적 전통에 대한 충성을 고백한 사람들이다. 그러나 개중에는 크게 불평을 품고 자발적으로 기성 개신교회에서 떨어져 나간 사람들도 있었다. 이와 같은 보다 급진적인 경건주의의 표현의 근원은 발렌틴 바이겔(Valentin Weigel)과 더크 쿠른허트와 같은 16세기 반항자들의 신앙고백적 무관심으로 거슬러 올라갈 수 있고, 그 이전으로는 종교개혁 시대의 관념론자들에게로 거슬러 올라갈 수 있다. 요한 아른트의 사상의 비판적이고 신비적인 요소들 역시 신앙고백적 충성의 중요성에 대한 의심을 강화했고, 크리스찬 호흐부르크(Christian Hohburg, 1607-1624)와 같은 분리주의자들에게 직접적인 영향을 주어 루터교 전통을 거부하게 했다.

독일에서는 아른트와 같은 시대의 인물인 야콥 뵈메(Jacob Böhme, 1575-1624)가 급진적인 비국교도들의 흐름에 힘을 더해 주었다. 대체로 독학으로 공부한 이 제화공은 실레지아에서 마틴 몰러가 조직한 모임에 참석하면서 신비적 경건에 대한 강한 관심을 갖게 되었다. 1600년에 뵈메는 조명의 순간들을 경험하기 시작했는데, 그것은 조직화된 교회에 대한 그의 불만을 증가시켰고, 그로 하여금 나름의 독립된 신학을 발달시키게 했다. 그는 신비가들 및 파라켈수스(Paracelsus)의 자연 철학의 감화를 받아 1612년에 『오로라』(*Aurora*)를 저술했고 이어 일련의 예언적인 책들을 저술했다. 악의 존재라는 문제에 대한 그의 사변적인 해결, 그리고 전통적인 제도적 종교에 대한 비판이 루터파 성직자들을 혼란스럽게 했으므로, 그들은 그의 서적을 몰수하고 그가 저술하는 것을 금지했다. 말년에 뵈메는 이 사상의 초점을 보다 실질적인 문제에 두었다. 1624년에 『그리스도의 길』(The Way of Christ)라는 제목으로 출판된 영성생활에 관한 9편의 논문은 독자들로 하여금 그리스도, 또는 소피아(신적 지혜)와의 연합을 경험하도록 인도해 주었다. 뵈메는 루터교회와의 관계를 지속하려 했지만, 그의 추종자들의 대다수는 분리주의자가 되었다.[43]

뵈메의 경건의 영향을 받은 주목할 만한 급진주의자는 요하네스 쉐플러(Johannes Scheffler, 1624-1677)와 고트프리드 아놀드(Gottfried Arnold, 1666-1714)이다. 주로 안젤루스 실레시우스(Angelus Silesius)라고 알려져 있는 쉐플러는 원래 루터교인이었지만 1653년에 가톨릭으로 귀의했다. 시인으로 유명한 그는 자신의 시에서 매우 개인적이고 신비적인 경건을 강조했지만, 개신교에서 가톨릭 교회로 귀한 후, 그는 가톨릭 교회의 권위를 헌신적으로 옹호했다. 그는 자신이 새로 발견한 확신을 『루터파와 칼빈파의 우상인 이성』(The Lutherans' and Calvinists' Idol of Reason)과 같은 많은 논쟁적인 책에 표현했다. 스페너를 알고 지냈던 고트프리드 아놀드는 뵈메의 영향을 받은 후, 교회는 모두 참 경건의 발달을 저해하는 장애물이라고 결론지었다. 아놀드는 결국 루터교에 대한 비판을 완화했지만, 그의 역사적/신학적 저술들은 18세기에 분파주의적 경건주의의 성장을 장려했다.[44]

개혁주의 교회 내에서 급진적 경건주의가 발달하게 된 것은 프랑스의 영향이 크다. 원래 가톨릭 교인이었다가 개혁주의 전통으로 귀의한 쟝 드 라바디(Jean de Labadie, 1610-1674)는 얀센주의 경건의 특징들 중 많은 부분을 크게 존중했다. 그는 모든 형태의 세속성으로부터 이탈하는 것이 중요하다는 신념 때문에 결국 자신이 설립한 비밀 집회들과 개혁주의 교회 사이의 유대를 끊게 되었다. 프랑스 내의 정적주의 운동의 신비적 영성도 일부 급진적 경건주의자들에게 영향을 주었고, 그들은 개혁주의 교회와의 협력을 부인했다. 개혁주의 목사인 피에르 포아레(Pierre Poiret, 1666-1719)에 의해 대중화된 정적주의(Quietism)는 게르하르드 테르스테겐(Gerhard Tersteegen, 1697-1769)과 같은 독일

북서 지방의 개신교 분리주의자들의 신앙에 강력한 영향을 주었다.[45]

17세기 개신교 영성의 보다 급진적인 표현들은 역사가들과 신학자들이 이 시대의 종교 생활의 일반적인 특징에 대해 행한 평가를 왜곡하는 경향을 나타내 왔다. 루터교회와 개혁주의 진영의 정통적인 신학자들은 중요한 실질적 영성을 산출하는 데 실패했다는 비난을 받아 왔다. 아른트로부터 스페너에 이르는 대중적인 작가들은 성화의 교리를 강조함으로써 루터의 신학이 지향한 근본적인 방향을 포기했다는 비난을 받아 왔다. 종종 경건주의자들의 신앙심은 지나치게 개인주의적이거나 금욕적이거나 행복론적이라고 판단되어 왔다. 또한 비평가들은 개혁주의 전통에 속한 영적 작가들이 자기도취적이고 억압적인 율법주의적 경건의 발달을 조장했다고 비난했다. 주요한 영적 개혁자들이 개인적인 종교 체험을 강화하려 한 것과 윤리적인 행동을 향한 관심이 때로 이러한 결과를 낳기도 했다는 것을 부인할 수 없지만, 그들의 저술과 개혁 계획을 주의깊게 분석해 보면 일부 그들의 추종자들의 지나친 경건은 개혁자들 자신이 진작하려 했던 것과는 매우 다른 것을 알 수 있다.

1720년에, 유럽에서의 합리주의의 발달은 17세기 개혁자들과 관련한 영성의 많은 특징들에 대한 의심을 제기했다. 경건주의는 특히 개신 교회의 지적인 지도자들 가운데서 그 호소력을 상징했다. 그럼에도 불구하고, 17세기의 경건 서적과 찬송[46]에 대한 관심이 19세기에 부흥하여 20세기에 이르기까지 많은 루터 교인들과 개혁주의 교인들의 경선을 형성하는 데 기여해 왔다.

주

1) 16세기 말의 상세한 역사를 알려면 다음을 보라: Richard S. Dunn, *The Age of Religious Wars 1559-1598*(New York: W. W. Norton, 1970); J. H. Elliott, *Europe Divided 1559-1598*(New York: Harper & Row, 1968); Ernst Walter Zeeden, *Das Zeitalter der Glaubenskämpfe*(Stuttgart: Ernst Klett, 1970).
2) 멜란히톤의 사상과 행동에 관해서는 A. Sperl, *Melanchthon zwischen Humanismus*

und Reformation (Munich, Kaiser, 1959); Hans Engelland, *Melanchthon, Glauben und Handeln* (Munich: Kaiser, 1931)을 보라.

3) Robert Kolb, "George Major as Controversialist: Polemics in the Late Reformation," *Church History* 45 (1976) 1-14; "Good Works are Detrimental to Salvation: Amsdorf's Use of Luther's Works in Controversy," *Renaissance and Reformation* 4 (1980), 136-51을 참고하라.

4) Oliver Olson, "Matthias Flacius Illyricus," in *Shapers of Religious Traditions in Germany, Switzerland, and Poland*, ed. Jill Raitt (New Haven: Yale University Press, 1981), 1-17.

5) Robert Kolb, *Andreae and the formula of Concord* (St. Louis: Concordia, 1977); Ruth Weddige, *Zur Entwicklung der deutschlutherischen Lehre von Luthers Tode bis zur Konkordienformel* (Bethel bei Bielefeld: Buchdruckerei der Anstalt Bethel, 1933).

6) Robert Preuss, *The Theology of Post-Reformation Lutheranism*; Carl Heinz Ratschow, *Lutherische Dogmatik zwischen Reformation und Anfklärung* (2 vols; Gütersloh: Mohn, 1964, 1966); Hans Weber, *Reformation, Orthodox, und Rationalismus* (Gütersloh: Mohn, 1940).

7) 베자의 신학이 칼빈주의를 칼빈의 신학적 프로그램을 포기한 개혁주의 스콜라주의로 변화시켰는지 아닌지에 관해서는 의견이 일치하지 않는다. 이 주제에 찬성한 논문은 Walter Kickel, *Vernunft und Offenbarung bei Theodor Beza* (Neukirchen: Neukirchener Verlag, 1967), 반대한 논문은 Jill Raitt, *The Eucharistic Theology of Theodore Beza* (American Academy of Religion Studies in Religion 4: Chambersburg, PA: American Academy of Religion, 1972)이다.

8) 프랑스에 관해서는 Brian Armstrong, *Calvinism and he Amyraut Heresy* (Madison, WI: University of Wisconsin Press, 1969)를, 쿠른허트의 관점에 대해서는 Rufus Jones, *Spiritual Reformers of the Sixteenth and Seventeenth Centuries*를 보라.

9) Martin Reu, *Dr. Martin Luthe's Small Catechism* (Chicago: Wartburg Publishing House, 1929); Gunter Tietz, *Das Erscheinungsbild von Pfarrstand und Pfarrgemeinde des sächsische Kurkreis im Spiegel der Visitationsberichte des 16. Jahnhunderts* (Tübingen, 1971).

10) Paul Drews, *Der evangelische Geistliche in der deutsche Vergangenheit* (Jena: Eugen Diederichs, 1905); Andrea Zieger, *Das religiöse und kirchliche Leben in Preussen und Kurland im Spiegel der evangelischen Kirchenordnungen des 16. Jahrhunderts* (Cologne Graz,: Böhlau, 1967).

11) 이러한 개념들은 방문 기록에서 유래된 것이다. 이러한 종류의 인쇄된 기록에 대한 참고문헌은 다음과 같다: Ernst Walter Zeeden and Hansgeorg Molitor, *Die Visitation im Dienst der kirchen Reform* (Münster: Aschendorff, 1967).

12) Heinrich Nebelsieck, "Pfarrer und Gemeinde in ehemaligen sächsische Kurkreise," *Zeitschrift des Vereins für Kirchengeschichte der Provinz Sachsen* 35 (1939), 5-95; and Julius Bauer, "Kirchliche und sittliche Zustände in der lutherischen Gemeinden Niedersachsens im Reformationsjahrhundert," *Zeitschrift der Gesellschaft für siedersächsische Kirchengeschichte* 12 (1907) 29-72.

13) Gerald Strauss, *Luther's House of Learning*, 307. 또한 "Success and Failure in the German Reformation," *Past and Present* 65 (1975), 30-63을 참고하라.
14) James Kittelson, "Success and Failure in the German Reformation: The Report from Strasbourg," *Archiv für Reformationsgeschichte* 73 (1982), 153-74.
15) Bernard Vogler, *La vie réligieuse en pays rhenans dans la seconde moitié du XVIe siècle* (1555-1619) (Lille: Service de reproduction des thèses, 1974); Karl Aner, *Das Luthervolk: Geschicht seiner Frömmigkeit* (Tübingen: Mohr, 1917).
16) Bernard Vogler, "Die Entstehung der protestantischen Volksfroemmigkeit in der rheinischen Pfalz zwischen 1555 un 1619," *Archiv für Reformationsgeschichte* 73 (1982), 158-95.
17) Winfried Zeller, *Der Protestantismus des 17. Jahrhunderts*, xii-xix. 루터교 경건 위기의 개념은 Eric Beyreuther, F. W. Kantzenbach, Franz Lau, Edmund Weber와 같은 사가들에 의해 채택되었다.
18) Bernd Jaspert, "'Krise' als Kirchengeschichtliche Kategorie," in *Traditio-Krisis Renovatio aus theologischen Sicht: Festschift Winfried Zeller*, ed. Bernd Jaspert and Rudolf Mohr (Marbruf: Elwert, 1976), 24-40.
19) Werner Elert, *Morphologie des Luthertums*: Vol. 1, *Theologie und Weltanschauung* (Munich:Beck, 1931); Hans Leube, *Orthodoxie und Pietismus: Gesammelte Studien*, ed. Martin Schmidt and Dietrich Blaufuss (Bielefeld: Luther Verlag, 1975); idem, *Die Reformideen in der deutschen lutherischen Kirche zur Zeit des Orthodoxie* (Leipzig: Döffling & Franke, 1924)을 참고하라.
20) Andreas Musculus, *Christliche Trewe Warnung und Vermanung/wider der grewliche und verdamliche Sicherheit der gantzen Welt* (Erfurt: Georg Bawman, 1559); idem, *Von des Teufels Tyranny/Macht und Gewalt/Sonderlich in diesen letzten tagen/Unterdichtung* (1561).
21) 루터파의 경건 위기에 대한 젤러의 사상은 그 시대에 대한 아른트의 분석에 의존하는 듯하다. 역사적으로 어느 시대에나 자신이 최악의 시대에 살고 있다고 생각하는 사람들이 있다. 그 시대의 대중적인 비판가들이 과거와 현재를 비교한 것이 오늘날의 비교보다 더 정확하다고 믿을 이유는 없다.
22) Winfried Zeller, *Die Schriften Valentin Weigels* (Berlin: Verlag Dr. Emil Eberling, (1940); Bernard Gorceix, *La mystique de Valentin Weigel (1533-1588) et les origines de la theosophie allemande* (Lille: Universite de Lille III, 1972); Steven Ozment, *Mysticism and Dissent*, 203-45.
23) 루터교의 교육적 문헌에 대한 개요를 보려면 Hermann Beck, *Die Erbauungsliteratur der evangelischen Kirche* (Erlangen, 1883); Constantin Grosse, *Die alter Troster* (Hermannsburg, 1900)를 참고하라.
24) Paul Althaus, *Forschungen zur evangelischen Gebetsliteratur* (Gütersloh: Bertelsmann, 1927); Winfried Zeller, "Luthertum und Mystik," in *Theologie und Frömmigkeit: Gesammelte Aufsätze*, ed. Bernd Jaspert (Marburg: Elwert, 1971) 35-54.
25) Winfried Zeller, *Der Protestantismus des 17. Jahrhunderts*, 1-30. 요한 아른트는 1622년에 프라에토리우스의 선집을 출판했다. 1625년에 Martin Statius는

*Geistliche Schatzkammer der Gläubigen*이라는 제목으로 개정판을 출판했다. 이 부류에 속한 저자들 중에는 Valerius Herberger (1562-1627)도 포함되어 있다.
26) 니콜라이에 대해서는 Martin Lindström, *Philipp Nicolais Verständnis des Christentums* (Gütersloh: Bertelsmann, 1939)을 참고하라.
27) 아른트에 대해서는 Wilhelm Koepp, *Johann Arndt: Eine Untersuchung über die Mystik im Luthertum* (Berlin: Trowitzsch & Sohn, 1912); Edmund Weber, *Johann Arndts Vier Bücher vom wahren Christenthum als Beitrag zur protestantischen Irenik de 17. Jahrhunderts* (Marburg: Elwert, 1969); Hans-Johachim Schwager, *Johann Arndt Bemühen um die rechte Gestaltung des neuen Lebens der Gläubigen* (Münster: Max Kramer, 1961); Eric Lund, "Johann Arndt and the Development of a Lutheran Spiritual Tradition" (Diss., Yale University, 1979)을 참고하라. 또 Christian Braw, *Bücher im Staube: Die Theologie Johann Arndts in ihrem Verhältnis zur Mystik* (Leiden: Brill, 1986)도 보라.
28) 알미니우스 신학을 동정적으로 해석한 것으로 Carl Bangs, *Arminius: A Study in the Dutch Reformation*을 참고하라.
29) J. L. Price, *Culture and Society in the Dutch Republic during the Seventeenth Century* (New York: Scribner, 1974), 29-39; Peter Geyl, *The Netherlands in the Seventeenth Century 1609-1648* (New York: Barnes & Noble, 1961), 38-83.
30) 네덜란드 개혁 교회의 경건에 관해서는 F. Ernst Stoeffler, *The Rise of Evangelical Pietism* (Leiden: Brill, 1971), 117-33을 참고하라.
31) Keith Sprunger, *The Learned Doctor William Ames. The Marrow of Divinity*는 1638년에 라틴어에서 영어로, 1659년에는 네덜란드어로 번역되었다.
32) 이 시기에 종교적 통일을 추진하려는 두 시도가 있었다. 게오르그 칼릭투스(Georg Calixtus, 1586-1656)는 Helmstedt 대학에서 모두가 받아들였던 초기 기독교 신조를 강조함으로써 신앙고백적 차이점을 극복하려 했다. J. V. Andreae는 뷔르템부르크에서 지적/종교적 개혁에 헌신한 것으로 추정된 장미십자회원들(Rosicrucians)의 존재를 묘사하는 몇 가지 비밀 소책자들을 발행했다. 장미십자회가 그러한 상황에서 실제로 존재하지 않았을 수도 있지만, 기성 교회를 대신할 것을 찾고 있던 많은 사람들은 장미십자회원들과 접촉하려 했다. 안드레는 결국 자신이 만들어낸 신화를 거부했다. Arnold Schleiff, *Selbstkritik der lutherischen Kirchen im 17. Jahrhundert* (Berlin: Junker & Dunnhaupt, 1937)를 참고하라.
33) Karl Holl, "Die Bedeutung der Grossen Kriege fur des religiöse und kirchliche Leben innerhalb des deuschen Protestantismus," in *Gesammelte Aufsätze zur Kirchengeschichte III* (Tübingen: Mohr, 1928) 302-84.
34) Ingeborg Röbbelen, *Theologie und Frömmigkeit im deuschen-lutherischen Gesangbuch des 17. und frühen 18. Jahrhunderts* (Göttingen: Vandenhoeck & Ruprecht, 1957)을 참고하라.
35) 뤼트케만에 대하여는, Heinrich Lütkemann, *Joachim Lütckemann: Sein Leben und Sein Wirken* (Braunschweig: Hellmuth Wollermann, 1902). 네 가지 우상에 대한 뮐러의 비판은 *Geistliche Erquickstunden* (1644), 152장에 수록되어 있다.
36) 스크리버에 대하여서는, Fritz Becker, *Christian Scriver und sein literarisches Werk* (Münster: Buchdruckerei Althorff, 1929)와 Martin Schmidt, "Christian Scriver's

Seelenschatz," in *Wiedergeburt und neuer Mensch* (Witten: Luther Verlag, 1969), 112-28을 참고하라.
37) 경건주의의 정의에 대한 논쟁에 대한 개관서로 *Zur neuer Pietsmusforschung*. ed. Martin Greschat (Darmstadt: Wissenschaftliche Buchgesellschaft, 1977)에 수록된 Martin Schmidt, Emmanuel Hirsch, Johannes Wallmann, Hartmut Lehmann의 글들을 참고하라. 경건주의의 역사에 관해서는 Erich Beyreuther, *Geschichte des Pietismus* (Stuttgart: J. F. Steinkopf, 1978); Martin Schmidt, *Pietismus* (Stuttgart: Kohlhammer, 1972); F. Ernst Stoeffler, *The Rise of Evangelical Pietism*을 참고하라.
38) 종말론적 주제는 『경건한 소원』 제2부에서 두드러지게 등장한다. 만인제사장설에 대한 스페너의 논의는 제3부 제2장에 기록되어있다. 요한네스 발만이나 마틴 그레샤트는 이러한 요소들을 경건주의를 정의해 주는 특징으로 다룬다. Johannes Wallmann, *Philipp Jakob Spencer und die anfänge des Pietismus* (Tübingen: Mohr-Siebeck, 1970); Martin Greschat, *Zwischen Tradition und neuem Anfang: Valentin Löscher und der Ausgang der lutherischen Orthodoxie* (Witten: Luther Verlag, 1971).
39) Erich Beyreuther, *August Hermann Francke* (1956); Carl Hinrichs, *Preussentum und Pietismus* (Göttingen: Vandenhoeck & Ruprecht, 1971).
40) Martin Brecht, "Philipp Jakob Spencer und die Württembergische Kirche," in *Geist und Geschichte der Reformation: Festgabe Hanns Rückert* (Berlin: de Gruyter, 1966) 443ff.; Hartmut Lehmann, *Pietismus und weltliche Ordnung in Württemberg* (Stuttgart: Kohlhammer, 1969).
41) John Beardslee III, *Reformed Dogmatics*, 3-15, 261-334의 개론적 논평과 보에티우스의 글들을 참고하라.
42) E. Ernst Stoeffler, *The Rise of Evangelical Pietism*, 109-79; Heinrich Heppe, *Geschichte des Pietismus und der Mystik in der Reformierten Kirche* (1879).
43) Will-Erich Peuckert, *Das Leben Jakob Böhmes* (Jena: Fr. Frommanns Verlag, 1961); Alexander Koyre, *La Philosophie de Jacob Boehme* (Paris: Vrin, 1929); Ernst Benz, *Der vollkommene Mensch nach Jakob Böhme* (Stutthart: Kohlhammer, 1937).
44) 안젤루스 실레시우스에 대하여는 Jeffrey Sammons, *Angleus Silesius* (New York: Twayne, 1967); 고트프리드 아놀드에 대하여서는 Jürgen Büchsel, *Gottfried Arnold: Sein Verständnis von Kirche und Wiedergeburt* (Witten: Luther Verlag, 1970)를 참고하라.
45) F. Ernst Stoeffler, *German Pietism during the Eighteenth Century* (Leiden: Brill, 1973) 168-216; WIlhelm Goeters, *Die Vorbereitung des Pietismus in der reformierten Kirche der Niederlande bis zur Labaldistischen Krisis 1670* (Leipzig: Hinrichs, 1911).
46) 필립 니콜라이("Wachtet auf" und "Wie schön leuchtet"), 마틴 링크하르트("다 감사드리세"), 폴 게르하르트("Jesus, Thy Boundless Love to Me") 등에 의해 작사된 찬송들은 교파를 초월해서 모든 전통 안에 있는 신자들이 즐겨 부르는 것들이다.

참고문헌

원전

Arndt, Johann. *True Christianity*. Translated by Peter Erb. New York: Paulist Press, 1979.
Boehme, Jacob. *The Way to Christ*. Translated by Peter Erb. New York: Paulist Press, 1978.

연구서

Bangs, Carl. *Arminius: A Study in the Dutch Reformation*. Nashville: Abingdon, 1971.
Beardslee, John, III.(ed.) *Reformed Dogmatics*. New York: Oxford University Press, 1965.
Elert, Werner. *The Structure of Lutheranism*. Translated by Walter Hansen. St. Louis: Concordia, 1962.
Greschat, Martin. ed. *Orthodoxie und Pietismus*. Stuttgart: Kohlhammer, 1985.
Johns, Rufus. *Spiritual Reformers of the Sixteenth and Seventeenth Centuries*. London: Macmillan, 1914.
Kantzenbach, Friedrich Wilhelm. *Orthodoxie und Pietismus*. Gütersloh: Moln, 1966.
Neveux, J. B. *Vie Spirituelle et vie sociale entre Rhin et Baltique au XVIIe siècle*. Paris: Klincksieck, 1967.
Ozment, Steven. *Mysticism and Dissent*. New Haven: Yale University Press, 1973.
Preuss, Robert. *The Theology of Post-Reformation Lutheranism*. St. Louis: Concordia, 1970.
Sprunger, Keith. *Dutch Puritanism: A History of English and Scottish Churches of the Netherlands in the Sixteenth and Seventeenth Centuries*, Leiden: Brill, 1982.
___. *The Learned Doctor William Ames*. Urbana, IL: University of Illinois Press, 1972.
Strauss, Gerald. *Luther's House of Learning*. Baltimore: Hohns Hopkins University Press, 1978.
Zeller, Winfried. *Der Protestantismus des 17. Jahrhundert*. Bremen: Carl Schünemann, 1962.

II. 경건주의와 계몽주의: 전통을 대신할 대안들

앨버트 아우틀러(Albert C. Outler)

개신교 종교개혁이나 로마 가톨릭 교회의 반 종교개혁 모두 그 영적인 목표를 성취하지 못했다. 빈정댐에서 태어나 이후 논쟁과 종교 전쟁 때문에 굳어진 그 두 운동은 서방 기독교계를 둘로 갈라놓았고 교회는 자신이 거주하고 있는 세속 국가에 어쩔 수 없이 의지해야 한다는 콘스탄틴 대제의 교리를 재확인했다. 그 두 운동은 이제 출현하기 시작한 국제법의 본체(*cuius regio, eius religio*) 안에 이 원리를 기록해 두었다. 로마 가톨릭 교회는 교육, 박해 사업, 선교, 경건한 근행 등에 헌신하는 새로운 종교 단체들(예를 들면 바나바 회, 테아틴 회, 카푸친 회, 우르술린 회, 예수회 등)의 급증 속에서 영성과 선행의 회복을 경험하는 동안에도 교리와 정체에 관한 모든 일에서의 개혁을 거부하는 데 성공했다. 개신교도들도 생존하고, 자기들의 주요한 원리들(*sola fide, sola scriptura*)을 계속 보존했다. 그러나 당시 그들은 교회, 정체, 실천 등의 중요한 문제에 관해 의견이 분열되어 있음을 발견했다. 그들은 성직 정치의 교도권(敎導權) 대신에 수많은 새로운 신앙고백을 만들어내고, 여러 권으로 된 교리 체계도 만들어냈다(주로 대학 교수들이 저술했으며, 옛 용어에 새로운 의미를 부여했다). 1598년에 발표된 낭트 칙령—이것은 세속 법 안에서 합법적인 정부가 종교적 다원주의에 양보한 주요한 사건으로 주목받았다—은 결국 1685년에 폐지되고, 위그노들은 불행한 유배 생활을 하게 되었다. 이 사건은 16세기의 종교개혁자들에게 활기를 부여해 주었던 위대한 이상들이 영적으로 소진되었음을 나타내 준다. 1685년에 독일에서는 젊은 크리스티안 볼프(Christian Wolff, 1679-1754)가 합리주의적 정설을 설명하는 마지막 해설자가 될 준비를 하고 있었다. 영국의 국교회는 매우 무질서한 상태였다. 낭트 칙령을 폐지하게 만든 주동자는 자크 베닌 부세(Jacques Bénigne Bousset)였다. 그는 자기를 합리화하기 위해서 재빨리(1688) 두 권으로 된 『영국 개신교의 다양한 역사』(Histoire des variations des Églises Protestante)라는 책을 출판했다. 그가 좋아한 논제는 개신교도들은 기대할 수 없을 만큼 분열되어 있으며 그렇기 때문에 신뢰할 수 없다는 것이었다. 그의 결론은 그의 표어인 *Semper Eadem*("항상 동일한 방법으로")에 요약되어 있었다.

16세기의 종교개혁 중에 개신교 급진주의자들의 경우를 제외하고는 콘스탄틴 대제의 전통과 결별한 것은 하나도 없었다. 모두가 순수한 교리라는 개념을 개념화된 진리가 저장된 장소로 여겨 고수했다. 각각의 전통은 자기 나름의 전통을 정의하고 그것을 보호하기로 맹세했다. 정반대인 절대 불변의 개념들을 옹호하기 위해서 많은 사람들이 글을 쓰기도 하고 피를 흘리기도 했다. (이따금 여기저기서, 때로는 있을 법하지 않는 장소에서 타오르는 성령의 감추인 불에 의해 구속함을 받은) 이처럼 영적으로 연약한 상태에서, 두 가지 운동―17세기의 경건주의와 18세기의 계몽주의―이 걸맞지 않게 연속적으로 등장했다.

이 두 운동은 로마 제국의 전통과 신성로마제국의 전통, 교회의 체재, 의식과 예식, 표면적인 권위 등을 회피했다. 두 운동은 교조주의와 강요된 양심의 전통을 반대하는 신념과 자유라는 초석 위에 서 있었다. 두 운동은 유명한 (17세기 말엽에서 18세기 초에 걸친 프랑스 고전주의 문학 옹호파와 진보파 간의) 신·구 논쟁에서 진보파의 대열에 섰다. 그러나 경건주의는 성경적 구원사를 거의 어린아이처럼 순수하게 믿은 데 반해, 계몽주의는 주로 그리스와 로마의 고전들, 그리고 르네상스 인문주의의 전통에서 감화를 받았다. 경건주의는 그 경향 및 신정통치의 정신에 있어서 내향적이고 상향적이었다. 계몽주의 역시 내향적이었지만 자율성이라는 구조 아래서 주위 세상—인간적인 장면과 인간적인 전망—을 보다 직접적으로 바라보았다. 두 운동 모두 기질적으로 정통주의나 전반적인 의사 규칙을 혐오했다.

경건주의: 은혜 안에서의 참여

경건주의의 기원

17, 18세기의 경건주의는 전혀 새로운 것이 아니었다. 그것은 식별할 수 있는 연속성 안에서 고대 교부들(마카리우스, 시리아인 에프렘 등)에게로, 그리고 중세 말기의 신경건주의(*devotio moderna*: 쿠사의 니콜라스, 타울러 등)에게로 거슬러 올라갔다. 또 독일 경건주의의 아버지라고 불리는 요한 아른트(1555-1621)와 같은 경건한 루터교인들과 급진적인 개신교도들(한스 뎅크, 카스파르 슈벤크펠트 등)이 공통적으로 지니고 있던 바 권위있는 종교개혁자들이 세상에 의해 부패했기 때문에 자신이 공언한 목표를 달성하지 못했다는 신념 사이에도 연계가 있었다. 기스베르트 보에티우스(1589-1676), 필립 야곱 스페너(1635-1705), 아우구스트 헤르만 프랑케(1663-1727), J. A. 벵겔(1687-1752), 루트비히 폰 진젠돌프 백작(1700-1760) 등 위대한 인물들이 아른트의 뒤를 이었다. 폴 게르하르트(1607-1676)와 찰스 웨슬리(1707-1877)와 같은 경건주의 찬송가 작가들도 중요한 인물들이었다. 영국에서는 햄폴의 리처드 롤(Richard Rolle of Hamploe), 노리지의 줄리안(Juliana of Norwich), 니콜라스 페라르(Nicholas Ferrar of Little Gidding), 루이스 베일리(『경건의 실천』), 세인트 앤드류즈의 토머스 헬리버튼(『회고록』), 윌리엄 로(『경건하고 거룩한 삶으로의 진지한 부름』)에게로 거슬러 올라가는 전통이 있었다.

지금까지 4세기 동안 신학적 형식의 주요한 판단자로서 활동해온 정통주의자들과 진보주의자들의 문체에서 "경건주의"(pietism)라는 용어는 경멸적인 분위기를 지녀왔다. 이것은 모든 표준적인 교회사나 기독교 사상사에 분명히 나타난다. 정통주의자들은 경건주의자들이 순수한 교리의 미세한 차이점들에 무관심하기 때문에 그들을 용납할 수 없었다. 루터파, 칼빈주의자, 가톨릭 교도 등은 모두 고트프리드 아놀드와 같은 사람들의 지나친 종교적 관용 때문에 격분했다. 아놀드의 비교적 공정한 저서인 『공평한 교회와 이단-역사』(*Unparteiische Kirchen und Ketzer-Historie*, 1699-1700)는 기독교 역사를 다시 이해하여 그 시대와 상황에서 "이단자들"을 진정으로 동정했다(나는 지금도 1950년대에 있었던 다소 긴장된 에큐메니칼 세미나—교리적 다원주의의 긍정적인 가치에 대한 논의—에서 유명한 독일인 신학자가 역시 유명한 스위스 신학자에게 큰 소리로 "고트프리드 아놀드, 그가 아무 것도 아니란 말입니까?"라고 했던 일을 기억한다).

경건주의자들은 구원받을 믿음의 증거로서 선행을 강조했기 때문에 비판을 받았고, 경건회(*collegiae pietatis*)와 교회 안의 교회들(*ecclesiolae in ecclesia*)에 나타나는 것처럼 중앙집중적인 권위에 무관심했기 때문에 비난을 받았다. 스페너는 강력한 적수인 요한 베네딕트 카르프조프(Johann Benedict Carpzov)와 함께 프랑크푸르트에서 드레스텐으로 쫓겨났고, 프랑케는 라이프지히에서 할레로 쫓겨났다. 한 집단으로서의 경건주의자들은 열심과 훈련 때문에 쉽게 풍자적으로 묘사되었다. 보에티우스는 "경건한 사람들과 완전하고 참되고 순수한 개혁을 원하는 사람들을 상대로 한 신랄한 비난, 중상, 공격"을 개탄했다. 심지어 그는 "경건한 사람들"을 겨냥한 별명들을 열거한다: 예를 들면, "광신자", "위선자", "염세가" 등이 있다.[1] 계몽주의 철학자들과 진보적인 개신교 신학자들은 경건주의자들에게서 실제로는 옛 질서에 도전하지 않은 퇴영적인 발달을 보았다. 그들은 "반-지성주의자", "개인주의적", "독선적", "거룩한 집단" 분리주의자들로 간주되었다. 오늘날까지도 일상적인 표현에서 "경건한"(pious)이라는 단어는 멸시하는 듯한 어조를 가지고 있다. 결과적으로, 중세 세계에서 현대 세계로 이동하면서 경건주의가 기여한 업적이 과소평가되어 왔다. 그러나 이제 급속히 포스트-모던화 되어가는 세상에서, 경건주의에 대해 보다 진지하고 동조적인 관심을 기울여야 할 것이다.

경건주의자들은 자신을 제2의 종교개혁—기성 교회가 기존의 질서를 거부하지 않고서 받아들인 타협을 거부할 개혁—의 선도자로 여겼다. 이것이 안토니 빌헬름 뵘(Anthony Wilhelm Boehm)이 요한 아른트의 『진정한 기독교』의 영역본 서문에 전형적으로 반영되어 있다:

> 거짓된 기독교 신앙이 기독교 세계에 크게 범람해왔으므로, 많은 모조품들 중에서 진정한 기독교를 발견하기가 무척 어렵다…우리는 오래 전부터 기독교의 창시자(Author)가 남겨 주신 원본(Original Pattern)에 의해 타락상을 바로 잡아왔어야 하지만, 여전히 이 복된 원본으로부터 멀리 떨어져 있다. 따라서 우리는 잘못을 치료하기는 커녕 오히려 그것들을 증가시켜왔다. 이것이 요즈음 여러 교파에서 자신의 원본을 베낀 사본들이 매우 불완전하고 천박하고 어설픈 이유이다.
> 그러나 장차 그리스도의 교회가 사랑하는 주님, 그의 능력을 의지하며 모든 원수들에게 도전하면서, 다양한 분파, 당파, 국가, 언어, 예배 형식과 방법 등—십자가와 고통—으로 이루어진 광야에서 일어날 때가 올 것이다.[2]

경건주의자들은 일반적으로 자신의 하찮은 위상 때문에 실망하지 않았다. 그들은 자신이 교회와 사회 안에 있는 누룩이라고 이해했고, 그러한 역할에 만족했다. 이러한 특별한 소명 의식이 필립 스페너의 『경건한 소원』에서 실천하라고 제안한 의무들 안에 반영되어 있다. 여기에서의 주된 목표는 살아있는 개혁이었다. 그의 실질적인 제안에는 평신도들에 의한 성경공부로의 복귀—주석, 신앙고백, 또는 순수한 교리 체계의 도움을 최소한으로 줄이고 성경 본문으로 돌아감, 기독교적 증거와 봉사에서 평신도의 역할을 더욱 분명히 인식함, 기독교적 도덕과 사랑과 자비의 행위를 새롭게 강조함 등이 포함되어 있다. 이것들 외에도, 사변적인 신학에서 탈피하고 목회 신학의 기술과 방법(설교, 심방, 신자들을 향한 목회적 돌봄 등)을 더욱 강조하는 것 등 목회자 교육의 근본적인 개혁도 제안했다. 스페너는 신학에서의 논쟁보다 평화로운 기질—후일 존 웨슬리는 이것을 "보편적인 정신"이라고 부르게 된다—을 촉구한다. 마지막으로, 그리스도를 중심에 두고 회심과 성화를 지속적인 목적으로 삼는 복음적 설교의 갱신이 있어야 한다.[3]

아우구스트 헤르만 프랑케는 스페너가 제안한 것을 계속 발전시켰다. 그는 할레 대학(경건주의 학문의 중심지)의 중심 인물이었다. 그는 *Adelspaedagogium*(귀족들을 위한 2차 교육기관)을 세우고 운영했다. 또 그는 고아원, 병원, 선교 사역의 중심 인물이었다. 프랑케의 『니고데모 또는 인간의 두려움』(*Nicodemus or the Fear of Man*, 1706)은 세상에서의 자유에 대한 경건주의자들의 의식을 반영하고 있다. 또 *Pietas Hallensis*(1707)는 경건주의에 대한 간단한 역사를 제공하며, 그것을 하나님의 사역으로 묘사한다.

니콜라우스 루트비히 폰 진젠돌프 백작(Nikolaus Ludwig von Zinzendorf, 1700-1760)은 약간 다른 유형의 경건주의 지도자였다. 그는 프랑케의 "학교"(paedagogium)와 비텐베르크에서 교육을 받았다. 그는 상부 루사티아(Upper Lusatia)와 삭소니에 있는 자신의 영지에 있는 일련의 신앙 공동체들의 후원자가 되었다. 그가 강조한 것은 *theologia cordis*, "마음의 종교"였다. 그는 기독교적인 삶은 예수 그리스도, "세상을 지으시고 지탱하시고 대속하시는 분"과의 친밀한 교제라고 여겼다. 그는 Unitas Fratrum에서 감독으로 임명되었지만(1737), 다른 경건주의자들을 그가 지나친 감상주의와 인물 숭배를 조장하고 있다고 비난했다. 그렇지만, 그는 F. D. E. 슐라이어마허에 의해 성취된 사상의 변화를 통해서 폭넓고 영속적인 영향을 미쳤다.

경건주의의 특색

그러나 경건주의에서 시편과 찬송과 신령한 노래들을 진지한 기독교인의 일상 생활의 틀 안에 어느 정도 짜 넣었는지 알지 못하고서는 경건주의를 제대로 이해할 수 없다. 그들은 화려한 예식들—그리고 은혜의 표면적 방편이라는 개념—을 포기했으므로, 찬송을 전례로 바꾸고, 요한 크뤼거(Johann Crüger)와 폴 게르하르트와 같은 사람들이 제공한 위대한 찬송과 합창을 하면서 성령 안에서의 집단적인 고양을 추구했다. 크뤼거의 "Praxis Pietatis Melica"(1647)는 경건주의의 경계를 벗어난 곳에서도 고전적인 찬송이 되었다. 그리고 게르하르트의 훌륭한 찬송들(성 버나드의 "Salve caput cruentatum"을 번역한 "Befiehl du deine Wege", "Jesu, Thy Boundless Love to Me", "오 거룩하신 주님, 그 상하신 머리")은 기독교 교육의 보고가 되었다.

경건주의자들은 그 다양성에도 불구하고 하나님께서 자기들을 교회 안에서의 특별한 사역을 감당하도록 양육하셨다고 이해했다. 존 웨슬리는 자기들의 특별한 사명—"국가, 그리고 특히 교회를 개혁하는 것, 그리고 성서적인 성결을 온 땅에 전파하는 것"[4]—을 정의하면서 그가 시작한 운동만을 대변한 것은 아니었다. 경건주의 신학은 대체로 그 화려한 문체보다 더 복합적이고 미묘했다. 그것의 초점은 구세론적이었고, 즐겨 사용되는 은유는 타락한 인간들 안에 있는 파괴된 하나님의 형상의 회복이었다. 구원하는 믿음의 열매는 "영혼이 고양되어, 아들이신 예수 그리스도의 구원하는 공로를 통해서, 성령의 거룩하게 하는 능력에 의해서 아버지 하나님과 교제하게 되는 것"이다. 이러한 관념들이 아른트의 『진정한 기독교』를 비롯한 경건주의 서적들 안에 편재해 있다:

> 인간의 내면에 있는 하나님의 형상이란 인간 영혼이 지혜와 정신과 의지(그리고 내적/외적인 모든 육체적이고 영적인 능력들)를 하나님과 성 삼위, 그리고 모든 거룩한 특성과 덕행과 의지와 특징들과 일치시키는 것이다…
>
> 인간은 하나님의 형상으로부터 자신이 하나님과 연합되었으며 이 연합 안에 최고의 안식과 평화와 기쁨과 생명과 축복이 존재한다는 것을 알아야 했다. 한편, 인간의 최고의 불안과 불행은 그가 하나님의 형상을 거슬러 행동하며 하나님을 멀리하여 최고의 영원한 선을 빼앗기는 데서 생겨난다.[5]

아른트는 나중에 분명하게 경건주의적인 관점과 기질을 정의한다:

기독교인은 그리스도 안에서 새로운 피조물이 되어야 한다(고후 5:17)…이 그리스도 안에서의 신생, 이 영적이고 거룩하고 경건한 진리 안에 모든 것이 놓여 있다. 이것은 모든 신학과 기독교 신앙의 목표이다. 이것은 하나님과의 연합(고전 6:15), 거룩한 신랑이신 예수 그리스도와의 결혼, 살아 있는 믿음, 신생, 그리도도가 우리 안에 거하시는 것, 우리 안에 있는 그리스도의 고귀한 생명, 우리 안에 있는 성령의 열매, 우리 안에 이루어지는 하나님 나라의 조명과 치유이다. 이것들은 모두 동일한 것이다. 왜냐하면 참 믿음이 있는 곳에는 그리스도와 더불어 모든 의와 거룩함과 공로와 은혜와 죄사함과 하나님의 양자됨과 생명의 기업, 다시 말해서 그리스도 안에 있는 믿음에서 비롯되는 신생이 있기 때문이다.[6]

이러한 중요한 주제들을 설명하기 위해서 제시할 수 있는 인용문은 무수히 많다. 여기에서는 각기 상이한 문맥에서 발췌한 세 가지 예를 들어도 충분할 것이다. 첫번째 예는 초기 청교도 신앙의 대변인이라 할 수 있는 리처드 십스(Richard Sibbes, 1577-1635)의 글에서 인용한 것이다. 그의 저서 『그리스도와 교회, 그리고 그리스도와 모든 믿는 영혼 사이의 친밀한 연합의 발견』(*Discovery of the Near Union Betwixt Christ and Church; and Consequently, Between Him and Every Believing Soul*, 1639)에는 기독교의 삶이 분명한 경건주의 용어로 묘사되어 있다:

기독교인의 삶은 그리스도와의 교제, 성령 안에서 걸어감이 되어야 한다. 그는 모든 의무를 활기차게 이행하고 사람들의 모범이 됨으로써 자신의 신앙고백을 장식해야 한다…그리고 어디에 가든지 선을 행해야 한다. 그는 "세상에 물들지 않게 자신을 지켜야 하며" 시냇물을 거슬러 올라가야 하며, 항상 깨지지 않는 기쁨으로 그리스도와 함께 거하는 마음을 소유해야 한다.[7]

영국 왕정복고 시대의 역사적인 상황은 내란 시대의 상황과는 매우 달랐지만, 경건주의의 메시지는 분명한 강조점을 보유하고 있다. 그 예를 새무얼 쇼(Samuel Shaw, 1635-1696)의 저서 『하나님과의 교제』 (*Communion with God*, 1667)에서 찾아볼 수 있다:

참 기독교 신앙은 하나의 개념이 아니라 본질이다. 그것은 책에서 받아들였거나 사람들의 머리 속에 축적된 종교가 아니다. 그것은 바로 영혼의 본질 안에 놓여 있으며, 그곳에 있는 모든 기능들을 가다듬고 신령하게 만들며, 피조물이 그 창조주를 닮을 수 있는 것처럼 그것들도 하나님과 흡사하게 만들어준다.[8]

진젠돌프 백작은 스페너의 제자이자 대자였는데, 신자가 "그리스도와 친밀해야 한다는 것"을 한층 더 크게 강조했다:

그러므로 우리는 믿음과 사랑에 의해서 주께로 가야 한다. 그렇게 하면 우리는 그리스도 외에 다른 것은 보거나 듣지 못하게 되며, 그리스도와 우리는 뗄 수 없이 함께 머물 수 있다…그리스도는 나를 매우 잘 아신다: 그분은 내 일과를 아신다; 그분은 나의 모든 행동과 감정을 아신다; 그분은 내가 할 수 있는 일과 할 수 없는 일을 아신다; 그분은 내가 두려워하는 것과 하고 싶어 하는 것을 아신다; 그분은 나의 위험과 안전을 아신다. 간단히 말해서, 나는 그분의 팔에 안겨 있을 때에 가장 편안하다.[9]

물론, 경건주의에는 매우 적극적인 측면도 있었다. 즉 끊임없이 이웃 사랑을 강조했고, "이웃"을 "장소와 인물됨에 상관없는 모든 하나님의 자녀"라고 지칭했다. 경건주의는 자기를 비우는 박애를 지지했고, 경건주의자들은 소외된 자, 고난받는 자, 궁핍한 자―"고통 받는 나그네와 과부와 고아들"―들을 위해 봉사했다. 그들은 선교사요 화평하게 하는 사람들이었다. 그들은 감옥 개혁의 선봉에 섰다. 그들은 탐욕, 낭비, 방탕함을 비난했는데, 그것은 마치 그 시대에 크게 유행한 쾌락주의를 막아주는 제방 역할을 했다.

사변적 신학에 대한 그들의 무관심은 종종 반-지성주의인 듯한 느낌을 주었고, 때로는 실제로 그러한 경향을 나타냈다. 그것은 대체로 그들이 신학적 전쟁을 두려워했기 때문이었다. 그들은 웨슬리의 말대로 "평범한 사람들을 위한 평범한 진리"[10]를 선호했다. 사람들은 그들을 분리주의자라고 비난했지만 그것은 거짓이었다. 그들이 자기들 만의 교회를 세운 일은 거의 없다. 그들은 (교회를 정화하고 깨끗하게 하려 했다는 의미에서) 청교도였거나, 보에티우스가 사용한 의미에서 "완벽주의자들", 즉 교육과 법과 양심에서의 정밀함을 옹호하는 사람들이었다.

그들은 교리적 혁신과 도덕률폐기론적 윤리를 혐오했고, 그들의 목표는 사도적 기독교의 회복이었다. 또 그들은 열렬한 성경엄수주의자이기도 했다. 약 1세기 전에 토머스 브룩스(Thomas Brooks, 1608-1680)와 같은 영국인 경건주의자인 토마스 켐벨(Thomas Campbell)은 매우 온건한 성경해석학을 권할 수 있었다: "나는 기록된 것 이상으로 지혜로우려 하지 않는다. 성경이 침묵하는 곳에서는 나도 침묵하고, 성경이 말하지 않는 곳에서는 들으려 하지 않는다."[11]

그들 중에서 교회와 국가의 공공연한 분리를 제안한 사람들은 많지 않았다. 그러나 그들은 모두 양심의 자유를 주장했고, 종교적인 문제에 있어서 강요를 거부했다. 그들은 세상 안에 있었지만 세상에 속하지 않았다. 실제로, 브란덴부르크의 프레데릭 윌리엄(Frederick William)은 경건주의자들이 훌륭한 시민이라고 확신했기 때문에 자신의 영토(할레도 포함됨)에 그들을 받아들이고 혜택을 베풀었다.

계몽주의: 권위로부터의 해방

계몽주의의 기원

개신교 정통주의의 지배가 해체되고 봉건제도의 속박과 신이 왕권을 부여한 독재의 속박들(엄격한 종교개혁이 의존했던 규정들의 상징)이 힘을 잃기 시작하면서, 계몽주의의 새 시대를 알리는 변화 안에서 성경적이고 교부적인 기독교의 전통을 보존한 것은 바로 경건주의의 정신이었다. 우리는 계몽주의를 지지한 운동가로 유명한 임마누엘 칸트에게서 이것을 찾아볼 수 있다. 칸트는 쾨니히스베르크(Königsberg)에서 태어나 경건주의자로 교육을 받았다. 그는 신학적 "해체 구축학자"(deconstructionist)로서 유명해졌을 때, 자신의 경건한 하인 람페(Lampe)에게 자기가 한 일은 단지 "믿음의 자리를 마련하기 위해 교의를 파괴한 것"뿐이라고 말했다고 한다. "이성의 범위 안에 있는 종교"에 대한 그의 제안들은 계시에서 파생된 것이라기보다 "사물의 본질 안

렘브란트, 메노파 목회자 코르네존 안슬로와 그의 아내, 1641

에 기초를 둔" 경건주의적 윤리처럼 보일 수도 있다. 슐라이어마허는 꽤 진지하게 자신이 "보다 고귀한 지위에 속한 모라비아 교도"라고 말했다. 알브레히트 리츨(Albrecht Ritschl)은 경건주의자들을 미워했지만, 그가 임박한 하나님의 나라("이웃 사랑의 원리에 기초를 둔 인류의 조직")를 강조한 것과 전형적으로 기분좋은 경건주의의 종말론 사이에서 중요한 관계를 어렵지 않게 찾아볼 수 있다.

그러나 계몽주의는 경건주의와 같은 옛 질서를 대신할 근본적으로 상이한 대안이었다. 그것의 부정적인 측면은 교회와 세속 사회 내의 권위주의에 대한 반발로서 등장하며, 그 공격 대상은 서방 문명 안에 나타난 기독교 전통이었다. 그것은 긍정적으로 인간적인 현장에 관심을 기울였다: "그러므로 그대 자신을 알라. 하나님이 자세히 조사하실 것이라고 추측하지 말라. 인류가 공부해야 할 대상은 인간이다"(알렉산더 포프, *An Essay on Man*, Epistle II, 1). 이 새로운 운동은 영국에서는 "이신론"(Deism)이라고 불렸다. 디드로(Diderot)는 『백과사전』(*Encyclopedie*)에서 그것을 Eclaircissement라고 말했고, 독일에서는 Aufklärung이라고 했다. 그것의 긍정적인 목표는 비판적 이성과 부패하지 않는 감정을 개진하는 것이었다. 부정적인 목표는 인간 정신을 초자연주의, 기적, 계시 등 모든 망상에서 해방시키려는 것이었다.

경건주의가 정통주의의 긍정적(kataphatic) 이성주의와 비교하여 "하나님 및 하나님의 일들에 대한" 인간적인 지식을 요구하면서 매우 절제있게 부정의(apophatic) 신학을 선호했던 곳에서, 계몽주의 철학자들은 정통주의와 경건주의를 거부했다. 미셸 몽테뉴(Michel Montaigne)의 『수필집』(1595)의 완만한 회의주의 속에서, 우리는 계몽주의의 기질의 기본적인 원형을 본다: 그것을 처음으로 대중화시킨 사람은 영국의 이신론자들이었다. 존 톨랜드(John Toland)의 『신비하지 않은 기독교』(*Christianity Not Mysterious*, 1696)는 토론 같은 논조를 취한다. 안토니 콜린스(Anthony Collins)는 성경의 기록들은 신뢰할 수 없으며 "자유로운 사고"는 역사적인 기독교보다 무지와 미신을 극복할 수 있는 훌륭한 희망을 제공한다고 주장했다(*A Discourse on Free*

Thinking, 1713). 늙은 매튜 틴달(Matthew Tindal)은 『창조만큼 오래된 기독교』(*Christianity as Old as Creation*, 1730)에서 "자연의 종교"를 찬양하면서 논의를 마무리했다.[12]

계몽주의는 여러 가지 특징을 가지고 있었다. 그것은 하나의 교리의 집합체라기보다는 태도들—기독교적 유산에 대한 전반적인 혐오감과 인간의 장래에 대한 새로운 확신도 포함됨—의 재정립이었다. 그러나 그 다양성에도 불구하고, 계몽주의에는 하나의 중심되는 초점과 이 상—자율적인 인간—이 있었다. 그처럼 복잡한 발달상은 극단적으로 단순화하지 않고서는 간단히 요약할 수 없을 것이다. 다행히도, 계몽주의 시대의 주요 전거들 및 그 시대의 알맞은 역사서들과 해석서들을 서구의 지성사에서 다른 어느 시대의 자료들보다 쉽게 접할 수 있으므로, 여기에는 그리 심각한 문제점은 없다(피터 게이, 에른스트 카서러, 빌헬름 딜티, 폴 해저드, 칼 벡커, 윌 두란트 등).

계몽주의의 특징

계몽주의의 주요 특징들에 대한 여러 해석가들의 의견은 일치한다. 첫째 특징은 종교와 정치와 도덕에 있어서 자유를 사랑하고 독재를 거부한 것이었다. 그에 따라서 철학자들이 알고 있으며 국가의 강압적인 권력과 뒤얽힌 기독교 전통도 거부했다(프랑스의 가톨릭 교회, 독일의 루터파 *Landeskirchen*, 영국 국교회 등). 그러나 종종 경건주의 전통 내의 추진력과 계몽주의와의 유사한 점들은 주목되지 않는 경우가 있다. 두 운동 모두 반(反) 체재주의였다. 두 운동은 청교도 공화국(Puritan Commomwealth)이나 프랑스 혁명 때에 보듯이 권력을 장악했을 때에 제대로 해내지 못했다. 두 경건주의와 계몽주의 모두 잔인한 행위를 미워했고, 박애를 사랑했다. 또 외적인 권위를 신뢰하지 않았다. 경건주의가 지향한 방향은 초자연주의적이고 신비적이었고, 계몽주의는 세속적이었다(이것이 칼 벡커의 저서 『18세기 철학자들의 거룩한 도시』의 요점이다). 경건주의와 계몽주의 모두 옛 것을 대적하고 새 것을 지지했다.

계몽주의의 주요 관심사는 표면적이고 자의적인 권위에 마지못해 의지하는 데서부터 인간을 해방시키는 것이었다. 이것이 칸트가 "계몽이란 무엇인가"라는 자신의 질문에 대해 제시한 대답의 핵심이었다:

> 계몽이란 인간이 자초한 보호감독으로부터의 해방이다. 보호감독이란 다른 사람의 지도를 받지 않고서는 자신의 지식을 활용하지 못하는 무능함을 말한다. 이 보호감독의 원인이 이성의 부족에 있는 것이 아니라 다른 사람의 지도를 받지 않고 그것을 사용하려는 결단력과 용기의 부족에 있을 때에, 그것은 그 사람이 자초한 것이 된다. "감히 독립하여 스스로 판단하라." 이것이 계몽주의의 표어이다.[13]

그는 『사유의 방향 설정』(*Orientation in Thinking*, 1786)에서는 그의 논제를 확대했다:

> 자신을 위해 생각한다는 것은 자신의 자아, 즉 자신의 이성 안에서 진리를 검증하는 지고한 시금석을 찾으려는 것이다. 그리고 항상 자립하여 생각하라는 교훈을 따르는 것이 계몽이다…이 시금석에 의해서, 우리는 비록 곧 미신과 광신주의를 객관적인 근거에 입각하여 논박하는 데 필요한 지식을 가지고 있지 않아도 그것들이 사라지는 것을 보게 될 것이다.[14]

자율성의 개념과 연결되어 있으면서 그것을 강화해 주는 것이 진보라는 개념이었다. 지암바티스타 비코(Giambattista Vico, 1668-1744)와 같은 사람들은 "진보"(progress)를 "섭리"(providence)라는 고전적인 주제의 변형으로 보았고, 앤 로버트 자크 터곳(Anne Robert Jacques Turgot), 베르나르 르 부비에 드 폰테넬(Bernard Le Bovier de Fontenelle), 마르키 드 콘도르세(Marquis de Condorcet) 등은 자연 특히 인간사의 전개에서 작용하는 역동적인 힘을 상징한다고 보았다. 이 교리의 중심에는 인간 본성과 그 완벽 가능성에 대한 새로운 확신이 놓여 있었다. 칼 벡커가 계몽주의의 "신조"를 요약한 것은 지금도 교훈적이다:

1. 인간은 나면서부터 타락한 것이 아니다.

2. 삶의 종말 자체는 삶, 내세에서의 지복의 삶 대신에 세상에서의 선한 삶이다.
3. 인간은 오로지 이성과 경험의 빛의 인도함을 받아서 세상에서 선한 생활을 완성할 수 있다.
4. 세상에서의 선한 생활의 기본적인 조건은 인간의 정신을 무지와 미신이라는 속박으로부터 해방하는 것이다. 이것은 그들의 몸이 조직적인 사회적 권위들(세속적 권위나 교회의 권위)의 자의적인 권위의 자의적인 학대로부터 해방되어야 하는 것과 같다.[15]

그러한 신조에 따른 하나의 결과는 비전통적이고 분명히 세속화하는 영성이었다: 해방 영성, 관대하고 인간적이고 관용하는 기질을 양성하는 영성. 이는 사람들은 "힘에 의해서보다는 설득에 의해서 보다 쉽게 이끌 수 있고" "천성적으로 덕과 선한 시민이 되는 성향을 가지고 있고"[16] "생명, 자유, 행복 추구 등"을 포함하여 "절대적인 권리"를 창조자로부터 부여받았기 때문이다. 행복에 대한 희망이 새로운 행복론을 뒷받침하고 있었다.

철학자들은 과학과 기술을 자율성을 얻기 위한 새로운 자원으로 여겼는데, 이것은 아이작 뉴턴, 존 레이, 윌리엄 더햄(코페르니쿠스, 요하네스 케플러, 갈릴레오 등도 배제되지 않는다)과 같은 17세기 선구자들의 물리-신학(physico-theology)과는 다른 것이었다. 그러나 옛 질서 안에서 믿음이 약해지면서, 과학과 기술이 만병통치약으로 등장했다. 새 시대에서는 새로운 세속적 사제직이 인간사를 주재했다. 천문학에서부터 의학에 이르기까지 탐구와 실천의 모든 분야에서 자율적인 인간은 과학과 발명을 진보의 주된 행위자로서 의지할 수 있었다. 중농주의자들과 유물론자들은 보다 풍부한 장래를 기대하면서 서로 손을 잡을 수 있었다. 철학자들은 힘을 합하여 "하늘나라"를 하늘로부터 끌어내려 지상에 자리잡게 할 수 있었다(이것은 블레이크, 포이에르바흐, 벨라미 등이 제기한 것과는 다른 상징으로 등장한 이상이다).

또 철학자들은 자기들이 생각한 전통적인 기독교 신앙을 거부하는 데 있어서도 의견이 일치했다. 볼테르(Voltaire)가 "수치스러운 것을 몰아내자"고 외치면서 공격한 대상은 역사적인 기독교, 가톨릭, 개신교, 또는 경건주의였음이 분명하다. 처음에 그는 개혁보다는 절연에 관심을 가졌다. 그는 실질적인 기독교 교리들을 기독교의 분명한 타락상으로 여겨 맹렬하게 비난했다. 물론 볼테르는 나이가 든 후에 자신이 과거에 삭제했던 것들에 대해 다시 생각하게 되었다. 그는 무신론은 초자연주의와 마찬가지로 혐오스러운 것이라고 말했다. 심지어 선하신 하나님에 대한 자비한 믿음은 무식한 사람들이 제대로 살 수 있도록 도와줄 것이라고 주장했다. 그는 페르네이에 교회당을 세웠는데, 그 입구에는 *Deo erexit Voltaire*라는 명문이 새겨져 있다. 그는 하나님이 존재하지 않는다면 인류를 위해서 하나님을 만들어내야 할 것이라고 주장하기도 했다. 그러나 그와 같이 작은 믿음을 위해서 그가 용납할 수 있는 제도적인 형태는 없었다.

철학자들은 종교적 편협함과 억압에 대한 기독교의 기록 때문에 매우 불쾌했다. 그들 자신이 허락한 종교적 불관용 중 하나는 불관용 자체를 겨냥한 것이었다(물론 박해와 투옥이 병행되었다). 그 시대의 기독교는 원본의 변조품이었다는 의미가 피에르 베일(Pierre Bayle)이 『백과사전』(*Encyclopedie*)에 수록한 내용에 나타난다:

> 초기 기독교는 온유하고 관대하고 인내심이 많은 종교였다…그러나 16세기의 기독교(일본 등지에 수출하기 위해 제안된 것)는 그렇지 못했다. 그것은 지난 5, 6세기 동안 피흘림에 대해 무감각해진 살인적이고 살벌한 종교였다…따라서 그것은 자신에게 주어진 하늘의 축복…평화와 인내와 온유의 복음을 상실했다.[17]

장 자크 루소(독일과 프랑스)와 요한 게오르그 하만, 그리고 크롭스톡 및 "민감한 사람들의 모임"에 속한 사람들 등 뉴-에이지 낭만주의자들은 이성주의자들과 연합하여 옛 질서를 거부했다. 이들은 이성을 불신하고, "감정이 중요하다"는 룻소에게 동의했다. 그들 대부분은 직관을 강조한 하만에게 동조했다. 기독교 정통주의에 대한 루소의 반감은 『사회 계약』(*Du Contrat Social*, 1762), 그리고 교의를 벗어버린 단순한 종교를 선호한 데서 나타난다. 후자는 『에밀』(*Emil*, 1762)에서 사보야르 비카의 "신앙의 고백"에서 형성되었다. 그것은 찬양과 감사는 허락하지만 청원은 허락하지 않는 관대한 믿음이다. 그것은 자격이 있는 사람과 자격이 없는 사람 모두에게 자비와 사랑을 실천할 것을 촉구한다. 그것은 덕과 행복을 동일하게 여기며, 불멸의 소망을 선의 궁극적인 승리로 여긴다; 그것은 옛부터 전해온 의식들을 비 독단적으로 지키는 것을 허락한다. 그것은 룻소 자신도 지키지 못한 이상이었지만, 그 이후로 매력을 가지고 현대를 공격해오고 있다.

하만에게서, 소위 낭만주의의 질풍노도의 시대(*Sturm und Drang*)가 가장 특징적으로 나타난다. 칸트처럼 쾨니히스베르크에서 경건주의자로 태어난 하만은 "북유럽의 박사"(Magus of the North)라는 별명을 얻었다. 그는 자신을 인간 정신을 이성주의의 비참한 궤변으로부터 구원하려는 사명을 가지고 "부활한 소크라테스"라고 생각했다. 그는 신비에 대한 생생한 의식을 가지고 있었고, 신성한 것들을 정의하려는 노력을 철저히 거부했다. 사랑만이 사물의 참된 본질을 드러내줄 수 있다. 그리고 우리는 추론적인 이성이 제공하는 추상적인 것들을 사랑할 수는 없다. 그는 첫번째 출판한 저서의 제목을 『소크라테스의 회상록』(*Sokratische Denkwurdigkeiten*, 1759)이라고 붙였다. 그러나 나이가 들어가면서, 그는 삼위일체설과 같은 표준적인 기독교 교리와 화해하고, 그것들이 인간의 자기 이해를 위한 유익한 상징들을 제공해 준다고 보았다(『의심과 착상』). 그 과정에서, 그는 칸트와 피히테의 관념론을 둘러싸고 쿠사와 피히테가 *coincidentia oppositorum*의 원리에 호소한 것을 좋아하게 되었다. 하만의 글을 읽으면 죄렌 키에르케고르를 생각하게 되고, 키에르케고르의 글을 읽으면 하만을 생각하게 된다. 이 두 사람과 정통적인 독단가인 마틴 켐니츠(Martin Chemnitz) 사이에는 큰 차이가 있다. 그리고 경건주의자라면 하만 쪽으로 기울 것이다.

존 웨슬리: 계몽된 경건주의

영국 국교회의 복음주의자인 존 웨슬리(John Wesley, 1702-1791)는 지금까지 살펴본 인물들과 같은 시대의 인물이면서 그들 대부분을 알고 있었다. 그는 감리교의 창시자로 알려져 있지만, 흥미롭게도 정통적인 기독교와 경건주의와 계몽주의 모두에 충성하면서 전혀 모순을 느끼지 않은 대중적인 신학자로도 알려져 있다. 그는 영국 국교회 안에서 살면서 그 체제에 큰 애착을 갖지 않았다. 그는 노년에 이르기까지 계몽주의의 자극적인 것들에 생생한 관심을 가지고 있었지만 그 세속화된 퇴보에는 반대했다.

그는 보수적인 국교회 신자의 가정에서 태어나, 청교도 신앙과 가톨릭 신비주의가 뒤섞인 분위기에서 자랐고, 옥스포드 대학에서 고전과 성경을 공부했다. 그는 링컨 대학의 교수로 선출됨으로써 유능한 학자로 인정받았고, 또 자주 성 메리 대학교회에서 설교를 맡음으로써 인기 있는 대학 설교자로 인정받았다. 옥스포드 대학에서부터, 그는 영국 교회 내의 활기찬 종교 집단의 영적 지도자, 복음전도자, 선교사, 쓸데없는 분열이라고 생각하는 것은 확실히 회피하려 한 서민적인 신학자가 되었다.

그가 경건주의였음은 의심의 여지가 없다. 그는 55권으로 이루어진 『기독교 총서』(Christian Library)에 12명 이상의 경건주의자들의 글을 발췌하여 포함시켰다(예를 들면, 아른트는 제1권과 2권에, 십스는 제10권에서 다루어진다). 그는 스페너의 기독교 갱신 프로그램과 프란케의 기독교적 자선사업 유형을 스스럼없이 모방했다. 그러나 만일 분리주의가 경건주의의 특징적인 경향이라면, 웨슬리는 그것을 피하려 했고, 생전에는 그 일에 거의 성공했다. 그는 성례전을 중시하는 교회, 특히 "성찬의 찌끼에 안주해 있는" 교회 안에도 사회를 개혁할 공간이 충분히 있다고 믿었다. 그는 기독교의 전통에 몰두해 있었고, 그것을 사랑했다. 그는 *homo unius libri*라는 것을 자랑했다. 그는 국교회의 설교집, 신조, 기도서를 성실하게 믿는 정통적인 신자였다. 그러나 그는 참된 것을 지적으로 인식하는 데 있어서는 마귀들이 신자들보다 더 정통적일 수도 있지만 "그럼에도 불구하고 마귀는 여전히 마귀"[18]라는 크랜머의 생각에 동의했기 때문에, 정통주의 견해를 중시하지 않았다. 그는 "고대의 것이든 현대의 것이든 세상의 모든 전례는 국교회의 공동기도서보다 더 성경적이고 합리적인 경건을 고취하지는 못한다"[19]고 확신했다. 그러면서도 그는 아메리카의 감리교도들이 사용할 수 있도록 자신의 권위에 입각하여 그 전례를 고치고 요약했다. 나아가, 그는 자신이 전례서를 개정하면서 "많은 시편들과 기독교 회중이 사용하기에 적절하지 않은 많은 부분들을 생략했다"[20]고 설명하기도 했다. 그러면서도 그는 "종교에 있어서 나는 새로운 것들은 그다지 좋아하지 않는다. 나는 오래된 포도주를 가장 좋아한다"[21]고 주장하기도 했다.

동시에, 그는 계몽주의자들의 자의적인 강조점들을 제거했지만 계몽주의의 여러 가지 관점에도 매료되어 있었다. "강압적인 보호 감독으로부터의 해방"이라는 중요한 문제에 관해서, 웨슬리는 칸트 이전의 옛 질서와 결별했었다. 그의 조부들 역시 이미 그 방향을 지향했었다. 그는 미국의 독립전쟁이 일어나기 50년 전에 자유로운 국가의 자유로운 국가를 지지했다. 그는 "국교회"와 불화했다. 그는 개인적인 성공에는 전혀 관심이 없었고, 영국의 하류층 사람들 사이에서 살고 일하며 그들에게 구원과 기쁨을 주려 했다. 그는 값없는 은혜가 자유에 대한 계몽주의의 많은 개념들의 원형이었다고 강조한다.

그는 또 그 시대의 학문과 기술에도 관심을 가졌다. 그는 전기 실험을 즐겨 했고, 17세기의 "발견자들"의 이야기를 관심을 가지고 읽었다. 어쨌든 그는 유명한 신구 논쟁에서 새로운 것을 지지하게 되었다. 그는 폰테넬(Fontenelle)의 글을 읽고, 그의 분명한 자연주의는 거부했지만 진보에 대한 논거들은 받아들였다. 그는 인간의 장래가 결정되었다고 생각하는 것을 안타깝게 여겼다. 그는 그러한 견해는 "하나님께 대한 엄청난 무례의 본보기"라고 말했다. 그는 이전 시대가 현재나 미래보다 좋았던 것이 아니라고 주장했다: "솔직하고 공평하게 탐구하는 사람은, 참된 종교가 결코 쇠퇴되어온 것이 아니며 오히려 금세기에 크게 증가해왔다는 것을 쉽게 인식할 것이다."[22] 그 증거로서, 그는 종교적 관용의 증가와 복음이 전세계로 전파되리라는 희망적인 전망을 인용한다.

물론 웨슬리는 공통점이 없는 많은 관심사들을 결합하려고 노력했으며, 그것은 그의 특별한 업적에 관심을 받거나 이어받을 후계자들이 극히 적은 이유를 설명하는 데 도움이 된다. 그렇지만, 이러한 조화되지 않는 관점들을 통합한 이상의 단서는 "거룩한 생활 안에 참여함"이라는 옛 주제에서 찾을 수 있을 것이다. 그 결과는 주 예수 그리스도의 선행하는 은혜의 교리, 그리고 성령의 내재하시는 활동에 의해서 신자의 마음 안에서 널리 비추어지는 하나님의 사랑에 초점을 두는 경건주의였다. 따라서, 그는 성령론적 상징들로 가득한 경건 안에 고대 신비주의와 현대 심리학과 예언적 도덕을 결합하려 했다. 그것은 생기와 호흡을 언급한 다음의 인용문들을 보면 알 수 있다:

> (신생)과 성령 안에서의 삶이 시작되었으므로, 이제 진지한 신자들은 '산다'고 말할 수 있을 것이다. 하나님께서 성령에 의해서 그들을 소생시키셨으므로, 그들은 예수 그리스도로 말미암아 하나님께 대해서 살아 있다…
>
> 하나님은 끊임없이 인간 영혼에게 생기를 내뿜으신다; 신실한 영혼은 하나님 안에 불어 넣어진다. 은혜는 신자의 마음 속으로 내려오며, 기도와 찬양은 하늘로 올라간다. 그리고 하나님과 인간의 교제—아버지와 아들과의 교제—에 의해서, 영혼 안에 있는 하나님의 생명이 유지된다…
>
> 그것은 혼합된 거룩한 감정들과 기질들로 구성된다…끊임없이 하나님께 감사하는 사랑은…자연스러운 것이며 모든 하나님의 자녀를 자비와 온유와 오래참음으로 사랑하는 데 필요한 방법이다. 그러한 사랑은…우리 자신, 우리의 영혼과 몸—우리의 존재 전체와 소유, 모든 생각과 말과 행동—을 예수 그리스도를 통해서 하나님께서 받으실 만한 제물로 만들어준다…
>
> 우리의 정신 안에 있는 하나님의 형상이 새로워지지 않는 한…즉 거듭 나지 않는 한, 이러한 성결은 존재할 수 없다…따라서 이 세상이나 다음 세상에서 행복하려면 신생이 절대적으로 필요하다.[23]

여기에는 정통주의, 경건주의, 그리고 조명주의(Illuminism)의 강조점들이 자체의 훌륭한 본질들을 보존하면서 서로 얽혀 있으며, 최소한 개신교 진보주의의 한 가지 흐름이 예시되어 있다.

우리를 에워싸는 하나님의 은혜에 개인적으로 참여하는 것을 강조하는 경건주의, 그리고 모든 종류의 부끄러운 행위로부터의 해방을 강조하는 계몽주의는 실질적으로 하나의 공통된 핵심을 가지고 있으며, 실제로 그처럼 완강하게 서로를 반대할 필요가 없었다. 그러나 그러한 일이 실제로 벌어졌으므로, 경건주의는 이 세상에서 인간 문화의 긍정적인 가치들을 인정해야 했을 것이며, 계몽주의는 성경적 초자연주의와 그 "구원의 질서"—믿음으로 말미암아 은혜에 의해 죄로부터 성화로 나아감—를 용납했으면 좋았을 것이다.

전통적인 형태의 경건주의와 계몽주의는 post-critical, post-modern, post-liberal 등 다양한 명칭이 붙여지고 있는 것의 공격 앞에서 쇠퇴해 가고 있으므로, 근본적으로 새로운 방향 정립이 진행되고 있다. 이러한 변화의 시대에는, 경건주의의 장점(참여의 주제)과 계몽주의의 장점(책임 있는 자유의 정신)을 진실로 희망있는 인간의 장래를 위한 자원으로 다시 요구할 수 있어야 할 것이다. 그렇게 될 때, 그것은 나름의 특별한 방법으로 진정한 진보가 될 것이다.

주

1) Gisbert Voetius, "Concerning 'Precision' in Interpretation of Questions 94, 113, and 115 of the Catechism," in *Reformed Dogmatics,* ed. John Beardslee III (New York: Oxford University Press, 1965) 325.
2) Johann Arndt, *True Christianity,* trans. Anton Wilhelm Boehem (London: Joseph Downing, 1720).
3) Philip Jacob Spener, *Pia Desideria* (Philadelphia: Fortress, 1964).
4) John Wesley, "Minutes of Several Conversations," in The Works of the Rev. John Wesley, A.M., vol. 8, ed. Thomas J. Jackson (London: Mason, 1828-31) 299.
5) Johann Arndt, *True Christianity*, in The Pietists, ed. Peter C. Erb(New York: Paulist, 1983) 29, 32.
6) Ibid., 277-278.

7) Richard Sibbes, *Discovery of the New Union betwixt Christ and the Church: and Consequently, Between Him and Every Believing Soul*, in *A Christian Library*, vol. 6, ed. John Wesley(London: T. Cordeux, 1820) 184.
8) Samuel Shaw, *Communion With the Deity*, in *The Works of Rev. Samuel Shaw, M. A.*(Boston: George Clark, 1821) 2:438.
9) Nicholas Ludwig von Zinzendorf, *Nine Public Lectures on Important Subjects in Religion*, trans. George W. Forrell(Iowa City: University of Iowa Press, 1973) 102.
10) John Wesley, "Preface to Sermons on Several Occasions," *The Works of John Wesley*, vol. 1, ed. Albert C. Outler(Nashville: Abingdon, 1984) 104.
11) Thomas Brooks, *The Works of Thomas Brooks*, vol. 4, ed. Alexander B. Grosart(Edinburgh: James Nichol, 1866) 274.
12) Tolan, Collins와 Tindal에 대해서는 E. Graham Waring, ed., *Deism and Natural Religion: A Source Book*를 참고하라.
13) Immanuel Kant, *On History*, ed. Lewis White Beck(Indianapolis: Bobbs-Merrill, 1963) 3.
14) Immanuel Kant, "Orientation in Thinking," in *Critique of Practical Reason and Other Writings*, ed. Lewis White Beck(Indianapolis: Bobbs-Merrill, 1963) 146.
15) Carl Becker, *The Heavenly City of the Eighteenth Centuries Philosophers*, 102-3.
16) Ibid., 103.
17) Denis Diderot, *Encyclopedia*, ed. Jean Lerond d'Alembert(Indianapolis: Bobbs-Merrill, 1965)
18) John Wesley, "An Earnest Appeal to Men of Reason and Religion," in *The Works of John Wesley*, vol. 11, ed. Gerald R. Cragg(Oxford: Oxford University Press, 1975) 68-69.
19) John Wesley, "Preface, the Sunday Service of the Methodists in North America," in *The Works of the Rev. John Wesley A. M.*, vol. 14, ed. Thomas J. Jackson(London: Mason, 1828-31) 304.
20) Ibid.
21) John Wesley, "Letter to Mr. Walter Churchey,"(June 20, 1789) in *The Works of the Rev. John Wesley, A.M.*, vol. 12, ed. Thomas J. Jackson(London: Mason, 1828-31) 438
22) John Wesley, "Of Former Times," in *The Works of John Wesley*, vol. 3, ed. Albert C. Outler(Nashville: Abingdon, 1986) 451.
23) John Wesley, "The Hew Birth," in *The Works of the Rev. John Wesley*, vol. 2, ed. Albert C. Outler(Nashville:Abingdon, 1985) 193-96.

참고문헌

Becker, Carl. *The Heavenly City of the Eighteenth-Centuries Philosophers*. New Haven: Yale University Press, 1932.

Brown, Dale W. *Understanding Pietism*. Grand Rapids: Eerdmans, 1976.
Cassirer, Ernst. *The Philosophy of Enlightenment*. Princeton: Princeton University Press, 1951.
Cragg, Gerald R. *The Church in the Age of Reason 1648-1789*. New York: Penguin Books, 1960.
___. *Reason and Authority in the Eighteenth Century*. Cambridge: University Press, 1964.
Erb, Peter C. ed. *The Pietists*. New York: Paulist, 1983.
Gay, Peter. *The Enlightenment: An Interpretation*. 2 vols. New York: Knopf, 1966.
Hazzard, Paul. *The European Mind*. London: Hollis & Carter, 1953.
___. *European Thought in the Eighteenth Century*. New Haven: Yale University Press, 1954.
Schmidt, Martin. *Pietismus*. Stuttgart: Kohlhammer, 1972.
Stoeffler, F. E. *German Pietism During the Eighteenth Century*. Leiden: Brill, 1973.
___. *The Rise of Evangelical Pietism*. Leiden Brill, 1965.
___, ed. *Continental Piety and Early American Christianity*. Grand Rapids: Eerdmans, 1976.
Waring, E. Graham, ed. *Deism and Natural Religion: A Source Book*. New York: Frederick Unger, 1967.

제4장
성공회 영성

고든 웨이크필드(Gordon S. Wakefield)

문제점은 성공회(Anglicanism)가 언제 시작되었는가 이다.[1] 모든 형태의 기독교 신앙의 기원은 아브라함을 부르신 것까지는 아니더라도 그리스도와 신약성서로 거슬러 올라간다. 그러나 그것은 분명한 기원보다는 신빙성의 문제들을 일으킨다. 지금까지 항상 영국 국교회를 질투하며 자기들이 종교개혁 이전의 교회를 직접 계승했음을 강조하려 하며, 영국의 영성과 성공회의 영성이 동일하다고 주장하려는 사람들이 있었다. 그들은 성공회 교인이란 수난에 헌신하는 앵글로-색슨인들이라고 주장하려 하며, 비드(Bede, 8세기 초의 역사가)와 14세기의 영국 신비가들을 종교개혁이 외국의 속박에서 해방시켰지만 파괴하지는 않은 교회와 동일시하려 했다. 영적 유사성들과 관계에 대해서 논란을 벌여서는 안되겠지만, 제도 존중주의는 무시될 수 없다. 우리는 영국 국교회를 이전 세대들 안에 뿌리를 두고 있지만 16세기 종교개혁의 결과 안에서 그 특유의 꽃을 피우고 열매를 맺은 기독교회의 한 지파로 정의할 것이다. 그것은 그 대격변(종교개혁)이 초래한 많은 결과들 중의 하나로서 존속해왔다. 종교개혁은 경쟁적인 이해관계에 매료되어 참된 연속성을 회복하려고 노력했다는 점에서 연속성의 파괴요, 종교의 부흥이었다. 성공회는 개혁주의 교회들보다 중세 시대 교회의 질서를 더 많이 보유했고 매튜 파커(Matthew Parker)가 말한 것처럼 자신을 "평범하지만 소중한 존재"로 생각했다. 그리고 20세기의 진보적 에큐메니스트들은 성공회를 "교량 역할을 하는 교회"(bridge church)라고 생각한다.

이것 외에도, 우리는 헨리 8세 이후 영국 교회가 법에 의해서 국교회로 자리잡아 왔다는 사실, 그리고 약간의 불확실한 사태들과 갈등을 겪은 후인 1662년 이후로는 영국 국민들이 국교로 신봉하지 않으면 사회적 불이익을 당하는 교회로 등장했다. 17세기의 마지막 25년 동안에도 비국교도들이 불이익을 당하는 것을 원하지 않으면서도 경건하고 학식 있는 신자들이 성공회를 따르지 않는 이유를 이해하지 못하는 사람들이 있었다. 이전에 사역을 하면서 자신의 진보주의 때문에 논쟁의 근원이 되었던 더햄의 주교 허버트 헨슬리 헨슨(Herbert Hensley Henson)는 1930년대에 켐브리지 대학의 교수이자 대학 대표 변사(Public Orator)였으며 예수에 대한 여러 권의 베스트셀러를 저술한 작가인 글로버(T. R. Glover)를 만났을 때에 그처럼 지성적인 사람이 침례교인이라는 사실에 대해 놀라움을 표현했다.

성공회 영성에 체제가 미친 영향을 무시해서는 안된다. 대부분의 영국 기독교인들은 철두철미한 애국자들이다. 청교도들과 존 웨슬리와 감리교도들 역시 그러했다. 그들은 고난이나 차별에도 불구하고, 1689년에 정착한 이후로 영국인 교회가 파멸하는 것을 원하지 않았다. 그들은 때로는 맹렬하게 항의하고 논쟁을 벌였지만, 때로는 17세기의 결의론이나 그리스도에게 헌신하는 데 있어서 영적인 유사성을 지니고 있었으며 분열을 초월하는 깊은 우정을 지닌 충성스러운 반대 세력이라고 할 수 있었다.

예술의 아름다움이 그렇듯이, 성공회의 영적 전통의 아름다움은 그 풍족함과 특권에 크게 의존하고 있기 때문에, 그 전통을 사랑하고 신봉하는 사람들 중에는 양심이 바르지 못한 사람들도 있었다. 주교들과 부제들이 성공회의 교사의 명부에 올라 있었고, 성공회의 가장 훌륭한 저술들 중의 일부는 부유한 문인들이 저술한 것들이다. 성공회의 영적 전통도 순교자들—메리 튜더(Mary Tudor) 시대의 개신교 순교자들과 다음 세기의 왕족 순교자—을 가지고 있다. 이 둘은 같은 종교를 믿지만 서로 다른 당파에 속한 사람들을 당황하게 만든 일이었다. 오덴(W. H. Auden)은 조지 허버트(George Herbert)가 문인 사회를 위해서 왕족의 신분을 포기했음에도 불구하고, 그의 신앙을 "어느 중류층 신사의 경건"[2]이라고 표현하면서 천하고 경멸스러운 것이라고 간주했다. 그러나 퓨지(Pusey)가 매우 부유했듯이, 랜슬롯 앤드류즈(Lancelot Andrews)도 매우 부유했다. 잉게(W. R. Inge)는 옥스포드-켐브리지의 유식한 계층의 우월의식을 가지고 저술했고, 엘리오트(T. S. Eliot)의 등장인물들은 모두 부유층이었다. 오늘날에는 허버(Herber) 주교가 지은 주현절 찬송 "가난한 사람들의 기도가 하나님께 더 소중합니다"의 가사에 마음이 쏠리는 사람들이 많다. 우리는 17세기에 존 번연이 표현한 하류 계층—거기에 등장하는 악역들은 모두 중류층 신사들과 부인들이었으며, 당시 완전히 패배한 견해를 소유한 거칠고 극단적인 국교회를 반대하는 청교도들이었다—의 영성이 몇몇 집단 내에서 새로운 정통주의가 되었다는 점을 망각해서는 안된다. 한편 현대의 대도시의 저소득층이 사는 지역의 흑인 교회들은 오늘날의 성공회 교인들로 하여금 자기들의 제2의 회심을 말하게 만들었다.

그러나 성공회 영성은 곧 특별한 역사적/사회적 상황에서 하나님에 대한 사랑이 만들어낸 것이다. 성공회 영성을 양성한 제도는 유럽 대륙의 개신교 신학이나 가톨릭 신학으로부터 독립된 영국 교회였다(물론 16세기부터 20세기에 이르기까지 그것들의 영향을 전혀 받지 않은 것은 아니다). 이 교회에는 불분명한 신앙을 지닌 사람들이 속한다고 가정되어 왔으며, 또 세례와 견진성사와 같은 관습들, 초대 교회와 교부들에 관한 것(죽음, 그리스도와 함께 장사지낸 바 됨, 그리고 성령으로 기름부음을 받음 등에 대한 표현)을 근본적으로 전달하는 것과는 거리가 먼 예식들로 그들의 세속성을 장식해왔다. 만일 "영성"이 의식적으로나 무의식적으로 우리의 행동과 인격을 형성해 주는 영향력이라면, 자신의 의견을 분명히 표현하지 않고 이따금 교회에 가는 영국인은 성공회 신앙에 속한 사람으로 보아야 할 것이다. 그 이유는 공동기도서의 힘, 그들이 격하게 비판하는 것이 실질적으로 사라졌기 때문이다.

기도서와 그 영성

성공회 영성은 토머스 크랜머(Thomas Cranmer)와 그가 저술한 두 권의 기도서, 특히 1552년에 저술한 것과 더불어 시작된다. 1549년에 출판한 기도서도 계속 많은 사람들의 사랑을 받아왔다. 그것은 1544년의 기원(Litany)에 포함된 영국어로 기록된 것으로서, 아침 기도와 저녁 기도, 말씀의 전례 직전에 드리는 본기도(collect), 그리고 전통적인 미사의 요소들—인사, *Sursum Corda*("마음을 드높이…"로 시작되는 미사 서창), *Sanctus*("거룩하시다, 거룩하시다, 거룩하시다"로 시작되는 찬미의 경문), 중보기도, 기념, 성찬 제정, 성체 봉헌—을 지닌 함축적이고 긴 "위대한 기도"를 포함하며 거룩한 제단 앞에서 마치는 성찬 예배이다. 그것은 "완전하고 충분한 제물, 세상 죄를 위한 속죄의 제물로서 드려진" 그리스도의 제물을 강조하는 점에서, 그리고 성체를 축성한 후에 "table prayers"를 함으로써 수찬자들로 하여금 성찬식의 절정에서 죄 사함을 받은 죄인으로서 겸손하게 떡과 포도주를 받을 수 있게 한다는 점에서 철저히 개신교적이고 성경적이었다. 3년 후에, 크랜머는 개신교주의와 관련한 모호한 것들을 모두 제거하기 위해서 그 의식을 재정비했다. 그는 기독교의 전례에 선례가 없는 전칙곡(canon)을 마련했다. 이사야서 6장에 기원을 두고 있는 *Sanctus* 다음에는 Prayer of Humble Access를 두었는데, 이것은 1549년에 제시했던 Table Prayers를 변형한 것이었다. 스테픈 가디너(Stephen Gardiner)는 그것이 그리스도의 살을 먹고 피를 마신다고 한 요한복음의 표현을 지닌 화체설에 대한 믿음을 함축할 수도 있다고 주장했다. 천국과 천사들의 합창의 메아리는 우리로 하여금 하나님과 우리 사이의 "질적인 무한한 거리"를 깨닫게 해주며, 또 우리는 하나님의 자비 때문에 그의 식탁에 참여하는 손님이 될 수 있다는 것을 깨닫게 해준다. 이어 기도는 성찬 제정의 말로 이어지는데, 그것은 축성의 기도라고 불리지 않으며 1549년의 기도와는 달리 육체적인 행동이 포함되지 않는다. 또 포도주에 관해서 드리는 그 기도의 끝 부분도 아멘으로 끝나지 않는다. 따라서 목사와 교인들의 교제는 여전히 성체 기도(Anaphora)의 일부가 된다. 전칙곡은 주기도문에 이어 아멘으로 끝난다. 영광송(*Gloria in Excelsis*: "지극히 높은 데서는 하나님께 영광이요."의 찬가)에 이어 마지막 만찬에 대한 마가의 기사에 기록된 말, "이에 저희가 찬미하고 감람산으로 나가니라"(막 14:26)는 말에 따라서 예배는 끝난다.

1552년도 공동기도서는 여러 가지 이유에서 성공회 영성의 기초라 할 수 있다.

(1) 그것 때문에 성공회 영성은 전례적이다. 그것은 자발성에 기초를 두는 것이 아니라 규정된 본문에 기초를 두고 있다. 예배는 경험적인 것이 아니라 객관적인 것이며, 예배자의 감정에 의해서 결정되는 것이 아니라 교회에 의해 결정된다. 또한 그것은 일치의 방편으로 의도된 것이다. 모든 곳에서 동일한 본문을 사용해야 했다. 크랜머의 기도서는 그 시대의 신념들의 산물로서 어느 정도는 논쟁들 속에서 중재된 것이지만, 예배자들을 과거의 유산, 성경, 고대의 찬송, 전체 기독교계—정교회, 로마 가톨릭 교회, 교부 시대, 중세 시대—에서 파생된 형식과 표현들 등과 결합시켜 준다. 개신교 전례에는 가톨릭 신앙이 포함되는데, 장차 그중 동결 상태에 있는 것들을 끌어내어 녹여야 한다. 이것은 그로부터 3세기 후에 존 헨리 뉴먼이 깨달은 사실이다.

(2) 비록 과다하게 많은 성인들의 축일과 성체 축일과 같은 중세 시대의 축일들은 제거했지만, 서방의 교회력을 그대로 보유했다. 그러나 찰스 웨슬리의 표현을 빌면, "비록 지금은 죽음이라는 좁은 시냇물에 의해 분리되었지만 위에 있는 하나의 교회"라는 의미를 부여하면서, 사도적 성인들은 그대로 보유했다. 전례 안에는 혼자서 하는 기도 같은 것은 존재하지 않으며, 작은 규모의 집회도 없다. 아주 작은 마을에서도, 예배자들은 "천사들과 대천사들, 그리고 천국의 모든 사람들"과 합류한

다. 영성과 역사는 하나이다. 예배에는 "과거의 일들을 기억함"이 포함되며, 그것에 의해서 그것들은 현재 우리 눈 앞에 현존하는 것처럼 사실적인 것이 된다.

(3) 표현이 뛰어나다. 아침기도와 저녁 기도는 말로 드리는 예배가 된다. "덕을 함양해 주지 못하므로 읽지 않는 편이 나은 부분들을 제외하고는" 구약성서는 매년 한 번 통독된다. 신약성서는 세 차례 낭독되었는데, 이것은 전통적인 성무일과에서 짤막하게 몇 장만 읽는 것과 대조가 된다. 이것은 많은 고교회파 성공회 신자들(Catholic Anglicans)을 당황하게 했다. 왜냐하면 그것은 한편으로는 성무일과의 본질을 변화시키고, 다른 한편으로는 미미하게 나마 선택성의 원리를 적용하기 때문이다. 그리고 교화의 사상은 눈에 뜨이지 않는 곳에 숨는다. 그러나 믿음은 들음에 의해서, 그리고 이해에 의해서 온다는 것이 기초가 되는 확신이다. 버나드 쇼(Bernard Shaw)의 말을 빌리자면, 희망은 예배자는 눈으로 응시하면서 행하는 것을 귀로 행할 것이라는 것이다. 이것도 예배 내의 교훈적인 요소가 케리그마적이고 성찬적인 요소를 방해할 수도 있다고 생각하는 사람들에게는 의심의 요소가 된다. 종교개혁 시대에는 가톨릭 교회의 무지와 미신이었다고 생각되는 것들에 대한 반작용으로 교육을 지나치게 강조했을 수도 있다. 그러나 문자는 이해하기 위한 것일 뿐만 아니라 음악을 위한 것이다. 그리고 1611년에 성경 번역에 사용된 언어와 기도서의 언어를 성공회 영성의 요소로서 무시할 수는 없다. 서방의 전통에서와 마찬가지로 성찬식에서도 제정의 말은 매우 중요하다. 크랜머의 견해에 의하면, 그것들은 떡과 포도주의 본질의 변화를 일으키기보다는 그리스도의 말과 행동에 복종하는 것으로 존재했다. 후커(Hooker), 찰스 1세 및 2세 시대 사람들, 대니얼 브레빈트(Daniel Brevint)의 『기독교 성례와 희생제사』(*The Christian Sacrament and Sacrifice*)를 존 웨슬리가 발췌한 것(웨슬리의 『주님의 만찬에 관한 찬송들』[*Hymns on the Lord's Supper*]에 의역되어 있다)에서 보듯이, 성공회 전통에도 단어들의 효과에 대한 이론은 없으며, 다만 신비 앞에서의 경건한 불가지론만 존재한다. 그것이 엘리자베스가

지었다고 생각되는 구절에 요약되어 있다:

그분은 그것을 말하신 말씀이셨다
그분은 떡을 들어 떼셨다
그리고 나는 그분이 말하시는 것을
믿고 받아들였다.

(4) 그것은 평민들의 기도서이다. 즉 평신도들, 모든 하나님의 백성들이 일상생활에서 사용하기 위한 기도서이다. 그것은 가정에서의 신앙생활, 가족들의 경건을 위한 기초이다. 그렇기 때문에 크랜머가 독창적으로 만들어낸 성무일과는 기도―아침기도와 저녁 기도―로 이루어지며, 일년 내내 실천해야 한다. 일반인들은 기분이나 환경에 의존하지 않으며 하나님의 말씀을 듣고 아주 가치있는 찬양을 드림에 있어 위대한 교회에 합류할 수 있게 해줄 경건한 행위로 하루를 시작하여 끝낼 수 있을 것이다. 이 목적을 위해서, 크랜머는 laud와 matins를 합하여 아침기도로 하고, verper와 complinc을 합하여 저녁기도로 했다. 그 기도서는 회개를 지나치게 중요시한다는 비난을 받아왔으며, 처음 대할 때에는 그렇게 생각될 수도 있다: 두 가지 성무일과에 대한 회개의 서문이 1552년에 추가되었고, 성찬식 전의 권면이 그렇듯이 장엄하지만 장송곡 같은 연도는 죄와 재앙 사이의 직접적인 인과적 관계를 암시한다. 그러나 호스킨즈(E. C. Hoyskins)는 1927년에 켐브리지에서 설교할 때에, 기독교인이 영국 교회의 연도에서 네 번 반복하는 자비송―"불쌍한 죄인인 우리를 긍휼히 여기소서!"―이 자신에게는 전혀 의미가 없다고 선언하는 것은 곧 공개적으로 자신이 아직 기독교 신앙을 이해하지 못했다거나 기독교를 배교했다는 것을 선포하는 것이라는 말로 시작했다.[3] 기도서에 몰두해 있던 새무얼 존슨(Samuel Johnson)은 그의 말을 이해했을 것이다. 보스웰(Boswell)은 성 금요일에 성 클레멘트 데인즈 교회에서 존슨에 대해서 "임종하는 시간에, 그리고 심판날에, 선하신 주님이 우리를 구원해 주신다"는 연도의 탄원 부분을 진지하게 기도한 그의 모습을 나는 결코 잊지 못할 것이다"라고 기록한다.[4] 기도서는 세

상의 불분명한 것들과 타협에 개입되어 있는 사람들을 위한 책이다. 지나친 회개와 관련하여, 17세기 말에 베머튼의 존 노리스(John Norris of Bemerton)는 그 기도서의 많은 성가 영창이 찬양을 암시하기 때문에 그 기도서를 칭찬했다. 성찬 예배 안에는 편견을 가진 사람들이 생각하는 것보다 많은 감사가 존재한다. 우리는 믿음에 의해서, 감사함으로 그리스도를 먹어야 한다…

그 책을 평범한 기도서로 평가할 때에 본기도들이 매우 중요한 역할을 한다. 크랜머가 훌륭하게 번역한 본기도들은 로마 가톨릭 교회와의 연결고리이며, 그 중에는 크랜머가 지은 것들도 있다. 그것들은 형벌의 위협에 의해서 학습될 수 있는 기도문이며, 종종 그렇게 되어 왔다. 과거에 일부 어린이들은 그것들을 완전히 무시했을 것이다. 그러나 대부분의 어린이들에게, 그것들은 시편들처럼 장래를 위한 영적 저장소로서 때가 되면 진리를 산출해낼 저장소였을 것이다.

확정된 전례 형태는 개인이 그것을 자신의 것으로 삼는 것을 허락하는 동시에 통일성과 객관성을 확보할 수 있는 장점을 가진다. 그러나 말뿐만 아니라 형태로서의 전례와 관련하여, 교리를 결정하는 데 있어서 중요한 것은 그 방법이다. 1552년의 성찬 예배는 매우 다른 것이었다. 원래 성찬의 식탁을 동쪽 끝에 비치하고 길 잃은 개들이 더럽히는 것을 막기 위해서 철책으로 둘러쌀 것을 주장한 규정과는 달리, 성찬의 식탁은 교회 중앙에 놓였고, 수찬자들은 앞으로 나와서 그 주위에 섰다.[5] 또 성찬식을 행하고 남은 떡과 포도주를 성직자가 집에 가져가서 아침 식사로 사용할 수 있게 한 것은 1662년에 Humble Access 뒤에 행하는 기도를 축성의 기도라고 부르고 육체적인 행동을 복원한 것과는 큰 차이가 있었다.

1620년대에는 기도서의 공급이 성결함의 아름다움을 표현하며 로마 가톨릭 교회만큼 풍부하게 공급한 신앙에 부적합하다고 느끼는 성공회 교인들이 있었다. 예를 들어 존 카진(John Cosin)은 "크랜머 대주교 이래로 공동기도서에 가장 많은 글을 기고한 매튜 렌(Matthew Wren)과 함께" 예식적이고 질서있는 과거를 사랑했고, 영국인들이 새로운 교회를 세우거나 옛 신앙 형태들을 포기한 것이 아님을 보여 주려고 노력했다. 그는 제복, 촛불, 향 등을 사용하는 정교한 의식을 도입했다. 1626년에 그는 *A Collections of Private Devotions*를 출판했는데, 거기서는 과거에 크랜머가 했던 것처럼 소기도서(Primer)와 일과기도서(Breviary)를 의존하고 "교회의 공동 기도를 보완할 균질의 기도"를 제공했다.[6] 1661년판 공동기도서 개정판의 초안인 *The Durham Book*은 카진이 제안한 것이다. 그것은 온건한 고위 성직자들의 책으로서, table prayer의 위치에 Humble Access를 두고, 봉헌 기도를 축성 기도 다음에 두며, 축성된 떡과 포도주를 취하는 데 대한 규정을 마련하고, 전체적으로 대리 희생의 교리를 암시한다. 그러나 그것은 성직자 회의를 통과하지 못했다.[7] 그렇지만, 1662년의 개정으로 고위 성직자들은 공동기도서를 좀 더 받아들일 수 있는 것으로 여겼다. 물론 그들은 그것을 어느 정도 불편하게 여겼고, 장차 충성선서 거부자(윌리엄 3세와 메리 여왕에 대해서 신하로서의 서약을 거부한 국교의 성직자)가 될 사람들은 1549년, 그리고 동방 정교회의 전례를 돌아보았다. 그러나 1552년의 기도서 자체는 성공회 영성의 중심에 남아 있었다. 결국 그 기도서는 계속 사용되고 영국의 정신에 흡수되었지만, 사람들은 그로 인해 고난을 당했다.

성공회 영성의 특징은 공동기도서에 있다. 비록 일부 신자들이 볼 때에 그것은 은유적—여기에서는 단지 "시적"이라는 의미로 사용된다—인 것처럼 보일 수도 있겠지만, 본질적으로 신비적인 것이 아니다. 켐브리지 대학의 플라톤주의자들은 신학적으로는 "기도서를 애용하는 사람들"(prayer book men)이 아니었지만, 그들 가운데는 지적 신비주의가 존재했다. 기도서에는 표준적인 성공회주의의 핵심인 도덕주의(moralism)의 씨앗이 담겨 있다. 그것은 18세기에도 한동안 널리 퍼졌고, 성결을 향한 옥스포드 운동주의자들과 찰스 1세와 2세 시대 사람들의 갈망과 뗄 수 없다. 기도서의 목표는 "경건하고 의롭고 착실한 생활"이다. 그것은 영적인 최고의 세계로 날아가는 것을 장려하지 않으며, 그 귀착점은 바로 "당신의 십자가"라고 말할 수도 있을 것이다. 그것은 어떤 사람들의 경우에는 "환희의 헌신"의 출발점일 수도 있지만, 대부분의 사람에게 있어서는 그렇지 못하다. 그것은 종교적인 광신을 장려하지 않으며, 또 1640-1660년에 급진주의자들과 존 웨슬리의 신앙의 중요한 부분이었던 완전주의도 장려하지 않았다(물론 웨슬리는 자신의 교리가 교회의 가르침을 초월하는 것이 아니라고 주장하고 *A plain Account of Christian Perfection*을 정결을 구하는 기도로 마쳤다). 그것은 국가에 대한 복종과 일치를 양성하는 책이다. 특히 찰스 1세와 의회와의 분쟁(1642-46, 1648-52) 이후, 폭동, 음모, 반역 등으로부터의 구원을 구하는 기도가 추가되면서 한층 더 국가에 대한 복종을 강조했다. 그러나 많은 평신도들에게 있어서 기도서는 매 주 교회의 선반에서 꺼내어 읽는 책이 아니라 매일 가정에서 사용하는 동반자, 가정 예배와 묵상과 삶의 영감을 위한 지침서로서 자주 사용하는 책이었다. 1830년대에 존 헨리 뉴먼은 만일 사람들이 "온갖 종류의 이상한 방법들"을 채택하는 대신에 예배 규정을 존중하고 가정을 기도서의 정신에 일치시킨다면, "실질적으로 새로운 신앙 계획을 시도해보고 새로운 종교 사회를 세우고, 새로운 종교적 견해들을 개진할 때보다 훨씬 유익할 것이다"[8]라고 말했다.

제임스 2세파와 찰스 1, 2세파

표준적인 성공회 영성은 엘리자베스 1세가 사망하면서부터 왕정 복고 시대의 기간의 영성을 말한다. 그 시기에 영국교회는 개혁주의 교회학을 위해서 그것을 소유하려 했을 수도 있는 청교도들과 교황권을 위해서 그것을 회복시키려 한 로마 가톨릭 교도들 사이의 영성으로서 자신의 정체성을 발견하고 있었다. 그것은 주교들과 사제들과 부제들의 사역, 앞에서 묘사해온 전례, 그리고 최고의 통치자—성별된 권위를 소유하는 기름부음을 받은 군주—에 대한 충성에 전념하는 것으로 출현했다. 결국 국왕과 의회와의 분쟁으로 끝난 쓰라린 싸움과 일시적인 패배 속에서, 그 영성의 아름다움이 분명하게 드러났다. 물론 그 동안 반대자들에 대한 박해와 멸시는 계속 되었다. 17세기 초 25년 동안 감독제도는 청교도들마저도 칭찬을 금하지 못한 장점—주교, 성직록을 받는 사제들과 함께 치유를 베풀며 모든 신자들을 위해서 천국을 들여다 볼 수 있는 창을 열어주는 탁월한 성찬 집례자—을 지닌 아름다운 제도로 등장할 수 있었다.[9] 특히, 주교는 긍휼한 사람, 화해를 주도하는 사람이었다. 이러한 이상은 링컨의 주교인 에드워드 킹(Edward King, 1829-1910)에게서, 그리고 20세기의 일치를 위한 대화에 공헌한 문서들과 묘사들 안에서 다시 희미하게 나타났다.

일부 감독파의 경건 서적들은 뱅골의 주교 루이스 베일리(Lewis Bayly)가 저술한 『경건의 실천』(*The Practice of Piety, 1610*)과 같은 청교도들의 서적에서 출처를 발견한 듯했다. 『경건의 실천』은 존 번연의 부인이 결혼하면서 가지고 온 책이었는데, 200년이 넘도록 전 세계적으로 널리 보급된 책이었다. 그것은 여러 가지 전거들을 결합하여 만든 책이며, 일련의 묵상들을 담고 있는 신학적인 설명과 정의의 교과서였다. 묵상들은 그 책의 영적 기법의 핵심이며, 그 시대의 많은 안내서들이 그렇듯이 그 책도 일상생활의 평범한 일들과 본질적으로 반드시 필요한 것들에 대해 언급한다. 침대는 잠자는 사람으로 하여금 무덤을 상기하게 해 주며, 잠자리에서 일어나는 것은 죽은 자들로부터의 부활을 상기하게 해 준다. 수탉은 베드로가 주님을 부인했다가 회개한 것을, 옷을 입는 것은 인간이 최초에 지녔던 순수함과 타락으로 인한 수치를 생각하게 해준다. 햇빛은 치유를 대비하고 계신 부활하신 의의 태양의 상징이다.[10]

17세기에 "경건의 실천"이라는 용어는 오늘날 "영성"이라는 용어와 같은 것이다. 거룩한 삶"(holy living)이라는 용어도 오늘날의 "영성"에 해당되는 용어였다. 제레미 테일러(Jeremy Taylor, 1613-1667)는 공화국 시절에 카버리 부인(Lady Carbery)을 위해 저술한 책에 『거룩한 삶』이라는 제목을 붙였다. 테일러는 그 부인이 소유한 남부 웨일즈의 집에 피난한 적이 있었다. 그 책은 엄격한 자기 성찰에서부터 삶의 모든 측면을 위한 규칙들로 진행해 나아가는 영국식 문체로 저술된 대작이다. 그 책에는 그 시대의 영성의 공통점인 자기 부인이 가득하다. 그 책에는 많은 죄의식이 나타나 있으며, 규칙들은 엄격하지만 매력적이다. 존 웨슬리가 22세 때에 처음으로 하나님께 헌신한 것은 부분적으로는 테일러 덕분이었다. 그렇지만 콜리지(Coleridge)는 회개에 관한 테일러의 주장은 사람들로 하여금 절망하게 했다고 주장하며, "테일러의 계획이 필연적인 결과는 근심하는 양심, 결의론적이고 금욕적인 행위-성결(work-holiness)"이라고 말했다.[11] 테일러와 동시대 사람인 로버트 샌더슨(Robert Sanderson)이 비난한 것처럼 테일러에게는 일종의 펠라기우스주의가 존재했지만, 이것은 그 저서의 각 부분을 마감하는 기도문에서는 분명히 나타나지 않는다. 저서 전체의 목표는 우리를 위한 하나님의 사랑에 대한 반응인 하나님을 향한 사랑에서 우러나는 전적 헌신이었다. 성례를 받을 준비 속에 "소원의 행위"가 있다:

> 주 예수여, 속히 오십시오. 내 마음은 당신의 임재를 바랍니다. 나는 당신을 손님으로서가 아니라 주민으로서, 내 모든 기능을 다스리는 주인으로서 영접하렵니다. 내 마음 속에 들어와 내 마음을 당신의 것으로 삼으시고 영원히 나와 함께 거하여 주십시오. 그리하여 나도 사랑하는 주님의 마음, 나 때문에 창과 사랑으로 찔리신 마음 안에 거할 수 있게 해 주십시오.[12]

테일러의 말에 의하면, 신학이란 "신적인 지식이라기보다 신적인 삶이다. 우리는 천국에서 먼저 보고 나서 그 다음에 사랑해야 하지만, 이 세상에서는 먼저 사랑하면, 사랑이 우리의 마음과 눈을 열어 줄 것이다. 그 다음에 우리는 보고 느끼고 이해하게 될 것이다."[13]

우리는 기술적인 선별 검사가 없는 삶 속에서 사고, 자연 재앙, 전쟁, 전염병, 출산 등 여러 가지 방법으로 임할 수 있는 죽음이 17세기에 편재했다는 것을 잊어서는 안 된다. 죽음의 참해는 장년기까지 현저했으며, 그 때까지 생존한다고 해도 치아가 썩고 시력이 약해지고 머리카락이 빠지는 고통을 완화할 수 있는 방법이 없었으며, 치료법 또한 잔인하고 야만적이었다. 제레미 테일러는 『거룩한 죽음』(*Holy Dying*)에 이어 『거룩한 죽음의 규칙과 훈련』(*The Rules and Exercises of Holy Dying*)

을 저술했다.

> 그는 독자들에게 죽음을 향해 가는 과정에서 매일의 이익에 주목하라고 촉구했다. 그렇게 하면 죽음을 향하는 과정은 육신처럼 썩어 소멸하지 않는 자아, 불멸과의 관계로 말미암아 죽어가는 육신을 포기할 수 있는 자아를 형성하기 위한 자극이 될 수 있다.[14]

이것은 모든 영성에 있어서 천국의 차원을 중요한 것으로 만들었다. 모든 사람에게 있어서 세상은 눈물의 골짜기였으며, 대부분의 경우 유일하게 확실한 희망은 무덤 저편에 있었다. 그러한 소망은 그 때에 구원을 얻는 일을 절대적으로 중요한 일로 삼게 했다. 많은 작가들의 글에는 불멸의 소망에 대한 훌륭한 구절들이 있다: 예를 들면 존 돈(John Donne)의 설교 "죽음의 결투"나 아이작 월튼(Isaak Walton)이 존 돈의 최후에 대한 기사를 마무리하면서 행한 말 등이다: "과거에 성령의 전이었던 그의 몸은 이제 한 줌의 흙으로 변했다. 그러나 나는 장차 그것이 다시 소생하는 것을 보게 될 것이다."[5]

테일러의 글에서처럼, 글로 표현된 기도문들은 이 시대 성공회 영성의 자랑거리에 속한다. 중요한 것으로는 랜슬롯 앤드류즈(Lancelot Andrewes)의 *Preces Privatae*가 있다. 이것들은 출판을 위해 저술된 것이 아니었으며, 앤드류즈가 사망한 지 22년만인 1648년에 출판되었다. 그 원고는 "그의 경건한 두 손으로 만져 구겨지고 눈물로 얼룩진" 종이에 기록되어 있었다. 존 번연과는 아주 대조적으로, 앤드류즈는 사람들이 자기 나름의 표현으로 기도하는 것을 좋게 생각하지 않았다. 그는 즉흥적인 불경함이나 말이 많아 보이는 것을 싫어했고, 사람들은 성경이나 거룩한 전승의 표현으로 하나님께 기도해야 한다고 생각했다. 한편 그는 자신의 기도가 전세계와 모든 세대의 보편적인 기도 고리의 일부가 되어야 한다고 생각했다. 그는 서가에 9권이나 10권의 책을 두고서 손에 펜을 들고 기록하면서 훌륭하게 기도했다. 그는 기도하면서 기도문을 기록함으로써 정신을 집중했다.[16] 그 결과, 매 시간마다 해당되는 성경적인 근거와 참고 구절을 정해 놓은 지침반으로 시작되는 독창적인 헌신의 모자이크, 매일 기도의 모자이크를 만들어냈다. 그 다음에는 참회, 신앙고백, 희망과 자비, 찬양, 축복, 감사. 재해를 면하기를 바라는 기원, 중보기도, 의역된 주기도문이 이어진다. 회개하는 내용이 많으며, 중보기도가 지구를 완전히 에워싼다.

앤드류즈는 치체스터의 주교, 엘리의 주교, 윈체스터의 주교를 역임했고, 기타 다른 지역에서도 중요한 직분을 맡았다. 옥스포드 대학과 켐브리지 대학에서 그를 자기 대학의 인물이라고 주장할 수도 있을 것이다. 또 그는 제임스 1세의 궁중 설교자였다. 그는 나름대로 동음이의어나 단어 유희를 사용할 줄 알았고, 영어는 물론 라틴어와 그리스어를 구사했는데, 그것은 신앙의 진리에 대한 그의 성경적이고 교부적인 설명들을 돋보이게 해 주었고, 강력한 클라이맥스로 인도해 줄 수 있었다. 그는 대체로 그리스 교부들을 의지했는데, 그것은 이 시대의 성공회 영성을 청교도 영성이나 가톨릭 교회의 영성과 구분해 주는 특징이었다. 가톨릭 교회의 영성은 대체로 라틴어 전통 안에 있었다.

조지 허버트(George Herbert, 1593-1633)는 조신(朝臣)이었다가 성직자가 된 사람이며, 활동한 기간이 짧음에도 불구하고 모범적인 농촌 교회 목사이다. 그는 신학적으로는 칼빈주의자로 간주되었지만, 앤드류 루스(Andrew Louth)는 어거스틴의 예정론보다는 『고백록』이 끼친 영향이 훨씬 더 크다고 주장했다.[17] 허버트는 시인이었는데, 그의 시는 하나님을 향한 마음의 심오한 갈망, 우리가 고통에 의해 징계를 받을 때에도 하나님의 지극히 작은 자비와 구속하시는 은혜조차 감당할 자격이 없다는 의식을 표현한다. 그는 철저한 성공회 신자요 훌륭한 사제요 시인이다. 그는 꾸밈이 없는 청교도주의를 피했다. 사제의 제복은 표면적으로 나타내기 위한 겉치레가 아니라 그리스도의 전가된 의의 상징이다.

머리의 성결
가슴의 빛과 완전,
허리 밑의 조화로운 종들은 죽은 자들을 일으켜
생명과 안식으로 인도합니다;
참으로 아론은 그런 것들을 옷 입었습니다.

내 머리의 불경함
가슴 속의 결점과 어두움,
정욕의 소음은 나를 죽음으로
안식이 없는 곳으로 안내합니다
이것이 가련한 사제인 나의 옷차림입니다.

내가 다른 머리
다른 가슴과 마음,
죽게 하지 않고 살게 하는 다른 음악을 가졌으면 얼마나 좋겠습니까
그분이 없으면 나는 안식을 갖지 못합니다.
그분 안에서 나는 훌륭한 옷을 입습니다.

그리스도는 나의 유일한 머리이십니다
나의 유일한 가슴이요 마음이십니다.
나의 유일한 음악, 죽은 나를 살리는 음악이십니다.
나는 그분 안에서 늙을 때까지 쉴 수 있으며
새 옷을 입을 것입니다.

내 머리 속에서 지극히 거룩하며
내 사랑하는 가슴 속에 완전한 빛이 되는
그리스도께서 조율하신 나의 교리
(죽으신 분이 아니라 내가 쉬는 동안에도 내 안에서 살아 계시는 분)
백성들아 오라; 아론의 옷을 보라.[18]

허버트는 설교가 지루하거나 뚜렷한 영적 능력이 없을 때에도 설교가 중요하다고 믿었다. 그러나 그 목적은 기도로 인도하는 데 있었다.

 자주 설교하십시오. 그보다 더 자주 기도하십시오.
 기도하는 것이 설교의 목적입니다.

기도에 관한 허버트의 14행시는 상징들을 누적하여 사용함으로써 주제의 풍성함을 전달해준다:

기도, 교회의 연회, 천사의 시대.
인간으로 하여금 다시 탄생하게 해 주는 하나님의 호흡,
쉽게 설명하는 영혼, 순례하는 마음,
천국과 세상을 측량하는 다림추,
전능자를 거역하는 엔진, 죄인의 망대,
그리스도의 옆구리를 찌른 창
엿새 동안 지으신 세상이 한 시간 동안에 바꾸며
만물이 듣고 두려워하는 가락,
부드러움과 평화와 기쁨, 사랑과 축복
고귀하게 된 만나, 최선의 즐거움
일상적인 천국, 훌륭한 옷을 입은 사람,
은하수, 낙원의 새,
별들 너머에서 들리는 교회 종소리, 영혼의 피,
방향의 땅, 이해되는 것.[19]

허버트는 "형이상학파"라고 불리는 시인들의 집단에 속해 있다. 이 용어는 새무얼 존슨이 사용한 것으로서 때때로 복잡한 시, 암유적이고 요구하는 것이 많은 주석을 암시하기 위해서 경멸의 의미로 사용되었다. 그것은 1954년에 루이스 마르츠(Louis L. Martz)가 저술한 책의 제목을 빌리자면, "묵상의 시"이다. 자연적이고 성경적인 계시들이 결합되어 있으며, 자연에서 취한 것이든지 가정의 활동이나 산업활동에서 취한 것이든지 세상적인 장면들은 천국의 예표로, 또는 하나님의 영광의 광채에 의해 변화된 것으로 간주된다. 헨리 버건(Henry Vaughan, 1622-1695)은 자기의 고향인 브레콘셔 주에 살던 옛 종족의 이름을 따서 자신을 "실루리아 파"(Silurist)라고 부른 사람이다. 그는 자신이 허버트의 혜택을 많이 입었음을 인정했고, 또 신비 서적들의 영향을 받았다. 그는 어디에든지 영원을 의식했다. 잘 알려진 그의 시에서, 그는 영원을 "순수하고 끝이 없는 빛의 큰 고리와 같다"고 보았다. 어떤 사람들은 하늘 높이 영원 속으로 올라가려 했지만, 대부분의 사람들은 그렇지 않았기 때문에, 시인은 당황했다.

한 분이 이렇게 속삭이셨다

이 반지는 신랑이 신부를 위해 마련한 것이라고.[20]

시인이자 산문 작가인 토머스 트래헌(Thomas Traherne, 1637-1674)은 버건과 공통점이 많다. 그는 "긍정적인 방법을 사용한 탁월한 해석가로서, 창조세계를 변화시키는 하나님의 영광에 대한 생생한 의식을 풍부하고 감동적인 산문으로 표현한 사람"[21]이라고 불린다.

조지 허버트의 친구인 니콜라스 페라르(Nicholas Ferrar)가 1620년대 말에 헌팅던셔에 세운 리틀 기딩(Little Gidding)에서는 종교적인 공동 생활에 관한 흥미로운 실험이 이루어졌다. 극단적인 개신교도들은 이 단체를 "알미니우스주의 수녀원"이라고 비난했는데, 이 집단의 규칙은 그다지 수도원적이지 않았다. 그것은 남녀가 함께 생활하는 공동체로서, 매 시간 성무일도를 행하고 매일 시편 전체를 낭송하고 매달 사복음서를 낭독하는 가정 생활이라고 할 수 있었다. 성찬식은 매달 첫째 주일과 주요한 축일에만 거행했다(찰스 1, 2세 시대에는 성례는 매주 거행되지 않았다). 그 공동체는 자선 사업, 농사, 제본 등의 일을 했다. 그 공동체는 나름의 어려움을 가지고 있었으며 1646년에 약탈을 당하고 해산되었지만, 고교회의 기억 속에 남아 있었다.

참회와 엄격함에도 불구하고, 찰스 1, 2세 시대의 성직자들에게는 은혜의 낙관주의가 존재했다. 그 이유는 특히 앤드류즈의 성탄 설교에서 묘사된 성육신 신학 때문이다. 그 근저에는 인간으로 하여금 하나님처럼 되게 하시려고 하나님께서 인간이 되셨다는 아타나시우스의 말이 놓여 있다. 즉 분명히 신화(deification)를 가르치고 있다. 그러나 특히 앤드류즈에게 있어서 이것은 삼위일체 전체의 사역을 말한다. 앤드류즈의 견해에 의하면, 부활절은 그리스도의 두번째 탄생이요, 두번째 성탄절이다. 그리고 아버지와 아들을 연합하는 유대인 성령은 그리스도의 탄생, 삶, 죽음, 부활을 통해서 우리를 하나님의 생명 속으로 인도하며, 신의 성품에 참여하게 해준다.[22]

켐브리지 플라톤주의자들

신화(theosis)는 17세기에 활동한 흥미로운 신학자들의 집단이 지지한 그리스 사상이다. 그들은 신학적 논쟁에 싫증을 느껴 기독교 신앙을 "그 사랑하는 옛 유모인 플라톤주의 철학"[23]으로 돌아가게 하려 했다. 켐브리지 플라톤주의자들(Cambridge Platonists)은 어느 정도는 켐브리지 청교도주의(Cambridge Puritanism)의 후계자라고 할 수 있다. 공화정 시대와 왕정 복고 시대에도 살아 남았고, 17세기 중엽의 혼란스러움 속에서도 자기들의 직무를 대체로 보존했다. 그 이유는 그들이 기회주의자였기 때문이 아니라, 표면적인 종교보다는 내면적인 종교에 더 관심을 가졌고 완고한 신학자들 사이의 반감(odium theologicum)으로부터 자유했기 때문이었다. 그러나 이것 때문에 그 시대의 일부 사람들은 분개했다. 그리고 그들은 전쟁을 일으키고 기독교인들을 박해하게 만든 원인인 신앙고백적인 확신들은 단순히 상대적인 "관념들"에 불과하다고 믿었기 때문에, 그들을 무자비하게 대했다. 그들의 주장에 의하면 종교는 "조직화된 신성"(Divinity methodized)이 아니라 영적인 것이었다.

건전한 의미에서의 신화는 "기독교인이 완전히 하나님에 대해서 살기 위한 것, 그리스도와 함께 자신의 생명을 하나님 안에 감추고서 하나님의 삶을 살기 위한 것"이다(존 스미스). 신화는 윤리적인 것이다. 그것은 하나님 안에 몰두하는 상태가 아니라 하나님이 사랑하시는 것처럼 사랑하는 것, 하나님이 자비하신 것처럼 자비하게 되는 상태이다.

벤자민 위치코트(Benjamin Whichcote, 1609-1683)는 "자연 상태에 있는 것은 어느 것도 천박하거나 악하지 않다." 그리고 "하나님의 아들이 인간의 본성 안에 들어오실 때에 인간의 본성에 큰 영광이 주어졌다"고 선언했다. "신학은 하나의 신적인 학문이라기보다 하나의 신적인 삶이다." "신적 지식에 들어가는 유일하고 안전한 출입구는 참된 성결이다"(헨리 모어).

그들이 즐겨 사용한 성경 본문은 잠언 20:27—"사람의 영혼은 여호와의 등불이라"―이었다. 위치코트는 거기에 "하나님이 밝히신 등불이요, 우리를 비추어 하나님께서 인도해 주는 등불"이라고 덧붙였다. 이 등불은 태양이나 별과 비교할 수 없으며, 희미한 깜박임이 아니었다. 그것은 "하나님의 총명"(Divine sagacity), 영적인 기능으로서의 이성이었다. 그것은 플로티누스(Plotinus)가 묘사한 바 "이성보다 위대하고, 이성보다 선행하며, 사고의 대상이 그렇듯이 이성보다 훨씬 위에 있는 것"이었다. 그들은 종교적인 광신과 거짓된 열심도 미신과 마찬가지로 유감스럽게 생각했고, 기독교는 "신비적인 것"이 아니라고 말하려 했을 것이다. 그들은 테레사나 십자가의 요한과 관련해서 사용될 때의 의미에서는 결코 신비가가 아니다. 그들에게는 사랑의 발작이나 감각의 어두운 밤이 없다. 그러나 그들은 하나님과의 연합이 철학과 신앙의 목표, 이성적인 것과 영적인 것을 뒤섞음을 통한 "정신을 초월하는 연합"이라고 보았다. 비록 스피노자와는 다소 상이한 의미이지만, 우리는 "하나님의 지성적인 사랑"을 말할 수 있을 것이다.

　플라톤주의자들은 분명한 이분법을 소유하지 않을 것이다. 자연과 은혜 사이에 모순이나 부조화가 없듯이, 이성적인 것과 영적인 것 사이에도 모순이 없다. 그들은 주위 세상을 알고 있었으며, 사랑하는 마음으로 자연을 관찰했다. 20세기에 신학자인 동시에 식물학자요 조류학자였으며 신학과 과학의 화해를 간절히 원했던 찰스 레이븐(Charles Raven)은 랠프 커드워스(Ralph Cudworth)를 비롯한 플라톤주의자들에 대해 상세히 설명했다.[24] 존 레이(John Ray)―레이븐은 그의 전기를 저술했다―는 "하나님의 솜씨를 관상하는 것이 안식일에 행해야 할 일의 일부이다"라고 호소했다. 예를 들어, 헨리 모어(Henry More)는 현지조사에 관심을 가졌고, 플라톤주의자들은 창조와 성경을 하나님이 지으신 두 권의 책으로 보는 오랜 전통에 속해 있다. 존 스미스(John Smith)는 다음과 같이 말한다: "그러므로 선한 사람은 향기로운 동산을 거닐듯이 세상을 거닐 것이며, 꽃에서 신적인 달콤함을 빨아 먹을 것이다. 유대인들이 자기들의 율법에 대해서 말하는 것처럼 모든 피조물 안에는 두 가지 의미가 있다. 즉 문자적 의미와 신비한 의미가 있는데,

전자는 후자의 기초에 불과하다."²⁵⁾

커드워스는 "창조력이 있는 자연"(Plastic nature)라는 개념을 주장한 유능한 신학자였다:

> 만물은 우연히, 또는 유도되지 않은 물질의 구조(Unguided Mechanism of Matter)에 의해서 생산되는 것이 아니며, 또 하나님이 직접적이고 기적적으로 만물을 지으셨다고 생각하는 것은 합리적이라 할 수 없다. 하나님 밑에 창조적인 자연(Plastick Nature), 하나님께 종속하는 열등한 도구가 있어 그의 섭리의 몫을 꾸준히 시행한다고 결론지을 수 있을 것이다. 그 섭리는 규칙적이고 질서 정연한 물질의 움직임 안에 존재한다. 그러나 이 외에도 그보다 고등한 섭리가 있음을 인정해야 한다. 그것은 그것을 관할하면서 종종 그것의 결점들을 보완해 주고, 어떤 때는 그것을 지배하기도 한다. 그것을 보면 이 창조적인 자연은 선택적으로 행동하거나 판단력을 가지고 행동할 수 없다.²⁶⁾

플라톤주의자들의 견해에 의하면, 인간의 삶 전체가 기도가 되어야 한다. 왜냐하면 하나님과의 교제가 모든 것의 목표이기 때문이다. 영혼은 세상적인 것들에 대한 관상에서부터 전진하여 "이 가시적인 표면적 창조 안에서" 천상의 것을 관상하며, "은밀하게 그들의 영혼 속으로 흘러들어가며 그들은 성전 마당에서부터 지성소로 인도해 주시는 하나님을 여러 번 하나님을 발견한다." 따라서 인간은 "거룩한 담대함, 그리고 하나님과의 겸손한 친밀함"을 획득한다(존 스미스).

벤자민 위치코트는 켐브리지 대학의 삼위일체 교회에서 설교를 하기 전에 회중들로 하여금 오랫동안 기도를 하게 하곤 했다. 그것은 성경으로 가득했고, 대속의 교리에 토대를 두고서 그리스도가 "우리에게 오신 완전한 구주"가 되시며 하나님께서 우리의 영혼 안에서 은혜의 사역을 완성하시고 "우리를 천국 시민이 되게 해 주실 것"을 요청하는 기도였다. 플라톤주의자들에게 있어서 신앙생활을 즐거운 것이었고, 때로는 황홀할 것이었다.²⁷⁾ 성결은 곧 행복, 하나님의 행복에 동참하는 것이다.

> 그가 말하는 종교는 꿀처럼 달콤하지만, 배 속으로 들어가면 쓸개처럼 썼다. 종교는 무뚝뚝한 스토아주의가 아니고, 신랄한 바래새

주의도 아니다. 그것은 침울한 정념들, 낙심한 표정이나 우울한 정신 안에 존재하는 것이 아니라 자유, 사랑, 평화, 생명, 능력 등 안에 존재한다. 그것을 많이 소화하여 흡수하면, 그만큼 더 달콤하고 사랑스럽다는 것을 발견하게 될 것이다.[28]

도덕주의자들

혼란스럽고 격렬하고 종교적으로 열정적이었던 17세기에 이어 이성의 시대(Age of Reason), 그리고 1864년에 독일인들이 "계몽주의"라고 명명한 시대가 도래했다. 비국교도—특히 장로교인들—는 유니테리언교(Unitarianism)에 빠져들었다. 그렇기 때문에 쫓겨난 목사의 자녀인 새무얼 웨슬리와 수산나 웨슬리(후일 새무얼의 아내가 되었다)가 영국 국교회를 혼란스럽게 했고, 수산나는 왕에 대한 충성 서약을 거부한 국교회의 성직자들에게 공감했다. 충성 서약을 거부한 국교회 성직자들이 빠져나간 것은 이성주의를 향한 경향에 도움이 되었는데, 그 전형적인 예는 존 톨랜드(John Tolland)의 『신비하지 않은 기독교』(*Christianity Not Mysterious*)와 새무얼 클락(Samuel Clarke)의 저서이다. 물론 비국교도들과 함께 감정적이고 성례전적인 영성이 사라지지는 않았으며, 그것은 대체로 충성 서약을 거부하는 경향을 지닌 사람들 덕분이었다. 비국교도들이 리처드 백스터(Richard Baxter, 1691년 사망)에서부터 필립 다드릿지(Philip Doddridge, 1751년 사망)에 이르는 전통을 소유한다면, 성공회에는 특히 『금식과 축일』(*Fasts and Festivals*)에 관한 책을 저술한 평신도인 로버트 넬슨(Robert Nelson)과 후일 야곱 뵈메의 신비주의에 매료되었고 『기독교적 완전』(*Christian Perfection*)과 『경건하고 거룩한 삶으로의 진지한 부름』(*A Serious Call to a Devout and Holy Life*)을 통해서 존 웨슬리, 새무얼 존슨, 옥스포드 운동주의자들에게 영혼을 변화시키는 능력을 발휘한 윌리엄 로가 있다. 존 케블(John Keble)은 언젠가 허렐 프루드(Hurrel Froude)와 작별하면서 이렇게 말했다: "요전 날 당신은 로의 『진지한 부름』이 매우 흥미로운 책이라고 말했습니다. 그것은 마치 심판날이 아름다운 광경이라는 말 같았습니다."

그러나 1657년에 『인간의 모든 의무』(*The Whole Duty of Man*)라는 익명의 저서가 출판되었는데, 그 책은 도덕주의 학파의 선구자였고, 1세기 이상 성공회 영성의 헌장 역할을 했다. 그 책의 제목은 전도서 12:13, "일의 결국(인간의 모든 의무)을 다 들었으니 하나님을 경외하고 그 명령을 지킬지어다"에서 취한 것이다. 그것은 복음적이거나 보편적이라기 보다 윤리적이었고, "경건하고 의롭고 냉철한 삶"을 장려하고 술취함과 악덕을 반대하며, 구주의 고난과 우리가 날마다 주님을 십자가에 못박는 일을 관상하는 참회의 사실주의를 장려하는 교제에 대한 묵상들을 포함하고 있다. 그러나 그 책은 후커(Hooker)나 테일러에게서 발견되는 거룩한 신비에 대한 의식이 부족하다. 그러나 이 도덕주의적 경향을 펠라기우스주의라거나 지루한 도의론으로 치부해서는 안 된다. 1691년부터 1694년까지 캔터베리 대주교였고, 그 이전에 여러 해 동안 유력한 설교자였던 존 틸롯슨(John Tillotson)의 설교집은 왕정복고 시대의 왕실의 도덕적 혼란과 방탕함으로부터의 구원을 필요로 하는 시대를 위한 평범하고 실질적인 교훈을 제공해 주었다.[29] 조셉 버틀러(Joseph Butler)는 18세기 중엽의 교회의 천재적인 도덕적 철학자이다. 그는 옥스포드 운동주의자들의 성결 추구에 크게 기여했다. 예리한 지성과 긍휼한 마음의 소유자인 버틀러는 집단적인 광기를 두려워했다 (프랑스 혁명과 히틀러가 독일 국민들을 선동했던 일을 기억하면, 그것은 당연한 일이다). 이런 까닭에 그가 감리교도들을 싫어하고 존 웨슬리를 해고하면서 "성령의 특별 계시를 받았다고 주장하는 것은 아주 무서운 일이다"라고 말했다. 버틀러는 양심은 지고한 것이 되어야 하며, 개연성은 삶의 인도자가 되어야 한다고 생각했다. 자연이 우리에게 선하고 전능하신 창조주를 가리켜 주기 때문이 아니라, 자연만큼 훌륭한 종교도 신비한 것이기 때문에, 종교는 "자연의 본질과 흐름"과 유사하다. 처치(R. W. Church)는 버틀러에 대해 다음과 같이 설명했다:

만일 종교가 분명한 모순들을 가지고서 우리에게 다가온다면, 그

윌리엄 홀먼 헌트, *세상의 빛*, 1851-1853

리고 그 행해야 할 일을 반만 행하며, 어느 지점까지만 우리에게 빛을 제공하며, 우리의 고통을 완화해 주고 죄를 치료해 주지만 완전하게 해 주지는 않으며, 내세에 대한 것을 보여 주지만 극히 적은 부분만 보여 주며, 우리의 질문에 대답하고 소원을 성취해 주지만 만족하게 해 주지 않는다면—우리는 세상에 태어나면서부터 이런 일에 친숙해왔고, 그럼에도 불구하고 하나님께서 우리로 하여금 그 안에 거하게 하려고 그것을 우리에게 주셨다고 믿는다. 하나님은 공평하고 지혜로우시며, 지혜와 대속의 자비 안에서 우리가 매일 자연의 법칙과 실체와 접촉하면서 익숙해져 있는 원리들과 동일한 원리에 의해 작용하고 동일한 체계를 계속 유지하신다.[30]

    삶이란 정말로 보잘 것 없다. "그러나 그것은 생각으로 헤아릴 수 없고 말로 표현할 수 없는 위대한 것의 일부이기 때문에 실질적이다. 인간은 좁고 제한된 상태—그것이 얼마나 좁고 제한되고 생소한 것인지 아무리 강조해도 지나치다고 할 수 없다—에 있지만, 하나님의 통치 아래 존재한다…종교는 '엄청난 갈망'과 관련된 것이다. 왜냐하면 인간의 모든 관심과 존재, 자연의 운명이 그것에 의존하기 때문이다."[31] 이 위대한 주교는 임종하면서 "세상의 도덕적 통치자(Moral Governor) 앞에 서는 것이 무척 두려운 일"이라고 표현했다.[32] 우리는 그가 십자가에 달려 돌아가신 구속자의 공로 안에서 충분한 위로를 받지 못했다고 생각할 수도 있을 것이다. 이 점에 있어서 그는 존슨 박사와 다르지 않았다.[33] 그러나 그 엄숙한 표현은 도덕률폐기론자들을 향한 질책에 그치는 것이 아니며, 성공회 영성에 도덕적인 진지함을 부여해준다. 만일 도덕적인 진지함이 없다면 복음주의는 주관적이고 감상적인 것이 되며 가톨릭 신앙은 의식주의적 허구가 될 것이다.

복음주의자들

버틀러가 세상을 떠난 후(1752), 복음주의적 부흥이 활기를 띠었다. 부분적으로 이성의 시대가 만족시켜 주지 못했던 대중 신앙이 생겨났고, 산업 상의 침체와 가난이라는 상태와 저주—강제로 징집된 군대 생활에서의 수명 단축과 사소한 범죄로 인해 죽음을 당하는 것 등으로 인해 하층 사람들에게 임한 상태—의 두려움에서 벗어나고픈 욕구도 대두되었다. 성공회 영성에서 웨슬리 형제를 자기들에게 속했다고 주장하는 범위에 대해서는 논란의 여지가 있다. 두 사람 모두 죽을 때까지 성직자로 활동했고 한 때 옥스포드 대학의 연구원이었다. 또 동생인 찰스는 감리교 집단들을 국교회로부터 분리하게 될 모든 행동을 비난했다. 두 사람 모두 공동기도서를 활용했고 고교회에서 성장했으며, 그것들을 거부하지 않았다. 그들이 도구가 되어 이루어진 신앙부흥은 복음적인 동시에 성례전적이었다. 그들의 견해에 의하면, 성찬은 매일 행하지 않더라도 되도록 자주 행해야 할 탁월한 은혜의 방편이었다. 그들의 교리는 찰스 1, 2세 시대의 성공회의 교리였고, 교구 내의 다른 제단들과는 달리 그들의 제단에는 사람들이 모여들었다. 그러나 그들이 사용한 양식—무질서하고 소란스럽고, 흥분하고, 초기에는 많은 발작을 일으키기도 했다—은 성공회의 자제하는 태도와 양립할 수 없었고, 다음 세기에 옥스포드 운동주의자들의 비난을 받았다. 그들은 목회적이면서 복음적인 의도를 지녔고, 성공회의 교구제도와 양립할 수 없는 순회제도를 요구하는 새로운 교회 직제를 만들어냈다. 그들의 주된 목표는 뉴먼이 전파하려 했고 옥스포드 운동주의자들이 추구한 성결이었지만, 옥스포드 사람들이 볼 때에 그들은 거기에서 지나치게 많이 외침으로써 신비를 더럽히고, 거룩한 것을 싸구려로 만들며, 조잡하고 천박한 후계자들을 만들어낸 것 같았다. 존 웨슬리가 사망한 후, 감리교도라고 불리는 사람들은 자신들의 찬송을 사용하고 속회를 개최하며 분리된 길을 갔다. 그러나 웨슬리 지파의 성공회에 대한 추앙은 사라지지 않고 19세기까지 계속 유지되었다.

    그러나 웨슬리 형제들의 부흥 운동과 같은 시기에 영국교회 안에 복음주의적 신앙부흥이 있었다. 그 둘 사이에는 공통점도 있지만 심각한 차이점들이 있었다. 성공회의 신앙부흥은 신학적으로는 칼빈주의적 경향을 띠었고, 웨슬리 형제의 복음적 알미니우스 주의와 완전론을 반대했다(찰스 웨슬리가 지은 어떤 찬송들은 신화[*theosis*]를 가르친다).[34]

복음주의적 성직자들은 순회 성직자이기보다 교구 사제였고, 자신이 거하는 곳의 지명에 의해 신분을 나타냈다. 예를 들면, 하워스의 그림쇼(Grimshaw of Haworth), 에버튼의 베릿지(Berridge of Everton)라고 표현된다. 이들의 탁월한 지도자인 찰스 시므온(Charles Simeon, 1759-1836)은 1783년부터 죽을 때까지 켐브리지의 성삼위일체 교회의 교구 목사였기 때문에 모든 성직자들 중에서 가장 순회를 하지 않은 사람이었다. 시므온은『인간의 모든 의무』(*The Whole Duty of Man*)을 읽고서 회심했지만, 그가 전파한 종교는 그리스도에 대한 개인적인 신뢰의 종교였고, 모든 사람들에게 제공되는 복음이었다. 그것은 건전하지 못한 승리주의(특정의 교리가 다른 종파의 교리보다 우월하다는 주장)가 아니었다. 그는 존 웨슬리의 임종처럼 그 시대에 유행하는 임종 장면들을 비난했다. "이 세상에 있는 동안에 나는 죄인이다. 용서받은 죄인이지만 여전히 죄인이다. 그러한 죄인으로서 나는 마지막 순간까지 십자가 밑에 누워 주님을 올려다보고 내 하나님 앞으로 들어갈 것이다." 설교자로서의 시므온은 뉴먼보다 더 많은 무리를 이끌었고, 많은 사람들을 훈련하여 사역하게 했다. 그의 영성은 다음과 같은 말로 요약된다: "으뜸 되는 것은 성경책이고, 두번째는 공동기도서이고, 나머지 모든 책들은 이 둘에 종속된다." 천국을 제외하고 가장 멋진 광경은 한 회중 전체가 전례 기도문을 사용하는 모습일 것이다.

복음주의는 부유한 사람들에게 큰 영향을 미쳤다. 윌리엄 윌버포스(William Wilberforce)는 매우 길고 뜻이 깊은 제목을 지닌 베스트셀러를 저술했다: *A Practical View of the Prevailing System of Professed Christians in the Higher and Middle Classes in this Country contrasted with Real Christianity*. 그 책은 세습적인 기독교, "모든 양식 있는 사람들의 종교"("양식 있는 사람은 결코 말하지 않는다"), 그리고 감정에 호소하는 것 등을 공격한다. 감리교도들이 그렇듯이, 찬송을 부르는 것은 자연적인 신앙의 찬양이었다. 그것은 윌리엄 카우퍼(William Cowper)와 존 뉴튼(John Newton)의 찬송을 보면 알 수 있다. 복음주의적 영성의 특징은 다음과 같다: (1) 설교, 개인적인 간증, 사적인 대화 등에서 성경 말씀에 중심을 둠; (2) 그리스도의 구속하는 희생에 대안 응답으로 회심, 내적인 변화의 변화성. "우리 자신의 사역이 아닌 사역을 통한 구원"[35]; (3) 그에 따른 도덕적인 책임; (4) 루이스 베일리의 조언에 따른 개인적으로나 가정에서의 기도("매일의 몫"이 매우 중요했고, 안식일을 거룩하게 지키고 하나님의 백성의 예배에 진지하게 참석해야 했다); (5) 대영제국을 기지로 한 세계 선교(이것을 위해서 여러 모임, 특히 Church Missionary Society가 세워졌다); (6) 박애와 사회 개혁. 윌버포스와 쉐프츠베리(Shaftsbury)는 위대한 사람들이다. 비록 그들은 부유한 사람들이었지만, 어떤 의미에서 가난한 사람들을 후원한 것을 과소평가하거나 희화해서는 안된다: 성경에서와 마찬가지로 계층의 구분은 하나의 신학적인 기초를 가지고 있었다. 사람들이 모두 가난한 사람들에 대해서 "그들은 우리처럼 느끼지 않는다"라고 말한 하우즈먼(A. E. Housman)의 계모처럼 밉살스러운 것은 아니었다. 윌버포스는 "그는 마음 속에 가난한 사람들을 품고 다녔다"를 말을 들었다; (7) 로마에 대한 심오한 의심(Church Missionary Society의 헨리 벤은 "가톨릭 교회가 중국을 차지하느니 차라리 중국이 복음에 대해 문을 열지 않았으면 좋을 뻔 했다"고 말했다. 그러나 그는 『프란시스 사비에르의 선교 생활과 수고』라는 책을 저술했고, 자신의 선교가 참된 회심을 낳고 있는지 의심하면서도 "그 활동에 많은 부드러운 사랑과 개인적인 겸손의 표현과 기독교적인 공손함이 섞여 있기 때문에 그 사람의 아량에 경탄하지 않을 수 없었다").

복음주의는 가정 종교로서, 스테픈 가족, 톤튼 가족, 윌버포스 가족 등으로 이루어진 "클랩햄 분파"처럼 가정들과 이웃들의 연합이 대표적인 예이다. 크리켓은 복음적인 게임으로서, "허물이 없는 삶의 흰 옷"을 나타내고, 엄격한 규칙에 따라서 경기를 진행했다.

복음주의의 업적은 대단했지만, 분명한 결점들도 있었다. 그리스도의 신비한 몸으로서의 교회라는 개념이 없었다. 그것은 국가 조직 내에 있는 "비슷한 지성들의 교제"였다. 때로 역사에 대한 이해도 없는 것처럼 보였다. 역사는 본질적으로 의심의 씨를 뿌리기도 하지만, 교회사는 거룩하다고 고백된 것들 안에 있는 악에 대한 끔찍한 기록에 의해서 우울하게 만들며, 그중 많은 부분은 사실이 아니라 해석된 신화이다. 역사가들은 분류와 비교에 의해서 자료를 구성하기 때문에 특별한 범주를 싫어한다. 그러나 그들은 문화적 차이점과 변화를 중요하게 여기며, "상황"을 참작한다. 그러나 복음주의자들은 성경이나 생명의 책 안에서 그것을 참작하지 않을 것이다. 그러나 성경은 상이한 의미들을 지닌다. 그리고 원래의 의미, 사용하면서 의미하게 된 것, 그리고 지금 교회와 신자들을 위한 의미를 구분하는 것이 중요할 것이다.

복음주의 안에는 반-형이상학적 흐름이 있었고, 그와 관련된 논거를 따르는 데 대한 두려움이 있었다. 의심은 죄악된 것으로 간주되었다. 헨리 벤은 제임스 스테픈에게 "나는 젊었을 때에 기독교를 반대하는 말을 잘 알고 있었고, 그러한 생각들은 마귀의 시험으로 간주했습니다. 그 이후로 그것들은 나를 괴롭히지 않았습니다"라고 편지했다. 복음적 영성이 과학의 질주에 대처하는 것은 쉽지 않았다. 클랩햄으로부터 블룸스베리까지는 곧바로 이어진다. 스테픈과 톤톤의 후손 중에는 버지니아 울프(Virginia Woolf)와 포스터(E. M. Forster)—불가지론자, "초라하고 말 많은 기독교"를 멸시하는 교양있는 멸시자, 비방자—가 있었다. 어울리지 않는 심각함 외에도, 오페라, 극장, 예술 등 세상적인 즐거움을 거부한 것은 사람들에게서 잘못을 찾으려 하고 훈계하고 개선하고 도덕을 가르치려 하는 경향, 비판적인 태도의 발로였다.

옥스포드 운동과 내세

옥스포드 운동(Oxford Movement)은 정치인들의 볼모요 국가의 일부로 존재하는 영국 교회의 보편성을 재확인하고 회복하려는 운동이었다. 그것은 복음주의 운동, 특히 감리교도들에게서 분명히 나타나는 바 복음을 싸구려로 만들며 개인적인 경험과 확신의 느낌에 지나치게 의지하는 것처럼 보이는 복음주의 운동에 반대하려 했다. 동시에 그것은 독일의 성경적 학문이 나타내는 것처럼 기독교 신학을 현대 사상, 계몽주의의 유산과 일치시키려 하는 "진보주의"(liberalism)를 공격했다. 옥스포드 운동은 일종의 성결 운동으로서, 이단을 부도덕과 동일시하지만 보다 적극적으로 교회의 치리와 조직을 통해서 성화를 추구하려 했다. 영국 국교회의 기원은 종교개혁을 너머 교부들과 사도들에게로 거슬러 올라가서 찾아야 한다. 역사는 월터 스코트 경의 소설에서처럼 다소 낭만적으로 인식되며 매우 중요한 것이었다. 그러나 케블(Keble)은 그가 거룩한 일들에 대해 너무 자유분방하게 저술했다고 생각했다. 그는 경의는 기독교인이 지니는 우선적인 성향이며 그것은 산문보다는 시로 표현되어야 한다고 생각했다. 케블은 옥스포드 운동의 지도자로 간주되는데, 옥스포드 대학의 교수로서 시를 가르쳤고, 그 전에는 워즈워스(Wordworth)의 영향을 받아 *The Christian Year*에서 성공회의 경건 고전서적에 찬송가처럼 노래할 수 있는 간단한 시들을 포함시키기도 했다(그 때문에 그는 감리교주의를 지향한다는 비난을 받았다). 옥스포드 운동에는 시적인 숭배자를 깨우려는 갈망, 워즈워드의 "Ode on the Intimations of Immortality in Early Childhood"를 생각나게 하는 것이 있으며, 반면에 뉴먼의 "보이지 않는 세계"라는 설교나 케블의 "There Is a Book Who Runs My Read"라는 찬송에는 일종의 플라톤주의가 들어 있는데, 그것은 프란치스코 수도회의 성 보나벤투어에게로 거슬러 올라가며 정도에서 벗어난 급진적 개혁자인 토마스 뮌처에게서 발견되는 오랜 전통을 대변한다:

우리에게는 두 개의 세상이 있습니다:
내면에 있는 신비한 하늘과 땅,
바다와 하늘처럼 평탄한 곳을
보지 못하게 금하는 것은
바로 죄입니다.

옥스포드 운동주의자들은 초기 교부들에게서 발견한 "유보"(reserve)의 교리를 중시했다. 교부들은 은밀한 훈련의 실천이 필요하다고 여겼으며, 그것에 의해서 기독교의 가장 엄숙한 행위와 심오한 진리들을 적대적인 불신앙의 세상으로부터 뿐만 아니라 세례를 위해 준비하고 있는 사람들에게도 감추었다. 신앙의 교리들과 성례전의 의미는 교회에 입문한 사람들에게만 개방되었다. 이것은 그리스도의 사역에도 해당되는 듯하다. 그리스도는 많은 일들을 일화에 의해서 분명하게 말씀하신 것이 아니라, 말씀을 받아들여 믿음과 행동으로 실천하려는 사람들에게만 드러내기 위해서 비유로 말씀하셨다. 분별을 잃게 하는 진리의 계시는 없지만, "만일 그의 뜻을 행하려는 사람이라면 교리를 알게 될 것이다." 예수님은 자신이 메시아라는 사실을 비밀로 하셨고, 사역하시는 동안에 자신의 소명의 본질이나 강대한 일들을 널리 공표하려 하지 않으셨다. 부활하신 후에, 주님은 자신을 제자들에게 보이셨지만 세상에게는 보이지 않으셨다. 세상이 마지막으로 주님을 본 것은 주님의 시신을 십자가에서 내려 매장하고 무덤을 봉인할 때였다. 이것이 기독교 제자도의 본질이 되어야 한다.[36] 옥스포드 운동주의자들은 종교적인 흥분과 지나친 감정을 경계했다. 예배는 그것의 치료책이었으며, 경외하고 존경하고 기도하면서 느낌이 아닌 훈련을 찾는 것이었다(케블은 허슬리에 지는 교회의 의자들을 기도 책상으로 만들었다). 종교와 관련하여 충동적이고 담대한 표현은 억제했다.

> 한 번 은밀하게 행하는 자기 부인의 행위, 의무를 행하기 위해서 자신이 좋아하는 것을 희생하는 것은 게으른 사람들이 몰두하는 모든 순전하고 선한 생각, 따뜻한 느낌, 열정적인 기도만큼의 가치가 있다. 임종 때에 자기 부인, 자비, 순결, 겸손 등과 관련된 하나의 행위를 기억하는 것이 주는 위로가 많은 눈물을 흘린 것이나 많은 영적 황홀 상태를 회상할 때에 얻는 위로보다 클 것이다.[37]

행위와 성결은 기독교적 삶의 목표였다. "성결함이 없으면 주님을 보지 못할 것이다." 종교는 의심을 충족시키기 위한 것이 아니라 우리를 더 선한 사람들로 만들기 위한 것이었다.

퓨지(Pusey)는 옥스포드 운동의 "신비한 박사"라고 불린다. 그는 이따금 관상적 황홀 상태에서 글을 쓰거나 설교했고, 케블이나 뉴먼과는 달리 신비적이었다.

그의 표현은 다른 옥스포드 운동주의자들의 표현보다 신비적이다.

그리고 기독교인이 그리스도의 신성에 동참하는 것, 영혼과 그 구속주와의 연합을 깊이 생각할 때에 미의 정상으로 올라갈 수 있다…그의 표현은 프랑스의 경건한 저술가들로부터 취한 것이 아니라 그리스 교부들 및 그들이 대표하는 기독교적 플라톤주의에서 취한 것이다. 그러나 그 기원은 복음주의자들의 경건주의에 있다.[38]

퓨지는 성찬에 대해서 매우 경건하게 다룬다. 그것은 천국의 문, 우리를 들어올려 주님의 임재 안에, 그리고 빛 가운데 있는 천사들과 성도들이 있는 곳에 거하게 하기 위해서 육신이 되어 세상에 내려오실 때에 주님이 통과하신 문이다. 우리는 하나님의 일에 이르기 위해서 시간적인 것과 감각적인 것을 사용해야 함에도 불구하고, 퓨지의 영성은 때로는 요한복음에서 사용된 의미에서의 "세상"에 대해 매우 적대적이다. 성육신은 그것들 모두를 거룩하게 했지만, 우리가 예수를 의지할 때에만 그것들의 천박한 현란함이 변화되어 하나님의 영광이 된다.

옥스포드의 신학자들은 의식보다는 영성에 관심을 가졌다. 그들은 영국 교회의 의식 속에서 자신이 회생시켜야 할 죽은 보편주의를 보았다. 표면적인 보편주의가 잇따라 일어나야 했다. 그 이유는 부분적으로는 그 운동은 옥스포드 대학과 지방 교구들의 경계를 깨고 빈민가로 들어갔기 때문이다. 빈민가의 가난한 사람들은 무미건조한 삶에 윤기를 필요로 했는데, 그것은 유창하고 아름다운 말로는 충족시킬 수 없는 것이었다. 또 다른 이유는 구교도 해방과 성직제도의 회복, 그리고 아일랜드인들의 이민에 따른 전투적인 로마 가톨릭주의였다. 19세기 말, 성공회 교인들은 많은 싸움과 고난을 당한 후에 교황에게 복종하지 않고서도 자신의 교회 안에 로마 가톨릭 교회에게 바라던 것을 소유할 수 있었다. 어떤 사람들은 화해를 갈망했지만, 성공회의 직제는 "완전히 무익하고 헛된 것"이라고 선언하는 교황의 회칙 때문에 저지되었다. 그러나 영국 국교 가톨릭파(Anglo-Catholic)의 영성은 옥스포드 운동주의자들의 영성을 초월했고, 국교회적이라기보다는 트리엔트 공의회를 지지했고, 미사곡이나 저음으로 낭독하는 라틴어 미사 전문을 마련했다. 여기에 지침서를 사용하면서 행하는 자기 성찰 계획과 성례전적 죄고백이 병행되었다. 또 유럽 대륙의 경건서적들이 번역되었는데, 그것을 주도한 사람은 퓨지였다. 로마 가톨릭 교회의 도덕 신학에서는 죄를 유형별로 분류했고, 성모 마리아 숭배, 아베 마리아 삼종 기도(예수의 수태를 기념하는 기도) 등이 현저했다. 환자들을 위해서 뿐만 아니라 근무 시간이 아닐 때에 일하는 간호원이나 우체부 등을 위해서 성체를 보존해 두려는 욕망이 있었다(그 당시에는 축성에 알맞은 시간은 오전이라고 생각했다). 그러나 실제로 바란 것은 예배, 설명, 축복이라는 의심을 받았다. 프랑스의 오라토리오 회원인 루이스 보이어(Louis Bouyer)가 지적한 것처럼, 전례와 관련된 운동이 의심하기 시작했을 때에 성공회의 가톨릭파에서 로마 가톨릭 교회의 형식들을 받아들인 것은 불행한 일이었다. 그러나 미사를 도입한 것, 영성체를 받지 않는 참석자들이 있는 대미사를 도입한 것은 음악과 몸짓의 아름다움 뿐만 아니라 관상의 아름다움도 장려해 주었다. 밴스톤(W. H. Vanstone)은 예배를 위한 장소와 공간, 시끄러운 소음으로부터의 자유, 미사문으로 기도하기보다는 미사를 드리면서 기도하면서 누리는 신과의 친밀함 등을 구분했다. 그리고 공동의 차원은 어느 정도 부재했다. 성찬을 주의 날에 행하는 주된 예배로 지지하는 외침, 그리고 1549년의 기도서와 더 비슷한 의식을 가진 기도서의 개정을 요구하는 외침이 증가했다. 이에 놀란 복음주의자들은 한 달에 한 번 많은 사람들이 모여 행하는 아침 기도회 전에 행해지며 진실로 회심하고 헌신한 사람들과 명목상이고 보수적인 사람들을 구분해 주는 예배에 의해서 성찬 예배를 보다 효과적으로 드릴 수 있다고 생각했다. 낙스(E. A. Knox) 주교는 성찬에 참여하는 사람들이 "교회에 머물러 있다는 사실에 의해서 구분되며, 교회를 떠나는 무리를 따라가지 않기 때문에 어느 정도 비판을 받던 시대를 안타까운 마음으로 회고했다. 그 당시에는 다드리지의 찬송가 가사가 감동적으로 느껴졌다:

내키지 않는 심령들 앞에서
그 진미들이 모두 헛된 까닭은 무엇입니까?
그들을 위해서 희생자가 살해된 것이 아니었습니까?

그들은 어린아이들의 떡을 받는 것을 금합니까?[19]

　수도 생활의 부흥은 옥스포드 운동의 결과였다—매리온 휴즈(Marion Hughes)는 1841년에 옥스포드의 성 메리 교회에서 개인적인 서원을 했다. 그리고 많은 성공회 수도원들이 생겨났는데, 최초의 수녀원은 1845년에 생겨난 사랑의 자매회(Sisters of Charity)이다. 19세기에 유명한 수도원 창시자는 복음전도자 요한의 사회(Society of St. John the Evangelist), "Cowley Fathers"를 세운 리처드 벤슨(Richard Meux Benson)이었다. 엄격한 금욕생활을 한 벤슨은 성경 읽기를 통한 관상이 성결생활의 기초이며, 그 삶은 세상 속으로 퍼져가야 한다고 생각했다. 복음은 사회에 불리한 증언을 요구하며, 교회사를 손상해온 체계들과 타협하지 않고 싸운다. "기독교적 삶의 기본적인 특성은 하나님을 우러러 응시하며 사탄과 싸우는 관상적인 삶이다." 몇몇 수도회들, 특히 수녀원들은 로마 가톨릭 수도원의 모범과 규칙들을 열심히 따랐다. 프란시스코 수도회의 생활과 베네딕트 수도회의 생활이 성공회에 도입되었고, (후일 고어 주교가 된 옥스포드의 신학자에 의해 설립된) 부활의 공동체(Community of the Resurrection)와 (매우 독창적인 인물인 허버트 켈리가 설립한) 거룩한 선교회(Society of the Sacred Mission)는 성공회 고유의 수도회였다. 이 수도회들은 모두 제국 내에서의 신학적인 학문, 성직자 훈련, 사역 등에 공헌했다. 성공회 수도원들은 피정 운동을 육성했는데, 그 운동은 20세기에도 성장해왔고, 비국교과 교회에서도 그 운동을 지지하는 사람들이 있다.

　옥스포드 운동은 분명히 성공회 영성을 변화시켰다. 그리고 그 운동은 전통 안에서 이루어진 운동이므로, 전통으로부터 성공회 고유의 적이 아닌 신학과 관습들을 끌어냈으며, 17세기에 그 운동을 옹호하는 사람들을 경악하게 했을 수도 있다. 사람들은 그 운동을 우호적인 운동, 적대적인 운동, 또는 중간 종류의 운동 등으로 알고 있다. 참된 전통을 대표하며 영적 지도자로서 무시되어서는 안 될 사람들이 있었다. 옥스포드 운동의 주요한 인물이며 "뉴먼에 상응하는 성공회 인물"이라는 부제목이 붙은 전기의 주인공인 처치(R. W. Church)는 "세인트 폴 대학의 학장들 중에 가장 위대한 사람"이라고 불렸다. 교회는 도덕적 완전함, 옳고 그름에 대한 확실한 판단을 소유하고 있었고, 고전적인 도덕신학이 정죄해온 호기심과 추문을 정죄했다. 그의 해석에 어울리는 주제는 파스칼이었다. 『팡세』(Pensées)에서는 "당신이 무슨 말을 하든지, 그 안에는 기독교에 대한 놀라운 것이 들어 있다"는 내용이 있듯이, 처치도 파스칼처럼 "우리의 기도가 놓이는 기초가 되는 판단과 자비의 심연을 이해할 수 있었다."[40] 처치는 기독교의 중심이 어디에 있는지 알았다. 따라서 그는 자신이 사역해온 서머셋의 휫틀리 마을에 있는 자신의 묘비에 Dies Irae에서 인용한 구절을 새겨 넣기를 원했다:

> 당신은 나를 찾기에 기진하고 지치셨습니다
> 고난의 십자가 위에서 나를 값 주고 사셨습니다.
> 그러한 은혜가 헛되이 나에게 주어지겠습니까?

켐브리지 대학의 성경학자인 라이트푸트(Lightfoot), 웨스트코트(Westcott), 호르트(Hort) 등 세 사람과 관련해서 그들의 영성, 그리고 신약성서에 대한 주석과 저술들을 연구해야 한다. 그들의 학문적인 엄격함은 신앙과 헌신에 기초를 두고 있었다. 그들은 그리스도를 경외하는 오랜 전통에 의해 고취된 경외심과 그들 자신의 개인적인 신앙을 가지고 성경에 접근했다. 학문적인 금욕주의와 수실의 금욕주의 사이에는 그리 큰 격차가 없었다. 세 사람 중에서 가장 위대한 호르트는 20세가 되기 전에 식물에 관한 책을 출판했고, 1857년에는 와이 계곡(Wye Valley)에서 새로운 종류의 검은 딸기, *rubus imbricatus*를 발견했고, 헐시안 강연(Hulsean lectures)을 하던 해에 Natural Science Tripos에서 『길, 진리, 생명』(*The Way, the Truth, the Life*)을 조사했다. 그는 신경과민으로 인해 내성적이었고, 필사적으로 번민하며 노력했지만 저술은 그리 많지 않다. 그러나 요한복음에 기록된 예수님의 마지막 설교에 관한 연구서는 성공회 내에서 가장 훌륭한 신학적 저술이다. 그 설교는 제자들로 하여금 이제는 자기들의 상황이 아니라 그리스도의 상황에서 특성을 취하시는 부활하여 승천하신 그리스도를 향하게 한다.

라이트후트와 웨스트코트는 연이어 더햄의 주교로 시무했으며, 탄광 공동체를 가운에서 사회복음의 필요성을 깨달았다. 더햄의 어느 광부는 라이트후트에 대해서 "그는 훌륭한 갱부였다"고 말했다. 그의 저서인 『북부 지방 교회의 지도자들』(Leaders of the Northern Church)는 비드에서부터 버틀러에 이르는 북부 지방 성인들에게 기초를 둔 설교 모음집이다. 그들은 켈트 기독교의 비밀의 일부, "유창한 말로는 구사할 수 없는 힘을 가지고 호소하는 진지하고 단순하고 자기를 부인하는 삶의 능력"[41]을 찾아냈다. 그러한 삶은 필사적인 기도와 금식, 고위 직무에 대한 그들의 관념 안에 있는 겸손하고 소박한 것에 의해서 형성되었다.

프레드릭 데니슨 모리스(Frederick Denison Maurice, 1805-1872)에 대해서도 언급해야 한다. 그는 영적 작가는 아니었지만 이후의 성공회 신학에 큰 영향을 미쳤고, 그럼으로써 켐브리지 대학의 세 학자 및 다른 많은 사람들에게 영향을 미쳤다. 그는 영원한 형벌의 교리에 대해 유보적인 태도를 취했기 때문에 런던에 있는 왕립 대학의 학장직에서 해임된 후 죽을 때까지 켐브리지 대학의 교수로 일했다. 한 때 유니테리언 교도였던 그는 삼위일체의 교리를 주장하는 사람이 되었다. 그는 보편 구원론자였는데, 갈보리 언덕은 세상의 세례이며 예수 안에 성육하신 거룩한 로고스는 그리스도를 알지 못하거나 부인하는 곳에서도 일하신다고 믿었다. 따라서 그는 유아세례론자였다. 기독교적 사회주의(Christian Socialists)의 창시자인 그는 기독교를 사회에 적용하는 일에 힘썼다. 그는 칼 바르트보다 먼저 "종교"를 비방했고, 전례를 사랑하고, 확신을 가진 감독교인이었고, 하나님의 삼위 일체 안에서 인류의 일치를 찾으려 했다.

20세기

서방에서 전쟁, 잔인함, 기술 혁명, 기독교의 쇠퇴 등으로 얼룩진 이 시기에 성공회 영성은 가장 풍성했다. 그것은 에큐메니칼한 영성이 되어 종교개혁 이전 시대, 중세 시대라고 알려진 암흑 시대로 돌아갔고, 계속 자체의 의식서들의 한계를 깨뜨렸다.

20세기에는 신비주의에 대한 관심이 크게 증가했다. 이것은 부분적으로 올도스 헉슬리(Aldous Huxley)가 "영원한 철학"이라고 부른 것의 추구, 모든 종교의 기초가 되는 진리에 도달하며 많은 원한과 싸움을 야기해온 제도적인 속박들과 교리적인 공식들로부터 해방되고픈 갈망에 따른 결과였다. 즉 유한한 인간의 무상한 것들 속에서 견고하게 남아 있을 궁극적인 실재 안에 내려진 닻을 찾으려는 갈망에 기인한 것이다. 이것은 국교회주의, 영국의 신비가들이라고 알려진 14세기의 인물들—리처드 롤(Richard Rolle), 『무지의 구름』의 저자, 월터 힐튼(Walter Hilton), 노리지의 줄리안(Julian of Norwich), 마저리 켐프(Margery Kempe) 등—의 재발견이라는 결과를 낳았다. 줄리안(200년 전의 합리주의적인 국교회 신자들은 그녀를 정신병자로 여겼다)은 20세기 후반, 특히 미국의 시인이었으나 영국으로 귀화한 성공회 신자 엘리오트(T. S. Eliot)의 시 "Little Gidding"의 마지막 연을 통해서 이야기하고 있다. 엘리오트가 17세기 공동체, 참혹한 내란들 가운데서의 와해, 그리고 왕당파의 패배 등에 관해 묵상할 때에, 줄리안의 말이 희망을 가져다 주었다: "모든 것이 잘 될 것이다/모든 것이 잘될 것이다/모든 종류의 일이 잘 될 것이다."

과거에 명성을 떨쳤던 많은 신령한 작가들은 오늘 우리 시대에게는 말하지 않지만, 줄리안은 오늘 우리에게 이야기한다. 그녀는 유능한 신학자로서, "고난 당하시는 하나님만이 도우실 수 있다"는 본회퍼의 말에 표현된 진리와 거룩한 존재의 영원한 불변성과 기쁨에 대한 기독교적 주장을 삼위일체의 교리를 통해서 화해시켰다. 그녀는 하나님과 그리스도의 모성을 주장하는 안셀름의 전통에 속해 있다. 아레오파고 사람 위-디오니시우스(Pseudo-Dionysius)의 영향을 받은 『무지의 구름』(*The Cloud of Unknowing*), 그리고 빛보다는 어두움을 통한 여정인 부정의 길(*via negativa*)은 세상에서 발생하는 것, 그리고 마음 속에 하나님을 향한 사랑을 느끼고 있으면서도 하나님에 대한 직접적인 지식과 의식이 부족하다는 사실에 압도되어 있는 많은 영혼들에게는 매우 참된 것처럼 여겨진다. 신비적 연합의 기초는 사막 교부들이 가르친 기도, 조명의 길과 합일의 길에 선행하는 정화의 길이라는 사실을 쉽게 망각한다.

신비주의를 가장 훌륭하게 해석한 사람은 에블린 언더힐(Evelyun Underhill, 1875-1941)이다. 그녀는 1911년에 그 주제에 관한 결정적인 책을 출판했다. 그녀는 성공회 신자로서 견진성사를 받았음에도 불구하고 여러 해 동안 로마 가톨릭 교회에 공감하는 자유로운 작가로서 활동했고, 인생의 마지막 20년 동안만 성공회 교회의 교리를 실천하는 실천적인 교인이 되었다. 그녀의 영성생활은 가톨릭 교회의 평신도 신학자인 폰 휘겔 남작(Baron von Hügel)의 영향을 받은 것이라고 했다. 휘겔은 가톨릭 교회 내에서 근대주의자들과 진보주의자들의 친구였다. 그녀는 그리스도를 통해서 하나님께 간 것이 아니라 하나님을 통해서 그리스도에게로 갔지만, 휘겔은 그녀를 영적으로 그리스도 중심이 되게 했다. 그녀는 신비한 방법으로 그리스도의 삶에 대한 해석서를 저술했는데, 휘겔은 "실득력이 없지만 인상적"이라고 평했다. 그녀는 신비주의를 실천하는 사람으로서 신비주의에 대해 저술했다. 그녀의 인생의 마지막 10년 동안에 그녀를 만난 사람들은 "빛의 출현", 감지할 수 있는 영적 광채를 증언한다.[42]

인지(W. R. Inge, 1860-1954)는 이 모든 사람들보다 먼저 태어나서 그들보다 오래 살았고, 세인트 폴 대학의 학장이었다. 그의 뱀프튼 강연집인 『기독교 신비주의』(*Christian Mysticism*)는 1899년에 출판되었다. 그는 노리지의 줄리안과 같은 신비가들을 세상에 알린 최초의 인물이다. 그를 "비관적인 학장", 어리석고 속물 같고 보수적인 글을 기고한 비버브룩스의 *The Evening Standard*에서 가볍게 다루어진 인물로 여겨서는 안된다. 또 에블린 언더힐에게 있어서 신비주의는 살아있는 방법이었던 데 반해, 인지는 학자요 역사가로서 신비주의에 대한 글을 썼다고 말하는 것도 공정하지 못하다. 사실, 그의 신비주의는 에블린의 전통보다는 성공회 전통 안에 있다. 그는 켐브리지 플라톤주의자들의 후계자이며, 그들이 가톨릭 주의와 개신교주의에 못지않고 합법적인 교회 내에 세번째 학파를 대표하고 있다고 보았다. 인지도 켐브리지 플라톤주의자들의 신비주의와 같은 지적 신비주의를 대변했다. 그의 대작은 기포드 강연집인 『플로티누스의 철학』(*The Philosophy of Plotinus*, 1917)이며, 그 외의 저서들 중에서 두 권이 탁월하다. 그중 하나인 *Speculum Animae*(1911)은 대학의 개별 지도교수들과 공립학교 교사들에게 주는 네 가지 연설로 이루어져 있다. 거기에는 기독교적 삶 전체에 관한 부수적인 의견들이 가득하지만, 그 주제는 종교에 대하여 고민스러운 다양성 가운데 있지만, 성도들은 서로 반박하지 않는다는 것이다.

> 기독교는 그 정도까지 분열된 적이 없었다. 우리는 참되게 기도하는 기독교인을 발견하는 곳에서 참된 보편 교회의 신자를 지적할 수 있다. 지금 나는 황홀경이나 엑스타시에 대해서 말하고 있는 것이 아니다. 나는 단지 기도—옛부터 "정신과 마음을 하나님께 들어올림"이라고 정의된 기도—에 대해서 말하고 있다.[43]

『개인적인 종교와 헌신의 생활』(*Personal Religion and the Life of Devotion*)은 1925년 사순절에 런던 주교가 사용한 책이다. 그 책 마지막 장에서 인지의 어린 딸 폴라—그는 딸을 하나님의 성도들 중 하나라고 믿었다—의 죽음을 다룬 기사 때문에 그 책은 통찰력을 지닌다. *Speculum Animae*에서 인지는 우리에게 임하는 설명할 수 없고 비합리적인 환난들은 우리가 스스로 선택하는 자기 부인의 행동들보다 더 우리를 정화하고 고양시키는 효과를 지닌다고 말한다. 이것은 고행과 훈련을 병행하는 가톨릭 금욕주의의 발언이라기보다 개신교적인 발언이다. 인지는 딸의 죽음, 그리고 제2차 세계 대전 때에 아들을 잃음으로써 고난을 분명히 경험하여 알았다.

지금은 하찮게 여겨지는 책에 기도에 관한 훌륭한 성공회의 가르침이 있다. 성공회 가톨릭파 근대주의자인 릴리(A. L. Lilley)는 1924년에 『기독교 신학에서의 기도』(*Prayer in Christian Theology*)라는 작은 책을 저술했다. 그 책은 그가 진정한 기독교적 기도라고 생각하는 것—하나님과의 교제, 그 중심에 놓인 십자가—에 대한 선택적 역사서이다. 케네스 커크(Kenneth E. Kirk, 1954년 사망)는 양심의 문제들이 사회적ㆍ

생명윤리적인 문제들로 변화되기 전에는 훌륭한 성공회 도덕 신학자였다. 그의 뱀프톤 강연집인『하나님을 봄』(The Vision of God)은 서방 전통에서 지고선(summus bonum)에 대해 매우 학구적으로 다른 책이다. 또 그는 훌륭한 설교자였지만,『네번째 강』(The Fourth River)에 수록된 몇 편의 설교는 기독교 영성에 대한 심오한 해석이라 할 수 있다. 전쟁 중에 그가 주교로 있던 옥스포드 주교 관구를 위해서 저술한 기도에 관한 논문에서는 기도를 하게 만든 시련에 대해서만 언급한 것이 아니며, 아버지가 고장난 시계를 고치는 것을 도와주는 어린 소년의 노력으로 비유한 기도에 대한 예화는 널리 알려져야 할 것이다. 1964년에 사망한 이후로 무시되고 있는 찰스 레이븐(Charles Raven)은 1933년부터 1950년까지 켐브리지의 훔정 강좌 담당 신학교수였고, 학문과 종교의 화해를 이루기 위해 노력했으며, 인지와 같은 플라톤주의자는 아니었지만 어떤 의미에서 켐브리지 플라톤주의자들의 제자라고 할 수 있는 인물이다. 기포드 강연집의 부록에는 중보기도에 대한 다음과 같은 글이 있다:

> 우리가 많은 혜택을 입고 있는 캠브리지 플라톤주의자들은 아주 간단한 용어로 중보하는 힘의 작용을 설명해줄 은유를 제공해왔다. 그들이 말한 것처럼 영혼이 주님의 거울이라면, 기도하는 첫 순간은 하나님의 빛이 비출 때까지 거울을 들어올리는 것이다. 그 다음에 이어지는 통회와 죄고백은 빛에 의해 드러난 얼룩을 거울에서 제거하는 것을 나타낸다. 중보기도에서, 영혼으로부터 반사된 빛은 우리가 기도해 주고자 하는 사람들을 향한다. 그들을 향해 세차게 흘러나가는 빛은 우리의 빛이 아니라 하나님의 빛이다. 성경에서 선지자는 하나님의 시각을 반영하고 전달하며 우리는 그것의 조명해 주고 치유해 주는 능력을 느끼듯이, 중보기도를 하면서 우리가 하나님 및 우리가 기도해 주는 사람들에 대한 의식 속에서 자신을 상실할 때, 하나님의 임재와 능력이 그들 안에서 효력을 발휘하여 하나님의 사랑의 목적을 성취하게 된다.[44]

레이븐의 뒤를 이어 훔정 강좌 담당 교수로 봉직한 존 버나비(John Burnaby)는 1938년에 평신도 신학자로서 헐시언 강연(Hulsean

Lectures)을 했었다. *Amor Dei*는 그 책을 저술할 때의 위기를 의식하면서 하나님의 사랑에 관한 어거스틴의 사상을 해석한다. 그것은 금세기 성공회 영성의 탁월한 저서라고 할 수 있을 것이다. 버나비는 신앙적으로 개방적이고 용감한 신학자였으며, "보편적 사랑의 왕도"는 의심과 절망의 구덩이를 넘어간다는 것, 그리고 신자나 불신자 모두 쓰라린 시련을 당한다는 것을 알고 있었다. "사랑은 결코 강요하지 않으며, 그러므로 사랑이 극복할 것이라고 확신할 수 없다. 그러나 정복할 수 없는 희망은 있을 수 있으며, 반드시 있다."[45] 버나비는 *Soundings*라는 논집에 "기독교의 기도"라는 논문을 썼다(1962). 그것은 사려깊은 사람들이 직면한 기도에 관한 난제들을 해결하려 하며, 기도의 기초를 복음의 진리 안에 둔다. 인간의 역사 안에서 하나님의 나라는 사랑의 힘에 의해 증진되며, 하나님의 사랑의 힘은 인간의 역사 안에서 그 사랑이 거하고 있는 사람들의 의지와 행동을 통해서 효력을 발휘한다. "기도한다는 것은 사랑이 들어올 수 있도록 마음을 여는 것, 즉 하나님께 요청하는 것이다. 그리고 하나님은 항상 자신을 진실로 원하는 곳에 임하실 것이다." 관상과 청원을 우리가 선택해야 할 두 가지 상이한 기도 방법으로 간주할 필요는 없다. 우리의 모든 청원의 목표는 자신의 의지를 하나님의 의지와 일치시키는 것이 되어야 한다. 역으로 말하자면, 활동하지 않는 영혼과 하나님의 연합은 참된 연합이 아니다. "침묵 기도"(prayer of quiet)는 우리에게 힘을 주어 하나님의 일을 행할 수 있게 해 주므로 유익하다. 기독교의 청원은 그 자체가 "하나님의 임재의 연습"이 되어야 한다.

    버나비는 계속하여 전통적인 예배의 형태, 특히 예배용 시편서 사용이 두드러진 것을 비판한다. 왜냐하면 그것들은 기독교의 기도의 본질적인 특성과 잘 일치하지 않기 때문이다. "그러나 교회의 중심적인 예배에는 하나님의 사랑하는 아들의 귀중한 죽음과 고난에 대한 기억, 기도의 행위에 대한 오해나 남용을 방지하는 안전장치가 있으며, 그것은 언어적 표현의 결점이 있다고 해서 제거되는 것이 아니다."[46]

    성공회에서 추진해온 성찬식의 개정은 영성에 가장 심각한 영향을 준다. 교구 생활에서 공동기도서가 사라져야 할 운명인 것처럼 보이며, 그 자주 사용되는 구절들은 대중의 기억에서 사라졌다. 새로운 전례들은 보다 큰 범주의 전례적인 이해와 풍부한 성찬 신학에 기초를 두고 있다. 전반적으로 성공회에서 사용되는 새로운 의식서들은 버나비가 원했던 기도에 대한 이해를 도와 주어야 한다. 그러나 레지날드 풀러(Reginald H. Fuller)는 미국과는 달리 영국에서는 그러한 극단적인 조처로 인해 "성찬 기도를 할 때에, 우리가 그리스도의 희생으로 인한 구원의 결과들을 받을 수 있도록 하기 위해 주신 그리스도의 희생에 대한 감사와 더불어 은사들이 주어진다"[47]는 고전적인 성공회의 주장을 제대로 확인하지 못하는 성찬 기도들이 출현했다고 주장했다.

금세기는 "사회적인 성결 외에 성결은 존재하지 않는다"는 존 웨슬리의 말에 동의해왔다. 여기에는 두 가지 의미가 있다. 첫째, 기독교는 화이트헤드의 말처럼 "개인이 홀로 행하는 것"이 아니다. 그것은 집단적인 교제이다. 그러므로 예배에서 제단 위에 있는 그리스도의 몸이 아니라 교인들 안에 있는 그리스도의 몸이 새로이 강조되었다. 이런 까닭에 성찬의 식탁은 중앙에 놓이고, 집례자는 서쪽을 보는 위치에 서며, 보다 많은 사람들이 적극적인 부분을 담당하고, 평화의 입맞춤이 복원되었다.

둘째, 이웃을 사랑하라는 두번째 명령이 다시 강조되었다. 데만트(V. A. Demant)가 저술한 소책자의 제목에서, 기독교는 양방향 종교(A Two-Way Religion)이며, 개인을 위한 복음과 사회를 위한 복음을 포함해야 한다. 국교회 가톨릭파 교인들 중에는 자신의 교구 교회에 노동당 당기를 단 콘래드 노엘과 같은 사회주의자들이 있었고, 심오한 영적 작가인 앨런 엑클레스톤(Alan Ecclestone)은 공산당원이었다. 1930년대와 1940년대에 가장 강력했던 것은 모리스 레킷(Maurice Reckitt)이 사회학을 공부하기 위해서 세운 Christendom Group이었는데, 그 중에서 가장 유능한 지성인은 데만트였다. 그 20세기의 가장 탁월하고 감화를 주는 성공회 신자인 윌리엄 템플(William Temple)은 노동당원의 신분은 감독직과 비교가 될 수 없다고 생각했기 때문에 오랫동안 노동당원이 아니었다. 그러나 요크와 캔터베리의 대주교로서, 그는 제2차 대전이 진행되는 동안에 기독교와 사회질서에 대해 많은 생각을 했고, 심지어 은행업에도 손을 댔다. 그를 영국에 복지 국가를 세운 사람들 중의 하나로 간주할 수 있을 것이다. 그는 요한복음(그리고 로버트 브라우닝)에 헌신한 사람들—호르트, 웨스트코트, 스코트 홀랜드, 인지—을 계승했다. 그의 저서인 *Readings in St. John's Gospel*은 매우 보수적이고 경건한 책으로서 거의 25년 동안 판매되어 왔다. 복음주의자들도 개인의 구원으로는 충분하지 못하다는 것, 기도와 사회 운동을 분리할 수 없다는 것을 깨닫게 되었다.

성공회 신자들 중에는 종교와 생활의 관계를 확신한 사람, 세상 사람들이 신앙과 자신의 신념에 충실하도록 돕기 위해서 신앙의 재구성을 추구한 사람들이 있었다. 찰스 고어(Charles Gore)는 훨씬 일찍 그 일을 시도했지만, 비트겐스타인(Wittgenstein)이나 세속화의 질주를 고려하지 못했다. 존 로빈슨(John Robinson) 주교는 *Honest to God*(1963)에서 우리 세대에서는 "위에", 그리고 "밖에" 계신 하나님을 믿을 수 없다고 느꼈고, 하나님을 존재의 근저(ground of being)로 본 폴 틸리히의 개념을 의지했다. 이것은 일반적으로 상상했던 것만큼 혁명적인 일은 아니다. 영혼의 근본 또는 기초이신 하나님은 데만트의 책의 주제와 흡사하다. 한편 신비가들은 "상징들의 십자가 처형"에 대해 언급해왔다. 십자가의 요한(St. John of the Cross)은 우리의 개념들 속에 있는 하나님이 아니라 실제의 하나님을 알게 되며, 오로지 하나님만을 위해 하나님을 사랑하기 위해서 하나님에 대한 이전의 개념들과 소중히 간직해 온 관념들을 완전히 비울 것, 기억을 완전히 제거할 것을 요구한다. 그러나 이것은 성공회 영성 고유의 것이 아니다. 성공회 영성은 항상 이성 안에서 견고한 기초를 찾으려 해왔다. 우리는 존 로빈슨을 신비 신학자로 간주하지 않도록 조심해야 한다. 정교회의 수도원장인 로드지안코(Rodzianko)는 "Honest to God under the Father's Judgement"라는 글에서 로빈슨의 경우에 지적인 탐구가 모든 것을 통제했고, 암암리에 동방 신학의 부정적인(apophatic) 방법을 거부했다고 비판했다. 로빈슨의 영성이 신비주의와 유사한 점을 지닌 것은, 서방 세계의 불신에 대한 그의 의식과 그의 지적인 탐구가 그로 하여금 신비적 경험의 통찰들과 일치하는 기도 방법으로 인도했기 때문이지만, 그의 접근 방법은 달랐다. 그것은 도미니크 수도사인 큐핏(Cupitt)의 방법과 다르지 않다. *Taking Leave of God*이라는 제목은 중세 시대의 신비가인 마이스터 엑하르트에게서 취한 것이다. 큐핏은 기독교적 삶의 중심은 영성이라고 보았다. 그는 객관적인 진리를 부인하면서도, "부활, 하나님의 편재의 교리, 섭리의 교리, 그리고 기도의 실천 등이 영적 가치 기준을 표현한다고 이해되는 방법에 관해 강력하고 자극적인 설명을 제공한다." 그러나 칸트가 도덕의 자율성을 주장했듯이, 그의 관심은 영적 가치기준의 자율성에 있었다. 영성은 외적인 상황을 의지할 수 없으며, 심지어 하나님도 의지할 수 없다.[49]

라이트푸트(R. H. Lightfoot), 데니스 나인험(Dennis Nineham), 크리스토퍼 에반즈(Christopher Evans)와 같은 성공회 학자—이들은 모두 가톨릭 진영의 사람늘이다—들이 두드러지게 사용한 성경에 대한 급진적인 접근 방법은 하나의 결과로 여겨질 영성에는 영향을 주지 못했을 것이다. 빅토리아 시대 말기의 가톨릭파 성공회 신자인 스패로우-심슨이 작사한 스테이너(Stainer)의 「십자가 처형」(*The Crucifixion*)이라는 찬송은 지금도 수난 주간에 사용된다. 그 찬송에서 십자가 상에서 외치신 일곱 마디를 다룬 수난 이야기는 갈보리에 대한 생생한 이야기를 제공하려 한다는 점에서 사복음서들과 조화를 이룬다. 그것은 복음서 기자들의 특징적인 해석들을 전혀 이해하지 못하고 있다. 크리스토퍼 에반즈는 이에 관한 훌륭한 글을 저술했는데, 그것은 처음에는 1950년대에 성 마가렛의 웨스트민스터에서 성 금요일에 드리는 전례적 청원 기도의 일부로 등장했다.[50] 한편, 만일 역사적인 이해에 대한 관심 때문에 과거의 해석들을 버린다면, 우리는 소중한 영적 보화를 잃게 될 것이다. 그것은 우리가 이전 세대의 상속자라고 보기보다 우리와 더불어 지혜가 시작된다는 오만한 가정일 것이다. 그렇게 되면 우리의 선조들이 자기 세대의 범주들과 지적인 유형에 결합되어 있었던 것처럼 우리도 우리 시대의 것들과 결합되어 있다는 것을 깨닫지 못할 것이다. 그것은 영적인 가난을 낳는다. 이것은 어느 정도 앤드류 루스(Andrew Louth)의 『신비를 분별함』(*Discerning the Mystery*)의 배경이 된다.[51] 그는 특히 알레고리로의 복귀를 주장하는데, 그것은 현재 학계에서 신학에 과학적인 방법을 적용하는 것과 맞지 않으며, 동방 정교회의 전통과도 맞지 않는다. 흥미롭게도 호르트에 의해서 신학과 영성을 그 중심에 있는 전례와 결합하게 되었다.

이것은 20세기의 마지막 25년 동안 성공회 영성의 일인자, 우리 시대의 욕구에 맞추어 개작된 전통의 대표자로 간주할 수 있는 사람들의 목표였다. 아더 마이클 램지(Arthur Michael Ramsey, 1904-1988)는 1961년부터 1974년까지 캔터베리 대주교로 일했다. 그는 진보주의를 신뢰하지 않았고, 찰스 레이븐과 같은 사람을 자기와 동일한 정신의 신학자로 여기지 않았다. 그는 조합교회주의적(Congregational) 배경 때문에 전례적 영성을 더 깊이 이해했지만, 가톨릭의 성직자라는 신분 때문에 종교개혁을 진지하게 다루었다. "가톨릭주의는 자신이 피조된 기준이며 또 판단받는 기준이 되는 진리를 읽기 위해서 항상 비텐베르크의 교회 문 앞에 서 있다. '교회의 참된 보물은 하나님의 영광과 은혜의 거룩한 복음이다.'"[52] 그는 처음 사제가 되었을 때부터 성찬 예배와 "하늘과 땅의 상호 침투"의 기도에서 의미를 취하는 동방정교회를 사랑한 일치의 사도였다.

> 마이클이 항상 염두에 둔 모티프는 영광이었다. 영광이 무엇인가에 대해 그만큼 생생하게 이해한 현대인은 없었다. 그가 가장 좋아한 축일은 8월 6일, '주님 거룩한 변모 축일'이었다. 그가 저술한 책들 중에서 그의 마음에 가장 흡족했던 책은 변모에 관한 책이었다.[53]

그러나 램지는 존 로빈슨의 *Honest to God*에 대해 비난하는 반응을 나타낸 후, 현세에서의 성결에 대한 강조를 진지하게 생각하게 되었다. 그는 『거룩한 것과 세속적인 것』(*Sacred and Secular*, 1967)에서 "우리에게 두 세계가 있다"는 역설을 간단히 설명하며, 관상 기도 안에서 그 해결책을 찾는다. 관상기도는 진보된 영혼들만을 위한 것은 아니며, "순종하고 겸손하기 위해 노력하며 하나님을 크게 원할 준비가 된"[54] 모든 사람에게 개방되어야 한다. 오웬 채드윅(Owen Chadwick)으로부터 가장 오래도록 존속하여 영구적인 고전이 될 것이라는 칭찬을 받은 그는 마지막 저서 『잠잠하여 알라』(Be Still and Know, 1981)에서, 다시 가톨릭 신자들과 개신교도들을 연합하려 한다. 왜냐하면 그는 관상기도의 수동성 안에서 "믿음으로만"과 "은혜로만"의 표현과 행위에 의한 구원에 임하는 심판을 보기 때문이다. 그는 다음과 같이 말한다:

> 훌륭한 건물들과 사랑스러운 음악을 가진 기도는 사람들이 일을 하거나 행위가 부족한 장소, 슬프고 배고프고 고난당하고 죽어야 하는 장소에서 드리는 기도이다. 하나님의 사랑에 가까이 간다는 것은 주님이 보여 주신 것처럼 세상의 어두움에 가까이 가는 것이다. 그곳이 "기도의 장소"이다.[55]

앞으로 성공회 영성이 어떻게 변화될 것인지에 대해서는 여기에서 말하지 않겠다. 이냐시오 로욜라의 『영신수련』은 예수회의 범주에서 멀리 벗어난 곳, 그리고 도시의 슬럼가에서도 새롭고 강력한 영향을 미치고 있다. 다른 믿음에 속한 영성들 간의 대화가 이루어지고 있다. 여성신학은 전통 전체에 도전하고 있으면서 때로 전통을 파괴하기도 한다. 그러나 성공회 영성이 계속 생명을 소유하려 한다면, 그러한 말을 마음에 새겨야 할 것이다. 그렇게 하면 옥스포드 운동주의자인 탐 모즐리(Tom Mozley)가 실패를 개탄한 부분에서 성공하며, 가난한 사람들 가운데서 성인들을 일으킬 수 있을 것이다.[56]

주

1) 이 용어에 대한 흥미로운 논의가 *The Study of Anglicanism*, ed. Stephen Sykes and John Booty, 424-29(J. Robert Wright), pp. 4041.(Paul Avis)에 있다.
2) George Herbert, selected by W. H. Auden, *Poet to Poet* (New York: Penguin Books, 1979)
3) E. C. Hoskyns, *Cambridge Sermons* (London: SPCK, 1970) 40.
4) James Boswell, *Life of Johnson*, 2:204.

5) 스테픈 닐(Stephen Neil)은 이것이 "기독교의 성찬 예배의 가장 집단적인 형태였던 것을 가장 개인주의적인 형태로 변형시켰다"고 주장했다.(David Martin and Peter Mullen, eds., *No Alternative* [Blackwell, 1981] 2).
6) P. G. Stanwood, ed., John Cosin, *A Collection of Private Devotions*, XXIII. 또 "The Anglicanism of John Cosin" with a note on "The Text of Cosin's Devotions," in G. J. Cuming, *The Godly Order*(London: Alcuin Club/SPCK, 1983) 123ff.
7) G. J. Cuming이 편집한 *Durham Book*(Oxford: Oxford University Press, 1961)이 있다.
8) J. H. Newman, *Parochial Sermons, 1834-1842*, 1:179.
9) Patrick Collison, *The Religion of Protestants* (Oxford: Oxford University Press, 1982) 39-91을 참고하라.
10) Gordon S. Wakefield, *Puritan Devotion* (London: Epworth, 1957) passim; C. J. Sranks, *Anglican Devotion*, 35-63을 보라.
11) S. T. Coleridge, *Notes on English Divines*, ed. Derwent Coleridge(London: E. Moxon, 1853) 2:38. C. Fitzsimmons Allison, "The Pastoral Cruelty of Jeremy Taylor's Theology," *The Modern Churchman* 15/2(January 1972); Margaret R. Miles, *The Image and Practice of Holiness* (London: SPCK, 1988) 170f.
12) Jeremy Taylor, *Holy Living*, section X, "An Act of Desire"; "Of Preparation to the Holy Sacrament of the Lord's Supper"에 첨부된 기도문들 중의 하나.
13) Ibid.
14) Margaret R. Miles, *Image and Practice of Holiness*, 138.
15) Izaak Walton, *Life of John Donne,* prefixed to *John Donne's Sermons* (London, 1640) 60.
16) Owen Chadwick, "Classical Anglicanism and Lancelot Andrewes"(The Second Southwell Lecture 1986); F. E. Brightman, *The Preces Privatae of Lancelot Andrewes*; R. W. Church, *Pascal and Other Sermons* (London: Macmillan, 1896) 54ff.을 참고하라.
17) Andrew Louth, "Augustine and George Herbert"(Rome: Institum Patristicum Augustianum Roma, 1987). 칼빈주의적 주제에 대해서는 A. J. Festugière, *George Herbert, poète, saint anglican* (Paris, 1971); Joseph Summers, *George Herbert: His Religion and Art* (David Daiches, *God and the Poets* [Oxford: Oxford University Press, 1984] 76, 215에서 언급됨).
18) George Herbert, "Aaron," in *The Works of George Herbert*, ed. F. E. Hutchison(Oxford: Clarendon Press, 1945) 174.
19) George Herbert, "Prayer," in *Works*, ed. Hutchison, 51.
20) Henry Vaughan, "The World," in *The Works of Henry Vaughan*, ed. L. C. Martin(Oxford: Clarendon, 1957).
21) Geoffrey Rowell, in *The Westminster Dictionary of Christian Spirituality*, ed. Gordon S. Wakefield(1983). 영국에서는 *A Dictionary of Christian Spirituality* (London: SCM)로 출판되었다.
22) A. M. Allchin, *Participation in God: A Forgotten Strand in Anglican Tradition* (London: Darton, Longman & Todd, 1988). 그 주제에 대해서는 *Westminster*

*Dictionary of Christian Spirituality*에 있는 Rowan Williams의 글을 참고하라. 그 개념에 대한 격렬한 공격이 *Christian Spirituality*, ed. Peter Brooks(London: SCM, 1975)에 있는 Benjamin Drewery의 글에 있다.
23) 플라톤주의자들에 대해서는 C. A. Patrides, ed., *The Cambridge Platonists*를 보라. *The Westminster Dictionary of Christian Spirituality*에 있는 나의 글도 참고하라.
24) Charles E. Raven, *Natural Religion and Christian Theology* (The Gifford Lectures, 1951: First Series: Science and Religion) 99ff.
25) 플라톤주의자들은 두 가지의 독특한 성례전, 즉 피조된 우주와 그리스도의 인격이 있다는 O. C. Quick의 견해에 동의했을 것이다(*The Christian Sacraments* [London: Nisbet, 1927] 84, 85를 보라).
26) R. Cudworth, *The Ditression concerning the Plastick Life of Natur, or an Artificial, Orderly and Methodical Natur for the True Intellectual System of the Universe* (1678) Sect. xxxvii, reproduced from *The Cambridge Platonists*, ed. Patridges, 293.
27) 캠브리지 플라톤주의자들의 예화에 대하여는 E. Gordon Rupp, "A Devotion of Rapture," in *Reformation, Conformity and Dissent*, ed. R. Buick Knox(London: Epworth, 1976)를 보라.
28) John Smith, *The Excellence and Nobleness of True Religion*, in *The Cambridge Platonists*, ed. Patrides, 199.
29) Garith Bennett, *To the Church of England* (Worthing: Churchman, 1988) 75ff.; Gordon Rupp, *Religion in England 1688-1791* 등을 보라.
30) R. W. Church, "Bishop Butler," in *Pascal and Other Sermons*, 28.
31) Ibid., 40, 41.
32) Quoted by J. B. Lightfoot, *Leader of the Northern Church* (London: Macmillan, 1907) 161.
33) 존슨이 세상을 떠나기 얼마 전에 옥스포드의 머튼 대학에서 애덤즈 부인과 나눈 대화를 참고하라: "부인, 나는 내 대속자의 공로를 잊지 않고 있습니다. 나의 대속자께서는 그의 오른손에 얼마를 두시고 왼손에 얼마를 두실 것이라고 말씀하셨습니다."(Boswell's *Life; Johnson on Johnson*, ed. John Wain [London: dent, 1976]).
34) A. M, Allchin, *participation in God*, 24ff.을 보라.
35) 이것은 성공회의 경건서적 작가인 Dora Greenwell의 것이다.
36) 이것은 나의 저서 Kindly Light(London: Epworth, 1984) 28에 있는 몇 문장을 조합한 것이다.
37) Newman, *Parochial and Plain Sermons*, 1:188.
38) Owen Chadwick, *The Mind of the Oxford Movement*, 48, 49.
39) E. A. Knox, *Reminiscences of an Octogenarian 1847-1934* (London: Hutchinson, 1935) 60.
40) R. W. Church, *Pascal and Other Sermons*, 20, 18.
41) J, B. Lightfoot, *Leaders of the Northern Church*, 10.
42) Susan J. Smalley, "Evelyn Underhill and the Mystical Tradition," in *Scripture, Tradition, and Reason*, ed. Benjamin Drewery and Richard Bauckham Edinburgh: T. & T. Clark, 1988).
43) W. R, Inge, *Speculum Animae* (London: Longmans, 1911) 6.

44) Charles E. Raven, *Natural Religion and Christian Theology:* II, *Experience and Interpretation,* 208.
45) John Burnaby, *Amor Dei,* 302,
46) John Burnaby, "Christian Prayer," in *Soundings,* ed. A. R. Vidler (Cambridge: Cambridge University Press, 1962) 232-37.
47) Reginald H. Fuller, "Scripture, Tradition, and Priesthood" Appendix 2, "The Eucharistic Prayer in Anglicanism," in *Scripture, Tradition, and Reason*, ed. Drewery and Bauckham, 113f.
48) V. A. Demant, *A Two-Way Religion* (London: Mowbray, 1957).
49). John A. Harrod, "God and Spirituality: On Taking Leave of Don Cupitt," in *Freedom and Grace,* ed. Ivor H. Jones and Kenneth B. Wilson (London: Epworth, 1988) 48ff.
50) Published in *Good Friday at St. Margaret's,* ed. Charles Smyth (London: Mowbrasy, 1957). *Explorations in Theology* 2 (London: SCM 1978) Part 1에서 더 학구적이고 생생하게 다루어져 있다.
51) Oxford: Oxford University Press, 1983.
52) A. M. Ramsey, *The Gospel and the Catholic Church* (London: Longmans, 1936) 180.
53) Owen Chadwick, "Michael Ramsey and the Beatific Vision,"1988년 6월 27일에 웨스트민스터 사원에서 행한 연설; Gordon S. Wakefield, "Michael Ramsey: A Theological Appraisal." *Theology* (November 1988).
54) Ramsey, *Sacred and Secular,* 45.
55) Ramsey, *Be Still and Know,* 13-14.
56) 성공회 여성주의 영성에 대해서는 다음을 참고하라: Ursula King, *Women and Spirituality* (London: Macmillan, 1989); Bridget Rees, "Wandering in the Wilderness: A Feminist Reflects on Education in Spirituality," in *Can Spirituality be Taught? Exploratory Essays,* ed. Jill Robson and David Lonsdale (London: Way, 1988) 51-60.

참고문헌

원전

Andrews, Lancelot. *The Preces Privatae of Lancelot Andrews.* Translated by R. E. Brightman. London: Methuen, 1903.
Brightman, F. E. *The English Rite.* 2 vols. London: 1915, 1921.
Chadwick, Owen, ed. *The Mind of the Oxford Movement.* London: A. & C. Black, 1960.
Cosin, John. A. *Collection of Private Devotions.* Edited by P. G. Stanwood with the assistance of Daniel O'Conner. Oxford: Oxford University Press, 1967.
Hort, F. J. A. *The Way, the Truth, the Life.* London: Macmillan, 1893.
Jay, Elisabeth, ed. *The Evangelical and Oxford Movements.* Cambridge English Prose Texts. Cambridge: Cambridge University Press, 1983.
Law, William. *A Serious Call to a Devout and Holy Life* and *The Spirit of Love.* Edited by

P. G. Stanwood. *Classics of Western Spirituality*. New York: Paulist: London: SPCK, 1979.
More, P. E., and F. L. Cross. *Anglicanism*. London: SPCK; Milwaukee: Morehouse, 1935.
Newman, John Henry. *Parochial and Plain Sermons*. 8 vols. London: Rivingtons, 1875.
Patrides, C. A., ed. *The Cambridge Platonists*. Cambridge, MA: Harvard University Press, 1970.
Pusey, E. B. *Parochial Sermons*. London: Walter Smith, 1869.
____. *Parochial and Cathedral Sermons*. London: Walter Smith, 1883.
Ramsey, A. M. *Sacred and Secular*. London: Longmans, 1965.
____. *Be Still and Know*. London: Collins, Fontana, 1981.
Robinson, J. A. T. *Honest to God*. London: SCM, 1963.
____. *Exploration int God*. London: SCM, 1967.
Temple, William, *Readings in St. John's Gospel*. London: Macmillan, 1945.

연구서

Armstrong, C. J. R. *Evelyn Underhill(1875-1941)*. London: Mowbrays; Grand Rapids: Eerdmans, 1975.
Butler, Perry, ed. *Pusey Rediscovered*. London: SPCK, 1983.
Cuming, G. J. *A History of Anglican Liturgy*. London: Macmillan, 1982.
Dillistone, F. W. *Charles Raven*. London: Hodder & Stoughton, 1975.
Fox. Adam. *Dean Inge*. London: John Murray, 1960.
Hennel, Michael. *Sons of the Prophets: Evangelical Leaders of the Victorian Church*. London: SPCK, 1979.
Lossky, Nicholas. *Lancelot Andrews, le Prédicateur(1555-1626)*. Aux Sources de la théologie mystique de l'Eglise d'Angleterre. Paris: Cerf, 1986.
Martin, Brian W. *John Keble, Priest, Professor, Poet*. London: Croom Helm, 1976.
Purcell, William. *Anglican Spirituality: A Continuing Tradition*. London: Mowbrays, 1988.
Rowell. Geoffrey. *The Vision Glorious*. Oxford: Oxford University Press, 1983.
____. ed. *Tradition Renewed*. London: darton, Longman & Tod, 1986.
Rupp, Ernest Gordon. *Religion in England 1688-1791*. Oxford: Oxford University Press, 1986.
Smith, B. A. *Dean Church: The Anglican Response to Newman*. Oxford: oxford University Press, 1958.
Smith martin, S.S.J.E., ed. *Benson of Vowley*. Oxford: oxford University Press, 1980.
Stranks, C. J, *Anglican Devotion: Studies in the Spiritual Life of the Church of England between the Reformation and the Oxford Movement*. London: SCM, 1961.
Thornton, Martin. *English Spirituality*. London: SPCK, 1963.
Jones, Cheslyn, Geoffrey Wainwright, and Edward Yarnold. *The Study of Spirituality*. London: SPCK, 1986.

Sykes, stephen, and John Booty, eds. *The Study of Anglicanism.* London: SPCK; Philadelphia: Fortress, 1988.

Wakefield, Gordon S., ed. *The Westminster Dictionary of Christian Spirituality,* which originated as *A Dictionary of Christian Spirituality.* London: SCM, 1983.

제1장

청교도 영성:
제대로 개혁된 교회 추구

I. 청교도 경건:
영국 청교도 경건 문학(1600-1640)

리처드 러블러스(Richard C. Lovelace)

이 세대는 거룩하고 양심을 성찰해 주는 진리들이 가득한 영적 논문들을 풍성하게 주시는 하나님의 말할 수 없는 자비하심을 인정해야 할 큰 이유가 있다. 영혼을 위로해 주고 향상시켜 주는 귀중한 진리, 머리와 가슴과 영혼을 속이는 오류들 발견해내고 예방하는 데 사용되는 진리, 모든 그럴듯한 것들이나 그림들과는 다른 참된 은혜를 인정해야 한다: 이 점에 있어서는 어느 시대, 어느 민족도 우리를 앞지르지 못한다…(토머스 쉐퍼드, 『성실한 회심자』, 11)

1640년에 토머스 쉐퍼드(Thomas Shepherd)는 엘리자베스 여왕이 통치하면서부터 권력을 장악하게 된 종교적인 당파의 추종자들에 의해 출판된 다양하고 많은 경건 서적들을 흡족한 마음으로 회고했다. 1609년에 토머스 쿠퍼(Thomas Cooper)는 이미 리처드 그린험(Richard

Greenham), 윌리엄 퍼킨스(William Perkins), 리처드 로저스(Richard Rogers), 존 다우네임(John Downame), 아더 덴트(Arthur Dent) 등이 저술한 "경건의 능력에 관한 많은 훌륭한 논문들"이 존재하는 것에 감사할 수 있었다(Thomas Cooper, *Christian's Daily Sacrifice*, A-5). 제임스와 찰스의 재임 기간부터 명예 혁명(1688-89)에 이르는 동안, 이 사람들과 그들의 후계자들은 다양한 형태—신앙 지침서, 위로의 지침서, 영적 보화, 전쟁 지침서, 순교자 열전, 풍유 소설, 소논문, 기도 지침서 등—로 비교할 수 없이 깊고 풍부한 경건 문학을 만들어냈다. 그러나 이 특별히 풍성한 경건 문학 내에 있는 여러 가지 유형들은 서로 중복되고 겹쳐진다. 그것들은 공통된 정신과 공통된 신학의 중심을 소유하고 있다. 그리고 그것들은 그 이전의 문학이나 그 시대의 다른 경건의 형태들과는 확실히 구분되는 경건의 개념을 정의한다.

 이 글에서는 문학의 전형적인 본보기 안에 나타나는 청교도 경험의 구조를 살펴봄으로써 이러한 차이점의 분량을 판단하며, 그것의 위치를 기독교 경건의 역사의 흐름 안에서 찾는다. 첫 부분에서는 청교도 경건의 전통과 관련된 몇 가지 단서들, 그리고 그것의 형성에 기여한 환경적인 요인들을 찾아볼 것이다. 둘째 부분에서는 청교도 경건의 본보기들을 조사, 분석하고, 전거들을 참고로 하여 재구성한 청교도 경건의 진정한 윤곽에 비추어 앞에서 내린 결론들을 검증해 볼 것이다. 결론 부분에서는 청교도주의의 이러한 측면이 장래 미칠 영향력에 대해서 논하고, 그것이 기독교적 경험과 관련하여 지니는 표준적인 가치를 평가한다. 청교도 경건을 상세히 분석하고 조사하려는 다른 시도들도 있었는데, 그 중에는 매우 훌륭한 것도 있다.[1] 그러나 청교도 경건의 특성, 중세 시대 경건과의 관계, 17세기 이후 기독교적 경험의 흐름과의 관계를 제대로 파악한 저서는 출판되지 않았다.

청교도 경건의 기원

로마 가톨릭 전통에 대한 청교도의 비판

바로 위에서 언급한 내용에 적용되지 않은 유일한 예가 있다면, 그것은 1931년에 출판된 헬렌 화이트(Helen C. White)의『영국의 경건 문학(산문), 1600-1640』(*English Devotional Literature(Prose), 1600-1640*)일 것이다. 화이트는 이 시대의 영국의 경건 문학을 중세 시대와 가톨릭 교회의 전거들과 밀접하게 연결하려 했다. 그녀는, 16세기 초 영국에서 개신교 논쟁주의의 시대에도 신비주의 문학에 대한 갈망이 남아 있었고, 또 유럽 대륙에서 도입된 개신교 교리 서적들에 만족하지 못한 채 토마스 아켐피스와 같은 중세 시대의 인물들, 당대의 풍부한 가톨릭 신비주의 문헌, 그리고 밀반입된 국교 기피자들의 저서들에게서 만족을 구하려 했다고 주장한다.[2]

헬렌 화이트가 조사한 대부분의 책들—특히 앤드류즈(Andrewes)와 돈(Donne)—과 관련하여 그녀의 논제는 틀리지 않다. 그러나 그녀의 관심의 대상은 최소한 네 가지 집단—가톨릭 국교 기피자들, 외관상으로는 성공회 신자이지만 거의 가톨릭 신자인 사람들, 국교를 준봉하는 청교도들, 그리고 분리주의자들—이 저술한 영국의 경건 문학 전체였는데 반해, 우리는 그 중 일부에만 관심을 기울이므로, 그녀의 결론들은 우리의 연구와는 큰 관계가 없다. 게다가 화이트는 가톨릭 교도를 만들려는 목적에 공감하고 있다. 그녀는 분명한 청교도 서적들을 조사하면서도 "가까이 가기 싫은 신학적 접근 방법"을 지닌 "이 불안한 책들"을 외면하고 가톨릭적인 형태나 기독교 이전의 형태를 취하고 있는 신비 종교의 신비들을 다루고픈 충동을 계속 느낀다.[3] 혹자는 그녀가 청교도 경건의 기원을 잘못 해석하기를 기대할 수도 있을 것이다.

그러나 화이트의 귀납적 결과들은 17세기 영국에서 청교도 진영에서 저술한 문헌들에 전반적으로 적용되지 않는다는 것을 지적해 주는 구체적인 사실들이 무척 많다. 첫째, 16세기의 성공회 편집자들이 재발행된 가톨릭 자료를 다룰 때에 적용한 선택성(selectivity)이 있다. 화이트는 이러한 예를 세 가지를 든다: 토머스 로저스가 어거스틴과 같은 중요한 인물까지도 신중하게 다룬 것; 윌리엄 크러쇼(William Crashaw)가 버나드의 저술 중 일부를 시험적으로 인정한 것; 버니(Bunny)가 제수잇인 개스퍼 로르트(Gasper Loarte)의 저서와 에드몬드 파슨즈(Edmond Parsons)의 저서를 비난한 것.[4] 이것은 편집자들과 청중 모두가 빈틈 없는 개신교의 교리적 감수성을 가지고 있었다는 증거를 제공한다.

둘째, 보다 지적인 청교도의 경건 논문에서 전거로 제시된 저자들을 조금만 인용했다는 기록이 있다. 이것들은 교부적 전거들을 크게 의지하고 있다: 어거스틴이 가장 많이 인용되고, 그 다음으로는 크리소스톰, 암브로스, 카파도키아 교부들, 대 그레고리 등이 인용된다. 고대 이교 저자들도 인용되는데, 그중 으뜸이 되는 것은 세네카(Seneca)이다. 그러나 스콜라 신학자들 중에서는 유일하게 버나드가 가장 널리 인용되며, 예외적으로 토마스 아퀴나스가 몇 번 인용된다.[5] 로버트 볼튼(Robert Bolton)은 스콜라주의 저자들을 몇 번 인용하는데 그들을 "잡종 신학자들의 부패한 세대"로 언급한다(*Directions*, 150). 신비주의 작가들에 대해서는 (버나드와 어거스틴을 언급한 것 외에는) 전혀 언급하지 않는다. 화이트는 교부적 저자들이 현저하게 인용된 것은 개신교회를 가톨릭 교회의 권위로 지원해 주려는 시도의 일부라고 암시한다.[6] 그러나 청교도들은 종교개혁자들과 사도들 다음으로 초대 교부들에게 가장 심오한 영적 공감을 느끼기 때문에 그들을 자주 인용한 듯하다.

셋째, 청교도들은 가톨릭 교회의 경건을 교회의 신앙생활을 위한 부속품으로 여기기보다는 제거해야 할 녹으로 여겼다는 사실을 지적해 주는 논평이 전거들 자체 안에 있다. 중재하는 성향을 지닌 온건하고 중도적인 작가 대니얼 휘틀리(Daniel Featley)는 경건에 대해서 다음과 같이 썼다:

> (영감된 성경 다음으로) 이 거룩한 불길을 타오르게 해 주는 기름은 경건한 논문들(*Treatises of Devotion*) 안에서 매우 풍성하게 흐른다. 그러한 종류의 저술에서, 분량 면에서는 대체로 가톨릭 교인

들이 뛰어나지만, 비중(중요성)에 있어서는 우리 측의 신학자들이 뛰어나다…성 아이어롬(St. Ierom)이 합법적인 희생에 대해 관찰한 바에 의하면 하나님은 자신에게 바쳐진 벌에게 꿀을 약속하지 않으셨다. 이 안에는 우리의 영적 제물(봉헌) 안에서는 달콤하기만 할 뿐 신랄한 진리의 맛이 없는 것은 하나님을 기쁘게 하지 못한다는 도덕적 진리가 숨겨져 있다.(*Ancilla Pietatis*, To the Reader)

휘틀리의 논평은 청교도들이 자신의 경건 서적들과 가톨릭 교회의 것들을 구분해준다고 느낀 차이점들 중 몇 가지를 암시해준다. 보다 솔직한 예는 청교도 논쟁주의자인 헨리 버튼(Henry Burton)의 글에서 볼 수 있다. 그는 1620년대에 갑자기 등장한 가톨릭 경건 서적들의 유입에 대해 염려했고, 특히 그 시기에 합법적인 성공회 독서 자료로 가장하고 출현한 성무일과에 관한 지침서를 공격하는 글을 썼다:

저자는 자신의 저서인 Septiformious Devotion이 1560년에 엘리자베스 여왕의 허락을 얻어 출판된 *Much After the Manner*와 흡사하다고 옹호한다. *Much After the Manner*는 그 문제를 훌륭하게 다룬 책이다…저자가 말하는 성무일과는 엘리자베스 여왕의 통치 초기에 저술된 것인데, 그 당시에는 가톨릭 교회의 관습이나 복음이 유아기에 머물러 있었다. 교회가 유아기에 있을 때에 묵인해 줄 수 있을 일들이라도, 성년이 된 후에는 용납되지 않는다. (Tyrell, C-3.D)

이 마지막 논평은 부수적으로 헬렌 화이트의 많은 증언의 현존에 대한 흥미로운 설명을 제공한다. 헨리 버튼은 계속해서 청교도 경건과 가톨릭 경건을 구분해 준다고 생각하는 요인들을 개진한다:

또한 맹목적이고 미신적인 책(Devotion), 자신을 빛의 천사로 변화시킬 수 있는 존재가 지옥에서부터 뿜어낸 책이 있다. 그의 희생은 엘리야의 헌신처럼 조명되고 진실로 종교적인 헌신으로서 하늘에서 내려온 불에 의해 고취되고 타올랐다. 옛날 뱀이 인간의 정신 안에 해로운 유혹을 주입할 때도, 그가 점잔빼는 헌신의 황금 잔 안에서 사람들을 유혹하는 것만큼 효과적이고 일상적으로 하지는 못했다…이 성 프랜시스와 성 도미니크는 자기들의 깊은 헌신의 강력한 마술들에 의해서 서원한 오합지졸들을 제자로 끌고 다녔다… (*Tyrell*, C-1)

버튼은 불쾌감을 주는 책의 저자, "우리 가운데서 많은 불필요한 질문들에 대한 계속적인 토론"을 제기하는 사람의 반-교리적 성향에 대해 반대하면서 다음과 같이 논평한다:

> 이 사람은 자신의 저서(Devotion)의 진의를 감추려 할 것이다…만일 구원하는 지식의 기름이 공급되지 않으며, 오류와 습기(신비)에 의해 시달린다면, 참된 헌신(Devotion)의 등불이 어떻게 타오를 수 있겠는가? 그것은 결국 습기가 차서 꺼지고 말 것이다…(Tyrell, E-4)

이 글에 들어 있는 강력한 교리적 감수성은 이 장 첫 부분에서 인용한 토머스 쉐퍼드의 주장을 상기시켜 주며, 대부분의 전거들의 성향을 요약해준다. 그것들에게는 원래의 상태에서 가톨릭 경건과 혼합될 수 없는 것이 있다. 이 시대에 성공회에서도 급진적인 사람들이 저술한 많은 책들은 강력한 중세시대적 경향이 있다. 리처드 브래스웨이트(Richard Brathwait)의 『영적 향미』(*Spiritual Spicerie*)에는 어거스틴, 루이스 데 그라나다(Luis de Granada), 아퀴나스, 익명의 카르투지오 회 수도사 등이 저술한 글들, 그리고 헨리 수소가 성찬에 대해 저술한 매우 반-청교도적인 묵상이 포함되어 있다. 또 유형적인 몸을 성경적인 육과 동일하게 여기는 것이나 금욕주의를 통해서 하나님과의 연합을 향해 나아간다는 것과 같은 특별한 개념들을 받아들인다. 그러나 브래스웨이트가 *A Reply to a Rigid Presian, Objecting, that Flowers from Romish Authors Extracted, Became Less Wholesome and Divinely Redolent* (*Spiritual Spicerie* 226)를 끼워넣어야 한다고 느낀 것을 보면, 이것이 청교도들의 취향과는 전혀 다른 것이었음이 분명하다. 이것은 청교도 작가들은 자기들이 생각하는 것처럼 중세시대와는 매우 관계가 없었다는 말이 아니다. 우리는 종교개혁의 근본적인 새로운 의미 전체를 그대로 받아들일 수는 없다. 유명한 『경건의 실천』(*Practice of Piety*)의 저자인 루이스 베일리와 같은 사람도 자신의 개혁주의 신학에 토머스 아퀴나스주의와 관련된 글들을 혼합했고, 순진하게도 성경적인 영과 육의 구분의 기초로 몸과 정신이라는 이분법에 매달렸다. 그러나 진정한 청교도가 루이스 데 그라나다를 의지했다고는 상상하기 어렵다. 왜냐하면 그라나다는 "금욕, 짐승의 털로 짠 셔츠, 철야, 훈련, 기타 육체적으로 가혹한 행위로 몸을 학대하고 고통을 가하려는 강력한 욕구"[7]를 영적 진보의 표식으로 열거하기 때문이다. 브래스웨이트의 『영적 향미』(Spicerie)와 로저스의 『신령한 꽃 동산』(Garden of Spiritual Flowers)을 비교해 보면, 후자는 다음과 같은 논평이 가미된 개혁주의 신학의 단단한 토대와 더불어 시작한다:

> 우리의 죄악됨은 끊임없이 우리의 모든 행동, 생각, 말, 그리고 행위를 더럽힌다. 그리고 형벌(이것은 하나님의 저주다)은 항상 모든 곳에서 우리를 무겁게 누른다…우리는 죄 덩어리에 불과하며, 항상 하나님의 진노 아래 있다.(*Graden*, 2)

로저스의 『신령한 꽃동산』의 나머지 부분은 하나님의 섭리에 관한 매우 평범하고 무미건조한 진술을 포함하여 그 꽃들 사이의 경계가 확고하다.

청교도 경건 문학의 기원

청교도 경건이 후대로 전달되는 데 분명한 역할을 한 유형의 경건 문학은 영어 소기도서(Primer)이며, 헬렌 화이트는 얼마 뒤에 출판된 책에서 그것을 상세히 다룬다.[8] 이 명칭은 원래 14세기에 평신도들이 수도원 안팎에서 경건한 용도로 사용하기 위해서 수도원에서 편찬한 라틴어로 된 『복된 성모 마리아의 드리는 기도서』(*Book of the Hours of the Blessed Virgin Mary*)에 붙였던 것이다. 성무일도를 기초로 하여 작성된 원래의 소기도서에는 덕을 함양해 주는 논문, 기도문, 감사기도, 죄고백, 주기도문, 십계명, 신조, 호칭기도, 애도가, 그리고 특히 성모 마리아에게 드리는 기도 등이 혼합되어 있다.[9] 화이트는 헨리 8세와 에드워드 6세 시대, 그리고 개신교의 가르침의 영향 아래서, 권력 복합체가 그것들을 평신도들의 종교적 변화를 위한 도구로 사용하려 함에 따른 소기도문의 발달을 추적한다. 그녀는 (그리스도의 모친의 인격과 긴밀하게 연결된) 그리스도의 인간적인 삶을 강조하던 데서부터 그의 중보적이고 구속적인 기능에 초점을 두게 된 것에 기초를 두고서 소기도문에 분위기의 변화가 점차 깊이 번지는 것을 관찰할 수 있었다.[10] 보다 자세히 분석하면, 이러한 종류의 경건한 집록은 우리 시대에서도 반-청교도적인 경건한 표현의 도구가 되고 있다.

그러나 특히 청교도적인 그러한 경건의 유형의 기원과 보다 밀접한 관계가 있는 것은 16세기 말과 17세기 초에 윌리엄 퍼킨스(William Perkins)와 그의 제자인 윌리엄 에임스(William Aims)에 의해 행해진 근본적인 신학 작업이다. 두 사람의 신학은 매우 경험적이었다. 전자는 경건함과 올바른 신학의 본질적인 관계를 강조하면서, 신학을 단순한 지적인 학문이라기보다는 올바르게 생활하는 것과 관련된 학문으로 정의했다. 후자는 중생의 개념을 중심으로 자신의 신학 체계를 구성했다. 특이하게 영국적인 개혁주의 신학의 표현이 이러한 실질적인 경향에 따라 발달한 원인은 우리의 주제와 크게 관련이 있는 흥미로운 질문이다. 많은 이전 시대의 전거들이 제시한 이유는 영국인의 특성에는 실질적인 것을 강조하는 실용주의적이거나 경험적인 경향이 있을 것이라고 암시한다. 그러나 청교도들의 실질적인 경건의 이상은 17세기 이래로 많은 상이한 환경에 뿌리를 내려왔고, 종종 신약성서와의 접촉을 근원으로 하여 자발적으로 시작되기도 했다. 따라서 이것은 매우 손쉬운 해결책일 수도 있다. 청교도들 사이에서의 이러한 실질적인 강조는 페트러스 레머스(Petrus Ramus)의 철학과 방법의 거의 보편적인 영향에서 파생된 것일 가능성이 많다. 스콜라주의에 대한 패트러스의 강력한 반응은 키에르케고르가 헤겔에게 반응한 것과 비슷한 반응을 나타냈다는 점에서 일종의 원시-실존주의였다. 이 논문에서 다루어진 많은 저서들은 래머스의 논법을 대표하는 도표들을 담고 있다.[11]

아마 우리 시대의 엄격한 청교도 경건 문헌들의 문학적 원천은 퍼킨스와 에임스의 신학 위에 기초를 둔 청교도적 설교이다. 가장 특징적인 청교도 경선 서적들은 성공회 경건서적들처럼 여러 가지 글을 수집해 놓은 집록이 아니라, 하나의 본문이나 주된 주제에서 전개된 서로 연결된 논문들이며, 종종 설교 자료들을 정교하게 가다듬은 것이라고 언급되기도 한다. 청교도의 종교 정신의 특징적인 표현은 사적인 묵상을 위한 지침서가 아니라 설교였다. 청교도 경건 문학의 주된 기원에 대한 이 설명은 우리 시대에 청교도 서적이 급속히 증가한 것을 설명해 준다. 그러나 이 시대의 설교에서 이러한 서적들이 배출되게 만든 요인은 무엇이며, 이러한 자료를 상이한 문학적 형태로 만들어 개별적인 회중을 초월하여 전파하려는 분명한 욕구가 존재한 원인은 무엇이었는가?

많은 환경적인 요인들이 교리, 정치, 종교적인 외관 등의 분야에서 청교도들의 관심의 초점이 논쟁의 자료에서부터 믿음에 함축된 경건한 의미로 변화된 것, 그리고 이러한 관심을 표현하는 서적들을 전파하는 것으로 이동하는 데 기여했다. 우선, 교회적으로 청교도들의 자제하는 상황은 이 두 가지 일과 어느 정도 관련이 있을 것이다. 헬렌 화이트는 대륙의 칼빈주의는 하나의 기독교 사회를 세우는 표면적인 일에 몰두해 있었고, 영국의 칼빈주의는 내면 생활, 즉 자기 정복에 몰두해 있었다는 논제를 제시했다.[12] 그녀는 공동기도서에 대한 불만이 그것을 대체할 청교도 서적의 창작과 보급으로 이어졌을 수도 있다는 점에 주목한다.[13] 또 이 시대 동안 청교도 운동에 대한 반대가 있었는데, 그것은 그 운동을 박멸한 것이 아니라 오히려 더 강력하고 활기차게 만드는 결과를 낳았다. 그리고 핼러(Haller)가 지적한 것처럼 보복의 주요 도구는 인쇄기였다.[14] 물론 이 마지막 요인만으로는 그 시대의 많은 서적들이 논쟁보다 경건을 선호한 이유가 설명되지 않는다.

청교도들은 교회의 원수들과 교리적인 잘못들만 공격한 것이 아니라는 점을 깨달을 때에, 이 마지막 질문에 대한 부분적인 대답이 나타난다. 그들은 영적으로나 도덕적으로 꾸준히 쇠퇴하고 있는 듯한 교회와 사회를 상대로 싸우고 있었다. 지난 세기의 소란한 교회의 상황에 의해서, 그리고 뒤늦은 영국에서의 르네상스 인문주의의 개화로 인한 종교를 멀리하는 태도와 결합되어 엘리자베스 여왕이 이룩한 경제적인 번영은 중세 시대에 영국이 유지해온 기독교 문화의 모습을 와해시켰다. 우리 시대의 작가인 존 앤드류즈(John Andrews)는 영국만큼 많은 진리를 부여받았음에도 불구하고 철저히 태만한 국가는 없다고 논평한

다. 또 다른 저자는 동일한 시기에 대해서 다음과 같이 말한다:

> 세상에는 진실하고 참되게 예수 그리스도를 섬기는 소수의 사람들이 남아 있다. 그들은 물을 떠난 고기처럼, 대학살에서 살아남은 사람처럼, 파선한 큰 배에서 떨어져 나온 널판지처럼 이 세상에 살고 있는 그들과는 아주 맞지 않는 이러한 대가 속에서 그들은 거의 숨을 쉬지 못한다. 그럼에도 불구하고 그 적은 무리 가운데서…부패함이 암이나 궤양처럼 증가하고 있다. 말다툼, 허영, 사치한 복장, 탐욕, 야심, 사치…각 가정은 하나님을 제대로 섬기지 않기 때문에, 게대로 구제하지 않고 거의 기도하지 않고 전혀 성경을 읽지 않는다: 간단히 말해서, 대적들과의 대화에 의해 전염된 악덕들이 우리를 감염시키는데, 그것이 미신으로 가는 첫 단계이다…만일 하나님이 매우 순수하게 알려지는 곳이 있다고 해도, 그곳에서도 하나님은 제대로 섬김을 받지 못하실 것이다: 그렇다면 세상의 나머지 장소에서는 그 상태가 얼마나 심하겠는가?¹⁵⁾

지식은 경건함을 위한 것이라는 청교도적 원리—존 다드(John Dod)의 표현을 빌자면, "무지한 마음은 죄악된 마음이며, 지식이 없는 사람은 은혜가 없는 사람이다…"라는 원리—는 자연히 이 국가적인 배교의 물결을 바꾸기 위한 서적들의 보급으로 이어진다. 개신교의 경건 서적이 전혀 출판되지 않는다면, 또 다른 무지하고 제멋대로 행하는 계층의 사람들이 로마 가톨릭 교회의 방대한 경건 서적에게 매력을 느낄 것이라는 인식은 아마 이 범주에서 청교도 서적들이 일찍 저술되도록 작용한 또 하나의 동기였을 것이다.¹⁶⁾

그러나 이 모든 설명들 중에서 가장 단순하면서도 그럴 듯한 설명은 청교도의 경건한 관심은 종교개혁 안에서의 또 하나의 단계의 자연적인 발달을 나타낸다는 설명이다. 그것은 교리와 교회의 표면적 질서를 재구성함에 의해서 시작되었고, 이 마지막 단계가 없으면 모든 것이 무가치하다는 분명한 성경의 가르침에 주의하면서 자체의 내면 생활의 발달을 지향하고 있다. 위에서 열거한 이유들 때문에 영국 내에서 이러한 발달을 이루기 위한 상황은 매우 우호적이었다. 그러나 처음부터 그것은 종교개혁 안에 은연중에 함축되어 있는 운동이었다. 왜냐하면 그것은 종교개혁에 동기를 부여해 주는 원리를 형성한 성경 안에 은연 중에 함축되어 있기 때문이다. 청교도 신학자들—최소한 우리의 저자들의 주류를 이루는 국교도들—이 느낀 느낌의 근원에는 은혜의 교리의 기초가 충분히 확립되었다는 증거, 이제 그 기초 위에 견고한 경건의 건축물을 세워야 할 때가 되었다는 증거가 풍성하게 있다. 어떤 사람은 그것을 다음과 같이 표현했다:

> 나는 요즈음에는 내 힘을 쏟아붓기에 알맞은 신성의 한 부분을 발견하지 못하며, 과거에는 경험과 실천, 이론과 사변 안에 존재하는 것을 발견하지 못했다. 원칙적으로 요즈음에는 마음의 성화를 지향하지만 과거에는 심판에 대한 가르침, 지식의 증가를 지향했다. 요즈음은 경건 생활의 의무 안에서 알고 있는 것을 실천하도록 모든 사람들을 자극하는 것을 지향한다…헌신을 일으키며 사람들로 하여금 경건 생활의 의무를 행하도록 자극하는 경향은 지닌 실질적인 신성에 대한 설교들은 요즈음과 같은 시대에 아주 필요하고 또 적합한 것이다. 첫째, 세상에는 이미 신성의 교리를 자세히 다루는 책들이 가득하고, 진리를 옹호하고 오류를 대적하여 논박하고 거부하는 유식한 논쟁이 가득하기 때문이다. 둘째, 우리가 오랫동안 누려온 평화와 번영이 우리의 열심과 헌신의 열정을 식히고 소멸시켰으며 우리로 하여금 경건한 기독교적 삶에 필요한 본질적인 의무들을 성실하게 실천하는 일을 소홀히 하게 만들었기 때문이다…(John Downame, *Guide*, A-2)

여기에 경건주의(pietism)의 기원이 있다. 그러나 경건주의는 교리와 성경의 권위를 내버린 것이 아니라 그것들 위에 기초를 두고 있다는 사실에 유의해야 한다. 우리는 바로 앞에서 인용한 글의 저자가 계속하는 말 속에서 논쟁은 신앙을 위한 싸움에서 가장 효과적인 수단이 되지 못할 것이라는 인식, 육적인 것이 아니라 영적인 보다 탁월한 무기가 있으리라는 인식이 등장하고 있음을 발견한다:

> 머리 속에만 진리를 위한 공간을 허락할 뿐, 그것을 사랑하고 받아들이고 실천함으로써 마음 속에 자리잡는 것을 허락하지 않는 사람들에게 강력한 망상을 주시는 분은 하나님이시다…그러므로 잘못된 것들을 증명하고 진리를 찾아내기 위해서 논쟁에 온 힘을 쏟

는 것은 정말로 헛된 일이다. 만일 그것을 찾아낸다고 해도, 그들은 이 빛 속에서 걸어가지 않을 것이며, 그것을 삶의 인도자로 삼지도 않을 것이다…(*Guide*, 1)

여기에서는 종교개혁이 논쟁적으로 성취해온 것을 부인하지 않지만, 이미 놓여져 있는 것들을 토대로 해야 한다고 경고한다.

만일 사실이 그렇다면, 만일 청교도 신앙이 실제로 개혁주의 토대 위에 청교도 경건을 재건하려는 시도라면, 우리는 그 시대의 무수히 많은 경건 서적들 안에 표현되어 있는 완성된 체계가 내면적인 교리 구조의 특징들을 나타내주기를 기대할 것이다. 우리는 여러 측면에서 중세 시대의 경건과는 상이한 유형의 경건을 기대할 것이다. 이제 이 가설을 검증하기 위해서 청교도 경건의 구조를 조사해 보아야 한다.

청교도 경건의 구조

참 회심의 표식

청교도들의 경건 생활 지침서들이 지닌 한 가지 매우 독특한 특징은, 그것들이 먼저 기독교적 삶에 들어가는 방법이라는 문제를 다룬 후에 기독교적 삶을 영위하는 것에 대해서 논한다는 것이다. 일반적으로 첫머리에서 중생의 필요성과 은혜의 교리를 믿는 신앙을 통한 삶의 길에 대해 언급된다. 친숙한 문제들—창조, 타락, 전적 부패, 구속, 믿음, 그리스도의 중보자 되심이 강조된다—이 여러 번 다루어진다. 가톨릭 교회의 지침서들과는 달리, 청교도들의 경건 서적들은 근본적으로 회심하지 않은 사람들, 영생의 길을 가기 위한 안내와 자극만을 필요로 하는 것이 아니라 먼저 영생의 길에 놓여져야 할 필요가 있는 사람들이 교회 안에 존재한다고 가정한다. 가톨릭 신앙에서는, 중생과 중보자의 직무는 부분적으로나마 세례 및 교회의 다른 성례전적인 기능들과 동화되어 왔다. 그러나 고든 웨이크필드(Gordon Wakefield)가 말한 것 같이, 청교도들에게 "그리스도와의 연합은 기독교적 삶의 종착점이 아니라 출발점이었다." 반면에 가톨릭 신자들의 입장에서 보면, 묵상과 기도는 그리스도께 도착하기 위해서 반드시 올라가야 하는 사다리, 따라서 어느 정도 중보자이신 그리스도를 몰아내는 것이 되었다.[17]

헌신의 형태에 접근하는 방법에 있어서 이러한 중요한 차이점 때문에, 청교도 경건 서적들은 자체의 교리적 개신교주의를 과시한다고 말할 수 있을 것이다. 청교도들이 부패하고 사회와 미온적인 교회를 바라보면서 직면한 문제는 단순히 신자들을 치명적인 죄의 늪에서 건져내야 한다는 것이 아니라, 근본적으로 입으로는 신앙을 고백하지만 실질적인 신자가 되지 못한 사람들, 육적인 안일함의 덫에 잡혀 있는 사람들을 각성시켜야 한다는 것이다. 많은 서적들은 참 믿음처럼 보이지만 실제로는 그렇지 못한 정신 상태를 드러내는 일에 몰두했다. 윌리엄 애터설(William Attersall)은 네 종류의 믿음(기적적인 믿음, 역사적인 믿음, 일시적인 믿음, 의롭게 하는 믿음)에 관해서 유럽의 전통적인 형태로 강연하며(*Psysicke Against Famine*, 116), 리처드 로저스(Richard Rogers)는 반드시 은혜를 구분해 주는 표식은 아닌 행동과 자질들을 열거한다: 복음의 지식, 신앙의 고백, 말씀을 들음, 기쁨으로 말씀을 들음, 자신의 죄를 알고 슬퍼함, 죄를 대적하여 싸움, 죄로 인해 애통함. 가시적인 교회 안에서의 탁월한 봉사, 표면적으로 선한 생활, 유창한 대중 기도, 선한 양심, 부활의 소망 안에서 기쁘게 죽음(*Graden*, 300). 로저스의 "13번째 단계가 없으면 무익한 열 두 단계들"을 마친 독자는 그 열세번 째 단계가 무엇이며, 자신이 정말로 그 단계에 도달했는지 알고 싶어하기 시작한다. 그것은 사람의 삶의 동기들의 전적인 교환 및 복음에 완전히 순종하는 것을 나타내는 비유인 "진주를 사는 것"으로 판명되며, 다른 작가들도 종종 그 비유를 사용한다. 여기에서 칭의의 지레 받침은 구속의 객관적인 사역 안에 놓이는 것이 아니라, 개인들 안에 놓인다. 그리고 토머스 쉐퍼드를 거쳐 종교적 감정에 관한 에드워즈의 위대한 저서에서 절정에 달하는 다소 고통스러운 과정을 지속하게 될 유형의 문학이 도입되었다.

참된 회심이라는 주제를 다루는 대부분의 청교도 서적들은 구원을 향한 경험의 표준화된 과정을 암시하는 듯하며, 그 과정은 법적인 두려움에서부터 시작하여 다양한 치욕과 통회의 단계를 거쳐, 자신의 삶을 하나님의 통치에 완전히 복종시키면서 "모든 것을 판 후에" 자신의 대속을 위한 약속의 궁극적인 적용을 향한다. 다음의 인용문은 청교도적 회심의 분위기를 훌륭하게 묘사한다:

> 한 사람의 영이 찔려 상처를 입고 죄 때문에 괴로워할 때, 율법의 저주에 걸렸을 때, 마음이 병든 그 영은 몹시 괴로워하면서 삶을 위해 분투하고 갈등한다. 그 때 그분의 약속은 꿀보다 더 달 것이다. 피곤하고 지치고 먼지를 뒤집어 쓴 마음이 약해진 나그네가 시원한 시냇물을 만나거나 부드러운 바람이 불면 기운을 되찾는 것을 보라. 마찬가지로, 무서운 시험으로 인해 괴롭고 지친 죄인은 복되신 성령이 달콤한 입김과 성소로부터 흘러나오는 생명수를 마시면 놀랍도록 원기를 회복한다.(Phineas Fletcher, *Joy*, 67-68)

이러한 유형의 회심을 경험하는 사람들의 내면에 형성한 깊고 큰 경건이 영국 청교도들 및 그들을 계승한 일부 미국 청교도들이 성취한 것과 같이 규범적인 것이었는지 질문해 볼 수 있을 것이다.

참된 회심은 특정한 믿음의 표적과 결과에 의해서 분별할 수 있다. 리처드 로저스는 하나의 표식으로서 참된 슬픔과 은혜를 향한 갈망을 열거하고, 두번째 표식으로서 사랑의 행위의 실천을 추가한다(*Garden*, 217-18). 청교도들은 이 일을 시험하는 데 있어서 종종 생각되는 것처럼 율법주의적이 아니었다. 로마서 8:16에 의하면, 구원의 확신에서 매우 중요한 한 가지 요인은 성령의 증언이다. 이 증언에서 성경의 역할은 성령에 의해서 적용되는 것으로서, 그리고 성령의 참되심을 시험해보는 기준으로서 강조된다(Thomas Rowen, *Markes*, 84). 그러나 성령의 사역에는 하나의 독립된 요소가 있으며, 그 성화시키는 효과, 기도를 향한 충동, 법적인 속박과 두려움으로부터 자유한 영, 죄를 인해 애통하는 영, 그리스도와 함께 거하려는 갈망의 주입, 담대하게 하나님께 나아감 등 보다 주관적인 기준에 의해서 성령의 임재하심을 알 수 있다(John Forbes, *How a Christian*, 63ff., 104ff.). 기독교 생활의 기초가 되는 이 경험적 주관주의라는 요소는 청교도들이 종교 체험을 강조한 것을 설명해줄 뿐만 아니라 후대에 퀘이커파를 포함하여 급진적인 청교도 진영에서 내면의 빛을 강조한 사실도 설명해준다.

청교도들이 회심을 다루는 데 작용한 두 가지 다른 요소들도 언급되어야 한다. 왜냐하면 그것들은 후대의 기독교적 경험의 전통에서 중요하게 작용하기 때문이다. 하나는 퍼킨스와 에임스의 다소 실천적이고 유연한 칼빈주의에서 시작된 예비 은혜의 가르침이다. 청교도 경건 문학에서의 전형적인 복음주의적 호소는 복음을 믿으라는 것이 아니라, 당신의 삶에서 실험적인 일을 행함으로써 하나님께서 당신을 구원하시는지 아닌지 기다려 보라는 것이다(Nicholas Byfield, *Oracles of God*, 23C). 거의 모든 청교도 경건 서적들은 그 과정의 어느 지점에서 소논문이 되었고, 그렇게 되면서 불신자들이 하나님께 이르기 위해서 행하는 모든 노력은 헛되고 죄스러운 것임에도 불구하고 계속 노력하는 것이 좋을 것이며, 꾸준히 노력하면 하나님께서 그들을 이러한 노력에서 들어올려 주실 것이라고 주장한다. 이처럼 상당히 왜곡된 칼빈주의는 토머스 쉐퍼드의 『성실한 회심자』(*The Sincere Convert*)에 수록된 매우 강력한 진술을 거쳐 미국에서 에드워즈의 믿음과 실천으로 이어졌고, 후일 미국의 신앙부흥에 상당한 어려움을 초래했다.

또 하나의 요소는 일반적으로 복음의 제공을 둘러싸고 있는 모독적인 분위기이다. 헬렌 화이트는 청교도 서적들이 지닌 위협적이고 훈계적인 어조를 반대하는데, 그것은 옳은 일이다. 우리 시대의 대부분의 저자들은 지옥의 지리와 설비를 상세하게 묘사한다. 물론 청교도들의 관점에서 보면, 이것은 복음적 친절에 실패했다는 표식이 아니다. 토머스 쉐퍼드는 너무 까다로워서 경고의 사역을 수행하지 못하는 동료 사역자들을 혹평했다:

> 그들의 내버려둘 수 없는 죄 때문에 하늘에서 내려올 유황불에 대해 말해줄 충실한 사역자, 긍휼한 롯은 존재하지 않는다…그들은 기껏해야 큰 죄들에 대해 무책임한 비평을 해댄다. 만일 그들이 사람들에게 그들의 불행을 증명하려 한다면, 그들은 악하게 적용된 문장들로 그들을 호되게 공격한다…아니면, 그들은 일반적으로 당신이 범죄하였으니 당신 자신을 위로하며, 그리스도께서 고난 당

하셨으니 낙심하지 말라고 말한다. 이처럼 상처를 깊이 잘라내지 않고 덮어둠으로써 곪게 만든다. 그들은 자신이 누워 있는 죄와 어두움의 땅에서 "불이야"라고 소리쳐줄 신실한 파수꾼을 원하고 있다. 모든 도시, 교구, 사람들은 불에 타서 멸망한다.(*Sincere Convert*, 101)

쉐퍼드가 제시한 회심의 표준들을 살펴보면서, 어떤 사람은 청교도 복음주의에 대해 그다지 예민하지 않은 목회자 로버트 얼윈(Robert Alwyn)에게 동의하게 된다:

그들의 말은 칼로 찌르는 것과 같다. 그들의 치아는 창과 화살이며, 입술은 칼과 같아서 율법에 대해서, 시내 산에서보다 더 큰 우레 같은 소리로 말한다…영혼을 죽이는 사람들…잔인한 설교자들, 할 수만 있다면 말로 성인들을 살해할 것이다. 그 혀는 지옥불과 같아서 절망에 대해서만 이야기하고 죽음과 멸망에 대해서만 이야기한다…(*Oyle of Gladness*, 2, 3)

여기에서 얼윈은 진실로 난폭한 행위를 지적하고 있다. 안타깝게도 위로의 논문인 『기쁨의 기름』(*Oyle of Gladness*)은 기독교적 기쁨의 근원을 아무 애매하게 다루기 때문에 그리스도 안에 있는 구속을 위로의 중심이요 필수 조건으로 언급하지도 않는다. 청교도들은 경건을 향하게 하는 박차로서 경고를 사용한다는 점에서는 중세적이었지만, 지옥이라는 상징을 사용함으로써 청취자들을 율법이나 보다 선한 행위로 몰고 가려 한 것이 아니라 그리스도에게로 몰고 가려 했다는 점에서 중세 시대의 설교자들과는 달랐다.

경건한 생활

회심을 다룬 청교도들의 "사물에 대한 관상에서의 열정"에 다소 위축된 헬렌 화이트는, 청교도들이 중생한 사람들을 위해 세운 경건의 표준 안에 나타난 진지함과 열심에 경탄하지 않을 수 없었다.[18] 또 다른 작가는 청교도들은 기독교적 삶은 삶의 모든 측면을 받아들여야 한다는 중세 시대의 관념을 그대로 보유했고, 신앙의 생활을 모든 가능한 영역에 확장하는 수단으로 결의론을 사용했다고 논평한다.[19] 그러나 청교도 경건의 특징은 포괄성보다는 내향성과 강력함이다. 다음은 토머스 쉐퍼드가 자신의 이상과 평범한 경건을 비교한 글이다:

> 이러한 형태의 종교는 세상에서 가장 쉬운 종교이다…교회에 가는 것만큼 쉬운 일이 어디 있겠는가? 사람들은 (최소한 표면적으로는) 매우 주의깊게 기도를 경청하고, 그 다음에는 설교를 듣고 책장을 덮는다. 그러나 이제 토요일 밤과 주일 새벽 내내 다음날 신랑을 만나기 위해서 마음 속에 기름을 준비하고 등잔을 손질하면서 보내는 것, 그리하여 말씀 안에서 그분을 만나고, 하나님의 음성을 듣고 두려워 떨며, 하나님의 가슴에서 젖을 먹는 것, 그리고 말씀을 듣는 일이 끝나면 은밀한 곳에 가서 말씀을 묵상하면서, 의무를 수행하면서 행한 모든 헛된 생각과 말씀을 듣지 않았음을 눈물을 흘리면서 슬퍼하는 일은 어려운 일이다. 왜냐하면 이것은 경건의 능력이며, 사람이 하는 일이 아니기 때문이다. 개인적인 기도와 관련하여, 경건 서적에 기록된 몇 개의 기도문을 읽거나 어려서부터 암송해온 기도문을 외우는 것, 또는 아침과 밤에 하나님의 자비를 구하는 짧은 소원을 아뢰는 것은 무척 쉬운 일이다. 이러한 형태의 종교는 쉬운 종교이다. 그러나 기도하기 전에 자아와 하나님에 대해 진지하게 묵상함으로써 마음을 준비하고 나서 피 흐르고 굶주린 마음을 가지고 하나님께 나아가는 것, 하나의 소원만이 아니라 보증을 가지고 나아가는 것, 그리고 그곳에서 한 시간이든 두 시간이든 축복을 얻기 위해서 하나님과 씨름하는 것은 매우 어려운 일이다. 사람들은 이렇게 행하려는 생각을 하지 않으며 그렇기 때문에 이렇게 행하지 않을 것이다…(*Sincere Convert*, 96)

기독교 신앙은 "보편적인 매일의 예배"가 되어야 한다(John Downame, *Guide*, 163). 이 규칙이 너무 엄격하다고 반대하려는 사람들에게, 토머스 쿠퍼(Thomas Cooper)는, 비록 이 규칙을 실천하는 것이 불가능하더라도 완덕을 위해 노력함으로써 겸손해져야 한다고 대답한다. 반면에 이 규칙은 성인들의 삶을 위한 성경적인 본보기이므로, 이 규칙은 적어도 하나의 목표가 될 수 있다. 그것은 우리의 일상적인 소명과 조화를 이룰 수 있으며, 합법적인 위로를 배제하지 않는다고 그는 주장한다(*Daily Sacrifice*, 18, 21).

"보편적인 매일의 예배"을 위한 틀은 청교도의 많은 경건 예배 의식서에 놓여 있으며, 가톨릭 교회의 성무일과를 대신한다. 리처드 로저스의 규칙은 전형적인 것으로서 널리 영향을 미쳤다. 청교도 신자의 일상적인 하루는 아침에 일찍 일어나서 밤을 편안히 지내게 해 주신 하나님의 자비를 묵상하며, 아울러 하나님의 속성들과 자신의 죄를 묵상하고 세수를 한다. 그 다음에는 혼자서, 또는 가족들과 함께 아침 기도를 한다. 그리고 나서 자신의 직업에 종사하는데, 일을 하는 동안 마음과 입의 활동에 대해 방관하거나 지나치게 주의를 기울이지 않도록 지키며, 사람들과 함께 있을 때에는 신중하고, 혼자서 생각할 때에는 엄격하며, 사업이 번영할 때에 겸손해야 한다. 집에 돌아와서는 감사기도를 하고, 저녁식사를 한 후에 하인들까지 포함하여 온 가족이 모여 요리문답을 읽고 공부하는 시간을 갖는다. 그 후 침대에 누워서 자신이 덮고 있는 이불과 생을 마친 후에 입게 될 수의의 유사성 등 영적으로 유익한 것에 대해 묵상한다(*Garden*, 174-76).

이것은 견딜 수 없을 정도로 엄격한 체제가 아니지만, 청교도들이 안식일에 지켜야 한 종교적 의무의 윤곽은 훨씬 엄격하다. 1595년에 출판된 리처드 바운드(Richard Bound)의 『안식일에 관한 논문』(*Treatise on the Sabbath*)은 청교도주의가 단독으로 주일을 지키는 일에 있어서 개혁자들의 온건한 태도를 버리고 매우 엄격하게 변화되었음을 보여준다.[20] 존 다드가 관찰한 바에 의하면, 부활절과 같은 축일들은 폐지되었지만, 안식일은 한층 강화되었다(John Dod, *Ten Commandments*, 136). 로저스의 『꽃동산』(*Garden*)은 일상적인 하루의 일과에 다음과 같은 것들을 추가했다: 아침 예배 전에 가족들이 모여 요리 문답을 공부하는 것; 집으로 돌아오는 것에 머리 속으로 설교를 되새겨보는 것과 저녁을 먹으면서 그 설교에 대해 대화하는 것, 성경이나 경건 서적을 연속해서 읽으며 식사 전후에 그것의 적용을 위해 기도하는 것; 그리고 나머지 시간에는 가정 안팎에서 다양한 자석 사역을 행하는 것(*Garden*, 174-76). 이에 맞추어 살기 위해서, 청교도 가정의 가장은 거의 하나님의 말씀의 사역자처럼 되어야 했다. 또 존 다드의 규칙대로 살기 위해서는 엄

청난 영적 힘을 가지고 있어야 했다:

> 또 교회에 오는 많은 사람들을 책망을 받아야 하고, 말씀을 듣고 의무를 행하는 데 만족하면서 하루를 보내야 한다. 그러나 해가 지고 저녁이 되면 저녁에 해야 할 일이 있다. 잠자리에 누워서는 세상적인 일에 대해 이리 저리 생각할 것이며, 평일 밤과 마찬가지로 머리 속이 부산하고 세상적인 일로 가득할 것이다. 그러나 안식일은 다른 날과 마찬가지로 24시간 계속 되므로 밤도 거룩한 안식 속에서 보내야 한다는 것을 알아야 한다…하나님은 제7일을 온전하게 보내라고 명하신다. 하나님은 자신이 우리에게 온전한 하루를 주신 것처럼, 우리도 하나님께 온전한 하루를 바치기를 원하신다.(*Ten Commandments*, 144)

여기에 제시된 평신도를 위한 규칙은 수도원 역사의 일부 규칙만큼 엄격하다. 그러나 그 근원은 중세시대에 있는 것이 아니라 청교도적 성경 중심주의에 있다.

청교도주의의 경건에 관한 법은 결코 엄격함을 위한 엄격함이 아니다. 청교도적 정서에서 엄격함이 발생하는 것은 몸과 감각적인 쾌락—이것들은 절제되면 항상 선한 것으로 선언된다(John Downame, *Warfare*, 429)—에 대한 편견의 결과가 아니며, 대단히 정교하고 훌륭한 성경 해석에서 비롯된 결과이다. 성경의 교훈과 원리와 본보기들은 삶의 모든 분야에서 경건하게 행하기 위한 객관적인 안내를 제공한다고 가정된다. 따라서 니콜라스 비필드(Nicholas Byfield)의 『하나님의 신탁의 정수』(*Marrow of the Oracles of God*)는 신앙이나 삶에서의 온갖 난처한 일에 대처하기 위해 선별된 성경구절들의 일람표의 형태로 작성되었으며, 신적인 권위를 지니고 모든 문제에 대답해준다. 십계명은 삶의 도덕적 상황들을 다루기 위한 긍정적/부정적 가르침을 충분히 포함하고 있다고 생각된다. 이런 까닭에 다드의 간결한 저서 『십계명』(*Ten Commandments*)와 같은 입문서가 인기가 있었다. 흔히 이러한 유형의 경건은 율법주의적인 것이라고 언급되는데, 이는 그것을 모방해야 하는 의무를 피하기 위한 방법이다. 그러나 이것은 율법과 복음의 기능을 분명히 구분하고 있으므로, 바울이 사용한 것과 같은 의미에서의

율법주의가 아니다:

> [율법은] 우리 자신의 불의와 부족함을 깨닫기 위한 목적에 이바지해야 한다. 우리는 전능하신 하나님의 심판대 앞에서 영적으로 겸손해야 하며, 우리의 의와 힘이 되시는 그리스도에게 도망쳐야 한다. 마지막으로, 이것을 자신의 삶의 규칙으로, 그리고 탁월한 공적으로 만들어야 한다. 비록 우리는 율법이 요구하는 완전함에 이를 수 없지만, 예수 그리스도 안에서 하나님이 받으시는 고결함을 소유할 수 있을 것이다. 만일 우리가 모든 계명을 존중하며 그것들을 지키기 위해서 충성스럽게 노력한다면(비록 그것들을 완벽하게 이행하지 못한다 해도), 우리는 하나님께서 의로운 종들에게 약속하신 축복과 은혜를 끊임없이 누릴 것이다…(John Dod, *Ten Commandments*, 375)

이 인용문은 정확하게 루터주의적 느낌을 가지고 있지 않지만, 바울의 주장과 완전히 다른 것은 아니다. 이것은 "바리새주의"라는 의미에서의 율법주의도 아니다: 청교도적 결의론에 관한 우리의 최선의 전거는 이것을 가톨릭 도덕 신학으로부터 구분해 준다. 그 이유는 가톨릭 도덕 신학은 신자가 확실히 은혜의 상태에 머물게 하기 위해서 가벼운 죄와 대죄의 경계를 정의하는 일에 관계하지만, 청교도 신자는 은혜에 의한 구원의 보장 안에서 안식하므로, 청교도주의는 하나님이 기뻐하시는 것을 공평하게 추구하는 일에 관계한다.[21] 이것은 가톨릭 교회의 결의론에 대한 공정한 평가가 될 수는 없겠지만, 청교도주의에 대해서는 공정한 평가인 듯하다.

그것을 율법주의라고 부르든지 그렇지 않든지 간에, 청교도의 경건은 이웃들에게 인기가 없었다. 그 불쾌한 특성을 표현한 일반적인 단어는 "까다로움"이었다. 우리 시대의 거의 모든 저자들은 이러한 비난에 맞서 자신을 옹호하고 있다. 그들은 대부분 그 단어가 의미하는 특이함을 부끄러워하지 않는다. 로버트 볼튼(Robert Bolton)은 "도덕적인 청교도"란 특이한 도덕적 탁월함과 겸손을 소유하기 위해 노력하는 사람, 세상적인 방법과 대화 및 세속적인 운동을 삼가는 사람, 다른 사람들이 소홀히 하는 특별한 종교적 의무들과 관련하여 예민한 양심을 가지고

프리크-깁스, *메디슨 가의 자녀들: 데이비드, 조앤나, 애비게일*, 1670

있는 사람이라고 정의한다(*Directions*, 2). 윌리엄 애터설(William Attersall)은 죄와의 결별이 경건한 사람들의 표식이며, 그러한 결별은 조직된 교회 안에서도 필요하다고 말한다(*Physicke Against Famine*, 61, 106). 토머스 쉐퍼드는 매우 과격하게 공격한다:

> 주님, 우리가 사는 이 시대를 보십시오! 과거에는 인간의 영광이었던 하나님의 형상이 이제는 수치가 되었습니다. 그리고 과거에는 사람들의 수치였던 죄가 거꾸로 그들의 영광이 되었습니다. 세상은 거룩한 행실을 어리석고 까다로움, 교만, 위선 등의 명칭으로 부르면서 그에 대해 많은 거짓 보고를 해 왔습니다. 만일 사람들의 이마에 그들이 범한 죄들을 기록한다면, 사람들이 만들어 내는 쇼는

최악의 것이 될 것입니다. 이런 까닭에 새 사람이 되었다고 거의 확신하고 있는 많은 사람들이 세상의 수치를 두려워하여 종교적인 행위에 착수하려 하지 않으며, 앞으로도 그럴 것입니다…사람들은 건강을 위해 축배를 들기를 거부하는 것을 부끄럽게 여기며, 그렇기 때문에 그러한 일들이 합법적이라고 주장합니다. 씩씩한 남자들은 유행에 뒤처지는 것을 수치로 여깁니다. 그렇기 때문에 그들은 벌거벗거나 가슴을 드러내는 것, 이상한 옷을 입는 것을 온당한 일이라고 옹호할 것입니다. 기회주의자들이여! 그들은 정직하게 행하며 정직하다는 평가를 받고 싶어하는 양심을 가지고 있으면서도, 모든 사람들의 행동에 맞추려고 노력합니다. 그들은 사람들이 맹세하는 말을 들을 때에 그들을 책망하는 일을 부끄럽게 여깁니다. 그들은 나쁜 친구들에게 거룩한 이야기를 건네는 것을 부끄럽게 여깁니다. 그들은 신중한 체 하면서 진주를 돼지에게 던져 주지 말아야 한다고 주장합니다. 그러나 그렇게 말하는 근본적인 이유는 거룩하게 되는 것을 부끄럽게 여기기 때문입니다. 참으로 두려운 일입니다! 하나님처럼 되는 것이 부끄러운 일입니까? 그렇게 행하는 것은 죄악되고 비참한 일입니다. 많은 종교에서는 신심이 깊어지는 것을 수치로 여깁니다.(*Sincere Convert*, 20)

이 글은 청교도들이 "까다로웠던" 것과 관련된 표면적인 행위에 대해 어느 정도의 개념을 제공해 준다. 많은 항목들은 간접적으로 제7계명을 범하게 하기 때문에 비난을 받는다. 로저스는 특정의 옷 입는 법, "인위적인 그림, 값 비싼 향수, 음탕한 걸음걸이"를 "간음의 선봉"으로 열거한다(*Garden*, 207). 존 다드는 이런 이유 때문에 특별한 춤과 연극을 정죄하는데, 후자를 정죄한 까닭은 이상한 복장 사용을 조장하기 때문이다(*Ten Commandments*, 297). 볼튼은 연극을 반대하는 데 대한 지원은 터툴리안에게서 구하며(*Directions*, 28), 다우네임은 화장하는 것을 반대하는 데 대한 보증을 얻기 위해서 키프리안에게로 거슬러 올라간다(*Warfare*, 411). 이것은 수도적으로 어울리지 않는 것이 아니지만, 결혼의 즐거움에 대한 볼튼의 논평—그것은 "엄격함이 혼합된 성실하고 온건하며 진지한 즐거움"이 되어야 하며, 절제있고 신중하게 즐겨야 한다—에는 중세 시대의 금욕주의의 흔적이 있다(*Directions*, 243).

그 밖에도 생명에 유해한 것(마약, 담배, 술)이나 낭비로 여겨지는 것

(노름, 그리고 잔인하거나 시간을 허비하게 하는 오락)들이 정죄된다 (*Directions*, 198, 154). 게으름을 이상하게도 두려워한 청교도들은 오락에 대해 다소 엄격한 태도를 취했다:

> 그들은 이렇게 말한다. 당신은 사람이 즐거움 없이 살게 하려는 것이냐? 오락을 허락하지 않으려느냐? 성경에서 인간에게 오락을 허락하신 이유는 무엇인가? 그러나 성경은 하나의 소명을 주고, 우리 안에서 그것을 배양하는 데 도움을 주기 위해서 오락을 명하지 않는가? 만일 어떤 사람이 당신에게 오락을 크게 찬성하는 일을 요구한다면, 당신의 직업은 어떻게 되는가? 당신의 몸을 피곤하게 하는 것은 무척 고통스러운 일이 아닌가? 열심히 공부하여 머리가 어지러우면 쉬면서 원기를 회복해야 하지 않는가? 그것은 대단히 고통스러운 노고로서 그 일을 행하려면 많은 휴식이 필요하다. 그것은 정욕과 마귀라는 까다로운 주인들을 섬겨야 하는 괴로운 일이다. 그러나 이렇게 오락을 직업으로 전하는 것을 하나님의 말씀은 허락하지 않는다…(John Dod, *Ten Commandments*, 98)

그러나 청교도들은 구원을 얻거나 증명하기 위해서 부지런히 일한 것이 아니라, 단지 헬렌 화이트가 지적한 것처럼 매 순간 자기들의 소명을 하나님의 통치 아래 두려 했다.[22]

여기에는 후대의 복음주의의 몇 가지 형태의 특징인 일련의 법제화된 형식들을 향한 태도는 존재하지 않는다. 그러나 이러한 외적인 까다로움은 경건에 대한 신약성서의 묘사와 조화를 이루는 내면적인 청교도주의와 균형을 이룬다.

> 정신적으로 기독교의 본질과 능력과 핵심과 자료들을 올바르게 평가하고 이해하라. 많은 사람들이 생각하는 것처럼, 그것은 겉으로 드러나는 행동, 공언, 말에 있는 것이 아니며; 정밀한 논점을 주장하고, 정확한 견해를 옹호하고, 시대의 타락상에 반대하는 것이 아니며; 행해진 일, 표면적인 형태의 종교 훈련, 듣고 읽고 회의하는 것 등 틀에 박힌 과업에 있는 것이 아니며; 금욕과 인내 등 표면적인 특별한 행동에 있는 것도 아니다. 그것은 의, 평화, 성령 안에서 즐거워함; 온유, 인자한 마음, 사랑; 인내, 겸손, 만족함; 죄를 죽임, 정욕을 절제함, 말을 절제함; 자비하고 공의롭고 참된 사역; 자신의 소명에 충실함; 사람들과의 양심적인 대화; 윗사람을 공경하고

원수를 사랑하며, 하나님의 사람들을 후히 대함: 자기 부인, 거룩한 정신, 믿음의 생활: 세상의 것들을 무시하고 세상을 멸시하며 죄를 미워함; 하나님의 임재 안에서 우리 마음을 인정하고, 그분과 교제하며, 주 예수의 오심을 갈망함 등에 있다.(Richard Bolton, *Directions*, 57-58)

청교도 도덕의 요점은 표면적인 것을 향하지 않으며, 내면적으로 죄를 죽이는 것을 향한다. 따라서, 로저스는 기독교인이 끊임없이 해야 할 일은 내면적으로 "모든 선한 개념들을 소중히 간직하는 것", 그리고 "죄의 개념까지도 죽이는 것이라고 가르친다.

> …그렇지 않으면 그 개념이 성장하여 그것을 좋아하게 되고…마음이 완악해지며, 모든 죄의 정상에 오를 것이다. 그러므로 당신이 원하는 일을 성취하기 전에 당신의 생각이 어디를 향하는지 살펴보라. 만일 당신의 생각이 유익하지 못하고 헛된 것이거나, 아직 발달하지 못한 생각들을 죽일 충분한 이유를 하나님이나 사람에게 제시할 수 있다면, 그러한 생각이 더 이상 당신의 내면에 살거나 호흡하지 못하게 하라.(*Garden*, 23, 282, 147)

경건의 성장과 사탄의 교활함

이제 우리는 경건 안에서의 성장이라는 청교도적 개념, 즉 성화의 교리에 대해 살펴 보려 한다. 여기서도 역시 철저히 개혁주의적인 기초를 발견한다: 성화는 그리스도와 신자의 연합을 통해서 이루어지며, 성령께서 신자들의 노력과 협력하시는 것이 아니라 신자의 노력을 촉진하기 위해서 성령에 의해 주권적으로 적용된다(John Downame, *Warfare*, 282, 59). 도덕적인 완전함이라는 이상에도 불구하고—또는 그 때문에—청교도 경건에는 후대의 완전주의와는 매우 다른 특성이 있다. 그것은 로마서 7장도 8장만큼이나 진지한 신자에게 적절한 것임을 발견한다. 청교도들은 은혜로 말미암는 구원의 확신에 의지하여, 자신의 계속되는 죄악됨을 낙관적으로 보지 않고 탄식하지만, 그것을 자신에게서 숨겨야 할 필요성은 느끼지 못한다. 존 다우네임은 다음과 같이 말한다:

한편, 우리는 하나님의 자녀들의 상태와 악인들의 상태의 차이점을 알아채지 못할 수도 있다. 양자 모두 자주 범죄하며, 또 중대한 죄를 범한다; 때로 하나님의 자녀가 순전히 세속적인 사람보다 더 두렵고 무서운 죄에 빠지기도 한다.(*Warfare*, 56-57)

그러나 둘 사이에는 차이점이 있다:

> 둘 사이에 큰 차이가 있다. 즉 하나님의 자녀는 실족한 후에 고민하고 슬퍼하며 다시 일어나기 위해서 노력한다…(*Warfare*, 56-57)

다른 각도에서 보면, 경건한 사람들은 부분적으로만 동의하면서 범죄하고, 경건하지 못한 사람은 완전히 자발적으로 범죄한다(*Garden*, 211-2). 참되고 실질적인 의는 실제로 우리의 의가 아니라 우리가 바라는 대상이다. 종종 성인의 내면에 있는 고결함의 유일한 표식은 상처입은 양이 목자에게 외치는 소리처럼 죄로부터의 구원을 향한 깊은 갈망일 것이다. 다우네임은 "당신이 바라는 은혜 때문에 은혜를 향한 갈망이 받아들여진다"고 말한다(*Warfare*, 76-77). 그러나 우리가 자신의 특징적인 약점들을 보다 효과적으로 죽이고 겸손해지려면 그것들에 대해 공부해야 한다(Paul Haynes, *Brief Directions*, 126, 201). 로버트 볼튼은 순교자 존 브래드포드(John Bradford)의 초인적인 겸손에 놀라 매우 흔한 감정을 표현했다:

> 복된 브래드포드를 기억하라. 그는 고귀한 순교자들 중 한 사람이며, 불길 속에서 숨이 끊어질 때까지 거룩한 정신을 가지고 있다가 불마차를 타고 하늘로 올라갔다. 그는 화형대에서 "나는 돌덩이처럼 냉담하고 못처럼 침묵한다. 기도의 맛을 전혀 알지 못하는 사람처럼 기도로부터 멀리 있다"고 말했다. 그는 때때로 신령한 삶과 거룩한 노래와 성령의 증거가 가득한 편지에 다음과 같이 서명하곤 했다: 가장 불쌍하고 마음이 완악하고 감사를 모르는 죄인, 존 브래드포드. 대단한 위선자, I. B. 등.(*Directions*,. 340)

이것은 청교도를 독선적인 바리새인으로 그린 대륙의 묘사와는 약간 거리가 있다.

안타깝게도 강력한 자기 성찰을 견디지 못하는 청교도 신자들이 많았으며, 이 때문에 청교도 목회자들은 많은 목회적 문제에 직면했다. 절망은 널리 퍼진 심각한 질병이었다. 쉐퍼드와 다우네임은 당황한 신자들 사이에 자살이 유행한 것에 대해 말한다(*Sincere Convert*, 102; *Warfare*, 76-77). 그리고 이 시기에 출판된 대부분의 위로의 지침서들은 이처럼 정신적 고통을 당하는 계층을 위한 책이었다. 현대 분석가들은 문제점의 원인 세 가지를 든다: 청교도들이 중생의 내면적이고 경험적인 증거를 강조한 것; 청교도 설교자들이 신앙고백자들 내의 육욕적인 안전감을 파괴하기 위한 포격의 불발; 신자가 적용하는 방법에 따라 치유하거나 상처를 주는 두 가지 방법으로 작용하게 된 예정의 교리. 청교도들은 위에서 열거한 요소들이 악용된 주된 요인은 관련된 교리들의 심오함이 아니고 신자의 지성이나 본질의 약점도 아니라 기독교인을 대적하는 어두움의 세력들의 적극적인 노력에 있다고 확신했다. 피니스 플레처(Phineas Fletcher)는 이것을 훌륭하게 대변한다:

> 기독교 독자: 영적 빈곤을 의식하고서 겸손해지고 슬퍼하는 사람이여, 하늘나라의 축복과 위대한 보혜사의 강한 위로가 당신의 것입니다. 그러나 교활한 사탄은 울어서 부은 당신의 눈 앞에서 이 증거를 감추기 위해서 당신 자신의 낙심한 영 외에 다른 것은 필요로 하지 않을 것입니다. 가장 큰 은혜는 주님 안에서 기뻐하는 것입니다. 그것은 말할 수 없이 영광스러운 것이며, 세상에 있는 천국입니다. 저주받은 원수는 당신이 장차 소유할 천국을 질투하며, 이 세상에서 기쁨의 천국을 누리지 못하게 하려고 미쳐 날뜁니다. 그러므로 그는 당신의 즐거움을 방해하고 불신의 두려움과 슬픔으로 당신의 마음을 짓누르기 위해서 온갖 정책과 거짓말을 동원합니다…(*Joy*, 2)

마귀는 기독교인들을 괴롭힐 때에 두 가지 정책을 사용한다:

> 사탄은 항상 육적인 마음을 주제넘은 고요함과 기쁨 안에 붙들어 주고 달랜다. 그리고 믿는 영혼을 계속 슬픔과 불쾌함 속에 붙들어 놓는다.(*Joy*, 2)

기독교 전통 안에서 절망과 주제넘음에 대한 이러한 설명은 해로운 것이 아니다. 그것은 신비가들,[23] 그리고 그 이전의 교부들에게서도 발견된다. 다우네임의 위대한 논문에서 절망의 문제에 대한 해결책이 훌륭하게 전개된다: 첫째, 공격의 배후에 있는 영적 원수의 정체를 성경의 표준에 의해서, 또는 신자의 양심에 형성된 불안의 특성에 의해서 식별해야 한다. 만일 그것이 마귀가 만들어낸 것이라면 절망으로 표현되겠지만, 성령이 만들어낸 것이라면 소망으로 인도해 주는 "화평하고 고요한 애통" 안에 존재할 것이다. 그 다음에, 신자가 위로를 얻기 위해서는 이제까지 그에게 상처를 주어왔을 수도 있는 교리, 무조건적인 예정의 교리를 의지하라고 가르쳐야 한다. 그리고 그의 구원으로의 예정은 그리스도의 공로에 의지하여 이미 결정되었고 그 자신의 의와는 아무런 관계도 없으므로, 그가 자신의 의무를 태만히 해도 죄사함과 원래 상태로의 회복에서 제외되지 않음을 깨달아야 한다(*Warfare*, 243ff.). 칼빈주의를 바람직하고 실질적으로 적용한 이 주장은, 청교도 경험주의의 교리적인 특성을 잘 예증해준다.

관련된 많은 영적 문제들의 원인 역시 사탄의 악의적인 활동의 탓으로 간주된다. 다우네임은 강압적인 충동, 그리고 신자로 하여금 삶을 끝내게 만드는 내면의 속삭임에 주목한다. 다우네임은 일반화된 불안과 특수화된 불안의 특성을 분석하고, 이것들이 특정의 육체적-심리적 체질 안에서만 나타난다는 것, 그러나 신자들의 경우에는 주로 마귀의 비난 때문에 가중된 죄의식 때문에 야기된다는 점에 주목한다. 그는 정신병도 거의 같은 방법으로 해석하며, 그것이 느부갓네살 왕의 경우처럼 교만이라는 죄에 빠진 데 따른 결과라고 말한다(*Warfare*, 38-39, 65-66, 53). 여기에서 목회 상담에서 해결하기 어려운 문제들을 청교도적 성경 중심주의에 기초하여 다루려는 철저한 시도를 찾아볼 수 있다. 그것이 얼마나 단순히 중세 시대의 미신들의 연속이라고 간주할 수 있을까? 우리가 기대하는 만큼은 아닐 것이다. 여기에서는 주제를 신약성서의 명확함으로 돌이키기에 충분한 비 신화화가 행해져왔다:

> 미신적인 시대에는 사람들이 마귀의 뿔, 발톱, 음침한 목소리 등에 대한 이야기를 들으면서 마귀를 두려워했는데, 이제는 복음 안에서 마귀의 은밀한 행동과 인간들에 대한 공격에 대한 이야기를 들

으면서 두려워하는 것은 안타까운 일이며, 훨씬 더 위험한 일이다…그러나 우리는 사탄과 그의 영들의 은밀한 공격을 믿고 느껴야만 하나님의 거룩한 천사들의 은혜로운 도움을 믿고 느낀다. (Ezechiel Culverwell, *Time Well Spent*, 75-76)

이 인용문은 오늘날 우리로서는 다소 이해하기 어려운 사실, 즉 적대적인 영적 세력의 활동이 이 청교도에게 있어서 매우 실질적인 현실의 일이었다는 사실을 강조한다. 그것은 그의 우주 안에 있는 많은 일들을 설명해 주었다. 그는 기독교적인 삶을 전쟁이라고 말한 것은, 헬렌 화이트처럼 단지 청중들의 관심을 끌기 위해서 신자의 죄와의 갈등을 극적으로 표현한 것이 아니다. 그는 실제로 싸우는 사람들에 대해서 말하고 있었다.[24]

은혜의 방편

존 다우네임은 영적으로 고통 중에 있는 독자들에게 흔들리지 말고 은혜의 방편들을 고수하라고 충고한다(*Warfare*, 250). 이것은 청교도 경건의 윤곽을 그리는 데 있어서 매우 중요한 주제를 보여준다. 성경이 은혜의 방편이라는 것에 대해서는 말할 필요가 없다. 이것은 당연히 받아들여야 하는 근본적인 사실이다. 성경 이해를 위한 지침서를 저술한 에드워드 버건(Edward Vaughn)은 경건한 청교도는 개인적으로 하나님의 말씀을 듣고 읽어야 한다는 사실을 분명히 한다:

예수 그리스도를 위하여, 그리고 당신의 영혼을 위하여, 당신은 (때때로) 공적인 일들을 떠나 은거하며, 어떤 때는 규모 있고 철저한 독서를 위해서 개인적인 일들을 버리고 은거할 것이다…이 세상에서 중생한 사람을 감동시켜 슬플 때에 위로하고, 기쁠 때에 슬퍼하며, 하나님께서 영혼과 몸을 구원하기 위해서 교회 안에 남겨 두신 모든 선한 방편들의 사용법을 제대로 이해하게 하는 데 있어서 영감에 의해 주어진 거룩한 하나님의 책을 읽고 묵상하고 관상하는 것만큼 효과적인 것은 없다…(Edward Vaughan, *Method*, Preface)

주님의 만찬은 도처에서 축복의 수단으로 언급되지만, 그에 대해서 심각하게 언급되는 경우는 거의 없다. 은혜의 방편으로서 말씀 다음으로 강조되는 것은 기도이다.

헬렌 화이트는 청교도들의 기도의 개념에 대해 어느 정도 가혹한 말을 한다. 그녀는 청교도들의 기도 개념은 지나치게 실용주의적이고 "영혼의 관리"[25]에 지나치게 개입되어 있다고 보았다. 이러한 반응의 일부는 그 주제에 대한 청교도들의 특별한 교리적 접근 방법에서 찾아볼 수 있다: 여기서도 청교도적 표준에 따른 참 신자가 아닌 사람은 기도할 수 없으므로, 항상 중생이라는 문제가 가장 두드러진다. 그러나 다음에 제시하는 기도에 대한 두 가지 정의에서 볼 수 있듯이 청교도가 기도를 다루는 방법은 약간 인간 중심적인 경향이 있다:

> 그것은 거룩하고 선한 성향의 표현이다.(William Narne, *Pearle of Prayer*, 207)

> 기도는 하나님 예배의 중심 부분이다. 기도할 때에 참 신자는 자기 마음과 감정 안에서 세상을 버리고, 정신 안에서 천국으로 올라가며, 은혜의 보좌에 다가가 영광스러운 하나님 앞에 선다. 그는 자신의 창조주와 친밀하게 이야기하고, 자신의 왕께 신령한 제물을 드리고, 전능자와 더불어 씨름하며, 하나님의 전이 되고, 성령이 그의 안에 거한다. 그리고 그는 자신에게 필요한 모든 선한 선물을 획득한다.(John Preston, *Daily Exercise*, 4)

윌리엄 난(William Narne)은 기도의 유익—주관적인 유익이 아니라 응답을 받는 객관적인 유익—에 대한 설교를 많이 한다. 피니스 플레터는 『환난 속에서의 기쁨』(*Joy in Tribulation*)에서 기도를 주로 탄원이라는 특성에 비추어 다룬다; 그리고 헨리 스커더(Henry Scudder)는 기도가 세상에서 하나님의 일을 진척시키는 면을 강조한다(*Key to Heaven*). 전반적인 방법은 실제로 실용주의적인 것처럼 보인다.

그러나 이것은 주로 신약성서 안에서 표현된 바 기도에 관한 성경적 가르침의 한 가지 측면을 일방적으로 강조한 것으로 설명할 수 있다. 여기에서는 시편에 나타나 있는 기도에 대한 묘사가 앤드류즈의 훌륭한 기도문에서처럼 충분히 파악되지는 못하고 있다. 그러나 기도 안에 있는 예배의 요소가 다루어지고, 기도 안에서의 성령과의 교제가 특히 자세히 다루어진다. 프레스톤(Preston)의 견해에 의하면, 기도의 과정은 하나님과의 가장 친밀한 협력에 그치는 것이 아니다. 우리의 기도가 언제 하나님이 받으시고 응답해 주실 수 있는 것으로 증명되는지 기도 안에서 성령이 인도하시는 것에 대한 주관적인 경험을 통해서 알 수 있다 (*Daily Exercise*, 15, 100).

대부분의 우리의 저자들은 기도할 때에 형식을 사용하는 문제에 관해서 신중하고 중재적 위치를 채택한다. 존 볼(John Ball)은 "우리 분리파 형제들"의 신념들을 인정하지만, 기도문 낭독이 합법적이고 유익하다는 성경의 증거들을 열거하며, 주기도문을 정식 기도나 본보기로 사용할 수도 있다고 평한다(*Power of Godliness*, 354, 505-6). 새무얼 히어론(Samuel Hieron)은 정식 기도문들은 경건생활을 방금 시작한 사람들의 기도들을 조절해 주는 일종의 격자로서 유익하다고 여기지만, 그러한 형식들만 사용하는 것은 위험하게도 성령을 제한하는 일이 된다고 경고한다(*Helpe*, n.p.). 그 시기에 출판된 기도에 간한 다양한 안내서들 중에서, 분명한 청교도적 저술들은 주기도문에 관한 상세한 주석서같은 경향을 띠며, 보다 전통적인 성공회의 저서들은 평신도들을 위해서 목회자들이 저술한 정식 기도문들의 모음집이었다.

이웃 사랑, 그리고 하나님과의 교제

청교도 신앙의 틀을 분석할 때에 다루어야 할 분야가 두 가지가 있다. 첫째는 경건한 청교도의 타인에 대한 관심이다. 종종 강력하고 내향적인 청교도 경건은 결코 순수히 수직적인 것이 아니다. 청교도들은 동료 인간들의 궁핍함을 예리하게 의식했는데, 그것은 단순히 의무감에서 비롯된 것이 아니었다. 청교도 신앙을 이어받은 20세기 신앙부흥과는 달리, 청교도 경건은 기이하게도 인간들의 대속 뿐만 아니라, 물질적인 복지에 대해서도 충분한 관심을 가지고 있었다. 이러한 사회적인 관심은 대체로 기독교 문화의 결속을 바라는 중세 시대의 느낌의 잔재이다. 사회적 개량의 이론은 근본적으로는 여전히 중세적이다. 존 다드는 가난한 사람들을 보살피고 구걸하지 못하게 하는 것, 그리고 신자들이 박애의 행위를 거르지 않도록 주의를 주는 것이 관리들의 일이라고 말한다. 다드의 견해에 의하면, 사회적인 불의는 남색하는 것과 같이 악한 죄이다(*Ten Commandments*, 244, 256). 존 다우네임은 부유함이 신자들에게 미치는 영향에 대해 염려했으며, 풍요함은 적어도 한 가지 일에는 유익하다고 말한다. 즉 그것은 가난한 사람들을 구제할 수 있게 해준다(*Warfare*, 453). 청교도 법에서 특정의 세상적인 일을 거부한 원인은 이러한 행위들은 가난한 사람들이 필요로 하는 자원을 낭비한다는 사실에서 찾을 수 있다(John Downame, *Warfare*, 646; Robert Bolton, *Directions*, 195).

청교도 경건 서적들은 기이하게도 불신자들을 향한 평신도의 증언을 매우 온건하게 다룬다. 즉, 19세기 신앙 부흥운동의 광적인 행위에 비해서 온건하다. 로버트 볼튼은 "외부인들을 향해 지혜롭게 걸어가면서" 사람들을 방문할 때에 사람들의 그의 정신 속에서 가장 두드러지게 등장하는 사람들의 영적 욕구에 대한 관찰만 다룬다. 그러나 그는 다른 곳에서 다음과 같이 말한다:

> 당신은 회심의 은혜를 받았으므로, 불쌍한 영혼들, 구원의 문제에 있어서 제정신이 아닌 사람들, 마귀의 노예가 된 자신을 저주하는 사람들을 무례하게 욕하지 말라…우리 주위에 있는 많은 사람들이 무지, 세속성, 술취함, 정욕, 거짓말 등에 의해서 자기 영혼이 흘린 피로 잔인한 두 손을 적시는 것을 볼 때, 우리의 마음도 피를 흘려야 한다…우리는 자기 마음이 흔들리는 대로 따라가 영원한 멸망에 이르는 사람을 불쌍히 여기며 그를 위해 기도해야 한다. 하나님의 값없이 주시는 바지와 선하심과 은혜만이 효과를 발휘할 수 있다.(*Directions*, 187-92, 17-18, 113, 126)

볼튼은 이어 죄를 공개적으로 책망해야 할 신자의 의무에 대해서 이야기한다. 그것은 범죄한 사람의 회심을 낳을 수도 있다(한편, 다른 사람의 잘못을 찾는 "승화된 시력"을 가진 비판적인 위선에 빠지지 않도록 조심해야 한다, *Directions*, 126).

여기에는 완전히 수직적인 수도원적 경건의 방향으로부터의 이동이 있다. 아직 웨슬리 형제의 사역과 더불어 임할 교회의 사명에 대한 근본적인 깨달음은 이루어지지 않았지만, 신자들이 자신과 하나님과의 관계를 보살핀다면 그들의 증거가 그 자체를 보살필 것이라는 냉철한 확신이 존재한다.

여기에서 다루어야 할 마지막 주제는 하나님과의 교제라는 청교도적 개념이라는 매우 포괄적인 주제이다. 앞에서 말한 것처럼, 헬렌 화이트는 청교도 경건은 하나님의 본성의 신비를 감지하는 데 실패했다고 생각하고 비판했으며, 나아가 청교도 문학이 성령의 사역을 등한시 한다고 말한다.[26] 그러나 이 두 가지 비판을 뒷받침해 주는 전거는 거의 없다.

신비적이라고 규정되는 하나님과의 교제라는 개념과 청교도적 개념 사이에는 큰 차이가 있다. 중세 시대의 신비주의는 플라톤주의적 신비주의의 구조를 공유했다: 하나님께 이르는 길은 정화, 관상, 궁극적인 연합 등으로 구성된다고 본다.[27] 연합의 전제 조건은 "모든 애정의 특별한 대상들에 대해서 멸절되고 정화된 정신"[28]이다. 위대한 신비가인 십자가의 요한(John of the Cross)은 영혼이 하나님께 이르기 위해서 반드시 통과해야 하는 "좁은 문"을 감각 인식의 문이라고 정의한다. 완덕으로 가는 길에는 "몸이나 영혼에게 만족을 줄 수 있는 모든 것을 체계적으로 부인함"이 포함된다(*Dark Night of the Soul*). 저자는 이처럼 금욕주의와 기독교 신앙을 혼합하는 것이 본질적으로 비-기독교적이거나 반-기독교적이라고 주장하려는 것이 아니다. 만약 그렇지 않다면, 우리는 어거스틴에게 사과해야 할 것이다. 그러나 청교도들은 이러한 종류의 혼합물에 대해 크게 근심했고, 성경에서 말하는 *sarx*가 몸(body)을 의미하는 것이 아니라 인격에 좋지 않은 영향을 미치는 죄 전체를 의미한다는 사실을 애써 강조했다. 또 거룩함의 성장과 하나님께의 접근은 감각을 죽이는 것에 의해서가 아니라 죄를 죽임에 의해서 초래된다는 것, 그리고 어떤 경우에서든지 하나님께로 인도해 주는 유일한 입구는 중보자였다는 것을 강조했다(John Downame, *Warfare*, 16). 프랜시스 루스(Francis Rous)처럼 신비적 경건의 영향을 받은 엘리자베스 시대의 사람들의 저술은 그리스도의 삶을 하나의 신적인 모범이라거나 인성과 신성이 만나는 곳이라고 말하지만 그리스도의 중보적 기능을 언급하지 않기 때문에 청교도들의 저술과 쉽게 구분할 수 있다. 반면에, 그리스도의 인성 및 감각적인 상상을 회화적으로 사용하신 것을 강조하는 이그나티우스의 신비주의 역시 청교도적 교제와는 다르다. 청교도적 교제는 보다 직접적이고 영적이라고 생각되는 방법에 의해서 하나님께 가는 것을 강조하려 했다.

청교도들의 저서들은 하나님의 위격을 성경적 용어가 아닌 것으로 지나치게 분명히 정의하기를 꺼린다. 평범한 청교도는 자신이 경험한 하나님과의 교제를 묘사하려 할 때에는 자신의 말을 사용하는 일을 속히 중단하고 성경을 인용하기 시작한다. 이것은 신비가들이 하나님 자신을 묘사하려 하지 않고, 하나님 경험에 대해서 말하려 한 것—이것은 하나님의 성품에 대한 성경적인 정의들보다 더 흥미롭게 들릴 수도 있다—과 같은 일이다. 그러나 하나님에 대해서 청교도들이 말한 것은 전혀 신비하거나 초자연적인 느낌이 없다고 말하는 것은 옳지 않다. 하나님에 대한 신비주의의 묘사와 청교도들의 묘사의 차이점은 전자는 하나님의 내재성을 강조하고, 후자는 하나님의 초월성을 강조하는 것이다. 따라서 윌리엄 난(William Narne)은 이렇게 말한다:

> 참된 기도 안에서 행해져야 하는 네번째 일은 한층 더 고되고 어렵다: 즉 하나님과의 대화, 전능자와의 친밀하고 충실한 의논, 혹은 교제…왕에 대해서 말하기는 쉽지만 왕께 직접 말하기는 쉽지 않다. 따라서 하나님의 영원하심, 지혜, 능력, 영광 등에 대해서 말하는 것, 그리고 당신 자신의 무지, 무가치함, 연약함 등에 대해서 말하기는 쉽다.(*Pearle of Prayer*, 326)

그러나 청교도들은 자신이 하나님과 멀리 떨어져 있다고 생각하지 않는다:

> 당신의 거룩한 감정들을 항상 하나님 사랑으로 뜨겁게 하라. 하나님 사랑을 향해 영원히 타오르는 동기와 의무가 있다. 그는 측량할 수 없을 만큼 사랑스러운 분이시다. 만족을 모르는 사랑의 매력적

인 대상들, 그리고 모든 온후한 장점들이 그분 안에서 영원히 승리한다…그분을 당신 자신과 연결하여 생각해보라: 당신이 매 번 그분께 무한히 긴 시간을 바치고 그분을 위해서 수없이 죽는다 해도, 당신을 향한 그분의 무한하신 사랑을 조금도 갚을 수 없을 것이다. 하나님의 사랑은 영원에서 영원까지 이룬다. 하나님은 영원 전부터 당신을 이 값없이 주시는 사랑 안에 품어주셨고, 당신을 몹시 싫어하는 무의 상태에서 끌어내 주셨고…당신이 고의적으로 자아를 잃어 버렸을 때에 독생자의 피로 당신을 다시 찾으셨다…만일 당신이 하나님과의 친밀함을 유지하고, 하나님께서 당신을 흡족하게 바라보신다면, 당신은 믿음 안에서 예수 그리스도를 보다 달콤하고 다정하게 이해하며, 그분의 위로하시는 성령과의 교제와 임재와 자유에 한층 더 풍성하게 참여할 것이다. 그리고 그의 영광스러운 천사들이 보다 가까이에서 보다 강력하게 당신을 지켜줄 것이다…(Robert Bolton, *Directions*, 61-62)

이 인용문은 매우 인간-중심이면서도 분명히 성경적이다. 청교도들은 주로 순종에 의해서 하나님에 대한 사랑을 정의하고(John Dod, *Ten Commandments*, 34), 교제는 행동을 위한 것이 된다(William Pulley, *Christian's Tasks*, 349). 그러나 이것은 결코 노골적인 도덕주의가 아니다. 헬렌 화이트가 "지성적인 것과 윤리적인 것은 17세기 영국에서의 묵상의 주된 요인이다"[29]라고 주장했는데, 이것은 완전히 옳다고는 할 수 없다. 이러한 요소가 있지만, 이것이 청교도주의 전체를 움직인 유일한 정신은 아니다. 로저스는 "거룩한 일들 안에서 당신의 마음을 편협하고 불편하게 하지 말라. 이것은 참 경건의 호흡과 피와 생명으로 이어진다…주께서 즐거움으로 당신을 만족하게 하신다"(*Garden*, 98-00). 니콜라스 비필드(Nicholas Byfield)는 청교도 신자에 대해 이렇게 말한다:

때로 성령이 그에게 임하여, 죄에 대한 돌연하고 거센 분노의 불로 타오르게 한다. 또 그가 주님 앞에 서 있는 동안에 하나님으로부터 갑자기 자주 임하는 거룩한 사랑의 불이 타오른다. 경건한 사람은 하나님을 예배할 때에 가져가는 감정 외에도, 자기의 마음에 이따금 기이한 느낌이 불쑥 솟아나는 것을 느낀다. 그것은 때에 따라 슬픔일 수도 있고, 하나님께 대한 두려움일 수도 있고, 하나님에 대한 뜨거운 갈망일 수도 있고, 거룩한 의무를 행하려는 강력한 결심일 수도 있다…그는 종종 성찬식에 참여하는 도중에 하나님의 사랑의 확신이나 진리에 대한 확실한 믿음과 관련하여 놀라운 일을 감지한다…(*Oracles of God*, 172-74).

이것은 지적인 경험이나 감정적인 경험이나 의지적인 경험을 묘사한 것이 아니라, 이 모든 기능의 근저에 있는 인격 안에서 발생하는 것을 묘사한 것이다. 그것은 초자연적인 경험으로 간주되어야 한다. 만일 이렇게 받아들여지고 인정된다면, 그것은 청교도 경건에 특별한 권위를 부여해 주며, 또 여기에 우리가 모방할 가치가 있는 일들이 있다고 생각하게 해준다.

청교도 경건의 미래

기독교적 경험의 역사 안에서 청교도 경건을 미래의 운동들과 관련짓는 일은 이미 진행되어 왔다. 이제 그 주제 및 청교도 신앙의 규범적인 가치에 대해 간단히 논평하려 한다.

청교도 경건은 중세 시대 가톨릭 교회와 다양하게 연결되어 있다고 묘사되어 왔으며, 청교도 경건의 가장 훌륭한 특징들 중 일부는 직접 로마 가톨릭 교회로부터 물려받은 것으로 볼 수 있다. 그러나 여러 중요한 분야에서 가톨릭 경건을 잘라내고 성경적인 내용을 드러내려는 시도가 행해져왔다. 청교도들은 자기들이 생각한 것처럼 가톨릭 교회와 완전히 다르지는 않았다. 그러나 그들이 재구성한 경건 생활은 어느 정도 새로운 것이었거나, 또는 성경 시대의 경건을 현대의 삶에 다시 정착시키려 했다는 점에서 매우 낡은 것이라고 볼 수 있다. 청교도들의 개혁된 경건은 얼마나 성경적이며, 오늘 우리를 위한 규범이 될 수 있을까?

조나단 에드워즈(Jonathan Edwards)가 묘사한 것처럼 1740년대에 미국에서 발생한 큰 신앙부흥운동을 살펴 보면서, 우리는 특별히 그 운동의 영향을 받은 사람들의 영혼 안에서 활력을 되찾은 네 가지 분야를 기술할 수 있을 것이다. 첫째 분야는 영혼의 하나님에 대한 의식, 하나님의 거룩하심과 위엄에 대한 의식, 하나님과의 교제의 의식의 분야이다. 둘째는 첫째 분야와 상호관련된 것으로서, 하나님의 거룩하심의 밝은 빛에 비추어 본 영혼의 부정함에 대한 의식, 그리고 성화에 대한 절박한 갈망이다. 셋째는 현실에 대한 조명된 시각으로, 그 안에서는 모든 피조물은 하나님의 영광과 영적 진리의 상징이나 표현으로 간주된다. 넷째는 하나님의 나라를 전파하려는 실질적인 노력의 분야이다. 이 각각의 분야에서, 사람들은 각성의 과정을 거치는 동안 성령께서 직접 나누어 주시는 것, 본성적으로는 획득할 수 없는 경험의 특성에 사로잡힌다. 이처럼 성령께서 나누어주신 특성을 가진 이 네 분야를 진보된 기독교적 경험의 규범적인 표준으로 여길 수도 있을 것이다. 이는 이것들이 우리의 각성의 특징이기 때문이 아니라, 규범적인 기독교적 경험에 대한 성경적 묘사를 훌륭하게 요약한 듯하기 때문이다. 만일 이 표준을 청교도 경건에 적용한다면, 어느 정도 어울리겠는가?

에드워즈와 영국 청교도의 관계를 고려해보면, 그것은 매우 잘 어울린다. 교회의 사명에 대한 어느 정도 제한된 개념이 존재하는 데, 청교도들이 처했던 상황을 고려해 보면 그것은 당연한 것이다. 청교도 경건에는 병적인 것들도 있으며, 그 중에는 위험한 것도 있다. 그러나 이러한 병적인 것들을 무시하고 청교도 경건의 좋은 면을 바라보는 것은 매우 순수하고 아름다운 일이다. 이러한 논문들을 읽는 것은 때로는 얇은 베일에 덮힌 발전기를 보는 것과 같다. 왜냐하면 17세기의 표현이라는 베일 밑에서 사도적 경건의 초자연적인 빛과 절박함이 타고 있기 때문이다. 대략 3세기 후에 이 에너지가 우리 인류 안에서 어떻게 베일에 덮일 것인지 생각해 보아야 한다.

주

1) William Haller의 *The Rise of Puritanism*와 Gordon Wakefield의 *Puritan Devotion*을 보라.
2) Helen C. White, *English Devotional Literature(Prose), 1600-1640*, 78, 89, 98-115, 131ff.

3) Ibid., 165, 168.
4) Ibid., 77-78, 79, 143-45.
5) 이것은 로버트 볼톤의 *Directions for a Comfortable Walking With God*와 John Downame의 *Warfare*를 읽고 조사한 것에 기초를 두고 있다.
6) H. C.White, *English Devotional Literature*, 157.
7) Joseph B. Collins, *Christian Mysticism in the Elizabethan Age* (Baltimore: Johns Hopkins University Press, 1940), 125 인용.
8) Helen C. White, *The Tudor Books of Private Devotion* (Madison: University of Wisconsin Press, 1951).
9) C. C. Butterworth, *The English Primers(1529-1545)*(Philadelphia: University of Pennsylvania Press, 1953) 2.
10) H. C. White, *Tudor Books*, 126-127.
11) Cf. Ralph Bronkema, *The Essence of Puritanism* (Goes, Netherlands: Oosterbaan & Le Cointre, 1929) 89-114.
12) H. C. Ehite, *English Devotional Literature*, 56.
13) Ibid., 159.
14) W. Haller, *Rise of Puritanism*, 85.
15) Pierre du Moulin, quoted in Richard Smith, *Munition Against Man's Miserie and Mortalitie*, 89-90.
16) H. C. White, *English Devotional Literature*, 51, 64를 참고하라.
17) Gordon Wakefield, *Puritan Devotion*, 160.
18) H. C. White, *English Devotional Literature*, 200, 235.
19) Thomas Wood, *English Casuistical Divinity During the Seventeenth Century* (London: SPCK, 1952) xi, 57.
20) R. Bronkema, *The Essence of Puritanism*, 165.
21) Thomas Wood, *English Casuistical Divinity*, 64.
22) H. C. White, *English Devotional Literature*, 236.
23) Ignatius Loyola, *Spiritual Exercise* (London: Mowbray, 1955) 141-53을 참고하라.
24) W. Haller, *Rise of Puritanism*, 25; H. C. White, *English Devotional Literature*, 165.
25) H. C. White, *English Devotional Literature*, 175.
26) Ibid., 189-90.
27) J. B. Collins, *Christian Mysticism*, 1-19.
28) John of the Cross, *The Dark Night of the Soul* (London: T. Baker, 1916) 107.
29) H. C. White, *English Devotional Literature*, 179.

참고문헌

원전

Alwyn, Robert. *The Oyle of Gladness*. London, 1631.
Attersall, William, *Physicke Against Famine: or A Soveraigne Perservative....* London,

1632.
Ball, John. *The Power of Godliness.* London, 1657.
Bayly, lewis. *The Practice of Piety.* 3rd ed. London, 1613.
Bolton, Robert. *Directions for a Comfortable Walking With God.* London, 1626.
Brathwait, Richard. *A Spiritual Spicerie.* London, 1638.
Burton, Henry. *A Tryell of Private Devotion.* London, 1628.
Byfield, Nicholas. *The Marrow of the Oracles of God.* 7th ed. London, 1630.
Cooper, Thomas. *The Christians' Daily Sacrifice.* London, 1609.
Culverwell, Ezechiel. *Time Well Spent in Sacred Meditations, Divine Observations, Heavenly Exhortations.* London, 1634.
Dod, John. *The Ten Commandments.* London, 1604.
Downame, John. *The Christian's Warfare.* London, 1604.
___. *A Guide to Godliness.* London, 1622.
Featley, Daniel. *Ancilla Pietatis.* London, 1626.
Fletcher, Phineas. *Joy in Tribulation.* London, 1632.
Forbes, John. *How a Christian Man May Discerne the Testimonie of Gods Spirit.* London, 1616.
Haynes, Paul. *Brief Directions Unto a Godly Life.* London, 1637.
Hieron, Samuel. *A Helpe Unto Devotion.* London, 1612.
Narne, William. *The Pearle of Prayer.* London, 1630.
Preston, John. *The Saint's Daily Exercise.* London, 1629.
Pulley, William. *The Christian's Taske.* London, 1619.
Rogers, Richard. *A Garden of Spiritual Flowers.* 5th ed. London, 1609.
Rowen, Thomas. *Marks of Salvation.* London, 1637.
Scudder, henry. *A Key to Heaven.* 2nd ed. London, 1633.
Shepherd, Thomas. *The Sincere Convert.* London, 1640.
Smith, Richard. *Munition Against Man's Miserie and Moralitie.* London, 1634.
Vaughn, Edward. *A Plaine and Perfect Method for the Easie Understanding of the Whole Bible.* London, 1617.

연구서

Collinson, Patrick. *The Elizabethan Puritan Movement.* London: Cape; Berkerley: University of California Press. 1967.
___. *English Puritanism.* London: Historical Association, 1983.
Cragg, Gerald R. *Puritanism in the Period of the Great Persecution, 1660-88.* Cambridge: University Press, 1957.
Davies, Horton. *The Worship of the English Puritans.* London: Dacre, 1941.
___. *Laudian Worship and Theology in English: from Andrews to Baxter and Fox 1603-1690.* Princeton: Princeton University Press, 1975.
Haller, William. *The Rise of Puritanism.* New York: Columbia University Press, 1938.
Keeble, N. H. *Richard Baxter, Puritan Man of Letters.* Oxford: Clarendon, 1982.

Nuttall, G. E. *The Holy Spirit in Puritan Faith and Experience*. Oxford: Blackwell, 1946.
___. *Visible Saints: The Congregational Way 1640-1660*. Oxford: Blackwell, 1957.
___. *The Puritan Spirit*. London: Epworth, 1967.
Wakefield, Gordon S. *Puritan Devotion*. London: Epworth, 1987.
Watkins, O. C. *The Puritan Experience*. London: Routledge & Kegan Paul, 1972.
Watts, Michael R. *The Dissenters: From the Reformation to the French Revolution*, vol. 1. Oxford: Clarendon, 1978.
White, Helen C. *English Devotional Literature(Prose), 1660-1640*. Madison: University of Wisconsin Press, 1931.

II. 침례교 영성과 퀘이커 영성

글렌 힌슨(E. Glenn Hinson)

침례교 영성과 퀘이커 영성은 청교도주의를 경유하여 중세 시대의 관상적 전통으로 돌아간다. 1612년 경 최초의 침례교도들이, 1648년 경에 최초의 퀘이커 교도들이 등장했는데, 그들은 "자기들이 분리되기 전에 속해 있던 반석"에 대해서는 기억하려 하지 않았을 것이며, 만일 기억했어도 그 사실을 부인하려 했을 것이다. 그러나 최초의 청교도들은 그렇지 않았다. 그들은 자기들이 영국에서 성취하려 한 "더 큰 개혁"을 성취하는 데 도움이 될 견해와 관습을 모으기 위해서 중세 시대의 관상적 전통으로 돌아갔다. 따라서 침례교도들과 퀘이커 교도들은 그들 자신의 특별한 인식과 기호에 맞는 방법으로 만들고 형성한 실속 있는 전통을 물려 받았다. 침례교도들과 퀘이커 교도들은 공동기도서를 통해서 예배의 통일을 도모하려는 시도에 반발하면서, 종교적인 일에서의 자발성에 대한 강력한 관심을 나타냈다. 침례교도들은 이러한 관심을 유아세례 거부로 표현했고, 퀘이커 교도들은 성례전의 거부로 표현했다. 양측에서는 경건한 생활의 핵심은 성령께 대해 진지하게, 진심으로 반응하는 데 있다고 주장했다. 그러나 그들은 성령 체험의 직접성이라는 문제에 관해서는 의견을 달리했다. 퀘이커교도들은 중재되지 않은 직접적인 계시를 갈망했고, 침례교도들은 모든 주장을 성경과 일치시켜야 한다고 주장했다. 이러한 견해의 차이 때문에 17세기 말에 두 집단

사이에 치열한 논쟁이 발생했다.

역사 안에서의 그들의 경험, 특히 현재 두 집단의 대다수가 거주하고 있는 미국에서의 경험은 침례교 영성과 퀘이커 영성에서 중요한 변화를 이루었다. 대각성운동(The Great Awakening, 1720-1760)을 계기로 침례교인들은 회심을 중시하는 정도에 따라 그 영성에 있어서 여러 갈래로 나뉘었다. 예를 들어, 신앙부흥의 방법, 회심의 경험과 증거, 응답하라는 권면, 기타 경험적인 종교의 다른 특성을 강조하는 데 있어서 "신파"(New Light)나 "분리파"(Seperate) 침례교인들과 "구파"(Old Light)나 "교회에 속해 있는 사람들"(Regular) 사이에 차이가 있었다. 19세기 초(1790-1820) 개척지에서 발생한 신앙부흥들은 경험적인 신앙을 두려워하는 침례교도들과 그것을 지지하는 침례교도들 사이를 벌려 놓았다. 퀘이커 교도들은 곧 그들과는 다른 길을 취했다. 영국에서는 로버트 바클레이(Robert Barclay)가 조지 폭스의 신비적이고 예언적인 영성에 "이성적인 복음주의"를 도입했다.[1] 미국에서는 퀘이커 교도들이 지리적인 경계에 따라 분열했다—동부의 퀘이커 교도들은 폭스의 신비적이고 사회적으로 적극적인 경건을 지지했고, 중서부의 퀘이커 교도들은 바클레이의 실용적인 방법을 지지했다.

이것은 침례교 영성이나 퀘이커 영성 안에 폭넓은 변형들을 누구도 정확하게 묘사할 수 없다는 의미이다. 크게 말해서, 두 집단은 개인적으로나 집단적으로 비교적 단순하고 진지한 경건을 선호해왔다. 두 집단은 청교도주의에 뿌리를 두고 있기 때문에 생각과 관습 뿐만 아니라 형식과 언어에 있어서도 중세 시대 후기의 수도원 영성과 매우 유사한 점들을 나타낸다. 내가 "남 침례교회 영성과 중세 시대의 영성: 놀라운 유사성들"[2]이라는 논문에서 증명했듯이, 역사적인 발전에도 불구하고, 침례교인들은 클레르보의 버나드(Bernard of Clairvaux), 리처드 롤(Richard Rolle), 월터 힐튼(Walter Hilton), 노리지의 줄리안(Julian of Norwich), 『무지의 구름』을 저술한 익명의 저자 등 중세의 관상가들이 다룬 주제들은 반복하고 있다. 마찬가지로, 루퍼스 존스(Rufus Jones)는 중세 시대의 신비적 전통 안에서, 특히 "하나님의 친구들"(Friends of God)과 "공동생활 형제단"(Brothers of the Common Life) 안에서 퀘이커 교도들의 계보를 찾으려 했다.[3] "하나님의 친구들"은 침묵을 강조하는 점에 있어서 관상적인 기도 방법을 어느 개신교 집단보다 더 많이 보존했다.

목표

초기에 받은 사상적 영향의 결과로서, 침례교도들과 퀘이커 교도들은 경건한 생활의 목표를 약간 다르게 설정했다. 존 번연은 기독교인의 삶은 이 세상이라는 광야를 떠나 "거룩한 예루살렘, 무수히 많은 천사들과의 교제, 완전하게 된 의인들의 영"에게로 향해 가는 순례로 그리면서 침례교도들 뿐만 아니라 그 시대의 대부분의 청교도들을 대변했다. 오늘날 침례교회의 찬송가들은 거의 4세기 동안 그 선조들이 영원한 축복을 향해 나타낸 갈망을 보존하고 있다: "머나먼 본향"; "강 윗편에 있는 황금 해안"; "미지의 세계들"; "하늘 나라에 있는 집"; "영광스러운 장면들"; "끝없는 아름다운 생활"; "우리가 영원토록 거할 집"; "기쁨과 불멸이 흐르는 하늘나라"; "안식, 영원, 거룩, 확신"; "하늘에 계신 내 아버지의 집"; "영원한 집"; "무척 밝은 천국"; "하늘에 있는 아름다운 세상"; "안식의 항구"; "영원한 안식"; 위에 있는 복된 집"; "평화로운 해안."[4]

퀘이커 교도들은 침례교도들과 같은 환경—감리교도들(Ranters), 평등론자들(Levellers), 재5왕국파(Fifth Monarchy Men), 그밖에 여러 천년왕국주의자들 등 급진주의를 배출한 환경—에서 형성되었음에도 불구하고, 그들은 대부분의 침례교도들과는 달리 기독교적 삶의 목표에 중요한 일을 했다. 그들은 소위 "어린 양의 전쟁"(the Lamb's War)이라고 부른 사회적인 일정에 보다 공정하고 좋은 세상을 향한 소망을 두었다. 그들은 이 세상에서 영적인 무기를 갖추고 이 세상 나라가 아닌 나라를 위해 싸웠다. 조지 폭스(George Fox, 1624-1691)는 개인적이고 내적인 변화를 경험했는데, 그는 그 경험이 영국 전체를 변화시킬 수 있다고 믿었다. 예수 그리스도께서 폭스에게 말씀하신 것처럼, 폭스도 당시의 사회를 향해 말할 수 있었다. 그리스도는 옛 질서를 종식시키고 새 질서를 시작하게 하려고 오셨다. 그의 가르침에 복종하는 사람들은 폭스처럼 새 질서 안에 들어갈 수 있다.[5]

자발적인 복종

침례교도들과 퀘이커 교도들이 염두에 둔 목표는 약간 달랐지만, 그들은 그것을 이루기 위한 비결, 즉 거룩한 순종에 대해서는 본질적으로 의견이 일치했다. 존 번연은 신앙생활을 주로 말과 관련된 것으로 여기는 사람들에게 충고했다. 그는 청교도 선조들 및 그 시대 사람들과 마찬가지로, 사람들을 행위에 의해 판단했다. 『천로역정』에서 기독교는 수다쟁이에게, 참된 신자를 알 수 있는 기준은 경험적인 신앙 고백"과 "거룩한 마음, 거룩한 가정…그리고 세상에서의 거룩한 대화"라고 말한다.[6] 대부분의 침례교도들은 거룩함의 추구를 개성주의적이고 개인의 자유를 존중하는 방식으로 해석해왔으며, 때로는 사회적이고 정치적인 연루를 피해왔다. 침례교회의 회의록에는 춤, 음주, 도박, 또는 그와 비슷한 범죄 때문에 징계를 받은 내용의 기사들이 가득하다. 이따금 소작료를 과다하게 받는 것, 노예를 소유한 것, 아내와 자녀들을 학대하는 것이나 사회적으로 부당한 행위에 대해 취한 조처들도 언급되지만, 그런 사건은 그리 많이 다루어지지 않는다. 그러므로 침례교도들에게 그들의 성인들을 열거해보라고 요청한다면, 그들은 사회 개혁가들보다는 개인적인 경건의 본보기들을 지적할 것이다. 그럼에도 불구하고, 침례교도들은 개인적인 영성과 사회적인 영성을 겸비한 탁월한 인물 몇 사람을 내세울 수 있다. 예를 들어 영국인 침례교 선교사인 윌리엄 닙(William Knibb)은 서인도제도에서 노예제도 폐지를 위해 싸웠다. 목사이자 신학 교수인 월터 라우셴부쉬(Walter Rauschenbusch)는 사회 복음 운동을 주창한 이론가였다. 클레런스 조던(Clarence Jordan)은 흑인과 백인을 화합하게 하려는 노력으로서 조지아 주 아메리커스에 코이노니아 농장(Koinonia Farm)을 세웠다. 마틴 루터 킹 2세는 애틀란타에 있는 에벤에셀 침례 교회에서 민권운동을 위한 영감을 받았다.

아마 퀘이커 교도들은 침례교도들보다 적극적으로 거룩한 순종에 의해서 신앙생활을 판단해왔을 것이다. 폭스는 초기에 "구도자"로 지내는 동안, 그가 "신앙고백자"라고 부른 사람들, 즉 피상적인 신자들에 대해 매우 걱정했다. 19세 때에 어느 박람회에서 두 명의 동료가 그에게 함께 맥주를 마시자고 요청하면서, 맥주를 다 마시지 않는 사람이 맥주 값을 지불해야 한다고 말하자, 그는 자리에서 일어나서 4펜스 짜리 은화를 테이블에 내려놓았다. 그리고 그는 박람회에서 일을 마친 후에 집으로 돌아갔다. 그날 밤에 하나님께서 폭스에게 말씀하셨다: "너는 젊은 사람들이 함께 헛된 일에 빠지며, 늙은 사람들이 세상에 빠지는 것을 보았다. 너는 젊은 사람들과 늙은 사람들 모두와 교제하지 말고 모든 사람에 대해서 나그네가 되어야 한다."7) 그리고 나서 얼마 후에, 폭스는 가족들과의 유대를 포함하여 모든 관계를 끊었다. 그는 어디에서든지 성직자들과 평신도들 가운데서 천박함의 표식들을 발견했다. 1646년에 그는 몇 차례의 "계시"를 경험했는데, 그중 하나는 중생한 사람만이 참 신자라는 내용이었다. 그는 하나님께 대한 진정한 순종이라고 생각하는 것을 교회 안에서 발견하지 못했다. 교회들은 "뾰족탑이 있는 건물"에 불과했다. 다른 시대의 성도들과 마찬가지로, 폭스는 그리스도만이 "당신의 상태를 언급"하실 수 있다고 확신했다. 예배 의식 뒤에 이어지는 그의 담대하고 격렬한 메시지 때문에 그와 그의 추종자들은 여러 차례 감옥에 갇혔다.

많은 퀘이커 교도들은 존 울먼(John Woolman)을 거룩한 순종의 탁월한 본보기로 여겼다. 그는 자신의 『일지』(*Journal*)에 그것에 대해 진술했다. 1720년에 웨스트 저지에서 태어난 울먼은 일찍부터 "하나님의 친구들"의 특징인 감수성을 계발했다. 그는 7살 때에 "하나님 사랑의 작용들을 알기 시작했다"고 한다. 후일 요한계시록 22장을 읽으면서, 그의 정신은 "하나님께서 자기 종들을 위해 예비하신…깨끗한 집"을 추구했다. 사람들의 삶을 조사한 결과, 그는 그 시대의 사람들이 "그다지 꾸준하고 착실하게" 살고 있지 못하다고 확신했다. 12살이나 13살 때에, 그는 한 가지 잔인한 행동을 범했는데, 그 일을 계기로 그는 더욱 예민해졌다. 그는 새끼들에게 먹이를 주고 있는 어미 울새를 죽였고, 그 다음에는 새끼들이 굶어죽지 않게 하려고 새끼들도 죽여야 했다. 언젠가 울먼은 자신이 "청년기의 불순종"에 빠졌는데, 갑자기 병에 걸렸다. "마침내, 불 같고 망치 같은 말씀이 나의 반역하는 마음을 깨뜨리고 태워 없앴다"고 그는 설명했다. 그 때, 그는 만일 건강이 회복된다면, "하나님 앞에서 겸손히 행하겠다"고 맹세했다. 이러한 여러 가지 갈등을 겪으면서, 울먼은 "참 종교는 내면 생활 안에 존재하며, 그 안에서 마음은 창조주 하나님을 사랑하고 경배하며, 사람들 뿐만 아니라 짐승들을 향해서도 참된 공의와 선을 발휘하는 법을 배운다…"[8]는 인식에 도달했다.

울먼은 직업상 이 원리에 따라 행동할 기회를 충분히 가졌다. 그는 21세 때에 어느 퀘이커 교도 상인의 점원으로 고용되었는데, 흑인 여자 노예의 매매 전표를 써야 했다. 그는 크게 양심의 가책을 느꼈지만, 나이가 지긋한 퀘이커 교도가 그 여인을 샀다는 사실에 의해서 그 가책을 완화했다고 설명한다. 그러나 이 일이 그의 양심을 크게 짓눌렀기 때문에 그 이후로 그 일을 거부했다. 그는 장사에 크게 성공했지만, 자신의 삶이 "필요 이상으로 표면적인 걱정과 방해"[9]에 의해 제한되는 것을 피하기 위해서 양복점 일을 배우기로 결심했다. 1746년부터 1772년에 사망할 때까지, 그는 매년 대략 한 달 동안 미국의 식민주들을 여행하면서 퀘이커 교도들에게 노예를 해방시키라고 호소했다. 그는 자기도 역시 불의를 초래하는 데 한 몫을 담당하고 있음을 의식하고서 은밀한 혁명가가 되었다. 그는 염색한 옷을 입지 않았는데, 그 까닭은 염료는 노예들이 채취한 인디고에서 얻는 것이기 때문이었다. 그는 서인도제도에서 생산되는 설탕, 럼주, 당밀 등도 먹지 않았다. 왜냐하면 그것들 역시 노예들의 노동에 의해 수확된 것이기 때문이다. 그러나 그는 너무 많은 사람들이 자신을 따라 행함으로써 자신이 도와 주려는 사람들에게 오히려 해가 될까 염려했다. 그는 조금씩 온갖 종류의 불의의 배후에는 한 가지 유형, 즉 편안함과 안락함을 바라는 인간의 욕망이 다른 사람들의 삶에 영향을 주는 방법에 대한 무감각이 놓여 있음을 식별하게 되었다. 그는 그에 대한 해답은 마태복음 6:33("먼저 그의 나라를 구하라…")과 25:40("너희가 여기 내 형제 중에 지극히 작은 자 하나에게 한 것이 곧 내게 한 것이니라")에 있다고 주장했다. 그는 생전에 퀘이커 교도들 사이에서도 노예제도가 종식되는 것을 보지 못했지만, 그의 노력의 결과로서 1787년에는 미국에서 노예를 소유한 퀘이커 교도는 한 사람도 없게 되었다.[10]

침례교도들과 퀘이커 교도들은 하나님께 대한 순종이 참된 것이 되려면 자발적인 것이어야 한다는 것을 시련을 통해서 깨달았다. "하나님만이 양심의 주이시다"라는 것이 침례교의 논리이다. "그러므로 참되고 책임감이 있으려면, 믿음이 자유로워야 한다. 어떤 종류든지 강압은 순종을 무효화한다." 침례교도들은 완전한 종교적 자유를 요구하는 귀에 거슬리는 소책자들을 저술했다. 미국의 식민주에서는 매서추세츠 베이 식민주에서 쫓겨난 로저 윌리엄스(Roger Williams)는 1636년에 "양심상 괴로움을 당하는 사람들을 위한" 피난처로 로드 아일랜드(Rhode Island)를 세웠다. 가는 곳마다 박해를 받은 퀘이커 교도들에게는 신앙생활의 자발성을 강조해야 할 이유가 있었다. 그들은 직접적인 영감을 주장했을 뿐만 아니라 자기들의 행동이 적대감 때문에 야기된 "진리의 공표자" 역할을 한다고 주장했다. 그러나 놀랍게도 퀘이커 교도들 중에는 사회적으로 높은 지위에 있는 사람들이 많았는데, 예를 들면 펠 가문(Fell family), 로버트 바클레이, 윌리엄 펜 등이다. 펜은 종교적 관용을 통치의 구조로 하는 식민주를 설립했다.

신자교육

침례교도들과 퀘이커 교도들의 집단적 영성은 자유 지원제(voluntarism) 때문에 서로 다르며 또 중세 시대의 전통과도 다르다. 수도원 영성은 이것들 중 어느 것보다 더 의도적이다. 그러나 양자 모두 영적 형성에 대한 관심이 결여되어 있다.

침례교도들은 초대 교회의 요리문답 교육이나 수도원의 수련 기간에 해당되는 입문 과정을 발달시키지는 않았다. 그러나 그들은 "중생한 교인 자격", 유럽과 아메리카의 기성 교회에 부족하다고 생각한 것을 성취하기 위한 방법으로서 세례를 강조했다. 그들은 자발적으로, 그리고 자유로이 신자가 되기로 결심한 사람들만이 세례 지원자가 될 수 있다고 주장했다. 침례교도들은 세례 지원자들이 참 회심에 대한 신빙성 있는 증언을 할 수 있는지 알아 보기 위해서 그들의 신앙고백을 세밀하게 심사했다. 신조를 암송하는 능력만으로는 마음의 신앙을 증명하기에는 충분하지 못했다. 중세 시대의 수도사들처럼, 침례교도들도 "삶과 행동의 전환"을 원했다. 오늘날 미국에서, 침례교도들은 대체로 교인들을 형성하기 위해서 주일학교 교육과 대중 예배를 의지한다. 남침례교회에서는 세례 받을 수 있는 연령이 1900년에는 20세 이상으로 정해져 있었지만 1988년에는 7, 8세로 낮추었다. 그에 따른 최종적인 결과로 나중에 자신의 결단이 부족했다는 것을 발견하는 사람들의 제2, 제3의 회심이 증가했다. 미국 및 다른 지역 내의 다른 소수 침례교 집단들은 이들보다 더 크게 조심했다. 영국에서는 16세 이전의 청년에게는 세례를 주지 않는다. 소련에서는 정부에서 18세 이전에는 세례와 교육을 하지 못하도록 규제하고 있다.

퀘이커 교도들은 신자의 형성에 대해 침례교도들보다는 덜 의도적인 듯하다. 그들은 세례나 성찬을 행하지 않으므로, 가족, 집회, 또는 성인들의 삶 속에 있는 영성의 본보기를 의지해왔다. 영적 발달은 우리의 어린 시절의 사회적 환경, 즉 가정 안에서 시작되는 복합적인 과정이다. 존 울먼의 종교적 감수성은 엄하면서도 적극적인 훈련을 실천한 경건한 부모님의 영향을 받은 것이었다. 그의 말에 의하면, 12살 때에 아버지가 출타하신 동안 어머니에게 말대꾸를 한 적이 있었는데, 아버지는 그가 옳지 않은 행동을 했다는 사실을 지적하시고 "앞으로는 좀 더 신중하게 행동하라"고 충고하셨다. 그는 그 부드러운 책망을 결코 잊지 못했다. 따라서 그는 "다른 일에서는 아무리 어리석게 행동했어도, 내 부모님에 대해 버릇없는 말을 했던" 일은 한 번도 기억하지 못한다.[11]

조지 폭스는 다른 사람들의 삶에 강력한 영향을 주는 매력있는 인격의 소유자였다. 윌리엄 펜은 폭스의 『일지』 서문에서 자신의 정신적 스승의 "분명하고도 놀라운 깊이"; 사람들을 적극적인 사람으로 만드는 능력과 성경의 통찰들을 그들에게 개방해 주는 능력; 생생하고 엄격한 기도 생활 등에 대해 말했다. "그는 무슨 일을 할 때나 튼튼한 사람, 천국의 마음을 가진 새로운 사람처럼 처신했다; 그는 거룩한 사람이요 자연주의자요, 완전히 전능하신 하나님의 지음을 받은 사람이었다."[12] 그 밖의 다른 사람들—펜, 아이작 페닝튼, 로버트 바클레이, 마가렛 펠, 존 울먼—도 본보기가 되었다. 폭스는 조직자로서 실질적인 기술을 가지고 있었고, 그가 만든 "회의" 체계는 초기에 그 운동이 신속하게 성장하는 데 도움을 주었다. 그러나 그 이후 세대들에게는 그가 그 운동에 주입했던 활력이 부족했다. 결과적으로 그 운동이 심각하게 쇠퇴했기 때문에, 특히 중서부 지역의 일부 퀘이커 교도들은 교인들을 교육하는 보다 의도적인 방법을 발달시켰다.[13] 실제로, 중서부의 퀘이커 교도들은 침례교도들이 사용하는 것과 흡사한 예배와 교육 방식을 발달시켜왔다. 그들은 숫적으로는 감소되었지만, 퀘이커의 침묵 예배와 하나님을 향한 진지한 마음의 활동이라는 전통을 깊이 받아들인 사람들은 깊고 성숙한 영성을 보여 주는 확실한 표식들을 나타내고 있다. 퀘이커파 만큼 훌륭한 사회 사역과 활동의 기록을 성취한 종교 집단은 없다.

영적돌봄

퀘이커 교도들은 영적 양육에 대한 청교도적 선조들의 관심을 침례교도들보다 더 많이 보유해오고 있다. 미국 내에서, 많은 침례교인들은 종종 보수적인 사고의 틀에 고정되어 성장 과정을 등한시 해오고 있다. 이것은 침례교 정서를 형성하는 데 크게 기여한 대각성 운동과 개척지에서의 신앙부흥의 효과를 상기시켜 준다.

침례교도들에게는 로마 가톨릭 교회 내에서 구두 신앙고백에 의해 공급되는 폭넓은 영적 지도의 수단이 부족했지만, 예민한 목회자들은

에드워드 힉스, 군기를 단 케이커 교도들과 함께 누릴 수 있는 평화로운 나라, 1830년경

설교, 개인적인 조언, 매일매일의 접촉 등을 통해서 신자들에게 도움을 주었다. 후일 번연이 맡아서 목회한 베드포드 교회의 목사인 존 기포드(John Gifford)는 번연이 "나의 안정을 위해 중요한 것"이라고 표현한 것을 가르치고 행했다. 번연의 영적 고통에 대해서 알게 된 기포드는 번연을 자기 집으로 초대하여 동일한 시련을 겪고 있는 사람들을 만나게 해 주었다. 그는 사람들을 위로하는 방법과 직접 대면하는 방법을 알고 있었다.[14] 침례교 목사들은 리처드 백스터(Richard Baxter)의 『개혁주의 목사』(The Reformed Pastor)를 모델로 삼아 특별한 순간에 인간 생활에서의 은혜의 작용을 고요히 상기시켜 주는 것과 함께 하려 했다. 회중의 다른 신자들은 이 점에 있어서 자기들의 목회자를 본받았다. 영적 지도에 대해 말하려 하는 침례교 신자들은 많지 않았지만, 그들은 미묘한 방법으로 어느 정도 그러한 경험을 했다.

　퀘이커 교도들의 교육은 특히 가정과 집회에 의존했는데, 그 경우 신자들은 자신을 내면의 빛(Light Within), 즉 성령 또는 요한복음 서언의 그리스도에게 조화시키려 노력한다. 퀘이커 교도들은 영적인 발달은 인간의 계획이 아니라 하나님에 의존한다는 신념을 다른 어느 집단보다 더 크게 증거한다. 그러나 이것은 그들이 영적 성장을 운에 맡긴다는 의미가 아니다. 퀘이커 교도들의 공동체 내에서 존 울먼과 같은 사람들은 앞장서서 인도할 수 있는 "사역자"요 의사 진행을 촉진하고 기록하는 "서기"로 인정되었다. 교인들의 감소라는 문제에 직면한 중서부의 퀘이커 교도들은 다른 개신교도들이 받아들인 방법과 비슷한 방법으로 공식적인 목회자 교육을 추진했다. 퀘이커 교도들은 루퍼스 존스(Rufus Jones), 토머스 켈리(Thomas R. Kelly), 더글라스 스티어(Douglas V. Steere), 캐롤라인 스테픈 등 유명한 영적 지도자들을 배출했다. 오랫동안 헤이버포드 대학에서 교수로 재직하고 있는 더글라스 스티어는 개신교도들로 하여금 프리드리히 본 휘겔과 같은 탁월한 가톨릭 영적 지도자들 및 타종교 영성과 접할 수 있도록 도와줌으로써 퀘이커 영성 뿐만 아니라 모든 기독교 영성을 풍성하게 해 주고 있다. 『다른 사람의 말을 경청함』(On Listening to Another)은 퀘이커파의 기도

와 예배 형식을 알 수 있게 해준다.[13]

침례교의 기도 방식과 퀘이커의 기도 방식

침례교인들과 퀘이커 교도들의 예배 방식과 기도 방식은 분명히 다르다. 차이점의 근원은 계시에 대한 인식에 있다. 침례교인들은 성경을 "신앙과 실천의 유일한 척도"로 여기지만, 퀘이커 교도들은 내면의 빛(Inner Light)을 가장 탁월한 것으로 여긴다.

침례교인들에게 있어서는 성경이 주된 "성례전", 즉 하나님의 은혜를 경험할 때에 사용되는 수단이었다고 말하는 것은 틀린 말이 아닐 것이다. 침례교인들은 개인적으로 중세 시대의 수도사들이 사용한 영적 독서(lectio divina)와 흡사한 방법으로 성경을 묵상해왔다. 침례교 가정에서는 식사 시간에 성경을 읽고, 음식을 먹기 전에 얼마 동안 그 안에 포함된 메시지를 조용히 경청했다. 독실한 신자들은 흔들 의자에 앉아 무릎에 성경을 놓고 읽고 나서 눈을 감고 그 말씀을 마음에 받아들이곤 했다. 그들은 그 날의 관심사들, 사랑하는 사람들, 이웃, 공동체, 세상 등을 가지고 와서 가르침을 구했다. 많은 사람들은 성경을 처음부터 끝까지 여러 번 읽었고, 어떤 사람은 일년에 한 번씩 읽었다. 정선된 침례교인들의 집단에서 사적으로 발생하는 일이 대부분의 침례교 지역의 집단적인 환경에서도 발생했다. 침례교도들이 성경을 사용한 교육 프로그램들은 여러 가지였지만, 한결같이 성경에 중심을 두었다. 앞으로 성경으로 기도함을 통해서 형성된 모범적인 삶을 소유한 수백 명의 일반 성도들이 존재할 것이다.

퀘이커 영성에서 성경이 중요하지 않은 적이 없지만, 침례교 영성에서처럼 두드러지지는 않다. 그보다 훨씬 더 중요한 것은 내면의 빛, 직접적인 계시와 안내와 능력의 원천에 귀를 기울이는 것이다. 퀘이커 교도들은 원시 교회의 성령 체험을 되살리려고 노력해왔다. 폭스는 사람들에게 "당신은 빛의 자녀입니까? 그리고 빛 가운데서 행해왔습니까? 당신이 말하는 것은 내면적으로 하나님에게서 온 것입니까?"[16]라고 질문했다. 엘튼 트루블라드(Elton Trueblood)는 "인간을 감화하여 성경을 기록하게 하신 하나님의 영은 지금도 각 사람의 마음에서 일하고 계시며, 그에 응답하는 모든 사람에 의해서 알려질 것이다. 그러므로 예배는 죽은 의식의 수행이 아니라, 주님의 음성을 듣고 그의 능력을 직접 알기 위해서 주님을 섬기는 것이다"[17]라고 말했다. 물론 퀘이커 교도들은 이 내적 빛의 교리가 성경에 닻을 내리지 않으면 위험할 수도 있음을 인정했지만, 그에 대한 기본적인 확신을 포기하지는 않았다. 퀘이커 교도들에게 있어서 기도는 한 사람의 내적인 인식의 방향을 하나님의 현존을 향하게 하는 것, 로렌스 수상의 말을 빌리면 "하나님의 현존 수행"이다. 또 토머스 켈리가 훌륭하게 표현한 것처럼 "정신의 내적인 실천과 습관…존재의 깊음의 방향을 쉬지 않고 내면의 빛을 향하게 하는 것, 우리가 일상적인 삶의 세계에서 바삐 생활하면서도 계속 예배하면서 고개를 숙일 수 있도록 내면 생활을 영위하는 방법"[18]이다.

공동영성

침례교인들이나 퀘이커 교도들은 전례 영성을 매우 존중했다. 그들은 영국 내의 강요된 예배의 통일성에 반발하여, 영적 성장과 발달의 짐을 개인에게 지웠다. 양측 모두에게 있어서, 성찬은 로마 가톨릭 교회, 정교회, 또는 성공회에서와 같은 역할을 하지는 않았다. 그러나 이것은 침례교나 퀘이커파의 종교 생활에서는 신앙의 공동체가 중요하지 않았다는 말이 아니다. 신앙의 공동체는 매우 중요했다.

침례교 예배는 개인적인 기도생활에서와 마찬가지로 근본적으로 성경 중심이었다. 공동 기도 때에는 성경적인 표현을 많이 사용한다. 침례교 설교는 성경적인 메시지를 강력하게 표현해왔다. 침례교 예배와 영적 형성에서 음악은 매우 중요한 역할을 하게 되었다. 제1세대 침례교인들은 그들이 선조인 청교도들처럼 공적인 예배에서는 시편만 사용했고, 찬송 부르기를 거부했다. 왜냐하면 찬송에는 대중적인 노래가 많이 사용되었기 때문이다. 그러나 18세기에 큰 논쟁을 겪은 후, 침례교도들은 교회 음악을 채택했을 뿐만 아니라 크게 기여했다. 침례교인들이 설명할 수 있는 가장 친밀한 종교적인 경험들 중 일부가 그들이 지은 찬송가에 등장한다. 화니 크로스비(1823-1915)는 "주의 음성을 내가 들으니 사랑하는 말일세"라고 노래했다. 많은 사람들이 그녀의 간절한 호소를 되풀이했다: "나의 영원하신 기업 생명보다 귀하다 나의 갈 길 다 가도록 나와 동행하소서." 공동 영성에서 성경 다음으로 중요한 것은 설교였다. 침례교도들도 청교도들처럼 참된 설교의 관건은 성실이라고 보았다. 모든 국가의 침례교 역사에서, 그들은 현학적이고 지적인 설교에 대한 의심을 나타냈다. 설교는 마음에서 나오는 것이어야 했다. 개척지에서는 강력한 반 지성적인 편견이 이러한 태도를 한층 더 자극했다. 스위트(W. W. Sweet)는 "교육을 받고 봉급을 받으면서 행하는 사역에 대한 편견은 어느 종교 집단보다 침례교도들 사이에서 가장 강력했다. 이 편견은 개척지의 침례교인들 사이에서만 팽배했던 것이 아니라 19세기 초기에 침례교파 전체에 전반적으로 팽배해 있었다"[19]고 말한다. 신자들이 침례교회에서 받은 영적 지도의 대부분은 설교를 통해 공급된 것이었다. 항상 교인들의 욕구와 접촉하고 지내는 민감한 목사들은 신자들을 격려하고 권면하고 책망하고 지도하면서 산을 오르고 골짜기를 지나가고 평야와 광야를 건너갔다. 물론 어떤 침례교인들은 신앙 상의 결단을 운에 맡기지 않았다. 미국 내의 신앙부흥에 익숙해진 그들은 공적인 권유에 많은 관심을 기울였다. 남침례교도들은 예배를 마칠 때에 행하는 결단을 기도와 성경 봉독과 설교와 찬송이 존재하는 이유라고 간주하고서, 공적인 권유를 일종의 성례로 만들었다.

침례교회에서는 성만찬은 아주 크게 중요시되지는 않았다. 미국의 대부분의 지역에서 행해지는 것처럼, 성찬에 대한 칼빈주의 해석이 우세한 지역의 침례교인들은 즈빙글리의 해석이 지배하는 지역에서보다 더 자주 성찬을 행하고 보다 엄숙하게 다루었다. 최근에 영국과 미국의 침례교인들은 30년대와 40년대에 발달한 전례 갱신의 흐름에 조심스럽게 발을 내딛고 있다.[20] 아직도 성찬을 자주 행하지 않고 때로는 일년에 한 차례만 회중들이 많지만, 그렇지 않은 많은 회중들은 성찬식을 강조하고 회수를 증가해오고 있다.

전통적으로 퀘이커파의 예배는 침묵 속에서 하나님을 기다리는 것이었다. 초기 영국의 지도자였던 아이작 페닝턴(Issac Pennington)은 "암스코트의 여성 퀘이커 신자들"에게 보낸 편지에서 퀘이커 파에서 추구하는 바를 분명하게 표현했다:

> 주님을 예배하기 위해서 함께 모였을 때에, 각 사람은 자기 마음 속에서, 그리고 다른 사람의 마음 속에서 하나님의 능력을 생생하게 느끼기 위해서, 그리고 그 경계 안에 머물기 위해서 매우 조심하고 부지런히 그분의 능력을 지켜 보아야 합니다. 그리고 그 이상의 행동이나 말이나 생각을 하지 마십시오. 이 능력에게 속한 침묵을 보존하는 방법을 알기 위해서, 그 능력이 잠잠하게 한 것을 잠잠하게 만들기 위해서, 더욱 더 기다리십시오.[21]

침묵 예배의 전통은 미국 동부의 퀘이커 교도들 사이에서 강력한 반면, 중서부에서는 침례교 예배와 흡사한 보다 의도적인 유형, 성경 봉독, 대중 기도, 찬송, 설교 등이 가득한 유형이 사용되었다. 그러나 그곳에서도 침묵은 동부 지방의 퀘이커 예배에서만큼 중심적인 것은 아니지만 나름의 역할을 하고 있다.

돌이켜봄

침례교 영성과 퀘이커 영성을 함께 다루는 것은 그것들이 기여한 점들뿐만 아니라 역사적으로 그것들에게 해를 입혀온 결점들을 지적해준다. 다른 개신교인들처럼, 침례교인들과 퀘이커 교인들도 영적 성장의 책임을 주로 개개의 신자들에게 맡겼다. 다시 말해서, 공공연하게 그 문제에서 손을 떼었다. 만일 우리가 교회 집단들을 성령이 개인의 의지를 통한 순종을 낳는다고 간주하는 개인주의(individualism)와 자유 지원제(voluntarism)에서부터, 성령은 공동의 의지를 통해서 순종을 낳는다고 간주하는 조합주의(corporatism)와 의도주의(intentionalism)에 이르기까지 나열한다면, 극단적으로 개인주의적이고 자발적인 집단의 첫

머리에는 침례교도들과 퀘이커 교도들이 놓이고, 극단적인 조합주의와 의도주의의 대열에는 로마 가톨릭 신자들이 놓일 것이다. 영국에서든, 미국의 식민주에서든, 또는 다른 지역에서든, 침례교도들과 퀘이커 교도들은 비국교도들로서 획일성을 진지한 종교적 헌신을 금지하는 것으로 여겨 반대할 충분한 이유를 가지고 있었다. 그러나 그들의 개인주의와 자유지원제는 종종 하나님의 통치(theonomism)보다 이기적인 자치론자가 된다. 침례교 역사와 퀘이커 역사를 연구해보면 이 점을 나타내는 증거가 나타날 것이다. 로마 가톨릭 신자들이 제2차 바티칸 공의회 이후 지향해온 것과 같은 두 가지 극단적인 것들 사이에는 분명히 균형을 이루는 점이 있어야 한다.

침례교인들은 개신교 신학 안에서 은혜에 대한 부적절한 정의 때문에 어려움을 겪어왔다. 종교개혁자들이 은혜를 하나님께서 공로 없이 주시는 은혜라고 말한 것은 은혜를 너무 좁게 정의한 것이었으며, 성령을 통한 하나님의 임재, 능력, 사랑 등을 수반한다는 것을 인정하지 못했다. 개신교인들은 자기들의 추종자들이 율법주의나 펠라기우스주의에 빠질까 염려하여 기독교적 성장과 발달을 위한 동기를 제거했다. 퀘이커 교도들은 우리가 그 분, 즉 내면의 빛에 귀를 기울이기만 하면 지극히 능력 있으신 부활하신 그리스도께서 우리에게 현존하신다는 것을 거듭 상기시킴으로써 개신교주의에 크게 기여해왔다.

퀘이커 교도들은 자기들의 성실함에 대해 큰 대가를 치렀다. 350년간, 그들은 17세기 말 영국에서 조지 폭스의 운동에 힘을 부어주었던 열심을 크게 상실해왔다. 결과적으로, 오늘날 그들은 숫자는 전 세계적으로 약 30만 명 정도에 불과하다. 많은 퀘이커 교도들이 그 문제를 인정해왔다는 사실은 중서부 지역의 퀘이커 교도들이 예배와 사역 형태에 도입한 변화를 보면 분명히 드러난다. 퀘이커 영성은 생존을 위한 관심 때문에 더욱 의도적인 것이 되어야 했다.

한편, 침례교인들은 그와는 다른 방향으로 크게 치우치는 것을 경고해왔다. 미국에서의 종교적 신앙부흥의 영향 때문에, 일부 침례교인들은 회심을 강조해왔지만, 실질적으로 그에 따라야 할 성장 과정을 무시해 왔다. 너무 많은 사람들이 영적인 유아기, 기껏해야 소년기에 머물러 있다. 침례교인들이 개종자를 얻는 일에 대한 헌신이 강력하면, 독실한 삶의 계발에 대한 헌신은 그에 비례하여 약하다. 기도, 성경, 예배, 그 밖에 하나님과의 교제의 수단들 등은 복음주의적 계획의 목표를 성취하기 위한 실용적인 도구가 된다.[22]

비록 침례교 영성과 퀘이커 영성의 결점들이 심각하고 불안하지만, 이 에큐메니칼 시대에는 희망의 징조들이 있다. 침례교인들과 퀘이커 교인들은 그들 자신의 유산과 접촉하기 위해서 영성의 주류로 복귀해 오고 있다. 이러한 태도에서부터 과거의 불균형의 일부를 상쇄해줄 구심력이 생겨날 수도 있다. 동시에 침례교인들과 퀘이커 교도들은 그들을 존재하게 해준 성령께 대한 자발성과 응답성에 대한 통찰을 세계적인 교제의 공동체와 함께 공유할 수도 있다.

주

1) D. Elton Trueblood, *Robert Barclay* (New York: Harper & Row, 1968) 241을 보라.
2) *Cistercian Studies* 20(1985) 224-36.
3) Cf. Rufus Jones, *Studies in Mystical Religion* (London: Macmilan, 1906); *Quakerism: A Spiritual Movements*, 119ff. 존스는 조지 폭스가 의식적으로 이 전통을 무조건 모방하지는 않았을 것이라고 인정하면서도, 그것이 폭스와 퀘이커 교도들을 발달하게 한 "특별한 종교적인 분위기"의 일부였다고 주장했다. 더글라스 귄(Douglas Gwyn)은 그것을 비판했다(*Apocalypse of the Word*, xiii-xvi).
4) *The Baptism Hymnal* (Nashville: Broadman, 1956). 여기에 수록된 찬송 모두가 침례교인들이 작사, 작곡한 것은 아니지만, 대부분 침례교인들이 좋아하는 찬송들이다
5) 특히 Gwyn, *Apocalypse of the Word*, 58-64에 있는 폭스의 가르침의 요약을 참고하라. 로버트 바클레이의 재해석에 대해서는 Dean Freiday, *Nothing Without Christ*, 7-11을 참고하라.
6) John Bunyan, *The Pilgrim's Progress*, ed. E. Glenn Hinson(Doubleday Devotional Classics; Garden City, NY: Doubleday, 1978) I: 387.
7) *The Journal of George Fox*, ed. E. Glenn Hinson(Doubleday Devotional Classics; Garden City, NY: Doubleday, 1978) II: 29.
8) *The Journal of John Woolman*, ed. E. Glenn Hinson(Doubleday Devotional Classics; Garden City, NY: Doubleday, 1978) 213, 214, 216, 217.
9) Ibid., 224.
10) See my introductions to Woolman's *Journal*, ibid., II: 197-212; E. H. Cady, *John*

Woolman: The Mind of the Quaker Saint (New York: Washington Square Press, 1966); Janet Whitney, *John Woolman, American Quaker*(Boston: Little, Brown, 1942).
11) Woolman, *Journal*, 215.
12) *The Journal of George Fox*, ed. E.Glenn Hinson(Doubleday Devotional Classics; Garden City, NY: Doubleday, 1978) II:25.
13) 특히 Elton Trueblood의 저서와 Yorkfellows 운동을 참고하라.
14) John Bunyan, *Grace Abounding* (London: SCM, 1955) 77, 117.
15) 스티어는 이 고전과 다른 논문들을 *Gleanings*(Nashville: The Upper Room, 1987)로 재판했다.
16) Margaret Fell, *The Journal of George Fox*, 1694, I: ii; cited by D. Elton Trueblood, *The People Called Quaker*, 66.
17) Ibid., 67.
18) Thomas R. Kelly, *A Testament of Devotion* (New York: Harper & Row, 1941) 31-32.
19) William Warren Sweet, *Religion in the Development of American Culture*(New York: Scribner, 1952) 111; Richard Hofstadter, *Anti-Intellectualism in American Life*(New York: Alfred A. Knopf, 1963) 104-5.
20) 영국 침례교에 관하여는 Neville Clark의 *An Approach to the Theology of the Sacraments*와 Stephen E. Winward, *The Reformation of Our Worship*을 참고하고, 미국 침례교에 관해서는 Wayne A. Dalton, "Worship and Baptist Ecclesiology," *Foundations* 12(1969) 7-18을 참고하라.
21) *Quaker Spirituality*, ed. Douglas V, Steere (*Classics of Western Spirituality*; New York: Paulist, 1984) 154.
22) 이 문제에 대해서는 William Loyd Allen, "Spirituality among Southern Baptism Clergy as Reflected in Selected Autobiographies"(Ph. D. diss. The Southern Baptist Theological Seminary, 1984) 199-202를 참고하라.

참고문헌

Barbour, Hugh. *The Quakers in Puritan England*. New Haven: Yale University Press, 1964.
___ and A. O. Roberts, eds. *Early Quaker Writings*. Grand Rapids: Eerdmans, 1973.
Braithwaite, William C. *The Beginnings of Quakerism*. London: Macmillan, 1912. 2nd ed., 1970.
___. *The Second Period of Quakerism*. Cambridge: University Press, 1961.
Brayshaw, Alfred N. *The Quakers*. New York: Macmillan, 1927.
Clark, Neville. *An Approach to the Theology of the Sacraments*. Studies in Biblical Theology 17. Chicago: Allenson, 1956.
Dalton, Wayne a. "Worship and Baptism Ecclesiology," *Foundations* 12(1969) 7-18.
Davies, Horton. *Laudian Worship and Theology in England from Andrews to Baxter and Fox*. Princeton: Princeton University Press, 1975.

Freiday, Dean. *Nothing Without Christ*. Newberg, OR: Barclay, 1984.
Gwyn, Douglas. *Apocalypse of the Word*. Richmond, IN: Friends United Press, 1984.
Haller, William. *The Rise of Puritanism*. New York: Columbia University Press, 1938.
Hays, Brooks. *The Baptist Way of Life*. Macon, GA: Macer University Press, 1987.
Hinson, E. Glenn. "Baptists and Spirituality: A Community at Worship," *Review and Expositor* 84(1988) 649-58.
___. "Reassessing the Puritan Heritage in Worship/Spirituality: A Search for a Method," *Worship* 53(1979) 318-26.
___. "Southern Baptist and Medieval Spirituality: Surprising Similarities," *Cistercian Studies* 20(1985) 224-36.
Hudson, Winthrop S. *Baptism Concepts of the Church*. Chicago: Judson, 1959.
Jones, Rufus. *The Faith and Practice of the Quakers*. London: Methuen, 1949.
___. *Quakerism: A Spiritual Movement*. Philadelphia: Yearly Meeting of Friends, 1963.
Nuttall, Geoffrey F. *The Congregational Way*. Oxford: Blackwell, 1957.
___. *The Holy Spirit in Puritan Faith and Experience*. Oxford: Blackwell, 1946.
___. *The Puritan Spirit*. London: Epworth, 1967.
Rouner, Arthur A., Jr. *The Congregational Way of Life*. Englewood Cliffs, NJ: Prince-Hall, 1960.
Steere, Douglas V., ed. *Quaker Spirituality*. New York: Paulist Press, 1984.
Trueblood, D. Elton. *The People Called Quaker*. New York: Harper & Row, 1966.
Wartkins, O. C. *The Puritan Experience*. London: Routledge & Kegan Paul, 1972.
Warrs, Michael R. *The Dissenters: From Reformation to the French Revolution*. Oxford: Clarendon Press, 1978.
Winward, Stephen. *The Reformation of Our Worship*. London: Carey Kingsgate Press, 1964.

III. 미국의 청교도 영성

찰스 햄브릭-스토우(Charles Hambrick-Stowe)

영국 내에서 국교회의 형식주의에 대한 반작용으로 청교도주의가 발흥한 것과 1620년에 북아메리카로 이동하기 시작한 것은 본질적으로 17세기 유럽의 개신교주의와 가톨릭주의 내에서의 영적 실천과 경험의 전반적인 부흥과 관련된 사건이다. 그러나 청교도 영성에 대한 현대의 논의는 비교적 새로운 것인데, 그 까닭은 학자들이 전반적으로 그 운동의 교의신학과 사회적인 견해를 강조해왔기 때문이다. 청교도주의는 칼빈주의, 혹은 개혁주의 신학 전통 안에 있는 운동이었다. 따라서 그 영성은 제네바인 종교개혁자의 특별한 강조점들—하나님의 주권, 인간의 죄악됨, 그리스도 안에 있는 하나님의 값 없는 은혜, 구원받은 자들이 경건하게 생활하며 하나님의 뜻에 따라 사회를 변화시키려는 반응 등—의 영향을 받았다. 청교도들도 성공회, 루터파, 로마 가톨릭, 그밖에 개혁주의 전통 안에 있는 다른 교파들과 마찬가지로 거룩한 공동체 또는 교회 안에서의 개인적인 종교 체험의 계발에 주된 관심을 가졌다. 죽은 스콜라주의나 교회 제도 존중주의와는 거리가 멀었던 17세기는 서방 영성의 개화기를 나타낸다. 미국의 청교도주의는 이러한 종교적 맥락에서 이해되어야 한다.

"영성"(spirituality)이라는 단어의 기원은 17세기 프랑스 가톨릭 교회에 있다. 청교도들은 그 단어를 사용하지는 않았지만, 현재 영어로 "영성"이라는 단어가 나타내는 측면에 대해서 상세하게 말하고 저술했다. 설교, 신앙생활 지침서, 일기, 개인적인 시, 자서전, 편지 등의 저술을 통해서, 청교도들은 하나님께 나아가는 방법과 하나님과의 만남을 묘사했다. 미국 청교도들은 신앙의 경험적인 측면을 나타내기 위해 여러 가지 용어를 사용했다: 경건, 헌신, 경건한 대화, 거룩한 대화, 영적 훈련, 영혼의 순례, 영적 전쟁 등. 이 용어들은 결코 청교도나 개혁주의에서만 사용한 특별한 단어가 아니다. 이것들은 모두 성경과 가톨릭 전통 안에 뿌리를 두고 있었으며, 17세기에 모든 교회와 모든 기독교 운동들에 의해 사용되었다. 그러나 17세기에, 경건의 실천은 특징적으로 청교도적이고 아메리카적인 특성들을 획득했다.

세상속의성도들: 성화의과정과목표

청교도 경건주의는 신학의 세 분야—교의신학, 영성신학, 도덕신학—이 상호의존적이라는 피에르 푸라(Pierre Pourrat)의 견해를 예증해준다. 교리는 영적 경험을 위한 해석의 틀과 언어를 제공해줄 뿐만 아니라, 경험 자체를 형성한다. 신적인 것과의 만남에 대한 청교도들과 가톨릭 교도들 사이의 유사성들은 그들이 공유하고 있는 기독교 신학의 분량에 의해서 설명될 수 있을 것이다. 자기 성찰과 죄에 관한 묵상을 다룬 미국 청교도의 일기는 이그나티우스의 『영신수련』의 정서와 그다지 다르지 않다. 아빌라의 테레사와 코튼 머더(Cotton Mather)는 한결같이 천사들의 방문, 그리고 영혼의 하늘을 향한 비상에 대해 자세히 열거했다. 청교도들과 가톨릭교도들은 십자가나 그리스도의 거룩한 마음에 대해서 묵상하면서 그리스도의 임재를 경험했다. 반면에, 성모 마리아에 대한 환상을 이야기한 청교도는 없었다. 성모 마리아는 청교도의 신학에서는 전혀 다루어지지 않으므로, 그들의 예배에서도 아무런 역할을 발휘하지 않았다.

교의신학과 영성신학은 특히 언약이라는 개념을 통해서 청교도의 도덕신학을 형성하는 데 도움을 주었다. 청교도주의는 처음부터 개인적인 믿음이었지만, 개인을 세상으로부터 제거한다는 의미에서 사적이고 신비적인 것은 아니었다. 뉴 잉글랜드에서 청교도들이 완전히 발달시킨 계약 신학은 개인들이 살고 기도하는 사회적/윤리적 환경을 제공해 주었다. 신자는 한 가정, 하나의 업계, 이웃, 도시, 군인 사회, 공화국 등에 속해 있다. 이 사회적 계약은 사람들을 세속 사회 안에 묶어 놓을 뿐만 아니라, 하나의 영적 결속으로도 간주되었다. 성경 읽기, 설교, 요리문답, 시편 찬송, 기도, 그 밖의 경건한 활동들이 뉴잉글랜드 식민주의 공적인 의식(儀式) 생활에서 중요한 위치를 차지했다. 미국 청교도들은 교회는 국가의 한 팔이 되거나(영국 국교회), 고위 성직자의 영역이 되어서는(로마 가톨릭 교회) 안된다고 생각했고, 하나님이 정하시고 평신도들에 의해 조직된 하나의 영적 계약이 되어야 한다고 생각했다. 하나님과 개인 사이의 은혜의 계약 위에 기초를 둔 교회 계약은 하나님을 예배함, 사람들을 회심시켜 그리스도께 인도하고 교회에 합류하게 함, 그리고 신자들이 하늘나라에서의 영적 완전함이라는 목표를 향해 영적으로 성장할 수 있게 함 등의 목적을 위해 신자들을 결속시킨다. 사회 계약과 교회 계약 안에서만—도덕 신학으로 간주될 수 있는 것 안에서만, 성도들은 신학적으로 성화라고 묘사된 과정 안에서 진보할 수 있었다.

성화는 윌리엄 퍼킨스와 윌리엄 에임스와 같은 영국 신학자들, 그리고 리처드 머더, 토마스 후커, 토마스 쉐퍼드, 존 코튼과 같은 미국인 설교자들이 이해한 청교도적인 구원의 순서 중 한 단계였다. 각 설교자는 자기 나름대로 그 구조를 변형시켜 제시했지만, 대부분의 설교자들은 캠브리지 대학에서 동일한 스승 밑에서 공부했으며 모두가 동일한 성경적 모형을 따르고 있었으므로, 그 기본 윤곽은 동일했다. 미국의 청교도 설교자-신학자들은 두 부분으로 이루어진 구원의 순서를 제시했다: 준비, 그리고 그리스도 안에 이식됨. 예비 단계에서, 영혼은 통회와 치욕을 통해서 죄로부터 완전히 분리되었다(각 단계는 다시 여러 단계로 나뉜다). 목회자들은 중생하지 않은 사람은 완전한 부패함 때문에 스스로 구원을 대비할 수 없다고 분명히 주장한다. 죄인의 회심을 위한 준비는 오직 하나님에 의해 이루어진다. 그러나 성령께서 한 심령을 자극하여 통회하게 하기 시작하면, 하나님께서는 그 사람을 교회로 인도하시고 은혜의 수단을 통해서 그 마음을 열기 시작하실 것이다. 이러한 수단에는 설교, 성경 읽기, 그밖에 여러 가지 공적 예배의 요소들이 포함되었다. 회개한 죄인이 철저한 치욕, 구원의 소망을 완전히 포기하게 만드는 거세고 괴로운 영적 경험을 통과한 후, 그 마음은 그리스도 안에서 하나님의 은혜의 약속을 받을 준비가 된다. 이 때에 그 사람은 그 드라마의 제2부, 그리스도 안에 이식됨을 시작한다.

뉴잉글랜드의 교회에서 성도가 되었다는 것은 모든 교인들이 완전함을 향해 크게 진보했다거나, 그들의 영혼 안에서 구속 사역이 완전히 이루어졌다는 의미가 아니었다. 메서추세츠 주 캠브리지에서 사역한 토마스 쉐퍼드가 기록한 노트를 보면, 교회 계약에 들어오는 것이 허락된 사람들은 주로 이식의 단계에 있었음을 증명해준다. 다시 말해서 그들은 죄로 인한 통회와 회개, 죄 속에서의 치욕(자기 스스로는 자신을 구원할 수 없다는 지식), 죄를 용서하기 위해서 그리스도께서 죽으셨다는 말씀으로 하나님께서 그들의 마음을 자극하심, 이 은혜로운 구원이 그들의 것이 될 수 있다는 소망 등에 대해서 말했다. 회심의 절대적인 한 순간에 대해서 말한 사람은 거의 없었다. 대부분은 그리스도께서 그들의 칭의를 위해서 죽으셨다는 지식과 확신을 향해 전진하고 있다는 의식에 대해서 말했다. 그들 모두가 그리스도 안에 이식되는 단계를 희망을 가지고 고대할 때에 계속되는 영적 시련과 흥망성쇠를 증언했다. 이식은 하나님에 의한 "효과적인 부름"이라는 신자의 소명과 더불어 시작되며, 하나님과의 완전한 연합을 향한 "은혜 안의 성장"을 통해서 계속되었다. 소명은 죄에 대한 거부감, 악에 대한 두려움과 죄악됨에 대한 불쾌함, 그리고 선한 것에 대한 매력을 일깨워주었다. 소망, 그리스도를 향한 갈망, 하나님에 대한 믿음, 사랑, 기쁨 등이 영혼 안에서 점점 더 솟아났다. 성화란 그리스도 안에서의 완전한 연합을 향한 성도(거룩하게 되고 있는 사람)의 발달을 묘사하기 위해서 청교도들이 사용한 성경적인 용어였다. 성도의 완전함은 천국, 구원의 최종 단계인 영화(glorification)의 단계에서 이루어진다.

성화는 성도가 이 세상에서 살면서(수도원 내에서 생활하는 가톨릭 교회의 수도사나 수녀들과는 달리) 세속에서 하나님의 변화시키시는 능력을 경험하면서 거치는 점진적인 과정이다. 개혁교회 개신교도들도 미국의 청교도들처럼 고전적인 영성을 새로운 세상적인 배경에 적용함으로써 수정했다(그러면서도 그들은 전통적인 언어, 방법, 지침서 등은 그대로 유지했다). 가장 진지한 청교도 목사들과 평신도들과 일반 신자들 모두 일상적인 일들을 묵상과 기도의 출발점이요 촉매로 간주했다. 그들의 영성은 가능한 세상을 떠나 은거한 제3 회원 지망생의 영성이 아니라, 자기 집을 가진 사람들의 영성이었다. 청교도들은 가장과 주부들로서 사랑하는 사람들과 물건들을 버리고 떠나려 하지 않았고, 또 그에게 그렇게 행할 능력이 있어도 하나님께서 그것을 원하신다고 믿지 않았다. 성직자와 평신도 사이에 영적 구분이 없었다; 모두가 성도로 부름을 받았고 모두가 그리스도 안에서 생활하고 행동하고 존재했으며, 세상 속에서 성화되었다. 그러므로 목회자들은 영적 엘리트가 아니었다. 그들은 자기 양무리에게 행하라고 지시한 대로 자기들도 실천했다. 미국의 청교도주의는 대중 영성, 평신도 영성이었다.

칼빈의 성화의 교리가 청교도 영성의 발달에서 중요한 역할을 했다. 가톨릭 교회에서는 성인을 세상으로부터 분리된 특별한 은사를 받은 신비가로 간주했지만, 청교도 성도는 세상에서 생활하고 기도하면서 하나님에 의해 성화되고 있는 평범한 신자였다. 영국과 미국의 청교도 신학자들의 견해에 의하면, 하나님께서는 이 세상에서의 삶을 위해서, 천국에서의 보다 영속적인 기쁨을 준비하면서 적절하게 즐기고 성취하도록 하기 위해서 사람들을 성화시키셨다. 하나님의 영을 통해서, 사물과 관계들은 은혜의 수단이 된다. 성화는 육체적인 현실을 고려하여 헌신이 시작되는 세대주의 영성을 위한 교리적 도구였다.

그러나 이 세상은 무상하다는 것, 그리고 피조물의 사랑은 비탄으로 이어진다는 것을 청교도들은 알고 있었다. 하나님이 지으셨으며 인간적인 용도를 위해서 거룩하게 된 것들은 결국 죽고 썩는다. 여기에 청교도 영성의 근저에 놓인 위기가 있다. 세대주들은 하나님께서 그들의 삶을 축복하면서 주신 사람들과 물건들을 잃는 슬픔에 예속된다. 청교도들은 슬픔과 치욕에 의해 시작된 경건한 행동들은 보다 깊은 성화의 도구가 된다고 생각했다. 그들은 이 세상에 속한 것들을 포기하지 않았지만, 겸손하게 그것들을 초월하시는 하나님께 바쳤다. 경건한 지침서들은 청교도들에게 이 세상을 "나그네요 순례자"로 여행하며 피조물에게서 궁극적인 의미를 기대하지 말라고 경고했다. 따라서, 청교도주의는 항상 이 세상에 뿌리를 두고 있으면서도 저 세상을 향해 팔을 뻗는 "포기한 애정"의 영성이었다. 이 세상의 변화와 도전의 역동적인 모태는 기도 생활을 위한 배경이었다. 청교도 영성의 특징은 세상적인 소원들, 사회적이고 정치적인 목표들, 가족 사랑, 직업 상의 책임, 사랑하는 자를 잃는 고통 등을 받아들이며 성실하게 기도하면서 하나님의 영원한 희망의 말씀을 구하려고 노력하는 데 있다.

미국 청교도 영성의 주된 주제는 구원을 위한 준비였다. 그러나 준비가 구원의 순서 중 첫 부분으로만 제한되지는 않았다. 회심한 후(즉 이식과 소명에서부터)의 신자의 삶 전체, 점진적인 성화의 과정은 영광 중에 그리스도와 영혼의 완전하고 궁극적인 연합을 위한 준비의 하나였다. 경건의 실천—영성—은 매일, 매주 실천해야 할 경건한 활동에 관한 지침들을 통해서 이 평생의 여정을 이끌 수 있는 힘을 영혼에게 공급해 주었다.

영국과 유럽 대륙의 경건생활 지침서들이 뉴잉글랜드에서 엄청나게 인기가 있었던 사실에서 증명되듯이, 미국 청교도들의 묵상과 기도는 영국 청교도들과 미묘하게 달랐다. 번연의 『천로역정』과 같은 저서들은 보편적인 책으로 생각되었으므로 보스톤의 출판사들은 미국판을 인쇄했다. 그러나 분명히 미국적인 특징들도 나타났다. 그중 두드러진 것은 개인의 영적 진보와 뉴잉글랜드의 사회적, 정치적 일들을 해석함에 있어서 성경의 출애굽 주제에 중심을 둔 것이었다. 애굽에서 박해를 받던 히브리 백성들이 홍해를 건너고 광야를 통과하여 가나안에서 자유를 찾은 것처럼, 영국에서 신앙 때문에 박해를 받는 청교도들은 바다를 건너 도망쳐서 광야를 여행하고 있었다. 어떤 식민지 개척가들은 미국을 약속의 땅과 동일시 했지만, 영적 작가들은 그들이 실제로 황량한 광야에 정착한 것은 이스라엘이 가나안에 도착하기 위해 준비하면서 겪은 시련기에 해당되는 것으로 보았다. 그러므로 약속의 땅은 죽은 후에 성취되는 천국, 또는 청교도들이 머지않아 세워질 것이라고 생각했던 종말론적인 하나님의 나라로 이해되었다. 이스라엘 백성들처럼 계약의 속박을 받은 뉴잉글랜드 지방의 청교도들은 자기들을 하나님의 새 이스라엘이라고 이해했다. 어떤 교인들은 바다를 건너는 것은 죄를 부인하고 거룩한 새 생활에 헌신하는 것으로 본다고 증언했다. 목사들은 육체적으로 영국을 떠난 것만으로는 마음을 변화시킬 수 없다고 주장하면서도 그들의 이주를 하나님의 수중에서 진행되고 있는 영적 변화의 상징으로 보았다.

　이민 1세대의 공적/사적 경건 활동에서 출애굽이라는 주제는 강력한 상징이었다. 켐브리지가 아니라 하버드에서 교육을 받은 목회자들이 이끌었으며 박해를 경험하지 않은 이민 2세대들은 개척자들의 강력한 경험을 동경했다. 인크리즈 매더(Increase Mather)같은 젊은 하바드 대학원생들은 실제로 박해를 맛보기 위해서 영국으로 이주하여 얼마 동안 지내면서 가르치고 설교하다가 뉴잉글랜드로 돌아와 목회사역을 시작했다. 피터 태처(Peter Thatcher)와 같은 이민 3세대가 등장하면서, 영국으로의 여행은 단순한 졸업여행이 되었다. 미국 내의 청교도 영성을 뒷받침해줄 새로운 성경적인 상징들이 필요했다. 메리 로랜슨(Mary Rowlandson)이 인디언 포로가 되어 겪은 호된 시련을 다룬 이야기(*The Sovereignty and Goodness of God*, 1682)에서 예증된 바 포로생활 이야기는 아주 독창적인 주제를 제공해 주었다. 이스라엘의 바벨론 포로생활과 구속을 반향하고 있는 바 로랜슨과 같은 여인들의 경험은, 영혼이 죄에게 포로가 되는 것과 그리스도에 의한 대속의 상징이 되었다. 광야라는 주제는 세월이 흐르면서 그 용도가 변화되기는 했지만, 17세기 내내 그 주제는 뉴잉글랜드 지방에서 생활한 세대들의 영성에서 중요한 역할을 했다. 미국에서 특징적으로 사용된 광야라는 이미지는 준비와 이식이라는 두 단계를 가진 보다 근본적인 구원의 질서에 매우 적합하다.

공동체내의하나님의임재: 은혜의방편

뉴잉글랜드 지방에서의 청교도의 경건한 관심을 하나님이 자신을 전달해 주시는 통로가 되는 전통적인 "은혜의 방편"을 사용하는 데 초점을 두었다. 도덕률 폐기론자인 앤 허친슨(Anne Hutchinson)과 같은 과격한 청교도들과 퀘이커 교도들은 물리적인 도움 없이 직접 하나님을 경험할 수 있다고 믿었지만, 정통주의에서는 근거 없는 교령술(spiritualism)은 신학적으로 옳지 않으며, 또 "직접적인 계시"를 바라는 것은 신빙성이 없고 위험한 것이라고 주장했다. 청교도들은 형식들의 효용에 대한 가톨릭 교리와 인간이 형식들을 사용하여 자기 의지로 구원을 이룰 수 있다는 알미니우스파의 교리도 부인했다. 그러나 그들은 일반적으로 어떤 규정된 의식적 활동 안에 하나님이 임재한다고 분명히 기대할 수 있다고 믿었다. 이러한 교회의 의식들 안에는 "교회"라는 개념, 그리고 안식일에 교회에서 진행되는 모든 것이 포함되었다. 은혜의 방편에는 세례, 성만찬, 말씀의 사역(성경 봉독과 설교), 공적인 기도, 시편 낭송, 금식일과 감사일(이것은 정기적으로, 주로 계절마다 선포되었다), 계약을 맺음(새로운 교회의 설립이나 새 신자가 들어올 때에 행해짐), 그리고 계약 갱신(이것은 제2세대와 제3세대에 특히 중요한 의식이었다) 등이 포함되었다. 공적인 예배 의식은 주로 안식일에 매주 3시간씩 두 차례의 예배 의식이 이루어졌다.

시편 낭송은 공적인 예배와 사적인 기도에서 중요한 활동이었다. 1630년대에 뉴잉글랜드의 예배당에서는 스턴홀드와 홉킨스의 성시집(1562)과 헨리 에인즈워스의 성시집(1612)이 사용되었지만, 1640년에 중요한 베이 시편집(*Bay Psalm Book*, 공식적인 제목은 *The Whole Booke of Psalms*)이 매서추세츠 주 켐브리지에서 출판되었다. 미국 청교도 학문의 산물인 이 책은 시편을 영어 운율에 맞춘 정확하고 문학적인 번역본이었다. 오늘날 그것의 운율이 단조롭게 보일 수도 있겠지만,

유나스 피니, 카타 가족의 토요일 밤, 1815년 경

그것은 모든 사람이 쉽게 외우고 참여할 수 있도록 격려해 주었다. 목사들은 사적으로 기도할 때에는 비 성경적인 "신령한 노래"를 작곡하여 사용하고 악기를 사용하는 것을 장려했지만, 공적인 예배 때에는 반주 없이 성경에서 발견되는 서정시들을 노래하는 것으로 제한했다. 교인들 중에 많은 사람들은 성시집을 소유하고 있었지만, 무식한 사람과 유식한 사람, 부자와 가난한 사람 등 모두가 따라 읽을 수 있도록 평신도 장로가 시편은 소리내어 한 줄 한 줄 읽었다. 따라서 회중의 찬양은 대중적인 찬양이었고, 시편 구절들은 예배자들의 정신 속에 확실히 새겨졌다.

기도도 설교처럼 약 1시간 정도 계속되었는데, 죄와 구속함, 회개와 용서, 자기를 비움과 은혜로 충만함 등의 순환이 거듭 되풀이 되었다. 기도에는 성경에 대한 이성적인 해석과 구원의 순서와 관련된 주제들이 포함되었다. 청교도의 "수수한 형식"을 따라, 뉴 잉글랜드의 설교자들은 화려한 수사학을 피했지만, 힘있고 논리적으로 유창하게 설교할 수 있었다. 공적인 기도회 때나 설교에서 성경적인 비유적 표현을 사용한 것은 예배자들을 구원의 역사, 하나님의 은혜의 궤도 안에 서게 하려는 것이었다. 청교도들은, 하나님의 성령이 활동하려면 설교자는 영국 국교회의 공동기도서에서 발견되는 것과 같은 형태의 기도에 매여서는 안된다고 생각했다. 목사의 마음 안에서 공적인 기도는 자유롭거나 이해되어야 했으며, 예배자들과 사회적인 환경의 직접적인 욕구에 응답하는 것이어야 했다. 목사들은 특히 예배에 참석한 사람들의 회심과 은혜 안에서의 성장을 위해서, 수확을 위해서, 당면한 사건들을 위해서 기도했다. 목사들마다 사용하는 공적인 기도의 형태는 달랐지만, 모두 성경적인 어휘를 사용했고, 일반적인 형태의 대속의 순서를 고수했다.

미국 청교도 예배의 중심되는 행동은 설교를 하는 것과 듣는 것이다. 설교는 인정되어진 틀을 따라야 하고, 분명히 이해되고, 강력하게 전달되고, 정통적인 교리에 따라서 건전하게 주장되어야 하고 성경적인 비유적 표현이 가득해야 했다는 점에서, 수수한 수사학적 형태를 취했다. 설교는 기본적인 은혜의 방편, "회심하게 하는 의식", 특별히 하나님이 현존하시고 역사하신다고 간주되는 행사였다. 17세기 뉴잉글랜드 지방에서는 성경 봉독을 한 후에 설교를 하면서, 본문을 해석하고, 교리들을 발췌하거나 제안하고, 이론적인 반론들을 논박하고, 마지막으로 본문의 적용이나 용도를 제시했다. 여기에는 위로, 공포, 권면 등의 사용도 포함되었다. 설교자들은 종종 정서적으로 강하게 흥미를 돋우는 권면, 시적이고 운율이 있는 화려하고 감동적인 웅변, 심지어 흔히 과격한 집단에서 사용하는 "성가를 부르는" 방식으로 설교를 끝맺었다.

   미국 청교도 교회에서의 세례와 성만찬의 거행은 "계약의 보증"을 성립시켰다. 이 두 가지 성례는 구속의 주기의 두 단계, 즉 준비와 은혜 안에서의 성장에 상응하는 것이었다. 초기 뉴잉글랜드 사람들은 적어도 한 사람은 계약 안에 있어야 그 자녀들에게 세례를 주었다. 제2 세대, 제3 세대에 있어서, 표면적으로는 의롭고 지적으로는 신실하지만 회심하지 않은 채 세례를 받은 부모의 자녀에게 세례를 베푸는 문제는 결국 일부 교회에서 "불완전한 계약"을 채택하는 결과를 낳았다. 목사들이 그러한 부모의 자녀들에게 세례를 주려 한 것의 동기는 경건한 염려, 즉 그들이 청교도 영성의 체계 안에 되도록 완전히 포함되게 하고픈 갈망이었다. 침례교인들은 로드 아일랜드에서는 활발했지만, 다른 지역에서는 성장하는 소수파였다. 그들은 회심한 성도들에게 베푸는 성례를 제한함으로써 그 문제에 대처했다. 성만찬은 한 달에 한 번 거행하는 것이 이상적이었지만 그만큼 자주 거행되지 않았다. 하지만 미국 청교도 영성에 있어서 성찬은 흔히 생각하는 것보다 훨씬 중요했다. 성찬에는 나무로 된 큰 접시와 잔 등 수수한 것에서부터 화려한 은 접시와 잔까지 사용되었는데, 세월이 흐르면서 디자인은 점점 더 정교해졌다. 성례 전적인 경건은 공적 예배와 사적인 기도와 관련하여 성례를 거행하기 일 주일 전부터 개개인이 매일 개인적인 기도시간에 성례를 위한 준비를 할 것을 강조했다. 청교도들은 성찬의 떡과 포도주 안에 그리스도가 영적으로 임재한다고 믿었다. 독실한 신자들은 믿음으로 성찬의 떡과 포도주를 먹으면서 그리스도를 경험하고 구원의 약속을 다시 받았다.

신자들에게 임하는 하나님의 임재: 사적인 경건한 관습들

청교도 영성의 핵심에는 사적인 경건의 실천이 놓여 있었다. 그것은 가정에서 규칙적으로 모이는 신자들의 모임, "가정 훈련", 신뢰할 만한 지도자와 함께 행하는 사적인 상담과 기도, 개인적인 "은밀한 연습" 등을 포함하여 다양한 상황에서 이루어졌다.

목사들은 교인들을 직업이나 거주 지역에 따라서 여러 그룹으로 나누고 사적인 모임을 조직했다. 종종 목사들이 이러한 모임에 참석하기도 했지만, 성경 읽기와 해석, 시편 낭송, 기도 등을 포함하는 활동을 주도한 것은 주로 평신도였다. 그 시대에는 여성이 이끄는 여성들의 모임이 유행했다. 1636년에 앤 허친슨이 이끈 모임들의 경우처럼, 여성이 남성을 가르치려 하거나, 이단으로 의심될 때에만, 성직자들이 개입하여 통제했다. 현존하는 단편적 기록을 보면, 미국의 청교도 여성들은 남편들이나 목사들은 알지 못하는 일종의 영적으로 하위 문화(subculture)를 영위했음을 알 수 있다. 앤 브래드스트리트(Anne Bradstreet)의 시 및 남성들의 일기에 산발적으로 언급된 것이 암시해 주는 것처럼, 여성들의 영성은 출산과 조산술, 가정 관리와 경제적인 관리, 장례 준비와 육아 등을 포함하여 사회에서의 여성들의 특별한 역할에 의해서 육성되었다. 성직자와 평신도들이 기록한 일기의 내용들은 남성과 여성 모두를 위해서 가정 집회의 영적 성장이 남성과 여성 모두에게 중요했음을 증거해 준다. 평신도들은 이러한 환경에서 서로 기도하고 권고해 주는 능력을 발휘했다.

청교도 영성은 가정을 크게 중시했다. 청교도 가정과 가톨릭 수도원을 비교해 볼 만하다. 뉴잉글랜드 사회에는 혼자 사는 사람이 없었다. 결혼하지 않은 사람들은 가족들과 함께 살면서 경제적으로나 영적인 보살핌을 받았다. 자녀들은 가정 안에서 도제생활을 했고, 가정에서 직업 훈련이 이루어졌다. 가정에서 어머니나 다른 어른들도 가정예배를 인도하는 책임에 동참했지만, 가장은 일종의 사제 역할을 했다. 요리 문답 교육(많은 목사들이 어린이와 성인들을 위한 요리문답집을 저술했다), 시편 낭송, 경건 서적 읽기(성경, 신앙생활 지침서, 설교집 등), 그리고 가정 기도 등이 매일 아침과 저녁에 행해졌다. 하루 중 예배는 식사 시간을 중심으로 했는데, 식사하기 전과 식사를 마친 후에 기도를 했다. 목사들은 교회에서 가정 예배의 과정을 검토하는 데 되도록 많은 시간을 보냈고, 정기적으로 심방을 하면서 가정 예배를 제대로 인도하는 방법에 대해 충고해 주었다.

"사적인 협의회"—영적 지도자나 스승과의 회의—는 계약 안에 있는 각각의 신자의 회원 자격의 표현이었다. 모든 교인에게는 다른 사람들의 영적 상태를 보살펴 주어야 할 책임이 있었다. 즉 부모는 자녀를, 스승은 도제를, 교사는 학생을, 나이 많은 여인은 젊은 여인이나 소녀들을 보살펴 주어야 했다. 목사들은 영적 상담을 자신의 소명으로 여겨 그 일에 종사했지만, 또한 모든 사람들로 하여금 자신의 마음을 털어놓고 함께 기도할 수 있는 대상으로 목사 외에 다른 "영적 친구"를 찾게 했다. 물론 사람들은 영적 갈등, 위기, 또는 우울함을 겪을 때에 그러한 관계를 자주 찾지만, 그 시대에 기록된 일기를 보면 친밀하게 마음을 털어놓고 지도를 받음으로써 훌륭한 영적 결과를 얻었음을 알 수 있다.

미국 청교도 사회에서의 개인적인 예배는 여러 가지 "비밀" 활동으로 구성되었다. 세 가지 주요한 활동은 독서, 묵상, 그리고 기도로서, 순서대로 행해졌다. 독서는 성경에 중심을 두었다. 미국 청교도들은 17세기 말에 흠정역 성경(1611)이 대중화되기 전까지는 16세기 제네바 성경과 베이 시편집(*Bay Psalm Book*)을 결합하여 사용했다. 연구 조사에 의하면 뉴잉글랜드 지방 주민들은 버지니아나 잉글랜드 주민들보다 훨씬 유식했다. 유럽 전역에서도 개신교인들은 가톨릭 신자들보다 유식했고, 영국과 미국의 청교도들을 포함한 개혁파 개신교들의 교육 수준이 가장 높았다. 그 이유는 청교도주의에서는 영적 진보를 위한 책임감을 크게 강조했기 때문이다. 독서는 복음의 수용을 확산시키는 가장 효과적인 방법으로 이해되었다. 목회자들은 청교도들이 성경에 대한 직접적인 지식을 소유하는 것 외에도, 기초 교리를 이해하며 교회에서 인정하는 경건한 활동에 참여하는 일에 관심을 기울였다. 영국과 뉴잉글랜드의 청교도 출판사에서 설교집과 경건생활 지침서들이 출판되었다. 17세기 초에 출판된 고전 중에는 루이스 베일리(Lewis Bayly)의 『경건의 실천』(Practice of Piety), 아더 덴트(Arthur Dent)의 『평범한 사람의 천국 가는 길』(The Plaine Man's Pathway to Heaven), 존 다우네임의 『경건의 지침』(A Guide to Godlyness) 등이 포함되어 있었다. 1650년에 영국에서는 리처드 백스터(Richard Baxter)가 『성도의 영원한 안식』(Saints Everlasting Rest)을 출판했는데, 그 책은 그 세기 후반에 기도와 묵상에 대한 새로운 관심을 일으켰다. 뉴잉글랜드의 에드워드 테일러(Edward Taylor)와 코튼 머더(Cotton Mather)와 같은 목사들은 리처드 백스터의 영성에 대한 체계적인 접근 방법을 따랐다. 입문서들이 대량으로 출판되었고, 목사들은 그것들을 널리 보급하는 일을 지원했다.

청교도 영성에서 묵상은 독서를 토대로 하여 행해졌다. 묵상할 때에, 신자는 고려 중인 본문(안식일에 설교된 분문이나 정규적인 성경 읽기 프로그램에서 그 날 읽도록 정해진 본문)을 자기의 영혼에 적용했다. 공식적인 묵상, 또는 일상적인 묵상에는 본문이나 주제를 각각의 인간적인 기능—인지, 기억, 양심, 감정, 의지—에 연속적으로 적용하는 것이 포함되었다. 청교도들은 묵상의 대상을 정신에서부터 마음으로 이동하는 것을 목표로 했다. 그들은 아침과 저녁에 규칙적으로 묵상했고, 특별히 독실한 신자들을 위해서, 또는 상황이 허락할 때에는 추가로 특별한 묵상 시간을 가졌다.

종종 묵상은 자기 성찰, 확인, 그리고 죄에 대한 고찰 등으로 시작되었다. 양심 성찰은 특히 저녁에 하루를 돌이켜 보면서 행하는 묵상의 특징이었다. 청교도들은 잠은 죽음의 상징으로, 침대는 무덤의 상징으로 생각했으므로, 자신의 심판을 대비하여 하나님께 죄를 낱낱이 고백했다. 또한, 경건한 모임—토요일 저녁에 안식일을 맞을 준비를 할 때, 금식일, 새해 첫날, 생일 등—이 있을 때에는, 자기 성찰이 활동의 초점이 되었다. 이처럼 특별한 날이면, 청교도들은 구원의 첫 단계, 즉 회개하고 죄에서 떠나는 것에 관해 묵상함으로써 마지막 심판을 대비했다. 그러나 뉴잉글랜드 지방 청교도들은 회개를 통해서 하나님의 은혜와 사랑을 새롭게 경험했기 때문에 고행을 행하는 불건전한 영성에 사로잡히지 않았다. 침대에서 일어나는 것과 떠오르는 태양을 맞이하는 것을 상징으로 사용하면서 행하는 아침 묵상은 기쁨이 가득했고 풍성하고 영원한 생명에 대한 하나님의 약속을 표현했다. 안식일이나 특별히 감사해야 하는 날에 묵상할 때면, 가톨릭 교회의 영성훈련과 연결된 고귀한 영적 비약과 영혼을 황홀하게 하는 경험을 했다.

뉴잉글랜드 지방에서 널리 사용된 또 다른 묵상 방법은 "피조물들을 영적으로 해석하는 것"이었다. 영국인 영적 저술가인 존 플러벨(John Flavel)은 영국에서 그 방법을 장려했으며, 뉴잉글랜드에서는 코튼 머더를 비롯한 여러 사람이 그것에 관한 책을 저술하고 설교했다. 이 방법은 비공식적인 묵상에 적합한 것으로서 자연이나 인간적인 경험의 어떤 측면에 주의를 집중하면서 영적 의미를 찾으려 한다(예를 들면 양초에서 불이 타오르듯이 우리의 생각도 하나님께로 올라가야 한다).

은밀한 기도는 청교도 영성의 절정, 매일 저녁과 밤에 행하는 사적인 영적 활동의 절정이었다. 청교도들은 마태복음 6:6을 상기하면서, 영적인 사생활을 소유하는 시간을 규칙적으로 가지려 했다. "골방에서 드리는 기도"는 17세기에 미국의 대부분의 개인들이 완전히 홀로 있을 수 있는 기회였을 수도 있다. 목사들은 공적 예배에서는 인쇄된 기도문 사용을 피했지만, 사적으로 기도할 때에는 초심자를 위한 안내서를 사용하거나 영적으로 진보한 신자들이 자유로이 기도할 때에 모방할 본보기로 사용할 것을 권장했다. 토마스 쉐퍼드와 코튼 테일러의 일기, 그리고 앤 브래드스트리트와 에드워드 테일러가 쓴 것과 같은 현존하는 시들은 묵상과 기도에 관한 은밀한 훈련의 기록이다.

뉴잉글랜드 지방의 청교도들은 기도의 효험을 믿었다. 죄고백은 영적 발달에 필요한 첫 단계였다. 그것은 날마다, 특히 저녁 기도 때에 행해야 했다. 기도하면서 진지하게 회개하는 사람은 하나님의 은혜를 경험하게 될 것을 기대할 수 있었다. 게다가, 그들은 기도가 장래를 좌우한다고 믿었다. 가족 중 한 사람의 회심, 병자의 생존과 치유, 사회적 위기가 유익한 결과를 맺는 것 등은 신자의 기도에 달려 있었다. 마지막으로, 기도는 영혼이 하나님과 교제하는 수단이었다. 뉴잉글랜드의 청교도들은 성직자든지 평신도든지 모두 가톨릭 영적 작가들이 합일의 상태라고 말하는 것을 알고 있었다. 일기에 기록된 이야기와 묵상적인 시들은 영혼이 성령에 의해 녹거나 충만하거나 조명을 받으며 천국으로 들려 올라가는 경험을 묘사한다.

청교도들은 화살 기도(ejaculatory prayer)를 가톨릭 교인들과는 다른 방법으로 사용했다. 이것은 짧은 기도문을 무의식적으로, 혹은 끊임없이 속삭이는 것으로서, 일상생활의 성화를 강조하는 미국 청교도주의의 현세적 행동주의에 적합한 것이었다. 화살기도는 종종 "피조물들을 영적으로 해석"하는 특별한 묵상의 부산물이었다. 신자들은 만나는 사건이나 사람들에 대해 직접 반응하는 세속적인 활동 속에서 간단한 감사, 청원, 또는 중보의 기도를 했다. 또 청교도들은 밤중에, 은밀한 저녁 묵상과 기도를 마치면서 깊은 영적 대면을 할 때, 혹은 잠자리에서 잠이 들기 전에 화살기도를 사용했다. 영적 자서전, 일기, 시 등은 이러한 순간에 있었던 개인적인 그리스도 체험과 그에 대한 신자의 반응, 예를 들면 "사랑하는 신랑이여, 오십시오!"와 같은 구절을 담고 있다.

경건생활의 보조물: 입문서, 일기, 시, 전기

지금까지 미국 청교도의 경건의 실천 안에서 기본 원리, 물리적이고 세속적인 배경, 주된 경건한 행동들에 대해 살펴 보았다. 이제 마지막으로 미국의 청교도들이 영적 훈련에 일반적으로 사용한 자료들을 살펴 보려 한다.

첫째 자료는 서적들이다. 미국 청교도주의는 책들이 은혜의 방편, 자신을 계시하려는 하나님의 소원의 표식들로 간주되는 서적 애호 문화를 만들어냈다. 성경이 청교도주의의 으뜸되는 경건 서적이었고, 경건한 입문서들은 보조물이었다. 이러한 입문서들에는 영성신학의 설명과 모범 기도문들을 수집한 것 등이 포함되어 있었다. 신자들은 가정 예배 때나 은밀한 기도 때에 이 책들을 손에 들고 묵상하고 기도했다. 많은 경건한 입문서에는 본문 외에 표지 사진, 권두 그림 등이 포함되어 있었다. 존 다우네임이 저술한 『마귀, 세상, 육을 대적하는 기독교인의 전쟁』(The Christian Wareare Against the Devil, World, and Flesh, London, 1634)의 표지에는 세속적인 사람, 사탄, 덕, 승리하는 기독교인 등을 묘사하는 6개의 상징적인 그림이 들어 있다. 루이스 베일리의 『경건의 실천』 표지에는 믿음, 기도, 금식 등의 표본들과 아울러 전통적으로 중세시대에 사용되던 죽음의 상징들(해골, 모래시계), 기도의 상징(제단 위에서 타오르는 마음), 영적 독서의 상징(촛불과 책) 등이 묘사되어 있다. 인크리즈 머더(Increase Mather)가 계약 갱신 의식 때에 행한 권면서(Returning unto God the Great Concernment of a Covenant People, Boston, 1680)의 첫 페이지 상단에는 나팔을 부는 스랍 천사들의 공격을 받으면서 해골이 관 밖으로 기어나오는 모습이 묘사되어 있다. 이처럼 서적들 자체가 본문 및 삽화 자료들을 통한 묵상의 대상이었다. 일기와 자서전을 보면, 사람들은 좋아하는 책은 수백 번 되풀이하여 읽어서 그것이 신자의 의식 속에 아로새겨졌음을 알 수 있다.

유형적인 객체와 그림을 묵상의 수단으로 사용하는 것은 일반적으로 가톨릭 영성과 제휴되어 있지만, 미국 청교도들도 그것들을 사용했다. 에드워드 테일러 같은 시인 목사들은 성만찬을 집례하기 전 토요일 밤이면 성찬의 떡과 포도주, 그리고 그릇을 앞에 두고 앉아서 묵상했다. 뉴잉글랜드 사람들이 기록한 일기와 시들은 그들이 신앙적인 극기, 죄 고백, 죽음의 준비를 하면서 전통적인 죽음의 상징들을 사용했음을 암시해준다. 청교도들은 모래시계, 인간의 두개골, 만종, 가족들의 관, 비석 등의 사물 앞에서 묵상했다. 프랜시스 퀼즈(Francis Quarles)의 『거룩하고 도덕적인 상징들』(Emblems, Divine and Moral, London, 1635)과 같은 책은 뉴잉글랜드 지방의 시인들, 장례식 안내문 인쇄업자들, 묘비 제작자들이 많이 사용하고 모방했다. 도상학(Iconography)은 최근에 드러났지만 청교도 영성의 중요한 측면이다.

미국의 청교도들은 경건생활 입문서에 의해 신앙훈련을 하면서, 자기들이 실천하고 경험한 것들을 기록해 두려 했다. 일기나 일지를 기록한 것은 청교도만의 특별한 현상은 아니지만 분명히 청교도적인 현상이었다. 뉴잉글랜드 지방 주민들은 완전히 세속적인 이유(경제, 날씨, 여행 기록)에서 일기를 썼지만, 많은 신자들은 영적인 일지를 기록했다. 일기에는 날마다 읽은 성경, 인근에서 개최된 집회에 참석한 일, 가정 기도회, 탄생과 죽음과 같은 중요한 사건을 맞아 행한 기도, 영적 위기, 몰아적 경험, 정기적인 완전한 양심 성찰 등의 내용이 기록되었다. 학자들은 가톨릭 교회의 고해 제도와 청교도의 일기가 흡사하다고 지적해왔다. 일기를 쓰는 것은 본질적으로 묵상과 기도와 연결된 영성훈련이었지만, 당시에는 일기가 헌신의 대상이 되었다. 청교도들은 높은 수준의 은혜의 확신을 얻는 방법으로서 옛날에 쓴 일기를 읽곤 했다.

일기를 기록하는 것과 같은 동기에서 행해지는 바 개인적으로 경건한 시를 짓는 것도 뉴잉글랜드 지방 청교도들의 활동에서 중요한 일이었다. 1937년에야 알려진 에드워드 테일러의 훌륭한 시들은 성공회 신자인 조지 허버트나 유럽의 형이상학적인 시인들의 시와 비슷하다. 그리스도를 향한 테일러의 뜨거운 갈망은 청교도들을 완강한 이성주의자로 여기는 고정 관념을 나타내고 있다. 그의 시는 안식일을 맞기 위해서 토요일 밤에 묵상하는 그를 드러내준다. 앤 브래드스트리트의 시 역시 그의 영혼을 파악할 수 있게 해준다. 그녀에게 있어서 시는 영성의 표현이었다. 그녀는 자신의 기도를 시로 표현했다(남편의 안전한 귀가를 바라는 마음, 손자의 죽음으로 인한 상심, 자기의 집이 불탄 것 등). 브래트스트리트의 시들은 후일 그녀의 경건생활을 도와주는 보조물이 되었다. 그녀는 자신이 실제로 은밀하게 기도하면서 하나님께 이러한 시들을 노래한다고 가정하고서 시편의 운율에 맞추어 묵상시들을 저술했다. 청교도들이 과거의 일기를 다시 읽거나 죽음을 상징하는 유형적인 대상을 응시했듯이, 브래드스트리트도 묵상하면서 종종 옛 시들을 묵상했다. 뉴잉글랜드 주민들은 시를 좋아했고, 많은 사람들을 장례식과 같은 특별한 사건이 있을 때에는 시를 지었다. 시는 묵상과 기도를 표현했고, 그 다음에는 시 자체가 영적 묵상의 초점이 되었다.

일기는 나이 든 신자의 자서전의 기초가 된다는 점에서 영적 자서전은 일기를 쓰는 것과 관계가 있었다. 일기를 쓰는 것과 마찬가지로, 자신의 영성생활의 이야기를 기록하는 행동은 기록자에게는 은혜의 수단으로 의도된 경건한 활동이었다. 영적 자서전은 죽음, 심판, 그리고 영광을 대비하는 방법이었다. 그러나 미국의 청교도들은 종종 후대를 위한 유산으로서 자서전적인 진술들을 남겼다. 뉴 잉글랜드 지방에서도 다른 종교 공동체와 마찬가지로 선구자들이 사라지면서 쇠퇴라는 문제가 원로들의 마음을 무겁게 했다. 자신의 영적 순례를 기록하는 사람들은 그 기록이 선조들의 신앙을 생생하게 보존하려 하는 자녀들과 손자들을 위한 경건한 입문서 역할을 하기를 기대했다. 그들은 영적 자서전을 매우 존중했기 때문에『로저 클랩 선장의 자서전』(*Memoirs of Capt. Roger Clap*, Boston, 1731)이 출판되어 많은 독자를 확보했다. 또 앤 브래드스트리트가 자녀들을 위해 기록한 자서전적인 이야기들은 그 가문 안에서 보급되었다.

　영적 자서전이 중요했던 것과 같은 이유에서 역사서와 전기도 뉴잉글랜드 영성에 중요했다. 정착 초기에는 존 폭스(John Fox)의『순교사』(*Acts and Monument*)가 신앙과 관습에 연료를 공급해 주었지만, 17세기 말에는 이민 1세대와 2세대 사람들과 사건에 대한 이야기들이 신화적인 자의식과 뉴잉글랜드 영성에 대한 의식을 형성했다. 뉴잉글랜드에서는 경건한 입문서들을 비롯한 종교 서적들이 계속 수입되고 재판되었으며, 또 코튼 머더가 독일 경건주의자들과 교류하고 있었음에도 불구하고, 17세기가 끝날 무렵의 영성은 지방적인 편협성을 나타냈다. 기독교 신앙의 경험은 사람들을 개인, 성도, 교인으로 정의할 뿐만 아니라 뉴잉글랜드 주민으로 정의했다. 이 과정은 세속화와 사회적 다양성에 대한 방어적인 반응이었다. 그것은 18세기의 주요한 사건들, 특히 대각성 운동과 독립전쟁의 촉매가 되었다.

참고문헌

Bercovitch, Sacvan. *The Puritan Origins of the American Self*. New Haven: Yale University Press, 1975.

Caldwell, Patricia. *The Puritan Conversion Narrative: The Beginnings of American Expression*. New York: Cambridge University Press, 1983.

Daly, Robert. God's Altar: *The World and the Flesh in Puritan Poetry*. Berkerley and Los Angeles: University of California Press, 1978.

Eliot, Emory. *Power and the Pulpit in Puritan New England*. Princeton: Princeton University Press, 1975.

Hall, David D. *The Faithful Shepherd: A History of the new England Ministry in the Seventeenth Century*. Chapel Hill: University of North Carolina Press, 1972.

Hambrick-Stowe, Charles E. *The Practice of Piety: Puritan Devotional Disciplines in Seventeenth Century New England*. Chapel Hill: University of North Carolina Press, 1982.

Holifield, E. Brooks. *The Covenant Sealed: The Development of Puritan Sacramental Theology in Old and New England, 1570-1720*. New Haven: Yale University Press, 1974.

Keller, Karl. *The Example of Edward Taylor*. Amherst: University of Massachusetts Press, 1975.

Miller, Perry. *The New England Mind: The Seventeenth Century*. New York: Macmillan, 1939.

____. *The New England Mind: From Colony to Province*. Cambridge, MA: Harvard University Press, 1953.

Morgan, Edmund S. *The Puritan Family: Religion and Domestic Relations in Seventeenth Century New England*. New York: Harper & Row, 1966.

Silverman, Kenneth. *The Life and Times of Cotton Mather*. New York: Harper & Row, 1984.

Simpton, Alan. *Puritanism in Old and New England*. Chicago: University of Chicago Press, 1955.

Ulrich, Laurel Thatcher. *Good Wives: Image and Reality in the Lives of Women in Northern New England, 1650-1750*. New York: Knopf, 1982.

Ziff, Larzer. *Puritanism in America*. New York: Viking; London: Oxford University Press, 1973.

제11장
초기 웨슬리 운동의 영적 이상과 훈련

데이비드 트리켓(David Trickett)

기독교적 증언의 스펙트럼 안에서, 이제 보다 분명해지고 있는 영적인 광선은 감리교 운동(Methodist Movement, 또는 Wesleyan witness)이라고 알려진 운동이다. 이 독특한 운동은 독자적으로 존재하게 된 것이 아니다. 그것은 영국 국교회 내에서 하나의 개혁 운동으로서 출발했고, 그 기원의 많은 부분이 국교회의 풍성한 유산 안에서 발견된다.

감리교 운동의 창시자인 존 웨슬리(John Wesley, 1703-1791)는 성경적 통찰과 국교회적인 통찰과 청교도적 통찰을 일상적으로 행하는 가정에서 자랐다.[1] 세월이 흐르면서, 그는 에드워드 시대의 설교집과 공동기도서 뿐만 아니라 많은 중요한 경건 서적들을 읽으며 영적 양분을 얻었다.[2] 그러한 책들 중에서 탁월한 것은 다음과 같다: 제레미 테일러(Jeremy Taylor)의 『거룩한 삶』(*Holy Living*, 1650)과 『거룩한 죽음』(*Holy Dying*, 1651); 15세기 초의 저술로서 토마스 아켐피스의 것으로 알려진 『그리스도를 본받아』(*The Imitation of Christ*); 같은 시대 사람인 윌리엄 로(William Law)의 두 가지 저서—『기독교적 완전에 관한 실질적인 논문』(*A Practical Treatise Upon Christian Perfection*, 1726)과 『경건하고 거룩한 생활로의 진지한 부름』(*A Serious Call to a*

Devout and Holy Life, 1728). 웨슬리의 영적 순례에서 이 풍성한 골격 형성 기간이 지나고 나서 약 반세기 후에, 웨슬리는 자신이 이러한 서적들을 발견한 것의 중요성에 대해 기록했다:

> 나는 23세 때인 1725년에 테일러 주교의 『거룩한 삶과 죽음의 규칙과 훈련』을 접했다. 나는 이 책의 몇 부분을 읽으면서 크게 감명을 받았다. 특히 순수한 의도에 관한 부분이 감명깊었다. 나는 즉시 나의 삶 전체, 모든 생각과 말과 행동을 하나님께 헌신하기로 결심했다. 신념이 확고했기 때문에, 중간이라는 것은 없었다. 나의 삶의 모든 부분을 하나님께 제물을 바치지 않으면 나 자신, 즉 마귀에게 바쳐야 한다고 생각했다…
>
> 1726년에 나는 켐피스의 『기독교적 모범』을 만났다. 내적인 종교, 마음의 종교의 본질과 범위를 전보다 확실히 알게 되었다. 내가 마음을 완전히 하나님께 드리지 않는 한 삶 전체를 하나님께 드리는 것이 내게 전혀 유익을 주지 못한다는 것을 깨달았다.
>
> 나는 "단순한 의도, 순수한 의도", 우리의 말과 행동 안에 있는 하나의 의도, 그리고 우리의 모든 기질을 다스리는 하나의 갈망은 "영혼의 날개"라는 것, 그것이 없으면 영혼이 하나님의 산에 올라갈 수 없다는 것을 알았다.
>
> 일 년, 또는 이 년 후에, 윌리엄 로의 『기독교적 완전』과 『진지한 부름』을 손에 넣었다. 이 책들은 무엇보다도 어중간한 기독교인이 될 수 없다고 확신시켜 주었다. 나는 은혜로 말미암아 완전히 하나님께 헌신하기로, 내 영혼과 몸과 본질까지도 모조리 하나님께 바치기로 결심했다.[3]

이 주요한 책들은 웨슬리를 자극하였으므로, 그의 초기의 삶에서는 이상, 의도, 희생, 내적 경험, 단일한 목적이 절대적으로 중요한 것이 되었다. 그것들은 옥스포드 대학 내의 "신성 클럽"(holy club)의 신령한 분위기 안에도 존재했고, 그 후의 감리교 신앙부흥에서도 중요한 요소로 남아 있었다.

웨슬리의 영적 형성에 기여한 또 다른 책은 『인간의 완전한 의무』 (*The Whole Duty of Man*)였다. 이 책은 1657년에 익명으로 출판되었고, 웨슬리가 등장할 무렵에는 국교회의 성찬식의 여러 부분에 영향을 미치고 있었다. 이 책은 비교적 단순하며 사람들이 입으로 고백한 신앙을 실천하는 것의 의미에 초점을 두고 있다. 그 책은 공동기도서와 십계명을 항목별로 해설하면서, 수찬자들이 하나님과 이웃에 대한 책임(의무)을 분별하는 일을 도와주려 한다. 그것은 초기 웨슬리 운동에서 근본적인 역할을 한 주제인 책무를 강조한다. 그 책은 하나님 및 이웃들과 교제하면서 제자도를 실천해야 한다는 전례적 통찰을 독자 앞에 제시함으로써 책무에 중요성을 부여한다. 신앙의 구현은 하나님의 현존 안에서, 그리고 동료 인간들의 공동체 안에서 이루어진다. 정규적으로 성찬 전례에 참여함으로써, 신자들은 실존적으로 초점을 확보하여 내면에 계시는 하나님의 영에 의해 능력을 부여받아 용감하게 생활하고 인내하며 자신의 "완전한 의무"를 구현하게 된다.

존 웨슬리에게 영향을 준 서적들은 상당히 다양하다. 웨슬리는 폭넓은 독서 계획을 실천하여 그가 속해 있는 성공회의 전통과 청교도 전거들 외에도 상당히 많은 교부적 저자들(특히 정통적인 주요 주제에 관심을 가졌는데, 그 중에서 가장 중요한 것이 "참여"라는 개념이다), 유럽 대륙의 개혁자들 등에 대해서 상당히 많은 것을 알고 있었다. 웨슬리는 오늘날 많은 사람들이 간과하는 경향이 있는 많은 저자들에게도 관심을 가졌다. 이러한 저자들 중 세 사람에 대해 간단히 언급하려 한다. 로버트 넬슨(Robert Nelson)은 웨슬리가 금식과 기도와 같은 영적 훈련과 전례의 관계의 중요성을 의식하는 데 도움을 주었다(모든 것을 공동체적인 교회의 관점에서 보았다).[4] 특히 윌리엄 베버릿지(William Beveridge)는 웨슬리로 하여금 교회의 거룩한 축일 안에서 뿐만 아니라 개인생활과 공동체 생활의 모든 "흔한" 순간 안에서 기도의 능력을 볼 수 있게 해 주었으며, 그 두 가지가 병행한다는 것을 가르쳐 주었다.[5] 세번째 인물은 대니얼 브레빈트(Daniel Brevint)이다. 성찬에 대한 그의 이해는 웨슬리에게 큰 감명을 주었다. 브레빈트는 성찬식은 은혜의 수단, 장차 완전하게 이루어질 영광과 행복의 약속, 순례자인 하나님의 백성들을 지탱해 주는 현존하는 하나님의 은혜의 상징, 그리고 그리스도의 고난과 죽음에 참여하고 기억하는 것이라고 주장했다.[6]

존 웨슬리의 영적 여정이 순수한 갈등을 단계를 통과하여 일종의 결단을 내리기까지 어느 정도 시간이 흘렀지만, 1738년 말이나 1739년 1월에 웨슬리의 사역이 새로운 형태를 취했음은 부인할 수 없다. 웨슬리는 선교에 대한 이상과 의식의 심오한 변화를 경험한 듯하며(그가 저술한 글들은 이러한 판단을 확인해준다), 이 경험(종종 올더스게이트에서 보낸 저녁과 연결된다)은 그로 하여금 사람들에게 인류를 위한 새로운 희망을 표현하는 신앙생활에 대한 변화된 견해를 전하는 새로운 방법을 찾게 했다. 웨슬리는 자신의 정체성을 형성하는 데에 작용한 풍부한 영적 유산은 계속 보존하면서 새롭게 적용했다.[7] 새로운 것은 웨슬리의 변화된 시각이었다. 그는 신앙의 구현에 대하여 "행위-의"(works-righteousness)라고 표현할 수 있는 자세에서 해방되었다. 그는 그리스도 안에 계신 하나님(God-in-Christ)께서 그를 자신으로부터 해방시켜 자유로이 섬기는 새로운 생활로 인도하셨다는 내적 확신을 갖게 되었다. 그는 제자도를 과거와 약간 달리 여기게 되었다(이 작은 차이점이 완전히 다른 세상을 만들었다). 즉 제자도란 주로 선행을 향하는 것이 아니라, "기독교적인 삶은 헌신, 사랑 안에서 전인을 하나님과 이웃에게 헌신하는 것"이라고 보았다.[8] 웨슬리는 기독교 복음을 새롭게 선포하면서 영국 전역을 여행하면서 점차 많은 청중을 확보했는데, 그중 다수가 그를 지지하고 따르게 되었다. 이제 웨슬리가 초기 웨슬리 운동을 형성한 사람들과 공유한 이상, 그들에게 명한 영적 훈련에 대해 다루어 보자.

"새로워진" 웨슬리의 이상의 핵심은 무엇인가? 먼저, 그것은 교회의 역사 전체에 걸쳐 있는 기독교 영성의 지속적인 흐름 안에 있었다는 것을 기억해야 한다. 그러나 그것은 또한 18세기의 영국에서 꽃을 피운 독특한 증언 방식을 나타낸다. 당시 영국에서는 국교회가 "예배의 규제와 목회적 감독이 엄격하지 않았다. 보다 높은 차원의 교회 정치에서는 의무의 조정이 거의 없었다. 교회의 권위는 허식이 되었고, 정치적 책략 속에서 영적 주도권은 사라졌다."[9] 웨슬리 시대의 국교회의 영성생활의 질에 대한 이러한 평가가 완전히 정확한 것은 아니겠지만, 웨슬리가 성년이 되던 시대는 성공회 영성의 절정기는 아니었던 듯하다. 아마 이것은 그 시대에 종교적인 집단들이 발흥한 것, 그리고 특히 웨슬리 운동이 폭발적으로 성장한 부분적인 이유가 될 것이다. 소위 복음적인 신앙부흥은 특히 평민들의 영적 갈망을 충족시켜 주었으므로, 그들은 자신의 삶과 세상에서 살아계신 하나님의 임재를 새롭게 의식할 수 있었다. 영성에 관한 문헌에서 이 운동의 기본적인 차원의 특징을 규정하는 데 도움을 주는 훌륭한 역사와 관련된 두 가지 비유가 있다. 그 신앙부흥은 사람들로 하여금 의롭게 해 주는 은혜로운 심판의 거룩한 말을 듣게 해 주었고, 또 거룩한 삶에 참여하는 새로운 방식인 성화에 이르는 의의 길을 보게 해 주었다. 선포와 복음전도와 교육의 결합, 영적 형성은 기독교적 증거라는 이 복음적 이상의 중심이었다.

최근에 이 문제를 언급한 학자들 중에서 웨슬리 운동에서 이 이상에 초점을 둔 것을 가장 훌륭하게 진술한 사람은 앨버트 우틀러(Albert Outler)이다:

> 믿음은 기독교적 경험 안에 있는 주된 실체이지 경험 전체가 아니다. 그것은 보다 높은 목표에 이르는 데 필요한 수단이다: "믿음은…사랑을 보조하는 유일한 덕이다…" 기독교적 삶의 목표는 거룩, "믿음의 충만"이다. 이것은 사랑 안에서 온전한 자아를 하나님과 이웃에게 헌신하는 것을 의미한다. 여기에는 "헌신"의 동기들의 인도 하에 이루어지는 집단적인 훈련과 노력의 과정이 포함된다. 여기에서 기대되는 결과는 죄로 말미암아 손상되고 방종함으로 말미암아 파괴된 하나님의 형상의 갱신이다. 그러나 거룩을 향한 우리의 갈망은 칭의 자체와 마찬가지로 믿음의 기능이다. 의롭게 하는 믿음은 사랑으로 역사하는 믿음 안에서 열매를 맺는다.[10]

조지아에서 영국으로 귀국하고 나서 얼마 후, 웨슬리는 자신이 과거에는 올바른 말(표면적인 겉치레)은 모조리 알고 있었을지 모르지만 사망에서 생명을 가져다 주는 하나님의 신비한 은혜를 효과적으로 증거하기 위한 내적인 확신은 가지고 있지 못했었다는 것을 깨달았다. 그 이후, 그는 하나님의 은혜가 우주의 모든 부분을 뒷받침하고 있다는 것, 그리고 그것은 인간의 삶에서 직접적인 변화를 이룰 수 있다는 견해를 열렬히 지지하게 되었다. 그는 사람들은 삶의 여러 단계에서 여러 가지 형태—선행적 은혜, 의롭게 하는 은혜, 성화하는 은혜—로 이 은혜를 만난다고 주장했다. 이 은혜는 완전히 인간적인 경험의 영역 밖에 계시는 하나님의 개입이 아니다. 웨슬리는 자신이 성경적인 증거 및 다른 곳에서 얻는 바 은혜는 협력적이라는 통찰을 진지하게 다루었다.[11] 이처럼 인간의 삶은 하나님의 행동에 대한 반응 및 협력으로 여김으로써, 웨슬리는 때로는 서로 어울리지 않는다고 생각되는 두 가지 변형된 영성의 형태—"거룩한 삶" 전통과 "믿음에 의한 구원" 전통—을 중재했다.

웨슬리는 거의 평생 동안 사람들은 단순한 마음으로 하나님께 헌신해야 하며, 그렇게 하는 사람들은 신적 신비를 이해하는 데 있어서 성장할 것이라는 성경적인 견해를 지니고 있었다. 그처럼 단순한 마음을 가지려면 창조자와 피조세계를 혼동하지 말아야 했다. 웨슬리는 이 점을 표현하면서, 어떤 면에서 "개신교 원리"를 옹호해온 보다 후대의 인물들을 예현했다. 그럼에도 불구하고, 우리가 경외해야 할 분은 이 유일하신 하나님뿐이라는 그의 주장은 보편성(catholicity)의 원리라고 정의할 수 있는 것을 받아들이고 있었다. 이와 같은 차원의 그의 영적 이상은 하나님의 은혜의 절대적인 포괄성과 하나님이 세상에 임재하심을 강조한다(이것은 피조물들은 창조자의 생명에 참여한다는 그의 믿음을 수반한다).[12] 여기에서 웨슬리의 영적 지각 안에 있는 신비적 요소라고 할 수 있는 것이 발견된다; 그것은 종종 성례전에 관한 성찰, 성찬 전례에서 겸손히 다가가는 기도에 대한 그의 감정적인 집착에서 가장 분명히 표현된다: "우리가 그분 안에 거하고, 그분이 우리 안에 거하기 위해서." 우리는 한 사람의 삶에서 사랑 안에서의 완전함이라는 실체에 대한 웨슬리의 주장 안에서 그것을 어느 정도 발견할 수 있다.[13]

이와 같은 하나님의 은혜의 표현들이 삶에서 효력을 발휘하는 삶을 살려면, 우리는 제자됨의 삶에 헌신해야 한다. 그러한 제자도는 하나님의 선물이지만, 값비싼 선물이다. 그것은 삶의 변화, "하나님의 형상 안에서 정신의 갱신; 하나님의 모양의 회복; 지극히 거룩한 구속자를 본받아 마음과 생명을 꾸준히 일치시키는 것"을 요구한다.[14]

제자도의 길을 전진하는 것은 다른 순례자들과 함께 영적 여행을 하는 것이었다. 웨슬리가 접한 영성훈련을 행하는 데 가장 효과적인 도구 중의 하나는 소그룹 집회였다. 웨슬리가 옥스포드 대학에서 경험한 것에 대한 많은 이야기들이 현존하고 있는데, 그중에는 그가 자신의 기억을 이야기한 것도 있고 다른 사람들이 기록한 것도 있다. 웨슬리가 사망하고 나서 7년 후, 존 갬볼드(John Gambold)는 여러 해 전에 저술했던 "존 웨슬리라는 인물"이라는 제목의 회고록을 출판했다. 갬볼드는 결국 감리교도들과 결별했으며, 성공회도 떠나 모라비아 교도의 사역에 참여하여 영국 내의 모라비아 교도들을 감독했다. 갬볼드는 영적으로는 다른 길을 걸었지만, 자신이 기억하는 웨슬리의 영성 훈련과 이상을 칭찬했다. 갬볼드는 대학 공동체 내에서의 그 작은 무리의 중요한 모임들을 회상하면서, 그 집단이 대학 내에 있는 어느 회원의 방에서 보인 것, 함께 기도한 것, 함께 간단한 식사를 한 것, 자주 찬송한 것, 그리고 "날마다 회원들이 공동의 계획을 추구하면서 행한 일을 검토하고 다음에 취할 행동을 의논하는 등" 중요한 일을 행한 것 등에 대해 이야기했다. 그는 그 모임의 회원들이 다양한 사회적인 계획에 착수한 것에 대해서 이야기했다. 왜냐하면 그들은 주위의 보다 큰 공동체에게 손을 내미는 것이 신실한 삶의 기본적 특징이라고 생각했기 때문이다. 그들은 규칙적으로 금식하고 성찬을 거행하고, 대학 공동체 내에서의 예배 및 외부의 예배에 규칙적으로 참석했다. 갬볼드는 최소한 존 웨슬리는 "무엇보다 기도를 자신이 해야 할 일로 생각했다"고 주장했다. 물론 각각의 회원들은 일상생활 속에서 이 관습을 길러야 했다.[15]

후일 중요하게 된 주제들이 웨슬리의 옥스포드 시절에 이미 존재하고 있었다. 갬볼드의 말에 의하면, 웨슬리는 "소그룹의 모든 회원들이 말과 행동 안에서 하나의 "방법과 질서"를 채택해야 한다고 권면했다. 매일의 행동을 위한 계획에는 아침 예배(흔히 아침 해가 뜨기 한 시간 전), 하루 24시간을 어떻게 나누어 무슨 일에 사용할 것인가를 결정하는 일("하찮은 일"은 전혀 용납되지 않았다), 금식일을 지킴, 가난한 사람이나 죄수들, 또는 병자들을 찾아봄, 성찬에 규칙적으로 참여함, 성경

공부, 하룻동안 행한 일을 일기에 기록하는 것, 규칙적으로 기도함, 그리고 거룩한 신비의 보화에 대해 규칙적으로 묵상함 등이 포함되어 있었다.[16] 감리교도들의 후속 역사를 아는 사람이라면 여기에서 연합 모임을 위한 일반적인 규칙들의 윤곽을 감지할 수 있을 것이다. 그러나 웨슬리의 관심은 규칙에 있었던 것이 아니다. 그에게 있어서 가장 중요한 것은 참된 공동체, 코이노니아 안에서의 삶의 경험을 육성하는 것이었다. 신성 클럽(holy club)에서, 웨슬리는 구원의 질서에 도움이 된다고 생각한 영적 형성의 다양한 수단들을 실험했다. 씨앗이 뿌려졌고, 비록 어느 정도 시간이 흘렀지만, 결국 보다 큰 규모의 웨슬리파 신앙부흥 안에 그 열매가 나타났다.

존 웨슬리는 조지아 주 선교에 실패하고 돌아온 직후, 특별한 순회 사역을 시작했다(흔히 사람들은 이 일과 관련하여 웨슬리를 기억한다). 그러나 웨슬리의 초기의 증거 안에서 발견되는 영적 정체성과 훈련의 본질은 무엇이었는가? 옥스포드 대학에서 친구들을 감독하는 일과 공식적인 교육을 받지 못한 수천 명의 사람들을 돌보는 것은 다른 일이었다. 지금까지 영적으로 지도해온 코이노니아와는 여러 가지 면에서 상이한 큰 규모의 공동체에서 일하라는 소명을 받았을 때에, 어떻게 인간의 삶에서의 생생한 하나님의 현존 의식을 전달하려 할 것인가?

적어도 한 가지 측면에서, 웨슬리는 자신이 행하려는 일에 대해 혼동하지 않았다. 평민들을 위한 그의 노력은 그들이 그리스도의 몸—웨슬리에게 있어서 이것은 항상 영국 국교회였다—이라고 알고 있는 교제에 적극적으로 참여하는 것을 도와주는 것을 목표로 했다. 웨슬리는 결코 새로운 교회를 시작하는 것을 원하지 않았다. 그는 성공회 신앙고백 19조, "눈에 보이는 그리스도의 교회는 신실한 사람들의 회중이며, 그 안에서 순수한 하나님의 말씀이 전파되고 그리스도가 정하신 대로 성례전이 집행된다"는 조항을 진지하게 받아들였다. 웨슬리는 자기가 조직한 집단들이 "그들의 독특한 사명— '이 땅 너머로 성경적 거룩을 전파하는 것'에 의해 정의된 복음적 교단"[17]으로서 영국 국교회 안에서 봉사하기를 바랐다. 웨슬리는 여러 곳에서 감리교 운동을 교회 안에 교

에드워드 윌리엄, 감리교 천막 집회, 1837

회라는 개념보다는 큰 교회의 배경 안에 있음을 이해시키기 위해 노력했다. 그는 근본적인 통일성에는 다양성이 포함될 수 있다는 것을 사람들이 깨닫기를 바랐고, 이러한 신념 안에서 순수히 에큐메니컬한 의식을 나타냈다. 예를 들어 웨슬리는 "교회에 관해서"라는 설교에서 에베소서 4:1-6을 본문으로 사용했는데, 그것은 부분적으로 하나님으로부터 받은 소명에 주의를 기울이는 신자들은 "사랑 가운데서 서로 용납하고, 평안의 매는 줄로 성령의 하나 되게 하신 것을 힘써 지키라. 몸이 하나이요 성령이 하나이니 이와 같이 너희가 부르심의 한 소망 안에서 부르심을 입었느니라 주도 하나이요 믿음도 하나이요 세례도 하나이요 하나님도 하나이시니 곧 만유의 아버지시라 만유 위에 계시고 만유를 통일하시고 만유 가운데 계시도다"[18]라고 주장한다. 웨슬리는 하나의 거룩하고 보편적이고 거룩하고 사도적인 그리스도의 몸 안에 자기를 따르는 집단들을 포함시켜줄 "교회" 개념을 받아들일 것을 주장했다. "분파주의에 관하여"라는 설교에서, 웨슬리는 다양성과 불통일의 구분을 이용하여 분파주의에 대한 견해를 개진하면서 감리교도들이 불통일의 범주에 들지 않는다는 것을 분명히 했다. 감리교 집단들 내에서도 웨슬리가 추종자들에게 캔터베리와의 완전한 교제 안에 머물라고 권면했음을 알 수 있다. 예를 들어, 그는 사람들이 자신이 영국 국교회와의 결별을 인정한다고 생각하지 않게 하기 위해서 "전례적으로 불충분한" 설교 예배를 규정했다.[19]

따라서 웨슬리는 보다 큰 교회의 구조 안에서 감리교도들의 영적 지도자의 기능을 발휘했다. 그가 활동한 이 교회적 배경에는 역사적인 차원도 포함되어 있었다. 부분적으로 그는 보편적인 그리스도의 몸 안에서의 정체성을 강력하게 의식하고 있었기 때문에, 영적 순례를 이미 마쳤으나 현재의 신자들의 세대에게 영적으로 교훈적으로 존재하고 있는 구름같이 허다한 기독교적 증인들 가운데서 살고 있음을 의식했다. 웨슬리는 이 집단적인 몸으로부터 질서있는 제자도의 이상을 배웠다. 그것의 목표는 신자들의 공동체라는 배경과 분리되지 않는 거룩한 삶—특히 "성령 안에 있는 기쁨과 하나님의 평화가 따르는 내적인 의"였다.[20] "훈련"은 웨슬리파의 사람들이 따라가야 할 영적 길에 필요한 것들을 규정하기 위해서 웨슬리가 사용한 개념이었다. 그는 만일 우리가 적절하게 규제된 신앙의 구현을 유지한다면(반드시 하나님의 은혜 안에 기초를 두어야 한다), 성화된 삶을 살 수 있을 것이라고 믿었다. 그러므로, 다양한 "은혜의 수단", 훈련된 삶을 성취하는 데 사용되는 수단을 효과적으로 사용해야 한다.

웨슬리는 "은혜의 수단"이라는 제목의 설교에서, "표면적인 의식"은 영성생활에 불필요하거나 위험하다고 보는 모라비아파의 해석에 찬성하는 일부 추종자들의 생각을 바로잡으려 했다. 그는 말라기 3:7—"'너희가 나의 규례를 떠나 지키지 아니하였도다"—에 기초를 둔 사상을 전개함으로써 그 시대 사람들의 "정적주의"에 대처했다. 웨슬리는, 표면적이고 가시적인 종교적 행동들("의식들")을 지키는 것을 "마음의 종교"(religion of the heart)와 혼동해서는 안된다고 말했지만, 사람들은 두 가지 모두 신적 은혜의 도구이며, 진정한 신앙의 구현 안에서 병행한다는 것을 알아야 했다. 실제로, 어떤 복음적인 기독교 해석 구조와는 달리, 웨슬리의 이상에서는 "사람들에게 선행하거나 의롭게 하거나 성화시키는 은혜를 전달하기 위한 일상적인 통로" 역할을 하도록 하나님께서 정하신 "표면적인 상징, 말, 또는 행동"이 있다고 보았다. 웨슬리는 이러한 은혜의 수단들 중에서 보다 중요한 것들 몇 가지를 열거했다. 그 목록을 보면, 웨슬리가 자신을 성공회의 영적 전통의 주류 안에 서 있다고 보았다는 것을 확실히 알 수 있다: "은밀하게 행하거나 많은 회중과 함께 행하는 기도; 성경 탐구(여기에는 읽기, 듣기, 묵상 등이 포함된다), 그리고 주님의 만찬을 받고, 그를 기념하면서 떡을 먹고 포도주를 마심…" 이와 같은 훈련된 영성생활의 행동들(그 외에 금식, 그리고 웨슬리가 "기독교적 협의"라고 말한 바 동료 신자들과의 친밀한 만남) "안에, 그리고 곁에"[21] 살아계신 하나님의 영이 현존하므로, 그것들은 은혜의 수단이며, 영적 성장에 기여한다. 비록 하나님의 구원하시는 사랑에 대한 개인적이고 내적인 확신을 갖지 못한 사람이라도, 이러한 은혜의 수단에 참여하면서 그와 같은 내적 의식이 떠오르기를 인내하며 기다리라는 부름을 받고 있다. 사람들이 분명하게 의식하지 못할 때에도 하나님의 영은 그의 내면에서 역사하실 수 있으며, 또 역사하실 것이다.

웨슬리는 이처럼 영적 정적주의의 주창자들과 맞서 논쟁하면서, 또한 자신이 "행위에 의한 의"를 주장하고 있다는 비난에 맞서 자신을 변호해야 했다. 그는 많은 설교에서, 인간은 믿음에 의해 중재된 하나님의 은혜에 의해서만 구원을 받는다고 주장했다. 그는 "하나님께서 인간에게 주시는 모든 축복은 그분의 순전한 은혜나 은총에 속한 것이다. 인간은 지극히 작은 그분의 자비조차 요구할 수 없으므로, 그것은 값없이 주시는 은총이다"[22]라고 주장했다. 사실상, 비록 사람이 완전히 신실한 생활을 보여 주는 "외적인 표식들"을 사용할 수 있지만(그리고 그렇게 행한다고 해서 낙심해서는 안된다), 만일 하나님의 은혜에 의해서 의롭다 함을 받아 자유하다는 의식을 소유하지 못한다면, 그 사람은 "거의 기독교인"(almost Christian)에 불과하다. 물론 이러한 위치에 있는 사람들에게도 진정한 소망이 있지만, 만일 그들의 내면에서 역사하여 속박으로부터 해방시켜 주시는 분이 하나님이심을 알지 못한다면, 그들은 아주 애처로운 피조물이 될 것이다. 만일 구원의 순서에서 자신의 역할과 하나님의 역할을 혼동한다면, 중요한 문제가 생길 것이다. 진지하게 은혜의 수단을 사용하는 사람은 자신의 삶에서 다음과 같은 것을 깊이 생각하는 경향이 있다:

> 하나님의 섬기려는 진정한 의도, 하나님의 뜻을 행하려는 진심에서 우러난 소원. 그것은 사람이 만물 안에서, 모든 행동과 대화 안에서 하나님을 기쁘시게 하는 것에 대한 진지한 견해를 갖는다는 것을 의미한다. "거의 완전한 신자"의 삶에는 이러한 의도가 계속 흐른다. 이것은 그가 선을 행하고 악을 삼가며 하나님의 의식들을 사용하는 데 있어서 원동력이 되는 원리이다.[23]

자신의 구원을 이루기 위해 열심을 낼수록, 그 과정에서 자신의 진정한 역할을 오해하는 경향도 커진다. 사람들은 구원의 주된 행위자는 하나님의 임재라는 것, 그리고 하나님의 은혜가 사람들을 각성하게 하며 하나님을 섬길 뿐만 아니라 이웃에게 헌신함으로써 하나님의 사랑에 응답하게 한다는 것을 깨달아야 한다. 다양한 은혜의 수단들은 영혼을 이러한 이상으로 인도하고 그것을 적절히 구현하게 하는 데 도움을 주는 도구가 된다.

이러한 은혜의 수단들은 교회 안에서, 그리고 감리교도들이 형성한 작은 규모의 친밀한 모임들 안에서 영성생활을 조성하는 데 도움을 주려는 의도를 가진 것이었다. 예를 들어, 신자는 어디에 있든지 기도해야 했다. 만일 개인적으로 은밀하게 기도하거나, 가정이나 사회, 또는 교회의 공동체 등의 보다 공적인 배경에서 규칙적으로 기도하는 사람을 하나님은 찾으실 것이다. 청원, 중보, 감사, 또는 관상 등 어떤 형태든지, 기도는 그 사람을 하나님께 개방하여 자신의 삶에서 화목하게 하고 치유하시는 능력을 식별할 수 있게 해준다고 믿었다. 이러한 하나님의 영의 임재는 결국 그 사람의 시각을 변화시키고, 그럼으로써 지혜가 자라게 해준다. 초기 웨슬리 운동이 발달함에 따라, 찬송과 기도가 매우 밀접하게 연결되었다. 실제로 웨슬리 형제와 그의 추종자들이 남긴 문학적 유산에는 많은 찬송가들이 있는데, 그중 다수는 집단 기도문으로 사용되어 왔다.

기도와 관련하여, 감리교도들은 성경을 "자세히 살피라"는 명령을 받았는데, 그것은 규칙적으로 성경을 읽고 묵상하며, 바르게 선포된 성경을 경청해야 한다는 의미였다.[24] 구원의 순서(ordo salutis) 안에서 자신의 위치가 어떻든지 간에, (올바른 정신을 가진 지도자 밑에서) 성경 본문을 주의깊게 공부하는 것은 영적으로 비옥하게 만들어주는 일로 간주되었다. 지도자 밑에서 공부하는 것은 중요한 일이었다. 복음을 비정상적으로 해석하는 일을 막기 위해서, 소그룹 내에서 책임을 지는 제도가 만들어졌다.

다양한 은혜의 수단들 중에서 초기 감리교도들에게 가장 중요한 것은 성찬이었다. 웨슬리는 "하나님의 은혜가 증가하기를 원하는 사람은 주님의 만찬에 참여하면서 그것을 기다려야 한다"고 주장했다. 규칙적으로 성찬을 받음으로써, 그리고 그리스도를 기념하여 그것을 행함으로써, 신자는 신적 생명에 참여하는 것을 의식하게 된다. 즉 그리스도의 죽음 및 그것이 전해 주는 생명을 주는 은혜에 순종하게 됨으로써 의식적으로 다시 그리스도의 몸의 지체가 된다.[25] 성찬에 대한 이러한 이해는 찰스 웨슬리의 찬송에 분명히 나타난다:

> 성령이여, 오셔서 감화해 주십시오.
> 그리고 기적을 나타내 주십시오.
> 이 떡 안에 당신의 생명을 주입해 주시고,
> 포도주 안에 당신의 능력을 주입해 주십시오.
>
> 이 상징물들이 유효한 것임을 증명해 주시며,
> 당신의 사랑을
> 모든 신실한 심령에게 전하는 데
> 적합한 통로로 만들어 주십시오.[26]

웨슬리의 신학적 견해의 중심인 바 하나님과 인간의 상호작용, 또는 협력(신인협력설)이라는 주제가 이 찬송 안에 묘사되어 있다. 부분적으로 하나님과 인간의 관계에 대한 이러한 이해 때문에, 웨슬리는 성찬을 모든 은혜의 수단 중에서 가장 모범이 되는 것으로 간주했고, 그렇기 때문에 꾸준히 성찬에 참여할 것을 촉구했다. 성례에 참여하는 것은 신자들로 하여금 자신이 하나님의 생명에 참여한다는 것을 새롭게 볼 수 있게 해 주며, 또 "우리의 과거의 죄 사함"과 "현재 영혼을 강하게 해 주고 원기를 회복하게 해 준다." 따라서, 신자의 영성훈련을 이끌어갈 "참 규칙"은 다음과 같다: "우리는 하나님께서 기회를 주시는 대로 자주 성찬을 받아야 한다."[27] 그만큼 행하지 않는 사람은 성례와 관련하여 그리스도의 명령(눅 22:19: "너희가 이것을 행하여 나를 기념하라" 참조)의 중요성 및 성찬을 통해서 중개되는 진정한 은혜의 전달을 제대로 파악하지 못한 사람이다.[28]

웨슬리는 신자가 비교적 작은 그룹 내에서 영적 순례를 행하면서 한 번에 한 걸음씩 은혜의 수단을 신뢰하게 될 수 있다고 여겼다. 각 사람의 영적 발달에서 다른 사람들은 중요한 역할을 한다. 여기에서 웨슬리는 심오한 통찰을 나타낸다: 은혜 안에서의 성장은 아주 개인적인 경험이지만, 결코 사적인 것은 아니다. 신자는 그 집단의 구성원들의 개인적인 욕구를 무시하지 않는 사회적 배경 안에서 영적 성장을 향해 자라가야 한다. 그러나 구성원들에게 민감하게 반응하는 집단은 개인들이 하나의 결속력 있는 집단을 이루는 데 도움을 주는 운영 원리와 규칙을 소유하고 있어야 한다. 초기 웨슬리 운동은 영적 지도에 필요한 개인적인 차원과 집단적 과정의 요구에 대한 민감성을 결합할 수 있었다는 사실은 결코 사소한 업적이 아니다.

이 이중적인 영적 양육의 모델(개인적인 것과 사회적인 것)을 공급하기 위해서, 웨슬리는 제도화된 수단들과 아울러 분별력 있는 은혜의 수단을 활용할 것을 옹호했다. 모든 사람이 실존적으로 동일한 지점에서 영적 여행을 시작하는 것이 아니며, 또 동일한 발걸음으로 전진하는 것도 아니므로, 상이한 형태의 집단들이 필요하다는 것이 분명해졌다. 웨슬리가 구성하여 1739년에 시작된 최초의 "연합 모임"(united society)은 "경건의 모양을 가지고 경건의 능력을 추구하는 사람들의 모임으로서, 서로 구원을 이루는데 도움을 주기 위해서 사랑 안에서 서로를 감독하고 권면하고 함께 기도하기 위해서 결합된 모임"[30]이었다. 그러나 얼마 되지 않아서, 웨슬리의 신앙부흥 운동은 상호 신뢰하고 책임을 지는 조직을 몇 종류의 집단으로 세분해야 할 필요를 느꼈다. 연합 모임 뿐만 아니라, 속회(class), 반(band), 특별 모임(select society), 그리고 참회자(Penitents)들로 알려진 집단이 있어야 했다. 웨슬리는 이러한 집단들의 구조 안에서 몇 사람들을 대표적인 지도자들로 구분했고, 각 제자들의 집단을 위한 책임과 의무의 체계를 세웠다. 그러나 웨슬리는 어떤 종류의 조직 상의 구조들은 기껏해야 영적 발달을 도와줄 수 있을 뿐임을 알고 있었다. 사람들의 영혼 안에서 일하시는 분은 하나님이시며, 따라서 웨슬리는 한 사람이 얼마 동안 하나의 모임에 참여하면서도 분명한 결실을 맺지 못한 채 지낼 수 있다는 것을 알았다.[31]

이러한 견해를 가지고 있으면서도, 웨슬리는 (제도적인 수단의 경우처럼) 신중한 은혜의 수단—"즉 깨어 자신을 지키고 부인하며, 자기 십자가를 지고, 하나님의 임재의 훈련을 하는 것"—을 사용하는 것은 모든 사람의 삶에 유익을 주지 않을 수 없다고 생각했다. 이러한 확신으로 무장한 웨슬리는 감리교 신앙부흥에 참여한 사람들에게 제기해야 할 일련의 질문들을 종합했다. 이런 종류의 질문을 하는 목표는 각 사람이 자신의 삶 속에서 거룩한 은혜의 실체를 목격하며, 집단적인 증거를 강화하려는 데 있었다. 질문에는 다음과 같은 것들이 포함되어 있었다:

> 당신은 꾸준히 세상, 마귀, 당신 자신, 당신을 에워싸고 있는 죄 등을 경계하고 있습니까?…당신은 감각이나 상상이나 명예 등과 관련된 즐거움을 완전히 포기합니까? 당신은 모든 일에 절제합니까?…당신은 어떤 점에서 "날마다 자기 십자가를 지십니까?" 당신은 자기 십자가를 하나님이 주신 선물로 여겨 즐겁게 지고 가며, 그렇게 함으로써 유익을 얻기 위해 노력합니까?…당신은 항상 하나님 앞에 현존하기 위해서 노력합니까? 항상 당신을 바라보시는 하나님 앞에서 있는 것처럼 행동하려 합니까?[32]

이러한 질문들은 영적으로 "각성한" 사람들에게 제기할 수 있는 것이었다(이러한 "각성"이 모임에 참가하기 위한 기준이었다). 여러 모임들은 약 12명으로 이루어지는 속회로 나뉘었다. 속회에서는 일 주일에 한 번 지도자로 임명된 사람의 지도 하에 모임을 갖고, 회원들의 영혼이 성장하기 위해서 충고하고 책망하고 위로하고 권면했다. 속회의 지도자는 각 사람의 영혼의 상태에 대해 질문하는 일 외에, 가난한 사람들을 구제하는 데 사용할 기부금을 거두었고, 자기가 맡은 회원들을 제대로 보살피기 위해서 규칙적으로 목회자를 만났다. 속회의 회원으로 계속 존속하려면, 구원에 대한 갈망의 증거가 필요했는데, 거기에는 규칙적으로 모임에 참석하는 것(이것은 곧 회원증 발행, 분기별 심사 등에 의해 점검되었다) 뿐만 아니라 세 가지 기본 규칙을 충성되게 지지하는 것이 포함되었다. 세 가지 규칙은 다음과 같다: 첫째, 회원은 결코 해를 끼치는 일을 하지 말아야 하며, "온갖 종류의 악을 피해야 한다: 특히 매우 일반적으로 행해지는 악을 피해야 한다." 둘째, 회원은 "능력에 따라 최대한 자비하게 행함으로써, 기회가 있는 대로, 그리고 가능한 한 모든 사람에게 온갖 종류의 선을 행해야 한다…" 셋째, ("하나님을 섬기는 모든 의식에 참석함으로써") 제도적인 은혜의 수단을 사용해야 한다. 이 규칙 목록에서는 그것을 "하나님께 대한 공적인 예배; 말씀을 읽거나 해석하는 사역; 주님의 만찬; 개인적인 기도; 성경 연구; 금식, 또는 금욕"33) 등으로 언급한다. 확실히 모임 내의 속회는 상호 간의 훈육의 원천이었다. 그 안에서 회원들은 자기들의 삶을 변화시킬 수 있는 믿음의 방법으로 서로를 세워주기 위해서 서로, 그리고 하나님과 언약을 맺었다. 초기 감리교도들은 하나님의 사랑을 증거하며 그 신비한 현존과 협력하는 동역자가 되는 것이 주된 목적이라고 생각하고서, 은혜의 수단의 효력에 대한 저항에서 자기들을 해방시켜 줄 훈련을 구체화하기 위해서 속회 모임에서 서로 노력했다.

모임들 내에서 "죄사함을 받았다고 생각되는" 사람들이 모여 반(band)을 이룬다. "하나님의 빛 안에서 걸어간다"고 생각되는 사람들이 모여 한층 더 작은 그룹, 즉 특별 모임(select society)을 이룬다. 그리고 "믿음이 파선한" 사람들은 따로 "참회자들"의 모임을 갖는다.34) 반과 특별 모임의 회원들은 각기 자신이 속한 하부 모임 내에서 보다 엄격한 영혼 성찰을 행하면서도 매주 속회에 계속 참여한다. 거룩한 삶을 추구하는 데 있어서 진보함에 따라, 그 사람에게 요구되는 것도 증가할 것이라고 기대되었다.

반 모임의 주된 목적은 야고보서 5:16—"너희 죄를 서로 고하며 병 낫기를 위하여 서로 기도하라"—의 성경적 명령을 이행하기 위한 것이었다. 모임은 매주 한 번, 기도나 찬송과 더불어 시작되며, 순서는 그 그룹 내에서 자연스럽게 출현한 지도자의 인도 하에 진행된다. 각 사람은 교대로 "자유롭고 평범하게" 자기 영혼의 "참된 상태"에 대해서 말하고, 지난 번 반 모임 이후로 자신이 말이나 행동이나 생각으로 범한 잘못이나 자신이 직면했던 시험을 이야기할 수 있었다. 반 모임은 감정적으로 다소 긴장된 것이었다. 왜냐하면 반에 입회하는 것을 허락받기 전에 사람들은 영혼의 현재 상태에 대한 검사를 받을 뿐만 아니라, 반 모임에서는 자신이 죄사함을 받았는지, 그리고 "하나님의 사람이 당신의 마음 안에서 널리 비추어지고 있는지" 등을 알기 위한 질문을 받을 것이라는 말을 듣기 때문이다. 그 외에도 다음과 같은 질문이 제기된다: "당신의 허물들에 대해 솔직하고 분명한 이야기를 듣기를 원합니까?" "우리가 당신에 관하여 생각하는 것, 두려워하는 것, 그리고 당신에 관해서 들은 것 등을 말해 주기를 원합니까…그렇게 행함으로써 우리가 당신의 마음 속 깊은 곳을 찌르고 샅샅이 조사하기를 원합니까?"[35] 신뢰, 신용, 상호 간의 책임 등은 반이 제대로 기능하는 데 반드시 필요했다.

"참회자들"은 보다 큰 규모인 속회에서 생겨난 것이 아니라 반에서 생겨났다. 비교적 성숙하지 못한 영적 구도자로서 "각성한" 단계에 있는 것이 아니라 보다 진보한 사람이 믿음의 파선을 경험할 가능성이 훨씬 크다고 생각되었다. 하나님의 명령을 의도적으로 범함으로써 실족한 사람은 따로 구분되어 특별한 지도와 충고 및 훈육을 받았다. "잃었던 근거를 되찾은" 사람들은 인간의 연약함과 신적 은혜의 필요성을 전보다 더 예리하게 의식한다. 따라서 그들은 삶에서 사랑을 충만하게 경험하기 위해 한층 부지런히 일하는 듯했다. 이 참회자들의 집단에서부터 특별 모임의 회원 자격이 부여되었다.[36]

특별 모임은 성화된 삶에 대한 웨슬리의 이상이 회원들의 마음 속에서 크게 실현되는 집단이었다. 특별 모임에서는 반의 활동에 대한 지침들 외에 세 가지 규칙이 있었다:

> 1. 모임에서 한 번 한 말을 다시 하지 말라. 2. 모든 회원은 모든 문제에 있어서 목회자에게 절대적으로 복종하기로 동의한다. 3. 모든 회원은 일 주일에 한 번씩 공동체가 모든 것을 공유할 수 있도록 자신이 아낀 것을 가져와야 한다.[37]

이 특별 모임에 속한 비교적 소수의 회원들은 거룩한 삶과 죽음의 길, 사랑 안에서 완전함을 향해 가는 길을 강력하게 추구했다.

상호보완적으로 생각해 보면, 모임들과 속회, 반, 특별 모임들, 그리고 참회자들의 집단은 감리교 운동의 주요 요소로서 작용했다. 이 집단들은 훈련된 믿음 안에서의 여정의 다양한 단계에 있는 순례자에게 공동체적인 환경에서 다양한 은혜의 수단을 중개해줄 수 있는 도구였다. 하나님의 은혜의 보편성이라는 확신, 그리고 하나님의 은혜에 의해서 사람들에게 주어진 소명은 감사와 자선을 구체화하라는 것이라는 의식이 그 운동 전체에 가득했다. 감사는 하나님께 돌려야 하고, 자선은 이웃에게 행해야 했다. 이 기본적인 영적 이상의 요약이 1780년판 『감리교인들을 위한 찬송 모음집』에서 발견되며, 18세기 감리교도들의 믿음의 순례에서의 하나님의 임재 의식에 대한 논의에 적절한 결론을 제공해준다:

하나님의 크신 사랑 하늘로서 내리사
우리 맘에 항상 계셔 온전하게 합소서
나의 주는 자비하사 사랑 무한하시니
두려워서 떠는 자를 구원하여 주소서

우리들이 거듭 나서 흠이 없게 하시고
주의 크신 구원 받아 온전하게 합소서
영광에서 영광으로 천국까지 이르러
크신 사랑 감격하여 경배하게 합소서.[38]

주

1) 웨슬리의 초기 생애를 다룬 연구서는 다음과 같다: Robert Southey, *Life of Wesley* (London: Longman, Hunt, 1820); volume 1 of Luke Tyerman, *Life and Times of the Rev. John Wesley, M.A*.(New York: Harper & Brothers, 1872); Martin Schmidt, *John Wesley: A Theological Biography*. 웨슬리에게 미친 영향을 알려면, Robert Monk, *John Wesley: His Puritan Heritage*를 보라. 그밖에 관련된 연구서들은 다음과 같다: Albert C. Outler, *The Works of John Wesley: Vol. I: 1-33* (Nashville: Abingdon, 1984) 1-100; Thomas A. Langford, *Practical Divinity: Theology in the Wesleyan Tradition* (Nashiville: Abingdon, 1983); David Lowes Watson, "Methodist Spirituality," *in Protestant Spiritual Traditions*, ed. Frank C. Senn(New York: Paulist, 1986) 217-73.
2) 1725년부터 1734년 사이에 웨슬리가 읽은 책 목록을 알려면, V. H. H. Green, *The Young Mr. Wesley: A Study of John Wesley and Oxford*(New York: St. Martin's Press, 1961 305-19. 부록을 참고하라. 더 자세한 자료를 얻으려면, Steve Harper와 Richard P. Heitzenrater의 박사학위 논문(듀크 대학)을 참고하라.

3) *Works of the Rev. John Wesley, M. A.* , ed. Thomas Jackson(1831) 11: 366-67.
4) Robert Nelson, *A Companion for the Festivals and Fasts of the Church of England With Collects and Prayers for Each Solemnity* (7th ed.: London: W. Bowyer, 1712).
5) William Beveridge, *The Great Necessity and Advantage of Publick Prayer, and Frequent Communion, Designed to Revive Primitive Piety* (London: R. Smith, 1708) 109.
6) Daniel Brevint, *The Christian Sacrament and Sacrifice, By Way of Discourse, Mediation, and Prayer, Upon the Nature, Parts, and Blessings of the Holy Communion*(2nd ed.; Oxford, 1673) *passim*.
7) 웨슬리가 그의 영적 근원에서 벗어나지 않았다는 사실은 그의 설교들과 *A Christian Library*의 서론에 잘 나타나 있다.
8) Albert C. Outler, ed., *John Wesley*, 7.
9) Frank Baker, *John Wesley and the Church of England*(Nashville: Abingdon, 1970), 3.
10) Albert C. Outler, ed., *John Wesley*, 28.
11) 빌립보서 2:12-13, 그리고 이 본문을 주제로 하여 행한 웨슬리의 설교 "우리 자신의 구원에 대하여"를 참고하라.
12) 두 가지 원리를 고수하려는 최근의 노력은 Avery Dulles, *The Catholicity of the Church* (Oxford: Clarendon Press, 1984)에 잘 나타나 있다.
13) Albert C. Outler, *The Works of John Wesley: Volume I*, 55f를 참고하라.
14) Richard P. Heitzenrate, *The Elusive Mr. Wesley: Volume One, John Wesley Hie Own Biographer* (Nashiville: Abingdon, 1984) 70에서 인용했다
15) John Gambold, "The Character of Mr. John Wesley," in Richard P. Heitzenrater, *The Elusive Mr. Wesley: Volume Two, John Wesley as Seen By Contemporaries and Biographers* (Nashville: Abingdon, 1984) 39, 40.
16) Ibid., 41ff.
17) Alber C. Outler, "Do Methodists Have a Doctrine of the Church," in *The Doctrine of the Church*, ed. Dow Kirkpatrick(Nashville: Abingdon, 1964) 14.
18) John Wesley, "Of the Church," in Albert C. Outler, ed., *John Wesley*, 308.
19) Albert C. Outler, "Do Methodists Have a Doctrine of the Church?" 13. .
20) John Wesley, "A Plain Account of the People Called Methodists," in Gerald O. McCulloh, "The Discipline of Life in Early Methodism Through Preaching and Other Means of Grace," in *The Doctrine of the Church*, ed. Dow Kirkpatrick, 169.
21) John Wesley, "The Means of Grace," in The *Works of John Wesley: Volume I, Sermons I: 1-33*, ed. Albert C. Outler, 378, 381, 382. 또한 "The Large Minutes," in *The Works of John Wesley: Volume VIII*, 322ff를 참고하라.
22) John Wesley, "Salvation by Faith," in *The Works of John Wesley: Volume I*, Sermons I: 1-33, ed. Albert C. Outler, 117. 같은 책 181-99 페이지에 나오는 웨슬리의 설교 "믿음으로 말미암는 칭의"을 참고하라.
23) John Wesley, "The Almost Christian," in *Works: Volume I*, ed. Albert C. Outler, 136.
24) John Wesley, "The Means of Grace," 387.
25) Ibid., 389.
26) "Hymn LXXII," John and Charles Wesley, *Hymns on the Lord's Supper. With*

Preface Concerning the Christian Sacrament and Sacrifice, extracted from Doctor Brevint (Bristol: Felix Farley, 1745) 51.
27) John Wesley, "The Duty of Constant Communion," in *John Wesley*, 336.
28) 초기 웨슬리 운동에서 성찬식의 역할에 대한 논의는 John C. Bowmer, *The Sacrament of the Lord's Supper in Early Methodism*을 참고하라. 관련된 자료는 John R. Parris, *John Wesley's Doctrine of the Sacraments* (London: Epworth, 1963)에 있다.
29) John Wesley, "The Means of Grace," 391, 393.
30) "The Rules of the United Societies," in Albert C. Outler, ed. *John Wesley*, 178.
31) 제1차 연회 회의록 143.
32) Ibid., 143, 239-40.
33) "The Rules of the United Societies," 178, 179. 이것과 관련해서 Leslie F. Church의 책을 참고하라: *The Early Methodist People* (London: Epworth, 1948); *More About the Early Methodist People* (London: Epworth, 1949).
34) Albert C. Outler, ed., *John Wesley*, 143제1차 연회 회의록.
35) "Rules of the bands," in Albert C. Outler, ed., *John Wesley*, 180, 181.
36) 초기 웨슬리 운동에서 발견되는 그룹 조직의 다양한 패턴을 최근에 논의한 책은 David Lowes Watson, *The Early Methodist Class Meeting*이다. "참회자들"에 대해서는 특히 121페이지를 참고하라.
37) 제1차 연회 회의록 144
38) "Hymn 374," *The Works of John Wesley: Volume VII, A Collection of Hymns for the Use of the People Called Methodists*, ed. Franz Hildebrandt and Oliver A. Beckerlegge, James Dale(Oxford: Clarendon, 1983) 545, 547.

참고문헌

Alying, Stanley, *John Wesley*. Cleveland: Collins, 1979.
Borgen, Ole E. *John Wesley on the Sacraments*. Nashville: Abingdon, 1972.
Bowmer, John C. *The Sacrament of the Lord's Supper in Early Methodism*. London: Dacre, 1951.
Holland, Bernard. *Baptism in Early Methodism*. London: Epworth, 1970.
Lindstrom, Harold. *Wesley and Sanctification*. Nashville: Abingdon, 1946.
Monk, Robert C. *John Wesley: His Puritan Heritage*. Nashville: Abingdon, 1966.
Naglee, David I. *From Font to Faith: John Wesley on Infant Baptism and the Nurture of Children*. New York: Peter Lang, 1987.
Outler, Albert C., ed. *John Wesley*. New York: Oxford University Press, 1964.
Rattenbury, J. Ernst. *The Eucharistic Hymns of John and Charles Wesley*. London: Epworth, 1948.
Rowe, Kenneth E., ed. *The Place of Wesley in the Christian Tradition*. Metuchen, NJ: Screcrow, 1979.
Schmidt, Martin. *John Wesley: A Theological Biography*. 3 vols. New York: Abingdon,

1963.
Snyder, Howard A. *The Radical Wesley*. Downers Grove, IL: InterVarsity, 1980.
Wakefield, Gordon S. *Methodist Devotion*. London: Epworth, 1966.
Watson, David Lowes. *The Early Methodist Class Meeting*. Nashville: Discipleship Resources, 1985.
Williams, Colin. *John Wesley's Theology Today*. Nashville: Abingdon, 1960.

제12장
미국 흑인 영성

테오퍼스 스미스(Theophus H. Smith)

북아메리카의 흑인 영성은 서방 형성의 형태이면서 놀랍게도 비 서방적이다. 그것은 전통적인 것―주요한 개신교적이고 복음적인 전통들의 모방―인 동시에, 어딘지 생소하고 매우 상이하다. 이러한 두 가지 특성―한편으로는 평범하고, 한편으로는 독특한 것―을 갖게 된 원인은 무엇인가? 이 질문 및 관련된 질문들에 대한 대답은 미국 흑인의 두 가지 주요한 이야기―"세속적인 이야기"와 "거룩한 이야기"―의 교차점에서 발견된다.[1] 세속적인 이야기에는 이 민족의 역사적 경험 안에 나타난 평범한 요소들과 독특한 요소들이 포함된다. 그것은 강제로 고국을 떠나서 아메리카 대륙에서 노예 생활을 하다가 해방되고 차별대우를 받았으며, 현재 신세계에서 평등을 위해 싸우고 있는 괴리된 아프리카 공동체들의 문화적 이야기이다. 또 하나의 이야기는 서방 문화, 그리고 다른 지역의 유대교, 기독교, 이슬람 공동체들과 공유하고 있는 성경 본문들로 구성된다. 그것은 고대 이스라엘 민족의 거룩한 선택과 속박으로부터의 구원, 그 민족이 약속의 땅을 차지한 것, 그리고 잇달아 아시리아, 바벨론, 로마 제국 등의 포로가 되어 그 땅에서 흩어진 것 등을 다룬 거룩한 이야기이다.

미국 흑인들의 세대들은 이 두 가지 이야기를 현저하게 병행하는 자신의 이야기들과 연결하는 일에 영적 에너지를 사용해왔다. 그들이 자신의 이야기들을 서로 연관짓는 일에 성공한 방법을 보여 주려고 노력하면서, 우리는 영성 자체를 드러내고 전시할 소중한 기회를 소유하게 된다. 이 논문에서는 종교, 예술, 정치 등 상호 관련된 세 분야에서 그 영성을 살펴보려 한다. 먼저 종교와 관련하여, 신들림과 마술적인 샤머니즘, 또는 주술 등 흑인들의 종교적 현상 안에서 발견되는 의식적 변화 안에서 미국 흑인 영성의 토대를 살펴볼 것이다. 그 후에, 예술적인 표현은 영적 에너지들을 훌륭하게 전달해 주므로, 이 변화시키는 힘을 지닌 영성이 흑인 음악, 연설, 문학적 담화 등 안에 미학적으로 어떻게 나타났는지를 살펴 보려 한다. 마지막으로, 흑인 해방 운동과 성경적인 모범을 모방한 정치적인 행동들을 뒷받침해 주고 있는 영성을 나타낼 것이다.

그러나 포괄성을 목표로 하고 있지만, 앞으로 다룰 기사에서는 특별히 북아메리카 내의 흑인-이슬람, 또는 흑인-히브리 전통은 취급하지 않으며, 카리브 지역과 남아메리카의 흑인-아메리카 전통도 다루지 않고, 또 상이한 전통들을 결합하고 있는 다양한 분파들과 사이비 종교들도 다루지 않을 것이다. 그럼에도 불구하고, 이 글에서는 미국 흑인들의 민족 종교 내의 공통의 요소들을 다루고, 기독교 전통 밖에 있는 형성적인 원동력들을 드러낼 수도 있다. 그러기 위해서, 먼저 다음과 같은 질문을 해야 한다: 종종 아직 발달하지 않은 흑인 경험의 요소들로부터 어떻게 "흑인들의 이야기"가 구성되었는가? 그 다음에는, 그 실존적으로 구성된 문화적 이야기와 상호 연결을 위해서 성경적 이야기의 요소들은 어떻게 선별되는가? 이 질문들에 대한 적절한 대답을 하려면, 이야기 이론(narrative theory)과 철학적 방법을 동원해야 할 것이다. 현재로서는, 이 도입 부분에서 흑인 이야기를 간단히 소개하고, 마지막 부분에서 흑인 영성 안에 있는 변화시키는 힘과 심미적인 힘에 대해 논의하는 것으로 족할 것이다.

17-18세기: 신세계 민족의 형성

흑인 이야기를 형성하는 한 가지 방법은 자유를 향한 한 민족의 순례로 묘사하는 것이다. 그러한 구성은 이해하기 쉽고 나름의 장점을 가지고 있지만, 그렇게 함으로써 노예가 되기 이전의 아프리카의 전통적 배경이 아메리카적 경험의 특징은 진보적이고 민주적인 정서 안에 흡수될 수 있다. 보다 포괄적이고 독창적인 방법을 사용하는 사람들은 그 이야기를 초월적인 공동체 추구의 이야기로 만든다. 자유와 정의라는 명령을 포함할 수 있는 구성인 바, 공동체 내의 초월성 추구는 일종의 아프리카 서부의 정서—자신의 부족이 신들과 조상들의 영적 세계와 조화를 이루는 것을 소중히 여기는 정서—의 연속이다. 이러한 이야기의 틀을 염두에 둔다면, 흑인 이야기는 세기별로 세 시대로 구분할 수 있을 것이다. 아메리카 대륙으로의 노예 매매가 시작된 것은 1528년이었지만,[2] 대대적인 아프리카인들의 신세계 이주가 이루어진 것은 1600년부터 1800년까지였다. 그들은 아프리카 대륙의 여러 지역에서 붙잡혀, 끔찍한 대서양 중앙항로를 통과하여, 아메리카 대륙 곳곳에 흩어졌다. 그 시기가 지나고, 1808년에 미국에서는 노예 매매가 법적으로 종식되었다 (그러나 대서양 너머에서의 노예 매매는 19세기 중반까지 계속되었다). 그러나 이 시대의 특징은 새로운 복합적인 인종의 형성이었다. 아프리카에서는 서북 지역의 올로프 족, 중부 해안의 요루바 족과 이보 족, 콩고 남부의 안골란 족 등 서로 분리된 부족으로 존재했었던 집단들로부터 공동의 정체성을 가진 한 민족이 등장했다.

이 집단들의 종교적인 특징 역시 다양했으며, 아프리카 토착 전통들과 이슬람 전통을 통합한 것이었다. 그러나 그들이 자기들 고유의 다양한 언어를 버리고 "노예 문화"에서 공통적으로 사용하는 영어를 사용하게 되었듯이,[3] 그들의 종교적 다양성도 다양한 교파를 지닌 개신교로 대치되었다. 이질적인 사람들이 모여 하나의 아프리카-아메리카 민족이 형성된 것이 그들의 문화적 이야기의 제1권을 이룬다. 그것은 세속적인 이야기이며, 정복과 속박, 생존과 투쟁의 아주 친숙한 이야기이다.

그러나 그것은 과거에는 분리되어 있던 아프리카의 공동체들이 서로 결합하거나 다양한 유럽 및 아메리카의 공동체들과 결합한 이야기이기도 하다. 이러한 집단 내의, 그리고 집단 간의 결속은 어떤 영적 자원에 의해서 성취되었는가? 앞으로 그것에 대해서 상세히 논의하려 한다.

19세기: 자유의 한계

19세기의 특징은 자유라는 문제에 영적 에너지를 집중적으로 적용한 것이다. 1800년대에 흑인 영성은 이미 아프리카의 토착 요소와 조정된 기독교적 요소들을 결합했다. 자유라는 명령과 병행하여 이루어진 그러한 결합은 미국 흑인들이 이전 시대에 만들어낸 사회 구조―독립된 흑인 교회―안에서 "제도화되었다."[4] 그러한 독립 교회들 중에서 주목할 만한 것으로는 1770년대 중엽에 생겨난 침례 교회, 1816년에 세워진 새로운 교파인 아프리카 메도디스트 감독 교회(African Methodist Episcopal)이다. 이처럼 19세기의 제도적인 성과는, 대각성 운동(1730년대와 1740년대) 기간에 있었던 흑인 회심의 물결, 그리고 성경적인 사상과 1770년대에 자유와 평등을 주장한 제퍼슨의 사상을 채택한 흑인들의 정치적 청원을 포함하여 18세기의 다소 단편적이고 미숙한 발달상에 의존하고 있었다.

18세기에 노예들을 대상으로 하는 기독교 선교의 기초가 놓이고, 19세기 초에 강화되었는데, 독립 전쟁 이후에 그러한 노력이 실질적으로 성공했다. 흑인들의 대대적인 기독교로의 개종은 노예 해방 이후에 이루어졌는데,[5] 많은 자유인들은 그것을 하나님의 섭리에 의한 신적 개입의 행위로 간주했다. 그 후 1870년대 말에 재편입(남북전쟁 후 남부 각 주의 미합중국에의 재통합)이 끝나면서 남부 지방에서는 민주적 개혁의 반전이 이루어졌다. 그러나 수많은 자유인들과 그 후손들이 남부의 농촌지역으로부터 도회지의 산업 중심지로 이동함에 따라, 세상에서의 자유와 번영, 그리고 하늘나라에서의 구원을 추구하는 현상은 북부로 전파되었다. 많은 사람들이 대디 그레이스(Daddy Grace)나 파더 디바인(Father Divine)과 같은 인물들이 이끄는 사이비 종교와 분파들의 창조에 참여했다. 그러나 세기가 바뀌면서, 약속된 땅을 향한 흑인들의 탐색은 크게 제한을 받았다. 북부에서는 흑인 공동체들의 미개발과 슬럼화가, 그리고 남부에서는 흑인 차별법과 1880년대부터 1930년대까지 계속되어온 흑인들의 이유 없는 잔인한 린치가 한계에 이른 자유의 특징을 이루었다.[6]

20세기: 근본에의 도전

1903년에, 위대한 흑인 학자요 활동가인 두보이스(W. E. B. DuBois)는 자신의 저서인 『흑인의 영혼』(*The Souls of Black Folk*) 머리말에 "20세기의 문제는 인종 차별의 문제이다"라고 선언했다. 1910년에, 그는 나이아가라 운동(Niagara Movement)의 흑인 지도자들, 그리고 진보적인 백인 지지자들과 함께 전미 흑인 지위 향상 협회(National Association for the Advancement of Colored People: NAACP)를 설립했다. 10년 후인 1920년에 자마이카인 지도자 마커스 가비(Marcus Garvey)가 UNIA(Universal Negro Improvement Association)를 조직했다. NAACP와 두보이스의 범 아프리카주의(Pan Africanism)에 필적하는 것이 1920년대에 가비가 주도한 미국 역사상 가장 큰 규모의 흑인 운동으로서, 아프리카로 복귀하려는 노력과 흑인 민족주의의 성장을 특징으로 했다. 1930년대의 대공황과 가비의 실패로 말미암아 흑인들의 사기는 땅에 떨어졌다. 일부 논평가들은 두 차례의 세계 대전 사이에 "흑인의 백인 영합주의"(Uncle Tomism)와 흑인 교회가 인종 차별정책에 타협적인 태도를 취한 것이 이루어졌다고 본다.[7] 또 세계 대전에 참전하여 충성을 다했던 흑인들은 고향으로 돌아 온 후에 학대를 받은 것도 주목할 만하다.

20세기 중엽 이후 형세가 바뀌었다. 1954년에 NAACP의 법적 전략들은 대법원으로 하여금 학교에서의 인종 차별을 금지하게 하는 데 성공했다. 일 년 후, 로자 팍스(Rosa Parks)가 앨러바마에서 버스 거부 운동을 주도했고, 마틴 루터 킹은 민권 운동의 지도자가 되었다. 비폭력적 학생 조정위원회(Student Nonviolent Coordinating Committee)의 스토클리 카마이클(Stokely Carmichael), 회교도 흑인 민권운동 지도자인 맬콤 엑스(Malcom X), 흑표범당(Black Panther Party)의 엘드릿지 클리버(Eldridge Cleaver)와 휴이 뉴턴(Huey Newton) 등 과격한 지도자들은 그의 비폭력 전략과 기독교적 웅변을 반대했다. 우리는 킹 목사와 호전적인 흑인 지도자들 사이의 긴장 속에서 19세기의 노예제도 폐지 이후 흑인 운동의 특징이었던 바 기독교적 원리와 진보적이고 민주적인 원리의 근본적인 종합에 대한 도전을 발견할 수 있다. 미국 흑인의 문화적 혁명, 국가적으로 공무원으로 선발되는 흑인의 수가 급증한 것, 차별철폐 조처, 흑인 자본주의의 집중 등의 현상에도 불구하고, 20세기 말에 이르기까지 그 도전은 근본적으로 해결되지 못하고 있다. 흑인 하류층이 계속 그 상태로 머물고 있는 것, 실직, 투옥, 중독, 건강의 위기 등이 그 상태를 유지하고 있는 것, 그리고 민권 운동 시대에 흑인 대학의 등록 및 기타 다른 업적인 실질적으로 역전된 것 등을 진지하게 고려하는 관찰자들의 입장에서 보면, 흑인 역사에서 20세기라는 장은 북아메리카 내에 흑인 공동체의 부분적이고 불분명한 실현을 보여줄 뿐이다.

흑인 역사에서의 의식의 변화: 과거와 미래

이제 우리는 흑인 영성에 의해서 선행하는 이야기, 또는 그것을 변형하여 편집한 것들이 성경적 이야기와 어떻게 융합되었는지를 나타내려 한다. 의식적(ritual) 과정이라는 공통의 요소를 소유하는 세 가지 주요 원동력에 의해서 이 영성이 검토된다.[8] 첫째, 흑인 신앙의 영적-변형적(spiritual-transformative) 원동력들이 묘사된다. 여기에는 특별히 종교적인 과정에서 추구되는 바 자아와 세상의 변화가 포함된다. 그러한 과정은 전통적으로 몰아적인 예배나 신들림과 더불어 시작되며, 기도 전통들, 주술, 공동 치료와 집단적 샤머니즘을 포함하는 의식적인 치유가 포함된다. 둘째, 흑인 문화 내의 영적-심미적(spiritual-aesthetic) 원동력이 다루어진다. 여기에는 흑인 음악과 흑인 설교의 의식화된 연설에서 발견되는 의식적인 구조들 뿐만 아니라 일상어를 사용하는 수사학적인 연설과 흑인 문학에서 발견되는 의식화(ritualization)가 포함된다.

셋째 부분에서는 영적-정치적(spiritual-political) 원동력을 살펴본다. 여기에서는 대체로 성경적인 예표론이나 상징주의의 해석에 관심을 둔다. 성경적인 상징주의란 성경적인 예표, 상징 등에 의해서 개인의 역사와 사회의 역사를 나타내는 해석 전통이다. 이 논의에서는 식민지 시대로부터 현대에 이르는 기간에 사회적인 비유를 사용한 의식들이 어떻게 해서 성경적으로 형성된 정치 형태들의 저장소가 되는지에 초점을 둘 것이다. 결론부의 논의에서는, 설화적 변화—성경적 이야기의 즉흥적인 연출을 통한 한 민족의 문화적 이야기의 변화—의 영성 안에서의 새로운 발달 현상들을 예견해 본다. 해방을 위한 즉흥적 연출의 영속적인 근원은 인류학자인 빅톨 터너(Victor Turner)가 *communitas*—계층 구분과 전통적인 구속이라는 특징을 가진 사회 구조로부터 그러한 구속들을 붕괴시키고 사람들을 평등주의적 관계에서 해방시키는 "반구조"(antistructure)의 형식으로의 이동—라고 묘사한 변화의 과정이다.[9]

흑인신앙에서의영적변형적원동력

신들림과 몰아적 문화

아프리카 전통에서 신들림은 예배의 절정—최고의 종교적 행위—였다.

신들림은 최고의 종교적 행위이지만, 본질적으로 인간적인 것이며 비록 신성한 차원으로 위치가 전이 되지만, 일상생활의 기본적이고 일상적인 관심사들과 관련된다.[10]

미국 흑인 사회, 그리고 서 아프리카의 전통적인 종교에서는 신들림이 종종 목격되며, 역사가들과 인류학자들과 종교학자들에 의해 상세히 보도되어 왔다. 현재의 논의에서는 신들림이 한계적 현상이 아니라 중심적인 현상으로 존속하는지의 여부보다는 흑인 신앙과 문화 안에서 그것의 근본적인 위상이 더 중요하다. 사실, 오늘날 종교적인 표현에서 그것이 자주 사용되고 있는 것과는 상관없이, 그것은 흑인 문화 전체에서의 몰아적 행위들을 표현하기 위한 "근본적인 은유"를 제공한다. 예를 들어, 헨리 미첼(Henry Mitchell)은 신들림은 재즈 클럽과 같은 세속적인 환경에서 은밀하게 작용한다고 주장했다. 그곳에서는 비록 종교적으로 표현되지 않은 것이라도 몰아적인 행위는 의식적인 형태를 취한 것처럼 보인다. 민족 음악학자(ethnomusicologist)인 몰튼 마크스(Morton Marks)는, 문화적으로 습관화된 청취자들은 흑인 대중 음악으로 이루어진 상업 광고를 들으면서도 신들림이나 황홀경을 경험한다고 말한다. 흑인 청중의 종교적인 행위나 세속적인 행위(예를 들면 정치적 집회)는 몰아적 행위와 의식적인 과정에 의해서 분석될 수 있다.[11]

이 점에 관해서, 인류학자인 쉴리아 워커(Shelia Walker)는 신들림이 정상적인 문화 현상일 수 있다는 것, 그리고 그것이 전통적인 공동체들 내에서 병리학적인 특징을 지닐 때에 고민스러운 행위에 대처하거나 제어하는 치유의 수단 역할을 할 수 있다는 것 등을 주장해왔다. 게다가, 워커는 신들림 사건의 형성에서 "문화적인 결정 요소"의 중요성을 강조한다.[12] 그녀의 견해에서는 문화적인 요인들이 매우 중요하기 때문에, 아프리카의 신들림 전통을 서방이나 유럽의 기독교와 관련된 신들림의 형태나 "성령세례"를 구분하는 문제가 발생한다. 그러나 실제로 그러한 민족지학적인 정확함은 거의 달성할 수 없음이 증명되었다.

흑인 연구에서 이 문제에 대한 표준구(*locus classicus*)는 북아메리카 흑인 사회의 아프리카 "유물"에 대한 프랭클린 프래지어(E. Franklin Frasier)와 멜빌 허스코비츠(Melville Heerskovits)의 토론이다. 현대의 흑인 종교를 연구한 역사가 앨버트 라보토우(Albert J. Raboteau)는 그 토론을 검토하고서, 노예 개종자들 사이에서 복음적인 신앙이 두드러진 것, 그리고 특히 그들이 침례에 매력을 느낀 것을 언급한다. 1950년대에, 허스코비츠는 이처럼 그들이 침례에 매력을 느낀 것은 침례교의 침례 관습과 나이제리아와 베닌 공화국(Dahomey) 지방의 물 숭배(water cults)의 연속성에 기인한다고 주장했었다. 라보토우는 허스코비츠의 이론에 대한 비판을 어느 정도 지지하지만, 그 역시 그것이 지닌 무시된 측면 중 하나―미국 복음주의 개신교 운동의 일부 요소들은 초기 흑인 개종자들의 아프리카적 배경과 무척 흡사했기 때문에 그들의 토착 신앙과 관습이 수정된 형태로 지속되는 것을 허락했다는 것―을 시인한다. 이 "공통의 습관"이란 특정 요소들이 기원한 문화를 식별한다는 것이 거의 불가능하다는 것을 의미한다. 라보토우가 인정하는 것처럼, 몰아적 신들림과 한계적 주술이 그러한 공통의 습관이 지닌 주요 요소이다.

> 아프리카 신앙의 몇 가지 요소들이 미국 내에 백인의 영향을 받지 않는 분리된 이종(異種) 문화권으로 존속한 것이 아니라 유럽의 비슷한 것들과 혼합되거나 그 밑에 감추어진 측면으로 존속했다는 것은 보다 자세히 고려해 볼 만한 주제이다. 왜냐하면 음악, 민간 전승, 언어 등의 영역에 그것의 타당성을 입증해줄 강력한 논거들이 존재하기 때문이다. 아프리카와 유럽이 신앙적으로 공통성을 가지는 두 개의 영역(상호간의 재해석과 종교혼합주의가 발생할 수 있는 영역)이 있었다: 몰아적 행위와 한계적 민속 신앙.[13]

그러나 아프리카의 전통적인 신들림과 미국 흑인 사회의 신들림 행위 사이에 분명한 연속성이 있다고 인정한다고 해도, 카리브 해와 남아메리카에 흑인 신앙과 보다 직접적으로 연결되는 현상들이 많다. 아메리카 대륙의 다른 지역의 흑인 공동체들 가운데 남아 있는 아프리카의 유물들은 한층 더 눈에 띄고 명백하다는 사실은 종종 두 가지 요인에 기인하는 것으로 간주된다: 남아메리카에서의 노예매매가 보다 대규모로, 오랫동안 지속된 것. 이것은 북 아메리카의 개신교와 비교할 때에 훨씬 더 다원주의적인 남부의 가톨릭 문화와 결합되어, 아프리카 태생의 흑인들이 새로 도착함으로써 토착 관습들을 유지했다는 것을 나타낸다. 라보토우는 이러한 연속성을 묘사하면서 다음과 같이 평한다:

요루바 족과 폰 족의 신들림 의식에서, 신자들은 인간적 매개의 인격을 대신하는 인격을 소유한 신—하이티와 브라질의 토속 신앙에서는 연속적으로 몇 가지 신—에게 사로잡힌다…신들린 사람들은 "초자연적인 존재의 침입을 받아 일시적으로 자기를 제어할 수 없게 된다고 생각되었다. 왜냐하면 그의 자아가 신적 침입자의 자아에 종속되기 때문이다."

북아메리카의 신들림은 이러한 감지된 유사성들과 근본적으로 다른 듯하다. 라보토우의 주장에 의하면, 흑인 개신교도의 신들림 전통들은 그 아프리카 신앙의 유산에도 불구하고, 가톨릭 진영인 남아메리카의 병행 현상들보다 더 기독교적인 특성을 나타냈다: "무수히 많은 특성과 인격과 신화를 지닌 아프리카의 신들은 자기들을 신봉하는 사람들을 미국 내의 예배의 춤과 노래 속에 등단시키지 못했다. 개종한 죄인에게 힘과 행복을 채워 주어 소리치고 노래하고 춤추게 만드는 것은 성령이다."[14]

주술 및 그와 관련된 기도 행위

선한 양심을 가진 선교사라면 신자의 삶에서 이루어지는 성령의 신비한 역사와 임재를 경시하지 못할 것이다. 노예들은 이 역사를 자기 조상들의 종교의 주술이나 신들림과 동일한 것으로 해석할 수 있었을 것이다.[15]

아프리카-아메리카 경험 안에서도 다른 전통 안에서와 마찬가지로, 마술적인 신앙과 관습이 매우 원시적인 형태로부터 보다 광범위하고 사려 깊은 형태로 발전되어 나타난 것을 찾아 볼 수 있다. 흑인 민속의 전통에서 주술은 신비한 효과와 영향력을 전달하는 매체로서 주로 자연적이고 물질적인 대상에 초점을 두었다. 그러나 흑인의 주술 전통 내에서 하나의 발달 현상이나 진보—언스트 캐서러는 이것이 서방 영성의 전반적인 현상이라고 주장한다—를 찾아볼 수 있다.

그것은 말(Word) 안에 포함된 물리적-마술적 능력에 대한 믿음에서부터 그 영적 능력의 실현으로의 발달이다. 사실, 말, 즉 언어는 자연적인 객체들의 세상보다 더 인간에게 가까이 있는 세상을 드러내주며, 그의 행복과 비애를 유형적인 자연보다 더 직접적으로 만져 준다. 말(언어)은 인간으로 하여금 공동체 안에 존재할 수 있게 해준다.[16]

북아메리카의 개신교 공동체들—특히 성경적 상징 사용이라는 특징을 가진 설교 공동체들—안에서의 영적 공존을 성취하려는 욕구 때문에 미국의 흑인들은 능력을 주는 마술적 방식의 주술에 신학적 표현을 포함시켰다.

유대인 철학자 마틴 부버(Martin Buber)는 주술(신을 불러냄)에 대해 분명하게 언급하면서 유사한 변화에 대해 묘사했다. 그는 고대 이집트에서 히브리인들이 속박과 학대를 받은 성경의 이야기를 설명하면서, "괴롭힘을 받은 사람들은 하나님을 불러내어 당장에 모습을 나타내어 도와 달라고 호소할 수 있는 방법을 발견하기를 원할 것이다"라고 말했다. 그러나 히브리인들은 종교적인 경험을 하면서 부버의 표현을 빌자면 "너희들은 나를 불러낼 필요가 없고, 나를 불러낼 수도 없다"고 말씀하시는 하나님을 만났다. 그러한 진리의 실현이 한 민족의 종교적 발달에서 하나의 특징적인 순간을 이룬다는 것을 부버는 인정한다. 그 것은 "종교의 역사에 의해 고찰된 믿음의 '탈-마술화'(demagicizing)"[17]를 가리킨다. 그러나 고대 이스라엘에서 근본적인 유일신 신앙으로의 점진적인 개종과 공존했을 수도 있는 탈마술화는 유대교만의 특징은 아니다. 믿음의 원동력인 바 주술의 신학적 발달—보다 정확하게 말하자면 주술에 성경적 믿음의 신학적 요구를 포함시킨 것—이 북아메리카에서의 흑인 경험의 특징이 되어 왔다. 이와 관련하여, 감리교 목사의 아들이요 시인인 카운티 컬린(Countee Cullen)이 만들어낸 표현을 신학적으로 중요하게 여길 수 있을 것이다: "믿음은 신비력을 가진 주술사다."[18]

이와 관련하여, 노예 신앙에서 노예들이 주인에게 주술을 행하려 한 시도로부터 특별히 기독교적인 주술의 발달의 기원을 찾을 수도 있을 것이다. 라버토우가 보고한 것처럼, 그러한 시도의 성공은 관련된 백인들이 유사한 믿음을 공유하고 있었는지의 여부에 의존하는 잡동사니 성공이었다. 이와 관련하여 윌모어(Wilmore)는 마술적인 주술로부터 기독교적인 관습으로의 변천을 재구성하려 했다.

> 이 [주술] 전문가들이 통달했던 민간 전승의 해로운 측면은 백인들을 상대로 사용될 수밖에 없었으며, 마침내 제노비스가 생각한 것처럼 그것이 백인들에게는 흑인들에게처럼 효력을 발휘하지 못한다는 사실이 드러났다. 그러한 어리석음이 증명되고 궁극적으로 조정되는 과정에 의해서, 좋지 못한 마술을 행하던 사람들이 선한 마술을 시행하는 사람들이 되거나 그들에게 굴복했다. 그 궁극적인 결과로 점점 더 많은 언어와 예복과 기독교의 상징들을 사용하게 되어 마침내 옛 아프리카 종교들은 무력해졌고, 최초의 기독교 권면자들이 백인 순회 설교자들의 막역한 친구이자 조수로 등장했다.[19]

흑인들의 기독교에서는 주술이 지닌 도덕적으로 유동적인 본질과 대조하여 성경적 하나님의 도덕적인 본성을 강조한다. 따라서 흑인 교회의 정통주의는 악한 마술이나 "유해한 신비 요법"을 행하는 주술적 경향을 비난한다. 노예 신앙에서 주술을 행하는 관습의 특징은 해를 입히거나 보복하기 위해서 주문을 사용한 것이었다. 러버토우는 "주술의 탓으로 간주되는 질병, 피해, 불행 등은 무한히 다양했다"고 말한다. 뉴벨 나일즈 퍼켓(Newbell Niles Puckett)과 같은 사람은 주술사의 기술(소위 마술)과 아프리카의 모든 영들에게서 일종의 도덕적 무관심을 관찰했다: "동일한 영을 설득하여 선이나 악을 차별 없이 행하게 할 수 있다…불이 몸을 따뜻하게 하고 보호하기 위해서 사용될 수도 있고 이웃집 창고를 태우기 위해서 사용될 수 있듯이 동일한 힘이 상이한 목적들을 위해 사용될 수 있다."[20] 노예 제도가 존재하던 시대에 특별히 백인들을 저주하기 위해 주술을 사용한 것은 도덕적으로 여러 가지 의미를 지닌다. 노예들이 주인이나 다른 백인들에게 주술을 행한 동기는 복수나 순수한 악의에서부터 학대를 피하거나 자유를 얻기 위한 정당화의 노력에 이르기까지 다양하다.

동시에, 신을 불러내거나 주문을 외움으로써 신의 도움을 구하는 기도와 보다 분명하게 하나님께 조르거나 간곡하게 탄원하는 기도의 구분이 흐려졌다. 종교의 역사에서, 후자와 같은 유형의 기도는 신을 마술로 조종하는 것과 선명하게 구분되어 왔다. 마술적인 것에서, 마술사는 기계적으로 신의 호의나 유익을 끌어 내거나 강요하려 한다. 흑인 신앙에서는 두 종류의 주술이 작용해왔다고 가정된다: 정통적이거나 마술적인 형태로 행해지는 민간 주술, 그리고 성경적인 탄원의 유형으로 인정된 것의 영향을 받은 주술. 그러나 앞에서 다룬 신들림의 경우와 마찬가지로, 하나의 영성이 새로운 형태의 표현으로 이동할 때에 양의성을 가진 중간 형태가 발생한다.

완전히 하나의 전통에 속한 것도 아니고 다른 전통에 속한 것도 아닌 종교 형태들이 두 가지 전통 모두를 전달하려 하는 종교혼합주의나 합병이 발생한다. 신들림의 영역에서 발생하는 종교혼합의 한 가지 예는 점차 노예 예배자들이 "고리가 없으면 죄인들은 회심할 수 없다"는 확신을 가지고서 원을 만들고 손뼉을 치고 발을 구르고 춤을 추거나 딩굴면서 노래하는 "ring shout"로 대치되었다. 라버토우는 이러한 신념에 대해 언급하면서, 그 의식 안에 있는 기독교적인 요소들을 강조한다. 그는 "'연속적으로 부르는 흑인영가' 나 ring shout에서, 아프리카 신들의 이름과 언어들은 성경적인 인물과 기독교적인 표현으로 대치되었다"는 사실을 관찰했다. 한편 다른 학자들은 아프리카에서 고리가 지닌 하나의 의식의 의미를 지니는 원으로서의 의미를 강조한다.[21]

분명히 가톨릭 교회의 요소들을 지닌 뉴올리언즈의 부두교(Voodoo)는 유럽-기독교의 민간 전승이 북아메리카에 영향을 미친 분명한 사례를 보여 준다. 부두교는 아프리카와 하이티에서 기원한 원시종교이며 예배와 마술을 결합한 완전한 종교 조직으로서 보던(Vodun)이라는 이름으로 가장 잘 알려져 있다. 러바토우는 "그러나 점차 의식적인 예배를 지닌 제도화된 종교로서의 부두교는 와해되었고, 그 전통은 노예들 및 그 후손들 사이에 퍼져 있는 민속 신앙을 통해서 오늘날까지 전해 내려오고 있다"고 말한다. 따라서 그 용어는 미국 전역에서 흑인들이 시행하는 주술이나 "불운을 초래하는 것"을 지칭하기 위해 사용되어 왔다.[22] 어쨌든 신세계에서 나타난 현상인 이러한 전통들은 유럽과 아프리카의 마술적-종교적 전통들의 혼합물을 공유하고 있다.

그와 유사하게, 주술은 러바토우가 남부의 농장에서의 노예들의 종교사를 묘사하면서 두 가지 서로 겹치는 전통 사이의 "상보성"이라고 표현한 것을 예증해준다. 그는 "기독교와 주술 사이의 불일치는 실질적인 것이기보다 이론적인 것이었다…기독교 전통은 항상 예언, 치유, 기적 등에 표현되는 바 성령의 특별한 은사에 일치되어 왔다. 결과적으로 기독교와 주술은 반대되는 것이 아니라 상호보완적인 것이었다"[23]고 주장한다. 여기에서 러바토우는 주술과 기독교가 지닌 보완적인 두 가지 영역—예언과 치유를 강조하는데, 치유에 대해서는 다음에 언급할 것이다.

게리로드 윌모어(Garyraud Wilmore)도 어떤 면에서 이 부분의 궁극적인 주제—자유를 얻기 위해 주술로 하나님께 호소하는 것의 원동력—로 이어지는 방법으로 이러한 관계를 인정한다. 윌모어는 아프리카의 영성과 성경적 신앙의 융합이 초기 흑인들의 사회적 예언을 뒷받침하고 있다고 주장한다.[24] 흑인들의 경험에서 사회적-정치적 예언은 기독교의 "성령의 은사"(charism)를 이루는 초자연적인 예언과 구분이 되지만, 항상 그것과 구분하여 발생하는 것은 아니다. 아프리카계 기독교의 초자연주의와 사회적-정치적 행동주의의 경험적인 불가분성은 흑인 종교와 흑인 급진주의 안에서 되풀이하여 등장하는 특징이다. 아마 이러한 영적-정치적 정서를 나타내는 탁월한 예는 1792년에 발생한 하이티 혁명일 것이다. 당시 투센트 루버투어(Toussant L'Ouverture)가 주도한 노예들이 반란을 일으켜 프랑스인들을 물리쳤다. 이 반란의 승리는 하이티 전사들이 초자연적인 무적의 힘을 확보하기 위해서 보던을 사용한 것이 특징이었다. 반란이 성공한 후, 보던을 하이티의 국교로 세우려는 시도도 있었다. 게다가, "주술자의 무적의 교리"[25]는 미국 내에서의 노예 반란의 특징이었는데, 그 한 가지 예는 1882년 남 캘리포니아 주 찰스턴에서 발각된 덴마크 베시(Denmark Vesey)의 음모이다. 베시는 성경을 인용하여 설교하고 급진적인 기독교를 신봉하였지만, 공모자인 쿨라 잭(Gullah Jack)의 주술을 확실하게 의지했다.

아울러, 우리는 1831년의 실패한 반란, 그리고 버지니아 주 사우스햄튼에서 낫 터너(Nat Turner)가 주도한 57명의 백인 학살—많은 사람들은 이것을 미국 역사상 가장 잔인한 노예 반란으로 간주한다—을 기억해야 한다. 동료 노예들보다 기독교적이었던 터너는 마술적인 주술 행위를 삼갔다. 터너의 『고백록』(Confessions)에 수록된 인터뷰 기사에는 "나는 항상 그러한 일들을 경멸했다"는 말이 수록되어 있다. 그럼에도 불구하고, 그가 신비적이거나 무속적인 환상과 꿈에 몰두한 선견자요 예언자였다는 것을 보여 주는 증거가 있다. 터너의 신비 체험들은 분명히 기독교적인 상징적 해석들을 낳았고(예를 들면, 들판의 곡식 위에 묻어 있는 피는 "이슬의 형태로 세상에 다시 오시는" 그리스도의 피로 해석했다), 또 하나님께서 노예제도에 대해 보응하실 것이라는 그의 신념을 뒷받침해 주었다: "그는 강처럼 흐르는 피와의 큰 싸움에 검은 영과 흰 영이 참여하고 있는 환상을 보았다."[26] 글을 아는 특별한 노예였던 터너도 베시와 마찬가지로 경탄할 만한 성경 전도사였다. 그들은 자유를 위해 하나님을 불러내는 주술을 행하는 흑인의 종교적 전통 내의 두 단계를 대변한다. 베시가 대변하는 제1단계의 특징은 성경적이고 기독교 신학적인 요소들을 사용하면서 병행하여 마술적인 주술을 행하는 것이다. 두번째 단계는 터너가 대변하는 것으로서, 구체적으로 마술적인 주술을 억제하지만, 기독교적인 상징 사용과 신학적인 설교에 의해서 주술적인 충동으로 복귀하는 특징을 가지고 있다(이 가설은 프로이드의 "억압된 현상이 정신-영적인 형상으로 복귀한다"는 개념을 적용한다).

다음에서 다루게 될 영적-정치적 원동력에 대한 논의는 성경을 병행하여 사용하는 주술과 자유를 얻기 위해 주술로 하나님을 불러내는 베시와 터너의 방법을 실천하는 흑인 광신자들의 세대가 낳은 결과를 묘사한다(그러한 관습은 "자유를 얻기 위해서 성경을 사용하여 주술로 하나님을 불러냄"이라고 표현할 수 있을 것이다). 그 논의에서 중요한 것은 현재 그러한 관습들의 전통을 구성하고 있는 신학적인 구조들과 주요한 상징 체계들을 상세히 묘사하는 것이 될 것이다. 지금까지는 주술이 그 민속적인 근원인 "마술적인 샤머니즘"에서 신앙과 기도의 형태로 확대되는 것을 나타내는 데 관심을 기울여왔다. 물론 특별한 종교적인 믿음의 영역에서만 그러한 확장이 분명히 나타나는 것은 아니다. 치유와 치료처럼 변화를 일으키는 차원, 그리고 심미적인 영역에서도 이러한 확장—"정신적-마술적인 능력"에서부터 신학적이고 심리학적-사회적인 영적 능력 부여 방식으로의 확장—의 증거가 나타난다.

제의적 치유, 공동 치료, 그리고 집단적 샤머니즘

> 심리학적이고 사회적인 갈등을 언급하는 상징적인 수단으로서…
> 샤먼의 몸은 상징 생산의 중심이며, 샤머니즘의 이러한 측면은 그것을 예언과 사제의 행동과 같은 심리학적이고 사회적인 문제들을 상징적으로 언급하는 종교적 활동 유형과 구분해 준다.[27]

최근 제임스 맥클렌던 2세(James W. McClendon)와 아치 스미스 2세(Archie Smith) 같은 신학자들은 아프리카계 아메리카 영성의 구체화된 본질을 인정하는 저서를 발표했다. 그 구체화된 영성은 치료의 측면과 윤리적 측면을 보여준다. 대부분의 관찰자들은 이 두 가지 측면 중 하나에 초점을 두는 경향이 있다. 그러나 "민속 영성에서는 집단 윤리"(body ethics)와 공동 치유가 필수적이다"라는 것을 이해해야 한다. 그 견해는 스미스가 흑인 교회 전통 안에서 "윤리와 치료를 함께 생각하려" 한 특유의 노력에 함축되어 있다. 스미스는 한편으로는 도덕적 행동과 치료적 관습을 결합하는 조상들의 아프리카적 특성을 인정한다. 그러나 그는 또한 흑인 교회의 지속적인 신앙부흥 전통에서 그것의 주요한 표현을 발견한다. "신앙부흥은 참석자들을 위한 사회적이고 심리학적인 치료였다. 그것은 일종의 정신적 해방과 치유, 사회적 단결, 그리고 신과의 교제 의식이었다…그것은 치료의 표현들을 도덕적인 삶과 연결한다." 스미스는 계속해서 민간 전승에서 치료와 도덕을 연결하는 개인적인 고리가 흑인 전도자였다고 말한다.[28]

이처럼 스미스는 설교자를 회중의 심리학적이고 영적인 온전함에만 관심을 두는 것이 아닌 민속 치료사로 표현한다. 전통적으로 흑인 설교자는 공동체의 도덕적 성실함과 사회적-정치적 자유를 확보하는 책임을 지고 있었다. 이 복합적인 업무로 말미암아 한 사람이 공동체를 위한 치료 행위자의 역할과 "해방"(liberation) 이행자의 역할을 해왔다. 헨리 미첼과 실리아 워커는 신앙부흥 설교와 몰아적인 예배가 주는 치료적 유익을 강조한다. 미첼은 자신이 정신적 치유의 도구로 간주하는 엑스타시를 위한 종교적 상황과 세속적 상황을 지적한다. 흑인 예배에서는, 하나님과 공동체가 개인의 억제되지 않는 개인적인 표현을 받아주신다는 사실이 "다른 곳에서는 일반적으로 감추어져야 하는 숨겨진 참된 인격"[29]의 근본적인 인정으로 경험된다.

그러나 흑인 설교자나 음악 연주가의 역할을 나타내는 데 있어서 치료사보다 더 설득력이 있는 것이 "샤먼"(shaman)이다. 아만다 포터필드(Amanda Porterfield)는 북아메리카의 신앙부흥사들의 샤먼적인 특성을 조사했다. 물론, 18세기와 19세기 미국 개척지에서의 신앙부흥 이후로 설교는 일종의 몰아적인 일로 보고되어 왔다. 포터필드가 일종의 "심리학적-사회적 정의"에서 시도한 것은 그러한 설교 내의 샤먼적인 요소를 그 예언적인 차원이나 도덕적인 차원으로부터 구분하려는 것이었다. 특히 주목할 만한 것은 설교의 구체화된 본질에 관한 주장이다. 포터필드는 다음과 같이 말한다:

> 신앙부흥 설교는 종종 도덕적 선언을 하는 예언적인 행위와 몸짓으로 인간의 딜렘마를 표현하는 샤먼적 행위를 결합한다. 일부 설교자들은 황홀 상태에 들어가, 자기들의 죄와 구속의 상징에 의해 대변되는 강력한 고통과 소망을 행동으로 표현한다…이러한 설교자들의 설득력은 대체로 신자들을 에워싸고 있는 정서적인 문제와 사회적인 긴장을 극적으로 구체화하는 능력의 결과이다.[30]

포터필드의 견해에서, 샤머니즘은 심리적이고 사회적인 갈등 해소를 위해 개인적으로 구체화된 상징 제작이다. 정신적 갈등에 관하여, 샤먼들이 종종 자신의 치료 능력의 주체였음에 유의해야 한다. 포터필드가 강조한 것을 되풀이 하자면, 샤먼은 개인적으로 자신의 치료를 구체화한다고 말할 수 있을 것이다. 신경증 환자로서의 샤먼에 대한 연구, 그리고 정신분열증과 유사한 샤먼의 통찰에 대한 연구에서는 샤먼적 인격의 병리학적 측면을 강조해왔다. 그러나 균형잡힌 관찰자들은 치료적 차원을 강조한다: "일리어드가 말한 것처럼, 샤먼은 단순히 병자가 아니라 치료를 받고 치료 능력을 발휘하는 행위자가 된 병자이다."[31]

아프리카계 아메리카에서는 심리적-사회적 치료를 행하는 개인들 뿐만 아니라 가족 집단이나 보다 큰 규모의 집단을 찾아볼 수 있다. 여기에서 우리는 특히 인종차별주의의 억압 때문에 발생한 질환의 치료를 언급할 수 있을 것이다. 그러한 결과들은 "표적 집단"(target group)이 보다 지배적인 접촉 집단의 오랜 학대를 받으면서 경험한다. 그러한 학대의 결과 중에는 자부심의 저하, 열등감의 내면화, 집단 간의 불신 등이 있다. 그러나 크게 학대받은 문화권의 역사에서 발생한 "부흥 운동"[32]의 회복시키는 효과를 인정하지 않은 채 그러한 부정적인 것을 강조하면, 그들의 경험의 진정한 복합성을 감소시키게 된다. 게다가 그러한 배타적인 강조는 우리가 학대 및 학대하는 사회적 조건의 가장 좋지 않는 결과를 방지하는 데 도움이 되는 "집단적 샤머니즘"(corporate shamanism)을 인정하지 못하게 한다.

흑인 문화에서 집단적 샤머니즘은 1960년대에 미국에서의 자유 운동처럼 사회적-정치적 개혁과 공동의 치료를 촉진하는 대규모 부흥운동에서 분명히 나타난다. 따라서 아치 스미스는 "치료의 관계…학대받는 자의 고난을 덜어주며 사회 안에 건설적이고 체력 유지에 유익한 관계를 낳을 수도 있는 바 억압적 관계 패턴의 변화"라고 묘사한다. 그가 지적하는 바에 의하면, 흑인들의 경험에서 그러한 관계들의 범주는 일 대 일의 상황, 가족체계, 교회와 자조 집단들과 같은 소그룹, 이웃 및 다른 공동체 활동 등에서부터 대규모 집단, 보이스카우트, 노동 쟁의, 조직적인 데모, 기타 다른 형태의 항의나 혁명 투쟁 등에 이른다. 예를 들어 민권 운동과 반전 운동에 참여하는 많은 사람들은 자기 성찰과 개인적인 회복을 위한 상황으로서 사회적 변화를 경험했다. 그러한 일들은 본질적으로 학대 및 사람들과의 연대를 통한 학대의 극복과 상호 관련될 수 있다. 함께 노래하고 행진하고 재평가하기 위한 계기들은 사회변화의 문제 뿐만 아니라 개인적인 변화와 관련된 일도 언급하는 "행동-반사"(action-reflection) 모델들을 만들어냈다.[33]

게다가, 이러한 운동들이 소유한 사회적이고 정치적인 이상이 주술적인 힘을 나타낼 때에 이러한 운동들은 샤먼적이라고 묘사될 수 있다. 케네스 버크(Kenneth Burke)가 존 크로우 랜섬(John Crowe Ransom)에게 차용한 공식을 사용하자면, 그러한 이상 안에 있는 주술적인 요인은 "심상의 이미지 안에서 우리 자신의 감정을 노골적으로 나타내도록"[34] 유도하는 장치로서의 기능 안에 있다. 흑인 공동체들은 이렇게 집단적으로 성경적인 고난과 구속의 상징, 포로됨과 자유의 상징, 심판과 용서의 상징들을 구체화함으로써 주술을 행해왔다. 그들은 샤먼처럼 심리적-사회적 변화를 수행하기 위해서 이러한 상징들을 사회적으로 멸시받는 자신의 피부 색깔과 육체적인 특징들에 적용했다. 가장 놀라운 예는 아프리카계 아메리카에서 성경적 상징인 고난받는 종(사 53:1-3)을 구체화한 것이다. 게리로드 윌모어는 다음과 같이 관찰한다.

> 흑인들은 한 인종으로서 자기들의 냉혹한 운명과 메시아의 고난의 소명의 유사성에 감명을 받았을 뿐만 아니라, 메시아에 대한 묘사와 서구 문명 안에서 흑인으로서 그들이 경험하는 것이 크게 일치한다는 사실에 감명을 받았다. "그는…고운 모양도 없고 풍채도 없은즉 우리의 보기에 흠모할 만한 아름다운 것이 없도다 그는 멸시를 받아서 사람에게 싫어 버린 바 되었으며 간고를 많이 겪었으며 질고를 아는 자라 마치 사람들에게 얼굴을 가리우고 보지 않음을 받는 자 같아서…우리도 그를 귀히 여기지 아니하였도다."[35]

고난의 경험, 또는 "소명"은 신학적으로 "대속의 고난"—그리스도를 위해서, 그리스도 안에서, 그리스도와 더불어, 또는 그리스도로서 당하는 고난은 특이하게 세상을 변화시키는 초월적 능력을 소유한다는 기독교의 영적 원리—으로 표현되어 왔다.

과격한 흑인들은 이 신학을 일종의 종교적 유순함 또는 자기 학대라고 비난했다. 왜냐하면 흑인 지위 향상 운동이 왕의 분명한 기독교적인 이상을 무색하게 했기 때문이다. 부정적인 자존심 및 그에 따른 자기 학대가 고난의 영성으로 가장해온 내면화된 학대의 형태들이 있다. 그러나 가짜가 참된 현상의 실체를 없애지는 못한다. 민권 행진을 하는 동안 소방관으로부터 물세례를 받고 경찰견에게 물린 것 등은 진정한 민권 운동을 위한 훌륭한 기회를 제공했으며, 마틴 루터 킹 목사의 종교적 지도력은 그러한 사회적-정치적 기회를 통해서 특수화되었다. 기독교의 전통 안에서도 "영들을 분별"(고전 12:10)하는 데 있어서 샤먼의 일—몰아적이거나 영적인 일이 진정한 것인지 가짜인지를 분별하는 일—이 요구되는 경우가 있다. 어쨌든, 아메리카의 흑인 사회에서 집단적 샤머니즘은 "인종적 반감"[6]의 내면 세계와 외면 세계를 변화시키기 위해서 기독교적인 대속적 고난의 유형을 나타내왔다.

제임스 글래스(James M. Glass)는 샤먼으로서의 정치 철학자들에 관한 논문에서 효과적인 정치적 이상 안에 있는 치료적 요소와 주술적 요소에 대해 언급한다. "샤먼은 무슨 일을 하며 어떻게 병적인 상태에 들어가는가 등은 무의식의 세계에 도달한 주문을 만들어내기 위해서 '상징들'을 구성하는 그의 능력에 의존한다…그것은 정치적인 이상에 반드시 필요한 능력이다."[37] 북아메리카에서 무의식의 차원에게 가장 강력한 기능을 발휘해온 주술적 상징들은 성경적인 것들이다. 이미 덴마크 베시와 낫 터너가 자유를 얻기 위해 성경을 가지고 주술을 행하여 하나님을 불러내려 했던 데서 그러한 상징들이 사용될 것을 예상했었다. 우리는 공동체의 흑인 역사 안에서 주술자들이 출현한 것을 살펴보았다. 이 장 결론 부분에서는 이처럼 사회적으로 변화시키는 힘이 있는 집단적 샤머니즘 안에서 사용된 특수한 성경적 상징 몇 가지를 살펴볼 것이다.

흑인 문화 내의 영적 심미적 원동력

우리가 사용한 도구들이 모두 우리가 발명한 것이 아니라는 사실은, 우리가 차용된 도구들을 획득하기 전에도 분명히 그것을 소유했다는 심미적 관습을 그것들에게 부과해야 한다는 의미를 가졌다. 이것을 중요한 사실이다. 그것은 흑인 미학이 존재했다는 것, 그리고 이 미학이 항상 우리가 생산해온 것을 지배해왔다는 것을 지적한다…이것들은 유형적인 가공품이 아니라 영적인 것이다. 그러한 흑인들은 그러한 도구들을 다루기 시작하면서, 자기들의 신과 직접 접촉했다.[38]

의식 구조와 흑인 음악

흑인들의 예술 작품에서도 의식적이고 주술적인 원동력을 관찰할 수 있다. 여기에서는 음악과 설교에 대해서만 관찰하려 한다. 그러나 미국 흑인 드라마와 영상 예술도 아프리카 영성의 유산을 나타낼 수 있음을 이해해야 한다.[39] 예증을 위해서, 먼저 의식적인 공연에서 전형적으로 등장하는 흑인 음악에 대해 다음과 같은 측면을 다루려 한다: 형식의 전환, 교창(交唱), 즉흥 연주. 특히 이와 같은 음악적 현상들은 아프리카계 미국인들이 이중 문화적, 또는 다문화적 민족이 되게 된 수단을 나타내준다. 사실, 음악적 표현은 제임스 볼드윈(James Baldwin)이 언급한 문화 안에 있는 심오한 구조들을 지적해준다: "미국의 흑인은 음악을 통해서만 자신의 이야기를 말할 수 있었다."[40]

그 이야기의 주된 특징은 아메리카 대륙 안에서 하나의 새로운 민족으로서의 자격을 성취한 것이었다. 그 성취는 특히 사회 언어학자인 몰튼 마크스(Morton Marks)가 "형식 전환"(style-switching)이라고 부른 특징적인 의식 구조 안에 깊이 새겨져 있다. 마크스는 자신의 민족음악학 연구에 기초를 두고서, 미국과 카리브 지역 내의 흑인 문화 집단들 내에 있는 이 구조의 증거를 제시한다. 형식 전환의 근본적인 특징은 한 가지 문화 체계의 형태를 모방한 표현에서 다른 체계의 것을 모방한 형태로 교대하는 것이다. 마크스는 이러한 형식 전환은 세속적인 의식은 물론이요 신성한 의식이 진행되는 동안 몽환적인 행위를 유도하는 기능을 한다고 주장한다. "전통적으로 "의미 있는 행위"라고 불린 것 이상의 행위가 진행된다. 형식의 변화는 하나의 의식적인 사건, 즉 신들림을 일으킨다." 몽환적인 상태를 유도하는 데 있어 중요한 것은 이원론의 한 가지 요소에서 다른 요소로의 돌연한 이동이다. "중요한 것은 형식 전환은 항상 "백인"의 형식에서 "흑인"의 형식으로, 유럽 형식에서 아프리카 형식으로 이루어진다는 것이다."[41]

두 가지 문화 체계 사이에서 형식을 양극화하는 것, 아프리카 형식으로 확인되는 것과 유럽이나 아메리카식으로 확인되는 것으로 양분하는 것은 이원성을 구성한다. 이렇게 볼 때, 형식 전환은 문화 접촉의 부산물로 간주할 수 있을 것이다. 그에 따라 나타나는 이중의 상징화는 그러한 접촉의 축적이나 기록을 제공해 주며, 다른 심미적 산물을 만들 수 있는 본보기를 만들어낸다. 그러나 마크스보다 훨씬 전에 두보이스(W. E. B. DuBois)가 이중 의식이라는 보다 일반적인 이론을 분명하게 제시했음을 기억해야 할 것이다. 그 용어는 두보이스가 아프리카계 미국인들을 아프리카인인 동시에 아메리카인, 흑인인 동시에 백인인 이중 문화적 사람들이라고 본 견해를 언급한다. 이 관점에 대한 분명한 진술은 "우리의 영적 노력에 관해서"라는 논문에서 발견된다. 1903년에 그 논문은 그의 유명한 저서 『흑인들의 영혼』(*The Souls of Black Folk*)에 삽입되었는데, 당시 두보이스는 아프리카 계 아메리카의 역사를 표현하면서 "이 투쟁—자의식이 강한 인격을 획득하려는 갈망, 자신의 이중적 자아를 보다 선하고 참된 자아 안에 합병하려는 갈망—의 역사이다. 이렇게 합병하면서, 그는 옛 자아가 상실되는 것을 원하지 않는다"[42]고 말한다.

두보이스가 주장한 바 이중 의식의 두 세계 사이를 이동한다는 개념은 본질적으로 마크스의 형식 전환의 개념으로 이어진다. 마크스의 개념은 흑인 문화의 특수한 영역—음악— 내에서 이 이중성이 구체적으로 작용한다는 것을 증명하기 위한 구조적인 기초를 과거의 공식에 추가한다. 그러나 아프리카-유럽-아메리카의 문화적 표현들의 이중성은 흑인들의 담화에서도 작용한다. 그것에 대해 다루기 전에, 먼저 형식 전환에 수반되는 "몽환과 관련된 특징들"(trans-associated features) 외에 흑인들의 음악으로 표현되는 영성의 양식들을 살펴보아야 한다. 사실, 흑인 문학 비평가인 랠프 엘리슨(Ralph Ellison)은 그러한 신호들이 20세기 초부터 중반까지 미국 흑인들의 음악 전통의 강력한 특징이었음을 관찰했다. 그 시기의 특징은 미국의 재즈와 유럽의 고전 음악을 완전히 알아야 한다고 생각하는 음악가들의 두드러진 활동이었다.

> 문화적으로 모든 것이 혼합되었고, 확실히 당신이 말로 표현할 수 없는 정서와 운동과 분위기에 사로잡히는 차원이 있었다. 종종 우리는 재즈와 고전음악, 찰스턴(4/4박자의 춤)과 아일랜드의 경쾌한 춤, 흑인 영가와 블루스, 성가와 세속적인 노래 등 두 가지 형태 모두에 동참하기를 원했다…다른 초월적인 형태들과 고전 음악과 연결지을 수 있다는 확인에 대한 욕구도 있었다. 나는 그것은 베토벤의 음악에서 들었고, 슈만의 음악에서 들었다.[43]

여기에서 엘리슨은 흑인들의 음악 표현이 어떻게 해서 흑인 음악으로 확인된 형태들과 백인, 또는 유럽의 음악으로 확인된 형태들 사이의 문화적 이원론을 나타내는 데 특이하게 적합한지를 분명히 예증한다. 그는 놀라운 통찰력을 가지고 위에서 지적한 초월성의 본질을 상세히 열거한다: "당신은 인종차별법에 의해서 정해진 세계와 크게 다른 세계를 아주 어렴풋이 보았다. 그리고 나는 아주 일찍부터 흑인 공동체 내에서 내가 사랑하는 모든 것과 그 너머에 있는 세계 안에서 내가 느끼는 모든 것을 연결하려는 열정에 사로잡혔다." 두 문화 병존성을 통해서 인종 차별과 문화적 고립[44]을 초월하는 것은 신세계에서 처음부터 미국 흑인 영성을 형성해온 요인들의 전형적인 예를 제공해 준다.

형식 전환과 장르의 상호 의존 외에도, 흑인 음악에는 영적인 원동력을 전해 주는 두 가지 측면이 있다. 그것은 교창과 즉흥 연주이다. 형식 전환이 의식적 구조를 나타내듯이, 음악적 표현의 이 두 가지 측면은 의식적인 과정을 촉진할 수 있다. 예를 들어, 민속음악학자인 펄 윌리엄즈-존스(Pearl Williams-Jones)는 교창과 즉흥 연주가 되풀이 되는 흑인들의 복음송에 대해 언급하면서, "지속된 드라마와 영적 집중에서의 복음적인 경험은 거의 의식주의적이다. 사람들은 이 매우 종교적인 엑스타시 상태에 사로잡힌다"고 말한다. 미국 흑인의 교창과 즉흥 연주는 아프리카의 사회적 공연의 참여적 측면에서 생겨난다. "그리오(griot: 서 아프리카의 여러 부족의 구비 전승을 다루는 악인[樂人] 계급의 사람)가 전통적인 이야기를 해설할 때에 말없이 듣는 것은 공손하지 못한 태도로 간주되었다…수동적으로 경청하는 태도는 서유럽의 심미적 규범들이다."[45]

서구의 가치관이나 전통과 구분되며 분명히 상이한 흑인들의 미적 개념은 1960년대와 70년대의 흑인 예술 운동의 통칙이었다.[46] 윌리엄스-존스는 흑인 종교 음악을 그러한 미학의 "구체화"라고 언급하면서 흑인들의 종교 음악회가 설교자나 성가대가 역동적으로 상호작용하는 흑인 교회 회중과 무척 흡사하다는 점에 주목한다. 예를 들어, 노래를 부르는 사람(또는 설교자)이 큰 소리로 "예수님이 무슨 잘못을 하셨습니까?"라고 노래하면, 청중은 "그분에게는 잘못이 없습니다"라고 응답한다.

단순히 단어를 바꿈으로써 이러한 형식을 끝없이 되풀이 할 수 있다.

선창자: 내가 배고플 때에 그분은 양식이 되십니다!
응 답: 분명히 그렇습니다.
선창자: 내가 목마를 때에 그분은 물이 되십니다!
응 답: 분명히 그렇습니다.

또는 아이러니나 "역설적인 의사소통"을 포함하는 즉흥적인 교창이 이어질 수도 있다.

선창자: 어떤 사람은 예수님이 백인의 신이라고 말합니다.
응 답: 분명히 그렇습니다.

이처럼 다소 복잡한 형식으로 행해지는 완전한 음악적 사건은 지도자의 선창과 결합된 청중의 반응을 이끌어낼 것이다.

헨리 미첼도 흑인 설교에 대한 연구서에서 흑인들의 음악과 설교에서 즉흥적인 것들이 동시에 발생하는 것에 주목한다. 그 주제는 전통적으로 흑인 설교자들은 백인 근본주의자들과 같은 방식으로 성경을 사용하지 않았다는 관찰을 통해서 제기된다: "흑인들은 독창성 없이 문자 그대로 성경을 의존하는 것이 아니다." 그 다음에, 미첼은 이처럼 독창적으로 성경을 사용하는 것을 음악 연주에 비유하면서 "흑인 재즈 음악을 연주하거나 노래하는 사람의 특징인 반복 악절, 또는 즉흥적인 연주는 흑인의 자발적인 행위이다. 흑인들의 복음송이나 솔 음악(Soul music)에서 멜로디에 그러한 자유로움을 적용하는 것이 흑인 문화의 특징이다"47)라고 말한다. 미첼은 그의 저서에서 흑인 설교자들의 설교 본문들을 사용하여 이 해석학적 자유를 훌륭히 예증한다.

그러나 흑인들의 독창성이 지닌 참여적 측면과 즉흥적 측면은 설교나 강연에만 적용되는 것이 아니라, 정치 이론과 실천과 관련된 일에도 적용된다. 앨버트 머리(Albert Murray)는 흑인들의 정치적 활동주의를 언급하면서 그러한 예를 제공한다. 볼드윈이 음악이 두드러지게 부각되는 것에 초점을 두었던 것을 확대하면서, 머리는 그것의 즉흥적인 측면이 어떻게 미국 흑인들이 활동하는 다른 영역에서 문화적 성실성과 영적 진정성을 측량하는 독특한 자원 역할을 하는지를 지적한다.

> 아마 젊은 흑인 급진주의자들은 본질적으로 현행의 급진주의에 대한 학구적인 존경에서 더 나아가 마르크스(Marx), 모택동(Mao), 게바라(Guevara), 패논(Fanon) 등의 복음을 즉흥적으로 연주하기 시작했다. 아마 그들은 암스트롱, 베이지, 엘링턴, 파커 등과 같은 위대한 흑인 음악가들이 악보 없이 연주하는 것은 악보를 읽을 줄 모르기 때문이 아니라 악보를 보는 것이 자기들의 목적에 적합하지 않다는 것을 발견했기 때문임을 깨닫기 시작할 것이다.48)

흑인 영성의 미적 표현에서 중요한 것은 이와 같이 "변화하려는 의지"이다. 그것의 의도적인 특성은 과거에 받아들여져온 악기, 문화 유물, 문화적 관습 또는 인식 자료 등을 피동적으로 전달하는 일을 극단적으로 싫어하는 데 있다. 한편으로 보면, 즉흥 연주는 흑인 문화에서 재즈 연주자나 블루스 가수가 사용하는 미적 관습이다. 다른 편으로 보면, 그것은 흑인 문화 전체, 그리고 언어와 문학적인 담화를 포함하여 흑인 문화의 산물들 안에서 작용하는 인종적이고 영적인 인증의 원리이다.

흑인들의 담화와 관련된 의식들

> 서로 악담하기 시합(signifying)은 게임—말 싸움—에서 사용되는 전략일 수도 있다…그러나 그것은 대부분의 경우 경솔이라는 요소를 포함하는 의미나 메시지를 암시적으로 표현하는 방법을 언급하기도 한다…그 기술적인 장점 때문에 선택된 대체 메시지의 형태로 간주할 때, 그것은 다양한 담화 안에 삽입되어 발생할 수 있지만…이야기라는 사건 전체의 특성을 좌우하지는 않는다.[49]

케네스 버크(Kenneth Burke)는 자신의 문학 이론에서 의식 드라마(ritual drama)가 인간 행위의 최초의 형태라고 인정했다. 버크는 비유를 사용하면서 의식이란 분명히 인간적인 활동의 여러 가지 형태들이 마치 바퀴의 바퀴살처럼 방사되는 구심점이 되는 축과 같다고 묘사했다. 그러한 견해에서, 인간의 담화는 그 의식적인 기원에 속한 발생학적인 요소들을 그대로 보유하고 있는 "상징적인 행위"로 이해된다. 따라서 그것은 상황의 변화와는 상관 없이 하나의 "의식적인 우주"(ritual cosmos) 안에서 계속 기능을 발휘하듯이, 최초의 의미를 전달한다. 물론, 담화의 능력을 활용하여 의식적인 의미를 복원하고 재창출하는 데 능숙한 언어 사용자들이 있다: 시인과 가수, 설교자와 웅변가, 작가와 극작가 등. 그들로 하여금 의식적 우주를 회복하게 만드는 다양한 동기들은 비유들을 유효하게 만드는—즉 인식적으로만 상징들 안에 참여하는 것이 아니라, 그것들을 집단 행위와 사회적 드라마의 규모로 성취하게 위해서 상징들 안에 참여함—유인이 되기도 한다. 어느 연구가는 "사람은 세상의 역할을 달리 정하는 법을 배워야 한다"고 말한다. "우리는 모든 것을 상징으로 여겨야 한다. 그것은 삶에 대한 이 의식적인 이상을 성취하기 위해서 거듭 극화되고 반복된다."[50]

흑인들의 담화의 원동력 안에 있는 이 의식적인 연기를 드러내기 위해서, 흑인 문학 이론가인 헨리 루이스 게이츠 2세(Henry Louis Gates, Jr.)의 저서를 언급하는 것이 적절할 것이다. 게이츠는 "서로 악담하기 게임"이라고 불리는 미국 흑인들의 사회적 의식 안에 종종 나타나는 수사학적 전략에 대해 논한다. 그는 그것을 흑인들의 말이나 글에서 발생

로메어 비어든, 《수수 거두기》, 1964

하는 독특한 토착적인 수사학적 구조라고 정의한다. "서로 악담하기 게임에서는…보조 진술이나 과장, 또는 비유적인 표현이나 앞 문장을 뒤집는 일이 되풀이 된다." 게이츠는 이러한 언어 예술의 민속적 기원이 아프리카의 이야기하기, 그리고 특히 북아메리카의 흑인 민간전승의 "악담하는 원숭이 이야기"(Signifying Monkey tales)에서 발견되는 트릭스터(원시민족의 신화에 등장하는 인물·동물로서 장난이나 사술 등으로 질서를 일시적으로 파괴함)의 특성 묘사 안에 둔다. 악담하기 게임은 하나의 민속 해석학으로서 하나의 해석적 예술이며, 관련된 단어들의 사전적, 어휘적 의미를 초월하는 의미를 밝히는 훈련이다.[51]

더욱이, 이처럼 여러 가지 의미를 조종하는 활동에는 교묘하게 상대방을 속이거나 오도하거나 허를 찌르기 위한 방책들 외에 재해석과 반대해석의 게임도 포함된다. 그러나 가장 흥미로운 것은 흑인들의 의미 체계와 백인들의 의미 체계 사이의 "텍스트 간의 관련성"을 이해하기 위한 방법의 유용함이다. 미국 흑인 문학에서 텍스트간의 상호 관련성을 보여 주는 교훈적인 예는 학자인 두보이스와 민속학자인 조라 닐 허스턴(Zora Neale Hurston)의 소설에서 제공된다. 두보이스는 1911년에 『은 양털을 찾기 위한 여행』(*The Quest of Silver Fleece*)에서 흑인 역사를 그리스-로마 신화와 혼합했고, 허스턴은 1939년에 『산 사람 모세』(*Moses: Man of Mountain*)에서 출애굽 이야기를 사용하여 흑인들의 경험을 풍유화했다. 두보이스는 그의 소설에서 그리스 신화의 본문들을 가지고 설전을 벌인 반면, 허스턴은 성경을 가지고 설전을 벌였고, 또 이 두 가지 미국 흑인의 저서의 텍스트는 서구 문화의 기본적인 문학 중 하나와 상호 관련이 있다고 말할 수 있다.[52]

게이츠는 다양한 형태의 악담하기 게임 형태 하에서 악담하기 의식에서 사용되는 비유적 표현이나 수사학적인 방법의 목록을 제공한다. 그럼으로써 그는 그 방법이 사용되는 공연 상황을 인정하고, 흑인들의 전문 술어를 사용하여 그러한 공연들을 열거한다: "큰 소리로 말하기, 사람을 호명하기, 랩, 상대방의 어머니에 대한 욕을 하기, 서로 악담하기 등." 게이츠는 거기서 만족하지 않고 악담하기 형식을 사용하는 의식적 공연에서 작용하는 트릭스터 충동을 추적한다. 그는 나아가 그러한 충동의 근원은 현재 범-아프리카적 분위기를 취하고 있는 토착적인 서부 아프리카 영성에 있다고 본다. 이 영성의 초점은 요루바 족의 트릭스터, 또는 아메리카에서도 발견되는 "에수-엘렉바라"(Eshu-Elegbara)에 있다.53) 이 범-아프리카적인 영(*orisha*)와 범-헬레니즘적인 해석의 신 헤르메스(Hermes) 사이에는 몇 가지 근본적인 유사성이 있다. 그러므로, 우리는 에수와 서구의 해석학(hermeneutics)이라는 단어가 파생된 이름의 주인공인 신 헤르메스 사이에서 여러 가지 닮은 점을 관찰할 수 있다.

게이츠는 헤르메스와 해석학의 관계는 에수와 비유적 의미와 관련된 미국 흑인들의 학문의 관계와 같다고 밝힌다. 게다가, 거룩한 해석의 영인 에수에 상응하는 세속적인 영은 흑인 담화에서 감식력의 본보기를 제공하는 트릭스터인 악담하는 원숭이이다. 그러한 명칭을 지닌 미국 흑인 사회의 민간 설화에서, 원숭이는 사자가 문자 그대로 해석하여 당황하거나 불행을 당하게 되는 암호를 사용하여 상징적으로 이야기함으로써 사자를 속이는 데 성공한다. 그러한 담화의 속임수들은 적대자의 지배를 효과적으로 전복시킨다. 남북 전쟁 이전 남부 지방에서 "puttin' on al[massa]"라는 말 속임수를 행하던 노예 사회에서는 담화의 속임수가 일상적으로 사용되었다. 탈출을 시도하는 동안 생존의 수단, 또는 매일 육체적인 학대로부터 자신을 변호하는 전략을 제공해 주던 일종의 악담하는 담화인 그러한 속임수는 악담하는 흑인 음악에서도 작용했다. 흑인 영가와 블루스의 특징은 암호화된 담화를 사용하는 것이다. 이러한 관계에서, 마크 마일즈 휘셔(Mark Miles Fisher)는 Steal Away to Jeses와 같은 흑인 영가가 모임을 조직하고 도피를 계획하라는 비밀 메시지라고 분석했다. 또 다른 해석가는 현대 흑인 문화와 역사에서 거룩한 음악과 사회적 변화 사이의 보다 넓은 관계를 묘사한다.54)

미국 흑인 사회의 악담하기 경기의 기원인 아프리카 영성을 추적함에 있어서, 우리는 분명히 민족지학자가 아니라 문화적 해석학자 또는 언어학자로서 이론화하는 위치에 있다. 어쨌든, 악담하기 게임을 텍스트들—시와 소설—이 다른 본문에 응답하는 데 사용되는 보다 공식적이고 문자적인 본문들 간의 상관성을 구두로 나타낸 것으로 간주하는 것이 유익하다.[55] 이제 우리는 그러한 관점에서 이 논문의 궁극적인 관심사—이것은 "신학적인 악담하기" 의식들, 또는 흑인들과 백인들의 종교적 의미 체계 사이의 상관성이라고 지칭할 수 있을 것이다—를 다룰 것이다. 흑인들의 사회적 상징 안에서, 우리는 미국 문화 내에서 작용하는 인종적 우위 구조와 전통적인 본문들에 응답하거나 그것을 뒤집어 비유적으로 표현하기 위해서 성경 본문이 사용된 것을 발견한다. 그러한 구조를 뒤집기 위해서, 미국 흑인들은 성경 본문들을 즉흥적으로 사용했다. 앞으로 마틴 루터 킹 목사가 지녔던 "사랑받는 공동체"와 같은 정치적 이상을 실질적으로 실현하기 위해서 그들이 사용한 반대 전략과 "반-구조"(antistructures)를 고안해 냈음을 살펴볼 것이다.

흑인 종교와 문화 내의 영적 정치적 원동력

미국 흑인들은 성경 본문에 기초를 두고서 최초의 신학적 공식들을 작성하면서 백인 노예주인들의 관점 및 자신의 노예 상태와 타협하려 했다. 처음부터 흑인 신학은 백인들에 의한 복음의 왜곡과 기만을 완화하며 자신의 학대받는 상황에 비추어 기독교적 이야기에 의미를 부여해야 했다.[56]

기독교인 자유인들과 민족 신학자들은 링컨의 노예 해방 선언을 고찰하면서 성경 이야기에 등장하는 사건이 그들의 역사적 경험 안에서 발생하는 사건이 될 수도 있다는 것을 깨달았다. 독립전쟁 이후 링컨 대통령의 통치는 히브리 노예들이 애굽의 속박에서 탈출한 기적적인 출애굽이 현대의 세속적인 상황에서도 현실이 될 수 있다는 것을 보여 주었다. 그러한 교훈에 함축된 의미들은 예언적 성취에 대한 과거의 인식들을 강화해 주고 장래에도 그러한 일이 되풀이 될 것은 예고해 주었다. 성경의 이야기가 계속 반복될 가능성에 곧 접할 수 있을 것 같았고 매우 강력했기 때문에 많은 사람들은 종교적으로 우려했다. 이제부터 소수의 헌신적인 신자들과 개종자들이 아니라 보다 많은 사람들은 흑인들이 기도와 기대를 통해서, 순종하고 의로운 행동을 통해서 하나님이 약속하신 번영과 자유를 물려받을 수 있다고 확신하게 되었다. 게다가, 그러한 일이 이루어지려면 먼저 그들이 성경적 본보기들과 결합되어야 하는 것 같았다. 그 특이한 예, 즉 노예해방에서의 링컨의 역할과 출애굽에서의 모세의 역할 사이의 연결은 일종의 특별한 패러다임이 될 것이다. 이런 식으로 성경적 예표론이라는 고대의 전통이 한 민족의 집단정신 안에 이식되었다.

예표론은 성경적인 예표나 상징을 성경 시대 이후의 인물, 장소, 사건 등과 연결하는 해석적 전통이다. 더욱이, 이 해석학에서는, 특별한 성경적 예표(type)와 그에 상응하는 성경 시대 이후의 대형(antitype)이 예언의 성취를 나타낸다고 이해해야 한다.[57] 이 전통의 기언은 중세 시대를 넘어 초대 교회 시대로 거슬러 올라간다. 전체적으로 보면, 기독교 2000년은 독특하게 기독교적 영성으로 형성되어 왔다. 흑인들의 종교적 상징주의 역시 그 영적 유산에 참여하고 있다. 그럼에도 불구하고, 미국 흑인들이 그것을 채택한 것은 일종의 공백 상태에서 발생한 것이 아니며, 또 청교도들의 예표론이 미합중국 문화 내에 있는 모든 이민들의 집단에 미친 영향력 때문이라고만 할 수도 없다. 청교도들의 영향은 매우 끈질겼기 때문에, 어느 주석가는 그것을 이해하기 위해서 "예표론적 민족 문화의 형성"이라는 용어를 만들어 내기도 했다. 분명히, 서로 인종적으로 공통점이 없는 백인들의 공동체, 유대인 공동체, 그리고 흑인들의 공동체는 아메리카에 대한 청교도들의 비유적 표현을 받아들여왔다. 청교도들이 신세계의 선택된 민족으로서의 자기들의 집단적 정체성을 만들어내기 위해서 뉴잉글랜드를 "하나님의 새 이스라엘"로, "가나안", "약속의 땅" 등으로 비유했던 것처럼, 그 이후의 인종적 공동체들도 그러한 전략을 받아들여 수정해왔다.[58] 그럼에도 불구하고, 인종학적으로 주의 깊게 조사해 보면, 그들은 각기 나름의 독특한 방법으로 그 일을 행하면서 청교도의 해석학은 자기들의 영적 전통에 맞추어 조절했음을 알 수 있다.

따라서, 흑인의 종교적 경험이 지닌 두 문화가 병존하는 본질을 강조해야 한다. 두 문화가 병존한다는 견해는 흑인 영성을 성경적 예표론과 같은 기독교 신학적 관습이나 전가된 아프리카적 요소로 축소시키지 않고, 현상들의 복합성을 드러낼 수 있게 해준다. 어느 주석가는 미국의 청교도 예표론 안에 있는 의식적인 요소들을 드러내왔고,[59] 다른 주석가는 흑인들이 비유적 표현을 사용하려는 충동의 근원이 아프리카 영성에 있다고 간주하려 해왔다. 이러한 문제들을 민족학적으로 정확하게 해결하려고 노력하기보다는, 미국 흑인 영성의 특징은 복합적인 현상들이라고 인정하는 것으로 족할 것이다. 흑인들의 종교적 상징주의와 관련하여, 우리는 미국 흑인들이 청교도적인 예표론적인 틀을 나름대로 개작하여 사용해왔다는 사실을 인정한다. 즉 그들은 청교도적 예표론을 토대로 하여 즉흥적으로 연설이나 연주를 해왔다.

성경적 상징과 흑인들이 의도한 의미

흑인들의 사회적-정치적 경험을 명심하기 위해서 선택되는 성경적 상징들은 출애굽, 에디오피아와 애굽, 약속된 땅, 포로 생활과 디아스포라 등이다. 이것들을 예표론적 레퍼토리 안에 포함된 정치적인 상징들로 검토하기 전에, 먼저 그것들을 성경적인 상징으로 소개하는 것이 교훈적이다. 그러므로 여기에서는 출애굽이라는 주요한 상징에 대해 간단히 논평하고 나서, 나머지 두 개의 상징―에디오피아와 이집트―및 그것들이 흑인들의 경험에서 지니는 의미를 살펴보려 한다.[60]

출애굽

노예들은 구원의 날이 오게 해달라고 기도했다. 그리고 자기들의 신화적인 과거를 노예생활에서 탈출한 이스라엘의 출애굽 사건의 일부로 합병함으로써 희망을 간직했다…기독교 신자인 노예들은 출애굽 이야기를 노예의 처지에 있는 자기들의 경험에 적용했다…노예들에게 있어서 출애굽은 일종의 원형적인 사건의 역할을 했다. 하나님이 자기 백성을 해방시킨 거룩한 역사가 미국 남부 지방에서 반복될 것이며 반복되고 있었다.[61]

노예들의 신앙에서, 성경적 출애굽의 예표인 해방이라는 이상은 후속의 전략과 정치적 상상력의 작용을 위한 패러다임을 제공한다. 재편입(Reconstruction: 남북 전쟁 후 남부 각 주가 합중국에 재통합된 사건) 시대부터 최근의 민권 운동에 이르기까지, 출애굽이라는 상징은 미국 흑인들에게 정치적인 과제를 알려주어 왔다. 민권 운동을 주도한 탁월한 인물인 마틴 루터 킹은 자신이 피스가 산에서 약속의 땅을 내려다보면서 자신은 그 땅에 들어가지 못하지만 언젠가 자기 민족이 그 땅에 들어갈 것이라고 확신하는 모습을 그려 보았다.[62] 그러나 흑인 문화 내에서 출애굽을 상징으로 사용한 것은 그러한 종류의 유일한 현상이 아니다. 그와 관련된 종교적 상징주의는 흑인들의 민족주의적 부흥 계획을 포함하여 19세기와 20세기에 있었던 다른 정치적인 계획에서도 작용한다. 그러한 계획들은, 신세계와 옛 세계를 흑인들의 자유와 완전함과 문화적 독창성의 좌소로 언급하기 위해서 종교적 담화를 사용함으로써 현행의 사회적으로 학대받는 구조들을 초월하려 했다는 점에서 영적-정치적인 계획이었다.

따라서, 한편으로는 "백인 신자들은 대서양을 건너 신세계로 가는 여정을 유럽의 속박에서 벗어나 젖과 꿀이 흐르는 약속된 땅을 향해 가는 새 이스라엘의 출애굽으로 여겼다." 반면에, "빈센트 하딩(Vincent Harding)이 말한 것처럼, 흑인 신자들은 그것을 거꾸로 생각했다: 아프리카와 서인도 제도를 잇는 중앙 항로는 그의 민족을 애굽 땅으로 인도했고, 그들은 그곳에서 바로의 속박을 받았다. 백인 신자들은 자신을 새로운 이스라엘이라고 여겼고, 노예들은 자신을 옛 이스라엘이라고 여겼다."[63] 유럽-기독교적 상징주의를 전용할 뿐만 아니라 뒤집어 사용하기도 하는 이러한 성향이 흑인 문화 내의 즉흥 연주적인 요소를 구분해 주는 특징이다.

에디오피아

미국 흑인들의 종교사에서 자주 인용되는 성경 구절은 출애굽기의 구절이 아니라 시편이라고 한다.[64] 시편 68:31에는 "방백들은 애굽에서 나오고 구스인들은 하나님을 향하여 그 손을 신속히 들리로다"라고 기록되어 있다. 아마 18세기의 선교적 해석은 흑인 신자들에게 에디오피아를 모든 아프리카와 흑인들을 나타내는 상징으로 사용하게 해준 듯하다. 백인 신자들도 처음에는 이 구절이 흑인들이 집단적으로 개종할 것을 나타내는 예언이라고 해석했을 수도 있다. 마지막으로, 그것은 노예 매매는 아프리카에 기독교를 소개하기 위한 하나님의 섭리적인 계획에 의해 예정된 것이라고 주장하는 유럽의 쇼비니즘(chauvinism)의 산물로 볼 수도 있다.[65] 그러나 점차 미국 흑인들은 그 예언의 기독교적 성취를 자기들 나름의 관점에서 해석하게 되었다.

여러 세대를 거치면서 이 구절의 해석은 결국 "에디오피아주의"라고 불리는 문학적-종교적 전통으로 발달했으며, 그 전통은 18세기 말부터 20세기 초까지 아프리카 대륙과 아메리카 대륙의 흑인 공동체들을 끌어들였다. 에디오피아주의에서는 시편 68:31은 "아프리카가 곧 정치적, 산업적, 경제적으로 극적인 부흥을 경험하게 될 것이라는 약속으로 해석되었다." 특히 노예 매매, 그리고 유럽의 식민지주의로 인한 19세기 아프리카의 치욕에 직면해 있는 아프리카가 부흥할 것이라는 개념은 서방 세계의 쇠퇴를 기대하기도 했다. "아프리카 및 흩어진 그 자녀들의 운명이 흥하게 되며 아울러 유럽인들에게 하나님의 심판이 임할 것이다." 실제로, 이 주석가는 그러한 해석을 통해서 19, 20세기의 흑인 민족주의자들이 시편 68:31을 사용하여 효과적으로 주술을 행했음을 인정한다.[66]

이집트

시편 68:31은 이집트와 에디오피아를 예언의 성취를 위한 상징으로 여긴다는 점에 주목해야 한다. 에디오피아라는 상징은 그 하반절—"구스인들은 하나님을 향하여 그 손을 신속히 들리로다"—의 회심 주제 안에 분명하게 나타나 있다. 그러나 사회적-정치적인 운동으로서의 에디오피아주의는 이집트에 관한 상반절의 예언—히브리인이나 아프리카인 노예들이 아니라 "방백들은 애굽에서 나오고"—에 의해서 활력을 얻어왔다. 여기에서 에디오피아주의의 성숙한 발달 안에서 전통적으로 출애굽 상징에서 작용해온 바 이집트에 대한 부정적인 평가가 완전히 역전되었음에 주목해야 한다. 에디오피아주의자들은 고대 이집트를 흑인 통치자들의 문명으로서, 그리고 히브리 노예들의 감옥으로서 중요하게 여겨왔다. 게이로드 윌모어가 지적하는 것처럼, 19세기의 흑인 노예 폐지론자들과 설교자들, 그리고 제1차 세계 대전 이후의 흑인 지성인들은 이집트를 인정하거나 찬양했다.[67] 실제로, 우리는 고대 아프리카 대륙의 두 강대국인 이집트와 에디오피아의 반-구조적, 반-동일화(counteridentification) 안에 범 아프리카 공동체에 대한 갈망이 담겨 있음을 인정한다. 그들의 반문화적인 상징적 표현에서, 이집트는 속박과 학대의 땅이 아니라 인종적인 자부심과 되찾은 유산의 초점으로 등장한다. 에디오피아주의에서 흑인들이 문화의 지도자요 문명의 대표자로서 회복됨을 통해 인류 최고의 문명 중 하나인 이집트의 부와 능력이 나타난다.

정치적 통합의 의식적 레퍼토리

> 미국 내에서의 흑인들의 경험은 고대 팔레스틴에서의 유대인 기독교인들의 경험이 아니다…그러나 성경의 메시지를 증거로 들이대는 해석 과정에서는 흑인들의 경험에 의해서 발언되는 단어를 우리가 독창적으로 다루는 데 사용할 수 있는 범주들을 제안해 준다.[68]

이 논의에서, 통합(configuration : 사회 문화의 개개의 요소가 서로 유기적으로 결합하는 일)은 흑인들의 사회적, 경제적 발달의 특별한 시대를 상징하는 독특한 정치적 통합의 형태를 말한다. 물론, 그 용어는 각각의 통합 단계에 심겨져 있는 성경적인 상징을 교묘하게 반영한다. 그러한 통합이 아무리 섭리적인 것이라 해도, 그것들은 성경적 본보기들을 모방한 공동체들 안에 기초를 둔 경험적인 것들임에 주목해야 한다. 따라서 출애굽 상징은 여기에서 출애굽 통합으로 언급되는 정치적인 패턴들과 통합들을 가르치며, 에디오피아 상징은 이티오피아 통합, 그리고 약속된 땅 등 다른 것들은 또 다른 통합을 이룬다. 이러한 통합들이 모여 일종의 목록, 하나의 레퍼토리를 이룬다. 음악이나 드라마의 레퍼토리와 마찬가지로, 그것들은 사회적이고 정치적인 공연을 위한 되풀이하여 사용할 수 있는 대안들을 제공한다.

출애굽 통합

> 학대받는 민족들이 유대-기독교 전통에 접근할 때마다, 이 선택과
> 포로됨과 해방의 시나리오가 그들의 상상력을 사로잡아왔다…[69]

흑인들의 상징적 표현의 전통에서, 해방을 위한 집단적인 노력은 출애굽을 극적으로 재연하며 자기들의 지도자들을 모세와 비슷한 인물로 나타내는 의식적인 공연으로 구상된다. 이미 앞에서 1960년대의 흑인 자유 운동 및 그 운동을 주도한 마틴 루터 킹 목사의 모세와 같은 지도력에 대해 언급한 바 있다. 그러나 16년대의 흑인 해방운동은 이 상징적 표현 원리의 힘을 가장 최근에 지적해준 것에 불과하다. 상징적 통합의 가장 초기의 예는 1863년에 있었던 노예들의 해방-출애굽보다 시기적으로 앞선다. 우리는 1807년에 브리튼과 신세계의 식민주에서 노예 매매가 종식된 것은 물론이요, 북부의 여러 주에서도 노예 해방 사건들이 발생했음을 기억해야 한다. 1829년에 뉴욕 주에서 서저너 트루스에게 자유를 준 사건은 적절한 예를 제공해준다. 또 독립 전쟁이 끝난 후, 1870년대 말부터 1880년대까지 남부의 주들이 재편성된 이후에도 출애굽 사건들이 발생했다는 것도 기억해야 한다. 이 사건들은 노예 해방이 아니라 이주였다. 즉, 흑인들이 남부를 벗어나 대량으로 이주를 시작한 것으로서 20세기 초의 도시와 북부 지방을 향한 이주에서 절정에 달했다.

관련자들 및 당대의 관찰자들은 한결같이 그 이주를 묘사하기 위해서 "출애굽"이라는 용어를 사용했다.[70] 그러나 그 용어를 사용한 것이나 그 공간적-시간적 위치와는 상관없이, 이 다양한 통합 형태들은 모두 해방을 의미했다. 그로부터 한 세대가 지난 후 두보이스는 『미국 흑인들의 영혼』이라는 책에서 "2세기 동안 미국의 흑인들만큼 의심 없이 자유를 숭배한 사람들은 없었다"고 말한다. "해방은 지친 이스라엘 백성들의 눈 앞에 펼쳐진 아름다운 약속의 땅에 들어가는 열쇠였다."[71] 이

출애굽-해방이라는 통합에 대해 자세히 논의하려면 아마 한 권의 책이 될 것이다. 그러나 여기에서 이 항목을 마치기 전에 모세라는 족장에 대한 흑인 여인의 놀라운 주장을 살펴보아야 한다. 해리엣 텁먼(Harriet Tubman)은 생전에 "그녀의 백성들의 모세"라고 불린 여인이다. 텁먼은 남부에서 북부나 캐나다로 탈출하는 노예를 도와주던 비밀 조직인 Underground Railway에서 300명의 노예를 해방시켜 주었기 때문에 이러한 영예를 얻었다. 이것은 하나의 소유물로 취급되며 "세상의 노새"[72]로 간주되는 흑인 여성이 흑인들의 정치적인 비유적 표현이라는 기교에 의해서 일종의 모세와 같은 인물로 변화된 것을 보여준다.

에디오피아 통합

> 만일 1870년대와 1880년대에 똑똑한 흑인 학자가 등장하지 않았다면, 에디오피아주의는 성경적 증거 본문들에 기초를 두며 흑인 교인들 사이에서만 사용되는 하나의 도피적 신화-체계로 머물렀을 것이다…그들의 운동은 민속적인 에디오피아주의라는 온상에서 싹이 텄다…그는 아프리카의 "문화적 민족주의"의 발달에 크게 기여했다.[73]

특히 성 클래어 드레이크(St. Clair Drake)는 시편 68:31을 특별히 종교적으로 이해하던 데서부터 흑인 민족주의에 의해 정치적으로 사용되게 되는 변천 과정을 도표로 나타냈다. 에디오피아주의는 과거에는 아프리카에 복음을 전파하고 사람들을 개종시킴으로써 아프리카를 대속하려는 선교적인 노력을 행하도록 흑인 신자들에게 동기를 부여하는 역할을 했었다. 앞에서 살펴보았듯이, 시편은 아프리카 및 그 대륙의 흩어진 자녀들이 대규모로 기독교로 개종함으로써 "하나님을 향하여 그 손을 들게 된다"는 예언으로 간주되었다. 그러므로 에디오피아주의는 처음부터 하나의 종교적인 이상을 포함하고 있었다. 그 후에 특이한 사상가가 나타나 에디오피아주의를 재형성하여 신세계로부터 아프리카로 돌아갈 것을 촉구했다. 그러나 가장 급진적인 에드워드 윌못 블리덴(Edward Wilmot Blyden, 1832-1912)은 에디오피아주의를 확대하여 일종의 포스트 기독교적(post-Christian)인 문화적 민족주의를 만들어냈다. "그리스도에게 돌아옴을 통한 아프리카의 대속과 변화에 대한 기독교적 신념들을 박탈당한 에디오피아주의 사상은 아프리카를 대속할 힘이 아프리카 자체 내에 잠재해 있다는 믿음으로 나아간다."[74]

흥미롭게도 에드윈 레드키(Edwin S. Redkey)는 에디오피아주의 아프리카 대륙으로의 이민 시대와 흑인 민족주의 시대를 하나의 "흑인 출애굽"(Black Exodus)이라고 묘사한다. 이 용어는 흑인 민족주의의 아프리카로 돌아가게 하려는 자극—1920년대의 가비 운동(흑인 역사상 가장 큰 규모의 운동)에 작용한 동기—때문에 적용된 것이다. 그러나 이 비유적인 용어 사용의 변형은 통합 레퍼토리의 즉흥적인 측면들을 조명해 주는 열할을 할 뿐이다. 이 레퍼토리 안에서, 흑인들의 운명과 성경 이야기 사이의 관계가 지닌 상상력과 중요성을 증가시키기 위해서 출애굽 통합과 에디오피아 통합이 혼합되었다. 따라서, "흑인 역사 내의 유연성"[75]은 흑인 민족주의가 출애굽과 에디오피아라는 비유적 표현에 의해서 선택적으로 통합되는 것을 허락한다. 과거에는 아프리카인들이 대서양을 건너 아메리카로 수송되었는데, 이제 거꾸로 그들은 아메리카를 떠나 대서양을 건너 아프리카로 이주했다. 이러한 반전 안에서, 본문 안에서의 상상은 아프리카로의 귀환을 홍해를 건너 이집트로 돌아간 것과 통합할 수 있다. 그러나 그러한 통합 안에서, 흑인 문화적 민족주의자들은 이집트라는 상징이 아프리카의 위대함과 잠재적인 운명을 적극적으로 나타낸다고 재평가했다. 그러한 즉흥적인 독창성에 의해서, 신세계에서 포로 생활로부터의 범 아프리카적 출애굽이 주도될 수 있다.

전도된 통합: 약속된 땅과 포로생활

> 아메리카가 약속된 땅이라는 사상은 회복할 수 없을 정도로 손상되었다. 불의, 전쟁, 생태계 파괴, 도피 기술 등은 그 꿈을 영구적으로 손상시키는 데 기여해왔다. 마지막으로, 오늘날 인간의 악에 대처하는 해결책으로서 기적적인 신적 개입을 기대하는 사람은 거의 없다.[76]

재편성 이후 남부 지방에서 민주적인 개혁이 실패한 이후로 미국 흑인들은 미합중국을 약속된 땅으로 비유하는 것에 대해 의심을 제기해 왔다. 두보이스는 1903년에 『흑인들의 영혼』에 수록된 "영적 투쟁"이라는 논문에서, 늙어가는 자유인이 광야를 방황하는 세대가 약속의 땅을 향한 갈망이 충족되고 있음을 몇 십 년이 흐르는 동안 서서히 깨달은 데 따른 적절한 정서를 묘사했다. 금세기 초에 있었던 그러한 깨달음 및 그와 유사한 깨달음과 관련하여, 우리는 미국 흑인의 사회적 역사 안에서의 약속의 땅이라는 통합을 매우 신중하고 주의깊게 다루어야 한다. 자본주의의 사회적-경제적 요건들은 미합중국 내에 영구적인 빈민 계층을 보존하는 만큼, 그러한 체계에 기초를 둔 통합을 자세히 살펴볼 가치가 있다.

1977년에 조지아 주 애틀란타에서 개최된 흑인 신학자 회의가 발표한 "흑인 교화와 공동체에게 주는 메시지" 안에 그러한 면밀한 조사가 분명히 드러나 있다. 그 회의에 참석한 사람들은 흑인 중산층의 절망에 대해서 목회적인 관심을 가지고 말하면서 다음과 같은 염려를 표현했다.

> 혼과 영혼의 가난에 대한 염려. 우리는 보다 좋은 직업과 보다 큰 집, 칼러 텔레비전, 최신 자동차 등을 소유하고 있는 것이 사람들이 예수께서 말씀하신 풍성함 삶을 획득한 증거라고 생각하지 않는다. 예수께서 말씀하신 삶은 감각 중심의 물질적 문화라는 우상숭배에 사로잡힌 사람들은 경험할 수 없는 것이다.[7]

그 회의에서는 미국의 번영이라는 주제와 물질주의의 포로가 되었다는 주제를 뒤집어 놓고, 계속 "육체적인 욕구 충족을 인생의 목적으로 삼는 것", 그리고 "복음의 도덕적, 윤리적 표준들을 무효화 하는 것"을 거부한다. 이처럼 자본주의적 성공의 세속화된 이야기로서의 약속된 땅의 통합에 대한 비판 및 평등한 조건으로 흑인들의 사회적 경험을 재통합하려는 예언적인 노력은 보다 진보주의적인 공동체를 향하는 경향을 나타낸다. 그것은 해방주의적인 것이기도 하다. "흑인 해방을 육체적으로나 정신적으로 다수의 흑인들과 분리된 소수의 물질적 성공과 동일시하는 것은 우리 모두의 구원에 필요한 통일을 조롱하는 것이다."

따라서, "약속의 땅"이 아니라 "포로생활"이 흑인 사회의 두 주요 집단—가난한 자들과 보다 성공한 자들—이 처한 역사적 상황을 가장 잘 표현한다고 볼 수 있다. 흑인 빈민 계층은 재통합 시대 이후의 정치적, 경제적인 힘을 획득한 것과 밀접한 관계가 있는 약속의 땅의 성취라는 통합으로부터 차단되어 있다. 부유한 흑인들은 자신의 성공을 초기 아메리카에 대한 청교도들의 "가나안" 통합을 왜곡한 아메리칸 드림의 자본주의적 시나리오와 동일시했다. 약속의 땅이라는 통합은 많은 사람들에게 희망과 이상을 고취하기 위한 원천으로 존속해왔다. 그것은 기껏해야 흑인들의 경험 안에서 사회적-경제적으로 부분적인 현실이 되었다. 그러나 가난한 사람들과 성공한 사람들이 각기 경제적으로나 영적인 빈곤한 상태를 유지하는 사회 구조에 포로가 되어 있음은 그러한 현실이 지닌 애매한 상태를 지적해준다.

디아스포라 통합

> 궁극적으로 아메리카의 신화를 전용함에 있어서 흑인들의 신앙의 중심이었던 성경적 이미지는 대치되어야 한다…대체할 수 있는 새로운 이미지를 제안한다면, 바벨론 포수 및 유대인 디아스포라에 대한 성경 이야기에 기초를 둔 아프리칸 디아스포라를 제안할 수 있을 것이다. 미국의 흑인들이 보아야 하는 것은 이스라엘에 대한 성경적 역사의 시작 부분이 아니라 끝 부분이다.[78]

1973년에 흑인 신학자 찰스 셀비 룩스(Charles Shelby Rooks)는 약속의 땅이라는 훼손된 통합 및 더럽혀지고 세속적인 아메리칸 드림의 파생물을 포기하라고 주장했다. 룩스는 현대의 흑인 경험을 바벨론 포수와 유대인 디아스포라의 반복으로 재통합하라고 제안했다. 그러나 20세기가 저물어가면서 룩스가 1970년대 초에 모험적으로 제안한 것이 점점 더 적합해지는 듯하다. 현대 흑인 문화에서 포로생활과 디아스포라라는 통합은 매우 설득력이 있는 듯하다. 바벨론 포수라는 상징을 흥미롭게 적용한 예는 1960년대에 캘리포니아 주 오클랜드에서 활동한 호전적인 흑인 회교도 집단인 흑표범단(Black Panther Party)에서 차용한 것이었다. 표범이라는 수사학적인 표현은 "바벨론"과 "바벨론 같은 아메리카"라는 용어를 "악한 백인들의 아메리카"로 바꾸었지만, 그것들을 사용한 것은 본질적으로 그 상징이 "퇴폐적인 사회"[79]를 의미하는 것으로 축소한 일이었다.

"아프리카 디아스포라"라는 용어 역시 60년대에 처음으로 사용되었다. 그러나 유대 민족과 아프리카 흑인 민족이 흩어진 것 사이의 비유적 상관관계는 19세기초부터 인정되어왔다. "디아스포라"라는 단어는 흩어짐을 의미하는 헬라어에서 파생된 것이며, 기원전 721년에 북왕국이 아시리아에게 함락된 것 및 기원전 586년에 바벨론으로 유배된 것을 시작으로 하여 유대인들이 이방인들 사이에 흩어진 것(느 1:8 참조)에 적용되었다. 유대인들에 로마 제국의 헬레니즘 세계에 흩어진 것은 기독교 성경에서 그리 나타나지 않는 단어가 등장하는 배경이 되었다(예 요 7:35). 그러나 역사가 조지 쉐퍼슨(George Shepperson)은 디아스포라가 보다 넓게 적용될 수도 있음을 상기시켜 준다.

> 유대인들이 고국을 떠나 세계 각처로 이주한 이 과정은 모든 실질적이고 중요한 이민자 집단에 적용할 수 있는 용어를 만들어냈을 뿐만 아니라, 유대인들을 흩어지게 한 것과 유사한 힘—특히 노예 제도와 제국주의—에 의해서 고국에서 축출된 다른 민족들의 경험을 해석하는 데 사용할 수 있는 하나의 개념을 제공해 주었다.[40]

그러나 다른 통합들과 마찬가지로, 디아스포라도 성경 이야기 안에 심겨져 있는 상징적 표현에 의해서 특정의 종교적-윤리적, 또는 영적 함축 의미들을 물려받는다. 디아스포라라는 상징이 현재 흑인 문화에 채택되는 것처럼, 기독교의 영적 원동력도 디아스포라에 부수될 수 있을 것 같지는 않다. 그 용어는 표면적인 사회적-학문 지향성 때문에 확실히 세속적인 것처럼 보일 수도 있다. 아마 "아프리카 디아스포라의 근대적인 이데올로기"인 범-아프리카주의를 위한 포스트-이디오피아주의적인 관념적 틀을 제공해 주는 데 있어서 보다 영향력이 있는 것은 그것의 정치적인 용도일 것이다. 그럼에도 불구하고, 정치적 통합들로 이루어지는 "민족 문화의 형성"은 불합리하지 않다.

확실히, 신화화를 통한 것이 아니라 그것을 채택하는 유대 문화와 흑인 문화가 성경적 자기 동화의 강력한 전통을 가진 해석 공동체로 존재하기 때문에, 디아스포라는 초월적인 차원을 소유한다. 유식한 미국 흑인이 하나의 성경적 상징을 자기 시대의 경험이나 현실을 지칭하는 것으로 여겨 받아들이는 일이 정말로 가능할 것인가? 그러한 문화 안에서 하나의 설득력 있는 상징이 거룩한 이야기 안에 있는 기원으로부터 분리되어 근거 없이 출현할 수 있는가? 스테픈 크라이츠(Stephen Crites)는 인간 경험의 담화적 특성에 관한 논문에서 "한 민족의 세속적인 이야기들은 그 민족의 신성한 이야기 안에 함축되어 있으며, 모든 세속적인 이야기는 신성한 이야기 안에서 서서히 파악된다"[81]고 말한다.

크라이츠의 논평은 미국의 흑인들과 같은 디아스포라 민족에게 특별하게 적용된다. 특히 구전적이고 몰아적 문화 안에서, "같은 정신을 가진" 민족이 "같은 경전을 가진" 민족이 되었다. 그 과정에서, 그들은 같은 신앙을 가진 유대교, 회교, 기독교 신자들의 영성을 합병했고, 그럼으로써 아브라함의 종교들 안에 참여했다. 그들은 자기들이 디아스포라 생활을 하는 지방의 문화의 신성한 본문들을 받아들이고 개작했다. 신학자 조지 린드벡(George Lindbeck)은 그러한 발달 현상들을 텍스트들 간의 상호관련성(intratextuality)라고 언급하는데, 그것은 신앙 공동체들 상에서 성경이 "우주를 성경적 세계 안에 흡수하는"[82] 해석적 효능을 지칭하기 위해 사용한 용어이다. 따라서, 이 용어 역시 미국의 흑인 공동체들이 자기들의 경험을 해석하고 통합하기 위해서 성경적 상징들과 이야기를 사용하는 데 미친 기독교적 영향력을 가리킨다. 텍스트들 간의 상호관련성은, 토착의 문학적 방법들이 결여되어 있는 인종적 공동체를 위한 하나의 대리 경전 역할을 하게 되었다는 사실을 설명해 준다. 그것은 풍부한 구전 텍스트들과 훌륭한 즉흥적 미학을 소유한 공동체이다. 이처럼 성경 이야기가 흑인들의 아메리카의 신성한 본문을 대신한다는 것은 곧 그 문화가 자체의 경험을 그 세계의 확장인 성경의 세계 안에—마치 성경이 신적 초월성에 대한 인간적 참여를 다룬 자체의 문학적 기록인 듯이—등록한다는 것을 의미한다.

결론

이 장은 미국의 흑인 영성에서 서방의 특성과 그렇지 않은 특성이 나타나는 것을 관찰함으로써 시작했었다. 많은 관찰자들은 흑인들의 종교적 표현과 기독교의 연속성을 강조함으로써 그러한 양면성을 해결하려 해왔다. 그러나 다른 사람들은 아프리카의 전통적 종교들과의 연속성을 강조한다. 데이비드 윌즈(David W. Wills)는 미국 독립전쟁부터 재통합 시대에 이르는 100년의 기간(1770년대부터 1870년대까지) 동안의 흑인 종교에 대한 논의에서 전자의 예를 제공한다. 윌즈는 흑인들의 종교는 개신교와 청교도들의 영향력을 나타낸다고 강조한다. 그는 주로 이 시대의 흑인 선교에 관심을 가지며, "흑인 종교지도자들이 미국 개신교주의의 선교 활동 뿐만 아니라 그 배후에 놓인 종교적 사상들의 세계에도 참여했다는 것"을 관찰한다. 윌즈는 계속해서, 그러한 많은 지도자들은 아프리카적 영향의 흔적들을 완전히 제거하고, 그것들을 주된 문화의 양상들로 대체하기로 결심한 듯 했다고 말한다. 그러나 로렌스 레빈(Lawrence Levine) 같은 학자들은, 문화적 연속성은 내용 뿐만 아니라 형식과 관련된 것이므로, 그러한 시도가 궁극적으로 실패했다고 평한다. 문제는 "아프리카적 생존의 문제가 아니라 변화의 문제이다."[83]

후자의 관점에서 보면, 흑인들의 종교 체험을 미국 개신교주의의 변형에 불과하다고 묘사하는 것은 환원주의적 잘못이다. 미국 흑인들의 영적 형성을 위한 주요한 근원을 제공해 주는 칼빈주의 전통과 복음적 전통들이 분명히 있다. 그러나 1970년대에 흑인 연구의 급성장과 더불어 시작된 새로운 민족지학 연구에서는 흑인 종교와 문화에 대한 완전히 닮은 견해를 논파했다. 제임스 콘(James Cone)과 게이로드 윌모어(Gayraud Wilmore)는 대체 비유를 사용하여 그 견해를 희화(parody)했다: 즉, 미국의 흑인은 "초콜릿을 입힌 백인에 불과하다"[84]고 표현했다. 대조적으로, 흑인 학자들과 백인 학자들은 아프리카-유럽-아메리카 영성들 사이의 만남이 미국 개신교주의의 형성에서 주요한 요인이라는 사실—실제로 그것은 미합중국 내에서 청교도적 기원, 칼빈주의적 기원, 복음주의적 기원으로서 중요한 요인이라는 것—을 인정하기 시작했다. 이러한 관계에서, 데이비드 윌즈는 "공유된 구조", 그리고 과거의 역사가들은 인정하지 못했던 흑인들과 백인들 사이의 진정한 종교적 "다원주의"에 대해 말한다. 역사가 도널드 매튜즈(Donald G. Mathews)는 남북전쟁 이전 남부에서의 복음적 개신교주의에 대해 저술하면서 다음과 같이 논평한다:

> 남북 전쟁 이전에 많은 흑인들이 흑인 기독교의 전개를 통해서 백인 복음주의의 의미가 포위되고 변화되면서 역사(History)가 끝날 것이라고 생각함에 따라 그 시대는 종식되었다. 이런 방식으로 이루어지는 흑인-백인 간의 종교적 상호작용에 대한 인식 안에 많은 진리가 들어 있을 수도 있다. 그러나 그것은 흑인 종교를 진지하게 대하지 않으려는 전통적인 태도보다는 역사적 기록에 더 맞는 말이다.[85]

따라서, 계속 발달하고 있는 새로운 관점의 초점은 북아메리카 문화의 형성 및 세계적인 문화들에 미친 흑인 영성의 영향력에게로 이동한다. 이전 세대에, 칼 융과 같은 외부 관찰자가 아메리카에 미친 이 영향력을 식별하는 일을 했다. 역사가 레론 베넷(Lerone Bennet)은, 융이 미합중국을 방문하는 동안에 흑인들의 존재에 크게 놀랐다고 전한다.

> 그는 "나의 관심을 끈 첫번째 대상은 흑인들의 영향, 혈연과는 상관이 없는 심리학적 영향이었다"고 말했다고 한다. 융은 계속해서 미국 백인들의 걸음걸이, 웃음, 춤, 노래, 심지어 기도 안에도 흑인들의 영향이 분명히 나타난다고 말했다.[86]

그러나 1960년대에 인종적인 의식이 증가하면서, 점차 많은 미국인들이 흑인 문화의 형성적인 영향을 인정하기 시작했다. 사회학자인 로버트 블라너(Robert Blauner)는 장차 지식이 많은 관찰자들은 "남부 지방을 신-아프리카"[87]로 보다 쉽게 인정할 것이라고 주장한다.

이와 같은 다민족적인 의식의 증가와 병행하는 현상이 개신교회와 기독교 교육 공동체들 내에 존재한다. 에큐메니즘의 진정한 성취로 인해 다양한 교회 집단들 사이에 인종적인 상호관련성의 의식이 증가되었다. 신학 교육에서, 흑인들의 종교 체험을 경솔하게 다루는 것은 문화적으로 근시안적이고 학문적으로 결함이 있는 태도로 간주된다. 그러나 특히 제3 세계 문화 내에 있는 비-서구적 공동체들이 흑인들의 경험 안에서 자기들의 종교적이고 사회적-정치적인 변화를 위한 본보기를 관찰할 수 있는 기회가 등장한다. 흑인의 즉흥 연주의 미학이 아프리카의 폴리리듬(대조적 리듬의 동시 사용)과 고전적인 유럽의 음악을 융합한 재즈를 만들어내고, 계속하여 재즈를 아시아와 라틴 아메리카 등지의 음악과 융합한 것처럼, 미국 흑인 영성은 종교 간의 융합을 성취하여 하나의 교훈적인 본보기를 제공한다. 이 본보기에서, 한 민족의 영성의 신학적 표현은 "유럽 이외의 지역에서 이주한 조상들의 종교적 정신으로의 복귀를 정당화했다." 게리로드 윌모어는 이러한 관점에서 이질적인 두 문화가 병존하는 영성의 본보기로서의 흑인의 신학적 담화의 중요성을 이야기한다.

> 흑인 신학은 미국 백인 사회의 것이 아닌 다른 문화적 상징들과 상황 안에서의 나사렛 예수에 대한 이해를 인증했다. 그렇게 하면서, 그것은 다른 사회와 문화 내에서 신학의 토착화를 위한 본보기를 제공한다. 미국 내의 라틴 아메리카 신학, 원주민 신학, 아시아의 신학들의 발달은 이 그리스도의 탈-아메리카화(de-Americanization), 탈-서방화(de-westernization)가 다른 인종 집단들이 자기들의 역사적인 경험 안에서 그리스도를 확인할 수 있는 길을 열어주었다.[88]

한 문화가 어떻게 토착적인 종교적 유산의 변화시키는 원동력을 보유하면서도 진정으로 기독교 영성을 받아들일 수 있을까? 이것이 유럽의 공동체들이 처음 기독교를 대하면서 직면했던 문제로서, 오늘날 유럽의 기독교 이전 시대의 영성들의 재연합과 새롭고 보다 건전한 전체론적인 통합을 정당화해준다. 미국 흑인들의 영적 원동력은 그러한 도전에 참여하는 모든 공동체에게 통찰과 격려와 안내를 제공해줄 수 있다.

주

1) Stephen Crites, "The Narrative Quality of Experience," *Journal of the American Academy of Religion* 39(1971) 296. "주인 이야기"에 대해서는 Michael Goldberg, *Jews and Christians: Getting Our Stories Straight* (Nashville: Abingdon, 1985) 13ff.; James W. Fowler, *Stages of Faith* (San Francisco: Harper & Row, 1981) 277-279, 281f., 295f., 301f를 참고하라.
2) Christopher Frye, "The Dynamics of African Dispersal: The Transatlantic Slave Trade," in *The African Diaspora: Interpretive Essays*, ed. Martin L. Kilson and Robert I. Rotberg(Cambridge, MA, and London: Harvard University press, 1976) 59. 특히 노예 무역과 중앙항로에 대해서는 Nathan I. Huggins, *Black Odyssey: The Afro-American Ordeal in Slavery* (New York: Vintage/Random House, 1977)을 참고하라.
3) 노예 언어와 영성의 문화적 자료에 대해서는 Sterling Stuckey, *Slave Culture: Nationalist Theory and the Foundations of Black America* (New York: Oxford University Press, 1987) 3-17ff.를 보라.
4) Gayraud S. Wilmore, *Black Religion and Black Radicalism*, 3.
5) Albert J. Raboteau, *Slave Religion*, 311. 독립 전쟁 기간 동안 노예의 자유를 위한 청원에 대해서는 Herbert Aptheker, ed., *A Documentary History of the Negro People in the United States* (New York: Citaldel, 1951) 6-9을 참고하라.
6) G. S. Wilmore, *Black Religion*, 143. Arthur H. Fauset, *Black Gods of the Metropolis: Negro Religious Cults in the Urban North* (Philadelphia: University of Pennsylvania Press, 1944); Joseph R. Washington, *Black Sects and Cults* (New York: Anchor Books, 1973); William Z. Foster, *The Negro People in American History* (New York: International Publishers, 1954) 361, 392, 420f., 456, 480.
7) G. S. Wilmore, *Black Religion*, 41; James H. Cone, "The Post-Civil War Black Church," in *Black Theology and Black Power* (New York: Seabury, 1969) 103-15.
8) Victor Turner, *The Ritual Process: Structure and Anti-Structure* (Ithaca, NY: Cornell University Press, 1969).
9) Victor Turner, *Dramas, Fields, and Metaphors*, 274.
10) Henry H. Mitchell, *Black Belief*, 144; Shelia S. Walker, *Ceremonial Spirit Possession in Africa and Afro-America*, 123.
11) Mitchell, *Black Belief*, 145-46; Morton Marks, "Uncovering Ritual Structures in Afro-American Music," in *Religious Movements in Contemporary America*, ed. Irving I. Zaretsky and Mark P. Leone, 114-15. Annette P. William, "Dynamics of a Black Audience," in *Rappin' and Stylin' Out: Communication in Urban Black America*, ed. Thomas Kochman(Urbana, IL: University of Illinois Press, 1972) 101-6.
12) Walker, *Ceremonial Spirit Possession*, 2.
13) Raboteau, *Slave Religion*, 58-59.
14) Ibid., 64.
15) Wilmore, *Black Religion*, 24.

제12장 미국 흑인 영성 553

16) Ernst Cassirer, *Language and Myth*, trans. Susanne K. Langer(New York: Dover, 1946) 61-62.
17) Martin Buber, *Kingship of God*, trans. Richard Scheimann(3rd ed.: New York: Harper & Row, 1967) 105-6.
18) Countee Cullen, "Counter Mood," in *Color* (New York: Harper & Brothers, 1947).
19) Wilmore, *Black Religion*, 26.
20) Norman E. Whitten, Jr., "Contemporary Patterns of Malign Occultism Among Negroes in North Carolina," *Journal of American Folklore* 75(1962) 311-25. Raboteau, *Slave Religion*, 278. Newbell Niles Puckett, *Folk Beliefs*, 175.
21) Raboteau, *Slave Religion*, 69; Stuckey, *Slave Culture*, 58; Lawrence W. Levine, *Black Culture*, 165-66; Mitchell, *Black Belief*, 43-44; John W. Blassingame, *The Slave Community* (New York: Oxford University Press, 1972) 134-35.
22) Raboteau, *Slave Religion*, 75, 80.
23) Ibid., 287f.
24) "자유를 위한 투쟁을 조성한 초기 흑인 종교의 요소를 볼 수 있다: 깊이 간직되어 있는 아프리카 영성, 일종의 하나님을 향한 광기, 해몽, 환상, 예언 등에 대한 열심. 이러한 성향들은 강화되었고···흑인들을 옹호하기 위해서 백인들에게 불리하게 사용하는 신탁이 되었다."(Wilmore, *Black Religion*, 36)
25) Stuckey, *Slave Culture*, 50. 하이티의 국교인 보던(Vodun)에 대해서는 Wilmore, *Black Religion*, 23을 참고하라.
26) 터너의 『고백록』과 이상에 대하여는, Wilson Jeremiah Moses, *Black Messiah and Uncle Toms*, 64; Wilmore, *Black Religion*, 67; William C. Suttles, Jr., "African Religios Survivals as Factors in American Slave Revolts," *Journal of Negro History* 56(1971) 101-3을 참고하라.
27) Amanda Porterfield, "Shamanism: A Psychosocial Definition," *Journal of the American Academy of Religion* 55(1987) 725-26.
28) "구현된 윤리로서의 흑인 종교"에 대해서는 James W. McClendon, Jr., *Ethics*: Vol. 1, *Systematic Theology* (Nashville: Abingdon, 1986) 78-109; Archie Smith, Jr., *The Relational Self: Ethics and Therapy in a Black Church Perspective* (Nashville: Abingdon, 1982) 76을 참고하라.
29) Mitchell, *Black Belief*, 145.
30) Porterfield, "Shamanism," 728-29.
31) Hughes, "Shamnism and Christian Faith," *Religious Education* 71(1976) 395-96. 샤마니즘의 병리학적 면에 대해서는 I. H. Boyer, "Remarks on the Personality of the Shaman," in *The Psychoanalytic Study of Society*, ed. by W. Muensterberger and S. Axelrad(New York: International Universities Press, 1962); George Devereaux, "Shamans as Neurotics," *American Anthropologist* 63(1961) 1088-90; A. L. Kroeber, *Psychosis or Social Sanction: The Nature of Culture* (Chicago: University of Chicago Press, 1952) 310-19; Julian Silverman, "Shamnans and Acute Schizophrenia," *American Anthropologist* 69(1967) 21-31.
32) Anthony E. C. Wallace, "Revitalization Movements," *American Anthropologist* 58(1956) 264-81.

33) Smith, *Rational Self*, 75. 개인적 변화와 사회적 변화를 통합하는 실천에 대한 최근의 논의에 대해서는 Erica Sherover-Marcuse, "Practice of Subjectivity," in *Emancipation and Consciousness: Dogmatics and Dialectical Perspectives in the Early Marx*(New York: Blackwell, 1986) 135-42을 보라.
34) Kenneth Burke, *The Philosophy of Literary Form: Studies in Symbolic Action* (New York: Vintage, 1957) 100.
35) Gayraud S. Wilmore, "The Black Messiah: Revising the Color Symbolism of Western Christology," *The Journal of the interdenominational Theological Seminary* 2(1974) 13.
36) 예를 들어, Timothy L. Smith는 "흑인 회심자들은 자기들에게 용서해야 할 것이 많다는 것을 알고 있었다"고 관찰했다. 경외심과 엑스타시가 따르는 용서가 그들의 개인적인 종교 체험의 첫번째 요소였으며, 그들의 신학의 기초를 제공했다고 스미스는 주장한다.("Slavery and Theology: The Emergence of Black Christian Consciousness in Nineteenth Century America," *Church History* 41 [1972] 498). "영 분별"의 기독교적 은사에 관해서는 고린도전서 12:10을 보라. 가톨릭 교회의 이냐시오의 영성에서 영 분별이 지니는 중요한 역할에 대해서는 *The Spiritual Exercises of St. Ignatius*, ed. and trans. Louis J, Puhl, S.J. (Chicago: Loyola University Press and the Newman Press, 1951) 3-4, 141-50을 보라. 미국 개신교의 영 분별의 전통은 조나단 에드워즈에게서부터 시작된다: Jonathan Edwards, "The Distinguishing Marks of a Work of the Spirit of God: A Discourse,"(Boston, 1741), in *The Great Awakening*, ed.. D. d. Goen (New Haven: Yale University Press, 1972) 226-63. 현대의 논의에 대해서는, Morton Kelsey, *Discernment; A Study in Ecstasy and Evil* (New York: Paulist, 1978)을 보라.
37) James M. Glass, "The Philosopher and the Shaman: The Political Vision as Incantation," *Political Theory* 2(1974) 186. 샤마니즘의 토착 형태의 "계승자"인 고대 헬라 철학에 대하여는, F. M. Cornford, *Principium Sapientiae: The Origins of Greek Philosophical Thought*(Cambridge: University Press, 1852) 107ff.을 보라.
38) Jimmy Stewart, "Introduction to Black Aesthetics in Music," *The Black Aesthetic*, ed. Addison Gayle, Jr.(Garden City: NY: Anchor Books, 1972) 81-82.
39) 미국 흑인들의 드라마에 대해서는 E. Quita Craig, "Message from Another Culture," *Black Drama of the Federal Theatre Era* (Amherst: University of Masschusetts Press, 1980) 85-96; Paul C. Harrison, *The Drama of Nommo*(New York: Grove Press, 1972)를 보라. 시각 예술에 대해서는 Robert Farris Thompson, "Siras Bowens of Sunbury, Georgia: A Tidewater Artist in the Afro-American Visual Tradition," in *Chant of Saints: A Gathering of Afro-American Literature, Art, and Scholarship*, ed. Michael Harper and Robert Stepto(Chicago: University of Illinois Press, 1979) 230-40를 참고하라.
40) James Baldwin, "Many Thousands Gone," in *Black Expression*, ed. Addison Gayle, Jr.(New York: Weybright & Talley, 1969) 325.
41) Morton Marks, "Uncovering Ritual Structures in Afro-American Music," in *Religious Movements in Contemporary America*, ed. Irving I. Zaretsky and Mark P. Leone, 63-64.

42) W. E. B. DuBois, *The Souls of Black Folk*, 45.
43) Ralph Ellison, *Shadow and Act*, reprinted, ed.(New York: Vintage Books, 1972) 9, 11-12. 이 주제들은 할렘 르네상스 때에 유행했고, James Weldon Johnson, *The Autobiography of an Ex-Colored Man*(1912), reprinted ed.(New York: Hill and Wang, 1960)에 잘 설명되어 있다.
44) Ellison, *Shadow and Act*, 12. 두보이스는 미국 흑인들이 문화적 고립을 초월하기 위한 "영적 투쟁"을 강조했다(Souls, 46.)
45) Pearl William-Jones, "Afro-American Gospel Music: A Crystalization of the Black Aesthetic," *Ethnomusiology* 9(1975) 381, 383.
46) 흑인 예술 운동의 기본 전제는, 만일 문자적-비판적 조사자가 예배의 특징적 음악과 찬양의 형태를 살펴본다면 그는 아프리카계 아메리카의 창조적 표현—형태와 공연—의 독특한 측면들을 발견할 수 있을 것이라는 점이었다(Houston A. Baker, Jr., *Blues Ideology and Afro-American Literature: A Vernacular Theology* [Chicago: University of Chicago Press, 1984] 74.
47) Henry H. Mitchell, *Black Preaching* (New York: Harper & Row, 1979) 113, 198, 142f., 202. 또한 Vincent Wimbush, "Rescue the Perishing: The Importance of Biblical Scholarship in Black Christianity," *Reflection* 80(1983) 9-11을 보라.
48) Murray, *The Omni-Americans*, 93.
49) Claudia Mitchell-Kernan, "Signifying," in *Mother Wit from the Laughing Barrel: Readings in the Interpretation of Afro-American Folklore*, ed. Alan Dundes(New York: Garland, 1981) 311.
50) Evan M. Zuesse, *Ritual Cosmos: The Sanctification of Life in African Religions* (Athens: Ohio University Press, 1979) 7. Kenneth Burke, *The Philosophy of Literary Form: Studies in Symbolic Action* (New York: Vintage Books, 1957) 87.
51) Henry Louis Gates, Jr., *Figures in Black*, 48-49. Mitchell-Kernan, "Signifying," in *Mother Wit*, ed. Alan Dundas, 325.
52) 텍스트들 간의 관련성에 대해서는 Gates, *Figures*, 41, 49; George E. Kent, *Blackness and the Adventure of Western Culture*(Chicago: Third Word Press, 1972)를 참고하라. 두보아의 텍스트들 간의 관련성에 대해서, Wilson J. Moses는 "두보아의 초기 작품은 두 개의 보완적이면서도 실질적으로 상이한 사회적 전통을 융합하려 한다. 그 중 하나는 에디오피아주의이고…나머지 하나는 유럽의 해석적 신화론의 전통이다…중세 시대에 기독교적 의미를 발견하려는 의도를 가지고 그리스-로마 신화를 관찰하던 관습이다." 따라서, 두보이스는 *Quest of the Silver Fleece*에서 "진보적 사회주의와 기독교 흑인 민족주의의 전통주의가 그리스 신화의 틀 속에서 조화있게 활동하는 우주를 창조했다."(Wilson Jeremiah Moses, "The Poetic of Ethiopianism: W. E. B. DuBois and Loterary Black Nationalism," *American Literature* 47 [1975] 411, 417). Moses는 다른 곳에서도 이러한 전통들의 융합 안에 있는 아프리카적 혹은 주술적 요소를 관찰한다. 그의 소설에서 두보이스는 "흑인 설교가, 마술사, 무당 등에 대한 반-신비적인 존경심을 나타냈다. 그들은 항상 그들의 힘에 빠지는 사람들을 보호하거나 파멸시키기 위해 엄청난 권위를 행사하는 강력한 상징들을 구사한다."(*Black Messiahs*, 20).
비슷하게, Hurston은 모세를 "세상에서 가장 훌륭한 주술사"로 표현하면서 애굽의 전염병과 홍해의 갈라짐을 일으킨 주술사의 샤만적인 능력들을 결합한다(*Moses: Man of the Mountain* [Urbans and Chicago: University of Illinois Press, 1984] 147). 주술가로서의 모세는 노예 시대로부터 파생되는 미국 흑인 사회의 상징이며, 거기서 "모세는 큰 능력을 가지고 뱀을 제어하는 마술사로 이해되었다."(Mechal Sobel, *Trabelin' On: The Slave Journey to an Afro-Baptist Faith* [Westport, CT: Greenwood, 1979] 73); Lawrence W. Levine, *Black Culture and Black Consciousness*, 57.

53) Gates, *Figures in Black*, 236-37.Robert Farris Thompson, *Flesh of the Spirit: African and Afro-American Art and Philosophy*(New York: Vintage, 1984) 18-33을 참고하라.

54) 로렌스 레빈은 노예해방 이후 흑인 문화에서는 트릭스터 이야기의 인기가 하락했다고 말한다(*Black Culture*, 385f). Mark Miles Fisher, *Negro Slave Songs in the Unite States*(New York:Citadel, 1969)를 참고하라. Calvin E. Bruce, "Black Spirituality, Language and Faith," *Religious Education* 71(1976) 374를 보라. 노예 사기와 도주의 이야기에 대하여는 Gilbert Osofsky, ed., *Puttin' on Ole Massa*(New York: Harper & Row, 1969, 음악과 행동주의의 관계에 대해서는 Wyatt T. Walker, *Somebody's Calling My Name: Black Sacred Music and Social Change*(Valley Forge, PA: Judson, 1979)를 참고하라.

55) Gates, *Figures in Black*, 41.

56) Cornel West, *Prophecy Deliverance ! An Afro-American Revolutionary Christianity*(Philadelphia: Westminster, 1982) 108f.

57) 초기 미국에서의 청교도 신학은 전형-대형(type-antitype)을 예언적으로 혹은 신적으로 역사를 예정하신 하나님을 구성하는 것으로 이해했다. [Ursula Brumm, *American Thought and Religious Typology* [New Brunswick, NJ: Rutgers University Press, 1970] 23). "비유적 예언"에 대해서는 Erich Auerbach, "Figura," in *Scenes from the Drama of European Literature*, ed. Wald Godzich and Jochen Schute-Sasse(Minneapolis: University of Minnesota Press, 1984) 29, 56, 72를 보라.

58) Sacvan Bercovitch, *The Puritan Origins of the American Self*(New Haven: Yale University Press, 1975); Conrad Cherry, ed., *God's New Israel: Religious Interpretations of American Destiny*(Englewood Cliffs, NJ: Prentice-Hall, 1971) "예표론적 민족 문화 형성"에 대하여는 Werner Sollers, *Beyond Ethnicity: Consent and Descent in American Culture*(New York: Oxford University Press, 1986) 50, 57를 보라.

59) Scavan Bervotch, *The American Jeremiad*(Madison: University of Wisconsin Press, 1978) 132-76.

60) 미국 흑인 사회에서 "악담하기 게임", 힘의 관계, 그리고 문화적 의의에 대하여는, Charles H. Long, *Significations: Signs Symbols, and Images in the Interpretation of Religion*(Philadelphia: Fortress, 1986) esp. 1-9를 참고하라.

61) Albert J. Raboteau, *Slave Religion*, 311.

62) Coretta Scott King, ed., *The Words of Martin Luther King, Jr.*(New York: New Market Press, 1983) 94.

63) Raboteau, *Slave Religion*, 251. 아프리카계 아메리카의 '상징적 반전'에 대해서,

Lucius T. Outlaw, "Language and Consciousness: Towards a Hermeneutic of Black Culture," *Cultural Hermeneutics* 1(1974) 403f.을 보라.
64) 흑인들의 종교적 표현에서 시편 68:31이 두드러지게 사용되는 것에 대해서는 Gayraud S. Wilmore, *Black Religion and Black Radicalism*, 121; Albert J. Raboteau, "The Black Experience in American Evangelicalism: The Meaning of Slavery," in *The Evangelical Tradition in America*, ed. Leonard I. Sweet(Macon, GA: Mercer University Press, 1984) 197. "에디오피아주의"에 대해서는 Rabteau, "Ethiopia Shall Soon Stretch Forth Her Hands': Black Destiny in Nineteenth-Century America," The University Lecture in Religion at Arizona State University(Tempe, Arizona, January 27, 1983); St. Clair Drake, *The Redemption of Africa and Black Religion*을 보라.
65) Drake, *Redemption of Africa*, 41.
66) Wilson Jeremiah Moses, "The Poetics of Ethiopianism: W. E. B. DuBois and Literary Black Nationalism," in *American Literature: A Journal of Literary History Criticism, and Bibliography* 47(1975) 412, 414; *Black Messiahs and Uncle Toms*, 160.
67) Wilmore, *Black Religion and Black Radicalism*, 121.
68) Robert A. Bennett, "Black Experience and the Bible," *Theology Today* 27(1971) 423, 433.
69) Wilmore, *Black Religion and Black Radicalism*, 37.
70) Herbert Aptheker, ed., *A Documentary History of the Negro People in the United States*: Vol 2, *From the Reconstruction Era to 1910* (5th ed.: New York: Citadel, 1951) 713.
71) DuBois, *Souls of Black Folk*, 47.
72) Alice Walker, "In Search of Our Mothers' Gardens," in *Black Theology: A Documentary History 1966-1979*, ed. Gayraud S. Wilmore and James H. Cone(Maryknoll, NY: Orbis, 1970) 438.
73) Drake, *Redemption of Africa*, 54, 61f.
74) Ibid., 71.
75) James H. Cone, "The Story Context of Black Theology," *Theology Today* 32(1975) 145.
76) Charles Shelby Rooks, "Toward the Promised Land: An Analysis of the Religious Experience of Black America," *The Black Church* 2(1973) 8.
77) Gayraud S. Wilmore and James H. Cone, eds., *Black Theology*, 347-48.
78) Rooks, "Toward the Promised Land," *The Black Church* 2(1973) 8
79) Eldridge Cleaver, *Soul on Fire* (Waco, TX: Word Books, 1978) 92.
80) George Shepperson, *The African Diaspora: Interpretive Essays*, ed. M. L. Kilson and R. I. Rotberg(Cambridge, MA, and London: Harvard University Press, 1976) 2-3, 8.
81) Stephen Cites, "The Narrative Quality of Experience," *Journal of the American Academy of Religion* 39(1971) 296.
82) George A. Lindbeck, *The Nature of Doctrine: Religion and Theology in a Post-Liberal Age* (Philadelphia: Westminster, 1984) 135.

83) David W. Wills, *Black Apostles at Home and Abroad: Afro-American and Christian Mission from the Revolution to Reconstruction*, ed. David Wills and Richard Newman(Boston:G. K. Hall, 1982) xixf. Lawrence W. Levine, *Black Culture and Black Consciousness*, 5.
84) Wilmore and James H. Cone, eds., *Black Theology*, 464. 흑인 종교의 복음주의 자료에 대해서는, Donald G. Mathews, *Religion in the Old South* (Chicago: University of Chicago Press), 197; Milton C. Sernett, *Black Religion and American Evangelism: White Protestant, Pluralism, Missions, and the Flowering of Negro Christianity*(Metuchen, NJ Scarecrow, 1975)을 보라.
85) Mathews, *Religion in the Old South*, xv. 국가 차원에서 종교 "다원주의"에 대해서 David W. Wills는 "우리 민족의 종교적 역사에서 백인과 흑인과의 만남은 종종 중심 주제로 생각되지 않았으나, 그것은 확실히 중심 주제이다"라고 논했다(Wills, ed., *Black Apostles*, xi-xii.
86) Lerone Bennett, Jr., *The Negro Mood and Other Essays* (Chicago: Johnson Publishing, 1964) 62.
87) Robert Blauner, *Racial Oppression in America*(New York: Harper & Row, 1972) 135f; 로버트 스텝토가 설명한 아프리카계 아메리카의 "의식적 근거"로서의 남부 지역의 개념을 참고하라(*Behind the Veil: A Study of Afro- American Narrative* [Urbana and chicago: University of Illinois Press, 1979] 68f.).
88) Gayraud S. Wilmore, "The New Context of Black Theology in the United States," in *Black Theology*, ed. Wilmore and Cone, 604-5. 제3세계 문화에서 기독교 신학의 미래의 재건에 대해서는 Robert J. Schreiter, *Constructing Local Thoelogies*(Maryknoll, NY: Orbis, 1985)를 참고하라.

참고문헌

Barrett, Leonard, *Soul-Force: African Heritage in Afro-American Religion*. Garden City, NY: Doubleday, Anchor, 1984.
Bennett, Robert A. "Black Experience and the Bible," *Theology Today* 27(1971) 422-33.
Crites, Stephen. "The Narrative Quality of Experience," *Journal of the American Academy of Religion* 39(1971) 291-311.
Drake, St, Clair. *The Redemption of Africa and Black Religion*. Chicago: Third World Press, 1970.
DuBois, W. E. B. *The Souls of Black Folk*. New York: New American Library, Signet Classic, 1969.
Gates, Henry Louis, Jr. *Figures in Black Words, Signs, and the "Radical" Self*. New York: Oxford University Press, 1987.
Gayle, Addison, Jr., ed. *The Black Aesthetic*. NY: Doubleday, Anchor, 1972.
Joyner, Charles. *Down By the Riverside: A South Carolina Slave Community* (Urbana: University of Illinois Press, 1984).
Levine, Lawrence W. *Black Culture and Black Consciousness: Afro-American Folk*

Thought from Slavery to Freedom. Oxford: Oxford University Press, 1977.
Marks, Morton. "Uncovering Ritual Structures in Afro-American Music," in *Religious Movements in Contemporary America*, 60-117. Edited by Irving I. Zaretsky and Mark P. Leone. Princeton, NJ: Princeton University Press, 1974.
Mitchell, Henry H. *Black Belief: Folk Beliefs in America and West Africa*. New York: Harper & Row, 1975.
Mitchell-Kernan, Claudia. "Signifying," in *Mother Wit from Laughing Barrel: Reading in the Interpretations of Afro-American Folklore*. Edited by Alan Dunes. New York: Garland, 1981.
Moses, Wilson Jeremiah. Black *Messiahs and Uncle Toms: Social and Literary Manipulations of a Religious Myth*. University Park: Pennsylvania State University Press, 1982.
Porterfield, Amanda. "Shamanism: A Psychosocial Definition." *Journal of the American Academy of Religion* 55(1987) 721-39.
Puckett, Newbell Niles. *Folk Beliefs of the Southern Negro*. Chapel Hill: University of North Carolina Press, 1926.
Raboteau, Albert J. *Slave Religion: The "Invisible Institution" in the Antebellum South*. New York: Oxford University Press, 1978.
Redkey, Edwin S. *Black Exodus: Black Nationalist and Back to Africa Movements 1890-1910*. New Haven: Yale University Press, 1969.
Rooks, Charles Shelby. "Toward the Promised Land: An Analysis of the Religious Experience of Black America," *The Black Church* 2(1973) 1-48.
Turner, Victor. *Dramas, Fields, and Metaphors: Symbolic Action in Human Society*. Ithaca, NY: Cornell University Press, 1974.
Walker, Shelia S. *Ceremonial Spirit Possession in Africa and Afro-America: Forms, Meanings, and Functional Significance for Individuals and Social Groups*. Leiden: Brill, 1972.
Wilmore, Gayraud S. *Black Religion and Black Radicalism: An Interpretation of the Religious History of Afro-American People*. Maryknoll, NY: Orbis, 1983.

제3부
정교회 영성

제13장

헤시카스트 영성의 부흥

필립 쉐러드(Philip Sherrard)

현대 서구 세계의 지적인 삶에서 가장 중요한 사건 중 하나는 헤시카즘(hesychasm)이라고 불리는 정교회의 관상적 전통의 발견이다. 이 발견은 두 가지 주요 단계를 거쳐 이루어졌다. 그것은 지난 세기에 그리스 교부들 또는 교부적 전통에 속한 저술들을 재발견한 것에서부터 시작되었다고 말할 수 있을 것이다. 보다 구체적으로 말하자면, 그 발견의 기원은 금세기 초 몇 십 년 동안 헤시카즘 및 그 생활 방식과 다소 직접 관련된 교부들의 본문들을 출판하고 탐구한 데 있다.

이러한 재발견은 긍정적인 것이었지만, 최소한 두 가지 상호관련된 중요한 측면에서 다루어지는 현상의 진정한 본질을 파악하지 못했음을 드러냈다. 첫째, 그 접근 방법은 학구적이고 학문적인 것으로서, 그러한 방법의 표준들은 비인격적이고 소위 객관적인 판단 기준보다는 인격적인 관계—영적 부자 관계의 카리스마—에 의존하는 전달 형식과 생생한 경험을 특징으로 하는 영적 전통을 받아들일 수 없다. 둘째, 그것은 헤시카즘을 순수하게 역사적인 현상으로 간주하여 역사적이고 지리적인 것으로 제한하는 경향을 지녔다. 그것은 그 운동을 정교회의 내면 생활의 영구적인 표현, 성례전만큼이나 본질적인 것, 세례나 성찬의 은혜를 성례전적으로 내면화한 것으로 보지 않았다. 다시 말해서, 헤시카즘의 생활방식의 눈에 보이지 않으며 역사를 초월하는 특성이 보다 적절하게 드러날 수 있는 상황 안에서—즉, 정교회 세계 내에서 그 운동이 행해왔고 계속 행하고 있는 역할 안에서— 그 생활 방식을 보려는 노력은 거의 행해지지 않았다.

헤시카즘을 다루는 방법의 탈-학문화와 탈-역사화, 그리고 그것이 교회의 본질적인 내면 생활의 모든 측면—전례적, 성상적, 개인적—에 스며들어 있는 살아 있는 전통이라는 인식이 현대에 그것을 발견함에 있어서 두번째 주요 단계이다. 여기에서, 우리는 19세기에 알려지지 않은 러시아인이 저술했으며 1865년 경에 러시아에서 출판된 훌륭한 문서를 서유럽의 언어들—독일어(1925), 프랑스어(1928), 영어(1930)—로 번역함으로써 이 두번째 단계에서 발휘된 중요한 역할을 지적해야 한다.『순례자의 길』(*The Way of a Pilgrim*)이라는 제목의 이 문서는 두 가지 이유 때문에 탁월한 책이다. 첫째, 그것은 서방의 독자들로 하여금 헤시카스트적 생활의 실천, 특히 그 핵심인 예수기도의 실천은 과거의 것으로 제한되거나 수도원적 환경으로 제한되지 않는다는 사실에 주목하게 했다: 그것은 시간과 장소, 외부 환경과 상관없이 정교회 신자의 마음 속에 현존하고 있다. 둘째, 그것은 서방 독자들로 하여금 그 러시아 순례자가 성경만큼이나 존중한 책—순례자가 시작한 신비한 영적 여정의 단계들을 차례로 설명하며 이러한 단계들을 통과하는 방법에 관한 지침을 알려 주는 책—의 존재에 관심을 갖게 했다. 추상적인 신학과 개인주의적인 신비주의, 참된 지식과 사랑, 지식과 방법 사이의 분열이 오래 전부터 관상적 전통을 잠식해 왔으며, 많은 사람들이 실제 경험에 관한 예언적인 방법을 교리적으로 받아들이는 방법에 관한 안내를 얻기 위해 동방의 비 기독교적 종교들을 의지하기 시작한 서방 세계의 사람들에게 있어서,『순례자의 길』은 마치 하나의 계시처럼 등장했다. 그것은 본래 기독 교회의 필수적인 전통에 속해 있던 전통의 형태 안에서 전해져왔고 순례자가 배낭 속에 지니고 다닌 책에서 제시되었던 기도와 영적 지혜에 관한 "은밀한 학문"을 최초로 암시하거나 소개한 것이었다.

문제의 책 제목은 『필로칼리아』(*Philokalia*)이며, 헤시카즘의 마음의 기도 및 헤시카스트적 방법을 따르는 데 대한 하나의 안내서, 지침서, 동반자 역할을 하는 일련의 본문들로 구성되어 있었다. 사실, 그 책의 제목 자체도 훌륭한 것이었다. *Philokalia*라는 제목은 4세기에 대 바실 (Basil the Great)과 나지안주스의 그레고리(Gregory of Nazianzus)의 금욕적이고 신비적인 본문들로부터 오리겐의 작품에서 선택한 본문들의 모음집에 처음으로 사용되었다. 철학이라는 개념이 부인되지는 않았지만 완전함을 향한 기독교적인 열망을 표현하기 위해서 "세상의 지혜"와 직접적으로 연결되어 사용되던 시대에, *philokalia*("아름다움에 대한 사랑")는 분명한 대체 용어였다. 그러나 그것은 단순한 대체 용어 이상의 것이었다. 만일 그리스, 특히 플라톤주의와 신플라톤주의 상황에서 미(Beauty)가 최고 수준의 선(Good)과 일치한다고 해도, 이 명문집을 편찬한 그리스인들이 본질적인 것으로 간주하고 강조하고자 했던 것은 미(美)이다. 그들은 눈에 보이는 피조된 미의 형상보다는 눈에 보이지 않고 피조된 것이 아닌 현존—생명의 초월적 근원이요 소원들 중의 소원인 진리의 빛이 신적 사랑과 결혼 관계 안에서 결합하여 헤시키아(*hēsychia*)라는 단어가 지칭하는 내적 평화와 고요를 낳는 현존—을 염두에 두었다.

필로칼리아라는 제목은 보다 후대에 편찬된 몇 권의 작은 책에서도 사용되었다. 친밀한 제자들의 집단의 유익을 위해서, 또는 사적으로 사용하게 하려는 의도를 가진 헤시키아에 관한 가르침들—에뎃사의 테오돌이 편찬한 것이나 독거자 니세포로스가 편찬한 것을 염두에 두고 있다—은 교회의 깊은 곳에 현존하고 있는 관상 생활의 중단되지 않는 흐름을 증거해준다. 다시 말해서, 우리는 역사를 관통하여 이 흐름을 계속 전해주는 하나의 전통, 생생한 전달, 또는 *paradosis*에 직면한다. 동시에, 이 헤시카스트 전통을 소중히 여겨온 사람들이 그것을 보다 잘 섬기기 위해서 세상을 부인했으며 이미 이 세상 사람들이 아니라는 이유 때문에, 이 전통의 여정을 정확하게 추적할 수 없다. 헤시카스트들은 자기들 및 자기들이 부인한 세상에 새 생명을 주시는 보이지 않는 분의 얼굴에서 베일을 제거하기 위해서, 자기를 죽인 하나님의 사람들이다. 따라서 우리는 이 전통의 역사를 다양한 형태로 존재하는 상징들, 성인들의 삶, 영적 저술들을 통해서만 접할 수 있다. 따라서, 비잔틴 시대의 마지막 수세기, 특히 14세기에 아토스 산(Mount Athos)에 그 전통이 집중되었음을 증명할 수 있었다. 당시 그레고리 팔라마스(Gregory Palamas)는, 말할 수 없는 초월성을 지니신 하나님은 절대적인 분이시지만, 그럼에도 불구하고 자신의 피조된 에너지들을 통해서 피조물과 신화시키는 교제를 행하신다는 중요한 교리적 주제를 인정했다. 그리고 그 이후 수백 년이 흐르는 동안 어느 정도 쇠퇴하기는 했지만, 약 4세기 후인 18세기 말에 현대 세계에서 완전한 헤시카스트 운동의 부흥을 발생시키는 데 있어서 결정적인 역할을 한 사건들이 아토스 산에서 발생했다. 이러한 사건들 중에서 『필로칼리아』를 고전적인 형태로 편찬한 것을 으뜸으로 보아야 한다.

그 책의 편찬 연대는 18세기 후반이다. 서방 세계의 사상에서, 이미 어거스틴이 주장한 구원의 질서와 자연의 질서 사이의 괴리 안에 내재되어 있었고 스콜라주의자들에 의해 확대된 하나님과 세상, 은혜와 본성, 영혼과 몸 사이의 불화가 16세기와 17세기의 학문적 혁명을 성취한 프랜시스 베이컨, 데카르트 등에 의해 한층 더 강화되었다.

혹 어떤 사람은 그리스 북부 해안에서 에게해 쪽으로 뻗어있으며 지금도 아토스 성산이라고 불리는 지역의 언어가 서유럽과 미국을 휩쓴 계몽주의의 세속화 하는 정신에 물들지 않을 것이라고 생각했을 수도 있다. 그러나 서방의 지성인들과 동일한 학교와 대학에서 교육을 받은 그리스 지성인들은 이미 자기들의 국가에서 그 새로운 철학을 보급하며, 그럼으로써 자기의 동포들이 동일한 이성주의적 이데올로기 위에 세워진 국가적 독립을 성취할 수 있는 방법을 찾고 있었다. 사실, 이러한 지성인들 중에서 가장 진보적이고 설득력이 있는 유게니오스 보울가리스(Eugenios Voulgaris, 1716-1806)는 아토스 산에 위치한 아토나이트 아카데미(Athonite Academy)의 학장으로 임명되었다. 그의 존재, 그리고 그가 학생들에게 고취해 주려고 노력했던 사상들의 본질은 수도하는 원로들에게 이러한 사상들이 의미하는 바 그들의 전통에 대한 위협을 경계해주고 앞으로 임할 더 많은 파괴에 대해 암시해주었다. 어쨌든, 이 때에 그들은 서방 문명의 장래를 결정할 주도권을 가진 사상 형태들에 대한 직접적인 반응은 되지 못한다 해도, 최소한 그것들에 대한 의식을 반영해주는 방식으로 자기들의 전통을 재확인하는 일이 착수되었다.

이러한 활동의 중심이 되는 인물은 성산의 니코데무스(Nicomedus of the Holy Mountain, 1749-1809)라는 수도사였다. 헤시카스트 영성의 부흥이 정교회의 완전한 신학적, 전례적, 그리고 표준적인 전통 안에 위치하게 된 것은 대체로 그의 노력 때문이었다. 그는 혼자서, 또는 다른 사람들과 함께 이 전통의 모든 측면을 다룬 약 25권에 달하는 책을 저술하거나 번역하거나 편찬했다. 출판되거나 출판되지 않은 그의 저서를 모두 합하면 100권이 넘는다고 한다. 그는 1452년에 콘스탄티노플이 몰락한 후로 그리스 교부의 사본들을 체계적으로 조사하는 일에 착수한 최초의 그리스인들 중 하나였다. 그는 신신학자 시므온(Symeon the New Theologian)과 그레고리 팔라마스가 저술했으나 출판되지 않았던 저서들이 출판될 수 있는 길을 마련했다. 게다가, 그는 이냐시오 로욜라의 『영신수련』(*The Spiritual Exercises*)와 로렌조 스쿠폴리(Lorenzo Scupoli)의 『영적 전투』(*The Spiritual Warfare*)를 번역하고 개작하여 출판함으로써, 서방 세계 안에 정교회 전통에 속한 것들과 어느 정도 합할 수 있는 영적 이해와 관습이 계속 존재하고 있음을 지적했다. 그러나 지금 관심을 두고 있는 상황에서, 그의 대작은 코린트의 마카리우스(Macarious of Corinth, 1751-1805)와 함께 편찬한 4세기부터 15세기 사이의 헤시카스트 전통의 영적 대가들이 저술한 본문들의 집록이다. 왜냐하면 현대 헤시카스트 운동의 부활에 있어서 중요한 사건이 바로 이 명문집이기 때문이다. 이 책은 1782년에 베니스에서 출판된 거룩한 교부들의 글을 모든 것으로서, 이 책을 통해서, 수덕적 관습과 관상의 철학에 의해서 지성이 정화되고 조명되고 완전하게 된다.

니코데무스는 이 책을 사용하여 헤시카스트 전통을 역사적으로 이용한다. 그는 서론에서 평신도들이나 수도사들이나 동일하게 마음의 기도(prayer of heart)를 실천해야 한다고 강조했으며, 또 시간 안에서와 인간에 관한 행동 철학의 지배를 받는 현대 세계에 인간의 운명에 대한 관상적 지식과 시간의 기원 안으로의 재삽입을 전제로 하는 기억 방법을 대안으로 제공한다. 니코메우스의 활동의 중심지는 아토스 산이었지만, 『필로칼리아』가 아토스 산과 그리스에 즉각적으로 미친 영향은 기대했던 것만큼 크지 못했다. 그 저서의 개정판이 1893년에 아테네에서 출판되었다. 그러나 그것과 관련된 운동은 수도적 집단들 너머로 전파되었다는 것, 그리고 그 영향을 현대 그리스의 가장 위대한 산문 작가인 알렉산드로스 파하디아만티스(Alexandros Papadiamantis, 1851-1911)의 저서에서 발견할 수 있다는 점에 주목해야 한다. 그의 책들도 도스토에프스키의 저서들과 마찬가지로, 인간 생활이 오직 다볼 산의 신비한 빛 속에서만 참되게 인식되고 의미를 부여받는다는 지식을 가지고 저술되었다는 사실 때문에 힘을 소유한다. 그러나 니코데무스가 중요한 도구가 된 헤시카스트 운동의 부활은 그리스 외부에서 직접적인 결과를 맺었다.

여기에서 우선적으로 초점은 로마 세계, 그리고 훌륭한 원로(*staretz*)인 파이지 벨리치코프스키(Paisii Velichkovskii, 1722-1794)이다. 파이지는 우크라이나에서 태어나 일찍이 수도사가 되었다. 몰다비아 국경에 위치한 은거지에서 영적 수련생활을 마친 후, 그는 헤시카스트적 생활방식을 경험하고 보다 깊은 지식을 얻기 위해 아토스로 갔다. 그는 그곳에서 16년을 생활하고 나서 몰다비아로 돌아와서, 처음에는 드라고미르나(Dragomirna) 수도원의 원장으로, 다음에는 세쿨루(Seculu) 수도원, 마지막에는 니암추(Niamtzu) 수도원의 원장으로 활동했다. 니암추 수도원에서, 그는 필생의 대작, 여러 면에서 니코데무스의 저서와 비교할 만한 저서를 완성했다. 그는 수도원 규칙을 재확립하고, 교회의 직무를 시정하고, 인쇄소를 조직하고, 그리스 교부들의 저서를 번역하여 출판하기 시작했다. 무엇보다도 니암추에 있는 동안 그는 그리스도 『필로칼리아』 본문의 일부를 슬라브어로 번역했다. 그것은 1793년에 모스크바에서 *Dobrotolubiye*라는 제목으로 출판되었고, 1822년에 재판되었다. 이것이 『순례자의 길』(*The Way of Pilgrim*)에서 순례자가 지니고 다닌 번역본이었으며, 도스토에프스키의 저서에서 찾아볼 수 있듯이 그것이 19세기 러시아의 신앙과 문화 세계에 미친 영향은 엄청나다. 이처럼 러시아에서 헤시카스트 운동이 번영하게 된 것은 『필로칼리아』의 출판, 파이지의 많은 제자들이 러시아에 도착한 것의 자극 때문이며, 특히 유명한 옵티노(Optino) 수도원의 원로제도(*startzy*)와 관련되어 있다. 여기서는 이그나티우스 브리안카니노프(Ignatius Brianchaninov, 1807-1867)가 『필로칼리아』를 러시아어로 번역하여 1857년에 출판한 것에 대해서 다루려 한다. 은둔자 테오판(Theophan the Recluse, 1815-1894)도 그 책을 번역했는데, 그는 헬라어 원본에 몇 가지 본문을 삽입했고, 또 헬라어 판에 있는 본문들 중 일부를 생략하거나 의역했다. 테오판 주교의 번역본은 다섯 권으로 모스크바에서 출판되었으며, 초판은 1877년에 발행되었다.

이 영적 인물들이 대표하는 전통의 중요성은 러시아 기독교 1000주년 행사가 거행된 1988년에 파이지, 이그나티우스, 테오판, 옵티노의 암프로시(Amvrosy), 현대의 헤시카스트인 실루안(Silouan)이 시성되면서 인정되었다.

파이지도, 성산의 니코데무스처럼, 평신도들도 마음의 기도를 실천할 수 있다고 간주했고, 또 고등한 형태의 관상이 이 세상 생활 및 문화적 활동 상황과 양립할 수 없는 것이 아니라고 여겼다. 그러나 그의 가르침의 주된 특징은 영적인 부자 관계를 강조하고 실천한 것이다. 여기에서 그의 목적은 영성생활의 구현을 보호하며, 예상 밖의 개인적인 해석과 성향으로부터 보호하며, 교회의 전례 생활과 헬라 교부들의 유산으로부터 단절되는 것을 방지하려는 데 있었다. 파이지와 그 제자들이 교회의 제도와 형식을 의심 없이 따르고 충성한 것은 그들이 사회 제도를 통한 구원을 갈망했다거나 또는 어린 양의 승리를 하나의 기독교 문명이라는 개념과 동일시 했다는 것을 의미하는 것이 아니다. 그는 분명히 교회의 종말론적인 신비, 기독교 문명이건 아니건 간에 모든 문명의 형태, 심지어 시간 자체까지도 초월할 것을 전제로 하는 신비를 실생활에서 실현했다. 헤시카스트들이 사용하는 경구에서 보듯이, 그의 목적은 영적인 것들을 자신의 육신이라는 집 안에 담아 두려는 데 있었다.

루마니아에서는 파이지로부터 수덕적인 교부들에 대한 사랑 및 그들의 저술들을 루마니아어로 접하기를 바라는 갈망을 이어받는 그의 제자들이 파이지의 작업을 계속 했다. 실제로 19세기 상반기에, 루마니아에서는 확실한 교부적 문헌들이 출판되었다. 마치 완전히 교부적이고 헤시카사트적인 전통이 부흥하기 시작한 것 같았다. 또는 루마니아 내의 정교회가 그 풍부한 영적 전통을 나타내려 하는 듯했다. 만일 그러한 부흥 및 영적 풍성함의 표현이 결국은 동일한 일이라고 말할 수 있다면, 그 이유는 교회의 전통이 교부들에게 충성하는 것으로 이루어지기 때문일 것이다. 장점도 있도 단점도 있지만, 교부들의 생생한 유산은 정교회의 구조를 이루고 있다. 이런 의미에서, 교부들은 항상 독창적인 관상의 도구인 정교회 전례기도를 통해서, 그리고 그에 부수되는 성상학과 찬송학을 통해서 교회의 삶에 결합된다.

실제로 루마니아가 1860년대 이후 이미 그리스와 러시아에서 진행되었던 서방 성향의 세속화 과정을 경험하게 되면서, 19세기 상반기에 루마니아의 매우 긍정적인 특징이었단 종교적인 부흥은 중단되었다. 그러나 모든 것이 상실된 것은 아니었다: 일부 수도원에서는 마음의 기도라는 전통이 계속 실천되었고, 성찬 예배도 행해졌으며, 교부들은 여전히 정교회 신학과 관습의 최고의 판단기준으로 존재했다. 금세기 중엽에 이전보다 한층 순탄하지 못한 상황에서, 19세기 상반기에 뿌려져서 은밀하게 교회 내부에서 자라온 씨앗들이 성숙되는 단계에 도달했다.[1]

이 단계에서도 『필로칼리아』가 중심적인 역할을 하게 된다. 역사적인 정신 구조가 영성신학에 대한 의식과 범위를 무디게 해온 신학적 분위기 안에서, 제2차 세계 대전 직후에 두미트루 스타닐로애(Dumitru Staniloae, 1903년 탄생)는 헤시카스트의 관상적 전통의 장점과 필요성을 재확인하는 일에 착수했다. 이 목적을 위해서, 그는 1893년 판 니코데무스의 『필로칼리아』를 루마니아어로 번역하기 시작했다. 그는 여기에

네스테로프, *러시아 수도사들*, 1862

다른 자료들을 추구하고, 본문에 대한 방대한 주해와 주를 삽입하려 했다. 결국 루마니아어 『필로칼리아』 제1권이 1946년에 출판되었고, 1986년에 제8권이 출판되었다. 새로 추가된 자료의 대부분은 고백자 막시무스(Maximus the Confessor), 신 신학자 시므온(Symeon the New Theologian), 그레고리 팔라마스(Gregory Palamas), 포이앤 마룰(Poiane Marul), 세르니카(Ceernica), 그밖에 현대 루마니아의 영적 교사들의 것이었다.

게다가, 『필로칼리아』를 루마니아어로 번역하는 일은 단순히 그 책이 당시 유행하고 있던 역사적인 신학 방법에 반작용을 하리라는 희망에서 이루어진 것이 아니라, 진정한 영적 가치를 갈구하는 평신도들의 갈망에 대한 직접적인 반응으로 이루어진 일이었다. 다시 말해서, 만일 그 일이 단순히 하나의 경건한 헌신과 신학적인 문화와 관련된 행동을 의미하는 것이 아니라, 진정한 영적 거듭남의 상태와 표식이 되는 바 교회와 신자들 사이의 상호 관계의 표명을 나타내는 것이라면, 그 이유는 헤시카스트의 기도 생활과 방법의 부흥과 동시에 발생했기 때문이다. 이러한 마음의 기도 탐구가 파이지에게서 시작된 영적 부자 관계의 계보의 회복을 의미했을 수도 있다는 것은 우연한 일이 아니다. 또 파이지의 제자들이 스승의 가르침과 축복을 러시아로 전파했던 것처럼, 루마니아에서 헤시카스트 운동이 부흥한 것과 중동 지방의 일부 정교회 수도원에서 헤시카스트 방법이 되살아난 것 사이에는 직접적인 파생 관계가 있으므로, 파이지의 방법을 따른 것은 결코 우연한 일이 아니다.

『필로칼리아』가 증명해 주는 바 동유럽의 정교회 세계 내에서 헤시카스트 운동이 부흥한 것에 대한 이 간단한 기사의 출발점은 서방의 비정교회 권 세계에서 헤시카스트 전통을 발견—이것은 원래 로마 가톨릭 학자들의 작업과 관련된 것이다—하기 시작한 여러 단계에 대한 묘사이다. 또 시토회 수도사인 토머스 머튼(Thomas Merton, 1915-1968) 같은 사람은 그러한 방침 안에 얼마나 큰 가능성이 있는지를 보여준다.[3]

사실상, 정교회가 서방 세계에서 하나의 결정적인 영적 요인으로 존재한 것을 러시아 내의 공산주의 혁명에 의해 많은 러시아인들이 서방 세계로 이주한 것과 동일시할 수는 없지만, 그 때문에 크게 강화된 것은 확실하다. 특히 이것은 진정한 헤시카스트 영성의 출현을 위한 신학적 근거의 준비라고 말할 수 있는 것과 관련하여 볼 때에 사실이다. 이런 이와 관련하여 영향력이 있는 러시아 작가들 중 한 사람은 공산주의가 점거하기 전에 이미 파리에 정착해 있었다. 그는 미라 롯-보로딘(Myrrha Lot-Borodine, 1882-1957)으로서, *Revue de l'histoire des religions*에 수록된 La doctrine de la déification dans l'Église grecque jusqu'au XI^{e}는 서방 세계에서 최초로 헤시카스트 전통의 주요한 교리적 주제를 다룬 권위있는 글이었다. 그녀는 이 글을 저술한 후 계속 헤시카스트 방법과 직접적으로나 간접적으로 관련된 주제에 대한 글을 저술했는데, 가장 위대한 것은 14세기의 헤시카스트 대가인 니콜라스 카바실라스(Nicholas Cabasilas)에 대한 연구서로서 그녀의 사후에 출판되었다. 그 밖에, 서방에서의 정교회의 교부적 의식의 부흥의 주된 경향은 특히 러시아 디아스포라와 관련된 인물들에 의해 촉진되어왔다.

이와 관련된 사람들의 이름을 모두 언급하는 것은 불가능한 일이므로, 먼저 블라디미르 로스키(Vladimir Lossky, 1903-1958)의 저술들을 언급하려 한다. 1944년에 파리에서 출판된 그의 저서 *Essai sur la théologie mystique de l'Église d'Orient*는 실제로 하나의 고전이 되었다. 둘째, 그레고리 팔라마스에 대한 권위 있는 연구, 그리고 그의 주요한 헤시카스트적 저서인 『헤시카스트 성인들의 변호』(*Defence of the Hesychast Saints*)를 프랑스어로 번역한 것이다. 두 가지 모두 존 메옌도르프(John Meyendorff)가 착수하였으며, 초판은 1959년에 출판되었다. 서방 세계에서 진정한 헤시카스트 영성의 출현을 위한 순수히 문학적인 준비와 아울러, 러시아 디아스포라의 결과로서 교부들의 신학이 깊이 배어 있는 정교회 성찬 예배의 존재가 발휘한 역할, 그리고 그 본질적인 요소들 중 하나인 성상학의 역할을 무시할 수 없다. 성상을 기독교 전통의 탁월한 예술 형태로 인정한 것은 서방 세계에서 진정한 교부적 의식의 깨어남에 공헌한 가장 작은 요인은 아니었다.

이처럼 기도 생활과 관상을 통하여 영적 실재를 개인적으로 경험하는 일이 수반되지 않은 신학적 지식은 거의 무익한 것에 불과하다는 신학적 관점—그레고리 팔라마스는 에바그리우스의 "만일 당신이 신학자라면 진실로 기도할 것이다. 만일 당신이 진실로 기도한다면, 당신은 신학자일 것이다"라는 말을 "우리의 신앙은 말에 있는 것이 아니라 현실에 있다"라고 바꾸어 말했다—을 갖게 되는 이러한 의식의 각성은 서방의 정교회 신자들 사이에 그러한 경험을 획득하는 방법에 관한 보다 깊은 가르침과 인도에 대한 욕구를 증가시킬 수밖에 없었다. 다시 말해서, 지금 우리가 다루고 있는 상황에서, 그것은 현대 서방의 언어로 번역된 『필로칼리아』에 접근하려는 욕구로 이어질 수밖에 없었다. 이 욕구에 대한 최초의 반응은 1951년에 런던에서 『필로칼리아에서 발췌한 마음의 기도에 관한 글들』(*Writings from the Philokalia on Prayer of the Heart*)이 출판된 것이었다. 이것은 헬라어 원본에서 번역한 것이 아니라 은둔자 테오판의 러시아판을 번역한 것이다. 이어 1953년에 파리에서 *Petite Philicalie de la Prière du Couer*이 출판되었고, 1954년에는 테오판의 러시아어 역본을 토대로 한 『필로칼리아에서 발췌한 초기 교부들의 글』(*Early Fathers from the Philokalia*)이 런던에서 출판되었다.³⁾ 이러한 책들의 출판 및 그로 인해 촉발된 더 큰 욕구로 말미암아 프랑스와 영국에서 니코데무스와 마카리우스의 헬라어 판 『필로칼리아』 전체를 번역하는 일이 시작되었다. 그 결과 1970년대 말에 영어와 불어로 된 역본이 출판되기 시작했고, 지금도 그 작업이 진행중이다. 동시에, 서유럽과 아메리카에 많은 정교회 수도원들이 생겨났고, 그 지역에서 헤시카스트적 생활 방법이 보다 치밀하게 실천될 수 있게 되었다.

　따라서, 수세기 동안 반 형이상학적이고, 반 관상적이고 반 상징주의적인 활동주의적이고 시간의 속박을 받는 지성의 지배를 받아온 현대 서방 세계에, 이론과 실천, 지혜와 방법 등이 풀 수 없이 맞물려 있는 생활 방식 안에 뿌리를 두고 있는 인간 운명에 대한 관상적 지식이라고 지칭되어 왔으며 그것을 성취하기 위해서는 모든 세상적인 범주(사회적, 정치적, 경제적)들—간단히 말해서 현대 인류의 행동이 집중되고 있는 광적인 활동이 속해 있는 현세적 영역 전체—을 초월할 것이 요구되는 것의 대안이 제시되었다. 확실히, 이 대조를 이루는 것의 배후에는, 즉 반대되는 신학적인 지향과 그에 따라 반대되는 인간론적 지향 사이에는 또 다른 대조적인 것이 놓여 있다. 현대 세계의 활동주의적 (형이상학적이고 연대기적인) 근원에는, 하나님을 초월적인 미지의 본질로 바꾸는 사상 체계가 놓여 있다. 그 본질은 비록 우주의 과정을 움직이게 한 책임을 지고 있지만, 내면적으로 창조의 모든 측면, 가시적인 것과 불가시적인 것, 유형적인 것과 영적인 것, 지적인 것과 물질적인 것 등으로 꿰뚫고 들어가지는 않으며, 마치 그것이 자존하는 자율적 실체인 듯이 나름의 과정을 따르도록 내버려 둔다. 그러한 인식에 따른 당연한 결과로서, 순수히 이성적인 기능과 동일시되는 인간의 정신은 신적인 것과는 분리된 주권적인 것으로서 계시와 은혜와는 상관 없이 세상에 사는 인간의 운명을 해결하고 결정할 수 있다고 간주된다.

헤시카즘은 그러한 사고 체계를 근본적으로 거부하면서, 신적인 것의 양극성이라고 할 수 있는 것을 인정한다. 그것은 계속 하나님의 초월성이라는 사상을 주장해야 한다고 해도, 그럼에도 불구하고 그가 인류 및 다른 모든 피조된 존재의 형태 안에 완전히 삭제할 수 없이 존재한다고 주장한다. 다시 말해서, 그것은 하나님이 지극히 작은 분자에 이르기까지 모든 피조물의 적극적인 근원과 참 존재론적 주제가 되기 위해서 초월성의 벽을 허무신다고 주장한다: 이것은 인간은 알 수 없을 뿐만 아니라, 자신의 존재 및 자신 살고 있는 세상에 대해 비틀린 지식이 아닌 지식을 소유하고 있는 조건에 의해서만 알 수 있는 근원이요 주제이다. 그러한 비틀린 지식은 그 배후에 아무리 선한 듯이나 인간적인 감정이 놓여 있다고 해도 진실로 건설적인 활동으로 인도하는 안내자 역할을 할 수 없다.

이런 점에서, 헤시카즘은 인간을 자율적인 존재로 신화(神化)하는 타락한 인문주의 및 오로지 현세적인 범주에 속한 조건 안에서 의로운 사회를 건설하려는 목표를 가진 모든 오염된 이데올로기적 구조들을 거부할 뿐만 아니라, 현재 신자들 사이에서 흔히 발견되는 바 기독교적 삶은 집단적 형태 안에서 동료를 사랑하고 봉사하는 것으로 축소할 수 있다는 믿음도 거부한다. 이것은 그리스도의 두 가지 계명, 하나님을 사랑하고 이웃을 사랑하는 계명 중에서 전자에게 우선권을 부여하며, 인류를 사랑하거나 섬기는 것, 또는 이 세상 차원에서의 모든 바람직한 활동은 그것이 문자적인 의미에서 실현된 하나님 사랑에서 솟아날 때에만 구원의 수단으로서, 그리고 사랑과 긍휼의 건설적인 표현으로서 효과적일 수 있다고 확인한다. 이 사랑을 알지 못한 채, 그리고 그것의 존재론적 실현과 관계없이 행동하는 것은 곧 우리가 행하려는 것을 그 힘의 근원으로부터 분리시키는 것이며, 따라서 일종의 우상숭배―정확하게 말해서, 사물이 스스로 피조되었고 자존하는 듯이 사물을 하나님과 상관 없이 평가하는 것―에 빠지는 것이다.

헤시카즘은 결코 인간적인 사랑과 봉사를 무시하거나 과소평가하지 않는다. 그것은 일반적으로 이해되는 의미에서 "내세적"인 것이 아니다. 반대로, 그것은 모든 피조물에는 하나님의 생명과 존재가 배어 있으며, 비록 비천하고 제한된 것이라도 창조의 모든 측면을 포용하지 않는 하나님 사랑은 참된 것일 수 없다고 주장한다. 그것의 목적은 세상을 포기하여 멸절하고 자멸하게 하려는 것이 아니라, 세상을 대속하려는 것이다.

그것은 세상을 변화시킴으로써 대속하려는 것이다. 그러나 헤시카스트들에게 있어서, 이 변화는 인간의 의식의 변화를 전제로 한다. 그렇게 되어야만 모든 피조된 형태의 중심에 놓여 있어 그것들에게 신적인 목적을 제공하며 그 본질적인 소명을 아름다움을 결정하는 신성을 감지할 수 있다. 다시 말해서, 헤시카스트들은 자기들이 동료 인간들 및 다른 모든 피조물에게 봉사하는 가장 좋은 방법은 하나님에 대한 지식과 사랑이 그들 내면에 탄생하게 하는 것이라고 생각할 것이다. 그 일이 이루어지지 않는 한, 그들의 표면적인 활동들은 이 사랑과 지식에 필요한 표현이 되기는 커녕 이기적인 사랑과 우상숭배로 더럽혀질 것이다. 이것은 헤시카즘이 존재하는 이유, 그리고 관상의 우선적인 방법이 되어야 하는 이유를 분명히 해줄 것이다. 인간들은 관상 생활―금욕적으로 깨어 경성함, 기도, 묵상, 방해됨이 없이 하나님의 현존을 실천하는 것 등—을 통해서만, 자신 안에서 자신의 인간으로서의 진정한 존재 뿐만 아니라 창조의 가장 오묘한 목적들을 성취하는 데 있어서 하나님과 협력하는 능력이 의존하고 있는 바 하나님에 대한 개인적인 지식과 사랑을 실현할 수 있다.

마지막으로, 약 200년 전에 깊은 독거 생활을 토대로 하여『필로칼리아』를 배출한 아토스 산에 대해서 우리는 무엇을 추적해왔는가? 비록 헤시카스트 형태의 수도 생활은 아토스 산에서 계속 존속해왔지만, 19세기에 하나의 역동적인 세력으로서 그것은 온건하게 존재하고 영향을 미쳤음을 살펴보았다. 19세기가 저물어 가면서, 러시아로부터 엄청난 수도사들이 유입된 것은 새로운 자극이 되었고, 옵티노 수도원 및『순례자의 길』과 관련된 파이지 발레치코프스키의 유산을 아토스 산의 토양에 이식했다.[4] 금세기 중엽에 이 일의 결과는 크게 감소되었으므로, 아토스는 회복이 불가능할 정도의 쇠퇴의 위협을 받는 것 같았다. 게다가, 그리스에서 학교와 대학들에 의해 양성된 신학적인 지성은 완전히 반 수도원적인 것은 아니었지만 매우 역사화되고 추상적인 것이었으므로 관상생활을 향한 갈망을 자극하는 데 실패했다.

그러나 부분적으로 서방 세계에서 정교회, 특히 헤시카스트 전통에에 대한 관심의 회복에 따른 결과로서, 제2차 세계 대전 이후 헬라인들은 헬라어로 저술된 이 소중한 유산을 새로이 평가하기 시작했다. 1957년부터 1963년 사이에, 아테네에서 다섯 권으로 된『필로칼리아』개정판이 출판되었고, 아울러『순례자의 길』과 같은 연관된 책들이 헬라어로 번역되어 출판되었다. 약 20년 전에 루마니아에서 그랬듯이, 이 서적의 출판은 당시 성행하던 신학에 대한 편협한 역사적 방법에 대처하는 해독제를 제공했을 뿐만 아니라, 진정한 영석 가치들 및 기도 생활을 진정으로 바라는 갈망에 대한 반응을 제공하고 또 그 갈망을 더욱 고취했다. 그 결과 아토스 산이 중심이 된 수도 생활이 회복되었다. 게다가 이러한 부흥 속에 세계의 다른 지역에서 온 많은 정교회 신자들이 그리스

형제들과 합류했으므로, 아토스는 급속하게 범-정교회적 특성을 획득했다. 이 아토스에서의 헤시카스트 운동의 부흥이 20세기를 마감하는 몇 십 년과 그 이후에까지 취할 차원을 예고할 수는 없다. 그러나 이미 1000년이 넘도록 지속되어온 관상생활의 씨앗이 뿌려진 이 하나님의 동산에서, 과거는 미래를 풍성하게 해주는 경험이 되어가고 있으며, 다볼 산에서 그리스도의 모습을 변화시킨 빛은 지금 알파와 오메가요, 처음이요 나중이신 분을 증거하는 숨겨진 증인이 되라는 소명을 가진 사람들의 마음 속에 계속 떠오르고 있다.

주

1) 루마니아에서의 헤시카스트 운동의 부활에 대해서는 "Un Moine de l'Église Orethodoxe de Roumaine, 'L'avènement philokalique dans l'Orthodoxie roumaine,'" *Istina* nos. 3 and 4 (1958) 295-328, 443-74를 보라.
2) Thomas Merton's homage to Mount Athos, "L'Athos, république de la prière,' *Contacts* no. 30 (1960) 92-109를 보라.
3) 프랑스 역본은 J. Gouillard가 작업했다.
4) 실루안(1866-1938)은 아토스 산에서 생활했으며 이 유산의 대표자였다. Archimandrite Sofrony, *The Distorted Image*를 보라.

참고문헌

원전

Early Fathers from the Philokalia. Translated from the Russian test *Dobrotolubiye* by Kadloubovsky and G. E. H. Palmer. London: Farber & Faber, 1954.
Gregory Palamas, St. *Defense des Saints Hesychastes*. Introduction, texte critique, traduction et notes par Jean Meyendorff. Louvain: Spicilegium, 1959.
_. *The Triads*. Translated by Nicholas Gendle. New York: Paulist, 1983.
John Climacus, St. *The Ladder of Divine Ascent*. Translated by Colin Luibhead and Norman Russel. New York: Paulist, 1982.
Lossky, Vladimir. *In the Image and Likeness of God*. Crestwood, NY: St. Vladimir's Seminary Press, 1975.
_. *The Mystical Theology of the Eastern Church*. London: James Clarke, 1957.

_. *The Vision of God*. London: Hazell Watson and Viney, 1963.
Lot-Borodine, Myrrha. *Nicolas Cabasilas*. Paris, 1958.
A Monk of the Eastern Church. *On the Invocation of the Name of Jesus*. London: Fellowship of St. Alban and St. Sergius, 1949.
The Philokalia. The complete text complied by St. Nikodimos of the Holy Mountain and St. Makarios of Corinth. Translated from the Greek and edited by G. E. H. Palmer, Philip Sherrard and Kallistos Ware. 3 vols.; 2 vols. in preparition. London: Faber & Faber, 1979-83.
Scupoli, Lorenzo. *Unseen Warfare: Being the Spiritual Combat and path to Paradist of Lorenzo Scupoli*. Edited by Nicodemus of the Holy Mountain and revised by Theophan the Recluse. Translated from Theophan's Russian text by E. Kadloubovsky and G. E. H. Palmer. London: Faber & Faber, 1963.
The Way of the Pilgrim. Translated by R. M. Franch. London: SPCK, 1972.
Writings from the Philokalia on Prayer of the Heart. Translated from the Russian text *Dobrotolibiye* by E. Kadloubovsky and G. E. H. Palmer. London: Faber & Faber, 1973.

연구서

Colliander, Tito. *The Way of the Ascetics*. London: Hodder & Stouthton, 1960.
Meyendorff, John. *A Study of Gregory Palamas. London: Faith Press, 1964.*
___. *St, Gregory Palamas and Orthodox Spirituality*. Crestwood, NY: St. Vladimir's Seminary Press, 1974.
Mingana, Alphonse, ed. *Early Christian Mystics*. Woodbrooke Studies 7. Translated by Alphonse Mingana. Cambridge: W. Heffer & Sons, 1934.
Ouspensky, Leonid, and Vladimir Lossky. *The Meaning of Icons*. Olter: Urs Graf, 1952. Revised edition, Crestwood, NY: St. Vladimir's Seminary Press, 1982.
Sherrard, Philip. *Athos, the Holy Mountain*. London: Sidgwick & Jackson, 1982.
Sofrony, Archmandrite. *the Undistorted Image: Staretz Silouan 1866-1938*. London: Faith Press, 1958.
Staniloae, Dumitru.*The Tradition of Life: Romanian Essays in Spirituality and Theology*. London: Fellowship of St. Alban and St. Sergius, 1971.
Symeon Grigoriatis, Hieromonk. *The Holy Mountain Today*. London: Alexandria Press, 1983.
Thunberg, Lars. *Microcosm and Mediator: The Theological Anthropology of Maximus the Confessor*. Lund: Gleerup, 1965.

제14장
18세기 정교회에 미친 서방 영성의 영향

I. 러시아 내에서의 헤시카즘과 서방의 영향: 성 자돈스크의 티콘(1724-1783)

엘리자베스 벨-시걸(Elisabeth Behr-Sigel)

역사가 게오르게스 플로로프스키(Georges Florevsky)는 특히 18세기 서방으로부터의 영향력의 자극을 받아 이루어진 정교회 신학의 변화를 묘사하기 위해서 *pseudomorphosis*라는 용어를 사용해왔다. 그의 견해에 의하면, 이러한 영향력들은 정교회 신앙을 왜곡시키고 그 참된 특성을 흐리게 했다. 게다가, 그것들 중 일부는 정교회 신앙의 참된 요소들을 몰아내고 그 자리를 차지했다.

이 호된 비판은 어느 정도는 진실이다. 그러나 그 비판을 완화할 수는 없는가? 만일 한편으로는 굴욕적인 모방과 분별력의 부족 때문에 정교회 학교와 지침서에서 가르치는 신학의 영역에서 진정한 소외가 발생했다면, 다른 한편으로는 정교회 신앙과 서방 영성의 만남에는 고무적인 결과가 전혀 없었던 것은 아니라고 말해야 한다. 이것은 특히 러시아와 그리스에 적용되는 말이다. 교회의 전통의 기초 안에 영적으로 강력하게 뿌리를 두고 있으며 그렇기 때문에 다른 전통에 대한 두려움에서 해방된 사람들은 이 만남을 전통들의 효과적인 결합의 기회로 변화시킬 수 있었다. 이 논문 및 다음의 논문에서는 서방과의 만남의 긍정적인 차원에 몰두한 두 명의 영적 작가들을 소개한다. 두 사람은 여러 면에서 상이하지만, 18세기에 정교회 신앙과 서방과의 만남의 불확실한 점들을 공유하고 있다. 그들은 서방 영성에 속한 저술들 안에서 *Una Sancta*에 속해 있는 보화들을 발견했을 때에 주저함이 없이 그것들을 조사하고 받아들였다. 관상기도 및 정교회의 참된 교회 신학의 부흥의 중심에 선 사람들은 바로 이 서방 영성의 탐험가들이었다.

성자돈스크의 티콘(1724-1783)

자돈스크의 티콘(Tikhon of Zadonsk)은 도스토에프스키에게 감화를 준 인물로서, 전형적인 18세기 러시아인이었다. 당시 러시아는 위로부터 강요된 잔인한 서구화로 인해 충격을 받았고, 또 이 충격으로 인해 각성하여 자기 자신 및 현대 세계에서의 자신의 소명을 의식하기 시작했다. 서방의 영향력을 독창적으로 받아들일 수 있는 개방된 새 시대의 인물이었던 티콘은 정교회 신앙과 교부들의 전통 안에 깊이 뿌리를 내리고 있었다. 이런 점에서, 그는 오늘날 정교회의 역사적 과업인 듯이 보이는 하나의 종합(synthesis)을 지적한다.

생애와 활동

후일 티콘이라는 수도명을 소유하게된 티모시 소콜로프(Timothy Sokolov)는 피터 대제가 통치하는 1724년에 노프고로드(Novgorod) 주교 관구 근처에 있는 코로트스크 마을에서 태어났다. 러시아 교회의 위대한 사람들 중 다수가 그렇듯이, 그의 사회적 배경은 매우 보잘 것이 없었다. 그의 부친 파벨 소콜로프(Pavel Sokolov)는 마을 교회의 관리인이었다. 부친의 갑작스런 죽음으로 그의 가족들은 엄청난 가난에 직면했다. 어린 티모시는 어려서부터 농부들과 함께 일하여 생계를 유지해야 했기 때문에, 글을 배우지 못할 위험에 처했다. 그러나 그의 가족들은 그가 장학금을 받도록 주선하여 주교구의 학교에 입학할 수 있게 해주었다. 기초 과정을 마친 그는 16세 때인 1740년에 새로 생긴 신학교에 입학했다. 이 신학교는 노프고로드에 있었다. 주교와 키에프 인 교사들이 지도한 이 신학교의 교육과정은 서방의 제수잇 대학의 방침을 따라 작성되었다. 키에프 신학 아카데미 출신인 테오필랙트 로파틴스키 (Theolhylact Lopastinski)가 토마스 아퀴나스적 성향이 두드러진 교과서를 가지고 라틴어로 교의학을 가르쳤다.

신학 과정을 마친 후, 젊은 소콜로프는 계속 신학교에 머물면서 수사학을 가르쳤다. 이 때에, 그는 자신이 두 가지 생활 방식 중 하나를 선택해야 한다는 것을 깨달았다. 가족들이 원하는 대로 결혼한 교구 사제의 길을 택할 것인가, 수도생활의 소명을 따를 것인가? 얼마 동안 망설인 후, 그는 심오한 종교적 경험을 했고, 그 결과 후자의 소명이 한층 분명해졌다. 그는 어느 봄날 밤에 잠을 이루지 못하다가 집을 떠나 별이 많은 하늘을 바라보았다. 후일 감독이 된 그는 그 때 자신이 느낀 것을 다음과 같이 기록했다.

> 그곳에 서서, 나는 영원한 지복에 관해 묵상했다. 갑자기 하늘이 열리고 인간의 말로는 묘사할 수 없고 정신으로 이해할 수 없는 눈부신 빛이 하늘에 가득찼다. 그 빛은 한 순간 동안 지속되었고, 하늘은 곧 일상적인 모습으로 돌아갔다. 이 놀라운 환상을 보면서, 나는 홀로 독거 생활을 하고픈 강한 갈망을 느꼈다. 그 후 오랫동안 나는 이 때 본 것을 회상했고, 지금도 그 일을 생각하면 내 가슴에는 기쁨과 행복이 가득찬다.[1]

1754년 4월 10일, 티모시 소콜로프는 수도 서원을 하고 티콘이라는 이름을 받았다. 같은 해에 그는 사제로 임명되었다. 교육하는 일을 해야 할 운명이었던지, 그는 가르치는 수도사가 되었다. 1759년에 그는 트베르 신학교(Tver seminary)의 교의학 교수가 되었다(얼마 후 그는 이 곳의 학장이 되었다). 그곳에 부임하여 얼마 되지 않아서 그는 자신의 소명인 바 신학 교육과 장래의 사제들의 양성하는 개혁 프로그램을 실천할 수 있었다. 1761년 봄, 그는 제비뽑기에 의해서 노프고로드 대주교의 보좌역으로 선발되었고, 케크숄름과 라고다의 감독이라는 칭호를 받았다. 2년 후, 캐더린 2세의 특별한 소원 때문에 그는 보로네즈(Voronezh) 주교 관구에 부임했다. 이 여 황제는 그가 러시아 정교회를 자신의 사상적 방침에 따라 개혁해줄 "새 사람"이라고 여겼다. 새 사람 티콘은 당국자들이 예견하지 못했던 의미에서 유능했다.

주위 사람들이 볼 때에, 그는 연약하고 병약했다. 이 시기에, 처음으로 그에게서 신비한 병의 증세들이 나타났다. 그것은 정신신체의 증세였을 것이다. 그는 와들와들 떨고 현기증을 느끼고 기절하곤 했다. 그러나 거룩한 종교회의(Holy Synod)가 그의 은퇴 신청을 기각했기 때문에, 그는 용감하게 목회적 성직 수임에 정신을 기울였다. 그것은 무척 과중한 업무였다: 주교구는 수도에서 멀리 떨어진 곳에 있었고, 얼마 동안 고립되어 있다가, 정치적 긴장과 종교적 긴장을 겪게 되었다. 보로네즈에 도착했을 때, 티콘은 무식한 성직자들의 저급한 도덕적 표준과 야비함을 보고 경악했다. 그들은 자신의 품위를 전혀 고려하지 않았고, 따라서 존경을 받지 못했다. 이 사제들을 교육하는 일이 시급한 과제였다. 주교는 그들을 위해서 하나의 규칙서(*Rule*)와 교훈서(*Instructions*)를 작성했다. 티콘은 율법주의와 의식주의를 대적하면서, 사제들에게 내적 회심을 권하며, 그들에게 "그리스도께서 친히 그들에게 말씀하신 복음을 읽을 것, 그들이 하나님의 말씀으로 가득차야 한다는 것, 그리고 그들이 겸손하게 자신이 맡은 위대한 사역 및 그들이 집례하는 성찬의 거룩한 의의를 실현하려 해야 한다는 것 등을 요청했다. 특히, 티콘은 종종 참된 목표에서 빗나가곤 하는 죄고백의 성례를 갱신할 것을 주장했다. 사제들이 고백을 준비하고 있는 사람들에게 사용하도록 제안한 겸손하면서도 강력한 권면은 지금까지도 러시아 교회에서 사용되고 있다.

그러나 성직자들의 양성 자체가 목적은 아니었다. 티콘은 그 일을 통해서 모든 신자들을 새로운 영적 차원으로 끌어올리는 것을 목표로 했다. 그는 자신이 맡고 있는 대성당과 방문하는 교회에서 모든 하나님의 백성을 대상으로 지칠 줄 모르고 설교했다. 모든 사람들, 모든 신자들은 지극히 작은 형제들의 권위는 물론이요 자신의 권위도 어느 정도 의식하라는 부름을 받는다. 모든 사람들은 하나님의 형상을 지닌 사람들이다. 그들이 모여 그리스도의 몸, 즉 교회가 된다. 티콘은 사도 바울과 존 크리소스톰(John Chrysostom)을 본받아, 그리스도의 몸이라는 교회의 이상이 개인적인 윤리와 사회 윤리를 위해 함축하는 의미들을 강조했다: "모든 사람들은 하나님의 형상으로 피조되었기 때문에 우리의 형제이며, 그리스도의 보혈로 값 주고 사신 바 되어 한 교회의 지체로서 영원한 구원으로 부름을 받는다."

티콘은 이 신비에 대한 믿음이 우리의 삶을 변화시키고 사회를 변화시켜야 한다고 선포했다:

> 더 이상 거리나 광장을 배회하는 형제들, 굶주리고 차가운 북풍 아래서 추위로 떠는 형제들, 그리스도의 몸의 벌거벗은 지체들을 볼 수 없게 되어야 한다. 감옥에 빚 때문에 갇힌 가난한 사람들이 가득 차는 일이 없어야 한다. 거지들과 가난한 사람들이 없어야 한다. 모든 사람이 평등해야 한다.(*Works* 2:68-69)

티콘은 술취함, 간음, 미신 등의 일반적인 악덕을 비난했지만, 특히 위선과 부자들의 사치함을 공격했다. 그들은 교회 건축을 위해 기부금을 내놓았지만, 하나님의 성전인 인간들, 이웃들을 무시했다. 그는 하인들을 착취하는 귀족들에 대해서 다음과 같이 썼다:

> 당신들은 잔치에는 돈을 물 쓰듯이 하지만, 불쌍한 농부가 마지막 남은 소를 팔아 당신에게 세를 낼 때에는 한 푼의 동전까지도 받아내려 한다. 당신은 애완 동물인 개에게는 친히 식탁에 있는 것을 먹여 준다. 그러나 당신의 노예들은 종종 먹을 빵이 없어 고생한다.(*Works* 5:153)

이러한 사회적인 설교는 개인적인 회심을 촉구하는 데서 절정에 달했다. 그것은 역사를 초월하는 종말론적인 소망, 장차 임하겠지만 동시에 이미 신비하게 현존해 있으며 접근할 수 있는 하나님 나라에 대한 이상과 뗄 수 없는 것이다. 티콘이 촉구한 회심은 본질적으로 복음의 그리스도 안에 성육하신 말씀을 통해서 인간에게 호소하시는 인격적인 하나님과의 만남이다: "당신이 복음을 들을 때에, 그리스도께서 당신에게 말씀하시며, 당신은 그분에게 말한다. 오, 감미롭고 사랑스러운 대화여! 하나님이 인간에게 말씀하신다. 하늘나라의 왕께서 유한한 피조물인 자기 종들에게 말씀하신다!"[2] 티콘은 사회적으로 멸시받고 착취당하는 사람들에게 자유함으로 부름을 받은 하나님의 자녀로서의 권위를 의식하라고 촉구했다. 그는 분명히 그 시대의 이원론적인 표현을 사용했지만, 그럼에도 불구하고 해방의 복음의 참된 특징을 지적했다. 종말론적인 이상은 사회의 현상을 받아들이지도 않고 정당화하지도 않는다:

> 당신들은 농노로 부름을 받았지만, 그리스도 안에서 자유인들입니다. 육체적으로 당신들은 사람들에게 노예가 되어 있지만, 영혼은 죄로부터 자유합니다…가난한 그리스도를 기억하십시오! 하나님이 사랑하시는 고난받는 백성들이여, 낙심하지 마십시오! 이 세상에서 당신들은 나사로처럼 고난을 당하지만, 장차 그와 함께 아브라함의 품에서 안식할 것입니다.[3]

티콘의 영성은 구체적인 책임을 피하지 않는다. 그는 무식한 수도사의 옷을 입고서 가난한 사람들을 방문하여 위로하여, 돈이나 다른 선물들을 주곤 했다.

보로네즈에서 4년 동안 목회 활동을 하는 동안, 그의 건강은 계속 악화되었다. 그리하여 그는 다시 은퇴 요청을 하여 1767년에 호의적인 반응을 얻었다. 소문에 의하면, 교회 당국자들은 앞뒤를 가리지 않는 용감한 주교를 제거하게 되어 기뻐했다고 한다. 그것의 사실 여부와는 관계없이, 거룩한 종교회의에서는 그에게 연금을 지급하고 거처할 장소를 선택할 수 있게 해 주었다.

한 동안 주저하고 첫 발을 잘못 내딛기도 했으나, 결국 그는 자돈스크라고 불리는 돈(Don) 강 지류에 위치한 수도원에 거처하기로 결정했다. 그는 1783년에 사망할 때까지 그곳에서 지냈다. 그는 외관상으로는 16년 동안 잊혀진 시골 수도원에서 은퇴 감독으로서 평범한 생활을 했다. 그의 친구인 성 페테르스부르크의 가브리엘 총대주교는 아직 젊고 재능이 많은 사람이 납득할 수 없는 은퇴 생활을 하는 것을 안타까워 했다. 그는 티콘이 노프고로드 근처에 대한 다른 수도원을 지도하면서 『필로칼리아』의 보급과 관련하여 관상기도의 부흥을 촉진하고 지도할 수 있을 것이라고 제안했다. 이 유명한 책은 얼마 전에 우크라이나-몰다비아 출신인 파이지 벨리치코프스키에 의해 러시아어로 번역된 것이었다. 그 당시 그 제안을 불편하게 여기지 않았기 때문에, 그의 제안을 받아들였다. 그러나 얼마 동안 생각을 뒤에 자돈스크에 머무는 것이 하나님의 뜻이라고 확신하고 그곳에 머물기로 결정했다. 그는 가까운 친척에게 "내가 그 병 때문에 죽는다 해도, 나는 이곳을 떠나지 않겠다"고 말했다. 이렇게 결정하고 나니, 그의 괴로웠던 영혼이 평안해졌다.

  티콘은 가구가 없는 소박한 작은 농가에 거주했다. 그는 자기의 시중을 들 책임을 맡은 두 명의 수도사, 바실 체포탈레프와 이반 에피모프와 함께 그 집에서 살았다. 두 사람 모두 그에 관한 중요한 전기를 남겼다. 그는 모포를 덮지 않고 작은 양가죽으로 몸을 두른 채 땅바닥에서 잠을 잤다. 또 아주 겸손한 수도사로서 단순한 생활을 했다. 그는 평생 동안 육체적인 일과 지적인 일을 했다. 그는 방문객들을 만나 주었는데, 그 수효가 무척 많았기 때문에 말년에는 그들을 만나는 일을 피해야 했다. 그러나 그가 우선적으로 행한 일은 기도였다. 그는 수도원 내 교회에서 성무(聖務)를 도왔다. 그는 성가대에서 찬양을 했지만, 수도사들에게 복잡한 성찬 의식을 강요하는 결과를 초래하게 될까 두려워 성찬 예배는 집례하지 않았다. 한편, 그는 자주 성찬을 받았는데, 이것은 그 당시에는 극히 드문 일이었다. 그는 매 주일, 그리고 축일에 수도사들과 함께 성찬을 받았다. 성경을 읽는 것은 그의 삶에서 특별한 위치를 차지했다. 그는 신약성서와 구약 성서에 대해서 정확하고 상세히 알고 있었고, 헬라어와 히브리어로 성경을 읽을 수 있었다. 그는 식사를 하는 동안이나 저녁에 비서가 낭독해주는 성구에 몰두하곤 했다. 저녁에는 주로 개인적인 기도, 침묵 기도, 그리고 암기하고 있는 시편을 노래하곤 했다. 종종 완전히 땅에 부복하여 눈물을 흘리며 기도했다. 티콘은 자기의 수실에 그리스도께서 수난을 당하며 십자가를 지고 통과하신 지점들을 나타내는 그림들을 가지고 있었으며, 그것들을 묵상의 보조 도구로 사용했다. 게오르그스 플로로프스키는 이것을 지적하면서, 그 안에서 서방의 영향을 발견한다.[4] 그러나 정교회의 영적 전통에서 하나님의 아들의 고난 및 그것의 구체적인 표현을 강조하는 일은 일반적으로 생각하는 것만큼 드문 일은 아니었다. 예를 들어, 성 보리스(St. Boris)와 성 글렙(St. Gleb) 등을 생각할 수 있다. 또 19세기의 러시아 성인인 사로프의 세라핌(Seraphim of Sarov)은 그리스도의 지상 생활과 수난에 관해 묵상했고, 심지어 자신의 은거지 근처의 장소에 골고다, 겟세마네 등의 명칭을 붙이기도 했다.

자돈스크에 왔을 때에, 티콘은 육체적으로나 정신적으로 병자였다. 그는 자신의 은퇴가 정당한 것인지 가책을 받고 있었고, 아직 자신이 교회에 봉사해야 한다는 생각을 하면서 깊은 절망의 시기를 보냈다. 에피모프와 케보탈레프는 티콘의 전기에 그의 우울증, 자돈스크에 머물기 시작하면서부터 나타난 그의 침울하고 성마른 기질에 대해 묘사한다. 그는 종종 종일 수실에 틀어박혀 지내기도 했다. 그가 수실 안에서 왔다 갔다 하면서 큰 소리로 하나님께 기도하고 호소하는 소리가 들려왔다. 이러한 자포자기의 감정 외에 성내는 일도 종종 있었는데, 그럴 때면 헌신적인 종들까지도 도망쳐야 했다:

> 자돈스크 수도원에서 지낸 첫 해에, 그는 하인들에게 무척 엄격했다. 그는 성질이 난폭하여 하인들에게 아주 작은 잘못이 있어도 벌을 주고, 한쪽 무릎을 꿇고 절하면서 기도하게 했다. 이렇게 가혹했기 때문에, 때때로 열심히 그의 시중을 들어온 하인들도 두려움 때문에 그에게서 떠나곤 했다.[5]

그는 내성(內省)에 힘썼고, "매우 건전한 생각도 샅샅이 분석하곤 했다." 그는 자신의 결점들을 철저히 의식하고, 그로 인해 깊은 회오를 느꼈다. 종종 죄의식 때문에 비탄이 가중되었다. 그러나 결국 그는 기적적으로 평안을 얻었고, 그 평안을 주위 사람들에게 발휘했다.

티콘은 하나님으로부터 오는 값없는 은사인 평안을 받았다. 그러나 그것은 동시에 보다 깊은 믿음으로 인도해주는 영적 갈등의 결과이기도 했다. 그는 수도사로서 하나님의 능력이 자신의 인간적인 연약함 안에서 성취되는 것을 항상 새롭게 경험했다. 그의 수실에서 시중을 들던 수도사들이 저술한 전기에서, 티콘의 꿈이라는 주제가 여러 번 제기된다. 그의 꿈에는 환상과 음성이 동반되었으며, 그것을 통해서 그는 아버지 하나님의 자애로운 방문을 식별했다. 또 그는 자신에게 주어진 영적 지도를 따른 힘도 얻었다. 어느날, 그는 아기 예수가 와서 그의 왼쪽 뺨을 때리면서, 비폭력의 복음적 권고(마 5:39)를 상기시켜 주시는 꿈을 꾸었다. 그 후로 그는 급한 성질과 오만함을 버리고 겸손해졌다. 그는 종종 자신이 성을 내어 시험에 빠지게 하거나 기분을 상하게 했을 수도 있는 사람들에게 용서를 빌었다. 예를 들면 사소한 일 때문에 호되게 책망을 받은 요리사, 또는 대화를 하면서 모욕을 당한 귀족들에게 용서를 빌었다. 후자의 일화는 도스토에프스키가 *The Possessed*를 저술하는 데 감화를 주었음이 분명하다.

티콘은 일상생활의 사건들, 대담자들의 말, 우연한 만남, 특히 가난한 사람들과의 접촉에서 신적 인도하심을 감지했다. 그가 고통을 당할 때에 위로해준 사람은 테오파네스(Theophanes) 수사였다. 그는 자작나무 껍질로 신발을 만드는 무식하고 단순한 농부였다. 티콘은 그의 단순한 마음과 노동할 때의 열심을 크게 칭찬했다.

티콘의 수덕 생활에서는 일이 중요한 위치를 차지했다. 티콘은 일은 세상으로부터의 이탈을 낳는 독거와 기도와 함께 수도사들에게 임하는 전형적인 유혹인 "권태와 따분함"에 대적하는 가장 훌륭한 무기가 된다는 것을 깨달았다. 그가 의미하는 일이란 육체적인 노동과 지적인 노동을 의미했다. "결코 게으르게 지내지 말라!"는 그의 가르침을 받은 사람들에게 보낸 편지에서 제공한 권고였으며, 그는 그 교훈을 우선 자기 자신에게 적용했다. 육체의 건강이 회복되면, 그는 자신이 과거 러시아 농부로 지내던 시절을 기억하곤 했다. 고향에서의 어린 시절을 회상하면서, 그는 나무를 벨 때에 도끼를 사용하는 법, 겨울에 땔감으로 자르는 법, 말에게 먹이기 위해 풀을 베는 방법 등을 기억했다. 그는 톨스

18. St. Tikhon of Zadonsk, contemporary engraving.

성 치돈스크의 티콘

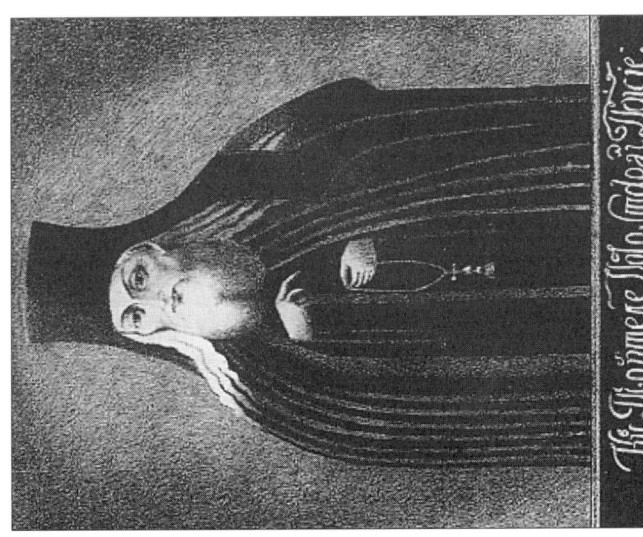

19. St. Paisy Velichkovsky, contemporary engraving.

성 파이지 벨리치코프스키

토이 이전에 생존했던 톨스토이 같은 사람이었으며, 생존하여 있는 수도적 본보기들을 모방했다: 예를 들면, 키에프의 동굴 수도원에 생활한 테오도시우스처럼, 티콘도 자돈스크에서의 생활보다 훨씬 소박한 생활을 갈망하게 되었다. 그의 꿈은 "아주 외딴 수도원으로 가는 것, 나의 직무에 따른 권위 뿐만 아니라 수도복까지도 벗어버리는 것, 노동하고 물을 떠오고 나무를 베고 청소하고 빵을 굽는 것이었다…러시아에서 이렇게 살 수 없다니 참으로 안타까운 일이다!"[6]

그럼에도 불구하고, 티콘은 여전히 지성적이고, 영의 일에 헌신했다. 그는 자연을 크게 사랑했고, 계절의 순환에 다른 다양성과 다양한 형태들에 매료되었다. 그는 사도 바울처럼, 피조물의 탄식에 민감했고, 하나님 안에서의 성취를 위해 노력했다. 그는 자연의 풍경의 아름다움을 보면 천국의 비유로 해석했고, 온 우주의 변화를 고대하면서 바라보았다.

> 당신이 감각으로 감지하는 이 봄에, 하나님께서 말씀 안에서 우리에게 약속하신 아름다움과 갈망의 봄을 향해 믿음으로 당신의 영을 들어올리십시오. 처음에 씨앗처럼 지구에 맡겨진 믿음의 사람들의 몸은 싹을 내고 성장하여 아름다움과 영광으로 치장할 것입니다…그 때에 그들은 신부처럼 빛날 것입니다. 그들은 봄철을 맞은 세상처럼 꽃을 피울 것입니다. 그들의 머리에는 영원한 기쁨의 면류관이 씌워질 것입니다…이렇게 갈망하는 봄철을 향해 영적으로 수고할 때에, 당신은 기쁨과 소망 속에서 하나님의 도움을 받아 이 복된 수확의 씨앗을 뿌릴 것입니다. 그리고 장차 동일한 기쁨이 가득하여 그 수확을 거둘 것입니다.[7]

우리는 티콘의 관상이 이 세상에서 지금 "씨를 뿌리라는" 소명, 즉 행동으로 실천하라는 소명으로 전개되는 것을 알 수 있다. 기독교인이 해야 할 여러 가지 선행 중에 복된 소식을 전파하는 일도 포함되어 있다. 티콘은 자신이 이 사역으로 부름을 받았다고 느꼈고, 기독교적 삶에 대한 그의 견해에서 그것은 탁월한 위치를 점유하고 있었다. 비록 그는 교회의 목회자로서의 공식적인 직무로부터 은퇴했지만, 복음의 사자로 나타났다.

그는 은퇴생활을 하는 동안에 매우 중요한 저술들을 작성했고, 영적 지도에 관한 많은 편지를 썼다. 이것들은 성직자, 수도사, 또는 평신도들에게 쓴 것들이었다. 그는 엄청난 서신 교환을 통해서 "세상에서 생활하는 무사한 기독교인들을 가르친 최초의 영적 교사들 중 한 사람이 되었다."[8] 또 그는 고대 러시아의 위대한 영적 교부들, 동굴의 성 테오도시우스, 라도네즈의 성 세르기우스 등의 전통에 속하게 되었다. 그는 이들과 함께 러시아의 모든 사람들을 위한 관심을 공유했다. 그는 새롭고 개선된 의사소통의 수단의 의해서 이러한 관심을 확대했다.

티콘은 편지 외에도, 신학적 저서와 영적 저서들을 저술했다. 『진정한 기독교에 관하여』(*On the True Christianity*)라는 제목의 6권으로 이루어진 중요한 교의학 논문은 자돈스크에서 저술한 것이다. 그 제목은 독일 루터교회의 목회자 요한 아른트의 저서에서 차용한 것이었다. 또 하나의 중요한 저서는 『세상으로부터 수집된 영적 보화』(*A Spiritual Collected from the World*)라는 묵상 모음집이었다. 이 책은 조셉 홀 (Joseph Hall)이라는 성공회 감독의 *Meditatinulae subitanae*의 영향을 받은 것이라고 인정되고 있다. 아른트의 책은 1605년에 독일에서 출판되어 여러 번 재판되었다. 그 책은 18세기 내내 독일 개신교주의에 엄청난 영향을 발휘한 경건주의적 경향의 중요한 근원으로 간주된다. 그러나 아른트는 경건주의의 열정과 아울러 확고하고 전통적인 신학의 지원을 받아 그 책을 저술했다는 점에 주목해야 한다. 그는 많은 로마 가톨릭 독자들로부터 칭송을 받았다. 그의 저서는 시므온 토도르스키 (Simeon Todorski)가 번역하여 1735년에 출판되었고, 그 후 거듭 재판되었다. 홀의 『묵상집』(*Meditations*)은 1796년에 비로소 러시아어로 출판되었다. 그러므로 티콘이 읽은 책은 라틴어로 된 것이었음이 분명하다. 고로데츠키(N. Gorodetzky)에 의하면, 자돈스크에 있는 은거지의 장서 안에서 두 권의 책을 성경과 존 크리소스톰의 저서들과 함께 발견할 수 있다고 한다. 그녀가 상세한 목록을 작성하지는 않았지만, 아른트와 홀이 티콘에게 감화를 주었다는 사실을 부인할 수 없는 듯하다. 그러나 그것은 문학적인 의존이 아니라, 그가 공감한 경향의 사상가에 의한 독창적인 결합이었음이 분명해진다. 티콘은 홀의 저술 안에서 자신의 기질에 맞는 묵상 방법을 발견했다. 이것은 생각 안에서 거룩한 신비에게로 올라가지 위해서 세속적인 감각을 초월하는 방법으로서, 예수님의 비유에 응답하는 방법과 다르지 않은 것이었다. 티콘은 성공회의 감독인 홀의 경험이 아니라 자신의 경험과 성찰들을 출발점으로 삼았다. 오늘날 청교도인 홀이 *Rosetum*이라는 진 몸바에르(Jean Mombaer)의 저서를 인용했다고 알려져 있다. 이 책은 이냐시오 로욜라의 『영신수련』(*Spiritual Exerecises*)에서도 사용된 전거였다. 이러한 연결 관계는 중요하다. 그것은 살아 있는 영적 경험은 교파적 경계를 초월한다는 사실을 지적해준다.

어쨌든, 티콘은 자신의 저서를 작성하기 위해서 다른 문서들을 조사하는 학자들과는 달랐다. 그의 수실에서 시중을 드는 수사들은 그의 비서 역할을 했다. 그들은 그가 구술하는 것을 받아 적었다. 종종 그들은 여름철에 우물가에 앉아서 기록하기도 했다.

> 그분은 무척 말이 빨랐기 때문에, 그 말을 받아 적기가 무척 어려웠다. 성령께서 그분 안에서 활동을 줄이시고 그분이 생각에 몰두하실 때면, 그분은 나를 내 수실로 보내시곤 했다. 그분은 무릎을 꿇고, 때로는 누워서 두 팔을 십자가 모양으로 펴고서, 눈물을 흘리면서 하나님께 전적으로 활성화시키는 분(All-Activating One)을 보내달라고 간청하시곤 했다. 그 후에 나를 다시 불러 다시 말씀을 시작하시는데, 얼마나 많은 말을 하시는지 제대로 받아 적기가 어려웠다.[9]

학문적인 입문서와는 달리, 아름답고 조화롭고 영상적인 문체를 사용한 티콘의 저술은 동방과 서방의 다양한 영향력의 종합이라고 할 수 있다. 그것은 개인적이고 교회적인 믿음의 도가니 안에서 형성된 것이었다. 이것이 자돈스크의 티콘의 신학적·영적 저술들의 주된 관심사이다.

티콘은 특별히 동방의 수덕적이고 영적인 전통, 그리스의 전통이나 슬라브 전통을 회복하는 데 몰두하지 않았다. 이 점에 있어서 그는 동시대 인물로서 『필로칼리아』를 번역한 파이지 벨리코프스키와 근본적으로 구분된다. 만일 그가 아토스 산의 수도사들을 사모하고 그들 중 일부와 접촉했다면, 그리고 시내 산과 아토스 산에서 사용하는 기도의 방법들을 러시아의 수도원 운동에 도입하고자 했다 해도, 그는 여전히 아토스 산의 헤시카즘에 대해서는 문외한이었다. 그는 보편 교회 안에서, 그리고 보편 교회와 함께 기도하고 믿었다. 그는 성경 안에서 살아계신 하나님의 말씀을 들었고, 그 말씀은 그의 마음에 감동을 주었다. 그는 자신이 구사할 수 있는 지적인 도구들을 사용하여 이 경험의 근본적인 중요성을 전하려 했다. 그는 부분적으로는 키에프 출신 스승들의 영향을 받았는데, 그들 역시 서방의 로마 가톨릭 입문서와 개신교 입문서들에 의존하고 있었다. 그러나 티콘은 본능적으로 자신을 위대한 삼위일체 신앙의 전통, 대 바실(Basil the Great)과 존 크리소스톰(그는 다른 교부들보다 크리소스톰을 좋아했다)이 대표하는 정교회 믿음의 전통 안에 두었다.

그는 그들을 통해서 바울의 성례전적 사실주의와 그리스도의 신비한 몸인 교회에 대한 이상, 그리고 이 이상이 사회적·개인적 윤리와 관련하여 함축하는 의미—수덕주의와 신비주의와 윤리 사이의 영속적인 관계—를 물려 받았다. 따라서, 그가 여기저기서 서방 스콜라주의에서 차용한 개념들을 사용한 것—즉 그가 성례전 신학에서 "형태"와 "물질"을 구분한 것, 또는 구속의 신학에서 "보속"에 대해 말한 것—은 그다지 문제가 되지 않는다. 그가 그리스도의 수난을 강조한 것, 죽음을 비정상적으로 두려워한 것, 그리고 최후의 심판을 반복하여 생각한 것 등은 그의 "서방 전통 신봉"을 보여 준다. 우리는 티콘에게서 다소 키에르케고르와 흡사한 점을 감지한다. 그러나 "두려움"과 "떨림"은 언제나 부활하신 그리스도와의 교제에 대한 확실한 믿음과 소망에 의해 극복된다. 고통스럽고, 때로 비극적인 분위기를 지닌 그의 묵상은 동방 영성의 특징인 바 인류와 우주 전제의 궁극적인 변화를 향한 소망으로 전개된다.

티콘에게서는 어거스틴이나 『그리스도를 본받아』(*Imitation of Christ*)에서 인용한 구절들, 그리고 개인적인 구원의 확신을 갈망하는 대단히 서방적인 욕구를 찾아볼 수 있다. 궁극적으로 그는 교회 안에서, 특별히 온 교회의 일치 안에서의 교제를 강조하는 러시아의 상황 안에서 이 모든 것을 받아들였다. "오, 구세주여, 당신께서 만민을 위해 세상에 오셨으니, 곧 나를 위해서 오신 것입니다." 이것이 그의 겸손하고 자신만만한 신앙고백이었다.

개신교 경건주의의 아버지인 요한 아른트처럼, 티콘도 살아있는 믿음, 개인적인 구원의 전용—그 안에서 그리스도와의 연합이 완전히 존재를 관통하고 변화시킨다— 안에서 교리에 대한 지적 동의가 성취되는 믿음의 필요성을 주장했다. 그러나 이러한 주관주의는 결코 반 계몽주의나 감상주의로 전락하지 않았다. 티콘은 결코 믿음의 척도로서의 교의를 경시하지 않았다. 그는 신학적인 과업을 중요하게 여겼다. 그러나 그는 오만하고 거만한 정통주의, 논쟁적 신학의 진부함에 주목했다. "그리스도 안에 있는 참 믿음은 겸손하고, 인내하며, 자비하고, 선한 의지가 가득하다…성령의 마음 속에 있는 일은…기쁨이 가득하며…성자에게서 오는 자유의 선물이다."[10]

게오르그스 플로로프스키는 티콘의 주요한 저술들과 그것들이 러시아 신학사에서 지니는 중요성을 묘사하면서, 다음과 같이 말한다:

> 이 책은 교의적인 체계라기보다 신비적 윤리학이나 수덕자의 책이다. 그러나 그것은 최초로 그러한 경험이 결여되어 있는 스콜라적 지식과 대조적으로 경험에 기초를 둔 신학을 시도한 책이기도 하다.[11]

티콘을 루터파 목회자의 저서에게 매료되게 하여 자신의 책에 그 제목을 사용하게 만든 것이 바로 이 "경험에 기초를 둔 신학"이다. 그는 확실한 영적 직관을 가지고서, 그러한 신학의 요구들이 본질적으로 "순전한 기독교"의 요구임을 감지했다.

티콘은 사막 교부들과 러시아 은둔자들의 전통 안에서 독거를 추구했고, 그 유익에 대해서 열심히 언급했다. 그는 내적인 고결함을 잃어버리거나 그러한 위험을 감수하지 않는 사람은 독거를 포기하지 않는다는 사실에 주목했다. 그러나 덧붙여서 "미워해야 할 대상은 죄인이 아니라 죄이다"라고 말한다(*Works*, vol. 15, letters). 이 독거 지원자는 평생 하나님 사랑과 뗄 수 없는 관계를 지닌 바 인류를 향한 참 사랑의 거룩한 은사들을 얻기 위해 쉬지 않고 노력했다. 그러나 그는 현실적으로 실질적인 죄악의 상태에 있는 사람은 본성적으로 이 사랑을 소유하지 않고 있음을 인정했다. 그는 경험을 토대로 하여 말하면서 인간적이 된다는 것은 동료 인간들을 향한 사랑과 미움, 매력과 혐오 사이를 오가는 것이라고 주장했다. 그는 체보라레프(Chebotarev)에게 "지금 나는 모든 사람들 포옹하고 입맞추고 싶다고 느낀다. 지금 그들은 나에게 진정한 혐오감을 채워 준다"고 털어 놓았다.

티콘은 걱정이 많고 혼란스러운 기질, 거의 절망할 정도로 고민하는 기질을 가지고 있었기 때문에 쉽게 동반자를 만들지 못했다. 그와 가까이에 사는 사람들 중에 진정으로 그를 이해하는 사람은 거의 없었다. 그는 자신에 대해서 일반적으로, 그러나 분명하게 말하면서, 하나님의 나라를 우선적으로 찾는 사람들이 종종 위선자, 또는 약간 미친 고집쟁이로 취급된다고 표현했다. 그는 무식하고 단순한 농부들, 그리고 어린아이들과 함께 있을 때에 가장 행복했다. 마을 청년들은 정규적으로 그를 만나러 왔는데, 그는 그들의 기분을 맞추어 주고, 사과나 단 것을 주었다. 그의 신경은 완전히 탈진했지만, 궁극적으로 그는 평안을 얻었다. 그 평안은 그처럼 고통하는 사람들에게 전달하라고 주어진 것인 듯했다.

앞에서 티콘이 주고 받은 많은 서신에 대해 언급한 적이 있다. 그는 서신교환을 통해서 새로운 형태로 자신이 포기했던 목회 사역을 실천했다. 즉 물질적, 도덕적, 영적 번민 때문에 괴로움을 당하는 사람들을 위한 긍휼의 사역을 행할 수 있었다. 그는 이 사역을 만나는 모든 사람에게 행했다. 그의 견해에 의하면, 모든 인간은 그들의 내면에 현존하는 하나님의 형상—그리스도의 희생에 의해서 완전히 회복된 형상—의 조명을 받고 있었다.

보로네즈의 감독이었던 티콘은 자돈스크에 머물기 시작했을 때에는 그를 찾아오는 사람들이 그리 많지 않았다. 그러나 그의 거룩한 생활과 관대함에 대한 소문이 퍼지면서, 사람들이 찾아오기 시작했다. 그에게서 영적 조언과 진정한 가르침을 얻으려는 사람, 선행을 기대하는 농부들, 방랑자들과 진정한 순례자들 등 많은 사람들이 그를 찾아왔다. 러시아의 가난한 사람들의 불행 전체가 항상 문이 열린 그의 수실을 향해 밀려왔다. 화재 속에서 살아난 사람이나 수확을 망친 사람들이 티콘에게 구제를 호소했다. 그는 황제에게서 받는 연금을 구제하는 데 다 사용하고 빚까지 졌다. 그는 유언서에 기록된 대로 하나도 남기지 않고 절대적인 가난 속에서 죽게 되었다. 그러나 그는 은혜의 활동에 대한 증언과 찬송 속에서 고통스럽게 완성된 삶을 남겨 놓았다.

> 하나님, 모든 것을 주셔서 감사합니다! 나를 하나님의 형상과 모양으로 지으셨으니 감사합니다! 타락한 나를 대속해 주셨으니 감사합니다. 자격이 없는 나를 염려해 주셨으니 감사합니다. 죄인인 나를 회개로 이끌어 주셨으니 감사합니다. 어두운 곳에 있는 양 같은 나에게 거룩한 말씀을 주시고 의의 길에 세우셨으니 감사합니다. 내 마음의 눈을 밝게 해주셨으니 감사합니다. 그의 거룩한 이름을 알게 해주셨으니 감사합니다. 세례를 통해서 내 죄를 씻어주셨으니 감사합니다. 영원한 복에 이르는 길을 보여주시니 감사합니다. 그 길을 하나님의 아들 예수 그리스도, 스스로 "내가 길이요 진리요 생명이라"고 말씀하신 분이십니다.[12]

1779년 성모 마리아 탄생 축일에, 티콘은 마지막으로 수도원 교회에 갔다. 그는 자신의 임종이 가까웠음을 감지하고 준비를 했다. 그 후 그는 수실을 거의 떠나지 않았지만, 계속 방문객들을 만났다. 1782년에, 부분적인 마비로 인해 정신적 기능이 손상되었고, 1783년 8월 13일, 또는 14일 밤에 세상을 떠났다.

그는 임종하는 날부터 존경받기 시작했고, 1881년 8월 13일에 러시아 교회는 그를 공식적으로 성인으로 시성했다. 티콘의 역사적 중요성은 그의 저서와 인격에 있다. 그의 저서와 인격에는 동방과 서방, 전통과 현대성, 옛 것과 새것이 훌륭하게 결합되어 있다.

티콘이라는 인물 안에서, 기독교 국가 러시아는 용감한 신앙의 행동으로 현대적 허무주의를 만나고 극복했다. 그것은 무신론자와의 표면적인 논쟁이 아니라 티콘의 영혼, 영과 육의 모든 시험과 의심의 아픔을 아는 영혼 속 깊은 곳에 있는 갈등이었다. 이 현대의 서구화된 성인과 함께라면, 옛 러시아 영성의 다양한 흐름의 깊이를 회복할 수 있다.

> 페체르스크의 은자들의 세상에 대해서 죽는 수덕주의, 그리스도를 위해 이해할 수 없이 비천해진 삶의 어리석음, 인간들—특히 가난한 사람과 고난받는 사람들—의 사랑 안에 담겨진 그리스도의 사랑, 그리고 부활하신 그리스도 안에서 변화된 세상과 삶에 대한 갈망.[13]

고대 러시아 정교회의 전통 안에 뿌리를 두고 있다는 사실 때문에, 티콘이 그 시대의 인물, 계몽주의 시대의 인물이 되지 못한 것은 아니다. 그는 러시아 교회 내의 개혁하는 요소의 전형적인 본보기였다. 티콘은 무지와 의식주의에 맞서 싸웠다. 그는 누구보다 열심히 성직자들을 가르치는 일에 힘썼고, 마음의 교육과 개인적인 믿음을 깊게 하는 일을 지적인 양성과 분리하지 않았다. 그는 믿음의 성경적 근원으로 돌아가는 것이 중요하다는 것을 이해했으며, 성경을 히브리어 본문과 헬라어 본문에서 직접 현대 러시아어로 번역하기를 간절히 원했다. 그는 자신의 사회적 가르침 속에서, 항상 그리스도에 대한 현대적 이상이라는 위대한 주제를 언급했다. 티콘은 인간의 권위 존중, 형제애 안에서의 사회의 공정한 재구성이 복음의 핵심이라고 여겼다. 그는 교회의 전통, 바실과 크리소스톰의 전통에 충실하면서, 죄의 깊음과 다가올 영광의 전조의 긴장 속에서 새 밝아오는 새 시대에 참된 기독교적 인문주의를 위한 토대를 놓았다.

주

1) Vasily Chevotarev, in George P. Fedotov, ed., *A Treasury of Russian Spirituality*, 191.
2) N. Gerodetzky, *Saint Tikhon of Zadonsk*, 28.
3) Ibid., 132.
4) Georges Florovsky, *The Ways of Russian Theology*, 158.
5) Ivan Efimov, in G. P. Gedotov, ed., *Treasury*, 215.
6) V, Cheborarev, quoted in N. Gorodetzky, *Saint Tikhon*, 72.
7) N. Gorodetzky, *Saint Tikhon*, 201.
8) Louis Bouter, *A history of Christian Spirituality* (New York: Seabury, 1965) 3:38.

9) Chebotarev, in G. P. Fedotov, ed., *Treasury,* 206.
10) N. Gorodotzky, *Saint Tikhon,* 174.
11) G. Florovsky, *The Ways of Russian Theology,* 159.
12) G. P. Fedotov, ed., *Treasury,* 240.
13) L. Bouyer, *A History of Christian Spirituality,* 3:38.

참고문헌

Behe-Sigel, Elisabeth. *Prière et Saintete dans l'Eglise Russe.* Paris: Cerf, 1950. New Edition Diffusion, Deitions monastique, 1982.

Bouyer, Louis. *Orthodox Spirituality and Protestant and Anglican Spirituality.* Volume 3 of *A History of Christian Spirituality.* New York: Seabury, 1965.

Fedotov, Georges P., ed. *A Treasury of Russian Spirituality.* New York: Sheed & Ward, 1948.

Florovsky, Georges. *The Ways of Russian Theology.* Belmont, MA: Nordland, 1979).

Gorodotzky, N. *Saint Tikhon of Zadonsk: Inspirer of Dostoyevsky.* Crestwood, NY: St. Vladmir's Seminary Press.

II. 그리스에서의 전통들의 만남: 성산의 니코데무스(1749-1809)

보리스 보브린스코이(Boris Bobinskoy)

1749년에 낙소스(Naxos)에서 태어난 니콜라스 칼리보우체스(Nicholas Kalliboutzes)는 어려서 그 섬에 있는 교회 부설 학교에서 교육을 받았다. 당시, 그는 이미 전통적인 종교 교육의 영향을 깊이 받았고, 자기 민족의 영적 궁핍함을 의식하고 있었다. 당시 오토만 제국의 지배 하에서 정교회 문화의 중심지인 서머나의 복음적 학교에서, 그는 장차 서구 문화에 대한 그의 방대한 지식에 크게 공헌하게 될 외래어들—라틴어, 이탈리아어, 프랑스어, 영어—을 잘 알게 되었다. 그는 기억력이 탁월했다.

그는 1770년에 낙소스로 돌아오자 마자 그 지방 주교의 비서가 되었다. 코린트의 마카리우스(Macarius of Corinth)와 가이사랴의 실베스터(Sylvester of Caesarea)의 감화를 받아, 그의 내면에서 관상생활에 대한 갈망이 생겨났다. 니콜라스는 26세 때에 아토스 산으로 갔고, 처음에는 디오니시오우 수도원에 정착했다. 그는 곧 그곳에서 수도서원을 하고 니코데무스라는 이름을 받았다. 2년 후(1777년)에 그의 친구요 코린트의 총대주교인 마카리우스 노타라스(Macarius Notaras)가 아토스에 도착했다. 이 일은 니코데무스의 삶에서 결정적인 전환점이 되었다. 그는 마카리우스의 저서—*Philikalia, Evergetinos, On Frequent*

Communion—의 원고를 완성하여 출판 준비를 하는 책임을 맡았다. 니코데무스의 수고 덕분에, 이 세 권의 책이 1782년에 베니스에서 출판되었다.

니코데무스의 일상생활은 기도와 집중적인 지적 노력으로 나뉘었다. 그는 많은 본문의 원고를 검토하고 복사했다. 그는 아토스에 있는 은둔처나 수실에서 살면서, 그 시대의 영적 운동들과 신학적 갈등에 적극적으로 참여했다. 그는 한 번도 아토스 산을 떠나지 않았고, 60세 때인 1809년 7월 14일에 세상을 떠났다. 콘스탄티노플 총대주교구에서는 1955년에 그를 공식적으로 성인으로 시성하면서 이 날을 그의 축일로 정했다.

저서

니코데무스의 영적인 노고는 그 시대의 주요한 영적 흐름이라는 상황 안에 두어야 한다. 13-14세기 아토스의 헤시카즘을 물려받은 수도적 경향은 서방 전통을 소중히 여기려는 경향에 크게 반대했고, 또 당시 계몽된 그리스 사상가들의 특징인 유럽의 문학과 문화에 몰두하는 것도 반대했다. 니코데무스는 일찍이 헤시카즘에 입문했지만, 그의 관상적 소명은 정교회 전통에 적극적으로 이바지하고 증거하는 일과 분리될 수 없었다. 이것은 그가 평생 동안 정교회의 영적 교사들과 교부들의 가르침을 출판하는 엄청난 일에 헌신한 사실에서 찾아볼 수 있다.

니코데무스가 처음으로 착수한 일이 그의 친구인 코린트의 마카리우스가 준비한 역작 『필로칼리아』를 편집하고 교정하는 일이었음은 의미심장하다. 그 책에는 4세기부터 14세기까지의 크게 존경받는 교부적 저자들의 본문들이 포함되어 있었고, "순수한 기도"(pure prayer) 및 그것을 성취하기 위한 수덕적인 방법들에 대한 가르침을 제공했다. 이 책의 출판 목표는 교회에 속한 모든 사람들이 정교회의 영적 전통의 보화에 접근할 수 있게 해 주며, 영성의 영향력을 수도원 너머로 확대하는 데 있었다. 니코데무스의 『필로칼리아』를 발칸 반도와 러시아에 보급한 사람들, 특히 볼다비아의 파이지 벨리치코스프스(1793년에 슬라브어로 번역함), 이그나티우스 브리안카니노프 주교(1858년에 슬라브어로 번역했다고 주장됨), 은둔자 테오판 주교(1876년에 러시아어로 번역)는 동일한 정신과 영적 표현에 대한 동일한 관심을 가지고 있었다. 오늘날도 루마니아어 역본(두미트루 스타닐릴로에), 영역본(칼리스토스 웨어 주교), 프랑스어 역본(쟈끄 투라일)이 출판되고 있다.

니코데무스가 정교회 전통을 종합하고 편찬하고 출판한 것은 『필로칼리아』에 비추어 고찰하고 평가해야 한다. 그것은 그가 아토스 산의 헤시카즘을 경유하여 전해져온 교부들의 금욕적 교리와 영적 경험을 크게 중요시 했음을 보여준다.

니코데무스는 『필로칼리아』 외에도, 동일한 정신으로 마카리우스 총대주교가 거룩한 교부들의 말과 가르침을 모아 편찬한 *Evergetinos*를 출판했다. 그는 오감, 상상력, 영, 그리고 정신 등을 지키는 것에 관한 『권고의 지침서』(*Manual of Counsels*)를 저술했다. 이 저서에는 헤시카스트의 인간론과 영적 투쟁에 대한 주요한 사상들이 담겨 있다. 또 그는 신 신학자 시므온의 『요리문답』(*Catechesis*), 그의 신령한 『찬송집』(*Hymns*), 그리고 『가자의 존과 바르사누피오스의 문답집』(*The Book of Questions and Answers of Barsanupios and John of Gaza*) 등을 출판했다. 마지막으로, 그는 14세기 아토스 산의 헤시카즘의 대표자인 데살로니카의 대주교 그레고리 팔라마스(Gregory Palamas)의 저서들을 완전하게 편집했지만, 안타깝게도 그것은 빛을 보지 못했다.

우리가 관심을 두고 언급하는 것은 다음과 같다: (1) 니코데무스의 전례적 저술, 교훈적 저술, 그리고 찬송 등으로서, 이것들은 그의 저서에서 신학적 지식과 전례 생활의 관계를 강조하는 데 기여한다. 가장 중요한 본문들은 다음과 같다: *Neon Theotokarion*; 신학자 성 요한을 위한 미사 전칙곡; *Great Euchologion*; *Neon martyrogion*(새로운 순교자들에 관한 전기적 문서); *Neon Eklogion*(성인들의 전기); *Troparia of the Three Pascha*; 성찬 예배 공식 강론; *Synaxaristes*; 『은혜의 동산』(주님과 하나님의 모친의 축일에 사용하는 미사곡 주석); *Nea*

Klimax(75개 교창에 대한 해설). (2) 표준적인 글, 회개의 글, 그리고 도덕적인 글: *Exomoligitarion*(영적 지도자를 위한 죄고백 지침서); 『기독교적 행동의 표준』(13개의 설교); *Pedalion*(교회의 미사곡 모음집).

니코데무스는 collyvades(죽은 사람을 위해 예배 드리는 동안 교회에서 축성하여 사용하는 밀로 만든 스프)와 관련된 논쟁에 관한 싸움에 연루되기도 했다. 이 싸움은 거의 1세기 동안 터어키의 지배를 받아온 그리스 교회를 파괴했다. 원래 죽은 사람을 위한 기도를 토요일 뿐만 아니라 주일에도 드릴 수 있는가 하는 문제와 관련된 이 싸움은 점차 성찬식을 얼마나 자주 행하느냐는 문제에 초점을 두게 되었다. 1777년에 코린트의 마카리우스는 『빈번한 성찬에 관하여』(*On Frequent Communion*)라는 책을 출판했었는데, 1783년에 니코데무스의 노력 덕분에 개정판이 출판되었다. 그 책에서는 성경과 교부들의 글을 인용하면서 자주 성찬을 행할 것을 권장하였고, 그 관습을 반대하는 이론을 비판했다. 마카리우스와 니코데무스는 참된 영성생활은 영적이고 금욕적인 준비를 하면서 함께 규칙적으로 함께 성찬에 참여하는 것으로부터 분리할 수 없다고 여겼다.

18세기 그리스 정교회 신앙의 영적 갱신이 교회 생활과 성화에서의 성찬의 위치 회복과 얼마나 깊이 연결되어 있었는지를 기억해볼 필요가 있다. 그의 성찬에 대한 태도 때문에, 니코데무스를 비난하는 사람들은 그가 서방의 영향에 굴복했다고 비방했다. 그러나 아토스의 의회와 콘스탄티노플 총대주교구는 이런 점에서 그에게서 모든 의심을 제거해 주었다.

서방과의 만남

오토만 제국의 지배 하에서 정교회를 신봉하는 헬라인들의 정치적으로나 문화적인 열등함 때문에 그리스와 소아시아의 서방 교회와 동방 귀일 가톨릭 교도들(Uniates: 교황의 수위권을 인정하면서 그리스 정교 고유의 의식과 관습을 지킴)이 영향을 미치게 되었다. 정교회의 청년들은 가톨릭 학교들의 탁월함에 매력을 느꼈다. 일부 젊은 이들은 멀리 로마, 베니스, 기타 다른 이탈리아의 도시로 가서 공부했다.

1750년 경, 유게니오스 불가리스(Eugenios Boulgaris)의 지도 하에 아토스 산에 학교가 세워져, 정교회 학생들이 종교와 세속적인 문제에 대한 보다 훌륭한 교육을 받게 되었다. 그러나 아토스 산의 수도사들은 모든 세속적, 철학적, 과학적 학문을 완강하게 거부했기 때문에, 불가리스는 학교를 처음에는 살로니카로 옮겼고, 다음에는 콘스탄티노플로 옮겼다. 그의 제자로서 수도사요 순교자인 코스마스(Cosmas the Aitolian)는 터어키 점령 시대가 끝날 무렵에 활동한 위대한 설교자였다. 1961년에 시성된 그는 정교회 신앙의 상징이 되었다. 그는 정교회 신앙 속에서 그리스 인들의 복음화에 삶을 헌신했었다.

니코데무스의 영적 헌신은 바로 이 운동 안에서 이루어진 것이었다. 신앙과 신학적 교리의 차원에서, 니코데무스는 언제나 타협함이 없이 교부들과 종교회의에 의해 확립된 정교회의 교의적 전통을 고수했다고 말할 수 있다. 그는 그 시대의 주된 신학적 경향에 따라서, 급진적인 반-라틴적 특성을 공언했으며, 그것은 정교회로 개종한 로마 가톨릭 신자들의 재세례를 다룬 그의 편지에서 증명된다.

그러나 니코데무스는 서방의 영적 성향에 대해서 분명하게 폐쇄적인 것은 아니었다. 16세기와 17세기에 개정된 가톨릭 서적들은 정교회 세계에서 니코데무스가 계속해서 인기를 얻는 데 도움이 되었다. 니코데무스는 베니스에서 『보이지 않는 전쟁』(Unseen Warfare, 1796)을 출판했고, 『영성훈련』(Spiritual Exercises)은 이냐시오 로욜라의 교육 방법을 종합하고 이탈리아의 제수잇인 피나몬티(J.-P. Pinamonti)의 저서인 『영성훈련』의 본문들을 개작한 것에 불과하다. 니코데무스는 원본에 주석, 그리고 성경과 교부들에 대한 풍부한 언급을 추가했다.

1924년에, 제수잇 회원인 마르셀 빌러(Marcel Viller)가 원문을 재구성하고, 헬라어 판의 상이한 부분들이 피나몬티의 저서에서 유래된 것임을 증명했다. 34개의 묵상 및 8편의 고찰이 거의 모두 피나몬티의 『영성훈련』에서 인용된 것이다. 두번째 묵상("인간의 종말에 관하여")은

ΕΙΣ ΔΟΞΑΝ ΠΑΤΡΟΣ ΥΙΟΥ
ΚΑΙ ΑΓΙΟΥ ΠΝΕΥΜΑΤΟΣ ΤΟΥ ΕΝΟΣ ΘΕΟΥ.

ΒΙΒΛΟΣ ΤΩΟΝΤΙ ΨΥΧΩΦΕΛΕΣΤΑΤΗ
ΚΑΛΟΥΜΕΝΗ
ΓΥΜΝΑΣΜΑΤΑ ΠΝΕΥΜΑΤΙΚΑ.
ΔΙΑΜΟΙΡΑΣΜΕΝΑ ΕΙΣ ΜΕΛΕΤΑΣ, ΕΞΕΤΑΣΕΙΣ,
ΚΑΙ ΑΝΑΓΝΩΣΕΙΣ.

Ἅπερ προσθήκαις ὅτι πλείςαις, καὶ ἀφαιρέσεσι, καὶ ἀλλοιώσεσι
καλλοπισθέντα, καὶ μετ᾽ ἐπιμελείας διορθωθέντα, καὶ Σημειώμασι
διαφόροις καταγλαϊσθέντα παρὰ τῷ Ὁσιολογιωτάτῳ ἐν Μοναχοῖς

ΚΥΡΙΟΥ ΝΙΚΟΔΗΜΟΥ.
ΝΥΝ ΠΡΩΤΟΝ
Τύποις ἐξεδόθησαν διὰ φιλοτίμου δαπάνης, καὶ σπουδαίας
ἐπιστασίας τοῦ τιμιωτάτου, καὶ χρησιμωτάτου
ΚΥΡΙΟΥ ΔΗΜΗΤΡΙΟΥ ΚΑΡΥΤΖΙΩΤΟΥ
ΤΟΥ ΕΚ ΠΕΛΟΠΟΝΝΗΣΟΥ.

Εἰς κοινὴν ἁπάντων τῶν Ὀρθοδόξων Χριστιανῶν ὠφέλειαν,
καὶ σωτηρίαν.

ΕΝΕΤΙΗΣΙΝ, 1800.

ΠΑΡΑ ΝΙΚΟΛΑΩ ΓΛΥΚΕΙ ΤΩ ΕΞ ΙΩΑΝΝΙΝΩΝ.
CON LICENZA DE' SUPERIORI.

성 니코데무스, 영성훈련, 1800

피나몬티가 저술한 *Riligiosa in solitudine*에서 차용된 것이다. 열번째 묵상의 첫 부분, 23번째 묵상("그리스도의 순종에 관하여"), 그리고 31번째 묵상의 세번째 부분은 독창적인 것인 듯하다. 8편의 강연 중에서 일곱 편은 *Vita del cielo appianata*에서, 나머지 한 편은 *Religiosa in solitudine*에서 차용한 것이다. 마지막으로, 제3판(1895년, 아테네)에서, 니코데무스의 저서 안에 있는 30개의 짧은 묵상들은 피나몬티의『마지막 네 가지 일에 관한 묵상들』(*Meditations on the Four Last Things*)을 그대로 번역한 것이다.

이탈리아어 원본이 심오하고 근본적으로 변형되었으며, 니코데무스가 출판한 것은 "정교회 영성의 근본적인 특성을 소유하고 있는 동방 영성의 주요 저서"[1]라는 사상을 지지하기는 어려울 듯하다. 수도사인 테오클리토스(Theoklitos)는 니코데무스의 저서는 이냐시오 로욜라가 저술한 같은 제목의 책을 증보한 것에 불과하다고 생각했지만, 실상 니코데무스의 저서와의 공통점은 거의 없다. 원문의 거의 대부분을 피나몬티의 것을 인용했다고 보면, 니코데무스가 주는 인격적인 감화가 크게 축소된다.

그러나 니코데무스가 피나몬티의『영성훈련』을 개정한 이 책은 정교회 세계에서는 제한적으로만 보급되었음에 주목해야 한다. 슬라브어 역본들도 그다지 인기가 없었다. 이것은 아마 그 책이 지닌 가톨릭적이고 이냐시오 특유의 분위기 때문이었을 것이다. 그럼에도 불구하고, 정교회 독자들에게 서방의 훌륭한 영적 서적들을 제공하려는 그의 용기와 자유의 정신을 제거하지는 못했다. 우리는 그의 마지막 저서들 중 하나인『기독교적 행위의 표준』(*The Standards of Christian Behaviour*)에서 서방 세계를 대하는 니코데무스의 영적 분별력을 확인해주는 말을 인용할 수 있을 것이다: "우리는 라틴인들 및 이단을 신봉하는 사람들의 잘못된 신앙과 불법한 관습을 미워하고 혐오해야 한다. 그러나 만일 그들에게 조금이라도 건전하고 거룩한 종교회의에서 인정한 것이 있다면, 그것을 미워해서는 안된다."[2]

니코데무스의『보이지 않는 전쟁』은 더 이상 우리의 관심을 끌지 않을 것이다. 그 책은 1796년에 출판되자 마자 크게 인기를 얻었다. 니코데무스는 서문에서 익명의 저자의 저서를 편역했다고 인정한다. 이 익명의 지자의 징체를 처음으로 밝힌 사람은 마르셀 빌러인 듯하다. 빌러가 로렌조 스쿠폴리의 저서로 간주한 두 개의 소품, *Combattimento Spirituale*와 *Sentier du Paradis*를 니코데무스가 개작한 듯하다. 스쿠폴리(Scupoli, 1529-1610)는 테아틴 회의 성직자로서 영적 지도에 헌신했고, 비방을 받아 평신도의 지위로 전락했었으나 거룩하다는 평판을 받으면서 세상을 떠난 사람이다.

스쿠폴리가 이 두 글의 저자라는 것에 대해서는 최근에 의심이 제기되었지만,[3] 일반적으로는 그가 저자라고 간주된다. 그의 저서인 『영적 전투』(*Spiritual Combat*)의 초판은 1589년에 저자에 대한 언급이 없이 24개의 장으로 출판되었지만, 그 후에 L. 스쿠폴리의 이름 하에 66개의 장으로 출판되었다. 1589년부터 1750년까지 이 책은 250판이나 출판되었다. 프란시스 드 살(Francis de Sales)은 매일 이 책을 읽었으며, 이 책이 『그리스도를 본받아』와 비견할 만한 책이라고 생각했다. 스쿠폴리의 『영적 전투』의 영성, 진정한 사랑의 극기는 이냐시오 로욜라의 학파의 경향에 합류하지만, 그것을 확대하고 초월하기도 한다. 순수한 사랑에의 권면은 이냐시오의 『영신수련』의 종착점이다. 이 책은 인간과 그들의 정념, 고귀한 소원과 저급한 소원 사이의 치명적인 싸움이라는 성경적 사상에 초점을 둔다. 그 책은 펜싱이라는 상징을 기초로 하고 있으며, 스쿠폴리는 영적 전쟁을 칼 싸움으로 비유한다.[4]

루이스 부여(Louis Bouyer)는 니코데무스가 스쿠폴리의 저술을 편애한 것, 그리고 정교회 세계에서 그가 개작한 글이 인기를 얻은 것을 다음과 같이 설명한다:

> [스쿠폴리는] 르네상스 이후의 정신적이고 체계적인 영성에 의지하면서, 교부적 영성에서 취한 이중 구조 안에서 그것을 발전시키고, 이 두 가지 기본적인 요소를 그것을 짜맞추었다. 이것은 마귀의 노예가 되는 것을 막기 위한 싸움으로 이해되는 수덕주의, 그리고 감각의 활동을 억제하거나 창조를 정죄하지 않으며 전인이 하나님을 영화롭게 함으로써 세상을 성별하는 영성으로 꽃피는 것이다.[5]

하지스(H. A. Hodges)는 『영적 전투』가 발달해온 길고 매력적인 이야기를 상세하게 묘사하면서, 처음에 스쿠폴리와 그의 후계자들이 저술했고, 다음에 헬라 번역자인 니코데무스가 번역했고, 마지막으로 19세기에 러시아인 은둔자 테오판이 개작했다고 말한다. 그 독자들의 큰 영적 욕구를 보여주는 본문이 있다. 이런 점에서, 그 책은 니코데무스가 수정한 마카리우스의 『필로칼리아』에 못지 않으며, 19세기와 20세기에 러시아와 루마니아에서 비슷한 운명에 직면했다.

스쿠폴리의 원본에 수록된 실질적인 수덕적 논문인 그 글에는 기도와 묵상, 성찬 등에 관한 부분이 추가되었고, 영적 전투에 사용되는 궁극적인 무기가 되었다. 그러나 기도에 관한 스쿠폴리의 가르침은 제한된 것이며 본질적으로 수덕적 전쟁의 무기로 자신을 소개하지 못한다.

니코데무스가 번역한 스쿠폴리의 수덕적 논문들은 원본의 전반적인 순서와 내용을 존중하지만, 정교회 독자들을 위해서 많은 주석과 내용이 추가되었다. 니코데무스는 "예수의 성심"(Sacred Heart of Jesus)과 연옥에 대한 언급은 모두 제거했지만, 지나치게 반-라틴적이지는 않다. 예를 들어, 화살기도, 예수의 공로, 보속, 충분한 은혜 등의 개념들은 그대로 두었다.

여기에서는 니코데무스가 수정한 것, 그리고 그 이후에 수정된 것들에 대해 상세히 언급하지 않을 것이다. 가장 중요한 것은 이탈리아어 본문에서 감각을 지키는 것에 대해서 다룬 21장과 24장이다. 스쿠폴리에 의하면, 이것은 모든 감각적인 인상들과 에너지들을 계속 하나님께 위탁함을 통해서 성취되었다. 니코데무스는 상상력과 기억을 바로잡는 일에 관한 장을 삽입했다. 감각적 상상력의 자제는 하나님 안에서의 응답과 참된 관상으로 이어진다. 따라서, 니코데무스는 자연스럽게 예수 기도, 또는 순수한 기도라는 주제를 발전시킨다. 이것이 『보이지 않는 전쟁』에 기고한 내용의 핵심으로서, 『필로칼리아』에서 발견되는 교부들의 전통적인 교리이다.

니코데무스는 스쿠폴리가 기도에 관해 저술한 부분을 충실하게 재현했는데, 그 부분에서 기도는 영적 전투의 무기로 언급된다. 구세주의 지상 생활, 하나님의 모친과 성인들, 특히 구세주의 십자가 처형과 수난, 그리고 덕과 용기와 인내의 탁월한 본보기에 대한 묵상의 표준적인 주제 앞에, 스쿠폴리는 정신적인 기도, 짧은 화살기도에 의해서 하나님께 마음을 들어올리는 것에 대한 특별한 글을 두었다. 그것은 이냐시오의 분석적인 묵상의 문제가 아니라, 단순한 기도—여기서 예수기도의 교리가 생겨난다—와 밀접하게 관련된 전통적인 방법의 문제이다. 니코데무스는 정신적인 기도와 그 다양한 형태에 관한 장의 내용을 크게 증보했다. 그는 정신적인 기도를 지성의 기도와 마음의 기도로 정의하며, 그렇게 함으로써 하나의 교리와 공통된 관습 안에서 예수기도에 관한 에바그리우스의 전통과 마카리우스의 전통을 통합한다. 그 부분은 근본적으로 니코데무스가 자신의 영성과 가르침으로 받아들인 것, 아토스의 팔라마스주의에서 전해진 헤시카스트 전통의 해설이다.

마음의 기도 안에서 영이 통합되면, 모든 형태의 기도와 영적 활동들이 회복될 수 있다. 니코데무스는 그것들을 무시하지 않는다. 그는 스쿠폴리의 저서에서 묵상에 관한 마지막 일곱 장을 그다지 수정하지 않고 충실하게 재번역했다. 니코데무스의 의도는 "그리스의 헌신 방법 대신에 라틴의 방법을 사용하려 한 것이 아니라, 그 둘을 결합하여 영성생활의 틀 안에서 적절한 위치를 부여하는 것"[6]이었다고 하지스가 지적한 것은 타당한 말이다.

마지막 요점은 성찬에 관한 부분과 관련된다. 니코데무스도 스쿠폴리처럼 성례전적인 교제와 영적 교제를 구분한다. 후자는 영혼 안에서의 그리스도의 임재를 의식하면서 꾸준히 빈번하게 행해야 한다. 스쿠폴리는 성찬 교제의 은혜에 관한 묵상에서 이것을 제한된 방법으로 다루었다. 니코데무스에게 있어서, 영적 교제는 마음의 기도에서 절정에 달하며, 그것이 실현되는 순간, 그 장소에서 마음은 성령의 전이 된다.

『보이지 않는 전쟁』의 이 장에 삽입한 주에서, 니코데무스는 영적 지도자들이 빈번한 성찬을 금지하는 "병적이고 왜곡된 관습"을 반대했다. 자주 성찬을 행하는 것을 권장하는 것이 니코데무스와 그 친구들의 계획의 근본적인 특징이었음을 알 수 있다. 후일 성산의 의회가 명예를

회복시켜 주기는 했지만, 그들은 이런 이유로 라틴의 영향을 받았다는 비난을 받은 것이다:

> 자주 성례전은 실천하는 것과 헤시카스트적 기도의 감화를 종합한 것은 결코 그가 우리에게 제공한 종합 중에서 가장 흥미없는 것이 아니다. 실제로, 그는 비잔틴 영성의 내적 경향과 전례적 경향을 성찬의 그리스도의 영성과 결합했는데, 그것은 분명히 니콜라스 카바실라스의 영향을 크게 받은 것이다.[7]

니코데무스만이 로렌조 스쿠폴리의 『영적 전투』를 변화시킨 것은 아니다. 19세기에 은둔자 테오판이 성산의 니코데무스의 『보이지 않는 전쟁』을 러시아어로 번역할 때에, 그 일은 다시 시작되어 계속되었다. 하지스가 영어로 번역한 것이 바로 이 번역본이다. 하지스는 테오판이 니코데무스의 저서를 수정한 내용을 상세하게 제시했다. 그는 테오판이 제시한 본문이 "순수하게 정교회적인 저서, 『필로칼리아』와 함께 동일한 편집자가 편집한 가치 있는 책"[8]이라고 여긴다.

장차 『보이지 않는 전쟁』이 서방의 언어로 완전하고 충실하게 번역되어 출판되기를 기대한다.

결론

니코데무스의 『보이지 않는 전쟁』의 본질적인 특성 및 저자로서의 니코데무스의 업적에 대한 평가는 매우 다양하다. 레브 질렛(Lev Gillet)은 그 책을 "서투른 혼합물…문학적으로나 영적인 표절 작품"이라고 평했다. 그는 그 책이 정교회 신자들에게 미친 영향을 축소시킨다. 다른 저자들은 일반적으로 이 과격한 판단을 거부한다.

그와는 대조적으로 하지스는 『보이지 않는 전쟁』을 정교회 권에서 가장 위대한 영적 저술로 본다. 수도사인 테오클리토스도 그에 동의하며, 그 책을 "정교회 교부들의 신비한 정신을 찬양한 글이며, 거룩한 정교회 교부인 니코데무스의 마음과 정신을 순수히 반영하는 책"[9]이라고 말한다.

어떤 판단도 그 책 및 니코데무스의 이상과 의도를 완전히 공정하게 평가하지 못하는 듯하다. 근본적으로 반-라틴적인 환경에서 매우 서구적인 저서를 두 번 출판한 것, 그리고 그 책들의 구조와 기본적인 내용을 존중하면서 정교회 전통 안에서 재발견된 기도의 경험에 대한 관점 안에 그것들을 배치한 것은 참으로 놀라운 업적이다. 성 니코데무스가 출판한 책의 원문이 6세기와 17세기의 로마 가톨릭 저자들의 것이라고 해서 그의 명성이 손상될 위험은 없다. 그들이 동방 교부들, 특히 사다리의 요한을 재발견한 것은 니코데무스의 서방의 영적 저자들—니코데무스가 정교회 형제들에게 전해 주려 한 책의 저자들—사이에 영적 공감대가 있음을 설명해준다.

성산의 니코데무스는 당시 서방 교회에서 유행하던 영적 저술들을 정교회에 소개하면서 탁월한 영적 분별력을 발휘했다. 그가 마음의 기도에 관한 원래의 본문을 약간 수정하고 다른 내용을 추가한 것은 전통적인 정교회 교리 및 그 자신의 개인적인 영적 경험을 표현한다. 이것은 스쿠폴리의 본문의 영적 초점을 재조정하기 위한 기초를 제공해준다. 니코데무스는 스쿠폴리의 본문을 하나도 거부하지 않았고, 대신에 그것을 대단히 유기적이고 일관성있는 교훈적 문맥 안에 재배치했다. 많은 성경적이고 교부적인 문문들이 이 이탈리아인의 수덕적이고 영적인 교훈의 주제들을 취하고 지원한다. 그러한 본문들은 그것을 정교회 신앙의 새로운 전통적 흐름 안에 감싸게 해준다.

니코데무스가 출판한 수덕적인 책들은 기독교인들의 구분을 초월하고 언급하는 영성의 주요한 저서들에 대한 전통적인 개방성의 본보기이다. 정교회 세계에서 『보이지 않는 전쟁』이 성공을 거둔 것은 이탈리아어로 된 원문의 탁월한 영적 특성을 확인해주며, 니코데무스가 작업한 개정판을 정당화해준다. 그는 비잔틴의 헤시카즘의 고전적인 흐름 안에 가톨릭 교회의 저술들을 받아들이려 했다. 그는 자신의 저서들에 의해서, 그리고 특히 수도생활과 기도에 헌신함을 통해서 이 일에 크게 기여했다.

주

1) Theoklitos de Dionysiou, *St. Nicodemus the Hagiorite,* 197, 199. In Greek.
2) Constantine Cavarnos, *St. Nicodemus the Hagiorite,* 31.
3) Cf. L. Gillet, *"Unseen Warfare* by H. A. Hodges," *Sobornost* 3 (1952) 584-86.
4) Etienne, Marie Lajeunie, *Introduction au Combat Spiritual,* 13.
5) Louis Bouyer, *Orthodox Spirituality and Protestant and Anglican Spirituality,* 42.
6) H. A. Hodges, *The Unseen Warfare,* Introduction, 54.
7) Bouyer, *Orthodox Spirituality and Protestant and Anglican Spirituality,* 44.
8) Hodges, *The Unseen Warfare,* 67.
9) Theoklitos, *St. Nicodumus the Hagiorite,* 196.

참고문헌

Bebis, Goerges S. "St. Nicodemus the Hagiorite." In *Post-Byzantine Ecclesiastical Personalities,* 1-17. Edited by Constantine Cavarnos, Brookline, MA: Holy Cross Press, 1978.
Bouyer, Louis. *Orthodox Spirituality and Protestant and Anglican Spirituality.* Vol. 3 of *A History of Christian Spirituality.* New York: Seabury, 1965.
Cavarnos, Constantine. *St. Nicodemus the Hagiorite.* Belmont, MA: Institute for Byzantine and Modern Greek Studies, 1974.
Gillet, L. "*Unseen Warfare* by H. A. Hodge." *Sobornost* 3 (1952) 584-86. Book Review.
Grumel, V. "Nicodème l'Hagiorite." In *Dictionnaire de Théologie Catholique,* vol. 11, cols. 186-90. Paris: Letouzey et Ané, 1931.
Hodges, H. A., ed. *The Unseen Warfare.* London: Faber & Faber, 1952.
Lajeunie, Etienne Marie. *Introduction au Combat Spiritual.* Paris, 1966.
Le Guilloe, K.-J. "Aux sources des movements spirituels de " Eglise Orthodoxe de Grèce. I. La renaissance spirituelle du XYIIIe S/" *Istina* 1 (1960) 95-128.
Papoulides, C. *Nicodemus the Hagiorite.* Athens, 1967. In Greek.
___. "Portée oecumenique du renouveau monastique au XVIIIe s., dans l'Eglise Orthodoxe." *Balkan Studies* 10 (1969) 105-12.
___. "The Relationship of the 'Gymnasmata Pneumatika' of St. Nicodumus the Hagiorite with the Spiritual Exercises of St. Ignatius of Loyola." *Makedonika* 11 (1971) 161-73. In Greek.
__. "The Relationship of the *Unseen Warfare* of St. Nicodemus the Hagiorite with the *Spiritual Combat* of Lorenzo Scupoli." *Makedonika* 10 (1970) 23-24. In Greek.
Stiernon, D. "Nicodème l'Hagiorite." In *Dict. Sp.,* vols. 72-73, cols. 233-250.
Théoklitos de Dionysiou. *St. Nicodèmus the Hagiorite: His Life and Works.* Athens, 1959.

Viller, M. "Nicodème l'Hagiorite et ses emprunts à la littérature spirituelle occidentale. Le *Combat Spirituel et Les Exercises* de St. Ignace dans l'Eglise byzantine." *Revue d'Ascétique et de Mystique* 5 (1924) 174-77, 416.

제15장
시련과 승리: 현대 러시아의 영적 전통

세르게이 학켈(Sergei Hackel)

    18세기 후반에 유랑생활이 러시아 영성의 발달에 크게 기여했다. 젊은 파이지 벨리치코프스키(Paisii Velichkovskii, 1722-1794)는 우크라이나의 서구화된 억지 이론과 학문에 매력을 느끼지 못했다. 그는 삶의 대부분을 해외로 나가 아토스와 몰다비아의 수도원에서 보냈다. 그는 아토스에서 헤시카스트 방식의 기도의 부흥에서 큰 유익을 얻었고, 그것은 1782년에 『필로칼리아』의 출판이라는 결과를 낳았다. 파이지는 그 책을 슬라브 세계에 소개했다. 그가 1988년에 공식적으로 성인으로 시성되면서, 그의 업적도 인정을 받았다.
    『필로칼리아』는 코린트의 총대주교였던 마카리우스(1731-1805)와 성산의 니코데무스(1749-1809)가 편집하여 편찬한 것이었다. 그 책의 내용은 정교회의 영성생활에 관한 고전적인 본문들로서, 그것들을 여러 권으로 모아 놓음으로써 보다 큰 힘을 갖게 되었고, 또 널리 보급되게 되었다.[1] 그것들은 파이지가 슬라브어로 번역함으로 말미암아 한층 더 널리 보급되었다. 그는 그 원고를 주로 슬라브인 수도사들의 실용적인 교과서로 간주했던 것 같지만, 곧 그는 그것을 출판하기로 결심했다. 그리하여 성 페테르스부르크의 총대주교인 가브릴 페트로프(Gavriil

Petrov, 1730-1801)의 후원을 받아 파이지가 사망하기 전 해에 초판이 빛을 보게 되었다. 번역된 책의 제목은 *Dobrotoliubie*였다. 그때까지 멀리 궁벽한 은거지에서만 존속해온 소라의 닐(St. Nil of Sora)의 헤시카스트 전통이 새로 두각을 나타내고 인정을 받았다.

그 책의 가르침을 적용하려 한 사람들의 외국 여행도 그 본문들의 보급을 뒷받침했다. 캐더린 대제의 통치 때에 러시아 수도원의 운명이 변화된 것도 수도사들의 이동을 촉진했다. 이 군주가 수도원 재산을 빼앗아 정부의 소유로 했기 때문에(1764) 수천 명의 수도사들이 표류하게 되었고, 그것이 몰다비아에 파이지의 제자들 중에 쫓겨난 러시아인들이 많은 이유이다.

그러나 그 후의 군주들은 보다 큰 관용을 나타냈고, 심지어 수도생활을 장려하기도 했다. 그리고 당시에 러시아로 돌아온 사람들은 종종 능숙한 헤시카스트 기도의 실천자가 되어 돌아왔다. 또한 그들은 목회적 지도의 분야에 새로운 관점을 도입했다. 그들 및 제자들의 영향들은 매우 널리 퍼지고 오랫동안 지속되었다.

게다가 이 영향력은 결코 수도원에만 한정되지 않았다. 왜냐하면 수많은 순례자들이 옵티노, 사로프, 발람 등의 수도원의 경험 많은 원로들의 개인적인 지도를 받기를 간절히 원했기 때문이다. 또 원로들 중에는 자기의 의뢰인들과 서신왕래를 함으로써 영향력의 범위를 넓힌 사람들도 있었다. 그러한 사람들 중에 중요한 인물로는 옵티노의 마카리 이바노프(Makarii Ivanov, 1788-1860)를 들 수 있는데, 그의 편지 중 수백 편이 그의 사후에 출판되었다.[2] 그보다 더 많은 편지를 쓴 사람은 최근에(1988) 성인으로 시성된 비샤의 테오판 주교(Theophan of Visha, 1815-1894)이다. 그는 생의 마지막 20년 동안에는 외부 세계와의 개인적인 접촉을 완전히 피했다. 그러면서도 그는 팔 백 편 이상의 편지를 썼고,[3] 그 밖에도 영적 교훈에 관한 많은 중요한 글을 저술했다.[4]

테오판이 은둔해서 지내는 동안에는 두세 사람 정도만 그에게 접근했다. 그러나 그는 자기를 의지하는 거의 모든 사람의 호소와 간청을 받아들였다. 여기에 원로가 된다는 것의 역설이 요약되어 있다. 원로가 되기 위해서는 세상으로부터의 분리가 선결 조건이었다. 그것은 단지 수실의 문을 잠그는 것에 의한 분리가 아니었다. 테오판의 경우에는 모든 수도자에 필요한 일인 내면의 기도와 수덕적 노력을 하며 보내는 세월이 포함될 수 있다. 비록 분리의 겉 모양이 손상되더라도, 분리의 열매는 사람들에게 전해져야 했다. 신심 깊은 사랑의 발생은 필연적으로 그것의 지출로 이어진다. 마카리우스의 표현을 빌자면, "하나님에 대한 사랑은 사람들을 향한 사랑 안에 표현된다."

따라서, 테오판은 표면적으로 분리된 생활을 유지했지만, 옵티노의 원로로서 그의 선임자인 레오니드 나골킨(Leonid Nagolkin, 1768-1841)과 그의 후계자인 암브로시 그렌코프(Amvrosii Grenkov, 1812-1891)처럼 그의 영적 조언과 지원을 구하는 사람들은 누구든지 매일 직접 그에게 접근할 수 있었다.

원로들은 공동체 내에서 일상적이고 완전한 "생각들의 계시"를 일상적인 수도의 일부라고 옹호했다. 그러한 계시를 토대로 할 때에 조언을 가장 훌륭하게 조언을 제공할 수 있었다. 그러한 계시를 유발한 절대적인 진리에 따라 주어지는 충고는 의심없이 받아들여질 것이라고 기대되었다. (과거 파이지가 권장했던) 그 관습이 이때까지 존속했다. 우연한 순례자들이나 멀리 있는 통신자들의 경우에는 이처럼 청원자의 내면 생활을 자세히 조사하는 일은 이루어질 수 없었다. 그럼에도 불구하고, 각 사람은 하나의 개체로 취급되었다. 마카리는 어느 통신자에게 편지하기를 "당신에게 주는 나의 충고는 당신의 내적 환경과 외적 환경에 따라 조성됩니다. 그런 까닭에 그것은 오직 당신에게만 해당되는 것입니다"라고 썼다. 그는 그것은 일반적인 행동 규칙으로 다루거나 인용하지 말라고 부탁했다.[6]

그렇기 때문에, 그는 종종 어떤 사람들을 설득하여 세상적인 물건을 나누어 주는 것, 또는 수도생활을 시작하는 것, 심지어 예수 기도를 실천하는 것을 단념시키곤 했다. 또 어떤 때는, 예수 기도의 실천을 조심스럽게 권하되, 이 지극히 도전적인 활동에 임할 때에는 겸손하게 하라고 권했다. 많은 유혹과 탈선이 있겠지만, 이 일에는 부지런히 자기 정화를 추구하는 일이 수반되어야 한다. 노련한 영적 지도자는 반드시 필요하다.

옵티노 수도원 원로들의 가르침과 관습은 그리스 교부들의 가르침을 본받은 것이었다. 그들은 그리스 교부들의 저서들을 꾸준히 번역하고 출판하고 보급했다. 은둔자 테오판은 이 활동을 자신의 번역서와 개작한 책에 적용했다. 그가 파이지의 *Dobrotoliubie*를 러시아아로 번역한 것은 적지 않은 업적이다. 옵티노 수도원에서의 학구적인 작업은 예기치 못한 부산물을 낳았다. 이 때에, 피터 대제 시대 이후 러시아에서 교육을 받은 계층의 정교회로부터의 소외에 대한 반작용이 시작되었다. 이 부분적이지만 놀라운 재결합—그것은 20세기 초에 "러시아의 종교적 문예부흥"[7]이라 할 수 있는 것에서 절정에 달했다—의 선구자는 셸린기안 이반 키레프스키(Shellingian Ivan Kireevskii, 1806-1856)이다. 그는 전문적으로나 개인적으로 마카리의 번역 팀과의 공동작업에 헌신했다. 다른 슬라브 민족을 숭배하는 지식인들에 대해서도 같은 말을 할 수 있다. 그들 중에서 (비 학구적인) 새로운 유형의 사상가들이 배출되었는데, 가장 유명한 사람은 평신도 신학자인 알렉세이 코미아코프(Aleksei Khomiakov, 1804-1860)이다. 그가 주장한 *sobornost*(공동체적인 일치)라는 개념은 다음 세기까지 정교회의 교회론에 영향을 미쳤다.

최근에, 옵티노 수도원을 유명하게 만든 사람은 소설가 페도르 도스토에프스키(Fedor Dostoevsky, 1821-1881)이다. 그는 옵티노 수도원에서 암브로시 원로와 상담하기 위해서 불과 사흘 동안 밖에 머물지 않았지만 장차 러시아나 정교회, 심지어 기독교 문화의 국경을 초월하여 수백만 명의 독자들에게 감명을 줄 저서 안에 그 때의 감명을 표현했다. 그의 소설 『카라마조프의 형제들』에서 조시마는 원로들의 가르침을 반영하는 신비한 말을 했다. 그러나 옵티노의 교부들이 조시마의 가르침을 거부한 것은 결코 그들에게 문학적 지식의 부족을 나타내는 것만은 아니다. 그들은 자기들이 헌신하고 있는 영적 훈련에 조시마가 거의 관심을 갖지 않고 있음에 주목했다. 게다가, 그 헤시카스트가 겸손하고 부지런히 추구하는 바 인간 본성의 신화(theosis)를 이미 변화된 우주, 하나의 세상적인 낙원이라는 조시마의 관념과 동일시할 수 없었다. 조시마의 낙관적 자연 신비주의가 기독교적 심상들을 선택적으로 가끔 사용했다는 사실은 그것을 정당화해 주기에는 부족하다. 그들은 그것이 본질적이고 방심할 수 없는 영적 위험과 시험들에 대해 말했다고 주장했을 수도 있다.[8]

만일 영성생활을 다룬 대중적인 저서를 옵티노 수도원이 인정했다면, 『순례자의 길』이라는 책이 인정받았을 가능성이 크다. 암브로시 원로는 자신의 편지에서 그 책을 분명히 인정했다.[9] 그리고 그가 세상을 떠나고 나서 몇 년 후에 발견된 논문들 중에 그 책에 추가할 내용이 있었다.

원본의 제목은 그 책의 고백적인 특성을 나타낸다. *Otkrovennye razkazy strannika dukhovnomy svoemu ottsu*는 "어느 순례자가 그의 영적 아버지에게 보낸 성실한 보고서"라는 의미이다. 그 이야기는 그 시대의 문학적 취향에 맞추어 개작되었음을 보여주지만, 그 책의 근본적인 신빙성은 의심되지 않는다. 저자는 스스로 주장하는 것처럼 무식한 농부였을 수도 있고, 그렇지 않을 수도 있다. 그러나 그의 저서는 헤시카스트 영성이 어떻게 수도원 담장 너머의 세상에서 헌신적인 수련자들을 발견할 수 있었는지를 극적으로 보여준다.[10] 순례자는 수도원의 원로들에게서 도움을 발견하지만, 확실하고 확고한 지원은 『필로칼리아』에서 발견했다. 그는 처음에 하루에 수천 번 예수기도("주 예수 그리스도시여, 나를 불쌍히 여기소서")를 기계적으로 반복하는 데서부터 시작하여, 결국 그것을 자신의 호흡과 연결하고, 그것을 통해서 자신의 모든 경험을 여과할 수 있게 되었다. 그럼으로써 그의 내면 생활을 통제할 수 있었을 뿐만 아니라, 창조에 대한 인식이 완전히 변화되었다: "사람들, 나무들, 식물, 동물, 이것들 모두가 나와 관련되어 있으며, 그 모든 것 속에서 나는 예수 그리스도의 흔적을 발견한다."[11] 그는 "하나님 나라는 너희 안에 있느니라"(눅 17:21)는 말씀의 의미를 이해하게 되었다.[12]

옵티노의 세 명의 위대한 원로들 중 한 사람인 암브로시의 분명한 성성(聖性)은 1988년에 교회에 의해 공식적으로 선포되었다. 그러나 또 다른 위대한 원로의 업적은 그보다 일찍 인정되었다. 사실, 1903년에 사로프의 세라핌 모쉬닌(Serafim Moshnin of Sarov)이 시성된 것은 주목할 만한 사건이었다. 두 사건에는 뒤늦게나마 파이지의 영성 학교를 인정한다는 사실이 포함되어 있었다.

원로들의 은거생활이 궁극적으로 그들에 대한 접근 가능성을 촉진하고 정당화해줄 수 있다는 역설이 훌륭하게 증명된 예는 성 세라핌(St. Serafim, 1759-1833)이다. 그는 사로프에서 수련 기간을 마친 직후(1786), 인근의 은거지로 가서 17년 동안 지냈다(1793-1810). 여기에는 그가 엄격하게 제한된 장소에서 주상성자들처럼 기도하면서 엄격한 금욕생활을 실천한 기간도 포함되어 있다. 그는 낮에는 하나의 바위에서 지내고, 밤에는 다른 바위에서 지내면서 세리의 기도, "하나님이여, 죄인인 나를 불쌍히 여기소서"를 계속 반복했다. 이것은 예수기도와 밀접하게 관련되어 있지만 그 자체가 예수 기도는 아니었다. 어떤 때는, 그는 실제로 예수 기도를 추천하기도 했다. 왜냐하면 "주 하나님을 섬기기로 결심한 사람들은 하나님에 대한 의식, 그리고 쉬지 않고 예수 그리스도께 드리는 기도를 연습해야 하기 때문이다…"[13] 어쨌든, 그는 어느 특별한 단계에서 정확하게 어떤 기도를 실천하든지 간에, 『대 파코미우스의 규칙』(Rule of St. Pachomios the Great)를 지지했다.

세라핌은 은거지에서 몇 년 동안 침묵 생활을 했다. 그 후 또 몇 년 동안은 사로프 수도원 안에서 침묵하고 은둔하는 생활을 했다. 아주 이따금, 그는 은둔생활의 수정을 허락하곤 했는데, 그것도 5년이나 지난 후의 일이었다(1815). 그러나 1825년에, 그는 모든 것을 철회하기로 결심했다. 그 후 많은 사람들이 그를 만나러 왔는데, 어떤 때는 하루에 수천 명이 찾아왔다. 사람들은 그를 환상가, 치유자, 인도자로 여겨 찾아왔다. 어떤 사람은 그의 얼굴의 광채를 보려 했다. 세라핌이 죽기 2년 전 겨울 어느 목요일에 니콜라이 모토빌로프(Nikilai Motovilov)는 그러한 일을 목격했다. 모토빌로프가 그 때에 있었던 자신의 경험에 대해 남긴 진

성 세르기우스 수도원에 모인 신자들

폐쇄된 수도원 앞의 러시아 신자들

실한 기록은 세라핌의 인상, 메시지, 영적 업적 등을 생생하게 정의하고 있다.

　세라핌은 삶의 목표는 성령을 얻는 것이라고 설명했었다. 성령을 얻는 방법은 여러 가지인데, 그 중에는 그리스도를 위해서 덕을 실천하는 것이 포함된다. 기도는 가장 신뢰할 수 있는 방법이었다. 그런데 성령을 얻었다는 것을 알 수 있는 표식은 무엇인가? 성령을 부여받는 사람들에게는 모든 것이 단순하다는 확신이 있었지만, 그는 여전히 만족하지 못했다.

> 그 때 세라핌 사부는 내 양 어깨를 꽉 잡으면서 "친구여, 우리 두 사람은 이제 성령 안에 있습니다. 당신은 왜 나를 바라보지 않습니까"라고 말했다. 나는 "아버지여, 그럴 능력이 없습니다. 왜냐하면 당신의 두 눈에서 빛이 번쩍이고 있기 때문입니다. 당신의 얼굴은 태양보다 더 빛나기 때문에 눈이 아파서 견딜 수 없습니다"라고 대답했다. 세라핌 사부는 "선한 테오필루스여, 두려워하지 마십시오. 이제 당신도 나처럼 찬란해졌습니다. 당신도 나처럼 거룩한 성령으로 충만해 있습니다. 그렇지 않다면 당신은 나의 정확한 상태를 감지할 수 없을 것입니다"라고 말했다. 그리고 나에게 고개를 숙이고서, 내 귀에 대고 "그러므로, 당신에게 말할 수 없는 자비를 베푸신 주님께 감사하십시오…우리 두 사람에게 이처럼 큰 은사를 주신 분께 어찌 감사하지 않을 수 있겠습니까?"라고 속삭였다.[14]

　그 날 그 일이 있기 전, 세라핌은 시내 산에서 모세의 얼굴이 빛난 것, 그리고 변화산에서 그리스도의 모습이 변화된 것에 대해서 말했었다. 그런데 이제 그와 비교할 만한 일이 그에게서 벌어진 것이다. 이 때에 모토밀로프가 경험한 평화와 기쁨, 따뜻함과 향기 등은 장차 능력으로 임할 하늘나라와 관련된 것이었다.

　하늘나라의 도래는 정교회의 성찬 안에서 선포되고 앞당겨진다. 세라핌은 은둔 생활을 하면서도 매 주 수도원에서 행하는 성찬식에 참석했다. 부득이 하여 참석할 수 없거나, 은둔자로서 엄격하게 고립해야 하는 경우가 아닌 한, 이 습관은 중단되지 않았고, 그런 경우에도 그의 수실에서 그에게 성례를 베풀어 주었다. 비샤의 테오판 주교는 말년에 11

년 동안 은둔 생활을 하면서 날마다 성찬식을 거행했다. 심지어, 후일 주교가 된 이그나티우스 브리안카니노프는 젊어서 평신도 때에 매 주일 성찬을 받으려 했다. 그는 후일 자신의 저술에서 자주 성찬을 받는 것을 옹호했다. 성찬을 자주 행하는 것을 옹호한 내용은 마카리 원로의 저술에서도 발견되는데, 이러한 일은 당시 러시아의 표준적인 관습에 위배되는 일이었다. 당시에는 평신도들을 위해서는 일년에 네 차례 성찬식을 거행하는 것이 정상적인 일로 간주되었다. 그 지방의 법에서는 더욱 드물게, 일 년에 한 차례의 죄고백(고해성사)과 성찬을 요구했다.

19세가 후반에 그러한 관습이 불충분하다고 강력하게 주장한 사람은 크론스타트의 교구 사제인 요한 세르기에프(Ioann Sergiev, 1829-1909)이다. 그는 사랑(charity)이 경건에 필요한 부수 조건이라고 강조하여 명성을 얻었다.[15] 그가 부랑자들을 위한 사회 사업을 조직한 것은 전형적인 예이다. 그가 벌인 금주 운동이 그렇듯이, 부랑자들을 위한 사회사업 역시 그의 교구나 대주교구(성 페테르스부르크) 이외의 지역에서까지도 반응을 받았다. 그는 크론스타트의 교구 사제직을 사임하지 않았지만, 1880년대에는 국가적인 인물, "러시아를 위한 중보자"가 되었다. 그리하여 그의 자선 사업을 지원할 수 있는 넉넉한 기금이 모였고, 또 많은 사람들이 그의 일을 돕기 위해 모여들었다.

그는 매일 하루의 일과를 성찬식과 더불어 시작했고, 그것을 자신의 사업의 기초로 삼았다. "믿음에 의해서 그리스도로 옷 입고 거룩한 신비에 참여할 때에, 나는 반석처럼 굳건하다."[16] 대조적으로 "나는 성찬 예배에 참여하지 않으면 죽은 사람과 같다."[17] 그러나 이러한 성찬식은 평미사가 아니라, 보편교회의 활동으로 의도된 것이었다. 방관자는 그러한 활동에 참여할 수 없었다. 성찬에는 회개, 자기-봉헌, 그리고 성찬에 참여하는 사람들과의 교제 등이 포함되었다. 성찬에 참여하는 사람들은 개인적인 죄고백을 행해야 했으므로, 수천 명의 사람들이 성찬을 받으러 나아가기 전에 공동의 죄고백에 참여하곤 했다. 요한의 권위가 아니고서는 자칫하면 집단 히스테리로 이어질 수도 있는 일을 관리할 수 없었고, 이러한 특별한 관습들은 요한이 죽은 후에는 실천되지 않았다. 그럼에도 불구하고, 러시아 정교회 신자들의 삶에서의 성찬의 요소에 대한 긍정적인 재평가는 이미 오래 전부터 준비가 되어 있었고, 그가 그러한 재평가에 공헌한 것은 매우 중요한 일이었다. 여기에는 개인적인 기도를 하찮게 여기는 것, 의지나 감정의 통제 등이 포함되지 않았다. 요한의 영적 일기에는 이 일에 대해 불확실한 내용이 전혀 없다.[18] 교회의 신자들 각자의 행위에는 몸이 포함될 수밖에 없다는 것, 그리고 몸은 성찬 예배와 교제 안에서 완전하게 표현된다는 것이 그의 확신이었다.

크론스타트의 교구 사제의 장례식은 황제의 지원 하에 거행되었다. 그러나 교회가 국가로부터의 지원이나 종교적 관용을 기대할 수 있는 시대가 끝나가고 있었다. 수도원 운동은 평범한 것으로 전락했고, 새 소비에트 국가는 러시아의 문화에 크게 기여해온 수도원들의 보존에 관심을 갖지 않았다. 세속 당국자들이나 기관들은 옵티노 수도원(1923년 폐쇄)이나 사로프 수도원(1927년 폐쇄)에 관심을 갖지 않았다. 1930년대에는, 단 하나의 수도원도 남지 않고 모두 폐쇄되었고, 그곳에 거하던 사람들은 모조리 흩어졌다. 그중 많은 사람들은 강제수용소에 수용되었다. 그들 및 교회의 신자들이 볼 때에, 새로운 콘스탄틴 이후 시대가 분명하게 돌연히 열렸었다. 사전에 고려된 바 없이, 그리고 말할 수 없이 잔인하게, 과거의 업적들이 무시되고, 모든 것이 제거되었다. 마치 "마지막 날이 온 것" 같았다. 어느 주교(세르기 보스크레센스키)는 1935년에 북극 지방의 유형생활을 마치고 돌아온 수도사를 맞이하면서 그렇게 말했다.[19]

어쨌든, 그 시대는 증거와 순교의 시대였다. 과거의 방법들은 모두 시험을 받아야 했다. 그러나 소련의 반-종교 운동이라는 배경에서도 영적으로 굴복하지 않은 많은 지도자들과 모범이 되는 사람들이 빛을 발하고 있었다. 1929년에 개정된 법에 의해서 종교 집단으로 등록하는 것이 허락된 소수의 활동 중의 하나가 "예배 의식의 거행"이었다. 그리하여 교회의 예배는 이례적으로 강조되었다. 새로운 환경은 과거 크론스타트의 요한이 개혁하려 했던 것을 새롭게 인식하게 해 주었다. 여기에는 예배 방식이나 형태의 개혁이 반드시 포함되지는 않았다. 반대로, 이 시대에 여러 분파적인 운동에서 시도한 개혁들은 종교회의 일반적 신자들로 하여금 확립된 옛 방법에 충실하게 해주었다. 이것들은 존속하고 있는 소수의 교회들 뿐만 아니라 비밀 예배가 거행되는 여러 장소에서 하나님 나라의 도래를 선포했다. 1950년대의 보다 우호적인 상황에서, 모스크바 대주교는 러시아 정교회에 대해 간단하게 정의해달라는 부탁을 받고서 "거룩한 성찬 예배를 거행하는 교회"[20]라고 대답했다. 엄청난 약탈이 자행되고 행정적으로 무질서한 시대에, 성찬을 통해서 교회의 보전을 보장하고 그 거룩함을 증진할 수 있었다.

감옥에 갇힌 성직자들 및 수백 만에 달하는 신자들에게 있어서 성찬에 참여하지 못하는 것은 심각한 부담이 되었다. 1934년에 사제이자 순교자인 아나톨리 주라코프스키(Anatolii Zhurakovskii, 1897-1939)는 강제 수용소에서 "주님, 내 영혼은 성찬예배를 갈망합니다"라고 썼다. 그보다 2년 전에 그는 "주께서 나에게서 소중한 사제직과 성소를 빼앗아가셨습니다. 그 일이 얼마나 계속될지 모르지만, 나는 이것이 적절하고 정당한 일이라는 것을 알고 있으며 또 인정합니다"라고 쓴 적이 있다. 그는 덧붙여서 "여호와여 주는 의로우시고 주의 판단은 정직하시니이다"(시 119:137)라고 썼다.[21]

여기 저기에서, 심지어 수용소 안에서도 거행된 원시적인 성찬식에 전례없는 권위와 열정이 부여되었다. 예배를 드릴 수 있는 극히 소수의 교회가 존재했던 외부 세계에서의 은밀한 성찬식에 대해서도 같은 말을 할 수 있다. 그러나 그처럼 열려 있는 교회들은 전례없이 빛을 발하는 횃불이 되었다.

전후 시대에, 보다 많은 교회들(그리고 수도원들)이 다시 문을 열면서, 과거 수십 년 동안 생성되었던 성찬 예배에 대한 의식이 존속하게 되었다. 한 사람의 영적 상태가 아무리 심오하고 개인적이라고 해도, 그 근원은 교회 전체의 집단적이고 성례전적인 생활에서 찾아야 했다. 모스크바에 거주하는 어느 평신도의 말처럼 교회는 "극복된 고독의 신비"였다.[22]

영적인 원로들도 발견되었다. 옵티노의 마지막 원로인 넥타리 티코노프(Nektarii Tikhonov, 1857년 탄생)는 1928년에 수도원에서 쫓겨났지만 자유로운 상태에서 사망했다. 그러나 수도원들의 와해에도 불구하고 여전히 새로운 영적 지도자들이 출현했다.[23] 각 지도자들의 증언은 개인적으로 새로운 것이었지만, 자신의 가르침을 기록으로 남긴 사람들에 의해서 정교회의 영적 전통의 안정성과 지속성이 재확인되었다. 자카리아(Zakhariia, 1850-1936) 원로는 1930년대에 이전 세대와 다음 세대를 위해 발언했다.

> 단순함을 획득하십시오. 그것은 완전한 겸손의 산물입니다. 이것은 말로는 설명할 수 없으며, 오직 경험을 통해서만 이해할 수 있습니다. 하나님 안에서의 생활, 하나님을 위한 생활은 겸손과 단순함 안에서만 영위될 수 있습니다. 겸손에 의해서 사랑을 얻기 위해 노력하십시오. 그 사랑이 거룩하고 완전한 것이 되며, 모든 것을 덮어야 합니다…그리고 연약한 자, 병든 자, 오해받고 있는 자, 불행한 자, 죄에 빠진 자들에게 자비를 행함으로써 당신의 거룩한 후원자들, 성인들을 본받으십시오.[24]

그는 이 가르침을 요약하려는 듯이, "당신이 예수기도를 실천할 때… 당신은 주님께 한층 더 가까이 갈 것입니다. 그리고 주님은 당신으로 하여금 모든 사람, 심지어 당신의 원수들까지도 거룩한 사랑을 베풀게 해 주실 것입니다."[25]

원수들이 많았지만, 그들은 이러한 사랑을 좌절하게 만들기에는 무력했다. 원로인 타브리온 바토츠키(Tavrion Batotskii, 1898-1979)는 거의 30년 동안을 감옥이나 유형지에서 보냈다. 그는 자신이 사역해온 최악의 상태에 대해서 말할 때에는 말없이 웃으면서 "하나님의 말씀은 무한합니다"[26]라고 말했다.

20세기에 자카리아스가 옹호한 겸손을 수동성과 혼동해서는 안된다. 최근의 어느 원로가 강조한 것처럼, 개인의 의지는 합당한 책임의식을 가지고서 충분히 발휘되어야 한다. 수도원장인 니콘 보로프에프(Nikon Vorob'ev, 1894-1963)는 "할 수 있는 한 자주 하나님의 이름을 부르십시오. 주님은 당신이 주님에게, 그리고 그의 거룩한 계명을 굳게 붙들기를 원하십니다. 그리고 평생 동안 마귀들의 자극이나 죄로 더러워진 당신의 타락한 본성의 자극을 받지 않고 그것들의 인도함을 받기를 원하십니다."[27]라고 편지했다.

주

1) 이 책의 영어 번역 작업이 진행 중이다: *The Philokalia; The Complete Text*…, trans. G. E. H. Palmer, Philip Sherrard, and Kallistos Ware(London: Faber & Faber, 1979-).
2) *Sobranie pisem…optinskago startsa ieroskhimonakha Makariia k monashestvuiushchim* (Moscow, 1862-63); *Sobranie pisem…optinskago startsa ieroskhimonakha Makariia* (Moscow, 1880).
3) *Sobranie pisem sviatitelia Feofana* (Moscow, 1898-99).
4) 그 중 일부는 편지 형태로 표현되었다. 예를 들면 *Chto est' dukhovnaia zhizn' i kak na nee nastroitisia* (Odessa, 1891).
5) Macarius, *Russian Letters of Direction*, 52.
6) Ibid., 25.
7) 그 용어는 Nicolas Zernov, *The Russian Religious Reanissance of the Twentieth Century*에서 사용되었다. 그것은 사제요 순교자인 파벨 플로렌스키(1882-1943), 대사제인 세르게이 불가코프(1871-1944), 알렉산드르 엘카니노프(1881-1934) 등 탁월한 인물들의 작업을 포함한다.
8) 조시마의 가르침은 Sergei Hackel, "Vision or enasion? Zosima's discourse in *The Brothers Karamazov*," in *New Essays on Dostoyevsky*, ed. Malcolm V. Jones and Garth M. Terry (Cambridge: University Press, 1982) 139-68에 다루어져 있다.
9) *Sobranie pisem optinskago startsa ieroskhimonakha Amvrosiia k monashestvuiushchim* (Sergiev posad, 1908-9) i, 119-21.
10) 헤시카스트적 기도 생활의 보급을 강조한 사람들 중에 유력한 사람은 *Philokalia/Dobrotoliubie*를 러시아어로 번역한 이그나티우스 브리안카니노프 주교(1807-1867)이다.
11) *Otkrovennye rasskazy strannika dukhovnomu svoemu ottsu* (Paris, 1948) 107.
12) Ibid., 52.
13) V. N. Il'in, *Propodobnyi Serafim Sarovskii* (Paris, 1930) 152.
14) Il'in, *Propodobnyi Serafim Sarovskii* 123-24.
15) 마리아 스코프토소바(1891-1945)는 경건보다 사랑이 우월하다고 강조했다. Hackel, *Pearl of Great Price*를 보라.
16) Ioann Il'ich Seergiev, *Moia zhizn' vo Khriste* (Paris, 1949) i, 216.
17) Aleksandr Semenov-Tian-Shanskii, *Otets Ioann Kronshtadtskii* (New York, 1955) 66.
18) Ioann Sergiev, *Moia Zhizn' vo Khriste*는 E. E. Geoulaeff가 번역하였다: *My Life in*

Christ. 발췌본은 W. Jardine Grisbrooke가 *The Spiritual Counsels of Father John lf Kronstadt*라는 제목으로 편집했다.
19) Dimitry Pospeilovsky, *The Russian Church under the Soviet Regime 1917-1982*, i. 190.
20) A. Mervyn Stockwood, *I went to Moskow* (London: Epworth, 1955).
21) *Sviashchennik Anatolii Zhurakovskii: materialy k zhitiiu* (Paris, 1984) 151, 126.
22) S. I. Fudle' (1901-1977), "'sten tserkivnykh," *Nadezhda* 2 (1979) 215.
23) 초기의 비수도적 원로들 중 유명한 사람은 모스크바 교구 사제인 알렉세이 메체프 (1860-1923)이다. 그에 대해서 알려면, *Otets Aleksei Mechev. Vospominaniia. Pis'ma. Propovedi* (Paris, 1970)을 보라.
24) "Skhiarkhimandrit Zakhariia," *Nadezhda* 4 (1980) 195.
25) Ibid. 195.
26) Archmandrit Tavrion Batotoskii, oral statement to the author(1968).
27) Igumen Nikon, *Pis'ma dukhovnym detiam* (Paris, 1979) 87.

참고문헌

Alexander, Bishop. *The Life of Father of Kronstadt*. Crestwood, NY: St. Vladimir's Seminary Press, 1979.
Bolshakoff, Sergius. *Russian Mystics*. London: Cistercian Publications, 1977.
Brianchaninov, Ignatius. *On the Art of Prayer*. Translated by Lazarus Moore. London: J. M. Watkins, 1952.
Chariton of Valamo, Igumen. *The Art of Prayer: An Orthodox Anthology*. Translated by E. Kadloubousky and E. M. Palmer. London: Faber & Faber, 1966.
Chetverikov, Sergei. *Starets Paisii Velichkovskii: His Life, Teachings and Influence on Orthodox Monasticism*. Translated by Vassily Lickwar and Alexander Lisenko. Belmont, MA: Nordland, 1980.
Dunlop, John B. *Staretz Amvrosy: Model for Dostoevsky's Staretz Zossima*. Belmont, MA: Nordland, 1972.
Elchaninov, Alexander. *The Diary of a Russian Priest*. Translated by Helen Iswolsky. London: Faber & Faber, 1967. Reprint, Crestwood, NY: St. Vladimir's Seminary Press.
Fedotov, George P., ed. *A Treasury of Russian Spirituality*. New York: Sheed & Ward, 1948.
Grisbrooke, W, Jardine, ed. *The Spiritual Counsels of Father John of Kronstadt*. London: James Clarke, 1967.
Hackel, Sergei. *Pearl of Great Price: The Life of Mother maria Skobsova 1891-1945*. Crestwood, NT: St. Vladimir's Seminary Press, 1981.
Macarius of Optino. *Russian Letters of Direction 1834-1860*. Edited by Iulia de Beausobre. London: Dacre, 1944.

Pospielovsky, Dimitry. *The Russian Church under the Soviet Regime 1917-1982*. Crestwood, NY: St. Vladimir's Seminary press, 1984.

Sergiev, Ioann. *My Life in Christ*. Translated by E. E. Goulaeff. London: Cassell, 1897. Reprint, Jordanville: Holy Trinity Monastry, 1984.

Zander, Valentina. *St. Seraphim of Sarov*. London: SPCK; Crestwood, NY: St. Vladimir's Seminary Press, 1975.

Zernov, Nicolas. *The Russian Religious Renaissance of the Twentieth Century*. London: Darton, Longman & Todd, 1963.

제16장
동방교회 전통에서의 신화(Theosis)

존 메옌도르프(John Meyendorff)

기독교는 현대 서방 세계의 발흥과 연결되어 있으므로, 서방 기독교의 영적 전통—제도들을 제정하고 창조의 긍정적인 업적을 받아들이는 재능, 그리고 지식과 영적 경험, 교회와 지적 이상 사이를 구분하고 경계를 세우는 성향—은 종종 기독교 자체와 동일시된다. 그러나 기독교 역사의 첫 1000년 동안, 영적으로나 지적인 지도권은 안디옥—그리스도의 제자들이 처음으로 크리스천이라고 불린 곳이 안디옥이었으며(행 11:26)—에 있는 동방 기독교권, 그리고 바울이 전도한 헬라어권의 세계에 속해 있었다(그리스인들 뿐만 아니라 시리아인, 이집트인, 유대인들도 헬라어를 사용했고, 신약성서도 원래 헬라어로 기록되었다). 그곳에서 주요한 교리적 논쟁이 벌어지고 종교회의들이 개최되었다. 종교회의에는 서방 기독교의 존경받는 인물들이 참석했다. 동방 기독교 세계도 주지주의(intellectualism), 문화적 분파주의, 황제들의 타락한 정치 등 그 나름의 시험에 직면했다. 후일, 동방의 기독교는 오랫동안 일련의 침입과 재앙을 겪으면서 역사적으로 어느 정도 무시되었다. 이러한 역사적 시련에도 불구하고 그 영적 메시지는 존속했을 뿐만 아니라, 오늘날 서방 세계를 형성한 전통적인 가치관들이 심각하게 도전을 받음에 따라 예기치 않게 새로운 관심을 얻고 있다.

"인간이 신이 될 수 있게 하기 위해서 하나님께서 인간이 되셨다"

이 유명한 아타나시우스의 표현(*De Incarnations* 54)은 종종 애매하게 범신론을 철학적으로 풀이하기 위해서 기독교 신앙에 대한 원래의 성경적인 이해를 저버리는 것을 묘사하는 것으로 언급되어왔다. 이것은 철저히 진리와 거리가 먼 것이다. 물론 "신화"(*theōsis*)라는 용어는 신플라톤주의의 종교 어휘에서 채택된 것이지만, 그것은 기독교 신학과 영성의 표준이 되었다. 그러나 신화의 교리의 내용은 피조된 인간이 하나님 앞에서 자신의 육적인 본성 안에서 자랑하는 것이 아니라 그리스도 예수 안에서 자랑하며, 하나님이 만유 안에 계실 종말론적인 성취를 기대하게 하기 위해서 하나님이신 말씀이 육체가 되셨다는 요한의 역설적인 주장을 반영한다.

그러므로 "신화"는 플라톤주의적 언어로 표현되었지만 근본적으로 철학적 사변과는 관련이 없는 그리스도 중심적이고 종말론적인 개념이다. 그것은 마태복음에서 베드로의 고백(마 16:16), 또는 요한복음에서 군사들이 예수를 체포하려고 왔으나 땅에 엎드렸을 때에 예수께서 하나님-야웨를 지칭하는 "내로다"(I am)라고 선포하심으로써(요 18:5-6) 자신의 신적 정체성을 가리키신 데 표현되어 있다.

동방 기독교의 사상과 영성에서, 예수의 신적 정체성은 근본적으로 신앙의 구세론적인 차원에 있다. 구원은 신적 사랑의 행위이며, 이 사랑은 무한하다. 만일 하나님께서 피조물을 구원하기 위해서 중개자를 사용하셨다면, 그의 사랑에 한계가 있을 것이다. 구약성서에서는 하나님께서 선지자나 천사들을 통해서 말씀하심으로써 교훈적으로 제한된 계시이지만, 하나님의 새 세대는 충분히 접근할 수 있다(히 1:1-14 참조). 그리고 알렉산드리아의 키릴이 강력하게 선포한 것처럼, 하나님의 아들이 죽을 인간이 되셔서 육신으로 십자가 위해서 죽으신 것은 인간성 안에서 부활하여 죽은 자들의 첫 열매가 되기 위해서였다(고전 1:18).

구원은 본질적으로 사망에서 생명으로 옮겨가는 것으로 간주되며, 죽지 않는 유일한 분이신(딤전 6:16) 하나님만이 구원의 지도자가 되실 수 있다. 이러한 옮김이 참되고 진정한 것이 되려면 하나님께서 죽을 인간이 되셔야 했다.

이러한 구원의 경험에는 타락한 세상, 구원 및 궁극적인 창조의 목표에 대한 이상을 필요로 하는 세상에 대한 이해가 선행해야 한다.

동방의 교부적 전통에서, 그리고 동방 기독교의 성례전적이고 전례적인 경험에서, 그리스도 밖의 세상은 사망의 제국의 지배 하에 있는 것으로 간주된다. 이 경험은 모든 인간으로 하여금 낙원에서 범한 아담의 죄에 대한 죄책을 지게 만드는 서방의 어거스틴 이후 중세 시대의 율법적인 원죄의 개념과는 상이한 것이다. 동방에서는, 아담과 하와의 범죄의 결과는, 신약성서에서 "이 세상의 권세 잡은 자"요, "처음부터 살인한 자"(요 8:44)라고 불리는 자가 하나님의 창조를 탈취한 것이라고 본다. 사탄은 인간에게 사망을 부과하며 또 그들로 하여금 생존을 위해 꾸준히 싸우게 함으로써 인간들을 조정한다. 그 싸움은 필연적으로 이웃을 희생시켜야 하는 싸움, 나의 재산, 나의 안전, 나의 이익을 위한 싸움이다. 이 싸움이 죄의 본질이며, 그렇기 때문에 세례의 전례는 사탄을 쫓아내는 것과 더불어 시작된다. 그러나 사망과 죄를 통해서 피조물을 통제하는 사탄은 그리스도의 부활에 의해 정복된다. 여기에 참되고 영원한 생명에 대한 소망과 자유와 궁극적인 기쁨이 있다. 그렇기 때문에, 초대 기독교 시대 이후로 참된 복된 소식은 부활의 소식, 그 일의 목격자인 사도들이 전한 "그리스도께서 부활하셨다"는 소식이었다. 전례력의 중심인 부활절 밤에는 이 소식을 선포하며, 이 말로 인사한다. 성찬 예배 모임에서 그 소식을 듣지 않고서는 동방 기독교 영성의 내용을 진정으로 경험할 수 없다.

그러나 구원은 죄와 사망으로부터의 해방일 뿐만 아니라, 인간 본래의 운명—"하나님의 형상"이 되는 것—을 회복하는 것이기도 하다. 창세기의 창조 기사에서 발견되는 그 표현의 완전한 의미는 예수 그리스도의 신적 정체성을 통해서 분명해진다. 그리스도는 말씀(*Logos*)이시며, 모든 피조된 인간의 살아있는 본보기이다. 그러므로 그분은 완전한 하나님이시기 때문에 완전한 인간이시다. 그분 안에서 신성과 인성—본보기와 형상—이 완전한 위격적 통일 안에서 연합되며, 인성은 하나님과의 교제, 즉 신화(theosis) 안에서 그 궁극적인 운명을 발견한다.

"만물이 그리스도 안에서 통일된다"(엡 1:10)는 바울의 교리, 니콜라스 카바실라스(14세기)가 "그리스도 안에 있는 하나의 생명"이라고 묘사한 다양한 형태의 성례전적인 교제, "전능자" 예수를 묘사한 비잔틴 이콘의 증언, 쉬지 않고 "예수 기도"를 행하는 수도사들의 경험 등에는 이것 외에 다른 목표도 없고 다른 의미도 없다.

진리의 영

초대 교회에서 벌어진 그리스도의 신성에 대한 논의는 보혜사 성령을 떠나서는 그리스도의 정체성을 완전히 정의하거나 이해할 수 없음을 분명히 보여 주었다. 보혜사 성령의 신비한 임재가 예수의 사역과 기독교 공동체의 생활에 스며 있다. 실제로, 마리아가 아들을 잉태했을 때 성령이 능력으로 그녀를 덮었고(눅 1:35), 예수께서 요단 강에서 세례 받으실 때에 예수님에게 내려왔으며(마 1:10), 오순절 날에 사도들에게 불의 혀같은 모습으로 나타나셨다(행 2:3-4). 그러나 오순절 날에 부르는 비잔틴 전례 찬송에서는 다음과 같이 선포한다: "성령께서 만물을 수여해 주신다: 성령은 선지자들을 임명하시고, 사제들을 임명하시며, 무식한 사람들에게 지혜를 주시며, 어부를 신학자로 만드시며, 교회를 모으신다…그분은 성부와 성자와 동일본질이시며, 함께 다스리신다."

성령과 결합된 경건과 영성은 종종 기독교적 경험의 개인적인 측면이나 정서적인 측면과 지나칠 정도로 동일시된다. 그리스도 안에 있는 믿음은 자유로운 개인적 경험을 전제로 한다는 의미에서 이러한 개인적인 측면의 강조가 정당화된다: "주의 영이 계신 곳에는 자유함이 있느니라"(고후 3:17). 타락한 인류는 사망의 두려움, 생존을 위한 분투, 육체적인 욕구(정욕)의 결정론 등의 노예가 되어 있다. 하나님의 영만

안드레이 루브레프, 성삼위일체, 15세기

이 인간이 원래 지니고 있던 "하나님의 형상"의 권위를 회복시켜 주고 정욕의 결정론을 극복할 수 있게 해줌으로써 자유를 주신다. 그러나 이 성령의 자유는 정신적, 정서적, 또는 개인적인 경험으로 축소할 수 없다. 위에 인용한 찬송에서 강조한 것처럼, 성령은 교회를 모으시며, 질서를 확립하시고, 그리스도의 몸의 성례전적인 임재를 성취하신다. 성령은 선지자를 임명하시고 사제들을 임명하시며, 교회 안에 성례전적인 객관성과 정신적인 경험, 제도적인 사역과 예언적인 사역 사이의 상호작용을 감화하시고 유지하신다.

동방 기독교는 항상 하나님을 의식적으로 확실히 알 수 있다고 언급한 영적 지도자들과 서임된 사역—주교직과 사제직—의 권위 사이의 양극성을 알고 있었다. 수도원 운동의 다양한 전체 세계(주상 성자 테오도레, 신 신학자 시므온, 14세기의 헤시카스트들, 또는 현대 수도적 중심지들이 지닌 도덕적 권위 등을 기억하는 것으로 충분할 것이다)는 종종 특정의 상황에서 주교들에 맞서 기독교의 윤리적/교리적 진리라고 생각되는 것을 위해 싸웠다. 그러나 이러한 긴장은 표준적인 것으로 간주되지 않았다: 양측 모두 동일한 성령께 기원했고, 어느 측에서 오류의 영을 진리의 영으로 오해할 때에만 갈등이 일어날 수 있었다. 하나님의 자녀들의 자유가 함축하고 있는 기독교적 책임은 세례 때에 성령을 받은 모든 교인들이 영 분별을 위해 노력할 것을 요구했다("주께 받은 바 기름부음이 너희 안에 거하나니 아무도 너희를 가르칠 필요가 없고 오직 그의 기름부음이 모든 것을 너희에게 가르치며"[요일 2:27]).

모든 사람이 책임을 진다는 의식은 제도적인 원리나 법적인 원리가 아니라 실질적이고 영적인 원리이다. 그것은 교회의 성직 구조를 거부하거나 반대하지 않으며, 다만 카리스마의 교리로 대처한다. 카리스마는 궁극적으로 교회라는 한 몸에 속한 것이지만, 카리스마를 지닌 개인은 그것에 충실하지 않을 수 있다. 그에 따른 영적인 결과로서, 동방의 기독교인들은 책임있는 진리의 전달자(주교, 대주교, 종교회의 등)를 존중하지만 결코 그들에게 궁극적인 판단의 기능을 부여하지 않는다. 이 기능은 성령에게만 속한 것이며, 다른 은사의 전달자들은 성령의 하인이거나 도구들이다. 비록 제도적으로는 실제적이지 못하지만—그리고 변화를 어렵게 만들고 지도력을 분별할 수 없게 만들기 때문에 종종 서방 기독교인들은 무익하다고 간주하기도 하지만—이 교회론의 원리는 이미 2세기에 리용의 이레내우스가 주장했던 것이다: "교회가 있는 곳에, 하나님의 영이 있고, 하나님의 영이 있는 곳에 교회가 있다…영은 진리이다"(*Adversus haereses* 3.24.1).

하나와 셋

지금까지 비록 예수의 신적 정체성과 성령의 신적 임재가 인간 안에 있는 하나님의 형상을 회복하고 세상을 구원하려는 하나의 "섭리" 안에 결합되어 있지만, 그것들은 독특한 인격적인 만남이라는 것을 살펴 보았다. 사실, 신약성서에는 예수님의 가르침 외에도 성령께서 빌립에게 (행 8:29), 베드로에게(행 10:19; 11:12), 안디옥의 교회에게(행 13:12), 예루살렘의 사도적 공회에게("성령과 우리는…가한 줄 알았노니"[행 15:28]) 한 말이 들어 있다. 예수는 자기를 보내신 아버지를 위해서 말했으며, 기독교 공동체의 중심적인 활동—감사 기도—은 성령께서 아버지께 드린 기도를 통해서 가능해진 "그리스도 안"의 모임이다.

이 최초의 경험이 4세기의 헬라 교부들의 삼위일체 공식의 근거였으며, 반면에 어거스틴의 신학 및 그 이후 서방의 모든 전통에 감화를 준 것은 신적 존재의 근본적인 통일성이었다. 두 전통의 대조를 과장해서는 안된다. 삼위일체 하나님의 신비를 관상하는 것 정당한 일이다. 동방의 카파도키아의 교부들은 "삼신론"(tritheism)이라는 비난에 맞서 자신을 변호해야 했지만, 후일 여러 가지로 발달한 서방 신학과 영성에서 삼위일체를 하나의 추가 표현으로만 다루었는지는 분명하지 않다.

하나님을 한 분이시면서 세 분이라고 보는 것은 곧 인간들이 하나의 인격으로 관계하는 대상이 되는 살아계신 위격들로 여기는 것이다. 그것은 기독교의 경험을 신플라톤주의의 일자(the One)와의 교제나 불교의 인간이 비인격적인 하나님 안에 융합되었다는 것과 구분해준다. 기

제16장 동방교회 전통에서의 신화(Theosis)

독교는 일신론을 함축하지만, 하나님은 사랑의 관계들 안에서 자신을 계시하기 때문에 이 일신론이 절대적인 것은 아니다. 헬라 교부들의 신화는 신적 생명 안에 인간들이 받아들여지는 것으로서, 그것은 자체가 이미 자기들의 상호관계 안에 인간을 영접하시는 세 개의 영원하신 위격들 사이의 사랑의 교제이다. 예수께서는 "아버지께서 내 안에, 내가 아버지 안에 있는 것같이 저희도 다 하나가 되어 우리 안에 있게 하사"라고 기도하셨다(요 17:21). 요한이 이렇게 하나님을 사랑으로 정의한 것은 거룩한 위격들의 서로 사랑하는 삼위일체 안에서 구체적인 의미를 지니며 피조물 전체를 포함하는 사랑으로 의미를 확대한다.

물론, 인간이 (마지막 날에, 그리고 성찬의 교제 안에서 이미 이 세상에서) 삼위일체의 생명에 참여한다는 것은 범신론을 의미하는 것이 아니다. 창조주와 피조물 사이에는 넘을 수 없는 큰 심연이 남아 있다. 그것은 인간의 업적이나 본성적인 공적에 의해서는 넘을 수 없고 하나님의 사랑(또는 은혜, 에너지)에 의해서만 극복될 수 있다. 그것은 본질들의 융합이 아니라 하나의 은사이다. 특이하게도 신화의 실체를 크게 강조한 헬라 교부들은 부정의(apophatic) 신학을 가르친 교사이기도 하다. 하나님의 본질은 절대적으로 초월적인 것이며, 부정에 의해서만 제대로 표현될 수 있다. 인간은 하나님이 아닌 것, 하나님에게 해당되지 않는 것만 알 수 있다. 게다가, 하나님과의 교제가 그분의 초월성을 억제하지 않으며, 오히려 하나님의 타자성(otherness)의 경험을 표현해준다. 모세는 구름 속에서 하나님을 보았다. 그가 하나님을 어둠—이것은 신비가들이 소중히 여기는 이미지이다—으로 본 것은, 위 디오니시우스의 표현을 빌자면, "무지를 통한 지식"(knowledge through ignorance)이었다.

동방의 전통에서, 신적 본질의 초월성과 교제의 실체, 또는 거룩한 삼위일체의 신비 안에서의 피조물의 신화를 주장해야 할 필요성은 위격적 삼위일체론으로, 그리고 하나님의 본질과 에너지들을 구분하는 것으로 표현되었다. 비인격적인 본질이 아니라 하나의 위격(하나님 안에는 항상 세 위격이 있다)만이 자유로이 은사를 줄 수 있으며, 신적 은사는 완전하고 제한이 없는 사랑이므로, 그것은 피조된 것이 아닌 신적 생명의 은사, 하나님께서 항상 자신의 초월성 안에서 자신을 유지하시면서 동시에 자신을 피조물에게 전하시는 은사이다.

마지막으로, 삼위일체이신 하나님은 인간 개개인의 기초요 모범이실 뿐만 아니라 참된 인간 공동체의 기초요 모범이시다. 신화는 인간의 다양성과 다원성을 유지하며, 그것은 상호 간의 배타성에서 성취되는 것이 아니라 상호 보완성과 사랑 안에서 성취된다. 그 다양성 안에 있는 참된 것은 하나님의 교제 안에 영원히 머문다. 하나님 안에서, 인간들, 인간 관계들, 인간의 업적들은 독특하고 다양한 것으로 남는다. 하나님 안에서의 영혼의 존재와 그 궁극적인 운명을 "천체적인"(spherical) 것이라고 본 오리겐의 신플라톤주의적 견해—각 영혼은 다른 영혼과 동일하며 상호 교환할 수 있다는 것—는 공식적으로 거부되었다. 반면에 성인들의 개인적인 기원, 지구 상에 확립된 인간 관계의 영원성(특별히 결혼이 포함됨), 그리고 인격의 고결함 등이 공식적으로 전통과 관습과 신학에 의해서 확인되었다. 이것은 하나님은 비인격적이고 초월적인 분이 아니라, 혼동이 없이 연합된 성부와 성자와 성령이시며 피조물에게 추상적인 사랑이 아니라 그 진정한 실체를 나타내 주시는 분이기 때문에 가능하다. 이것이 오늘날 동방 기독교 영성의 핵심이다.

제4부

21세기의 영성 운동

제17장
오순절 영성: 성령안에서의 삶

스트븐 J. 랜드(Steven J. Land)

저희가 다 성령의 충만함을 받고 성령이 말하게 하심을 따라 다른 방언으로 말하기를 시작하니라… 이는 곧 선지자 요엘로 말씀하신 것이니 일렀으되 하나님이 가라사대 말세에 내가 내 영으로 모든 육체에게 부어주리니 너희의 자녀들은 예언할 것이요 너희의 젊은 이들은 환상을 보고 너희의 늙은이들은 꿈을 꾸리라…이 약속은 너희와 너희 자녀와 모든 먼 데 사람 곧 주 우리 하나님이 얼마든 지 부르시는 자들에게 하신 것이라 하고…저희가 사도의 가르침을 받아 서로 교제하며 떡을 떼며 기도하기를 전혀 힘쓰니라.(행 2:4, 16, 17, 39, 42)[1]

회개하고 양심의 가책을 느끼고 눈물을 샘처럼 흘리지 않고서는, 누구도 거룩해지거나 성령을 받거나, 하나님을 보거나, 내면에 하나님이 거하심을 경험하거나 마음 속에 하나님이 거할 수 없다. 그러한 눈물은 홍수처럼 흘러 영혼의 집을 깨끗이 씻어준다. 그것은 전에 가까이 가지 못할 불에 휩싸여 있던 영혼을 적시고 기운을 회복시켜 준다.(신 신학자 시므온[949-1022] *The Discourse*, IV.10)[2]

아버지께서 아들에게 세상에서 행하게 하신 일이 성취되었을 때, 교회를 성화시키기 위해서 오순절 날에 성령이 보내심을 받았다…

(Vatican II, "Dogmatic Constitution of the Church"[*Lumen gentium* no. 4])[3]

이제, 아버지와 아들에게서 발현하시는 성령이여, 모든 교회들에게 내려오셔서, 우리 세대에 오순절을 새롭게 해주시며, 당신의 백성들에게 세례를 주시옵소서. 다시 한번 불의 혀로 세례를 주시옵소서! 이 19세기를 지난 세기의 것보다 더 위대한 "순수하고 더럽혀지지 않는 종교"의 부흥, 최초의 부흥보다 더 위대한 부흥, 지금까지 사람들에게 주어진 어떤 "성령의 나타남"보다 더 위대한 부흥을 허락해 주옵소서.(William Arthur, *The Tongue of Fire; or, the True Power of Christianity* [1856])[4]

성결교-오순절파(Holiness-Pentecostal) 영성은 18세기의 웨슬리의 신앙부흥과 19세기의 북아메리카의 성결 운동에서 기원한 것이다.[5] 그것은 종말에 비추어서, 그리고 하나님의 현존 안에서 이루어지는 영적 변화의 종말론적인 선교 운동이다. 그 운동에 대한 현재의 이해와 장래의 발달에 있어서 웨슬리의 전통은 매우 중요한 역할을 한다. 왜냐하면 그것은 기독교적 삶에서 위기 경험의 신학적 중요성에 대한 통찰, 그리고 수도원운동, 수덕주의, 그리고 신비주의와 관련하여 동방과 서방의 전통이 대화할 수 있는 수단을 제공해주기 때문이다.[6]

오순절 운동은 19세기 말에 천년왕국에 대한 기대에서 시작되었다. 1800년대에 여러 지역에서 방언을 수반하는 오순절 때와 같은 신앙부흥이 발생했다. 몇 차례의 신앙부흥 운동(피니, 무디 등) 기간에 영국(어빙파 신자들), 독일, 웨일즈, 인도, 러시아(아르메니아인들, 이들은 후일 로스앤젤레스의 아주사 거리 신앙부흥에 모습을 나타냈다), 그리고 마지막으로 캔자스 주 토페카(1901)와 캘리포니아 주 로스앤젤레스(1906-1907) 등의 지역이 포함된다.[7] 마지막 두 사건은 특히 중요하다. 왜냐하면 토페카(Topeka)에 있는 찰스 폭스 파헴(Charles Fox Parham)의 성경학교에서 방언에 의해서 증명되는 성령 세례에 대한 가르침이 처음 이루어졌기 때문이다.[8] 만일 토페카가 이러한 통찰의 불을 붙였다고 본다면, 20세기 오순절운동의 불길은 아주사 거리 선교

(Azusa Street Mission) 신앙부흥 및 그 지도자 윌리엄 세이모어 (William J. Seymour)에 의해 점화되고 퍼졌다. 윌리엄은 파햄의 제자로서 애꾸눈의 흑인 전도자였다. 오순절 운동은 처음에는 분명히 인종 혼합적인 운동이었다.[9] 전국에서 아주사 거리로 모여든 사람들이 "말일에" 성령의 부어 주신다는 이 위대한 소식을 전하러 세상으로 나갔다. 20년이 흐른 후, 그것은 하나의 크고 다양한 운동으로 성장했는데, 그 운동은 삼위일체론(그리고 사도행전에 기록된 것처럼 "예수의 이름으로" 세례를 주어야 하는지에 관하여), 인류, 그리고 성화 등과 관련하여 의견이 일치하지 않고 분열하기 시작했다.[10]

그 운동에 참여하는 사람들의 관점에서 보면, 증거가 되는 은사들과 표적들이 수반되는 성령 세계는 말일에 성령이 비같이 내릴 것이라는 성경의 예언들이 성취되고 있다는 증거였다. 사도적 교회는 (인간이 만든 신조가 아니라) 사도적 믿음, (인간의 조직이 아니라 성령과 말씀에 기초를 둔) 사도적 권위, 그리고 복음 전파와 하나님의 임재의 증명을 위한 사도적 능력 등을 가지고 회복되고 있었다. 교회들은 영성의 초점이었으며, 변화되고 능력있는 삶에서 증명되었다. 하나님 나라의 복음 (마 24:14)은 나라들에게 선포될 것이며, 신부를 맞을 준비를 하기 위해서 (이제 교회가 완전히 회복하고 있는) 영원한 복음이 선포될 것이며, 신랑이 와서 교회를 크게 기뻐하게 할 것이다. 그들의 선포의 중심은 성령이 아니라 예수였다. 예수는 구세주, 거룩하게 하시는 분, 치유자, 성령 안에서 세례를 주시는 분, 오실 임금으로 간주되었다. 그러므로, "완전한 복음"은 구원(신생, 칭의), 성화(씻음, 헌신), 대속 안에서 공급되는 신적 치유, 성령 안에서의 세례, 그리고 그리스도의 재림 등을 포함했다.[11] 오순절 교회 신자가 되기 위해서는 성령의 능력 안에서 그리스도를 닮은 증인이 되는 일에 헌신해야 했다. 사도행전 2장에 기록된 것과 같은 이 신앙부흥은 종말론적 열심, 방언, 표적과 기사, 사도적 가르침, 가정 단위의 교제와 전세계적인 봉사 등을 나타냈다. 그것은 보다 큰 규모의 그리스도의 몸에게 하나의("하나의 정신과 하나의 조화"), 거룩하고("믿음에 의해 정결해진 마음들"), 사도적이고(능력, 권위, 메시지, 경험), 보편적인(전 세계 안에 있으며 전세계를 위해 존재하는) 교회를 제공했다. 어떤 사람들에게는 새로운 바벨탑처럼 간주되는 것이 다른 사람들에게는 하나의 새로운 오순절, 교회와 국가들의 분열의 치유를 의미하는 오순절로 간주되었다. 오순절파 신자들은 처음에는 교회 안에 머물렀지만, 결국은 교회로부터 쫓겨나거나 몰려나거나, 중요한 진리들을 위태롭게 하는 일을 피하기 위해서는 교회를 떠나야 한다고 느꼈다. 이 장에서는 월터 홀렌위거(Walter Hollenweger)의 견해를 따라 처음 5-10년은 그 영성의 유아기가 아니라 핵심이었다고 가정할 것이다.[12] 그리고 그 운동의 창시자를 선택하려 하거나 인물들에 초점을 맞추기 보다는 그 운동의 신학적 기원과 역사적인 선례들을 고찰을 하려 했다. 그 운동 전체를 대변한 루터나 칼빈이나 웨슬리 같은 인물은 없었다. 또 일부 참석자들의 의식화되거나 낭만적으로 묘사된 역사에 반대하여 양식있고 비판적인 역사의 필요성을 인식했지만, 비판적-역사적인 박탈 방법이나 심리적-사회적인 방법은 오순절 영성의 내면적 논리, 또는 사회적이고 개인적인 변화의 운동으로서의 그 운동의 활력을 이해하는 데 그다지 도움이 되지 못했다.[13]

만일 오늘날 오순절 운동의 범위와 규모 때문에, 그 운동에 대해 보다 상세한 내용을 연구하게 되었다면, 오순절 영성의 고유한 논리와 깊이에 대한 연구 역시 이러한 관심 안에 함축되어 있다. 그것이 20세기의 다른 두 가지 큰 힘—마르크스주의와 에큐메니즘—과 비교할 만큼 중요성을 지닌 이 지속적으로 성장하는 운동을 설명해줄 수 있다.

분류와 범위

20세기의 "세계 복음화를 목표로 하는 성령 안에서의 오순절/카리스마적 갱신"은 가톨릭/동방 정교회, 그리고 개신교회와 병행하는 제 삼의 세력을 대변한다. 이 제3의 세력은 세 가지 물결—오순절주의, 카리스마적 운동, 그리고 주류 교회의 갱신—을 통해서 내습했다.[14]

오순절파 신자들

오순절파, 또는 오순절 운동은 모든 신자들은 성령 안에서 회심한 후의 세례를 추구해야 하며, 성령의 은사들이 일상적인 기독교적 삶과 사역에 복원된다고 보며, 방언은 성령 세례를 입증하는 최초의 육체적 증거라고 믿는다. 비록 위조되거나 기독교 외부에서 발생할 수도 있지만, 초대 교회에서는 방언 하는 것이 성령 강림의 특별한 표식이었다(다른 은사들은 기독교 시대 이전에도 때때로 발생하곤 했다). 성령세례의 표식인 방언은 그 운동에 대해 배수의 진을 치는 헌신 행동을 나타낼 뿐만 아니라, "성령의 능력과 증거" 안에서 복음을 선포하고 하나님을 찬양하는 종말론적 능력의 침입을 보여주는 확실한 내적/외적 증거이기도 하다. 그 운동의 초기에는 그러한 일들이 귀신들림이라거나 정신착란이라는 비난에 대한 반작용으로, 그리고 사도행전에서 베드로를 비롯한 사람들이 방언하는 것을 고넬료의 가족들에게 성령이 임한 증거로 여겼기 때문에(행 10:34-48), 이러한 견해가 크게 강화되었다.[15] 이 "첫 번째 물결"의 힘은 사회적-문화적 위치와 신학적 배경에 따라 변형되는 나머지 두 개의 물결에 반영된다. 그러나 오순절 영성의 내적 논리는 지금까지 그 영향을 경험해온 교회 안에서 새롭게 하는 효과 뿐만 아니라 개혁하는 효과를 나타내 왔고, 앞으로도 그러할 것이다. 이것은 오순절 운동을 실질적으로 무엇에도 영향을 미치지 못한 채 현존하는 종교 공동체에 추가할 수 있는 경험이나 일종의 일반적인 열심으로 간주하는 사람들의 견해와는 반대되는 것이다.[16]

오순절운동은 하나의 제3세계 운동이다. 비-백인의, 세계적이고, 토착적인(다시 말해서 서방 세계나 백인 선교사의 지원없이 시작된) 오순절파 신자들은 1970년에는 1000개의 비-백인/제3세계의 토착적인 교파들에 속한 모든 신자들의 60%를 차지한다고 추정되었다. 물론 이 교파들이 분명한 오순절파는 아니지만, 오순절 운동의 주요한 현상학적인 특징들을 가지고 있다." 그들은 250년의 역사를 가진 운동에 참여한 사람들이다. 그리고 서방이나 백인 선교사의 도움이나 지원이 없이 시작되었다는 점에서 분명히 비-백인들 고유의 교파인 800개 이상의 오

순절파 교파에 속한 흑인, 비-백인, 또는 제3세계 신자들이 있다.[17]

카리스마파 신자들

이 집단은 1950년대에 성령세례를 받고서 자기가 소속된 교파나 교회 안에 남아 있던 사람들 가운데서 신속하게 확장되었다.[18] 그들은 성령의 은사들 중 하나나 모두를 나타내지만, 방언은 선택적인 것으로 여기거나 오순절파에서처럼 중요하게 여기지 않는다. 이제는 실질적으로 문헌에서 사용되지 않는 초기의 명칭은 신-오순절파이다. 1965년 이후로, 많은 독립 교회, 또는 분파적인 카리스마파 교회들이 이 무리의 일원이 되었다. 그들은 이제 모든 카리스마파 신자들의 14% 정도를 차지한다. 카리스마 파 신자들은 성령 세례를 물세례 때에 주어지는 성령, 삶의 새로운 차원으로의 침입, 성령 안에서의 갱신, 또는 기독교적 입문의 완성 등으로 다양하게 이해한다.[19]

갱신파(Renewal)

이들은 성령의 갱신을 경험했음에도 불구하고 그것을 회심과 분리된 경험으로 인정하지 않는 "복음주의자들"이다. 방언은 선택적인 것일 수도 있고 부재할 수도 있으며, 불필요한 것으로도 간주된다. 그러나 표적과 기사, 치유, 능력과의 만남 등이 강조된다. 그들은 비오순절 교파 안에 남아 있으며, 특별한 갱신 집단을 조직하려 하지 않는다.

갱신의 세 가지 물결에 속한 신자들은 현재 11,000개의 오순절 교파들과 3,000개의 독립 카리스마적 교파들 안에서 발견되며, 전세계 기독교인의 21%를 차지한다(1988년: 전체 신자 332,000,000명: 오순절파 신자 176,000,000명, 카리스마파 신자 176,000,000명, 갱신파 28,000,000명). 그 운동의 세 지류는 계속 성장하여 현재 매년 19,000,000명, 또는 매일 45,000명의 새 신자가 생겨나고 있다. 배럿(Barret)이 관찰한 대로, "전세계 신자의 29% 정도가 백인이고, 71%가 백인이 아니다. 농촌의 신자보다 도시의 신자가 많고, 남성보다 여성이 많고, 어른보다 (18세 이하의) 아이들이 많고, 서방 세계보다 제3세계 사람들이 많고, 풍족한 사람보다 가난한 사람이 많고, 개인주의자들보다 가정과 관련된 사람들이 많아."[20] 동아시아(특히 중국과 한국), 아프리카, 라틴 아메리카 등지에서는 오순절 파가 크게 성장하고 있으며, 유럽에서는 카리스마파가 더 활발하다. 카리스마파 신자들은 모든 국교회와 국가적인 교파들 안에 스며들어 있으며, 1970년 이후로 매년 주류 교회들 내에 있는 카리스마파 신자들의 약 14%가 독립하여, 전세계적으로 약 100,000개의 백인 주도의 독립 카리스마파 교회들이 형성되어 40개 정도의 조직으로 구성되어 있다." 세계적인 대형 교회들(교인이 약 5만 명 이상임)의 대다수는 오순절파나 카리스마파 교회이다. 전세계에서 정식 직원으로 근무하는 기독교인 직원들의 1/4이 오순절파나 카리스마파 신자이다. 그들은 3300개의 대도시의 80%에 달하는 지역에서 활동하고 있다.

이 운동에 참여한 신자들은 "근세사에서 다른 기독교 전통에 속한 신자들보다 더 많이 괴로움과 박해를 받았고 순교하기도 했다."[21] 종종 현상을 지지하는 사람들로 간주되기도 하는 그들은 전체주의 국가에서 투옥되었고, "좌익 반군"들의 반대를 받은 독재 체재의 국가에서는 양측 모두로부터 괴롭힘을 당하고 고문을 당하고 죽임을 당했다. 그것은 그들의 평화를 추구하는 "제3의 방법", 흔히 현상의 지지로 해석되는 방법 때문이었다.

의식과 특징

오순절 영성은 그 운동의 의식과 관련된 관습들과 일반적인 특징들을 분석함으로써 이해해야 한다.[23] 다음에서는, 일반적인 특징들과 관련하여 관습들에 대해 논의한다. 이러한 관습들의 내적 논리는 오순절파 신자들에게 적용될 뿐만 아니라, 카리스마적 갱신의 영성의 특징에도 적용된다

영과 몸의 조화

오순절파의 전례에는 고도의 정신 운동과 관련된 활동—성령의 임재의

가시적이고 육적인 증거—이 있다. 성령 충만한 회중은 거의 하나의 영-정신-몸처럼 움직이며, 다음과 같은 방법으로 거룩한 성령께 반응한다: 두 손을 들고 찬양하며, 손뼉을 치며 하나님께 영광을 돌리고, 교제하기 위해서 오른 손을 내밀며, 두 손을 모으고 기도한다; 거룩한 승리의 성령 안에서 춤추고, 성령의 바람 안에서 흔들리며, 성령 안에서 죽임을 당한다(주로 하나님의 엄위하고 거룩한 임재에 압도되어 두 손을 위로 올리고 눕는다); 가까이 가고픈 영적 갈망 때문에 금식하고, 주께 매달려 살며, 그의 얼굴을 찾으며, 그의 마음을 소유하며, 교회나 세상에서의 특별한 욕구를 위해 청원한다; 여리고 성 주위를 행진한다(영적인 반대나 저항의 성이 무너지며 모든 사람이 삶의 승리와 새로운 자유를 경험할 때까지 주로 교회 안을 행진한다); 마지막으로, 안수를 통한 신적 치유(집단 내의 누구나 행할 수 있다)와 기름부음(주로 목사가 행한다)을 행한다. 안수는 치유하는 힘을 전달하는 것이 아니라 신자의 몸을 기름부음 받는 자의 고난이나 궁핍함과 동일시한다는 표식이다. 그들은 함께 치유되며, 함께 기뻐한다. 오순절 운동에는 치유하는 복음전도자들이 현저하게 많지만, 치유는 지역적인 집단의 일상적인 전례의 일부로서 강조되어 왔다.

구두의 이야기식 전례와 신학

오순절파 신자들은 말로 표현할 수 없는 종말론적인 하나님의 임재를 방언을 통해서 표현한다. 그리고 개인이 자신의 믿음의 성경적-신학적 범주들에 의해서 삶과 경험을 열거하는 간증 예배에 의해서 성령 안에서의 매일의 삶을 이야기한다. 이 간증은 성령 안에서의 집단적 역사와 개인적 역사에서 신학화하며, 몸을 성실하게 함을 통한 지속적인 성화와 능력 부여를 나타낸다. 협력하여 기도할 때, 회중은 입체 음향으로 찬양하는 성전이 된다. 고린도전서 12-14장의 강권 하에서 방언, 꿈, 환상 등은 "하나님의 백성을 비인간화하는 문화적, 경제적, 사회적 힘들로부터 해방시켜준다. 그것들은 구두로 신학적 토론을 할 수 있는 여지를 만들어준다…전례적, 신학적, 사회적-정치적 공식을 자유롭게 해주며, 전체 회중이 책임을 지는 구두 전례의 틀 안에서 실천되고 학습되는 바 하나님의 모든 백성의 정치적 교육에 의해 외부로부터 도입된 이데올로기들을 대신한다."[24] 이처럼 연설, 이야기, 의사소통 등에 기초를 둔 권위는 "지위, 교육, 금전, 사법권 등에 기초를 둔 권위와 충돌한다."[25] 기름부음을 받은 설교, 가르침, 간증, 찬송 등은 성령-말씀의 실체, 그리고 그 변화시키고 활동하며 오순절파 신자의 믿음의 여정 안에 있는 은사들(치유, 기적, 지혜, 지식, 방언, 방언해석, 예언) 안에 표현되는 능력을 증거해준다.

전세계적으로 오순절 교회의 예배에서는 다양한 음악과 악기가 사용된다. 하나님의 속성과 행위를 찬양하는 전통적인 찬송이 있고, 집단적으로 하나님의 임재를 누리며 단순한 찬양으로 그 자유를 예배하면서 여러 번 반복하는 성경 합창이 있다. 또 복음성가가 사용되는데, 대체로 일인칭으로 이야기를 하거나 증거한다. 이것이 오순절 운동의 신앙부흥적인 유산이다.[26]

융합-분열의 긴장관계

융합(fusion)이란 오순절 영성에서 동등하게 중요하며 현상학적으로 융합된 것으로 간주되는 짝을 이루는 개념들, 또는 대립되는 것들을 언급한다. 이 영성을 이해하는 데 있어서 가장 중요한 것은 이미-그러나 아직 이루어지지 않은 종말론적 융합이다. 어떤 의미에서, 다른 모든 대립되는 것들과 관습들은 이것에 대한 오순절파의 이해와 경험에 의지하고 있다. 그것은 찬양의 엑스타시에 세계 복음화와 관련된 긴박성이 어떻게 협력하는지를 설명해준다. "어떤 대가를 치르더라도 길잃은 자를 돌아오게 하리" "오, 그분을 만나기를 원합니다" "나는 예수님을 봅니다" 등의 찬송에서 이것을 느낄 수 있다. 종말론적인 융합은 시간과 공간의 관계도 설명해준다. 종말의 성령 안에, 이 세상과 저 세상, 지금과 과거가 예언적으로 삽입된다. 성령 안에서의 융합은 시간과 공간을 결합하므로, 그리스도의 부활과 재림이 그가 오순절의 능력 안에서 오시는 것과 융합된다: 방언과 선포, 찬양과 청원이 하나가 된다. 주님은 곧 오실 것이며, 내재하시는 초월적 성령이 움직이심에 따라서 가까이 오신다. 이것 역시 오순절파 신자들이 깊은 감동을 받을 때에 웃으면서 동시에 소리쳐 우는 이유를 설명해준다. 이것은 결코 지적인 도피가 아니며, 우주적인 (이원론적) 염세주의나 (일원론적) 낙관주의도 아니다. 피조되고 완성된 세상은 선하고, 기억되고, 갈망의 대상이 된다. 왕이신 그리스도를 배반하기 위해 서로 맞물려 있는 힘과 구조의 편을 들어서는 안된다. 그러나 선교는 이 피조되고, 타락하고, 구속함을 받아 이제 완성된 세상에서 지금 해야 한다. 그것은 신자의 참된 생명이 그렇듯이 하나님 안에서 그리스도와 함께 감추인 참 생명을 소유한 이 세상에 대한 보상적인 견해이다. 성령은 신음하시면서 이 우주를 완전하게 하시며, 성령 안에 있는 사람들은 항상 기뻐하면서 신음한다. 그러한 상태에 있는 신자는 기도하는 방법을 알지 못하지만, 성령께서 신음과 탄식과 천사들의 방언으로 도와주신다. 마지막으로, 신자는 왕의 법정에서 밝아오는 새벽 빛 속에서 춤을 주지만, 여전히 그리스도의 성육신과 십자가와 부활의 신비 앞에 존재한다. 그는 그분이 오실 때까지 그분의 고난을 채우라는 부름을 받는다.

융합은 그리스도의 몸이라는 전통적인 사상에 의해서 개인과 공동체의 관계를 설명해준다. 개인적인 은사는 몸을 세우고 섬기기 위한 것이다. 거꾸로 몸은 개인을 보살핀다. 성령 안에 거한다는 것은 성도들의 교제 안에 거하는 것이다. 성경은 교회와 세상에 주시는 성령-말씀이며, 전파의 어리석음을 통해서 능력있게 임한다. 각 사람이 교회가 되기 위해서는 이 성령-말씀을 받고 그 안에 거해야 한다. 성직자와 평신도가 하나이며, 다른 사람보다 더 귀하거나 중요한 사람도 없다. 남자와 여자가 동등하게 은혜, 은사, 모든 육체에게 부어지는 성령의 능력 등을 증거하고 나타내는 책임에 동참한다. 많은 오순절파 신자들에게 있어서, 세족식은 섬김을 통해 거룩하게 하는 의식이다.

사고, 믿음, 행위에 관한 개혁주의의 방법과는 달리, 간증과 매일의 행동, 사랑과 순종, 율법과 복음이 융합되어 있다. 행위로는 의롭다함을 얻지 못하지만, 의를 찬성한다는 것을 표명하지 않고서는 의롭다함을

랜선 램보, 결코 늦지 않았다, 20세기

받을 수 없다. 율법은 사랑의 구조이다. 이렇게 율법의 세번째 용도를 이해하는 데 있어서 오순절파는 루터보다 칼빈과 더 가깝다. 항상 용서가 잘못된 일의 보상과 양립하는 것은 아니다. 영적인 전용에서는 주체와 객체가 융합된다: 신자는 그리스도와 함께 십자가에 달리며, 이제 육을 정욕과 함께 못 박아야 한다. 그리스도 안에 있는 사람은 그리스도로 옷 입는다.

존재와 행동, 성품과 인격이 하나님 안에서 하나이기 때문에, 성령의 열매와 성령의 은사들은 융합된다. 그러므로 그리스도 안에서 그의 형상과 일치하는 사람들 안에서 그것들은 하나가 되어야 한다. 따라서, 칭의는 성화를 요구하며, 성화는 성령 충만을 요구하며, 성령충만은 세계적인 복음전도와 선교를 요구한다. 정의, 사랑, 능력, 목적 등이 종말론적인 상호관계 안에 융합된다.

긴장의 반대 측면인 분열(fission)은 반드시 분리되어야 하며 가치 면에서 동등하지 않으며 어떤 경우에는 서로 배타적인 요소들을 나타낸다. 하나님과 사탄, 성도와 죄인, 빛과 어두움 등은 서로 배타적이다. 예를 들어 제3세계의 오순절 교회에서 특히 현저하게 행해져온 축사(逐邪)의 관습에서, 하나님의 능력은 사탄의 대리인인 악령들을 몰아낸다.

성령이 주도하는 분열의 첫째 유형의 본보기는 주권-자발성이다. 그러므로 오순절파 신자들은 일부 카리스마파 신자들이 방언을 유도하거나 가르치려 한 것, 또는 기적에 대해서 거리낌이 없이 말하는 것을 매우 싫어했다. 오순절파 신자들은 주께서 주님의 방식으로 행하실 때까지 기다린다. 성령 안에는 기쁨으로 자발적으로 행하는 일이 있지만, 또한 눈물을 흘리며 기다리는 일도 있다. 둘 중 하나가 나머지 하나보다 더 신령한 것은 아니다.

계시와 이성, 마음과 두뇌, 성경과 신조 등의 분열에서는 앞에 언급된 항목이 두번째 항목보다 귀중하고 우선한다. 오순절파에서는 처음부터 이성이 계시를 섬기게 될 장소로서 성경학교를 설립했다. 이것은 "이해를 추구하는 경험" 이상의 것이었다. 고대 수도원 전통에서처럼, 두뇌가 마음으로 내려가야 했다. 마음은 정신(이성)과 의지와 감정이 통합되는 장소였다. 마음에서 나오는 것을 입이 말하고 몸은 행동한다. 그러므로 성령 안에서의 교육에서는 언제나 하나님의 깨끗하게 하는 사랑으로 타오르는 마음이 우선한다. 이는 이성을 통해서 발견된 진리들을 영적이고 우주적인 존재에 대한 보다 큰 진리 안에서 알게 하기 위해서이다.

성경은 성령-말씀이므로 신조보다 우월하다. 신조는 종종 이동성과 지속적인 개혁을 요구하는 전쟁에서 "고정된 요새"로 간주되었다. 물론, 모든 오순절파 집단은 나름의 신조를 계발하여 그것을 믿음의 선언, 또는 진리의 진술이라고 불렀다. 그들은 자기들이 새로운 법을 제정하기보다는 성경적인 선례를 사법적으로 선언하고 있다고 여겼다. 성령이 성경과 교회보다 우선하므로, 이것은 옳은 주장이었다. 다시 말해서, 하나님만이 하나님을 해석할 수 있었다. 오순절 운동에서 정적이고 시간적으로 유한하며 철학적으로 추상적인 본질 등에 초점을 둠에 따라서, 신조의 실존적-영적 차원은 종종 상실되었다.

마음과 두뇌의 분열 역시 "영과 함께 기도하는 것"과 "이해력을 가지고 기도하는 것" 안에서 찾아볼 수 있다. 모든 기도는 성령 안에서 유지되어야 했지만, 모든 기도가 방언으로나 "영과 함께" 행해진 것은 아니었다. 영과 함께 기도하는 것이 이해력을 가지고 기도하는 것보다 더 선하거나 더 영적인 것이 아니다. 그 둘은 서로에게 속해 있으며, 신자가 성숙함에 따라서 처음에는 필연적으로 구분되던 것이 점차 융합되기 시작한다. 항상 기도하는 것은 성령 안에서 이루어진다. 그것은 하나님의 임재에 대한 반응이며 그것을 추구하는 것이다.

교회는 유기체이고 조직이지만, 주요한 것은 유기체이다. 그 기관은 조직적이고 관료적인 조직에 의해서 교회와 세상에서 행하는 신자들의 예언적이고 제사장적인 사역을 제거해서는 안된다. 오순절파에서는 회중교회, 감독교회, 장로교회의 정체를 발전시켰지만, 모든 경우에 행정적 직무의 권위는 제한되고, 그 책임은 성직자라는 영적 귀족들에게 두었다. 오순절 파에서는 광신주의와 숭배되는 인물들의 위험을 재빨리 발견해냈다. 아직도 강력한 카리스마적인 지도자들이 존재하지만, 오늘날 대부분의 오순절파 신자들은 그들을 신뢰하지 않는다. 실제로, 오순절파 신자들은 이미 사기꾼, 돌팔이, 야바위꾼 등을 충분히 보았으므로 매우 회의적인 비판가가 될 자격이 있다. 그러나 메시지를 전하는 사람에게 결점이 있을 때에도, 그가 전하는 성령-말씀은 여전히 효력이 있다.

위기와 발달이라는 상극

가장 초기의 오순절파 신자들은 구원, 성화, 성령 충만 등에 대해 이야기했으며, 그럼으로써 자기들이 주관적으로 칭의와 성화와 성령세례에 들어간다는 것을 나타냈다. 이러한 위기 경험들은 단순히 단절된 일화들이 아니었다. 그러한 이야기나 간증은 실존적인 이야기였다. 개인은 먼저 새로운 의의 질서 안에 받아들여지며, 그것을 찬성한다고 공표한다. 그 다음에, 신자는 씻음과 도덕적인 고결함을 요구하는 내면의 저항인 육의 능력을 만난다. 그는 하나님의 사랑으로 충만하여, 언제 어디서나, 어떠한 대가를 치르더라도 하나님의 뜻을 행하고 섬기는 일의 유효성을 지지한다고 밝힌다. 세상에서 사랑과 의를 표현하려면 이 세상의 것이 아닌 능력이 필요하다. 의에 대한 하나님의 요구와 사랑의 복음으로 악의 힘에 저항하거나 대면하게 하기 위해서, 성령의 능력이 신자를 채워 주신다. 발달을 고려할 때에, 이러한 경험은 위기로 간주된다. 실제로, 발달은 위기를 필요로 하며, 위기는 발달 안에서만 파악할 수 있다. 이것은 구원의 질서라기보다 구원의 방법이다. 가장 도움이 되는 유비는 거룩한 삼위일체이다. 삼위일체의 통일성 안에 동일본질성이 있고, 한 위격의 행위는 삼위 모두의 활동이지만, 구원사에서는 삼위 중 한 위격이 현저하게 두드러진다. 따라서 성경적인 구원사는 발달을 염두에 둔 일련의 위기들(창조, 계약, 그리스도, 오순절 등)로 간주된다. 이 발달 및 그에 부수되는 위기들의 의미와 방향과 본질은 종말—하나님의 나라—의 관점에서 파악되어야 한다. 오순절파의 견해에서, 이 발달은 하나님의 능력과 임재 안에 있는 마지막 때의 선교적 실존이다. 세상과 육과 마귀의 세력 때문에 교회와 모든 신자는 안팎에서 반대에 직면한다. 개인적인 구원 경험의 분명하고 중요하고 변화시키는 순간들은 교회와 신자의 선교와 사역을 가능하게 해준다.

영성과 신학

오순절파가 열중하는 구조와 유인은 교리이다. 영성을 교리의 입지 조건이라고 한다면, 교리는 영성의 초점이다. 앞으로 오순절파에서 치중하는 내적 논리를 종말론적 현존이신 하나님, 종말론적 변화인 구원, 종말론적 선교회인 교회 등의 표제 하에 다루려 한다.

종말론적 현존이신 하나님

성부와 성자와 성령이신 하나님은 영이시며, 신령과 진정으로, 즉 하나님의 본성과 의지에 따라서 예배되어야 한다. 하나님의 형상으로 지음을 받은 인간은 사랑과 교제—하나님의 삼위의 생명에 참여하는 것—하도록 지음을 받았다. 하나님은 성령이시며, 하나님이 말씀하시는 것은 성령 안에서 그리스도를 통해서 말해진다. 창조, 구속, 종말 등에 대해서 이성적으로 논의할 수는 있겠지만, 오직 성령 안에서만 참되게 알 수 있다.[27] 기록된 성령-말씀인 성경은 성령께서 감동하신다. 성령은 분석적이고 비판적인 이성을 초월하는 방법으로 우리에게 말씀하신다. 진리를 아는 데 있어서는 경험이 중요하다. 왜냐하면 진리는 단순한 명제가 아니라 인격적인 것이기 때문이다("사랑하지 아니하는 자는 하나님을 알지 못하나니"[요일 4:8]). 성령-말씀께서 교회에게 하시는 말을 듣기 위해서 문법적-역사적 도구와 비판적인 도구들이 사용되므로, 성경공부는 변화를 이룬다. 그러므로 오순절 영성 안에는 우리의 간증을 듣고 성경의 증거를 듣고 행동하고 적용하라는 성령의 부르심을 기다리고 그의 인도하심에 복종하기 위한 모임이 있다. 오순절파 신자들이 말씀에 근거하여 행동하고 빛 가운데서 행할 때에, 그들은 교제를 소유하며 모든 불의에서 깨끗하게 된다. 그들이 자신을 "하나님을 두려워하는 가운데서 거룩함을 온전히 이루어 육과 영의 온갖 더러운 것에서 자신을 깨끗하게 하면"(고후 7:1), 변증적인 과정 안에서 진리를 듣고 행할 수 있다. 이런 까닭에, 일부 오순절 파 신자들은 오류와 정확성에 대한 이성주의적 표준에 기초를 두고서 행해진 바 성경의 오류에 관한 근본주의자들의 전쟁을 그다지 중요하게 여기지 않았고, 축자영감의 중요성을 주장했다.

성령이신 하나님은 세상의 신적 신비이시며, 또한 가까이 갈 수 없는 빛 가운데 거하시면서도 초월적인 내재 안에 현존하시는 비교할 수 없이 위엄있으신 분이시다. 성령은 의에 따라서 창조의 순서를 조정하시고 재조정하신다. 성령은 모든 사람 안에서 움직이고 일하여 마침내 내적 동기와 사랑의 결속이 되신다. 성령은 말씀을 통해서 만물을 지탱해 주시며 역사 안에서 만들이 그 의도된 목표에 이를 수 있게 역사하시는 능력이시다. 그러므로 성령은 하나님의 영이요, 그리스도의 영이요, 진리의 영이다. 창조는 성령 안에 있는 거룩한 질서요 관계요 목적이다. 오순절 파 신자들의 견해에 의하면, 하나님의 성령을 벗어나서는 구원이 없다.[28]

종말론적 변화인 구원

오순절파의 구원은 성령 안에서의 변화이다. 성령은 죄와 의와 심판을 깨닫게 해주시며, 회개하고 새로운 의의 질서에 들어가라고 요구하신다. 하나님께서 주시는 새로운 믿음의 관계를 통해서 의롭다고 선포되는 것은 곧 개인적으로나 사회적으로 의를 지지한다고 선포하는 것이다. 기독교인의 새로운 사회적 실존은 하나님의 말씀 아래서 그 말씀에 의해 교제되는 교회이다. 그러나 하나님의 법은 모든 인류를 위한 법이며, 기독교인들은 세상에서 사는 한 그 한계를 존중한다.

구원은 정욕과 욕망을 십자가에 못박음으로써 도덕적으로 새로워진 새 마음을 갖는 것이다. 율법은 정신과 마음 위에, 이해력과 감정 안에 기록되어야 한다. 사랑은 율법을 완성하며, "아바"라고 외치는 사랑에서 우러난 행동은 유익을 얻는다. 사랑은 즐거운 연합이다. 율법에 표현되었으며 거룩한 사랑으로 표현되는 하나님의 성품에 비추어 보면, 성삼위일체 안에 있는 교제의 결속은 공동체 내에서, 그리고 하나님과 신자들 사이의 결속이 된다. 이 성화로서의 구원은 곧 하나님에 대한 알려진 저항은 없다는 것을 의미한다. 그것은 주로 실체론적인 범주가 아니라 관계적 범주 안에서 고려된다. 오순절파 신자들은 성령 안에서 세례를 받기 위해 기도하면서 자신의 이기적인 갈망과 동기들, 선교와 봉사에 적합하지 못하다는 것, 자신의 두려움 등과 싸운다. 믿음을 통해서 은혜에 의해 주어지는 하나님에 대한 완전한 사랑은 진심에서 우러난 반응을 일으킨다. 이 위기도 칭의의 위기와 마찬가지로 하나의 발달을 염주에 두며, 그 발달 안에 있다. 그것은 은혜와 지식 안에서 꾸준히 성장할 수 있다. 끊임없이 자신을 정화하고 봉사하기 위해서 사랑 안에서 자신을 하나님께 바치는 사람 안에 거룩함의 특징은 겸손이다.

　성령 안에서의 세례란 성령의 오심, 또는 성령 충만이다. 성령은 세상에서 하나님의 사랑과 의를 표현할 능력을 주신다. 칭의는 신자를 위한 하나님의 사역이며, 성화는 신자들 안에서 행하시는 하나님의 사역이며, 성령세례는 신자들을 통해서 행하시는 하나님의 사역이다. 모든 신자들은 성령의 열매를 나타내야 하며, 성령께서 주권적으로 지시하시는 데 따라서 적절한 은사를 나타내야 한다. 모든 신자는 그리스도의 증인이 되며, 성령의 능력과 증거 안에서 복음을 전파하라는 부르심을 받았다. 이 성령세례는 악과 억압을 공격하기 위한 힘이요 권위 부여이다. 칭의와 관련된 덕이 믿음이고, 성화와 관련된 덕이 사랑이라면, 성령충만과 관련된 덕은 소망이다. 소망은 종말의 빛 속에서 변화를 바랄 수 있는 근거가 된다.

　그 때에 신자는 부활하여 새로운 질서(하나님의 나라) 속에 들어가는데, 그 나라는 예수의 성육신과 사역과 죽음 안에서 시작되어 우리의 칭의를 위한 그의 부활 안에서 입증되었다. 신자는 세례를 받아 하나님의 나라에 들어가며, 그리스도의 죽음과 부활에 들어가며, 장차 임할 세대의 성령 안에 들어간다. 이처럼 믿음과 소망과 사랑이라는 위기들은 성령 안에 있는 삶의 항구적인 차원들이다. 칭의는 회개에 합당한 행위를 맺는 데서 증명된다. 성화는 하나님이 빛 가운데 거하시듯이 우리도 빛 가운데서 행하며 하나님이 우리를 사랑하신 것 같이 우리도 서로 사랑하며, 사랑에서 우러나 그의 계명에 순종하는 데서 증명된다. 성령세례는 하나님을 찬양하고, 그리스도를 선포하고, 은사와 열매와 증거를 위한 열심으로 성령의 능력을 나타내는 말과 행동에 의해서 증명된다. 이와 같이 자기를 내어주는 증거가 성령세례의 가장 확실한 증거이다. 그리스도께서 영원하신 성령에 의해서 아버지께 자신을 바치신 것처럼, 신자는 성령 안에서 예수 그리스도를 통해서 성령에 의해서 자신을 바치며, 그럼으로써 그리스도의 고난과 갈망의 남은 것을 채운다.

종말론적 선교회인 교회

교회는 네 가지 이미지로 그려진다: 하나님의 현존의 신비 안에 참여하라는 부름을 받은 하나님의 백성; 모든 사람의 덕을 세우고 권면하고 유익을 주려는 목적을 지닌 다양한 성령의 은사와 활동을 지닌 그리스도의 몸; 오순절 날에 제정된 성령의 선교적 교제; 국가들의 치유를 위한 기도의 집. 성령의 임재와 능력을 통해서, 교회의 지체들은 그리스도의 사역에 임명된다.

이 종말론적인 하나님의 백성들 안에서, 세례는 "영원히 유효한 출발의 표식"이며, "주님의 식탁에서 규칙적으로 꾸준히 교제하는 것은 그 과정이 진행되고 있다는 종말론적인 표식이다."[29] 물세례는 성직자의 부름에 대한 응답이며; 성찬만은 그리스도의 몸 안에서 지속적인 사랑의 표현이요 사랑하는 수단이며, 성령세례는 세상에서 완전한 선교 봉사를 하라는 명령이다.

성령께서 예수 그리스도를 통해서 개인적, 사회적, 우주적 변화를 이루어 성부 하나님께 영광을 돌리므로, 하나님의 나라는 성령 안에 있는 의와 기쁨과 평안이다. 교회는 현존하는 동시에 장차 임할 이 나라 안에 존재하며, 그 나라를 선포한다.

결론과 전망

오순절은 특별한 날이다. 오순절파 신자들에게 있어서, 그것은 계속 성령 충만을 종말론적으로 받고 그것을 토대로 살아가는 것이다. 금 세기에 오순절 운동은 다양한 표현으로 모든 교회와 국가들에게 영향을 주어왔으며, 동시에 근원적인 영적-신학적 통일성을 나타낸다. 오순절 운동은 칼빈주의보다는 아르미니우스파에 가깝고, 루터파보다는 칼빈주의에 가까우며, 서방보다는 동방에 가깝고, 가톨릭 교회보다 개신교에 가깝고, 근본주의-복음주의보다 성결-복음주의에 가깝다.

오순절 영성은 예배, 기도, 선교 등의 관습, 그리고 특히 성령 안에서의 의와 기쁨과 평안을 강조하는 점에서 증명된다. 의는 공동의 한계를 나타내고, 사랑은 공동의 동기와 통일성을 나타내며, 능력은 공동의 목적을 나타낸다. 오순절 영성은 오순절 교리의 기초이다. 그것은 성경의 성령-말씀에 의해 형성되고 인도되며, 세상과 교회들 가운데서 진행되는 관례에 의해서 입증되고 질문되며 새로운 통찰로 이끌려간다.

오순절 영성이 장차 실천해야 할 의무는 세 가지이다: 교리적인 의무, 선교적인 의무, 교회 통일을 위한 의무. 교리적으로 오순절파 신자들은 자기들의 신학을 체계적으로, 그리고 지금까지 부족했던 포용성을 가지고 나타내는 방법을 보여주어야 한다. 선교 운동의 역사는 불과 100여 년 정도에 불과하다. 그러나 이제는 성령 세계와 은사에 관한 항목을 추가한 복음주의적 신학을 저술하는 것 이상의 일을 해야 할 때이다. 지금까지 수십 년 동안 계속되어온 성경적이고 역사적인 작업은 앞으로도 계속되어야 하지만, 이제는 그 결과들을 종합하여 보다 포괄적인 제안을 해야 한다.[30]

선교 신학과 관련하여, 오순절파에서는 선교 전략화와 상황에 맞춤을 통해서 신학을 연구했다. 그러나 전인을 위한 치유와 해방의 필요성을 언급할 선교적 영성은 지금도 제3세계 오순절 신자들의 투쟁 속에서 산고를 겪고 있다. 이러한 발달을 위한 또 다른 원천은 그 운동을 북아메리카와 제삼세계의 흑인들과 접목시키기 시작한 흑인 신학자들의 작업에 있다.[31] 일반적으로 성령운동은 빈민층에서 시작되었으며, "사람들의 감각을 둔화시키는 아편"이라는 비난을 받고 있다. 그러나 만일 그들이 성직자의 사역과 예언적인 일에 대한 대항 문화를 만들어낸다면, 이러한 비난은 무효화될 것이다. 가난한 사람들이 세상의 메카니즘과 힘의 사용을 불신한다고 비난할 수는 없다. 오순절파 사람들은 개인적이고 사회적인 변화를 위한 대체 구조들을 발달시키고 있으며, 진정한 오순절적 만남과 해방 사이의 관계를 언급할 기회를 가지고 있다. 지금은 가난한 사람들의 건설적인 오순절적 관념으로부터 육과 영을 대조하는 진보적-보수적 방법에 대한 대안을 만들어내야 할 때이다.[32] 사도행전 2장을 누가복음 4장과 분리하여 생각할 수는 없다. 사도적 사명은 예수의 사명이다(요 20:21). 국가를 절대화 하며, 기독교들이 권력을 대면할 수 없게 되지 않으려면, 로마서 13장을 계시록 13장과 연결해야 한다.

교회 통합을 위한 측면에서, 오순절파는 엘리트주의, 분열주의, 경험주의, 그리고 그에 따르는 사건들 등의 변화에 대처하기 위해서, 새롭고 책임있는 논증적 평화신학에 참여할 수 있다. 최근에 비평가들은 종종 오순절파의 주석적·역사적 관점에 서로 영향을 주거나, 그것에 주목하지 못하고 있다. 이제는 보다 새롭고 활기찬 대화가 필요하다. 이 일은 이미 로마 가톨릭 교회와 오순절 파의 대화, NCC(전미 기독교 협의회)와 오순절파의 대화, WCC(세계 교회협의회)에 일부 오순절파가 참여한 것, 그리고 최근에 캔자스와 뉴올리언즈에 갱신 파 집단들이 모인 대 규모 집회 등에서 이루어지고 있다. 이러한 활동을 강화하고 확대할 수 있다. 공동의 대화 교환(간증), 공부, 기도, 예배 등을 통해서, 오순절 영성을 이해하고 풍성하게 하고 확대하고 잘못된 것을 고치고 보다 깊이 있게 만들 수 있다. 그것은 이미 교회 내에 큰 쇄신을 일으켰고, 국가들 가운데 큰 복음화를 초래했다. 그것이 성숙한 신학적 결과를 초래할 수도 있을 것이다.

주

1) 누가복음과 사도행전에서 구약성서를 사용한 것과 그 중요성, 그리고 오순절 신학에 대한 누가의 관점에 대해 훌륭하게 논한 책으로는, Roger Stronstad, *The Charismatic Theology of St. Luke*(Peabody, MA: Hendrickson, 1984)를 보라. Richard israel, "Joel 2:28-32(3:1-5 MT); Prism for Pentecost," in *Charismatic Experiences in History*, ed. Mel Robeck(Peabody, MA: Hendrickson, 1985) 1-14; French Arringron, *The Acts of the Apostles: Introduction, Translation and Commentary* (Peabody, MA: Hendrickson, 1988)도 보라.
2) Symeon the New Theologian, *The Discourses,* trans. J. de Catanzaro (New York: Paulist, 1980) 82.
3) *Vatican II: The Conciliar and Post-Conciliar Documents,* ed. A. Flannery (Northport, NY: Costello, 1975) 351-52.
4) William Arthur, *The Tongue of Fire; or, the True Power of Christianity* (New York: Harper & Brothers, 1856) 3354.
5) Grant Wacker,"Bibliography and Historiography of Pentecostalism," in *Dictionary of Pentecostal and Charismatic Movements,* ed. Stanley M. Burgess and Gary B. Mcgee, 65-76, 76-84, 169-80, 279-81, 406-9 : W. M, Menzies, *Anointed to Serve: The Story of the Assemblies of God* (Springfield, MO: Gospel Publishing House, 1971); E. L. Waldvogel, "The 'Overcoming Life': A Study in the Reformed Evangelical Origins of Pentecostalism'" (Ph.D. diss., Harvard University, 1977).
6) Stanley Burgess, *The Spirit and the Church: Antiquity* (Peabody, MA: Hendrickson, 1984); Harold D. Hunter, *Spirit-Baptism: A Pentecostal Alternative* (New York: University Press of America, 1982) 117-210; Ronald A. N. Kydd, *Charismatic Gifts in the Early Church: An Exploration Into the Gifts of the Spirit During the First Three Centuries of the Christian Church* (Peabody, MA: Hendrickson, 1984).
7) Paul Pomerville, *The Third Force in Missions;* Grnat Wacker, "Bibliography and Historiography of Pentecostalism," in *Dictionary,* ed. S. Burgess and G. McGee, 65-76; C. E. Jones, "Welch Rivival," in *Dictionary,* ed. S. Burgess and G. McGee, 881-82.
8) J. R. Goff, Jr., "Parham, Charles Fox," in *Dictionary,* ed. S. Burgess and G. McGee, 660-61.
9) Walter Hollenweger, "Pentecostals and the Charismatic Movement." in *The Study of Spirituality,* ed. Cheslyn Jones, Geoffrey Wainright, and Edward Yarnold (New York and oxford: Oxford Universtiy Press, (86) 549-53; Douglas Nelson, "For Such A Time As This: The Sroty of Bishop William J. Seymour and the Azusa street Reviva"(Ph. D. diss., University of Birmingham, U.K., 1981).
10) *Dictionary,* ed. S. Burgess and G. McGee, 644-51, 585-88, 255-56.
11) William Faupel, "The Function of "Models" in the Interpretation of Pentecostal Thought," *Pneuma: The Journal of the Society of Pentecostal Stuides* 2/1 (Spring 1980) 51-71; *Dictionary,* ed. S. Burgess and G. McGee, 532-343; 632-33.

12) Hollenweger, "Pentecostals," in *The Study of Spirituality,* ed. C. Jones et al., 551.
13) Luther Gerlach, "Pentecostalism: Revolution of Counter-Revolution?" in *Religious Movements in Contemporary America,* ed. I. I. Zaretsky and M. P. Leone (Princeton: University Press, 1974) 669-99; idem, with Virginia Hine, *People, Power, Change: Movements of Social Transformation* (Indianapolis: Bobbs-Merrill, 1970); Virginia Hine, "The Depirvation and Disorganization Theories of Social Movements," in *Religious Movements,* ed. I. Zaretsky and M. Leone, 646-64.
14) Davie B. Barret, *International Bulletin of Missionary Research* 12/3 (July 1988) 119-29를 보라.
15) Watson Mills, ed. *Speaking in Tongues: A Guide to Research on Glossolalia* (Grand Rapids: Eerdmans, 1986); J. Rodman Williams, *The Pentecostal Reality* (Plainfield, NJ: Logos, 1972); *Dictionary,* ed. S. Burgess and G. McGee, 40-48, 335-41, 455-60; Howard Ervin, *Spirit-Baptism;* idem, *Conversion-Initiation and the Baptism in the Holy Spirit;* Harold hunter, *Spirit Baptism: A Pentecostal Alternative;* R. Hollis Gause, *Living in the Spirit;* Stanley Horton, *What the Bible Says About the Holy Spirit* (Springfield, MO: Gospel Publishing House, 1976).
16) 영성과 종교적인 감정과 신학의 상호관계의 중요성에 대해서는 다음을 참고하라: Don Sailers, *The Soul in Paraphrase: Prayer and the Religious Affections* (New York: Seabury, 1980); idem,"Religious Affections and the Grammar of Prayer," in *The Grammar of the Heart,* ed. Richard Bell (New York: Harper & Row, 1988) 288-205.
17) D. Barret, *International Bulletin of Missionary Research* 12/3 (July 1988) 7.
18) Ibid.
19) Henry Lederle, *Treasures Old and New*를 참고하라.
20) D. Barret, *International Bulletin of Missionary Research* 12/3 (July 1988) 1.
21) Ibid.
22) G. C. Oosthuizen, *Moving to the Waters: 50 Years of Revival in Bethesda, 1925-1975* (Durvan, South Africa: Bethesda Publications, 1975)을 보라.
23) R. P. Spittler, "Spirituality, Pentecostal and Charismatic," in *Dictionary,* ed. S. Burgess and G. McGee, 804-9.
24) W. Hollenweger, "Pentecostals," in *The Study of Spirituality,* ed. C. Jones et al., 553.
25) Ibid., 552. Cheryl Johns, "Affective Conscientization: A Pentecostal Re-Interpretation of Paulo Friere," and Jack Johns, "Pedagogy of the Holy Spirit." Leonard Lovett, "Black Origins of the Pentecostal Movement," in *Aspects of Pentecostal-Charismatic Origins,* ed. Vinson Synan도 보라.
26) Delton Alford, "Pentecostal and Charismatic Music," in *Dictionary,* ed. S. Burgess and G. McGee, 688-95.
27) T. F. Torrance, *The Trinitarian Faith* (Edinburgh: T. & T. Clark, 1988).
28) R. Hollis Gause, *Living in the Spirit* 를 보라.
29) Jürgen Moltman, *The Church in the Power of the Spirit* (New York: Harper & Row, 1977) 243.
30) L. F. Wilson, "Bible Institutes, Colleges, Universities," in *Dictionary,* ed. S. Burgess

and G. McGee, 57-65를 보라.
31) L. Lovett, "Black Origins," in *Aspects of Pentecostal-Charismatic Origins,* ed. V. Synan; D. Nelson, "For Such A Time As This."
32) Theodore Runyon, ed. "Testing the Spirits," in *What the Spirit is Saying to the Churches* (New York: Hawthorne Books, 1975). Jose Comblin, *The Holu Spirit in Liberation* (Maryknoll, NY: Orbis, 1988); Robert McAfee Brown, *Spirituality and Liberation* (Philadelphia: Westminster, 1988); Richard J, Cassidy, *Society and Politics in the Acts of the Apostles* (Maryknoll, NY: Orbis, 1988); Sheila M. Fahey, *Charismatic Social Action* (New York: Paulist, 1977); Frederick Herzog, *God-Walk: Liberation Shaping Dogmatics* (Maryknoll, NY: Orbis, 1988); Steven J. Land, "A Stewardship Manifesto of a Discipling Church," in *The Promise and the Power,* ed. Donald N, Bowdle(Cleveland, YTN: Pathway Press, 1980); Jon Sobrino, *Spirituality of Liberation: Toward a Political Holiness* (Maryknoll, NY: Orbis, 1988); Leon Joseph Cardinal Suenens and Dom Helder Camera, *Charismatic Renewal and Socail Action* (Ann Arbor, MI: Servant Publications, 1979; Paul Valliere, *Holy War and Pentecostal peace* (New York: Seabury, 1983).

참고문헌

Bober, Harry R. *Pentecos and Mission.* Grand Rapids: Eerdmans, 1961.
Burgess, Stanley M., and Gary B. McGee, eds. *Dictionary of Pentecostal and Charismatic Movements.* Grand Rapids: Zondervan-Regency, 1988.
Christendom, Larry, ed. *Welcome, Holy Spirit: A Study of Charismatic Renewal in the Church.* Minneapolos: Augsburg, 1988. Lutheran.
Dayton, Donald W. *The theological Roots of Rentecostalism.* Grand Rapids: Zondervan-Francis Asbury Press, 1987.
Ervin, Howard. *Conversion-Initiation and the Baptism in the Holy Spirit: A Crituque of James D. G. Dunn, Baptism in the Holy Spirit.* Peabody, MA: Hendrickson, 1984.
___. *Spirit Baptism: A Biblical Investigation.* Peabody, MA: Hendrickson, 1987.
Gause, R. Hollis. *Living in the Spirit: The Way of Salvation.* Cleveland, TN: Pathway Press, 1980.
Gelpi, Donald L. *Pentecostalism: A Theological Viewpoint.* New York: Paulist, 1971. Roman Catholic.
Hamilton, Michael P., ed. *The Charismatic Movement.* Grand Rapids: Eerdmans, 1974.
Hollenweger, Walter J. *The Pentecostals.* Minneapolis: Augsburg, 1972, 1976. Reprint, Peabody, MA: Hendrickson, 1988.
Hummel, Charles G. *Fire in the Fireplace: Contemporary Charismatic Renewal.* Downers Grove, IL: InterVarsity, 1978.
Lederle, Henry. *Treasures Old and New.* Peabody, MA: Hendrickson, 1987.
McDonnell, Kilian. *Charismatic Renewal and the Churches.* New York: Seabury, 1976.

Roman Catholic.

___. ed. *Presence, Power, Praise: Documents on the Charismatic Renewal.* 3 vols. Collegeville, MN: Liturgical Press, 1980.

Nichol, John T. *Pentecostalism.* New York: Harper & Row, 1966.

O'Connor, Edward D. *The Pentecostal Movement in the Catholic Church.* Notre Dame, IN: Ave Maria Press, 1971. Roman Catholic.

Pomerville, Paul A. *The Third Force in Missions: A Pentecostal Contribution to Contemporary Mission Theology.* Peabody, MA: Hendrickson, 1955.

Quebedeaux, Richard. *The New Charismatics II.* San Francisco: Harper & Row, 1983.

Schalzmann, Siegfried. *A Pauline Theology of Charismata.* Peabody, MA. Hendrickson, 1987.

Smail, Thomas A. *Reflected Glory: The Spirit in Christ and Christians.* Grand Rapids: Eerdmans, 1975. Reformed.

Spittler, Russel P., ed. *Perspectives on the New Pentecostalism.* Grand Rapids: Baker, 1976.

Suenens, Leon Joseph Cardinal. *A New Pentecost?* New York: Seabury, 1974, Roman Catholic.

Sullivan, Francis A. *Charisms and Charismatic Renewal: A Biblical and Theological Study.* Ann Arbor, MI: Servant Publications, 1982. Roman Catholic.

Synan, Vinson. *The Holiness-Pentecostal Movement in the United States.* Grand Rapids: Eerdmans, 1971.

___. *The Twentieth-Century Pentecostal Explosion.* Altamont Springs, FL: Creation House, 1987.

___, ed. *Aspects of Pentecostal-Charismatic Origins.* Plainfield, NJ: Logos, 1975.

Tugwell, Simon. *Did You Receive the Spirit?* New York: Paulist, 1972. Roman Catholic.

Williams, J. Rodman. *The Gift of the Holy Spirit Today.* Plainfield: NJ: Logos, 1980. Presbyterian.

제18장
기독교 여권주의 영성

샐리 B. 퍼비스(Sally B. Purvis)

기독교 여권주의(feminist) 영성은 가부장적인 기독교 전통에 도전하여 변화시키려 노력하고 있다. 현대의 여권주의 영성이 북아메리카의 기독교회 내에서 이루어낼 차이를 제도적인 변화 안에서 측량하거나 변화된 개인들과 공동체 안에서 측량하는 것과는 상관없이, 그 차이의 종류와 범위와 지속 기간을 지금은 평가할 수 없다. 기독교 여권주의 영성은 지금 형성되고 있는 신흥 운동이다. 그러나 그 기원의 일부를 추적하고, 중요하고 독창적인 측면을 묘사하며, 그 다양성 안에서 네 가지 중심점을 식별하고 조사하며, 현대 여권주의 영성과 그것의 영향을 받은 몇 가지 구조들의 관계에 대해 간단히 관찰할 수는 있다.

여권주의영성의범위

지리적 · 문화적 배경

전세계적으로 기독교 여권주의 영성 안에는 중요한 발달 현상들이 있지만,[1] 여기서는 일반적으로 미합중국의 상황에 적용할 수 있는 것들에 대해서 언급하려 한다. 여권 신장론자들은 전반적으로 자기들이 공유하고 있는 경험을 파악하기 위해 사용하는 해석의 도구들을 분명히 알아야 할 필요성을 민감하게 느껴왔다. 나는 영국계 미국인이요, 백인이요, 중산층이며, 이성을 사랑하며, 제수잇 기관에서 가르치는 개신교 목회자로서, 나와는 다른 배경과 문화적 경험을 소유한 사람들의 관점을 대변한다고 주장하지는 않는다. 이 글에서는 나와는 다른 경험적인 배경을 가진 사람들에 대해서 말할 수는 있지만, 그들을 대변할 수는 없다.

역사적 배경

현대 기독교 여권주의 영성의 출발점은 과거의 사건들과 공동체들 안에 있다. 하나의 역사적 운동인 여권주의 영성은 1960년대 말과 1970년대 초에 출현한 "여권신장론의 두번째 물결"의 일부이다. "두번째 물결"이라는 용어는 "첫번째 물결"이 존재한다는 것을 인정한다: 즉 19세기 중반부터 말까지의 여권주의 신학과 다른 점이 있기는 하지만, 그 신학을 계승하고 있다.[2]

기독교 여권주의 영성은 또한 기독교 역사 안의 다양한 영적 운동들과 집단들과의 연속성 및 불일치를 주장한다. 기독교의 영적 유산으로의 복귀 및 재해석 과정은 현대 기독교 여권주의 신학자들이 해야 할 중요하고 지속적인 작업의 일부이다.

우리는 기독교 여권주의 영성의 역사의 중요성을 인정하지만, 주로 오늘날 그 영성이 취하는 여러 가지 형태에 관심을 둔다. 즉, 이 논문에는 현재 자체의 억압적인 구조를 제거하기 위해서 여권신장론적 도구들을 사용하고 있는 다른 전통들에 대해서는 다루지 않을 것이다.[3] 기독교 여권론자들이 반드시 기독교적인 성화된 영적 영역을 개척하고 보존하는 것은 아니다. 기독교 여권론자들은 집단 정체성에 관심을 갖지만, 이단적인 가부장적인 관심이나 망상을 소유하지는 않는다. 따라서, 대부분의 경우에 기독교적인 것과 비 기독교적인 것 사이의 경계는 기독교에 대한 가부장적인 실증에서 용납할 수 있는 것보다 더 쉽게 침

투된다.[4]

현대 여권운동은 사회적 변화의 시대라고 규정할 수 있는 1960년대 말과 1970년대 초에 등장했다. 민권운동, 월남전 반대 시위, 많은 기관들이 전통의 특권들을 누리고 싶어 조급해 하는 것 등은 일종의 인간적 권리의 카이로스(kairos)의 전조였다. 인간의 해방, 환경에 대한 의식, 공적인 문제를 대중이 통제하는 것 등을 위한 운동에 참여하여 일하면서, 여성들은 우리 사회 내의 다양한 집단의 조직적인 학대를 민감하게 의식하게 되었고, 인간 해방의 논리를 자기들의 상태를 중심으로 하여 다루기 시작했다. 그 운동의 선두에 선 사람들은 학대하는 구조들이 인종이나 문화적 배경과는 상관없이 여성의 인간성을 부인하는 위치에 있다는 것을 깨달았고,[5] 또 그러한 구조가 다른 사회적인 제조들에서와 마찬가지로 교회 안에서도 강력하게 작용하고 있음을 발견했다.

성령을 자유하게 함

비판적인 전환점

1968년에 메리 달리(Mary Daly)의 『교회와 제2의 성』(*The Church and the Second Sex*)가 출판되었다. 달리는 시몬 드 보바르(Simone de Beauboir)의 저서를 의지하여, 교회들의 족장제(patriachy) 및 하나님의 은혜로운 사랑 안에 기초를 두고서 모든 사람들의 근본적인 권위를 전파하는 기관들이 여성들을 얼마나 무시하고 있는지를 확인했다.[6] 그녀는 상이한 제도적 배경을 가진 여성들이 공통적으로 소유하고 있으며 여성들이 성직 임명을 통해서 힘이 있는 지위에 접근하는 정도에 의존하지는 않는 경험과 통찰들을 토로했다.[7] 메리 달리는 현대 기독교 여권주의 영성과 신학의 선지자였지만, 교회가 가르치고 실천해온 남성 중심의 기독교 신앙의 본질을 폭로하는 중요한 일에 관여한 많은 다른 여인들도 그녀의 주장에 합류했다.[8]

기독교 여권주의 영성을 형성하는 요소는 무시당하는 경험이었고,

지금도 그렇다. 따라서 그에 대해서 설명하는 것이 타당하다. 성경에서, 전통적인 교리에서, 전례에서, 교회의 정치에서, 여성들은 대체로 남성의 부속품으로 표현되는 지위나 이미지로 표현되었다. 여성들이 자신을 부속품으로 보는 가부장적인 이해를 받아들이는 한, 그들의 자기 인식과 무시당하는 경험 사이에 갈등은 생기지 않았다. 그러나 사회 안에서 여권신장 의식의 발달과 여성들이 영적 능력, 창조성, 결실, 가치 등을 경험하는 일이 결합되면서 그들 자신의 삶에 대한 해석과 그들이 관여하고 있는 가부장적인 교회가 제공하는 해석 사이에 심각한 갈등이 야기되었다.[9]

기독교적 전통 안에서 성장한 여성들도 한편으로는 해방의 복음과 정의에 대한 예수님의 관심, 다른 편으로는 교회의 설교와 관습 사이에 근본적인 모순이 있음을 의식하게 되었다. 무시당하는 여성들은 복음을 들으면서 그것이 완전히 자기들에게 적용되는 듯이 여겼고, 복음—여성들의 경험을 통해서 이해된 복음—은 당시 가부장적인 교회에 초점을 두었던 기독교 여권신장론의 비판적인 장치의 일부가 되었다. 복음은 여성들을 위한 복된 소식에 비추어 재해석되며, 교회는 여성들을 포함하여 모든 사람들을 위한 복된 소식을 선포하고 실천하라는 도전을 받고 있다.

마지막으로, 기독교의 가부장적인 기관들에 의해 무시당해온 여성들은 무시당하는 사람들—가부장적인 기독교의 변두리에 있음을 의식하는 여성들이나 남성들, 또는 그러한 무리들—과의 관계 안에서 힘을 얻었다. 가부장적인 기관들의 외부나 변두리에서 "복음"을 사례를 들어 설명하기 위해 사람들과 상호 협력함으로써 영적 성장과 건강이 가능해지고 촉진되었다. 따라서 기독교 여권주의 영성은 전통으로부터 가부장적인 본보기들을 모방하기보다는 실지 훈련에서 나타나는 튼튼하고 포괄적인 본보기들을 경험하고 받아들이려 한다.[10]

창조적인 전환점

기독교 여권주의 영성은 본질적으로 창조적인 현상이다. 여성의 경험을 강조한 것은 인지적으로나 사회적으로 새로운 세계를 열어놓았다.[11] 넬 모튼(Nelle Morton)의 고전적인 표현을 빌자면, 여성들은 다른 여인들과 무시당하는 사람들의 말을 듣고 표현한다.[12] 듣는 것과 말하는 것을 통해서, 신성과 인성에 대한 새로운 표현과 새로운 경험이 생겨났다. 하나님과의 관계를 포함하여 자기의 삶에 대한 진리를 말하고 듣는 경험,[13] 가부장적인 환경에 의해 억압받는 여성들의 감추어진 현실을 덮어두기를 거부하는 경험, 교회 안에서 여성들에 대한 침묵을 깨는 경험 등은 근본적으로 창조적인 경험이다.[14]

기독교 여권주의 영성에서 비판적인 전환점과 창조적인 전환점은 구분될 수 있지만 밀접하게 연결되어 있다. 그것들은 어떤 "발달 패턴" 안에서 하나가 나머지 하나에게로 이어지는 분리된 단계들이 아니다. 그것들은 상호 작용하여, 각각의 비판적인 전환점은 이제까지 차단되어 온 창조적인 가능성들을 열어 주며 가부장적인 왜곡된 현상들을 제거해준다. 마찬가지로, 각각의 창조적인 전환점은 가부장적인 왜곡된 현상들, 가부장 제도가 사람들의 이상과 삶을 속박하는 새로운 방법들을 폭로한다. 예를 들어, 기독교 여권론자들이 여성들이 개입하는 전례를 발달시킴에 따라, 전통적인 전례에서의 여성이 무시되어 왔음이 한층 더 분명해진다. 그러한 통찰은 다시 여성들을 포함시킬 뿐만 아니라 여성됨을 찬양하는 전례들의 발달로 이어진다.

앞으로, 비록 가부장적이기는 하지만 표준적인 기독교 전통이 여권주의 영성을 위한 자료를 얼마나 제공하는지 살펴 보아야 한다.[15] 여권신장론자들이 자기들의 관점과 경험을 전통에 도입할 때에 비판적인 전환점과 창조적인 전환점이 관련된다. 예를 들어, 여권신장론자들의 성경 해석에서 중요한 일이 행해져왔고 계속 행해지고 있다.[16] 필리스 트리블(Phyllis Trible)은 첫번째 약속(First Testament)[17] 의 본문에 관한 저서에서, 가부장적인 가정들을 구체화하는 번역을 포함하여 가부장적인 해석을 거부한다.

엘리자베스 쉬슬러 피오렌자(Elisabeth Schüssler Fiorenza)의 두번째 약속(Second Testament)에 관한 저서에는 성경을 포함하여 전통이 영속하게 만든 것, 즉 초기 기독교에서의 여성들의 역할에 대한 가부장적인 묘사에 대항하는 사회적/역사적인 방법이 포함되어 있다. 쉬슬러 피오렌자는 여권 신장론자의 관점에서 그 초대 시대의 이야기를 재구성한다.

모든 기독교 여권신장론자들, 특히 성경의 이야기와 강조점에 의해 깊이 형성된 영성을 소유한 개신교 여성들에게 있어서, 가부장적 제도를 덮고 있는 껍질들이 제거되고 희미하게나마 새로운 모습이 드러나는 것을 발견할 때에, 이러한 성경 본문에서 여성들의 인격 모독을 대할 때의 고통이 상쇄된다. 마찬가지로, 교회 안에 깊이 뿌리내린 가부장적인 관습들을 반복하여 만날 때의 고통, 그리고 변화를 이루기 위해 엄청난 에너지가 필요한 데 비해 그 가능성이 너무 적은 것처럼 보일 때의 절망이 있다.[18] 그러나 그 고통도 사람들이 적어도 단기적인 관점에서 꿈꾸고 경험하는 인간 공동체를 실현할 가능성에 의해 상쇄된다. 근본적으로 경쟁적인 것이 아니라 협력적이며 포괄적인 공동체에 속한다는 것은 "복음의 실현"을 경험하는 것인데, 그것은 제도적 교회가 아직 공급하지 못하는 것이다.

고통도 소망과 함께 기독교 여권주의 영성의 창조적 전환점의 일부이다. 싸움은 개인들의 싸움일 뿐만 아니라, 공동의 정체성과 실천에 관한 질문들을 포함한다. 지난 15년 동안, 여권 신장을 주장하는 공동체는 특히 두 가지 위기에 직면했으며, 앞으로도 그러할 것이다. 그 위기 중 하나는 동성 연애를 하는 여권론자들이 이성을 사랑하는 여성들에게 도전하면서 발생했다. 만일 여성 동성연애자들이 모든 회의, 신학, 전례에 참여한다면, 그들의 공식적인 참석은 명목상의 참석에 그칠 것이며, 그들은 많은 여권주의 공동체 내에서도 여전히 무시당한다는 느낌을 받을 것이다. 그와 유사하게, 유색인 여성들과 유럽 문화를 배경으로 갖지 않는 여성들은 백인 여성들도 교회 안팎에서 나타나는 백인 형제들의 오만함과 마찬가지로 오만하다고 비난했다. 백인 여성들이 자기들의 경험을 "여성들의 경험"이라고 말할 때, 유색인 여성들과 소수 문화권 출신의 여성들은 자기들이 소멸되는 느낌을 받는다. 이것은 남성들

이 자신의 경험을 인류 전체의 경험이라고 정의할 때에 여성들이 받는 느낌과 동일하다.[19]

여권주의 공동체 내의 이러한 도전들은 정치적이고 영적인 것이다.[20] 여권론자들 가운데서도 무시당함을 경험하는 사람들이 대다수의 사람들과 견해의 일치점을 발견할 수 있을까? 다수 집단에 속한 사람들이 "우리"라는 호칭 안에 모든 여성들을 포함시킬 수 있을까, 아니면 성적인 기호, 인종, 문화 등의 장벽 앞에서 좌절할 것인가? 사람들이 자신의 통찰과 깊이 간직해온 신념들을 구체화하고 적용하려 하지만 종종 실패함에 따라, 문제들은 계속 생겨난다.

성령을 받음

현대 기독교 여권주의 영성의 다양성, 그리고 영성에 참여하는 사람들의 다양성에도 불구하고, 그 영성에 반복하여 나타나는 특징과 강조점들을 식별할 수 있다.

포괄성: 언어와 관습

교회 내의 많은 사람들은 처음에는 남녀 포괄 용어(inclusive language)와 관련된 문제를 통해서 기독교 여권신장론에 접한다. 이 운동의 초창기부터 여권론자들은 언어의 중요성을 인식해왔으며, 언어가 신성 및 신과 인간의 관계를 지칭할 때에만 그 중요성이 강화된다.

메리 달리가 『아버지 하나님을 너머서』(*Beyond God the Father*)에서 신을 남성으로 여기는 것은 남성들의 신같은 특성들을 강화한다고 주장했다.[21] 신이 사용하는 언어나 신에 대한 표현을 남성 대명사나 남성적인 이미지와 끊임없이 결부시키는 것은, 남성에게는 명시되지는 않지만 여성보다 더 신을 닮은 면이 있다는 강력한 메시지를 남성과 여성에게 전달한다. 그렇다면, 남성 영성의 잠재력과 비교할 때에 여성 영성의 잠재력은 감소되며, 여성들은 남성들과는 달리 신적 존재로부터의 소외를 극복하기 위해서 노력해야 한다.[22]

기독교 여권주의 신학은 몇 가지 근거에서 하나님이 남성이라는 주장을 거부해왔다. 첫째, 기독교에서는 언제나 공식적으로 하나님은 남성도 여성도 아니며, 성을 초월하는 무한하신 분이라고 가르쳐왔다. 그러나 하나님에 대해서 남성 대명사와 이미지들을 꾸준히 사용하는 것은 곧 하나님은 남성이라고 가르치는 것이다. 그러므로 하나님에 대한 표현이 남성적인 것인 한, 그것은 사실이 아니다. 둘째, 하나님을 남성으로 표현하는 것, 그리고 특히 하나님 아버지라는 비유가 하나님에 대한 우리의 심상을 철저하게 형성하고 있기 때문에 하나님의 다른 속성 및 하나님과 관계하는 방법들은 무색해진다. 가부장제는 남성의 이미지를 지닌 하나님을 만들어냈다.[23] 그러므로 하나님에 대한 표현이 남성 중심적인 한, 그것은 우상숭배이다. 마지막으로 하나님에 대한 가부장적인 표현이 사실이 아니고 우상숭배적이라면, 그것은 인간과 하나님과의 관계를 제한하고 왜곡시킨다.

기독교는 항상 그 하나님이 모든 사람의 하나님이며, 하나님은 모든 사람들을 동등하게 귀하게 여기시고 모든 사람이 잘 되기를 원하신다고 주장해왔다. 로즈메리 류터(Rosemary Ruether)는 다음과 같이 말한다:

> 여성 신학의 중요한 원리는 여성의 완전한 인간성의 증진이다. 그러므로 여성의 완전한 인간성을 부인하거나 감소시키거나 왜곡하는 것을 구속적인 것이라고 평가해서는 안된다…여성신학의 특성은 비판적인 원리, 완전한 인간성에 있는 것이 아니라, 여성들이 스스로 이 원리를 요구한다는 사실에 있다.[24]

"하나님-담화"(God-talk)[25]에 관한 여성 신학의 통찰들은 여권주의 영성에 반드시 필요한 것이다. 남성들이 학대의 도구가 되는 환경에서 여성들이 하나님을 남성으로 상상할 때, 그들은 자기들의 학대 안에서 받아들이고 은밀하게 결탁하는 상한 영이나 하나님의 거부를 요구하는 건강한 영 중에 하나를 선택해야 한다.[26] 반면에, 하나님을 남성으로 표현하는 것을 비판하며 또 다른 가부장적인 도구라고 이해할 때, 인류와 하나님을 위해서 그러한 표현을 사용하는 일을 거부할 수 있으며 또 그렇게 해야 한다.

가부장적인 표현을 거부하는 것은 어떤 대명사를 사용해야 하는지, 또는 대명사를 사용하는 것이 옳은지 등의 질문을 초월한다. 또 여성의 경험과 삶이 신적 생명과 관련되도록 돌보는 것도 포함한다. 따라서 "아브라함의 하나님, 이삭의 하나님, 야곱의 하나님"은 "아브라함과 사라와 하갈의 하나님"[27]이 된다. 창조는 단순히 "말"의 산물이 아니라 출산의 산물이기도 하다. 만일 하나님을 "인격"으로 상상한다면, 남성 하나님 뿐만 아니라 여성 하나님에 대해서 말하는 것이 옳다.[28] 교회의 삶에서 배타적인 표현을 제거하는 일은 엄청난 일이다. 그러나 반성적인 신학적 독창성과 헌신으로부터 예배 및 교회 생활의 다른 측면들을 위한 포괄적인 자원들이 출현하면서, 그 과정도 진행되고 있다.[29]

배타적으로 남성 중심적인 표현이 남녀 포괄 언어와 비유에 양보하면서, 사람들은 하나님을 학대자로 경험하지 않게 되었다. 하나님이 학대자로 경험되지 않음에 따라 지금까지 하나님과 연결되어 있던 다른 많은 특성들도 희미해지거나 사라지고,[30] 모험적으로 하나님을 상상하고 관계를 가질 수 있는 새로운 가능성이 확실해졌다. 가부장적인 표현과 비유의 속박이 끊어질 때, 새로운 운동이 가능하다; 새로워진 종교 생활이 존재하고 확장될 수 있다. 기독교 여권론자들은 통찰을 얻기 위해 다른 전통들을 의지하며, 하나님과 관계하는 새로운 방법들을 실험하려는 의식이 현대 기독교 여권주의 영성의 지속적인 특징이다. 동시에, 성경적 전통의 무시되어온 소수의 특징들도 회복되고 있다.

포괄성에 헌신하는 것은 다양성에 헌신하는 것을 포함한다. 1세기 기독교 공동체에서와 마찬가지로, 오늘날 여권주의 기독교인들이 해야 할 일은 분열함이 없이, 그리고 서로를 무시함이 없이, 다양성으로부터 진정한 통일성을 만들어내는 것이다. 기독교 여권론자들이 하나님과 인간 관계에 대한 자신의 다양한 경험들을 계속 공유하며, 보다 다양한 기도와 예배를 드릴 수 있도록 서로에게 힘을 부여하면서, 종교 공동체들은 "한 영"이 많은 은사들의 근원이라는 확신, 그리고 다양성은 위협이 아니라 축복이라는 확신을 구체적으로 실천에 옮기기 시작하고 있다. 자신의 삶과 매우 다른 삶 속에 나타나는 하나님의 영의 상이한 현현에 노출됨으로써, 사람들의 인격은 감소되는 것이 아니라 강화된다.

관계 유지

기독교 여성 신학과 영성에 관한 문헌, 그리고 현대 기독교 여권론자들의 기도와 전례에는, 관계 유지가 강조된다. 여권주의 신자들은 인간의 삶에서의 소외의 분량과 범위를 무시하지도 않고 축소하지도 않는다. 그러나 그들은 존재하는 관계들, 가부장제 때문에 흐려지고 단절되었던 관계들을 확인하고 되찾고 찬양한다. 나는 비판적인 전환점에서부터 시작하여 창조적인 전환점을 다루면서 현대 기독교 여권주의 영성이 지닌 이러한 특정에 대해 묘사하려 한다.

현실에 대한 가부장적인 개념은 하나의 피라미드로 상상할 수 있다. 그 피라미드의 꼭대기에는 하나님이 있고, 하나님 밑에 남성이 있고, 남성 밑에 여성이 있으며, 그 다음에 어린이들, 그 다음에는 "인간"과의 유전적 근접성에 의해 생물로 분류되는 것들이 있다.[31] 피라미드를 따라 밑으로 내려감에 따라, 존재들이 소유하는 통제력과 가치와 중요성은 점점 더 감소된다. 게다가, 피라미드의 하부에 있는 존재에게 부여되는 가치는 그들보다 상위에 있는 존재들과의 관계 때문에 주어지는 가치이다. 마찬가지로, 피라미드에서 바로 위 아래에 위치한 존재들 사이에서만 상호작용이 가능하다. 예를 들면, 여성들이 하나님과 교제하려면 남성들의 중재가 필요하다. 세심한 구분, 경계 설정과 유지, 분리와 거리, 정해진 "단계들"의 확인이 가부장제라는 피라미드의 특징이다.

여권주의는 이러한 이미지를 거부한다. 남성중심적인 우주론과 존재론[32]은 분리가 주요하다고 보고 관계는 수행해야 할 과업이라고 선포하는 데 반해, 여성들은 자기들이 근본적으로 관계를 소유하고 있는 것으로 경험한다. 여성들은 생물학적인 생식 안에서 자신의 몸이 발달하여 새로운 생명을 낳는 것을 경험하며, 그러한 경험에 의해 영구적인 감명을 받는다. 다른 사람의 몸을 양육하는 몸의 소유자인 여성은 자신이 낳은 아기가 건강하게 성장하는 것 안에서 자신의 영양 상태의 결과를 보며, 아기의 사지가 약하고 눈이 흐릿한 것은 자신의 영양 상태가 좋은 못한 데 따른 결과임을 안다. 아기의 건강 상태는 어머니의 건강 상태에 따라 변화된다. 생물학적인 양육자가 아닌 사람들은 다른 사람들을 보살피는 일에 함축된 자기-보살핌의 분량을 재빨리 파악한다. 게다가 사람의 존재는 그가 육성하고 유지하는 관계에 의해서 형성되며, 그의 정체성은 그러한 관계와 분리된 것이 아니다. 마찬가지로, 하나님은 남성들이 지배하는 종교 제도를 통해서만 도달할 수 있는 먼 곳, 높은 곳에 계시는 것이 아니라, 일상적인 일이나 특별한 일을 행하는 평범한 사람들의 삶 속에 계시다. 기독교 여권론자들은 하나님의 초월성을 부인하지 않지만, 여권주의 영성에서는 초월성이 하나님의 두드러진 특성이 아니며 신의 초월성은 재고되어야 한다고 가르친다.

여권론자들은 인간 생활에 대한 묘사요 규정으로서의 가부장적인 피라미드를 거부하는데, 그러한 현상은 여권신장론과 관련된 학문의 모든 영역에서 발견된다.[33] 기독교 신학에서, 그것을 거부하는 것은 여러 가지 형태를 취한다.

로즈매리 류터의 저서는, 실체를 근본적으로 연결되어 있는 실체의 특징적인 측면들로 묘사하지 않고 서로 분리된 조각들로 묘사하는 이원론들을 유행하게 만들었다.[34] 우리는 관념적으로는 그것들을 분리할 수 있겠지만, 인간적인 경험에서 그것들은 분리되어 발견되지 않는다. 기독교 역사에서 대단히 힘을 발휘해 온 두 가지 이원론은 정신과 몸을 구분하는 이원론과 남성과 여성을 구분하는 이원론이다. 플라톤에게서 출발한 정신과 몸을 구분하는 이원론은 주로 스토아 주의 학자들을 통해서 기독교에 유입되었다. 이 이원론은 인간의 자아를 정신-영과 몸으로 구분하며, 정신이 몸보다 우월하다고 선언한다. 인간의 번영은 보다 고등한 기능인 정신-영이 하등한 기능인 몸을 정복하거나 통제하는 데 달려 있으며, 인간의 구원은 물질적 생존의 감옥으로부터의 구원이다.[35] 따라서 인간이라는 존재는 완전히 통합된 것이 아니라 잠시 어렵게 결합되어 엄격한 계급제도 안에 배열된 부분들의 집합이다.

마찬가지로, 동물, 특히 인간은 두 종류의 존재—남성과 여성—로 엄격하게 분리된다. 남성과 여성이 어느 정도 인간됨을 공유하는지에 대해서 전통은 일치하지 않지만, 대부분의 경우 인간이라는 사실보다는 성이 한 사람의 실체를 결정하는 데 더 크게 작용한다.[36] 달리 표현하자면, 각 사람의 능력과 가치는 그가 인류 안에 있는 하나의 존재라는 사실보다는 그의 성에 더 의존해왔다.

남성들은 이성 및 영적 존재와 연결되고, 여성은 성욕과 번식에 연결되면서, 이 두 가지 이원론은 서로 연결된다. 가부장적인 피라미드에서 남성은 여성보다 상위에 위치하며, 그에 부수되는 특권과 책임을 소유한다. 여성들은 인간의 이성적인 성취와 영적인 성취를 완전하게 이룰 수 없다. 그들은 본성적으로 남성의 지배를 필요로 한다.

인간들이 만들어낸 이원론은 이 두 가지에 그치는 것이 아니다. 여권론자들 및 정치적/사회적 능력을 갖지 못한 사람들은 분열시키고 계급화하는 경향을 극도로 위험한 것으로 간주한다. 학대를 정당화하는 아주 효과적인 방법은 한 집단을 이질적이며 열등한 집단이라고 밝히는 것이다. 만일 사람들을 이렇게 규정할 수 있다면, 그들이 사회적인 물건에 접근하거나 다루는 것을 거부하는 것이 정당하며 그들에게 유익한 일이 된다. 그러므로 이원론을 철학적인 범주로 오해되는 것이 아니다. 그것은 위험한 억압의 도구였으며, 앞으로도 계속 그러할 것이다.

베버리 해리슨(Beverly Harrison)은 인간 생활의 다양한 영역들의 구분을 거부하고 그것들 사이의 관계를 인정했다.[37] 그녀는 개인적, 정치적, 사회적, 종교적 관심들이 서로 중복되고 영향을 주는 단계를 전개하고 증명한다. 그러한 관심들을 사적인 영역에 속하는 것으로 분류하는 것은 설명적인 조처가 아니라, 그러한 관심들을 하찮게 만들고 무력하게 만드는 정치적 작전이다. 도로시 죌(Dorothy Soelle)도 하나님과 개인의 관계를 포함하여 인간 생활의 다양한 영역들의 상호 관련성에 대해 많은 저술을 하고 강의를 한다.[38] 레티 러셀(Letty Russel)도 사회적, 경제적, 정치적 구분들을 타파하는 근본적으로 새로운 공동체들을 이 세상에서 계시하고 구체화하는 "관계의 실천"을 전개해오고 있다. 혹 어떤 사람은 그녀의 신학을 "현세적 종말론"이라고 규정할른지도

모른다. 그녀는 고정된 인간 관계들의 형태를 지닌 창조를 기대하는 것이 아니라 "유대인이나 헬라인이나 종이나 자주자나 남자나 여자"(갈 3:28)의 본성적인 구분을 깨뜨리기로 약속하는 종말을 기대한다고 주장한다.

이 모든 접근 방법들은 남성 중심의 이원론들 및 그 결과들을 거부함으로써 비판적인 전환점이 되며, 또 관계 유지를 향한 창조적 전환점을 이룬다. 여권론자들은 현실을 각 단계가 고정되어 있는 피라미드로 보지 않으며, 삶을 하나의 그물로 본다. 그물의 모양과 힘과 존재는 그물을 이루고 있는 가닥들 사이의 강력한 결속에 달려 있다. 그리고 각각의 가닥은 인접한 가닥 뿐만 아니라 다른 모든 가락의 힘에 의존하며, 또 공헌한다. 다른 모든 가닥을 강하게 하는 것이 각 가닥에게 가장 유익하다. 그물의 생존은 경쟁에 달린 것이 아니라 협동에 달려 있다. 한 부분에 긴장이 생기면 전체로 파급될 것이다. 각 부분은 전체를 이루는 한 부분으로서만 존재한다.

여권론자들이 현실을 묘사하는 데 사용되는 이미지가 그물만은 아니다. 이는 하나의 이미지에 모든 것을 포함시킬 수 없기 때문이다. "그물"이라는 이미지의 주된 결점은 자율성, 관계성과는 구분되는 것이 아니라 관계성이 지닌 하나의 특징인 분리와 특성이라는 경험을 설명하지 못하는 것이다. 델로레스 윌리엄즈(Delores Williams)는 모자이크라는 이미지를 제안했다. 그녀의 이미지가 지닌 장점은 각각의 조각들이 두루 움직일 수 있는 가능성과 색깔을 추가할 수 있다는 데 있다. 그러나 하나의 모자이크를 이루는 조각들은 다른 것들에 의해 대치될 수 있으며, 한 조각을 제거해도 모자이크 전체가 파괴되는 것이 아니라 전체의 구성만 바뀐다. 따라서 "모자이크"라는 이미지는 전체의 복지와 각 부분의 복지의 상호 의존성을 "그물"이라는 이미지만큼 분명하게 나타내지 못한다. "그물"과 "모자이크"라는 이미지를 함께 사용하면 현실에 대한 여권주의의 견해의 중심적 특징들을 훌륭하게 파악할 수 있다.[39]

사람들 사이의 관계는 공간적인 거리 뿐만 아니라 시간적인 거리도 초월한다. 기독교 여권론자들은 족장제도에 의해 삭제되거나 흐려진 여성 조상들의 이야기들을 드러내면서 자기들이 남성 연대기 저자에게 의존하지 않는 역사에 기초를 두고 있다는 의식을 경험하고 있다. 마찬가지로, 여권론자들은 지난 세기 및 그 이전에 활동한 "기독교인 조상들"과 유사한 관계를 경험하기 때문에, 기독교 여권주의 영성은 비-유럽권 문화들이 그 조상들과 유지해온 관계를 존중한다. 여신을 숭배한 선사 시대 사람들과 고대 인들과의 영적 연속성을 주장하는 후기 기독교(post-Christian) 여권론자들과 완전히 일치하지는 않지만, 기독교 여권론자들은 잠재적인 공통성을 되찾기 위해서 그러한 전통에서 이단이라고 규정해온 것들의 기록을 조심스럽게 분류한다. 현대 기독교 여권론자들은 축출하는 사람들보다는 축출당한 사람들과 보다 강력한 유대를 경험할 것이다. 비록 역사적인 근원을 찾는 일은 모든 기독교 여권론자들이 행하는 일이지만, 특히 흑인 여성신학은 그 여성 조상들의 이야기를 현대의 영적 성장을 위한 풍부한 자원으로 이용하고 있다.[40]

기독교 여권주의 영성은 사람들과 다른 생물들 사이에서 밀접한 관계들을 재발견하고 있다. 인간적인 복지, 육체적-영적 복지는 자연과의 관계와 확실히 결합되어 있다. 대부분의 경우, 여권론자들은 자기들이 피하고자 하는 정치적/사회적/경제적 제도들을 버려두는 낭만적인 "자연으로의 복귀" 운동을 주장하는 것이 아니다. 여권운동은 그렇게 행하는 것이 무책임한 일이라는 것 뿐만 아니라 그렇게 할 수도 없음을 드러내왔다. 또 여권주의 영성은 단순히 "환경 문제"에 의무적으로 개입하는 것을 추천하지 않는다. 여성들은 보다 의도적으로, 그리고 영적으로 인간이 아닌 생명과 관계를 가질 때에 자신의 영이 성장한다는 것을 발견하고 있다.[41]

마지막으로, 기독교 여권주의 영성은 여성들이 경험하는 하나님과의 관계에 대해서 거의 일치된 주장을 한다. 여성들이 하나님과의 관계를 상징하는 비인간적인 방법들, 그리고 여성으로서의 인격적인 하나님에 대한 경험을 표현하는 다양한 이미지와 이야기와 노래에 의해서, 남성 중심의 "아버지 하나님"에 의해 만들어지고 유지된 거리가 극복되어

마르타 그레이엄의 원시신비춤 "성모께 드리는 찬양"을 춤으로 표현하고 있는 무희들

왔다.[42] 기독교 여권주의 영성이 이루어낸 가장 단순하고 분명하며 동시에 가장 훌륭하고 강력한 발견은 다음과 같다: 하나님은 관계에 있어서 어느 쪽에서도 남성이 개입하지 않은 채 여성들을 직접 대하신다.

구체화

기독교 여권론자들은 남성 중심의 정신-영/몸의 이원론을 거부한다. "영"의 경험들은 자체에 대한 경험이요 다른 피조물에 대한 경험이다. 기독교 여권주의 영성은 구현된 영성이다.[43] 이러한 기독교 여권주의 영성의 특징은 엄청나게 복잡하므로, 여기서는 두 가지 특징에 대해서만 논하려 한다.

첫째, 여권론자들은 영성의 특징으로서 에로틱한 것들의 반환을 요구하고 있다. 여권론적 관점에서 보면, 가부장적인 기독교 전통에서 인간의 성 및 하나님과의 관계에 대해 제공하는 가르침은 복음을 크게 왜곡된 것이다. 정신과 몸을 분리하고, 남성은 이성과 여성은 몸과 연결함으로써, 전통은 인간의 성(性)에 대한 깊은 의심을 품어왔으며, 동시에 여성들은 그 성에 의해 정의되어 왔다.[44] 여성들의 경험에 의하면, 성은 제멋대로 내버려 두면 미친 듯이 날뛰며 질서와 가치관을 파괴할 압도적인 힘이 아니다. 오히려 에로틱한 것들은 새로운 생명—그 생명은 새로운 인간일 수도 있고, 이미 존재하는 사람들을 위한 새로운 에너지일 수도 있다—을 위한 힘의 원천이다.

카터 헤이워드(Carter Heyward)는 영적 에너지가 되는 에로틱한 것들을 "열정"(passion)이라고 해석해왔다. 열정은 우리가 다른 사람들 및 하나님과의 연합과 친밀함을 발견하기 위한 힘인 동시에 불의에 저항하여 싸우기 위한 힘의 원천, 하나의 긍정적인 힘이다. 우리는 "정의를 위한 열정"을 통해서, 공유된 에너지인 하나님의 열정을 경험한다.[45] 동일한 원천이 우리의 일과 사랑에 힘을 부여해주며, 인간생활에서 그 원천은 에로틱한 것으로 경험된다. 전통에서 가르치는 것처럼 성은 우리를 하나님으로부터 분리시키는 것이 아니다. 오히려 성은 우리를 하나님과, 그리고 다른 사람들과 결합해주는 에너지이다. 그것은 우리의 관계가 흐르게 해주는 도관(導管)이다.

　기독교 여권주의 영성에서 경험되고 개념화된 에로티시즘에는 생식기와 관련된 성이 포함되지만, 그것에 한정되지는 않는다. 에로틱한 것, 정욕적인 것은 사람들이 충분한 기초 훈련을 받고 헌신하며 행하는 모든 것의 일부이다. 육체적인 접촉, 포옹은 서로 관계하고 있음을 나타내는 비유이다. 젖을 먹이는 것은 다른 존재들을 위해 온갖 종류의 양분을 공급해주는 인간적인 능력을 나타낸다. 성 관계는 개인적인 친밀함과 결합을 나타낸다.

　에로티시즘은 한 사람의 모든 측면 안에, 그가 행하는 모든 행동 안에 전인(全人)이 활기차게 현존하는 것이다. 에로티시즘을 영성의 근본적인 특징으로 강조함으로써, 초월적이고 영적인 일에 다른 사람들과 함께 참여하면서 경험하는 만족과 성취, 그리고 성교 시의 성적 쾌감 사이의 유사성을 설명할 수 잇다. 이런 점에서, 여권주의 영성은 성경적인 에로티시즘(솔로몬의 아가서)과 중세 신비주의의 에로티시즘(아빌라의 테레사)을 상기하게 한다. 마지막으로, 기독교 여권주의 영성은 기도의 능력이 인간의 모든 부분에 미친다고 공개적으로 인정한다. 하나님과의 친밀함은 우리의 성(性)을 배제하지 않는다.

　기독교 여권주의 영성은 우리 문화가 무시하거나 존중하기를 거부하는 여성들의 삶의 측면들을 찬양한다. 예를 들어, 월경은 "금기"가 아니라 여성들이 생명의 주기와 관계가 있다는 표식이요 경험이다. 월경을 하는 여성들이 성찬에 참여함으로써, 남성 중심의 기독교가 내린 "부정하다"는 판단은 구체적으로 배격된다. 마찬가지로, 인간 안에 있는 하나님의 형상은 젊은이들 안에서만 발견되는 것이 아니다. 늙은 여성들과 남성들의 몸은 기쁨과 슬픔 속에서 영위해온 삶의 소중하고 아름다운 기록으로, 그리고 앞으로 임할 보다 많은 약속들로 간주된다.

　기독교 여권론자들이 육체적인 구현을 영성의 측면으로 강조한 것이 지니는 또 다른 특징은 힘을 자기 자신 및 다른 사람들에게 생명을 주고 강화해주는 것이라고 재해석한 것이다. 남성중심의 체계에서, 힘이란 자신의 목적을 이루기 위해서 다른 사람들을 통제하거나 그 위에 군림하는 능력을 의미한다.[46] 여성들의 구체화된 힘의 경험은 힘이란 주로 "다른 사람들과 함께 하는 힘"이라는 여권론적 확신에 기초를 둔다. 사람들이 다른 사람에게서 삶을 풍성하게 해주는 확언을 주거나 받을 때가 가장 효과적인 순간이며, 그들의 에너지와 관심과 목적이 모든 사람들을 서로 강화해 주기 위해 다른 사람들의 것과 결합될 때에 가장 충만한 힘을 경험하게 된다.

레티 러셀은 이 과정을 "상조 작용"(synergism), 협력 관계, 또는 모든 사람들이 이용할 수 있는 에너지의 양을 증가시켜 주는 상호 능력 부여의 관계라고 말한다.[47] 참된 동반자 관계에서는 하나에 하나를 더하면 둘 이상이 되며, 두 사람의 에너지는 두 사람의 에너지를 합한 것의 몇 배로 배가된다. 능력 부여는 다른 사람들 위에 군림하는 것이 아니라 협력하는 것이다.

사람들을 소외시키고 고립시키는 힘은 자체를 지탱하지 못하며, 새로운 정복, 새로운 승리에 의해 재충전되어야 한다. 체력을 북돋아주는 힘은 자신을 다른 사람들보다 높임에 의해서 배가되는 것이 아니라 모든 사람의 능력과 기능을 확대함으로써 배가되는 힘이다. 공동체에 대한 여성들의 구체화된 경험에 기초를 두는 기독교 여권론자들은 힘이란 현실의 모든 차원 안에 있는 생명의 힘이라고 분명히 표현하는데, 그들이 주장하는 방법은 기독교의 복음을 깊이 반영한다.

구체화된 영성은 몸으로부터의 도피를 추구하지 않으며, 평범한 것을 거부하지도 않는다.[48] 여성들이 자기들의 삶—잠재적으로는 남성들의 삶—의 세속적인 경험 안에서 자신의 영성을 발달시키고 다른 사람들을 양육해 주는 방법을 배우고 공유할 때에 기독교 영성을 위한 자원이 배가된다. 하나님은 세상 밖에 계시는 것이 아니며 인간의 영성도 우리와 동떨어진 곳에 있는 것이 아니다. 그것은 우리가 존재하는 곳에서 접할 수 있으며, 육체적인 구현을 부인할 것을 요구하지 않으며, 충실하게 영위된 구체적인 삶의 능력으로서 기능을 발휘한다.

해방

자유, 예측 불가능성, 자발성, 기습적인 요소, 방해받지 않고 하나님께 다가감 등은 전체 기독교 영성사에서 영적 갱신이 지니는 특징들이다. 자유는 현대 기독교 여권주의 영성에서도 중요하며, 자유의 정치적인 차원을 포착하고 강조하기 위해서 "해방"(liberation)이라는 용어가 사용된다.

기독교 여권주의 영성에서, 해방은 남성 중심의 제도로부터의 해방을 의미한다. 그 해방은 지금껏 완전히 경험된 것이 없다. 여권주의적 통찰로 아무리 철저히 무장을 한 사람이라도 남성 중심의 제도와의 만남이나 그 결과를 피하지 못한다. 반면에, 그러한 제도에서 해방된 세계가 수반할 것을 미리 맛보는 순간이 있다. 그러한 순간은 깊은 영감을 주며 능력을 준다.

기독교 여권론자들에게 있어서, 성, 피부 색깔, 나이, 인종적인 기원, 언어 등의 구분과 상관없이 모든 사람들이 풍성하게 경험될 때에 해방은 하나님을 위한 것이다. 넓은 범주에서 삶을 긍정할 대에, 해방은 다른 사람들을 위한 것이다. 사람들은 되도록 많은 경계들을 파괴하거나 응시하면서, 때로 놀라운 방법으로 공통성과 관련성을 발견한다. 이렇게 이해한다면, 사람들이 구체적인 방법으로 삶의 은사 및 삶을 지탱해 주는 모든 관계를 찬양할 때에, 영성생활은 그의 자아를 해방시켜 준다. 그것은 공동체를 위한 해방으로서, 남성이 학대하는 듯이 보일 때에는 여성의 해방이며, 때로 남성과 여성이 함께 창조적이고 서로에게 능력을 부여해주면서 동참할 수 있을 때에는 남성과 여성의 해방이다.

기독교 여권주의 영성에 있어서, 남성중심제도로부터의 해방은 실현된 현실이 아니라 희망으로 남아 있다. 그러나 그것은 속박이 발견될 때에, 특히 기독교 안에서 발견될 때에, 사람들이 자신을 위해서, 그리고 다른 사람을 위해서 그 속박을 거부하는 한, 현재를 발전시키는 희망이다. 자기 자신, 다른 사람들, 그리고 하나님을 위한 해방의 경험들은, 기독교 공동체의 중심에서 여권주의 영성이 주장하는 바 구현된 관계들 안에 모든 사람들을 포함시키는 것이나 여성들의 완전한 인간성을 인정하기를 거부하는 기독교 내의 집단들과 제도들과 도구들에게로 돌아가는 데 필요한 에너지를 공급해준다.

제도적인환경

공통성에 초점을 두면 다양성이 흐려질 수 있다. 그리고 여기에서는 철저하게 비교할 수 없지만, 우리는 여권주의 기독교 영성의 상이한 제도적 배경들이 그 영성의 발달에 어느 정도 영향을 미치는지 살펴볼 수 있을 것이다. 로마 가톨릭 교호에서는, 성직자단에서 여성들의 사제 임명이라는 문제의 검토를 거부한 것은 여권주의가 교회의 구조에 미치지 못하게 만들며 동시에 교회 내의 남성중심 제도에 대해 조직적으로 저항하기 위한 초점을 제공한다. 가톨릭 교회의 여권론자들이 의도적으로 여권주의적 공동체 내에 있는 제도적인 구조들의 외부에서 영적 공동체를 추구하게 되면서, 가톨릭 여권론자들 사회에서 여권주의 영성이 활발히 전개되고 있다.

백인 개신교 교파에서는 여성들이 자유로이 사역에 임명되고 있지만, 남성중심의 제도는 보다 교묘하게 계속 세력을 떨치고 있다. 그리하여 여성들은 대형 교회에 고용되지 않거나, 여러 명의 교역자들이 시무하는 교회에서 보다 높은 위치로 승진하지 못한다. 또한 "여성"이라고 해서 "여권론자"는 아니므로, 많은 여성 목회자들은 여권주의 영성에 호의적인 환경을 보장하지 않는다. 남성 주임의 구조 안에서 힘을 소유하고 있는 여성들은 남성중심제도에 대한 저항 의식을 확신시킬 수도 있을 것이다. 적은 자원과 제한된 인간 에너지를 가지고 동시에 여러 차원에서 진행되는 체계적인 학대와 싸워야 함에 따라서, 흑인들이 주를 이루며 인종이 혼합되어 있는 교회 내에서, 성차별과 인종차별은 복합적으로, 때로는 경쟁적으로 상호 작용한다. 흑인 공동체의 정체성과 경험 안에 굳게 기초를 두고 있는 기독교 여성 영성은 갈등을 통해서 발전하여 흑인이 아닌 사람들이 부분적으로만 참여하고 이용할 수 있는 새로운 공동체와 해방이라는 이상을 향해 나아간다.

마지막으로, 교파적, 인종적, 또는 민족적으로 모든 중요한 집단 내의 교구들과 회중들 간에는 엄청난 차이점들이 존재할 것이다. 포괄성, 관계성, 구체화, 해방 등의 영적 초점은 현대 여권주의 영성 전체에서 발견되며, 여권론자들이 변화시키려는 제도들과 개인의 삶에서 이와 같은 공동의 요소들은 다양한 표현과 경험을 만들어낸다.

주

1) 예를 들어, *New French Feminists: An Anthology*, ed. Elaine Marks and Isabelle de Courtivron(New York: Schocken Books, 1981)을 참고하라. "제 3세계" 여권운동에 관한 저서로는 *Inheriting Our Mothers' Gardens*, ed. Letty M. Russel et al.을 참고하라.
2) "제1의 물결"과 현대에 그와 상응하는 것 사이의 인종적 긴장관계에 관해서는, Angela Y Davis, *Women, Race and Class* (New York: Random House, 1981)을 참고하라.
3) 이것은 "The Master's Tools Will Never Dismantle the Master's House," in Audre Lourde, *Sister Outsider: Essays and Speeches by Audre Lourde*, 110-13을 암시적으로 인용한 것이다.
4) Rosemary Reuther, *Women-Church Theology and Practice of Liturgical Communities*, 35.
5) 나는 상이한 인종과 문화에서 발생하는 학대가 모두 동일하다고 주장하지 않는다. 여권론자들은 남성중심적인 여성 폄하에서 제외되는 인종이나 계층이나 문화가 없다는 것을 발견했다.
6) 좁게 정의하자면, 가부장제는 아버지를 선호하는 모든 체계를 말한다. 여권론자들은 여성보다 남성이 유익을 누리는 모든 체계를 지칭하는 데 이 용어를 사용한다.
7) 여기서 말하고자 하는 것은 여성의 목사 안수의 문제가 근본적으로 중요하지 않다는 말이 아니다. 하지만, 오랫동안 여성들을 성직에 임명해온 전통들을 포함하여 현재 여성을 임명하는 전통들도 여전히 여성들을 과소평가하고 있다.
8) 기독교를 구제 불가능한 성차별주의라고 비난한 Daly 외에, 기독교 여권 운동의 초기 출판물은 다음과 같다. Valerie Saiving, "The Human Situation: A Feminine View," *The Journal of Religion* (April, 1960); Nelle Morton, *The Journal Is Home*; Rosemary Reuther, *New Woman, New Earth: Sexist Ideologies and Human Liberation*; Audre Lourde, *Sister Outsider*. 초기 여권주의 종교적 저술들을 모아놓은 글을 보려면 *Womanspirit Rising: A Feminist Reader in Religion*, ed. Carol P. Christ and Judith Plaskow 참고하라.
9) Leon Festinger, *A Theory of Cognitive Dissonance*(Stanford: Stanford University Press, 1957)을 참고하라.
10) 물론, 기독교 전통의 "영적 거장들"도 무시된 경우도 종종 있다. 기독교 여권주의

영성은 일반적으로 남성 모델을 거부하는 것이 아니라, 남성이든 여성이든 가부장적 모델을 거부한다.

11) Peter Berger and Thomas Luckmann, *The Social Construction of Reality: A Treatise in the Sociology of Knowledge*(Garden City, NY: Doubleday, 1966)를 참고하라.

12) Nelle Morton, *The Journal Is Home*, 202-21.

13) 몇몇 기독교 여권주의 신학자들은 "신"이라는 용어가 남성적 이미지와 불가피하게 연관되어 있기 때문에 그 용어를 바꾸어야 한다고 주장한다. 그러나 나는 지금은 그 용어를 사용해야 한다고 주장한다. 그 단어는 무척 중요하므로 가부장제 때문에 그것을 없앨 수는 없기 때문이다. 또한, 여권론자들이 그 단어를 사용하고 있다는 사실은 여권주의 영성과 비-가부장적인 요소들 사이에 연속성이 있음을 주장한다.

14) Rosemary Radford Reuther, *Women-Church*; Elisabeth Schüssler Fiorenza, *Bread Not Stone: The Challenge of Feminist Biblical Interpretation*(Boston: Beacon Press, 1984)을 참고하라.

15) Mary Jo Weaver' discusssion of "the Mary" in *New Catholic Women: A Contemporary Challenge to Traditional Religious Authority*, 201-11을 보라.

16) Phyllis Tible, *God and the Rhetoric of Sexuality*; Trible, *Texts of Terror* (Philadelphia: Fortress Press, 1984); Elisabeth Schüssler Fiorenza, *In Memory of Her: A Feminist Theological Reconstruction of Christian Origins*를 참고하라. 여권주의적 성경 해석에 대한 논의서로는 *Feminist Interpretation of the Bible*, ed. Letty M. Russel을 보라.

17) 내가 "첫번째 약속과 두번째 약속"이라는 용어를 사용한 것은 "구약과 신약"이라는 용어에 함축되어 있는 기독교 승리주의(특정의 교리가 다른 종교의 교리보다 우수하는 주장)를 피하려는 시도이다. 또 "히브리 성경"은 "기독교 성경"의 일부이며 히브리어로 그 책을 읽는 기독교인들은 드물기 때문에, "히브리 성경"이라는 용어는 시대착오적인 용어로 여겨진다. 그 용어를 사용한 것은 성경의 나머지 부분을 무엇이라고 불러야 하는가라는 문제를 제기한다: "헬라 성경"이라고 불러야 하는가? 나의 용어 사용은 신학적으로 옹호할 수 없는 초기의 본문에게 우선권을 부여한다. 그리고 더 좋은 용어가 나오기를 기대한다.

18) 기독교 여권주의 영성에서의 고통의 역할에 대해서는, Rita Nakashima Brock, "On Mirrors, Mists and Murmurs," in *Weaving the Visions*, ed. J. Plaskow and C. Christ, 235-43을 참고하라.

19) Alice Walker는 흑인 여성들의 반-가부장적이고 반-인종차별적인 노력을 대체로 백인 여권주의 공동체로부터 구분하기 위해서 여성주의자(womanist)라는 용어를 만들었다. 그녀는 "여성주의자와 여권주의자의 관계는 자주색과 보라색의 관계와 같다"고 말했다(*In Search of Our Mother's Gardens*, xi-xii). 현대 여권운동에서의 인종차별에 대한 논의를 보려면, "Roudtable: Racism in the Women's Movement," *Journal of Feminist Studies in Religion*(Spring 1988) 93-114을 참고하라.

20) 여권주의적의 관점에서는, 정치적 영역과 영적 영역의 구분 자체가 의문을 제기하는 구분이다.

21) Mary Daly, *Beyond God the Father*, 13.

22) Augustine, *The City of God* in *Works of Aurelius Augustine*, trans. Marcus

Dods(Edinburgh: T. & T. Clark, 1871) Vol. 1, Bks XII, XIV; Thomas Aquinas, *Summa Theologica*, trans. Fathers of the English Dominican Province(London: Washbourne, 1912) Vol. 13, Part 1, Question 92를 보라.
23) 이 과정에 대한 논의를 보려면, Sallie McFague, *Models of God: Theology for an Ecological, Nuclear Age*를 참고하라.
24) Rosemary Reuther, *Sexism and God-Talk: Toward a Feminist Theology*, 18-19.
25) 이것은 로즈머리 류터의 용어이다(*Sexism and God-Talk*).
26) 하나의 예를 들자면, Alice Walker, *The Color Purple*(New York: Washington Square Press, 1982) 175-79에 나오는 Celie의 반응과 Shug의 선택이다.
27) 물론 사라만 포함시키고 하갈을 제외하는 것으로는 충분하지 못하다. 하갈을 배제하는 것은 사회에서 가장 불이익을 당하고 가장 상처입기 쉬운 사람들을 계속 무시하는 것이다.
28) 하나님에게 사용되는 남성적 표현과 관련하여 받아 들일 수 있는 선택의 폭은 기독교 여권주의 신학 안에 있는 다양성 만큼이나 방대하다. 남성적 표현이 너무 지배적이므로, 하나님과 관계를 갖기 위한 가능성에서 균형을 이루기 위해서는 얼마 동안 그것을 제거하거나 여성적인 표현으로 대신할 필요가 있을 수도 있다. 혹 가부장적인 전통에 비추어보면 인격적인 표현 자체가 문제가 많기 때문에 비인격적인 이미지로 대치되어야 할 수도 있다. 어떤 사람들은 하나님에 대해 남성적 이미지와 여성적 이미지를 동시에 사용할 것을 주장한다.
29) 참고할 수 있는 전례적 자료는 *Inclusive Language Lectionary*를 비롯하여 무척 많다. 초기의 것으로는 Linda Clark, Marian Ronan, Eleanor Walker, *Image-breaking/Image-building: A Handbook for Creative Worship with Women of Christian Tradition*(New York: Pilgrim Press, 1981)이 있다. Ruth Duck이 편집한 *Bread for the Journey: Resources for Worship*(New York: Pilgrim, 1981)과 *Flames of the Spirit: Resources for Worship*(New York: Pilgrim, 1985)도 널리 사용되고 있다. 보다 최근의 책은 Miriam Therese Winter, *Woman Prayer, Woman Song: Resources for Ritual*(Hartford: Meyer Stone Book, 1987)이다.
30) McFague, *Models of God*.
31) 가부장제에 대해 잘 설명한 책은 Elizabeth Dodson Gray, *Patriarchy As A Conceptual Trap*을 참고하라.
32) 물론 여기서는 서양의 우주론과 존재론을 말하는 것이다. 여권주의 신자들은 자기들의 통찰들과 동양의 우주론과 존재론 사이에서 중요한 연계성을 찾고 있다. Anne Carolyn Klein, "Finding a Self: Buddhist and Feminist Perspectives," in *Shaping New Vision: Gender and Values in American Culture*, ed. Clarissa W. Atkinson, Constance H. Buchanan, and Margaret Miles(Ann Arbor: UMI Research Press, 1987), 191-218을 보라.
33) Carol Gilligan, In A Different Voice: Psychological Theory and Women's Development: *Beyond Domination: New Perspectives on Woman and Philosophy*, ed. Carol Gould(Totowa, NJ: Rowman& Allanheld, 1983)을 참고하라.
34) 이미 인용한 책 외에, *To Change the World: Christology and Cultural Criticism*(New York: Crossroad, 1983)을 참고하라.
35) 정통 기독교 신앙에서는 구원이 몸으로부터 오는 것이라고 "공식적으로" 가

르치지 않지만, "사후에도 계속 살아있는 영혼"에 대해 기독교가 약속하는 것은 실제로 그러한 가르침이나 다름없다.

36) *Women and Religion: A Feminist Sourcebook of Christian Though*t, ed. E. Clark and H. Richardson을 보라. 또 교황 요한 바울로 2세의 서신 "Mulieris Dignitatem" reprinted in *Origins* 18/17(October 6, 1988)을 보라.

37) Beverly Wildung Harrison, *Our Right to Choose: Toward a New Ethic of Abortion*; and *Making the Connections: Essays in Feminist Social Ethics* (Boston: Beacon Press, 1985)을 참고하라.

38) 그녀의 시 모음, *Revolutionary Patience*와 *Strength of the Weak: Toward a Christian Feminist Identity*, trans. Rita and Robert Kimber(Philadelphia: Westminster, 1984), *Of War and Love*, trans. Rita and Robert Kimber(New York: Orbis Books, 1983)을 참고하라. 사적인 것과 공적인 것, 정치적인 것과 개인적인 것, 사회적인 것과 종교적인 것 사이의 관계를 강조하는 여권주의 신학자들은 스스로를 해방 신학자라고 여기는 경향이 있다.

39) 돌로레스 윌리엄즈는 1987년 10월에 어떤 신학교가 후원하는 회의에서 그 이미지를 사용했다.

40) Katie Genova Cannon, "Moral Wisdom in the Black Women's Literary Tradition," in *Weaving the Visions*, ed. J. Plaskow and C. Christ, 281-92을 보라. 그러한 전통의 발전에 대해서는 그녀의 *Black Womanist Ethics*를 참고하라.

41) "동산"은 여성들과 이전 세대 여성들과의 관계를 나타내는 훌륭한 비유가 되었다. Alice Walker가 *In search of Our Mother's Gardens*에서 처음 사용한 이 비유는 최근에 국제적인 여성들의 집단에 의해 발전되었다(*Inheriting Our Mother's Gardens*, ed. Letty Russell et al.).

42) 하나님을 나타내는 여성주의적, 또는 비인격적인 상징 중에서 가장 유명한 것은 자주색이다.

43) 이원론에 빠지지 않고서, 몸과 정신으로 이루어진 인간의 복합성을 잘 다룬 것은 Luke Johnson, *Sharing Possessions: Mandate and Symbol of Faith*(Philadelphia: Fortress Press, 1981), 31-43이다.

44) 성(性)에 관한 기독교의 전통적 가르침에 대해서는 Margaret Farley, "Sexual Ethics," in the *Encyclopedia of Bioethics* (New York: Free Press, 1978)을 참고하라. 또한 기독교 신학의 초기 3세기 동안 죄와 성(性)이 그리 밀접하게 연관되지 않았다는 주장에 대해서는 Elaine Pagels, *Adam, Eve and the Serpent*(New York: Random House, 1988)을 참고하라.

45) Carter Heyward, *Our Passion for Justice: Images of Power, Sexuality and Liberation*을 참고하라.

46) 나는 레티 러셀의 *Household of Freedom: Authority in Feminist Theology*(Philadelphia: Westminster Press, 1987), 21에 기록된 정의를 따른다.

47) Letty M. Russell, *The Future of Partnership*. 그녀는 "상조 작용"이라는 용어를 1984년 가을 학기에 예일 대학에서 강의한 "여성 주의 신학과 윤리"(Margaret Farley와 함께 가르침) 강좌에서 처음 사용하였다.

48) 여성들의 경험에 대한 영적 성찰을 모은 책으로 *Sacred Dimensions of Women's Experience*, ed. Dodson Gray를 보라.

참고문헌

Cannon, Katie Geneva. *Black Womanist Ethics*. Atlanta: Scholars Press, 1988.
Christ, Carol, and Judith Plaskow, eds. *Womanspirit Rising: A Feminist Reader in Religion*. San Francisco: Harper & Row, 1979.
Conn, Joann Wolski, ed. *Women's Spirituality: Resources for Christian Development*. New York: Paulist Press 1986.
Daly, Mary. *The Church and the Second Sex*. San Francisco: Harper & Row, 1968.
___. *Beyond God the Father*. Boston: Beacon press, 1974.
de Beauvoir, Simone. *The Second Sex*. Translated by H. M. Parshley. New York: Random House, 1974,
Gilligan, Carol. *In a Different Voice: Psychological Theory and Women's Development*. Cambridge, MA: Harvard University Press, 1982.
Gray, Elizabeth Dodson. *Patriachy as a Conceptual Trap*. Wellesley, MA: Roundtable Press, 1982.
___. ed. *Sacred Dimension of Women's Experience*. Wellesley, MA: Roundtable Press, 1988.
Harrison, Beverly Wildung. *Our Right to Choose: Toward a New Ethic of Abortion*. Boston: Beacon Press, 1983.
Heyward, Carter. *Our Passion for Justice: Images of Power, Sexuality and Liberation*. New York: Pilgrim Press, 1984.
Hooks, Bell. *Ain't I a Woman: Black Women and Feminism*. Boston: South End Press, 1981.
Lourde, Audre. *Sister Outsider: Essays and Speeches by Audre Lourde*. Trumansburg, NY: The Crossing Press, 1984.
McFague, Sallie. *Models of God: Theology for an Ecological, Nuclear Age*. Philadelphia: Fortress, 1987.
Morton, Nelle. *The Journey Is Home*. Boston: Beacon Press, 1985.
Plaskow, Judith, and Carol Christ, eds. *Weaving the Visions: New Patterns in Feminist Spirituality*. San Francisco: Harper & Row, 1989.
Rich, Adrienne. *On Lies, Secrets and Silence: Selected Prose 1966-1978*. New York: Norton, 1979.
Reuther, Rosemary Radford. *New Woman, New Earth: Sexist Ideologies and Human Liberation*. New York: Seabury, 1975.
___. *Sexism and God-Talk: Toward a Feminist Theology*. Boston: Beacon Press, 1983.
___. *Women-Church: Theology and Practice of Liturgical Communities*. San Francisco: Harper & Row, 1985.
Russell, Letty M. *The Future of Partnership*. Philadelphia: Westminster, 1979.
___, ed. *Feminist Interpretation of the Bible*. Philadelphia: Westminster, 1985.
___, et al., eds. *Inheriting Our Mothers' Gardens*. Philadelphia: Westminster, 1988.
Saving, Valerie. "The Human Situation: A Feminine View," *The Journal of Religion*

(April, 1960).
Schüssler Fiorenza, Elisabeth. *In Memory of Her: A Feminist Theological Reconstruction of Christian Origins.* New York: Crossroad, 1983.
Soelle, Dorothee, *Revolutionary Patience.* Translated by Rita and Robert Kimber. New York: Orbis Books,1977.
Trible, Phyllis. *God and the Rhetoric of Sexuality.* Philadelphia: Fortress, 1978.
Walker, Alice. *In Search of Our Mothers' Gardens: Womanist Prose by Alice Walker.* San Diego: Harcourt Brace Jovanovich, 1983.
Weaver, Mary Jo. *New Catholic Women: A Contemporary Challenge to Traditional Religious Authority.* San Francisco: Harper & Row, 1985.

제19장
에큐메니칼 시대의 기독교 영성

돈 샐리어즈(Don E. Saliers)

20세기는 분명히 에큐메니칼한 시대이다. 기독교의 다양한 전통들 안에서, 그리고 그 가운데서 기독교계의 형태를 바꾸는 심오한 변화가 발생하고 있다. 19세기에 프로스퍼 기레인저(Prosper Gueranger), 20세기에 램버트 보뎅(Lambert Beauduin)과 버질 미셸(Virgil Michel) 등에게서 시작된 일부 베네딕트 수도사들의 이상이 어떻게 개신교와 가톨릭 교회의 구분이 없이 서방 교회를 크게 변화시킬 수 있었던 것일까? 25년 전에 제2차 바티칸 공의회에서 반포한 전례 개혁이 모든 주요한 교회 공동체들의 모임에서 낭독되어야 할 성구집과 새롭게 갱신된 성례전 관습에 미칠 파급 효과를 누가 예상할 수 있었겠는가? 누구도 에큐메니칼한 차원에서 예배와 교회 생활에서 평신도들의 주된 역할의 회복을 상상하지 못했었다. 그러나 이러한 변화들은 새로 형성되고 있는 기독교 영성에 영향을 미치고 있는 상황의 특징을 이룬다.

현재 우리는 수백 년 동안 지속되어온 에큐메니칼 운동과 전례 운동의 계속되는 결과들 안에 빠져 있기 때문에, 현 세대에 기독교 영성을 형성하고 있는 가장 형성적이고 특징적인 요인들을 분별할 충분한 거리를 확보하기 어렵다. 그러한 시도는 그 자체의 특성과 불완전한 이상 안에 깊이 새겨져 있는 관점에서 오는 것임이 분명하다. 종교개혁, 반-종교개혁, 19세기의 신앙과 관습의 전통들 및 그러한 전통과 결별한 전통들을 계승하고 있는 다양한 요소들과 발달 현상들 중에서, 특히 네 가지 분야에 초점을 두고 다루어 보려 한다: (1) 지금까지의 영성생활과 훈련의 특징적인 형태들이 혼합되어 있는 기독교 세계의 지리적이고 문화적인 다양성; (2) 말씀과 전례, 그리고 예배의 경건 생활의 질서 사이의 균형의 회복에 기초를 두고서 모든 교파가 공유하는 전례적 영성의 출현; (3) 가정-교회(house-church)와 기초 공동체(base community) 영성의 발달; (4) 근본주의 운동, 복음주의 운동, 카리스마적 갱신 운동. 마지막 부분에서는, 여권주의, 해방주의, 환경 지향적인 운동 등에 비추어 기독교 영성의 장래에 대한 전망과 도전에 대해 살펴보려 한다.

이 논문은 특별하게 기독교 전통 외부에서 이루어지는 발달 현상들보다는 기독 교회 내에서 형성되고 있는 영성에 관심을 둔다. 문화적, 사회적/정치적 변화들은 우리가 물려받은 종교 형태들을 대신할 수 있는 만들어왔다. 그리고 현대 세계에서 세계적인 종교들과 보다 큰 문화적 요소들과 기독교의 관계에 대한 상세한 연구에 대해서는 별도로 다루려 한다. 역사적인 종교들 간의 대화와 세속화의 영향은 여기서 논의되는 발달 현상들의 배경의 일부이다. 이 논문에서는 기독교의 독특한 기도들, 전례 개혁과 갱신, 형성되고 있는 기독교 전통의 일부인 생활 훈련 등을 강조한다. 이 책 앞부분에서 상세하기 다루었던 동방 교회와 정교회 신앙 역시 서방 교회에서 등장하고 있는 영성생활의 흐름에 독특하게 기여해왔다.

개인적인 영성과 각 신자의 내면생활은 예배의 사회적 정서와 교회 생활의 실천과 분리될 수 없음을 인정하지만, 앞으로 전개될 내용에서는 후자를 강조하려 한다. 모든 개혁과 갱신의 시대에는 항상 개인적인 신앙에 관심을 주는 현상과 사회적이고 전례적인 신앙 사이의 변화가 존재한다. 놀랍게도, 개인적인 회심을 강조했던 19세기의 신앙부흥운동이 사회적인 자극과 선교의 열심을 이루어냈고, 그것은 다시 기독교의 일치라는 중요한 이상을 만들어냈다. 19세기의 위대한 선교 운동들은 20세기의 세계교회주의 운동을 위한 환경과 교회 교회 구조를 만들어냈다. 반면에, 보다 조직적인 전례적 전통에 속한 기독교인들은 최근에 개인적인 하나님 체험과 몰아적인 기도의 상태를 강조하는 카리스마적 갱신 운동에 개입해오고 있다. 가톨릭 교회나 개신교회 내의 다른 의도적인 집단들은 일상생활 전체의 영성에 대해서 언급하기 시작했다. 또 다른 사람들은 자기들이 신앙적으로 사회적이고 정치적인 일에 헌신한 것에 함축된 전례적이고 성례전적인 의미를 탐구하기 시작했다. "영성"이라는 용어는 과거 가톨릭 교회에서 기도와 하나님과 함께 하는 내면생활에 초점을 두었던 것을 반영할 뿐만 아니라, 하나님과 이웃과 관련하여 구체적인 세상에서 영위되는 삶 전체의 보다 함축적인 의미도 반영한다.[1]

20세기의 기독교

1945년 이후로 현행의 예배와 교리와 삶의 유형들에게 직접적인 영향을 주는 세계 기독교의 모습에 전례없는 변화가 있었다. 앤드류 월즈(Andrew Walls)가 "기독교가 지리적으로 매우 널리 보급되고, 문화적으로 훨씬 다양하게 존재함…"[2]이라고 묘사한 일이 발생했다. 아프리카, 아시아, 태평양 유역 등지에서의 기독교 공동체들의 급속한 성장, 그리고 라틴 아메리카 교회들 내의 변화 등은 기독교 인구와 활력의 지리적 중심을 남반구로 이동시키며, 전례적인 관습과 결합된 유럽과 북 아메리카의 교회생활 방식이 주도하던 시대로부터 벗어나게 하고 있다. 라틴 아메리카의 기독교인들의 대부분은 오순절파 신자들이며, 전통적인 가톨릭 신자들과 개신교 복음주의자들의 성장은 매우 더디다. 그러나 기초 공동체들과 해방신학의 성장을 경험하고 있는 가톨릭 교회 내에서도 전통적인 신앙과 영적 기질이 변화되고 있다. 다시 말해서, 여러 문화권과 국가들 내에서 기독교적인 생활 유형들이 널리 보급되는 과정을 통해서 현재 다채롭고 매우 복합적인 기독교 신앙이 형성되고 있다.

지리적인 확산과 문화적 다양성은 거의 모든 전통에 영향을 주고 있으며, 새로운 형태의 예배, 그리고 사회적/정치적 세계에의 참여 형태를 만들어내고 있다. 이제 우리는 예상된 방침에 따르는 매우 특징적인 구분들을 가정하거나, 교회들을 쉽게 개신교와 가톨릭 교회와 정교회 등 배타적인 영적 유형으로 구분할 수 없게 되었다. 우리는 다른 전통들에 대해서도 개방적인 태도를 지닌다. 더 자세히 말하자면, 지난 반세기 동안 신학적 전거들의 공유, 공동의 전례 개혁, 제도적인 협력 등이 기독교적 정체성과 관습을 형성하는 참된 요인으로 등장해왔다. 어느 평론가는 다음과 같이 관찰했다:

> 실제로, 독창성이 풍부한 기독교 사상가들은 이제 더 이상 자신의 교파적 신앙고백의 제한 하에서 영향력을 발휘하지 않는다. 각 전통의 중요 강조점들과 주장이 종종 다른 전통에서도 반영된다. 서방 개신교도들의 전례 운동은 전통적인 가톨릭 신학에서와 마찬가지로 성례전 안에서의 하나님의 활동을 강조한다; 또 서방 가톨릭 신자들의 전례 운동은 개신교 종교개혁자들이 강조했던 것처럼 성만찬에의 공동 참여의 단순성을 강조했다…1940년대에도 생각할 수 없을 만큼 많은 방법으로 가톨릭과 개신교 사이의 협의와 협력이 이루어졌다. 그리고 세계교회 협의회와 같은 단체 안에 개신교와 정교회가 함께 참여한다.[3]

이 모든 일은 선교 운동들의 관점에서 살펴 보아야 한다. 19세기 말과 20세기 초에, 아프리카, 인도, 극동 지방, 라틴 아메리카 등지에서의 새로운 교회들의 복음화로 인해 선교 사업의 촉진을 위한 일련의 국제 회의가 개최되었다.[4] 이 일에서부터 자연스럽게 에큐메니칼 운동이 자라났다. 남인도교회(Church of South India)와 같은 새로운 교회 연합의 본보기들이 발달한 것은 그곳의 문화적 상황이 선교의 근원인 국가들의 상황과는 크게 달랐기 때문이다. 선교 사업과 협동적인 에큐메니칼 사업의 에너지는 새로운 형태의 교회 생활과 훈련을 요구하는 사회적 조건과 문화적 조건을 새롭게 식별하게 만들었다.

기독교는 최근에 뿌리를 내린 문화권의 우선순위와 상태에 의해 형성된 새로운 지역적 형태를 발달시키고 있다…이렇게 아프리카, 아시아, 라틴 아메리카 등지에서 자라고 있는 해로운 형태들은 남 유럽에 의해 형성된 가톨릭 신앙이나 북유럽에서 형성된 개신교운동과는 다른 형태의 기독교신앙을 만들어내고 있는 듯하다.[5]

새로 등장하고 있는 기독교적 공동생활의 지역적인 형태들 중 몇 가지에 대한 간단한 설명을 통해서 세계 기독교가 처한 새로운 상황을 구체적으로 의식할 수 있을 것이다. 21세기가 다가오면서, 아프리카 기독교는 우리에게 놀라운 상황을 제공한다. 2차 대전 직후의 가톨릭 교회와 개신교의 신앙과 교회 생활 형태는 아주 독특했다. 주류 교파가 아닌 공동체에 속한 신자들은 극소수였다. 그러나 오늘날 엄청나게 많은 아프리카인 신자들이 아프리카 독립 교회(African Independent Churches)에 소속되어 있는데, 이 교파의 영적 기질과 사회적인 조직과 세계에 대한 사회적 의식은 매우 토착적이다. 케냐, 자이레와 같은 여러 나라에서, 로마 가톨릭교회나 개신교회로 분류할 수 없는 특수한 교회들이 출현했다. 예를 들면, Aratai of the Agikuyu, 아프리카 정교회, 거룩한 스랍과 그룹의 품계, 주의 교회(Church of the Lord) 등이 있다. 이 중 일부는 매우 분명한 전례적이고 상징적인 형태를 나타내지만, 다른 교회들은 종종 그 지역의 토착적인 종교적 감수성에 뿌리를 둔 예언적 전통과 치유의 전통에 기초를 두며 서방의 카리스마적 교회들과의 유사성을 나타낸다. 과거의 기독교 전통들을 새롭게 결합한 종교적 상징화와 표현이 있는 곳에서 아프리카 교회의 보다 근본적인 믿음과 관습이 출현하고 있다.[6]

우리는 아프리카 태생의 기독교 신학자들의 최근의 활동 안에서 전통적인 아프리카 종교와 영성생활의 형태들에 대한 관습을 볼 수 있다. 선교사들이 활동하기 이전의 아프리카와 기독교 공동체들 안에서 신적인 것들에 대한 이미지와 경험의 연속성이 강조된다. 아프리카 환경에서의 전통적인 종교를 해석하는 새로운 토착적인 신학 작업은, 기독교적 관습과 종합되고 있다. 여기에서 전통들은 달라지는데, 성경적으로 보수적인 선교적 교회들은 여전히 그러한 문제들의 통합에 관해 큰 조심성을 나타내고 있다.

그러나 신자들의 삶 속에서 하나님이 직접 활동하신다는 개념, 그리고 영적으로 선한 세력과 악한 세력 사이의 갈등이 이러한 신자들에게 성경을 읽는 극적인 방법을 제공해준다. 그리고 물세례나 십자가와 같은 기본적인 기독교적인 상징들을 질병이나 죽음과 같은 힘을 대적하는 능력의 원천으로 사용하는 보다 고대의 방법이 매우 뚜렷하다.

전례적 관습의 영역에서, 종종 공식화된 기도와 의식적인 행위와 병행하여 자발성과 자유가 결합되어 나타난다. 성직자의 권위에 대한 의식은 교인들의 모임에 참여하는 완전히 회중적인 형식과 병행한다. 따라서, 의식적인 형태와 자유, 성직자들의 권위와 회중적 참여 등과 관련하여 서방 교회로부터 유전된 긴장들은 이러한 교회들 내에서 만들어지는 관습들과 관계가 없는 것들이기도 하다.[7] 헌신과 영적 훈련과 병행하는 말씀과 성례전적 행위는 개인적으로나 집단적으로 기독교적 삶을 형성한다. 이것들은 영적 형성과 표현의 주된 원천이다. 아프리카 기독교가 유럽이나 북아메리카의 교회 생활 형태를 점차 의지하지 않게 되면서, (역사적, 자연적, 사회적) 현실에 대한 아프리카인들의 인식이 다음 세기의 주도적인 요인이 될 것같이 보인다.

한 지역 전체에 기독교가 문화적으로 보급된 극적인 본보기는 라틴 아메리카이다. 1940년대 말까지도, 스페인어를 사용하는 라틴 아메리카의 교회들은 개신교주의라는 이종 집단을 보유하고 있는 유럽 가톨릭 교회의 연장으로 간주되었고, 또 그들 스스로도 그렇게 생각했다. 아메리카 원주민들의 전통적인 문화는 스페인과 포르투갈의 교회 생활과 영성의 형태에 흡수되었다. 그러나 지난 50년 동안, 독특한 라틴 아메리카 기독교는 자체의 형태를 바꾸어왔다. 개신교 복음주의의 강력한 영향, 그리고 오순절파와 카리스마파 형태의 종교 생활의 강력한 출현 때문에 가톨릭적인 형태들이 밀려났다. 이 책에서 스티븐 랜드가 지적한 것처럼, 현재 오순절파의 표준적인 선교 사업과 결합된 열광적이고 활기찬 형태의 예배와 사회 사역이 이루어지고 있다. 가톨릭 진영에서 뿐만 아니라 장로교, 감리교, 침례교 등 주류 개신 교회에서도 이러한 일

제19장 에큐메니칼 시대의 기독교 영성 695

이 발생하고 있다.

> 세계의 다른 지역에서의 오순절파 교회의 꾸준한 발달…: 아프리카 기독교 내의 몰아적인 특징들; 서방 가톨릭 교회와 개신교 진영의 교회 내의 "카리스마적 운동", 이것들은 모두 관련된 현상들이 1세기 이후 어느 때보다도 기독교 내에서 널리 결합되고 있음을 암시해준다.[8]

이전의 가톨릭 신앙의 틀 안에서 빈곤한 사회적 상황과 정치적인 억압의 시대, 평신도들 및 성경을 직접 접할 수 있다는 것에 대한 새로운 강조 등이 가장 혁신적인 변화를 만들어냈다. 정치적 압박으로부터의 자유는 물론이요 평등과 정의라는 특징을 가진 기독교적 사회 질서의 이상이 분출해 나왔다.

제2차 바티칸 공의회 이후 개혁된 가톨릭 신앙에 대한 사회적 가르침을 행한 공동체 지도자나 사제들의 인도 하에 성경을 중심으로 모인 평신도들의 새로운 역할이 소위 기초 공동체(base community) 내에서의 기도와 활동의 형태의 특징을 이룬다. 라틴 아메리카 가톨릭 교회 안에서 형성되고 있는 교회 생활의 형태들은 서방 전통 내의 근본적인 개혁의 관습과 신앙 형태들을 상기시켜 준다. "해방 신학"은 가난한 민족들과 무시당하는 민족들 사이에서 평신도들의 영적 에너지를 발휘할 새로운 방향을 분명히 그리고 있다.

과거 형태의 가톨릭 운동은 계속 많은 신자들의 관심을 끌고 유지하고 있지만 그 힘이 감소되었다. 또 전통적으로 개신교의 열광적인 형태의 종교생활은 사회적, 정치적 변화에 관여하지 않았었지만, 여기에서도 기도, 성경, 거룩, 학대하는 구조들과의 사회적 싸움 등이 놀랍게 재결합되기 시작하고 있다. 라틴 아메리카의 개신교와 가톨릭 교회 내에서의 이러한 발달은 혼동이나 모호함이 없이 이루어지는 것은 아니지만, 그것은 현재 세계적으로 가장 큰 기독교 문화 지역에서의 기독교적 삶의 면모를 변화시키고 있다.

20세기 기독교가 아시아에서 미친 영향은 그다지 현저하지 않다. 그러나, 인도와 중국, 특히 한국과 같은 지역에는 활발한 소수의 공동체들이 있다. 남인도교회는 1947년에 시작된 교회 일치에 있어서 중요한 업적을 대변한다. 그와 비근한 일이 인도 북부에서도 발생했다. 그 지역의 영적 분위기는 힌두교 전통의 영향을 깊이 받고 있다. 힌두교 전통들은 세계에서의 기본적인 힌두교 성향들을 변화시키지 않고서도 하나님과 그리스도에 대한 중심적 신앙을 쉽게 받아들일 수 있다. 동시에 1945년 이후 인도 사회의 복잡성으로 말미암아 변화가 이루어졌는데, 인도의 기독교 신학과 삶은 그러한 변화를 전통적인 힌두교에서는 가능하지 못했던 방법으로 이해하고 해석하려 했다. 오랫동안 Christian Institute of the Study of Religion and Society의 교장을 지낸 토머스(M. M. Thomas)와 같은 신학자는 인도의 특별한 상황에서의 구원의 의미에 대한 논의에 공헌했다.

아마 지난 50년 동안 서방 기독교에 가장 큰 영향을 준 인물은 마하트마 간디일 것이다. 간디 자신의 개인적인 증언의 힘, 그리고 그가 스탠리 존스(E. Stanley Jones)와 마틴 루터 킹과 같은 미국의 복음주의 선교사들에게 미친 영향은 엄청나다.[9] 킹 목사가 1950년대 말과 1960년대에 미국에서 조직한 미국 민권운동의 중심 주제는 악에 대해 의도적이면서도 비폭력으로 저항한다는 것이다. 간디가 꿈꾸었고 자신의 운동에서 표현한 해방은 대속의 고난―기독교의 메시지의 중심에 있는 대속, 기독교인의 삶을 위한 본보기가 되는 나사렛 예수의 실천―에 초점을 두었다. 정치적으로 적극적인 해방신학의 형태들이 출현하여 사회적 학대에 맞서 인내하며 고난하는 간디의 수동적 태도에 도전하고 있지만, 이 주제는 여전히 큰 영향력을 발휘하고 있다.

아시아에서 기독교와 다른 주요한 신앙 전통들과의 만남에 대해서는 앞으로 다룰 기회가 있을 것이며, 지금으로서는 기독교 신앙과 힌두교-불교 문화권 사이의 대화가 새로 활기차게 출현하고 있다는 사실만 언급하려 한다. 어떤 사람은 토머스 머튼(Thomas Merton)이 *Asian Journals*에서 불교와 관련하여 발견한 것들, 또는 헨리 르 소(Henri Le Saux)가 기독교의 신비 전통들과 힌두교 사이의 관계를 다룬 저서를 생각한다. 키타모리(K. Kitamori)의 저서 『하나님의 고통의 신학』

(*Theology of the Pain of God*)[10]은 기독교 전통을 진지하게 다루면서도 전통적인 일본인의 종교적 감수성 안에서 그 주제들을 깊이 내면화한 사람의 통찰을 드러내준다.

아시아 전체에서 기독교 공동체가 가장 급속하게 성장하는 지역은 한국이다. 특히, 소위 대중의 일상적인 삶에 뿌리를 둔 민중 신학의 발달은 신학적이고 영적인 논의의 종합을 나타낸다. 중국에서 모택동의 문화 혁명과 박해 속에서도 개신교 공동체와 가톨릭 공동체들이 생존한 것은 기독교적 삶의 대항 문화적 지속성을 보여주는 훌륭한 예이다. 태평양 지역에서, 20세기에 발달해온 멜라네시아 특유의 기독교 신앙과 생활 형태가 있다. 찰스 포먼(Charles Forman)은 남태평양의 섬 교회들에 관한 저서에서 다음과 같이 말한다:

> …태평양 지역의 교회들은 그들이 만들어낸 그들 특유의 특성과 생활을 가지고 있었다. 그들은 기독교 신앙에 대한 나름의 이해와 도덕적인 법을 가지고 있었다. 그것은 그들의 지역적인 태도의 영향을 크게 받은 것이었다.[11]

이처럼, 우리는 세계적인 관점에서 볼 때 기독교적인 예배와 교육과 공동생활의 형태들과 관련하여 미증유의 상황에 놓여 있다. 지난 25년 동안, 지금까지 언급한 모든 종교 안에서 학대받는 민족들과 새로운 사회적 갈망들과 기독교의 종교적 전통 내의 일부 경향들의 재결합이 있었다. 남아프리카에서는, 성공회와 네덜란드 개혁교회 내에서의 새로운 의식의 성장 및 다양한 흑인 교회들의 영성의 정치적 역할이 활발한 정치적/종교적 환경과 새로운 분위기를 만들어내고 있다. 여기에서 우리는 제임스 콘(James Cone)과 같은 미국 신학자들과 남아프리카의 앨런 뵈색(Alan Boesak)과 데스몬드 투투(Desmond Tutu) 주교와 같은 인물들이 신학적으로나 영적으로 서로에게 영향을 주고 있음에 주목한다.

이 모든 일은 전통들 사이에서 이루어지는 엄청난 흐름과 상호 작용의 시대를 가리킨다. 세상에 있는 거의 모든 기독교 집단은 이 새로운 상황 때문에 오늘날 세상에서의 기독교적 삶의 형태와 의미에 대한 근본적인 질문들을 제기할 수밖에 없다. 1948년 이래 세계교회협의회의 사역의 특징을 이루어온 기독교 일치를 향한 돌진은 에큐메니칼 시대의 극적인 표현의 하나에 불과하다. 동시에, 지리적으로나 문화적으로 지역을 초월하여 기독교가 새로이 확산되는 것과 문화적 다양성 때문에 새로운 형태의 교회 생활이 만들어지고 있다. 매우 상이한 전통과 지역 안에 사는 기독교인들 사이의 대화와 협의와 의견일치 등 화합 형태의 발달은 초기 기독교 형태와 다르지 않은 상호 인정을 향한 강력한 충동을 일깨우고 있다. 히브리 성경에 기초를 두고 있으며 아브라함과 사라의 하나님, 예수 그리스도께서 인간의 모습을 취하시면서 나타내신 이스라엘의 거룩한 분을 예배하는 하나님의 한 백성이 전체 구조 안에 풍성하게 나타난다. 그것은 지역적이면서 세계적이요, 특수한 문화적 형태 안에 내재되어 있으면서 교파적이고 지역적인 기독교 신앙과 예배와 교리와 사명의 편협성을 초월하는 기독교적 정체성의 표현이요 근원이다.

　그것은 보다 완전한 기독교적 일치를 위해 일하고 기도하는 모든 사람들의 관점에서 본 이상적이 이야기이다. 20세기에는 "기독교적 상호 교환과 기독교적 보편성의 추구"[12]라는 이상을 추구하는 조직적인 국가적·국제적 교회 구조들이 출현했다. 1920년에 시작된 전세계적인 신앙과 직제 운동(Faith and Order movement)은 세계교회운동의 지적인 중심이 되었다. 그밖에 돔브즈(Dombes)와 같은 지적인 집단들 및 스코틀랜드의 아이오나(Iona)와 프랑스의 떼제(Taizé)에 소재한 대화와 공동 기도와 작업의 중심지들은 교회일치의 이상을 보다 깊게 하고 전세계 교회에 영향을 주고 있다.

　새로 형성되고 있는 교회 생활과 더불어 등장하는 긴장과 불확실성들 역시 전후의 세계 상황의 결과이다. 그러나 오랫동안 분열되었던 영성생활의 전통들이 폭넓은 교제 안에서 서로 의식과 실질적인 관습을 풍요롭게 해주고 있음은 분명하다. 그러므로, 우리는 전통들 내에서 전통들을 초월하는 갈등 및 정체성과 충성의 새로운 경향을 만들어내는 진정한 "에큐메니칼 영성"을 말할 수 있다.[13]

세계교회주의와 전례 운동

20세기는 역사적인 전통들이 교회일치를 위해 여러 가지를 공유한 미증유의 시대이다. 많은 교파들, 특히 보다 보수적인 신학과 관습을 소유한 교파들은 자기들의 독특한 특징들—예를 들면 영국 국교회 가톨릭파의 전례 형식, 여성 성직자 임명 반대, 또는 개신교 내에서의 설교, 찬송, 자유 기도 등 복음주의적인 방식—을 유지하지만, 개신교 성례와 가톨릭 교회 성례는 구조와 형태와 관련하여 서로에게 심오한 영향을 주고 있다. 그 부분적인 이유는 거의 모든 주요한 기독교 전통들—특히 16세기 유럽에서의 종교개혁과 반-종교개혁에서 생겨난 형태—에 영향을 주는 에큐메니칼 운동과 전례 운동에 기인한다. 동시에, 교차-영향은 인종적인 다양성, 문화적 다원주의, 현대의 실존의 심오한 딜렘마 등이 기독교의 하나님을 예배하는 방법과 이유를 비롯하여 기독교인이 된다는 것의 의미에 대한 근본적인 질문들을 제기하는 20세기의 사회적, 정치적 상황의 기능이기도 하다. 역사적, 문화적, 신학적 변천에 비추어보면, 기독교의 공동 기도의 형태와 본질에 대한 새로운 인식이 필요하다. 전례 운동 및 제2차 바티칸 공의회의 충격의 결과로서 야기된 본문들과 의식의 개혁이 참된 예배의 갱신으로 이어지려면 기독교적 예배의 표준을 회복해야 한다고 강조된다.

믿음과 교회의 가르침의 근원이요 표준인 정경이 있듯이, 수세기 동안 기독교의 정체성과 예배의 보전을 위한 필수조건을 이루어 온 근본적인 요소들이나 구조들의 표준이 있다. 각 전통 안에서 이 기본 구조들이 항상 동일한 비중으로 이해되고 실천되는 것은 아니지만, 이것들은 완전하고 목회적인 기독교적 삶에 반드시 필요하다. 이 네 가지 구조는 다음과 같다: 기독교 입문 의식(세례, 견진, 요리문답 과정), 말씀과 성찬의 전례, 교회력(하나님의 계시인 예수 그리스도의 중요성 및 하나님과 세상의 관계에 대한 이야기를 드러내주는 축일과 절기들), 그리고 매일의 기도. 또 처음 네 가지에서 생겨나는 다섯째 요소를 말할 수도 있다: 인간생활에서 일어나는 중요한 일을 의식화하고 축하하기 위해

모이는 예배 형식: 결혼, 장례식, 병자와 죽어가는 사람들과 함께 드리는 기도, 회개하는 사람의 죄 용서와 화해.

대부분의 제3 세계 교회들 및 모든 주요한 전통들은 모국어로 예배하는 알맞은 방법들과 토착적인 감성에 대한 새로운 인식 안에서 기독교의 예배의 표준을 다시 적용하고 있다. 제2차 바티칸 공의회의 개혁에 의해 시작된 전례적 개혁과 기독교 전례생활의 갱신에서는 성경을 중심으로 모인 공동체의 공동 활동, 성찬, 세례반 등을 강조한다. 이러한 공동의 활동을 규제하는 것에 속하며 초기 기독교에서 분명히 나타났던 전례적 사역의 넓은 영역이 회복되고 있다. 몇 가지 예를 들자면 독서, 봉사, 기도, 가르침 등이다. 이것들은 주로 성직자들보다는 평신도들이 수행하는 사역이다. 새로운 개혁에서는 성직자와 평신도의 상호 관계를 강조한다.

20세기를 평신도의 시대라고도 말할 수 있을 것이다. 왜냐하면 개신교 신자들과 가톨릭 신자들의 기독교 영성의 지배적인 특징 중 하나가 교회의 주된 행위로서 집단 예배의 회복이었기 때문이다. 최소한 유럽의 전통들 내에서의 근세사에 비추어 보면, 이것은 혁명적인 발달이다. 그것은 다양한 교회들 안에서 나타나는 하나의 독특한 주제의 특징이다. 영성생활을 형성하고 표현하기 위한 주된 상황으로서 공동 예배를 회복한 것은 20세기의 에큐메니칼 운동과 전례 운동들의 장기적인 뒤얽힘에 따른 결과이다. 이러한 운동들의 근원에는 특히 프랑스의 도미니크 수도사인 프로스퍼 기레인저에게서 시작되어 베네딕트 수도사들이 주장한 19세기의 다양한 전통들의 특징들이 놓여 있다. 여기에 19세기초 영국에서 일어난 옥스포드 운동을 추가할 수도 있을 것이다. 물론 이 운동들은 16세기 서방 세계의 종교개혁과 반-종교개혁에 의해 촉발된 것으로 이해될 수도 있을 것이다.

1세기에 걸친 성경적, 역사적, 전례적/목회적 연구의 지원을 받은 전례 운동은 20세기 말의 예배의 개혁과 갱신에서 꽃을 피웠다. 맥스 터리안(Max Thurian)은 이것을 "전례 운동이 더 이상 독립적으로 존재하지 않는 단계, 전체 교회의 삶—신학적, 성례전적, 교회일치적, 선교적 삶—

스테픈 엘콘, 춤추는 인물들, 연대 미상

의 일부가 된 단계"[14]라고 묘사했다. 지역 회중의 믿음과 사명의 형성과 표현에 있어서 전례적 모임의 중심성에 관한 에큐메니칼한 공통의 확신이 등장했다. 제2차 바티칸 공의회의 『거룩한 전례에 관한 규정』 (*Constitution on the Sacred Liturgy*)에서는 전례가 기독교적 삶의 "근원이요 절정"이라고 분명히 표현했다. 예배의 특수한 신학적인 차원에 관해서는 차이점이 존속하지만, 1960년대 이후 전례의 갱신에 종사해온 성공회, 감독교회, 개신교의 주된 전통들은 공통적으로 이 확신을 가지고 있다. 구체적으로 이것은 지역 공동체의 예배 생활에서 말씀과 성례의 고전적인 균형의 회복을 의미한다.

이러한 발달현상들 때문에 일부 전통들 안에서, 특히 소위 독립 교회 개신교인들 사이에서 태도와 감각의 새로운 재편성이 이루어졌다. 예를 들어 북아메리카에서, 감리교인, 장로교인, 그리스도의 제자들(Disciples of Christ), United Church of Christ, 기타 전례적 전통들을 공유하는 교파의 신자들은 자기들이 성례를 중요하게 여기는 것, 전례적 참여, 그리고 교회를 "종"으로 여기는 개념 등과 관련하여 보다 진보적인 로마 가톨릭 교회의 신자들, 루터파 신자들, 감독교회 신자들과 보다 긴밀하게 제휴하고 있음을 발견한다. 반면에, 그러한 전례적 교회일치운동은 보다 전통주의적인 정서를 회복시키고 강화했다. 따라서 전례의 갱신은 전례적 영성을 풍부하게 해주었을 뿐만 아니라 모호함도 초래했다. 전례생활의 심화를 경험해온 교회들 내에서 성경적인 근본주의 뿐만 아니라 교회적이고 전례적인 것 등 다양한 근본주의가 출현했다. 이제 지역 회중들과 교파들 내에 많은 차이점—과거 세대에 교파들을 분열시켰던 차이점—들이 존재한다.

가정-교회와 기초 공동체

평신도들의 새로운 활력의 흥미로운 표현은 전세계적으로 가정-교회(house church)가 발흥한 것에서 찾아볼 수 있다. 서방의 주류 교회들의 세계적인 발달은 가정-교회에 의해 강조된다. 사도 바울과 다른 복음전도자들이 세운 기독교 시대 최초의 가정교회들과 무척 유사한 20세기의 가정적인 교회는 흔히 특별한 가정집에 위치한 기독교 신자들의 의도적인 모임이다. 라틴 아메리카의 기초 공동체들과 개신교의 복음적 형태를 취하는 전통적인 작은 독립교회들 외에, 오늘날 전세계적으로 그러한 가정-교회들의 수가 크게 증가하고 있다. 그것들의 특징은 공동 예배, 경건한 생활, 상호 보살핌, 그리고 사회 사역의 구조에 헌신하는 기독교인들로 이루어진다는 점이다. 그러한 가족적이고 사회적인 모임들은 종교개혁의 다양한 부분에서 발견되는 의도적인 기독교적 삶의 단위들—스페너의 ecclesiolae, 청교도의 비밀 집회, 존 웨슬리의 반과 속회—과 유사하지만, 20세기의 가정 교회들은 교파주의로부터 독립을 보여준다.

신약성서에서 언급된 믿음의 가족들은 가정적인 사회적-정치적 생활 형태를 나타냈다.[15] 오늘날 그러한 공동체들은 안전한 삶의 훈련에 크게 헌신할 것을 요구한다. 이 점에 있어서 그것들은 수도원 공동체나 웨슬리의 속회와 비슷하다. 기독교 신앙의 과정과 구조, 그리고 그것을 예배 안에서 형성하고 표현하는 것은 전체 집단의 책임이다. 그러나 그러한 새로운 교회 구조들을 개신교 독립 교회 전통에서 파생된 자족하는 지역 회중으로 간주하는 것으로는 부족할 것이다. 왜냐하면 제3 세계의 많은 교회들은 서로 교제하고 공동의 의식과 성례전적인 삶, 그리고 무언의 문화적 이해들을 공유하기 때문이다.

신약성서에 언급된 초기의 믿음의 가정들이 그러한 종류의 유일한 사회적 구조였던 것은 아니지만, 그것들은 실질적인 관계의 그물에 독특한 형성적 정체성과 삶을 형성하는 능력을 제공했다. 따라서 오늘날 하나의 공통된 의식적 관습들—기도, 공동 식사, 성경공부, 성찬, 입문과 교육을 위한 의식의 발달—이 대부분의 지방 교구에서 발견된다. 가정 교회 현상이 보다 전통적인 교구에 미치는 영향은 세월이 흐르면서 점점더 중요해질 것이다. 이미, 미국의 수도 워싱턴에 있는 구주의 교회(Church of the Savior)와 같은 곳에서는 가정 집회와 의도적인 모임의 중요성은 다른 집단들의 본보기가 되었다. 숀 매디건(Shawn Madigan)은 최근에 발표한 논문 "전례적 영성, 가정적 영성: 가능성과 위험성"(Liturgical Spirituality, Domestic Spirituality: Possibilities and Perils)에서 초기 가정 교회들의 전례 영성을 요약했는데, 그것은 오늘날 많은 가정 교회들, 특히 가톨릭 신자들의 분명한 목표이다.

> 첫째, 그리스도 안에서의 세상의 우주적 화목은 세례의 책임 안에서 생활하는…하나의 교회인 공동체의 가시적이고 창조적인 일치 안에서 경험된다. 구조와 관습의 다양성이 하나됨을 감소시키지 않는다. 둘째, 성만찬의 구심성은 새 창조의 교제를 형성하고 표현

하는 중요한 것이며, 공동체의 복음적 본질에 필수적이다. 셋째, 주님의 만찬에 분명히 나타나는 교제는 성찬을 행하는 공동체를 너머 세상과 지역적인 상황까지 포함한다. 넷째, 성령에게는 공동체에 필요한 모든 은사를 주실 자유가 있다고 가정된다…다섯째, 구조, 사역, 은사, 통치, 또는 질서의 다원성이 목회적이고 종교적인 차이점의 기능으로 출현한다.[16]

현재 브라질에만 해도 80,000개 내지 100,000개의 가정교회가 있다. 이러한 공동체들을 지도하며 가톨릭 교회의 장래를 위해 그들의 삶을 도입하기 위한 목회적인 계획이 1960년대에 그곳 주교들에 의해 작성되었다. 라틴 아메리카 주교들의 메델린 회의(Medellin Conference)는 이 계획들을 지원했다.[17]

해방 신학의 영향을 크게 받은 이 목회 계획들은 제도적인 교회와 가정교회들 사이의 상호 관계와 협력을 새롭게 의식하게 해주었다. 비슷한 현상들이 필리핀과 아프리카에서도 발견된다. 그곳의 75개 주교 관구의 주교들은 가정 교회의 등장이 목회 사역의 최우선순위라고 언급했다. 북아메리카에서도, 결혼 대화(marriage encounter : 몇 쌍의 부부가 그룹을 지어 부부 사이의 문제를 솔직히 논의하여 부부 관계를 개선·강화하는 방법), Cursillo 등 평신도 갱신 운동들로부터, 그리고 지역의 교구 교회들 내에서 생겨나서 분리된 카리스마적 집단들로부터 가정 교회들이 출현했다. 북아메리카 환경에서 그러한 공동체 내에서의 영성생활의 정서는 라틴 아메리카나 아프리카의 공동체들의 정서보다 더 분파주의적인 듯하다. 물론 양 측 모두 가정적인 관계와 "대가족"의 의식을 강조한다.

근본주의 : 대조적인 요소

폭넓은 세계교회주의적이고 전례적인 발달과 더불어, 매우 상이한 기독교 사상과 교회 생활의 흐름이 등장하여 수백만 명의 기독교인들에게 강력한 영향을 발휘해왔다. 20세기 초에 진보적이고 에큐메니칼한 흐름에 대한 저항으로 근본주의(fundamentalism), 성경의 문자적인 해석 및 하나님께서 세상을 통치하시는 방법과 인간들에게 기대하는 생활 방법에 대한 절대적인 확실성을 알고픈 갈망에 기초들 둔 일련의 신념과 관습들이 등장했다. 초기에, 미국과 영어권에서의 근본주의는 점증하는 신학적 진보주의의 위협에 대한 반작용으로 불편한 동맹을 형성한 19세기 말의 여러 운동들로 구성되었다. 이 개신교적 현상은 제1차 바티칸 공의회의 보수적인 반응이나 로마 가톨릭 교회 내의 근대주의(Modernism) 논쟁과 유사했다.

19세기에 있었던 두 가지 운동이 근본주의의 특징적인 성경 해석 방법을 제공해 주었다. 프린스턴 대학의 찰스 핫지(Charles Hodge)와 벤자민 워필드(Benjamin Warfield)의 신학으로부터 공격을 받은 근본주의자들은 성경은 하나님의 감화들 받아 기록된 오류가 없는 명제들—교리로 조직되어 기독교 신앙과 행위에 적용될 수 있는 계시된 자료들—의 보관소라고 이해했다. 초기의 근본주의는 반-이성적인 것이 아니었다. 그것은 성경에 대한 역사적 비평을 반대하는 점에서 초-이성적(ultra-rational)이었다. 하나의 오류를 인정하는 것은 성경 전체의 진리가 영감된 것이라는 주장을 해칠 수 있으므로, 하나님의 진리의 신빙성을 납득시키기 위해 신앙적인 결정에 견고한 기초를 부여해줄 수 있는 이성적인 변증이 전개되었다. 그러한 견해의 기초들은 이미 17세기 초에 놓여졌다.

동시에 19세기에 영국에서 존 넬슨 다비가 발달시킨 세대주의적 종말론이 스코필드 주석 성경(Scofield Reference Bible)에 의해 대중화된 성경 해석학 역할을 했다. 이 견해에 의하면 역사는 일련의 세대들로 나뉘는데, 각 세대는 하나님과 사탄 사이의 초자연적인 싸움의 결과이며, 각 세대의 특징은 세상에서의 상이한 신적 활동이다. 성경 구절이나 단락을 제대로 이해하려면, 그 구절을 알맞은 세대에 두어야 한다. 예를 들어, 산상수훈은 현 세대를 위한 윤리가 아니라 다음 세대를 위한 윤리로 이해된다. 성경을 보다 넓은 역사적 상황과 역사적 자기 이해 안에서 해석하려는 개신교 진보주의와는 달리, 세대주의는 하나님에 의해 계시된 성경의 문맥 안에서 역사를 해석했다.

따라서 하나님이 주신 오류가 없는 성경은 교회 일치를 향한 지각에 대항하는 요소가 되었다. 근본주의자들은 교회 일치를 향한 인식에서는 기독교의 일치를 위해서 너무 쉽게 진리를 희생하려 한다고 생각했다. 교리적 진리만이 기독교인들의 일치를 위한 기초가 될 수 있었다. 이런 의미에서, 근본주의자들은 교리와 도덕상의 오류와 배교에 맞서 싸우는 과격한 분리주의를 지향하는 경향을 나타냈다. 인간 역사의 마지막 때에 있을 교회들의 종교적 배교를 예고한 세대주의는 이러한 분리주의적 경향들을 강화했다.

근본주의에는 기독교적 삶을 매우 개인주의적으로 묘사하는 특징이 있었다. 무디(D. L. Moody)와 같은 신앙부흥사들은 그리스도를 받아들이려는 개인적인 결심을 통한 개별적인 회심을 요구했다. 신자들은 그 후에 이어지는 제2의 결심을 통해서 성령 세례를 받을 수 있다. 성령 세례는 그들로 하여금 죄를 이기는 거룩한 승리의 생활을 하게 하며, 슬픔과 걱정 대신에 평화와 기쁨을 얻고, 기독교를 증거할 수 있는 능력을 받을 수 있게 해준다. 파니 크로스피(Fanny Crosby)나 아이라 생키(Ira Sankey)와 같은 대중적인 작곡가들의 찬송가 노래가 이러한 신앙을 강화해주었다. "예수로 나의 구주 삼고"는 신자와 구주 사이의 강력한 개인적인 관계를 노래한 찬송이다. 그러한 복음주의적 찬송이 모두 근본주의에 속한 것은 아니었다. 근본주의적 주제를 예증하는 찬송과 노래를 선택적으로 사용함으로써 근본주의적 신앙과 영성의 분명한 특징들이 전달되었다.

개인적인 거룩과 구원을 향한 관심을 갖게 된 것은 미국의 남북 전쟁 이전의 과격한 사회적 신앙으로부터의 변화를 나타내며, 그것은 다른 중요한 운동들 가운데서 하나의 사회악인 노예제도의 폐지를 이루어냈다. 이 변화는 장래의 모든 사건들이 미리 정해지며 사회 질서가 악화될 것이라고 기대되는 세대주의적 종말론에 의해 장려되었다. 그리스도께서 곧 신자들을 휴거시켜 하늘로 데려가기 위해 오실 것이라는 믿음과 더불어, 개인의 구원이 최대의 관심사가 되었다.

1940년대에, 다양한 근본주의 집단들 내에서 사회적 관심의 전반적인 결여에 대한 반대가 제기되었다. 때로 "신-복음주의자들"이라고 불리기도 하는 이 집단은 보다 호전적인 근본주의 집단인 American Council of Christ Churches를 대신하기 위해서 온건한 National Association of Evangelicals를 조직함으로써 내부의 교리적 분열을 극복하려 했다. 온건주의의 주요 인물인 빌리 그래험(Billy Graham)은 대중적인 복음주의 운동에 개신교인들과 가톨릭 교인들의 협력을 이끌어 내려 함으로써 근본주의자들로부터 비판을 받았다. 그래험을 비롯하여 여러 사람들이 주도한 복음주의 운동은 더 이상 근본주의적이라고 할 수 없는 폭넓은 대중적인 반응을 일으켰고, 1950년대와 1960년대에 분명히 에큐메니칼한 복음주의의 증거를 제시했다.

신학자 칼 헨리(Carl F. H. Henry)는 『현대 근본주의의 불편한 양심』(*The Uneasy Conscience of Modern Fundamentalism*)이라는 책에서, 기독교의 믿음과 삶에는 사회적 관심이 반드시 필요하다고 주장했다. 이러한 복음적인 사회 사역의 부흥에서 선명회(World Vision International)와 같은 조직들이 출현했다. 동시에, 관대한 경향을 지닌 보다 많은 복음주의자들이 세대주의에서 등을 돌려 이전의 천년왕국 종말론을 지지했는데, 그러한 종말론은 사회적인 사역을 지향했다.

헨리나 카날(E. J. Carnall)과 같은 신학자들은 이전에 근본주의자들이 보다 넓은 사회에서의 지적이고 문화적인 삶으로부터 이탈한 것을 비판했다. 젊은 복음주의자들은 19세기 프린스턴 신학의 특징이었던 자질을 회복하기로 결심하고서, 보다 세련된 변증을 준비하기 위해서 보스턴과 하버드와 같은 진보적인 대학에서 학위를 받기 시작했다. 라시도 복음전도자인 찰스 풀러(Charles E. Fuller)는 복음적 학문의 새로운 중심지로서 풀러 신학교를 세웠다.

1960년대에 많은 복음주의자들은 18세기와 19세기 초의 복음주의 전통의 역사적 유산, 청교도 운동과 종교개혁의 주제들, 그리고 초대 교회의 이상들의 전용 등에 의지하여 과거의 근본주의를 철저히 비판했다. 근본주의적 속박에 대한 안팎의 비판을 통해서 새로운 영적 이상이 등장하고 있었다. 론 사이더(Ron Sider)와 사회개량 운동에 참여하는 복음주의자들의 개혁 정책, 짐 월리스(Jim Wallis)와 Sojourners Community의 대항 문화적 급진주의, 그리고 복음주의적인 형태의 흑인 신학과 해방 신학 등에서 복음주의적인 사회적 관심이 표면화되었다.

이러한 정치적인 좌익 경향에 놀란 다른 복음주의자들, 예를 들면 로널드 내쉬(Ronald Nash)와 같은 사람들은 자본주의를 신학적으로 옹호함으로써 대항했다. 신-근본주의자들은 자유 시장 자본주의의 가치관을 받아들이기 시작했다. 미국에서 도덕적 다수파(Moral Majority : 1979년 6월 침례교 목사 제리 팔윌(Jerry Falwell)이 설립한 보수적인 기독교 정치활동 단체)와 같은 단체들이 생겨난 것은, 진보적인 성경 해석, 도덕주의적 신앙, "세속적 인문주의"를 대적하는 논쟁에 기초를 둔 사회적-문화적인 맹목적인 충성의 배양 등의 결합을 나타낸다.

1970년 이후 보수적인 정치 일정에 따라 사회적 삶을 형성해온 신-근본주의의 장래를 평가하기는 어렵다. 낙태, 복지 사업, 공립학교에서의 기도와 성교육 등의 국가적인 문제와 관련하여, 제리 팔윌과 같은 신근본주의자들은 비슷한 정신을 가진 가톨릭교인들, 몰몬교도들, 그리고 과거에 분리주의 근본주의자들이 회피했던 사람들과 협력했다. 수정된 근본주의와 새로 활력을 얻은 교파를 초월한 복음주의적 관심 사이의 복잡한 상호 작용으로 말미암아, 몇십 년 전에는 고전적인 복음주의자들은 물론이요 이전의 근본주의자들이 상상할 수 없었던 여러 면을 지닌 사회적 상황 안에서 기독교 영성을 형성하고 표현하는 새로운 경향의 교회 생활을 만들어내는 새로운 풍토가 이루어졌다.

성경에 관한 현재의 갈등은 종종 복음주의로 종교 개혁 이후의 정통주의를 연상시키는 이성적인 스콜라주의의 형태로 묘사하게 하기도 한다. 그러나 19세기 복음주의의 중심은 다른 곳에 있었다. 미국에서는 프린스턴 신학자들이 크게 반대한 신앙부흥운동과 성결 운동이 영적 정서를 지배했다. 남북 전쟁 이전에 교파를 초월하여 많은 사회 개혁 운동과 자선 단체들이 출현했다. 19세기 말에서부터 20세기에 이르기까지,

기독교인의 보다 고귀한 생활과 성화된 삶의 이미지는 사회적이기보다 개인적인 것이 되었다. 이와 같은 보다 내면적인 신앙을 향한 전환은 과거의 노예제도 반대나 사회개혁운동보다는 개인적인 자선 행위로 표현되었다. 이러한 변화의 배후에는 세대주의의 점증하는 영향, 그리고 복음주의자들이 근대주의의 지적/문화적 경향으로부터 소외된 것이 놓여 있다.

보다 개인주의적인 성결 운동에서 출현한 20세기의 오순절 운동에서, 성령세례에 대한 이해는 기독교인들에게 세상에서의 증거와 활동을 위한 능력을 부어 주는 것과 연결되었다. 방언과 같은 현상에 의해 증거되는 성령세례는 주로 봉사를 위한 능력 부여와 동일시되었으며, 따라서 성화의 개념을 확대했다. 스티븐 랜드(Steven Land)는 그의 논문에서 이것에 대해 상세히 논했지만, 오순절 운동과 많은 공통점을 지닌 카리스마 운동의 영성이 지닌 몇 가지 특징을 묘사하려 한다.

1960년대에 활발했던 카리스마 운동은 개신교와 가톨릭교회와 동방정교회 정통 안에 오순절 영성을 도입해 주었다. 보다 자유롭고 표현이 풍부한 기도 방식의 발견, 치유의 경험, 그리고 중재가 없이 하나님께 나아감 등으로 말미암아 기독교인들은 다양한 교리적이고 교회적인 전통으로부터 탈피하게 되었다. 성령의 역사하심을 공동으로 경험하는 것이 그들을 결속해주는 유대요 정체성으로 인정되었다. 그러나 이 경험적인 교회일치운동은 교파주의적 전통들을 제거하지는 않았다. 카리스마파 신자들은 처음에는 성령세례가 회심에 이은 두번째 특징적인 은혜의 역사라는 개념을 포함하여 자기들의 경험에 대한 오순절파의 이해를 받아들이는 경향을 나타냈지만, 결국 그러한 경험들을 자신의 전통에 비추어 재해석하고 통합하기 시작했다. 따라서 가톨릭 신자들과 감독 교회 신자들은 개인 생활과 교회의 카리스마적인 갱신을 성례전적인 것으로 여겼다.

표준적인 오순절파 신자들은 주일 예배 때에 예언과 치유 등의 영적 은사를 발휘하지만, 주요 교파들 내의 카리스마적 신자들은 기도와 찬양 집회 때에 이러한 은사들을 실천한다. 공동 생활에 참여하고 공동 훈련의 책임을 지는 분량이 각기 다른 참여자들을 가진 대규모 언약 공동체들이 여러 장소에서 형성되었다. 이러한 공동체들 중 다수, 예를 들면 미시건 주 앤 아버나 인디애나 주의 노틀담에 있는 공동체들은 원래 가톨릭 공동체들이지만, 그 성향은 에큐메니칼하다. 몇몇 공동체에서는 남성들만이 가능한 다스리는 지도자들에 대한 복종 때문에 논쟁이 야기되기도 했다. 특히 그러한 관습들이 여성들을 학대하거나 엄격해질 때에 논쟁이 야기되었다. 그러나 그러한 공동체들 역시 과거에 분파주의적인 개신교 공동체들, 특히 종교개혁 이후의 박해 때문에 생겨난 공동체들의 영적 응집력과 정체성을 형성해온 가정적 수도원주의나 공산사회적인 삶을 향한 갈망을 반영하기도 한다.

많은 카리스마파 사람들은 독립된 교회들과 목회자들의 협회들과 제휴되어 있으며, 그중 일부는 특징적인 가르침과 나름의 생활 방식을 가진 새로운 교파들이 될 수도 있다. 그러한 가르침 중 하나는 1940년대의 오순절 운동 내의 Latter Rain 운동에서 출발한 "만민구제설"(restorationism)이다. 이것을 지지하는 사람들은 기독교 공동체의 책무는 신약성서 기독교와 하나님의 통치를 순수한 형태로 회복시키는 것이라고 생각한다. 현재 영국 및 다른 영어권 국가의 가정 교회 만민구제 운동과 독립된 카리스마적 공동체들이 그것을 지지하고 있다.

카리스마 운동에 속한 또 하나의 교파에 구애되지 않는 지파는 "신앙 고백주의"(faith confessionalism), 또는 건강과 번영의 복음이다. 그러한 영성의 뿌리는 1940년대 말의 오순절적 치유의 신앙부흥, 그리고 19세기 말의 신 사상(New Thought: 올바른 사랑이 질병과 과오를 억제할 수 있다고 생각하는 종교 철학)이나 정신 요법 운동—이 운동의 결과에는 크리스천 사이언스, Unity School of Christianity 등이 포함된다—에 있다. 신앙고백주의에서는 단순히 육체적 실체보다 우월한 정신의 능력을 말하는 것이 아니라 믿음의 창조적인 힘, 그리고 하나님께서는 기독교인들이 건강과 번영을 누리기를 원하신다는 사실에 대해 말한다. 긍정적인 신앙고백에서는 반대되는 증거에도 불구하고 하나님께서 이러한 일들을 성취하실 것이라고 믿는다. 이것은 "계시 지식"

(revelation knowledge)이며, 계속되는 질병이나 경제적 곤경의 징후들을 인정하는 것은 단순히 인간의 "감각 지식"(sense knowledge)에 기초를 둔 부정적인 고백에 불과하다.

건강과 행복에 대한 현대적인 개념들과 기독교 영성 사이의 관계는 매우 불확실하지만, 그것은 카리스마 파의 범주를 넘어 대중 신앙의 영역에 널리 스며들고 있다. "적극적인 사고의 힘"은 모든 교파를 초월하여 미국 내의 수백만 명의 일반 신자들에게 영향을 미쳐왔다. 대형 교회들의 출현은 부분적으로 미국인들의 번영과 성장이라는 가치관에 호소한다.

이처럼 번영과 개인적인 힘에 몰두하는 것은 다른 카리스마파 사람들—이들의 대부분은 도시 빈민가에서의 사역에 종사한다—의 사회 봉사와 공동 예배의 형태와 무척 대조가 된다. 그것은 Sojourners Community 내의 카리스마적 집단인 Reba Place Fellowship, 그리고 특히 제3세계에서 출현하고 있는 개신교 공동체들과 가톨릭 공동체들의 급진적인 사회적 견해를 부인한다.

도전과 전망

20세기에 개신교에 영향을 준 가장 근본적인 사건은 1963년에 교황 요한 23세가 개최한 제2차 바티칸 공의회였다는 것을 앞에서 살펴보았다. 그 공의회에서는 현대 세계에서의 기독교회의 생활과 직접 관련된 일련의 질문들을 제기했다: 몇 가지 주요 관심사를 열거하자면, 전례, 교회의 선교와 일치, 경제적/사회적 발달, 교회일치 운동 등이 있다. 모든 논쟁과 문서에는 하나의 우선적인 희망이 흐르고 있었다: 가톨릭 교회의 갱신, 그리고 모든 기독교인들의 영적 일치. 그 공의회는 전세계의 주교들이 참석하고 가톨릭 전통에 속하지 않는 사람들이 입회자로 참석한 에큐메니칼 공의회였다. 이 공의회에서 수십년 동안 비밀리에 진행된 교회일치를 위한 공동의 기도와 사역, 그리고 전례 운동이 꽃을 피웠으며, 세계교회협의회(World Council of Churches)에서 발달했던 기독교 화합 의식이 성장했다.

현재 가톨릭 교회와 주류 개신교회들 내에서 주요한 전례적 개혁이 이루어졌으므로, 공동체 내에서 기독교적 삶을 갱신하고 변화시키는 복잡한 과정이 시작되었다고 말할 수 있다. 우리 시대에 교회 내에서의 평신도들의 위상과 역할에 엄청난 변화가 있었다. "제2의 개혁"—악습들을 반대하는 논쟁에서 출발하는 것이 아니라 평화적으로 기독교적 일치의 보다 영적인 근원을 찾는 개혁—에 대해 말하는 것이 지나친 일은 아닐 것이다. "제2의 개혁"은 프랑스, 벨기에, 독일 등지의 수도 공동체에 중심을 두고서 베네딕트 수도사들 가운데서 시작되어 미국으로, 특히 미네소타 주에 있는 성 요한 수도원으로 확대되었다. 그러나 아주 최근에 시작된 이 대규모의 완전한 변화가 장기적으로 어떤 결과를 낳을지는 여전히 의문으로 남는다. 그것이 일반 신자들이 예배를 경험하는 방법, 경건 생활, 교회의 형성적인 생활에 미친 영향은 엄청나기는 하지만 불명확하다. 종교적으로나 사회적으로 매우 불확실한 상황에서 많은 전례적 변화가 이루어졌다. 성공회나 미국 감독교회의 신자들은 과거에 사용하던 기도서나 라틴어 미사 등 친숙한 예배형태를 없앤 것에 대해 불평했다. 여성들의 성직 임명, 여권주의적 관심과 해방주의적 관심의 등장 등의 문제들은 보수적인 전통들—성례를 중시하는 교회와 복음적인 독립 교회—을 긴장하게 만들었다.

영성은 신자들의 생생한 종교 경험을 언급하므로, 기술적으로 복잡하고 정치적으로나 사회적으로 변화가 많은 2차 대전 이후의 세계에서의 전례 형태의 변화와 신학의 도전들은 기독교의 영성생활에 중요한 영향을 미친다. 기독교적 상황에서 "영성"이라는 용어는 이제 가톨릭 교회만의 용어가 아니고 기독교만의 용어도 아니다. 그러나 기독교 전통과 관련하여, 영성은 기도, 거룩의 의미 및 삶과 죽음의 신비, 하나님과 이웃과 피조물의 질서와 관계 안에서 인간 실존의 완전함을 추구해야 하는 도전 등을 다루어야 한다. 20세기가 요구하는 것들은 내면의 영역을 자아와 연결하며, 공동체를 정의를 위한 싸움과 연결하며, 관계의 회복을 자연과 우주와 연결해야 할 필요성을 드러내왔다. 우리는 무척 많은 형태의 기독교 영성들이 출현하는 것을 보고 있는데, 그것들은 종종 서로와의 긴장 안에서, 또는 서양의 기술적인 사회에서 거룩한 것들이 빛을 잃고 있는 시대에 하나님을 믿을 수 있는 가능성이라는 문제 하에서 등장한다.

보다 깊은 인간 생활을 지향하는 여러 가지 주제와 전략들은 여권주의 영성, 흑인 영성, 창조 영성, 해방 영성, 에큐메니칼 영성 등에 대한 새로운 논의로 이어졌다. 이제는 문화적으로 균등한 영적 문학의 전통이 모든 기독교인을 위한 규범이라고 주장할 수 없다.

"창조 영성"(creation spirituality)의 중심에는 만물이 서로 의존하고 있다는 의식, 그리고 하나의 생태계인 지구의 취약성에 대한 의식이 자리잡고 있다. 신적인 것을 전달하는 자로서의 세상의 위치를 존중하는 세계관은 아메리카 고유의 견해와 공통점이 많으며, 피조 세계의 질서에 대한 성례전적 이해가 깊어지고 있음을 나타내준다. 그러한 관점을 일반적인 범신론과 혼동해서는 안된다. 우리는 창조의 교리가 넓게 다시 적용하여 사용되는 것을 목격하고 있다.

기본적인 환경 의식의 고조와 아울러, 세계적으로 평화와 정의에 관심을 기울이는 심오한 변화가 교회의 기도 생활과 결합되고 있다. "결속"(solidarity)이라는 단어는 이것을 나타내는 하나의 표현에 불과하다. 이러한 관심이 지닌 놀라운 특징은 잠재적인 핵전쟁의 시대에 평화의 필요성과 전세계의 고난의 의식과 연결되어 있다는 것이다. 20세기 말의 모든 전통들이 지닌 종교 의식의 특징은 세계적인 종말론적 의식이다. 모여서 예배하는 거의 모든 공동체에서 설교, 사람들의 기도와 중보기도를 들을 수 있으며, 그러한 주제들을 반영하는 찬송을 들을 수 있다. 요한 메츠(Johann Metz)는 기독교의 기도는 인간의 고난의 오랜 역사와의 결속의 표현이라고 말했다.[18]

이러한 운동들 안에 있는 기독교 영성의 형태는 에큐메니칼한 것이며, 환경 문제 및 핵전쟁의 위협과 불의라는 문제에 보다 구체적으로 개입한다. 결과적으로, 영성생활이 필요로 하는 것에 대한 이상은 우리로 하여금 전례와 경건생활에 관해 종교개혁/역-종교개혁으로부터 유전되어온 관습들을 초월하는 요소들에 관심을 갖게 해준다. 개인주의적인 신앙에 몰두하는 것 및 하나님과 함께 하는 내면생활에 초점을 두는 것이 사회의 사회적 구조와 정치적인 구조에 적극적으로 개입하는 것과 크게 혼합되어 있다. 토머스 머튼, 도로시 데이, 마틴 루터 킹, 마더 테레사 등의 인물은 이와 같은 새로운 형태의 기독교적 삶을 대중화시켰으며, 활동적인 경향과 관상적 경향을 상충되는 듯이 보이기도 하는 근원들과 전통들을 결합했다.

이러한 복합성과 다원성에도 불구하고, 증가되는 유익한 의식이 있다. 기독교 내에서 예배 형식들의 수렴, 전통들을 초월하여 기독교적 신앙과 삶에 대해 서로 이해하고 인정하는 일이 강화됨 등으로 말미암아 보다 포괄적이고 세계적인 기독교적 정체성이 만들어지고 있다. 영성생활에서의 다원성은 다양한 종류—성경적, 성직제도적, 사회적/윤리적—의 편협함을 상대적으로 다루게 한다. 20세기가 직면한 위기들로 말미암아 진정성과 일치라는 문제가 세상에서의 기독교적 삶의 필수요소로 대두되어왔다.

이러한 상황에서, 기독교 영성의 특징적인 면들이 한층 더 두드러질 수도 있다. 수백만 명이 굶주리고 있는 세상에서, 성찬이 세상을 위한 떡이라는 상징은 과거의 성례전 관습과 해석보다 훨씬 더 강력하게 전달된다. 모든 인간적인 구분과 기독교 성직자들의 특별한 관심사들을 초월하는 종말론적 공동체의 이상 자체가 현 세대의 기독교적 희망과 사상의 특징이다.

한편, 나사렛 예수께서 드러내시고 조명하신 것에 의해 가능해진 하나님 사랑과 이웃 사랑은 여전히 실질적인 신앙 경험의 중심이다. 비록 하나님과 이웃과 함께 하는 삶의 상징들이 변화되고 과거의 편협함은 도전을 받아야 하지만, 하나님을 추구하는 일에는 신비와 고난과 기쁨이 포함되어야 한다. 동시에 윌리엄 인지(William Inge) 학장의 경고에 귀를 기울여야 한다: "그 시대의 정신과 결혼하는 교회는 다음 세대에는 과부가 될 것이다."

우리 시대에 기독교인들이 주제넘게 행동하는 것을 막기 위해서 공동체 내에서의 진정한 기독교적 삶과 하나님을 추구하는 일에 있어서 충분한 도전이 이루어졌지만, 가까운 장래나 먼 장래에 출현할 사회적 난국과 문화적 난국 속에서 진정한 신앙 생활에 활력을 부여하기 위해서 기독교 내의 영속적인 영적 전통들과 충분한 관계를 유지해야 한다. 20세기의 교회일치의 이상과 의견 수렴이 산업화 이후의 세계를 위협하고 분열시키는 요인들을 극복할 수 있는지, 또는 기독교 영성의 핵심인 바 "세상 안에 있으면서도 세상에 속하지 않는" 종교적인 방법이 유지될 수 있는지는 아직 대답을 알 수 없는 문제이다.

기독교의 삼천년 시대가 밝아오면서, 우리는 이 책에서 논의된 전통들 및 그에 부수되는 삶의 형태들이 남겨준 유산인 복잡하게 짜인 영성을 희미하게 파악할 수 있을 뿐이다. 생생한 믿음은 항상 예배와 기도와 생활 훈련 등에 영향을 주는 사회적 환경과 문화적 환경을 소유하는 특별한 인간 공동체들 안에 간직되어 있고, 그 안에서 구현된다. 종교개혁 시대 이후로 우리가 추적해온 다양성이 이것을 증명해준다. 어떤 일이 벌어진다고 해도, 단순하고 가톨릭 교회와 개신교를 대조할 수 없고, 동방교회와 서방 교회를 대조할 수 없다. 그러나 각각의 특별한 상황에서 충실하고 책임감 있게 기독교적인 삶을 영위하려는 의도는 기독교 영성의 크고 중심되는 흐름들과의 연속성이나 불연속성이라는 영속적인 질문들을 제기한다. 새로운 기독교 영성의 표현들은 교회의 구조와 신조에 대한 매우 상이한 관계들을 나타낼 것이다. 그러한 표현들 역시 신적 실재, 세상과 교회의 관계, 하나님 나라에 대한 종말론적인 희망과의 관계 등에 대한 기독교의 근본적인 이상에 비추어 검증될 것이다.

영성에 대한 질문들, 교회의 구조들, 공동체의 관습 안에 구현되어 있으면서도 교리적인 문제와 관련된 질문들은 독립적으로 발생한 것이기도 하다. 어떠한 영성생활의 형태도 기독교 전통에 대한 보다 넓은 에큐메니칼한 의식에 의해 주장되는 하나님의 충만한 자기 계시를 고갈시킬 수 없다. 하나의 교의적인 공식이나 신학적인 구조가 하나님의 계시의 진리를 완전히 이해할 수 없으며, 교회와 종말론적 공동체 사이의 구분을 제거하지 않는 한 하나의 교회 구조가 정적이고 절대적인 보편성을 주장할 수 없듯이 하나의 영적인 방법도 절대적인 것이 될 수 없다. 그러나 화해와 타협의 대화 속에서, 각각의 진정한 거룩함의 형태와 교회생활의 형태는 상대방의 충실함을 조명해준다. 이브즈 콩가(Yves Congar)는 그리스도 안에 있는 하나님의 신비의 완전함에 대해 말하면서 "그리스도의 몸인 교회는 그 표현되는 방법에 의해 고갈되지 않는 방법으로 신비를 담고 있다"[19]고 말했다.

우리 시대에 교회일치 운동은 풍부한 종교적 경험과 헌신과 정체성의 추구에 있어서 새로운 출발을 나타내는 특징적인 의식을 낳았다. 그것은 분명히 다양한 전통들 사이에, 그것들 안에 있는 근본적인 요인들과 긴장 관계 속에 공존할 것이다. 기독교의 영적 정체성은 사회적인 기억과 자기-보존이라는 제도적인 관습 안에 깊이 심겨져 있으므로, 에큐메니칼 영성으로 귀의한다는 것은 아주 혁신적인 일이다. 그러나 진리 사랑과 하나님 사랑은 곧 하나님 안에서 만물의 화해라는 이상을 향해 싸우고 고통받는 사람들을 향한 사랑이라면, 하나의 밝은 약속이 주어진다. 이것은 온 세상을 위한 보다 총괄적인 기독교적 삶을 바라는 희망이다.

주

1) 에큐메니칼한 면에서 기독교 영성의 지평의 확대 및 20세기에 특징적인 지적 학문으로서의 출현에 관한 기사로 Sandra M. Schneiders, I. H. M., "Theology and Spirituality," *Horizons* 13/2(1986) 253-74를 참고하라.
2) Andrew Walls, "The Christian World," in *Religion in Today's World*, ed. Frank Whaling, 83.
3) Ibid., 87.
4) 20세기 초의 가장 중요한 모임은 스코틀랜드의 에린버러에서 1910년 6월에 개최된 세계선교대회(World Missionary Conference)이다. 미국 감리교회의 평신도이며 1895년 세계 기독교 학생 연맹(World Student Christian Federation)의 창시자인 존 모트(John R. Mott)가 사회를 했다. 세계 각지에서 모인 1,200명의 대표자들이 선교 교회의 신앙과 실제에 관한 서구 교회의 분리의 문제에 대해 논의했다. *A History of the Ecumenical Movement*, Vol. 1, ed. R. Rouse and S. C. Neill를 참고하라.
5) A. Walls, "The Christian World," 88.
6) 아프리카 독립 교회들에 관한 문헌으로는 H. W. Turner, *Bibliography of New*

Religious Movements: Vol. 1, *Black Africa*; D. B. Barrett, *Schism and Renewal: An Analysis of Six Thousand Contemporary Religious Movements* (Nairobi: Oxford University Press, 1968); Inus Daneel, *Quest For Belonging: Introduction to a Study of African Independent Churches* (Gweru, Zambabwe: Mambo Press, 1987)을 참고하라.
7) 아프리카 독립 교회들은 전통 사회와 성공회 선교사들로부터 물려받은 계급 구조의 영향을 받았으나, 교회 생활은 장로교와 감리교 형태가 혼합되어 있다. 공동 예배의 참여도가 높고, 예배 의식의 특징은 예언, 치유, 축사, 열광적인 찬양, 자유기도 등이다..
8) A Walls, "Christian World," 98.
9) 존스가 간디의 영성을 찬양한 것은 1948년에 출판된 그의 책, *Mahatma Gandi: An Interpretation*과 1983년에 재판된 *Gandi: Portrayal of a Friend*(Nashville: Abingdon, 1983)에 분명히 표현되어 있다.
10) Richmond: John Knox, 1965.
11) Charles Forman, *The Island Churches of the South Pacific: Emergence in the Twentieth Century*, 125.
12) Bernhard Lambert, *Ecumenism* (New York: Herder & Herder, 1967), 30.
13) Geoffrey Wainwright, "Ecumenical Spirituality," in *The Study of Spirituality*, ed. Cheslyn Jones, Geoffrey Wainwright, and Edward Yarnold, S.J.(New York and Oxford: Oxford University Press, 1986).
14) Max Thurian, "The Present Aims of the Liturgical Movement," *Studia Liturgica* 3(Autumn 1964) 108.
15) 사도행전 15:15, 31ff; 17:6; 18:1-8; 고린도전서 1: 14-16; 11:19; 로마서 16:3ff 그리고 빌레몬서 2장을 보라..
16) *Proceedings of the Annual Meeting of the North American Academy of Liturgy* (Valparaiso, IN: Valparaiso University, 1988), 110-11.
17) "The Present Day Transformation of Latin America in Light of the Council and Pueblo: Evangelization at Present and in the Future of Latin America"(Washington DC: National COnference of Catholic Bishops, 1979)를 참고하라.
18) Johann B. Metz and Karl Rahner, *The Courage to Pray* (New York: Crossroad, 1981).
19) Yves Congar, O. P., *Diversity and Communion*, 170.

참고문헌

Allichin, A. M. *The World Is a Wedding: Exploration in Christian Spirituality*. New York: Oxford University Press, 1978.
Congar, Yves. *Diversity and Communion*. Translated by John Bowden. Mystic, CT: Twenty-third Publications, 1985.
Elwood, D. J. *Asian Christian Theology: Emerging Themes*. Philadelphia: Westminster,

1980.

Fey, H. E. *A History of the Ecumenical Movement*, Vol. II. London: SPCK; Philadelphia: Westminster, 1970.

Forman, Charles. *The Island Churches of the South Pacific: Emergence in the Twentieth Century*. Maryknoll, NY: Orbis Books, 1982.

Fox, Matthew. *A Spirituality Named Compassion: The Healing of the Global Village, Hampty-Dumpty, and Us*. Minneapolis Winston, 1979.

Horgan, Thaddeus D., ed. *Apostolic Faith in America*. Commission on Faith and Order, NCCOUSA. Grand Rapids: Eerdmans, 1988.

Küng, Hans. ed. *Post-Ecumenical Christianity*. Concilium Volume 54: Ecumenism. New York: Herder & Herder, 1970.

Leech, Kenneth. *True Prayer*. New York: Harper & Row, 1980.

Marx, Paul. *Virgil Michel and the Liturgical Movement*. Collegeville, MN: Liturgical Press, 1957.

Merton, Thomas. *Contemplation in a World of Action*. Introduction by Jean Leclercq, O. S. B. Garden City, NY: Doubleday, Image Books, 1973.

Rahner, Karl. *The Practice of Faith: A Handbook of Contemporary Spirituality*. New York: Crossroad, 1986.

Rouse, Ruth, and S. C. Neill, eds. *A History of the Ecumenical Movement,* Vol. I. 2nd ed. London: SPCK; Philadelphia: Westminster, 1968.

Runyon, Theodore, ed. *Sanctification and Liberation*. Nashville: Abingdon, 1981.

Sailers, Don E. *Worship and Spirituality*. Philadelphia: Westminster, 1984.

Schmemann, Alexander. *For the Life of the World*. Rev. ed. Crestwood, NY: St. Vladimir's Seminary Press, 1974.

Thurian, Max, ed. *Ecumenical Perspective on Baptism, Eucharist and Ministry*. Faith and Order Paper No. 116. Geneva: World Council of Churches, 1983.

Torres, S., and J. Eagleson, eds. *The Challenoe of Basic Christian Communities*. Maryknoll, NY: Orbis Books, 1981.

Turner, H. W. *Bibliography of New Religious Movements*. Vol. 1., *Black Africa*. Boston: G. K. Hall, 1977.

Wallis, James. *The Call to Conversion*. New York: Harper & Row, 1981.

Whaling, Frank, ed. *Religion in Today's World*. Edinburgh: T. & T. Clark, 1987.

Yong-Bok, K., ed. *Minjung Theology: People as Subjects of History*. Singapore: Christian Conference of Asia, 1981.

색인

ㄱ

가난 238, 241
가르시아 데 톨레도 125
가르시아 시스네로스 113, 114
『가상적 이단에 관한 편지들』 193
가스파르 다자 121
가스퍼 로아트 410
가이사랴의 실베스터 599
가정 교회 702-704
가정교회 702-704
가톨릭 철학 231-233
갈릴레오 348
갈멜 수도회 119-141;
　베륄과 갈멜 수도회 79, 82, 94
『갈멜산 등정』(십자가의 요한) 131
감리교 486, 490-492, 500-502;
　존 웨슬리와 감리교 351-354, 381, 485-497;
　감리교의 기원 485-488
감리교운동 486, 490-492, 499-502

개신교 문화 289-291
『거룩한 삶』 367-368, 485
거하드 터스티건 328
게오르그 칼릭스투스 238
『경건의 연습』 367
경건주의 282;
　경건주의의 특징 339-344
　경건주의에 대한 비판 337
　계몽주의와 경건주의 335, 344-346;

　존 웨슬리의 경건주의 351-354;
　루터파 경건주의 321-324;
　경건주의의 기원 336-339;
　청교도 경건주의 416-442;
　급진적 경건주의 326-328
경건주의:
　미국 청교도 경건주의 466, 476-483;
　영국 청교도 경건 문학 407-442;
　루터파 경건문학 309-313;
　감리교 경건 문학 489, 490
『경건한 소원』 281, 322, 338
경모 87, 91, 93
계몽주의와 경건주의 336, 344-346
계몽주의와 낭만주의 349-350
계몽주의의 기원 344-346
계몽주의의 특징 346-350
『고백록』(어거스틴) 121
『고백록』(조지 허버트) 370-372
고백자 막시무스 572
고트프리드 아놀드 327, 337
고트프리드 코넬리우스 우데만스 314
『곳홀드의 예비 묵상십』 321
공동기도서 352, 361-364, 397
공동체:
　미국 흑인 전통과 공동체 509;
　카리스마 운동과 공동체 709;
　가정 교회와 공동체 702-704;
　감리교와 공동체 490-494, 498-503;
　오순절 운동과 공동체 648

공산주의　　　　　　　　237, 238
과학　　　　　　　　　　376
관상　　　　62, 133, 135, 139, 140, 207; 주부
　적 관상　　　　　　　　51
광교회 운동　　　　　　　287-289
광명파　　　　　　　　　117-118;
　로욜라와 광명파　　　　44;
　나달과 광명파　　　　　49;
　정적주의와 광명파　　　194-197
괴테　　　　　　　　　　228, 266, 290
교부 신학　　　　　　　　215-216
교황 무오설　　　　　　　283
교황권 지상주의　　　　　219
교회와 성경 해석　　　　　285, 287
『교회와 제2의 성』　　　　665-666
구교도 해방령　　　　　　279
구세론　　　　　　　　　629
구스파보 기테에레즈　　　223, 242
『국가』　　　　　　　　　258-262
굴라 잭　　　　　　　　　521
『규모 있는 숭배에 관하여』 164
그레고리 13세(교황)　　　56
그레고리 15세(교황)　　　171
그레고리 팔라마스　　　　245, 566-567,
　　　　　　　　　　　　572-574, 601
『그리스도를 본받아』　　　485-486
『그리스도의 생애』　　　　29
그리스도의 탄생 장면　　　175
근본주의　　　　　　　　280, 704-711;
　세례와 근본주의　　　　706;
　성경과 근본주의　　　　706;
　복음주의와 근본주의　　706-710;
　근본주의의 찬송　　　　706;
　사회개량 활동과 근본주의 535-708
글래런스 조던　　　　　　449
글로버 T. R　　　　　　　358
금서 목록　　　　　　　　117-118;
　갈멜회와 금서복록　　　140;
　스피노자와 금서목록　　266
기도:
　성공회의 기도　　　　　361-364, 394-398;
　갈멜회와 기도　　　　　133;

주술과 기도　　　　　　　516-522;
헤시카스트의 기도 564, 568, 569, 574, 576,
　　　　　　　　　587, 607-609, 617, 618;
　감리교의 기도　　　　　497;
　오순절파의 기도　　　　646;
　청교도의 기도　　　　　434-436;
　퀘이커파의 기도　　　　457-458, 459;
　사로프의 세라핌의 기도　605;
　자돈스크의 티콘의 기도　618
기독교:
　아프리카의 기독교　　　692-693, 697;
　아시아의 기독교　　　　695-697;
　기독교의 기본 구조　　　699-670;
　기독교와 환경 의식　　　713;
　초기 헬라 기독교　　　　628;
　지리적, 문화적 다양성　　691-698;
　라틴 아메리카의 기독교　292;
　선교 운동　　　　　　　692
기독교적 완전　　　　　　62, 115, 127, 140, 198,
　　　　　　　　　　　　200
『기쁨의 거울』　　　　　　311
기세페 블론도　　　　　　53
기스베르투스 보에티우스　325, 336,
　　　　　　　　　　　　246
기적　　　　　　　　　　145

ⓝ

나사로 선교회　　　　　　150
나지안주스의 그레고리　　565
낭트 칙령　　　　　　　　334
냇 터너　　　　　　　　　520-521, 526, 536
넥타리 티코노프　　　　　446
넬 모튼　　　　　　　　　667
노리지의 줄리안　　234, 336, 392-393, 447
노발리스　　　　　　　　272
노예매매　　　　　　　　508-510
뉴먼과 교회　　　　　　　216-217
니콜라스 비필드　　　　　421, 425, 440-441
니콜라스 카바실라스　　　573, 631
니콜라스 코진　　　　　　95
니콜라스 페라르　　　　　336, 373
니콜라우스 코페르니쿠스　85, 348

색인 721

니콜라이 모토필로프	618
닛사의 그레고리	234, 245, 657

ⓒ

단테	230, 231
대 그레고리	115, 410
대 바실	565, 597
대각성	447
대니얼 브레빈트	362, 487
대속	68-70, 183, 184, 188
대중 영성과 역종교개혁	144-178
대중 종교	158
더글라스 V. 스티어	456
데니스 니느햄	399
데니스 페토	87
데니얼 피티	410-411
데스몬드 투투	697
데이비드 리카르도	251
데카르트	566
덴마크 베지	520-521, 526
도덕주의	377-381
도로시 데이	212, 215, 236-239, 241, 243, 245, 714
도스토에프스키	236, 568-569, 581, 588, 616
독거자 네세포로스	565
돈 가에타노	167
돈 커핏	399
돔 뷰카즌	64, 80
두미트루 스타닐로에	571
들로레스 윌리엄스	675
디드로	346
디에고 데 케티나	122
디트리히 본회퍼	245, 392

ⓒ

라도네즈의 세르기우스	591
라이자 마리땡	107
라이트푸트 J. B	391
라이트푸트 R. H	399
라틴 아메리카의기독교	694-695
랜슬롯 앤드류즈	359, 369-370, 373, 409, 436
랠프 커드워스	375
레싱 G	266
레오나르도 포르코 마우리지오	147, 151
레오날드 레시우스	70
레오니드 나골킨	615
레온 블로이	107
레티 러셀	674, 680
로너건	223-225
로널드 내쉬	708
로도테아 쥘레	245, 674
로렌조 스쿠폴리	567, 606-609
로마노 가르디니	231
로버트 넬슨	377, 487
로버트 바클레이	452, 454
로버트 볼튼	410, 426, 430-431, 437, 440
로버트 브라우닝	398
로버트 샌더슨	368
로버트 얼윈	422
로버트 윌버포스	284
로베르토 데 노빌리	49
로베르토 벨라미노	47, 52, 70
로자 파크스	512
로저 베이컨	352
로저 윌리엄스	452
로즈매리 래드포드 류터	243, 670-673
론 사이더	708
루이 13세	64, 79, 95
루이 14세	177, 187, 194
루이 데 그라나다	118, 133, 412
루이 두프레	212, 232-234
루이 라르망	46, 66, 95-109
루이스 베일리	336, 367, 383, 412, 478, 481
루터파의 교리적 갈등	300-304;
인문주의가 루터파에 미친 영향	300-302;
루터파의찬송	318-319;
루터의 죽음	299-300;
루터파의 신비 영성	309-312;
루터파의 경건주의	322-324;

루터파의 경건의 위기	306-309;
대중적인 가르침	303-304
루퍼스 존스	456
리쉴리에 추기경	186
리용의 이레내우스	629, 634
리주의 테레사	240
리처드 그린험	407
리처드 로저스	407, 413, 419, 420, 424, 428-431, 440
리처드 롤	336, 392, 447
리처드 메이더	467
리처드 바운드	424
리처드 백스터	377, 456, 478
리처드 벤슨	389
리처드 브래스웨이트	412
리처드 십스	341
리처드 엘리	291
리처드 프루드	284
리처드 홰티	288
리처드 후커	467
릴리 A. L	394

(ㅁ)

마가렛 펠	454
마귀와 죽음	629-630;
근본주의와 마귀	705;
마귀에 대한 청교도적 견해	430-434
마더 테레사	238, 240, 714
마리 드 샤모아지	67
마리아 숭배	163-164
마리온 휴즈	389
마셀 빌러	603-606
마술	516-522
마이스터 에크하르트	234, 399
마카리우스 노타라스	599
마커스 가비	511
마티아스 쉬벤	70
마티아스 플라키우스 일리쿠스	302
마틴 루터	39, 50, 118, 299, 300-302, 309-311, 642
마틴 루터 킹	238, 245, 450, 457, 511, 525, 539, 542, 696, 714
마틴 몰러	310, 326
마틴 부버	517
마하트마 간디	238, 696
『말씀의 청취자들』	222
매튜 렌	364
매튜 아놀드	288
매튜 틴달	347
매튜 파커	358
맥스 쉘러	214, 231
메리 달리	665, 669
메리 튜더	359
메저리 켐프	392
매츠 J. B	223
멜라네시아의 기독교	696-697
모리스 레킷	397
모리스 블론델	214, 219
모성애적 사랑	75
모세스 멘델스존	346
모자이크	675
무디 D. L	706
무라토리	164
『무지의 구름』	392-393
묵상	152-153, 200, 207, 478-479, 498
문자적 성경해석	286, 288
문학의 자율성	273; 문학에 대한 현대적 이해 254
문학적인 단편	273-274
미구엘 데 몰리노스	196-200, 202
미국 흑인 음악	527-531
미국 흑인 음악에서의 즉흥 연주	530-531
미국 흑인 전통들	507-552;
미학적-문화적 측면	526-536;
흑인 독립교회의 출현	510-511;
민권 운동	511-512, 538, 542;
주술과 기도	516-522
출애굽 주제	536, 538-539;
치유	522-526;
전미 흑인 지위향상 협회	511;
정치적 특성	536-549;
예언	520-522;
샤머니즘	522-526;

색인 723

서로 악담하기 시합	532-536;
노예매매	508-510;
신들림	513-516
미국 흑인 전통에서의 예언	522
미국 흑인음악에서의 응답송	529-531
미셀 몽테뉴	346
미학	228-231
민권운동	511-512, 538, 542, 697
믿음의 가정들	703

(ㅂ)

바로크 영성	158, 160
바실 케보타레프	586-587, 595
바우어 F. C.	290
박애	343
발데스	118-119, 123
발렌틴 바이겔	308-310, 312, 326
발마의 휴	115
방문 수녀회	108
『방법과 신학』	224
방언	640, 643
버나드 로너건	212, 223-225, 228
버나드 보글러	305
버지니아 울프	276
범신론	635
베네딕트 14세(교황)	162, 165
베네딕트-조셉 라브르	167-169
베르나르디노 데 라레도	113, 115, 121
베르나르디노 로시그놀리	53, 55
베르나비 데 팔마	113, 115, 119
베르자에프	236
베벌리 해리슨	674
베아트리츠 아후마다	119
벤자만 워필드	705
벤자민 위치코트	374-377, 382
벤저민 조윗	288
보나벤투어	48, 86, 115, 135, 139, 221, 230, 244
『보이지 않는 전쟁』	605-610
복음주의: 성공회와 복음주의	380-384;
근본주의와 복음주의	705-710;
오순절운동과 복음주의	644
부두교	521
부세	156, 205-207, 335
불 코노	525
불교와 기독교	696
브란덴부르크의 프레데릭 윌리엄	344
블라비미르 로스키	573
블레이즈 파스칼	92, 94, 107, 185, 188-193, 390
비드	357, 391
비드 그리피스	247
비판적 성경해석	281-283
『빈번한 성찬』	186
빈센트 드 폴	66, 83, 108, 147-151, 165-166
빈센트 허비	96
빌리 그래험	707
빌헬름 헤르만	290

(ㅅ)

사다리의 요한	610
사랑: 사랑과 회심	223-225;
헤시카스트의 견해	575-577;
순수한 사랑	196, 206, 207-209;
스페인 영성에서의 사랑	115-116;
스페너의 견해	282;
샤르뎅의 견해	226, 227;
삼위일체와 사랑	634-636
사로프의 세라핌	587, 618, 620
사보나롤라	117
『사유의 방향 설정』	347
사이몬 윌	238
사회개량 운동	397, 713-714
사회복음 운동과 정의	290
사회복음운동	290-291
삭소니의 루돌프	29
『산 사람 모세』	534
산 호세의 마리아	133
산토 도밍고의 마리아	117
새무얼 쇼	341
새무얼 웨슬리	377

새무얼 존슨　　　　　　　363, 372, 377
새무얼 클라크　　　　　　　　　　377
샤를르 르 푸꼬　　　　　　　　　240
샤머니즘　　　　　　　　　　522-526
설교　　　　　　　　　　147-149, 288
성 바돌로뮤의 앤　　　　　　　　 82
성 페테르스부르크의 가브리엘　　585
성경: 침례교와 성경　　　　　　456;
　여권주의적 해석　　　　　666, 667;
　근본주의와 성경　　　　　　　705;
　성경 무오설　　　　　　　　　278;
　성경 해석　　　　　　　　251-294;
　감리교와 성경　　　　　　　　497;
　뉴먼과 성경　　　　　　　　　215;
　스페인 영성과 성경　　　　　　115
성경과 종교　　　　　　　　　　286
성공회: 공동기도서　　　360-365, 397;
　켐브리지 플라톤주의　　　374-377,
　　　　　　　　　　　　　394-396;
　옥스포드 운동　　　　　　384-391
성령: 성령과 세례　　　　　　　255;
　정교회의 성령론　　　　　631-635;
　오순절운동과 성령　640-641, 643, 646-647,
　　　　　　　　　　649, 653-656, 709
성무일과　　　　　　　　　　　　 34
성산의 니코데무스　　　567-569, 571, 574,
　　　　　　　　　　　　　599-613
성산의 니코데무스　　　　　　599-610
성육신　　　72, 81, 86, 90, 215, 226, 228, 244
성인 숭배　　　　　　　157, 161, 169-172
성찬: 국교회와 성찬　　　　　387-389;
　침례교와 성찬　　　　　　　　334;
　역종교개혁과 성찬　　　　　　173;
　얀센주의와 성찬　　　　　　　187;
　감리교와 성찬　　　　　487, 497-498;
　청교도와 성찬　　　　　　　　475;
　퀘이커와 성찬　　　　　　　　453;
　러시아 정교회와 성찬　　　620-621;
성산의 니코데무스의 성찬론　　601-603;
소련과 성찬　　　　　　　　　　623
세계교회일치운동　　　　　　245-247
세네카　　　　　　　　　　　　　410

세례: 침례교와 세례　　　　　　453;
　카리스마 운동과 세례　　　　　644;
　근본주의와 세례　　　　　　　705;
　오순절 운동과 세례　　480-642, 643,
　　　　　　　　　　655, 656, 709;
　청교도와 세례　　　　　　　　476
세르기 보스크레센스키　　　　　622
셀리 P. B　　　　　　　　　　　267
소라의 닐　　　　　　　　　　　614
소요리문답　　　　　　　　　　　304
속죄회 선교사들　　　　　　152, 153
숀 매디건　　　　　　　　　　　703
수덕주의: 제수잇　　　　　　 37, 47
수도원운동　　　　　　　　　 41, 49
수도회　　　　　　　　　151, 166, 240
수산나 앤슬리　　　　　　　　　377
『순례자의 길』　　　　　　　564, 617
쉘링 F　　　　　　　　　　　　 272
슐라이어마허 F. D. E　　272, 339, 346
스코트 홀랜드　　　　　　　　　398
스타니슬라스 레스친스키　　　　177
스타니슬라우스 코스트카　　　　166
스탠리 존스　　　　　　　　　　696
스탠리 A. P.　　　　　　　　　　288
스테판 프라에토리우스　　　　　310
스티븐 가디너　　　　　　　　　360
스페인의 필립　　　　　　　　　 61
스피넬리 추기경　　　　　　　　154
스피노자　　　　　　　　　263-269, 270
시몬 드 보바르　　　　　　　　　665
시므온 토도르스키　　　　　　　591
시에나의 캐더린　　　　　　　　243
신 복음주의　　　　　　　　　　707
신 신학자 시므온　　　　　567, 572, 601,
　　　　　　　　　　　633, 479, 657
신 해석　　　　　　　　　　　　284
신들림　　　　　　　　　　　513-516
『신비 신학』　　　　　　　　　　115
신비적-예언적 영성　　　　　233-247
신비주의:
　성공회 복음주의와 신비주의　　383;
　공동기도서와 신비주의　　　　365;

캠브리지 플라톤주의와 신비주의		안토안 아놀드	184-190, 198
	374-376;	알렉산더 6세(교황)	163
헤시카스트 신비주의	564;	알렉산더 7세(교황)	184
제수잇 신비주의	47;	알렉산더(교황)	252, 346
루터파 신비주의	309-312;	알렉산드로스 파라디아만티스	568
현대성공회 신비주의	391-395;	알렉산드리아의 키릴	629
청교도와 신비주의	438-441;	알렉세이 코미아코프	616
옥스포드 운동과 신비주의	386	알롱소 산체스 데 케페다	119
신적 개입	6	알바레츠 데 파즈, 야고보	51, 55
신적 의지	70, 71, 77	알바레츠 발타사르	45-46, 50-51, 96
신화(*theosis*)	628-631	알브레히트 리츨	290, 346
십자가의 막달레나	117	알칸타라의 피터	125
십자가의 요한	46, 63, 72, 82, 90, 93,	알폰소 리구오리	46, 71, 147-153, 171
	118, 127-141, 165, 166, 200,	알프레드 로아지	214, 218
	204, 208, 232, 234, 374-375, 438	암브로시 그렌코프	615
십자가의 요한과 시	127	앙드레 두발	64
◎		앙롱소 데 마드리드	113
		앤 브래드스트리트	476, 479, 482
아그네스 아놀드	192-193, 196	앤 카르	243
아더 덴트	407, 477	앤 허친슨	472, 476
아더 마이클 램지	400	앤토니 콜린스	346
아르미니우스주의	313-314, 373	앨런 뵈색	697
아빌라의 테레사	46, 62, 77, 82, 94, 96,	앨런 에클레스틴	397
	119-141, 165, 171, 199, 203-204,	앨프레드 테니슨	289
	232-233, 234, 240, 243, 466, 679	야곱 뵈메	326-327, 377
아시아 기독교	695-698	야코포 다 보라기네	29
아씨시의 프란시스	244	얀센주의	181-194
아우구스트 쉴레겔	267, 271-278	얀센주의와 엘리트	185
아우구스트 헤르만 프랑케	282, 323-	어거스틴 88, 92, 115, 121, 183, 310, 410, 412,	
	325, 336-337, 339		438
아우그스부르크 종교 화약	300-301	어거스틴 베이커	46
아이작 뉴튼	348	어거스틴 주의	92, 182, 184
아이작 페닝턴	454, 460	어거스틴(얀센)	182, 184
아카리 부인	62, 64-67, 82, 95	『어느 스페인 사람에게 보낸 편지들』	
아타나시우스	629		199-200
아토스 산: 헤시카즘 566-568, 576-578, 603		『어느 탐구적인 사람의 고백』	287
아프리카 기독교	692-693, 697	"어두운 밤"	80
악담하기	532-536	언약 신학	466-468
안드레아스 무스쿨루스	308	언어철학	263, 265, 268
안젤리크 아놀드	186-188, 196	언어철학적 성경해석	284-286
안토니오 코르데세스	45, 50	에뎃사의 데오돌	565
안토안 대니얼	96	에드몬드 파슨스	410

에드워드 버건	434	예정론	184, 186, 187, 191
에드워드 윌못 블라이덴	543	예표론	536-541
에드워드 킹	367	오덴	359
에드워드 테일러	478-479, 481	오라토리오 수도회	83-84, 175
에드워드 퓨지	284, 359, 383, 386	오순절운동	640-657
에라스무스	31, 197, 302	오순절파의 구원관	654-656
에로나르도 보프	242	옥스포드 운동	284, 384-391
에른스트 트뢸치	290	올더스 헉슬리	392
에른스트 헹스텐베르그	278-279	올리바	200
『에밀』	349-350	올리버 크롬웰	257, 262
에버튼의 베버리지	382	요도쿠스 반 로덴스타인	319, 325
에베라드 머큐리언	45-47, 53	요리문답: 역-종교개혁	149, 154-156
에블린 언더힐	393		
에티엔 비네	64	요아힘 네안더	319
에프렘	335	요아힘 뤼트케만	319
엘드리지 클리버	512	요하네스 케플러	348
엘리어트 T. S	359, 392	요한 23세(교황)	711
엘리자베스 I	366	요한 게르하르드	313
엘리자베스 쉬슬러 피오렌자	243, 667	요한 게오르그 하만	349-350
엘리자베타 베린자가	52	요한 반 올렌바르네벨트	314
여권주의 영성	241-243;	요한 발렌틴 안드레	324, 238
여권주의적 성경 해석	666, 667;	요한 베네딕트 카르프조프	337
여성 경시	666;	요한 살로모 젬러	284, 286
가부장적인 피라미드	672-675	요한 세르기에프	621-622
여권주의 영성과 권력	680	요한 아른트	308-309, 311, 315, 318-322, 326, 336-338, 340, 591, 594
여권주의 영성과 성	677-679		
여권주의 영성에서의 해방	681-682		
역사적 의식	219, 264, 265, 286, 290	요한 아우구스트 에르네스티	284
역종교개혁과 엘리트	145, 178	요한 알브레히트 벵겔	282, 324, 336
역종교개혁과 제수잇 영성	57-58; 로		
욜라와 역종교개혁	38	요한 크뤼거	340
염세주의	188-189, 196	요한 타울러	45, 118-119, 208, 311, 336
『영신수련』	113		
영적 자유	116	요한 헤르만	319
『영적 전투』	606-609	요한네스 쉐플러	327
영적 조명	137	워켄로더 W.	273
영적 지도	53-56	월터 힐튼	392, 447
영혼 소멸	63, 116-117	웨스트민스터 신앙고백	253-257, 269, 279
『영혼의 성』	204		
『영혼의 폭포』	202, 204	웨스트콧 B. F.	391, 397
예수의 앤	82	위-디오니시우스	135, 171, 392
예수의 토마스	137-138	위격적 연합	85, 92

색인 727

위그노	173		677-679
위싱턴 글래든	291	이제키엘 컬버웰	434
윌렘 텔린크	315-316	인간론: 베륄의 인간론	92;
윌리엄 난	435, 439	프란시드 드 살의 인간론	77
윌리엄 닙	449	인간의 의지	76
윌리엄 더햄	348	인그키즈 메이더	471, 481
윌리엄 로	282, 336, 377, 485	인문주의	303, 313-314;
윌리엄 베버리지	487	계몽주의와 인문주의	336, 344-
윌리엄 세이모	480		348;
윌리엄 에임즈	315, 414-415, 421, 467	헤시카즘과 인문주의	575
윌리엄 윌버포스	382-383	인문주의와 계몽주의	336, 344-
윌리엄 존스턴	247		348
윌리엄 카우퍼	382	인식론	252-253, 269, 213
윌리엄 크래쇼	410	인지 W. T	359, 393-394, 398, 714
윌리엄 템플	397	임마누엘 칸트	84, 228, 267, 269-273,
윌리엄 퍼킨스	316, 407, 414-415, 421, 467		344, 347, 350, 352, 399

㊈

윌리엄 펜	452, 454	자끄 마리땡	69, 108, 231
윌리엄 풀리	440	자돈스크의 티콘	580-597
월터 라우센부쉬	291, 449	자돈스크의 티콘	581-597
유게니오스 보울가리스	566, 450	자서전(이냐시오 로욜라)	29-31, 49
유대교	246	자유	270-282
유대인 대학살	246	자유	346-250, 351
은둔자 테오판	569, 574, 600, 606, 609, 614-621	자유의지	38
은유와 근본주의	280	자코방 당	366-373
은혜: 감리교와 은혜	490, 494-500;	잔 반 루이스브렉	45, 233-234
개신교와 은혜	461;	『잠잠하여 알라』(Be Still and Know)	400-401
청교도의 견해	420-422, 434-436, 472-476	장 그루	107
의지	302	장 드 라바디	324, 327
이그나티우스 브리안카니노프	569, 601, 621	장 마리 기욘	200-206, 243
이냐시오 로욜라	29-58, 73, 105, 113, 114, 118, 153, 165, 197, 567, 603, 605, 606	장 유드	66, 83, 108, 176
		장 자끄 루소	349-350
		장 프랑소아 드 샨달	67, 69, 75-76, 82, 146, 165, 166
이노센트 11세(교황)	198, 206	장 피에르 드 코사드	63, 107, 181
이디스 스타인	212, 231-233, 245	장-자끄 올리에	66, 83, 108, 181
이디오피아주의	539-541, 543-544	재노아의 캐더린	220, 243
이반 애프모프	586	전례	361, 364, 646
이사벨라 벨린자가	80, 197	전례 운동	699-702
이원론과 여권주의 영성	672-675,	정교회: 캐더린 대제와 정교회	614;

728 기독교 영성 III

세상으로부터의 분리와	
세상에서의 상호의존	614;
신화	628-631;
옵티노 수도원의 원로들	614-617
정교회와 은사	631-635
정교회의 구원관	630
정신과 몸을 나누는 이원론	674, 677-679
정적주의	193-209
제1차 바티칸 공의회	283
제2차 바티칸 공의회	71, 239, 241
제랄드 맨리 홉킨스	231
제랄드 스트라우스	305
제로미노 그라시안	134-135, 137
제롬 나달	35-39, 48-50, 58
제리 팔웰	708
제수잇	29, 116, 153, 183, 186
제수잇 영성	29-58, 95, 106, 122, 176
제이콥 아르미니우스	313
제임스 1세	370
제임스 2세	177
제임스 보스웰	363
제임스 볼드윈	527
제임스 스티픈	383
제임스 콘	697
조나단 에드워즈	421, 433, 441-442
조라 닐 허스턴	534
조셉 마레칼	231
조셉 버터	378, 380, 391
조셉 홀	321, 591
조지 엘리어트	267
조지 티렐	214, 218
조지 폭스	447-450, 454, 461
조지 허버트	359, 370-373, 482
존 갬볼드	491
존 기포드	456
존 네포묵	166
존 넬슨 다비	705
존 노리스	364
존 뉴튼	382
존 다드	416, 424-425, 428-429, 437, 440
존 다우네임	407, 417-418, 423, 425, 428, 430-434, 437-438, 478, 481
존 돈	369, 409
존 레이	348, 375
존 로빈슨	397-400
존 버나비	395-397
존 번연	359, 367, 369, 448-449, 456, 470
존 보스코	108
존 볼	436
존 브래드포드	431
존 소브리노	242
존 스미스	376
존 앤드류즈	415
존 울먼	451, 454-456
존 웨슬리	282, 339-340, 343, 351-354, 358, 366, 368, 381-383, 397, 485-371, 642, 703
존 카시안	42
존 카즌	364
존 칼빈	39, 71, 184, 189, 299, 303, 469, 642
존 케블	284, 377, 385, 386
존 크루우 랜섬	525
존 크리소스톰	584, 591, 593, 597
존 톨랜드	346, 377
존 틸롯슨	378
존 포브스	420
존 폭스	483
존 폴 2세(교황)	242
존 프레스턴	435-436
존 플라벨	479
존 헨리 뉴먼	83, 212-221, 223, 225, 239, 247, 284, 285, 286, 361, 366, 381, 385-386
종교의 세 가지 요소	220-221, 247
『종교의 신비적 요소』	217, 219
종교재판	117-118, 141, 196-197
종교적인 축일	161
쇠렌 키에르케고르	245, 350
주권재민주의	261, 265-266
『주님의 영광』	228
주술: 자유를 위한 주술	522;

색인 729

주술과 기도	516-522
죽음에 대한 정교회의 견해	630-631
지롤라모 타르타로티	161
『지식의 등급』	231
지옥	421
진 서프렌	96
진-조셉 서린	82, 96, 107, 197
진보주의	215
『진정한 기독교』	312, 340-341
짐 월리스	708

ㅊ

찬송: 성공회 찬송	363, 385;
침례교 찬송	458-459;
근본주의 찬송	706;
경건주의와 찬송	340;
청교도 찬송	472;
30년 전쟁과 찬송	318-319
찰스 1세	261x, 285
찰스 2세	261
찰스 5세	300
찰스 레이븐	375, 395-396, 400
찰스 보로메오	155, 166
찰스 셀비 룩스	412
찰스 시므온	382-383
찰스 웨슬리	336, 361-363, 381, 497
찰스 킹슬리	288, 383
찰스 폭스 파험	480
찰스 풀러	707
찰스 핫지	279, 705
참회자	502-503
창조 중심의 영성	243-244
처치, R. W	389-391
『천로역정』	449
청교도: 미국내의 청교도	441-442, 465-483;
성공회와 청교도	358;
세례와 청교도	475;
회심과 청교도	418-422
언약신학	466-468
청교도의 일상생활	423-424;
경건 문학	407-442;
성찬과 청교도	475;
경건한 생활	422-430;
청교도와 회심	418-422
청교도의 성화론	430-434, 466-471
청교도의 일기들	482
출애굽 주제	536, 538-539
치유	522-526, 646-647
침례교: 성경과 침례교	456;
회심과 침례교	453;
침례교도들의 분열	447;
침례교의 목표	448;
침례교와 퀘이커파	446-462
침례교와 회심	453
침묵	460
칭의	37, 50

ㅋ

카널 E. J	707
카라마조프의 형제들	615-616
카리스마 운동	644, 709-711
카밀루스 데 렐리스	166
카스파르 슈벤크펠드	336
카스파르 쿨해스	313
카운티 컬린	517
카터 헤이워드	678
카푸친 수도회	62, 64, 173;
카푸친 선교사들	149, 151, 174
칼 라너	71, 212, 215, 222-224, 228, 239
칼 헨리	707
칼빈의 죽음과 칼빈주의	299-300
칼빈주의와 아르미니우스주의	313-314
캐더린 2세	583, 614
캐롤라인 미켈리스	273
캐롤라인 스티픈	456
캠브리지 플라톤주의자들	374-377, 394-396
케네스 커크	395
케사르 데 부스	155
케사르 바로니우스	155
코넬리우스 얀센	182, 184, 185
코니베어 W.J	288
코린트의 마카리우스	336, 567,

	574, 599-600, 602, 607, 613	토머스 캠벨	410 344
코토나의 마가레타	166	토머스 켈리	456
코튼 매이더	466, 478, 479, 483	토머스 쿠퍼	407, 423
콘래드 노엘	397	토머스 크랜머	360-365
콜리지 S. T	219, 267, 279, 287-289, 368	토머스 트래헌 토머스 해리버튼	373 336
쿠른허트	303, 308, 313, 326	토머스 홉스	258-269
퀘이커와 침례교	446-448;	톰 모즐리	401
퀘이커파의 분열	447;	트렌트 공의회	37, 62, 92, 145, 147
은혜와 퀘이커파	461;		
침묵	460;	ㅍ	
노예제도와의 관계	450-452;	파도아의 안토니	162
사회 개량 활동	448-450;	파라켈수스	308, 326
퀘이커파와 노예제도	450-452	파벨 소코로프	581
크리스천 스크리버	321	파이지 벨리코프스키	568-570, 572, 577, 586, 592, 600, 613-616
크리스천 혼버그	339		
크리스토퍼 에반스	399	『광세』	188
클라우디오 아카비바	47, 52-55	페넬론	176, 194-175, 202-208
클레르보의 버나드	115, 139, 234, 310, 410, 447	페드로 데 케페다 페드로 루이스 데 알카라즈	119 118
클레멘트 8세	52, 61	페루의 투리비오	166
클레멘트 9세(교황)	164	페트루스 라무스	414
		펠리기우스주의	37
ㅌ		펨브로크의 알체인지	62
타브리온 바토스키	624	포스터 E. M	384
테오돌 베자	303, 313	폴 3세(교황)	30
테오돌 언테레익	325	폴 5세(교황)	137, 183
테오클리토스	605, 609	폴 6세(교황)	127
테오필랙트 로파틴스키	582	폴 게르하르드	319, 336, 340
테이야르 샤르뎅과 진화	226-227	폴 댄코	177
토마스 로웬	420	폴 틸리히	234, 398
토마스 뮌저	385	폴 헤인즈	431
토마스 로저스	410	프란시스 드 살	64-79, 87, 95-98, 105, 108, 146, 153, 165-166, 176, 181, 192, 196, 206-208
토머스 머튼	212, 233-236, 241, 245, 247, 572, 696, 714		
토머스 브룩스	344	프란시스 사비에르	149, 165
토머스 쉐퍼드	407, 412, 419, 421-423, 428, 432, 467, 479	프란시스코 데 오수나	46, 113, 115, 118, 120
토머스 아 켐피스	282, 409, 485		
토머스 아놀드	288	프란시스코 수도사들	175, 244
토머스 아퀴나스	36-37, 48, 51, 69, 221,	프란시스쿠스 고마루스	313

색인 731

프란시크소 데 살세도 121
프란체스코 보르지아 39, 118, 122
프란츠 로젠스바이히 246
프랑스 영성 61-109
프랜시스 루스 438
프랜시스 베이컨 251, 566
프랜시스 수아레즈 70
프레데릭 3세 282
프레드릭 데니슨 모리스 289, 391
프로스퍼 기레인즈 689, 670
프리드리히 쉴레겔 267, 271-278
프리드리히 폰 휘겔 213-221, 239, 245, 247, 393, 456
프린스턴 신학 279-281
플라톤 230
플라톤주의:
  캠브리지 플라톤주의 374-377, 394-396;
  정교회와 플라톤주의 629-629
플로티누스 107, 374
피니아스 플레처 420, 432, 435
피에르 니콜 181, 184, 190-193
피에르 데이야르 데 샤르뎅 212, 226-227, 228
피에르 베륄 53, 64, 66, 79-98, 101, 108, 109, 174-176, 181
피에르 코통 64, 66, 95
피에르 포아레 327
피요르의 요아힘 308
피우스 11세(교황) 128
피우스 5세(교황) 163
피터 대제 581
피터 롬바드 86, 352
피터 모린 236, 238
피터 캐니시우스 155x
피터 태처 471
피히테 J 267, 350
필로칼리아 565, 571-574, 577, 600, 458
필리스 트리블 667
필립 네리 83, 165, 173

필립 니콜라이 311-313, 318
필립 다드리지 377, 388
필립 멜란히톤 300-302, 343
필립 야콥 스페너 281, 282, 321-325, 336-338, 341
필립파 301-302
하나님:
  여권주의 영성과 하나님 669-671;
  오순절운동과 하나님 646, 649-650
하나님과의 연합 115, 128, 189, 200
『하나님과의 교제』 341
『하나님께 정직함』 398-399
『하나님의 백성의 안타까운 상태에 관해 필요한 경고』 315

ⓗ

하르낙 287-291
하르낙 291
하어스의 그림쇼 377
하우스만 A. E 383
하이네 H 267
하인리히 뮐러 320-321, 322
한스 댕크 336
한스 우르스 폰 발타사르 212, 228-231
한스 킹 245
해리엣 텁먼 543
해방 영성 241-243
해방 영성과 정의 241
해어 J. C 288
허렐 프루드 377
허버트 켈리 389
헤겔 267
헤시카즘 565-568, 576-577
헤시키아 565
헨드릭 허프 115, 118, 135
헨리 4세 64, 79, 959
헨리 8세 358
헨리 르 소 696
헨리 모어 374-377
헨리 버건 372

헨리 버튼	411		환경 의식	713
헨리 벤	383-383		『황금의 전설』	29
헨리 수소	45, 412		휠덴린	289
헨리 스커더	435		후앙 데 예수 마리아	134
헨리 아놀드	151		후앙 데 폴란코	47
헨리 아인스워스	472		후앙 라미레즈	39
헨리 카닐	707		휴고 그로티우스	315
헬더 카마라	238, 242		휴이 뉴튼	512
호러스 버쉬넬	289		힌두교	696
호르트 F. J. A	390, 398		30년 전쟁	316-322
호스킨스 E. C	363			
홉티노의 마카리우스 이바노프	615-616, 621